Integrierte Arbeitsanalyse in
rechnerunterstützten Büroarbeitssystemen

Europäische Hochschulschriften
Publications Universitaires Européennes
European University Studies

Reihe V
Volks- und Betriebswirtschaft

Série V Series V
Sciences économiques, gestion d'entreprise
Economics and Management

Bd./Vol. 2409

PETER LANG
Frankfurt am Main · Berlin · Bern · New York · Paris · Wien

Martin J. Thul

Integrierte Arbeitsanalyse in rechnerunterstützten Büroarbeitssystemen

Entwicklung und Erprobung eines integrierten Arbeitsanalyseverfahrens für rechnerunterstützte Büroarbeitssysteme

PETER LANG
Europäischer Verlag der Wissenschaften

Die Deutsche Bibliothek - CIP-Einheitsaufnahme

Thul, Martin J.:

Integrierte Arbeitsanalyse in rechnerunterstützten Büroarbeitssystemen : Entwicklung und Erprobung eines integrierten Arbeitsanalyseverfahrens für rechnerunterstützte Büroarbeitssysteme / Martin J. Thul. - Frankfurt am Main ; Berlin ; Bern ; New York ; Paris ; Wien : Lang, 1999
(Europäische Hochschulschriften : Reihe 5, Volks- und Betriebswirtschaft ; Bd. 2409)
Zugl.: Kaiserslautern, Univ., Diss., 1998
ISBN 3-631-34230-6

D 386
ISSN 0531-7339
ISBN 3-631-34230-6

Vorwort

Die vorliegende Publikation entstand während meiner Tätigkeit als wissenschaftlicher Mitarbeiter am Lehrstuhl für Industriebetriebslehre und Arbeitswissenschaft der Universität Kaiserslautern bzw. am Institut für Technologie und Arbeit, Universität Kaiserslautern. Sie entspricht der unter gleichem Titel angefertigten und 1998 vom Fachbereich für Sozial- und Wirtschaftswissenschaften genehmigten Dissertationsschrift. Sie wendet sich an alle Personen, die sich wissenschaftlich und/oder praktisch mit den vielfältigen Facetten der Gestaltung rechnerunterstützter Büroarbeitssysteme befassen.

Maßnahmen zur Konzeption neuer oder Veränderung bestehender Arbeitssysteme sind immer im Spannungsfeld technischer, organisatorischer und personeller Rahmenbedingungen angesiedelt. Arbeitstätigkeiten und ihre Ausführungsbedingungen müssen so gestaltet werden, daß sie einerseits ökonomischen und technischen Ansprüchen, andererseits aber auch den Bedürfnissen und Anforderungen des arbeitenden Menschen entsprechen. Um den hieraus zwangsläufig resultierenden Zielkonflikten wirkungsvoll zu begegnen, werden geeignete Hilfsmittel benötigt, die den Gestaltungsprozeß methodisch unterstützen. Arbeitsanalyseverfahren, die empirische Informationen über die Beziehung zwischen Mensch und Arbeit liefern, sind hierzu grundsätzlich geeignet. Allerdings handelt es sich bei den meisten der derzeit verfügbaren Instrumentarien um Partialkonzepte, die einzelne Elemente eines Arbeitssystems aus einem spezifischen Blickwinkel heraus betrachten. Damit können sie den komplexen Anforderungen der betrieblichen Realität kaum gerecht werden. Dieses Defizit bildet den Ansatzpunkt der vorliegenden Arbeit: Ziel war die Entwicklung eines integrierten Arbeitsanalyseverfahrens, das alle relevanten Elemente eines rechnerunterstützten Büroarbeitssystems und alle Ebenen humaner Arbeit berücksichtigt. Darüber hinaus sollte die Erprobung des integrierten Arbeitsanalyseverfahrens zeigen, daß dieses Verfahren nicht nur von akademischem Interesse ist, sondern auch einen erheblichen praktischen Nutzen bietet.

Das Entstehen einer Dissertation ist zwar primär eine originäre Aufgabenstellung, dennoch ist der Gedankenaustausch mit Freunden, Kollegen und dem Betreuer unerläßlich für das Gelingen einer solchen Arbeit. Mein besonderer Dank gilt deshalb meinem akademischen Lehrer Herrn Prof. Dr. Klaus J. Zink für seine stetige Diskussionsbereitschaft und konstruktive Kritik. Mein Dank gilt weiterhin Herrn Prof. Dr. Reinhold Hölscher für die Übernahme des Koreferates und dem Vorsitzenden der Prüfungskommission Herrn Prof. Dr. Dr. Jürgen Ensthaler.

Für die Unterstützung bei der formalen Aufbereitung der Dissertation danke ich Frau cand. Wirtsch.-Ing. Anne Reuter, die mich als studentische Hilfskraft tatkräftig unterstützt hat.

Mein ganz besonderer Dank gilt schließlich meiner Frau Ursula. Sie hat nicht nur die vielfältigen Belastungen des Projektes „Dissertation" mit mir geteilt, sondern mich immer wieder zum Weitermachen ermutigt und mit ihren Anmerkungen maßgeblich zum Gelingen der Arbeit beigetragen. Ihr und unseren beiden Kindern widme ich diese Arbeit.

Winnweiler, im Herbst 1998 Dr. Martin J. Thul

Inhaltsverzeichnis

1 Relevanz des Themas

EDV-Systeme sind in weiten Bereichen der betrieblichen Arbeitswelt zu einem unentbehrlichen Hilfsmittel bei der täglichen Arbeit geworden. Die Entwicklung der Technik ist in den letzten Jahren dabei so rapide vorangeschritten, daß die heute verwendeten Systeme hinsichtlich Funktionalität und Benutzerfreundlichkeit kaum noch mit solchen zu vergleichen sind, die noch vor wenigen Jahren als revolutionäre Innovation galten. Der rasante Preisverfall der Hardware bei gleichzeitig enorm gestiegener Leistungsfähigkeit und die breite Verfügbarkeit neuartiger Softwareprodukte[1)] haben zudem dazu geführt, daß EDV-Systeme sich von einer Technik, die nur durch geeignete Spezialisten zu bedienen war, zu einem Hilfsmittel für nahezu jedermann entwickelt haben.[2)]

Im Zuge dieser Entwicklungen ließen sich verstärkt Rationalisierungsbemühungen durch Automation zuerst im Produktions- und später auch im Büro- und Verwaltungsbereich beobachten.[3)] Diese Entwicklung ist nicht ohne Konsequenzen für die Arbeitswelt geblieben und hat zwangsläufig auch eine Reihe von Problemen aufgeworfen:

- Durch neuartige Computersysteme, wie beispielsweise Expertensysteme, wurden Aufgabenfelder für den Rechnereinsatz erschlossen, die sich bis vor wenigen Jahren nur von hochqualifizierten Experten effizient bearbeiten ließen. Expertensysteme sollen das Spezialwissen und die Schlußfolgerungsfähigkeit von Fachexperten nachbilden.[4)] Die damit gegebene Möglichkeit, neben umfangreichem Faktenwissen auch menschliches Erfahrungswissen auf ein Rechnersystem zu übertragen, hat dazu geführt, daß die Position und die Bedeutung von Experten - wenn auch in vielen Fällen unbegründet - in Frage gestellt wurde. Man gab sich der Illusion hin, den teueren, zum "Produktionsfaktor" degradierten Fachexperten durch relativ preiswerte Rechnersysteme

---

1) Vgl. Hug, E.: Trends in der Informatikindustrie, in: IBM Nachrichten, 43. Jg. (1993), Heft 312, S. 7; Zeidler, A.; Zellner, R.: Software-Ergonomie, Techniken der Dialoggestaltung, 2. Aufl., München, Wien 1994, S. 13

2) Vgl. Zeidler, A.; Zellner, R., a. a. O. 1994, S. 13; Streitz, N. A.: Fragestellungen und Forschungsstrategien der Software-Ergonomie, in: Balzert, H. (Hrsg.): Einführung in die Software-Ergonomie, Berlin, New York 1988, S. 10 - 12

3) Vgl. Friedrich, J.: Büro und Verwaltung, in: Friedrich, J.; Herrmann, T.; Peschek, M.; Rolf, A. (Hrsg.): Informatik und Gesellschaft, Heidelberg, Berlin, Oxford 1995, S. 56

4) Vgl. Puppe, F.; Poeck, K.: Entwicklung lernförderlicher Expertensysteme, in: Coy, W.; Gorny, P.; Kopp, I.; Skarpelis, C. (Hrsg.): Menschengerechte Software als Wettbewerbsfaktor, Stuttgart 1993, S. 414

ersetzen zu können.[5] Dabei übersah man allerdings, daß menschliche Fähigkeiten wie Kreativität, das Erschließen neuer Wissensbereiche oder aber das Erkennen der Grenzen der eigenen Kompetenz Eigenschaften sind, die sich mit keiner noch so ausgereiften Computertechnik realisieren lassen. Die Folge war, daß man solche Rechnersysteme bezüglich ihrer Leistungsfähigkeit überschätzte und die Experten in ihnen eine Bedrohung ihrer Position sahen. Demzufolge war die Akzeptanz von Expertensystemen unzureichend,[6] sie scheiterten vielfach im Praxiseinsatz,[7] und die anfängliche Euphorie bezüglich des Potentials dieser Technologie ist einer breiten Ernüchterung gewichen.[8]

❑ Ein weiteres häufig zu beobachtendes Phänomen in rechnerunterstützten Arbeitssystemen ist, daß, trotz gestiegener Leistungsfähigkeit und Benutzerfreundlichkeit, die Effektivität von EDV-Systemen beim Einsatz in der betrieblichen Praxis hinter den gesetzten Erwartungen zurückbleibt.[9] Ein Grund hierfür mag in der technikzentrierten Sichtweise liegen, die nach wie vor bei der Entwicklung und Einführung von EDV-Systemen dominiert. Technik wird - provokativ formuliert - als Selbstzweck betrachtet und nicht als Gestaltungsoption. Personelle (z. B. frühzeitige und zielgerichtete Qualifizierung der Betroffenen) und organisatorische Aspekte (z.B. Aufgabenaufteilung zwischen Mensch und Rechner) stellen sich in solchen Ansätzen als abgeleitete Probleme der Technik dar und werden dieser bei der Systemgestaltung untergeordnet.[10]

Die oben skizzierten Probleme verdeutlichen, daß bei der Entwicklung und Einführung rechnerunterstützter Arbeitssysteme die einseitige Ausrichtung auf technische Aspekte zu suboptimalen Lösungen führen kann. Ein effektives

---

5) Vgl. Lutz, B.; Moldaschl, M.: Expertensysteme und industrielle Facharbeit, Ein Gutachten über denkbare qualifikatorische Auswirkungen von Expertensystemen in der fertigenden Industrie, Frankfurt, New York 1989, S. 39 - 40

6) Vgl. Ulich, E.: Arbeitspsychologie, 3. überarb. und erw. Aufl., Zürich, Stuttgart 1994, S. 259

7) Vgl. Bullinger, H. J.: Das magische Dreieck Mensch - Organisation - Technik, in: Technische Rundschau, 82. Jg. (1990), Heft 31, S. 14

8) Vgl. Herrmann, T.: Zur Bedeutung der Künstlichen Intelligenz für arbeitsorientierte Softwaregestaltung, in: Coy, W.; Gorny, P.; Kopp, I.; Skarpelis, C. (Hrsg.): Menschengerechte Software als Wettbewerbsfaktor, Stuttgart 1993, S. 172

9) Vgl. Ulich, E.: Mensch-Technik-Organisation: ein europäisches Produktionskonzept, in: Strohm, O.; Ulich, E. (Hrsg.): Unternehmen arbeitspsychologisch bewerten, Ein Mehr-Ebenen-Ansatz unter besonderer Berücksichtigung von Mensch, Technik und Organisation, Zürich 1997, S. 6 - 7; Brynjolfsson, E.: The productivity paradox of information technology, in: Communications of the ACM, 36. Jg. (1993), Heft 12, S. 67

10) Vgl. Ulich, E., a. a. O. 1994, S. 255

Funktionieren eines Arbeitssystems läßt sich i.d.R. nur dann sicherstellen, wenn bei der Arbeitssystemgestaltung alle relevanten Elemente, d.h. der Mensch, die Arbeitsaufgaben, die technischen Hilfsmittel, die Arbeitsbedingungen sowie die aufbau- und ablauforganisatorische Integration in das Gesamtunternehmen angemessene Berücksichtigung finden. Insofern müssen sich im Rahmen eines mehrdimensionalen Optimierungsansatzes Gestaltungsaktivitäten zunehmend auch auf personelle und organisatorische Aspekte beziehen. Hier ist die Arbeitswissenschaft als Systematik der Analyse, Ordnung und Gestaltung der technischen, organisatorischen und sozialen Bedingungen der Arbeit[11)] gefordert, geeignete Orientierungshilfen bereitzustellen. Es werden grundlegende, theoretisch begründete Konzepte benötigt, die das Verhältnis zwischen Mensch, Technik sowie Organisation in geeigneter Form beschreiben und es erlauben, Empfehlungen zur Gestaltung rechnerunterstützter Arbeitssysteme abzuleiten. Darüber hinaus besteht ein Bedarf an Instrumenten, die die Umsetzung dieser Hinweise unterstützen.

Forderungen nach einer ganzheitlichen Gestaltung von Arbeitssystemen leiten sich beispielsweise aus dem sozio-technischen[12)] bzw. dem sozio-technologischen Systemansatz[13)] ab. Organisationen werden hier als offene, dynamische

---

11) Vgl. Luczak, H.; Volpert, W.; Raeithel, A.; Schwier, W.: Arbeitswissenschaft: Kerndefinition - Gegenstand - Forschungsgebiete, 5. Aufl., Eschborn 1987, S. 59

12) Vgl. hierzu beispielsweise Rice, A. K.: Productivity and social organization: The Ahmedabad experiment, London 1958; Trist, E. L.; Higgin, G. W.; Murray, H.; Pollock, A. B.: Organizational choice, London 1963; Kirsch, W.; Meffert, H.: Organisationstheorien und Betriebswirtschaftslehre, Wiesbaden 1970; Herbst, P. G.: Die Entwicklung soziotechnischer Forschung, in: Gruppendynamik, 6. Jg. (1975), Heft 1, S. 22 - 29; Staehle, W. H.: Organisation und Führung sozio-technologischer Systeme, Stuttgart 1973; Herbst, P. G.: Socio-technical Design, Strategies in multidisciplinary Research, Birkenhead 1974; Cummings, T. G.; Svrivastva, S.: Management of Work - A Socio-technical Systems Approach, Kent 1977; Emery, F.; Thorsrud, E.: Industrielle Demokratie, Bericht über das norwegische Programm der industriellen Demokratie, Bern, Stuttgart, Wien 1982; Pasmore, W. A.: Designing effective Organizations, the sociotechnical systems perspective, New York, Chichester, Brisbane, Toronto, Singapore 1988; Zink, K. J.: Soziotechnische Ansätze, in: Luczak, H., Volpert, W. (Hrsg.): Handbuch Arbeitswissenschaft, Stuttgart 1997, S. 74 - 77

13) Vgl. hierzu beispielsweise Rühl, G.: Arbeitswissenschaftliche Optimierung technischer und organisatorischer Systeme, in: Stöhr, R. W. (Hrsg.): Unternehmensführung auf neuen Wegen, Wiesbaden 1967, S. 87 - 150; Rühl, G.: Systemanalyse industrieller Aufgaben, in: VWI-Zeitschrift, 17. Jg. (1968), Sonderheft 1, S. 29 - 55; Rühl, G.: Soziotechnologische Systemgestaltung als unternehmerische Aufgabe, in: Verband der Metallindustrie Baden-Württemberg (Hrsg.): Plädoyer für eine humane Arbeitswelt, Stuttgart 1973 (a), S. 21 - 31; Rühl, G.: Untersuchungen zur Arbeitsstrukturierung, in: Industrial Engineering, 3. Jg. (1973b), Heft 3, S. 147 - 197; Rühl, G.: Soziotechnologische Systemforschung und -gestaltung, in: Industrial Engineering, 4. Jg. (1974a), Heft 3,

Systeme definiert, deren Primäraufgabe die Transformation von Input (Materie, Energie, Information) in Output (Produkte, Dienstleistungen, Know-how etc.) ist.[14] Eine weitere Besonderheit dieser Konzepte liegt darin, daß sie Organisationen als sich überlagernde soziale und technologische bzw. technische Subsysteme definieren.[15] Durch die Einbeziehung der sozialen Subsysteme gewinnt die Rolle des Menschen an Bedeutung. Im Gegensatz zu technikorientierten Gestaltungsansätzen, in denen die arbeitende Person im Extremfall nur noch Automatisierungslücken ausfüllt und damit zum Stellglied technischer Systeme wird,[16] nimmt in sozio-technischen Systemen der Mensch mit seinen Bedürfnissen und Fähigkeiten eine zentrale Rolle ein. Anthropozentrische Ansätze der Arbeitsgestaltung, die in diesem Zusammenhang von besonderer Bedeutung sind, entsprechen diesen Forderungen z.B. dadurch, daß Tätigkeitselemente, welche die Motivation des Arbeitsplatzinhabers fördern oder postive Auswirkungen auf die Entwicklung seiner Persönlichkeit haben, beim Menschen verbleiben und alle übrigen technischen Systemen übertragen werden.[17] Hieraus folgt, daß die optimale Gestaltung eines Arbeitssystems nur dann gelingen kann, wenn an die Stelle isolierter Gestaltungsmaßnahmen bezüglich einzelner Systemelemente globale Optimierungsansätze auf Basis einer multidimensionalen Zielsetzung treten.[18] Die wechselseitigen Abhängigkeiten zwischen den verschiedenen Arbeitssystemlementen müssen synchron und integrativ erfaßt und im Sinne einer "Joint Optimization" als Ganzheit gesehen, geplant, entwikkelt, verändert und gemanagt werden.[19]

S. 155 - 156; Rühl, G.: Menschengerechte Arbeitsplätze durch sozio-technologische Systemgestaltung, in: Schlaffke, W.; Rühl, G.; Weil, R. (Hrsg.): Qualität des Lebens am Arbeitsplatz, Köln 1974 (b), S. 71 - 77; Rühl, G.: Arbeitsstrukturierung heute und morgen, in: Leistung und Lohn, Nr. 66/69, Bergisch Gladbach 1976; Rühl, G.: Verhaltenswissenschaftliche Aspekte bei der Konzeption technologischer Systeme, in: Reber, G. (Hrsg.): Personal- und Sozialorientierung der Betriebswirtschaftslehre, Band 4, Stuttgart 1977, S. 56 - 85

14) Vgl. Rieckmann, H.: Forum 4 x 4, in: Organisationsentwicklung, 8. Jg. (1990), Heft 4, S. 41

15) Vgl. Trist, E. L.; Bamforth, K. W.: Some Social and Psychological Consequences of the Longwall Method of Coal Getting, in: Human Relations 4. Jg. (1951), S. 37; Rühl, G.: Soziotechnologische Systemforschung und -gestaltung, in: Industrial Engineering, 4. Jg. (1974a), Heft 3, S. 155

16) Vgl. Ulich, E., a. a. O. 1994, S. 255

17) Vgl. Luczak, H.: Arbeitswissenschaft, 2., vollständig neubearbeitete Aufl., Berlin, Heidelberg, New York 1998, S. 471

18) Vgl. Zink, K. J.: Zur Relevanz sozio-technologischer Systemgestaltung am Beispiel Qualitätsmanagement, in: Technologie und Management 38. J. (1989), Heft 4, S. 25

19) Vgl. Rieckmann, H., a. a. O. 1990, S. 41

Aus den oben skizzierten Rahmenbedingungen der Gestaltung rechnerunterstützter Arbeitssysteme wird deutlich, daß deren Entwicklung und Einführung ein erhebliches Konfliktpotential beinhaltet. Die notwendigen Anpassungen der personellen, organisatorischen und technischen Systemelemente stellen hohe Ansprüche an die Fähigkeiten der verantwortlichen Gestalter, da Anforderungen unterschiedlichster Bereiche zu beachten und aufeinander abzustimmen sind. Hieraus folgt unmittelbar, daß die erfolgreiche Gestaltung neuer oder die Veränderung bestehender Arbeitssysteme ein interdisziplinäres Vorgehen erfordert.[20)] Ein weiteres Problem ist, daß solche Veränderungsprozesse häufig Widerstände seitens der Betroffenen gegenüber den umzusetzenden Veränderungen provozieren. Diese ablehnende Haltung kann dabei aus unterschiedlichsten Quellen resultieren, wie z.B. generelle Unsicherheit gegenüber Neuem, Gefühl des Kontrollverlustes, selektive Wahrnehmung der jeweiligen Vor- und Nachteile des alten bzw. neuen Systems oder der Verlust von Privilegien.[21)] Damit ergibt sich direkt die Frage, wie ein solcher Gestaltungsprozeß praktisch umzusetzen ist.

In Zusammenhang mit einer ganzheitlichen Systemgestaltung spielen partizipative Konzepte eine wesentliche Rolle.[22)] Sie sollen einerseits den Prozeß der Abstimmung verschiedener Arbeitssystemelemente unterstützen und damit sicherstellen, daß ein geeigneter Konsens erzielt wird.[23)] Andererseits leisten solche Konzepte auch einen Beitrag dazu, Widerstände gegenüber anstehenden Veränderungen zu minimieren.[24)] Solche Ansätze, die insbesondere eine Verknüpfung von Kleingruppen- und Projektmanagementansätzen erfordern, wurden mittlerweile ausführlich beschrieben und in verschiedenen Praxisprojekten erfolgreich erprobt.[25)] Die Einbindung der Mitarbeiter ermöglicht es, deren

---

20) Vgl. Rühl, G.: Methoden, Ergebnisse und offene Fragen der soziotechnologischen Systemforschung, in: Zeitschrift für Arbeitswissenschaft, 29. Jg. (1975), Heft 2, S. 80

21) Vgl. Grothe, G.: Schneller, besser, anders kommunizieren, Die vielen Gesichter der Bürokommunikation, Zürich, Stuttgart 1993, S. 14

22) Vgl. z.B. Grothe, G., a. a. O. 1993, S. 13; Frei, F.; Hugentobler, M.; Alioth, A.; Duell, W.; Ruch, L.: Die kompetente Organisation, Qualifizierende Arbeitsgestaltung - die europäische Alternative, Stuttgart 1993, S. 144 - 145; Zink, K. J., a. a. O. 1989, S. 25; Zink, K. J.: Partizipative Konzepte in der „Fabrik der Zukunft“, in: Milling, P.; Zäpfel, G. (Hrsg.): Betriebswirtschaftliche Grundlagen moderner Produktionsstrukturen, Herne, Berlin 1993, S. 272; Zink, K. J.; Thul, M. J.: Mitarbeiterbeteiligung bei der Ermittlung von Anforderungen an neue Technologien - moderierte Workshops schaffen eine allseits akzeptierte Grundlage für Prozeßinnovationen, in: Fortschrittliche Betriebsführung und Industrial Engineering , 44. Jg. (1995), Heft 1, S. 16

23) Vgl. Frei, F.; Hugentobler, M.; Alioth, A.; et al., a. a. O. 1993, S. 44

24) Vgl. Grothe, G., a. a. O. 1993, S. 14

25) Vgl. hierzu Zink, K.J., Ritter, A., Thul, M.J.: Mitarbeiterbeteiligung bei Prozeßinnovationen - Verknüpfbarkeit von Wirtschaftlichkeit und Humanisierung der Arbeit bei der

Kreativität und Erfahrungswissen für die Durchführung der Prozeßinnovation zu erschließen und damit die technischen Systeme optimal auf die personellen und organisatorischen Anforderungen eines Unternehmens abzustimmen. Hierdurch läßt sich die technikzentrierte Sichtweise, die vielen ingenieurwissenschaftlichen Problemlösungen eigen ist und die die Arbeitsorganisation vielfach nur als Randproblem betrachtet, weitgehend überwinden. An ihre Stelle treten ganzheitliche Konzepte, die die Effektivität rechnerunterstützter Arbeitssysteme sichern und gleichzeitig zur Realisierung humaner Arbeitsbedingungen beitragen.[26)]

1.1 Zur Notwendigkeit einer umfassenden Evaluation rechnerunterstützter Arbeitssysteme

Trotz der unbestreitbaren Vorteile, die eine partizipative Systementwicklung und -einführung hat, kann Mitarbeiterbeteiligung allein nicht sicherstellen, daß nach Abschluß der Gestaltungsaktivitäten die komplexen Beziehungen zwischen Mensch, Technik und Organisation auch tatsächlich in einem optimalen Verhältnis zueinander stehen.[27)] Zu groß ist die Gefahr, daß im Verlauf der Durchführung einer Prozeßinnovation die notwendigen Maßnahmen vor dem Hintergrund subjektiver Wertvorstellungen betrachtet werden oder Interessen spezifischer Zielgruppen dominieren. Diese mangelnde Objektivität führt dann zwangsläufig zu suboptimalen Gesamtlösungen. Hier wird ein geeigneter, möglichst objektiver Vergleichsmaßstab - z. B. in Form eines Evaluationsinstrumentariums - benötigt, der es erlaubt, die Wechselwirkungen zwischen den einzelnen Elementen eines Arbeitssystems zu erfassen und die Qualität einer Lösung anhand festgelegter Kriterien quantitativ oder zumindest qualitativ zu bewerten.

Einführung neuer Technologien, Bremerhaven 1993 und Zink, K.J., Ritter, A., Thul, M.J.: Kleingruppenunterstützte Prozeßinnovationen - Leitfaden für Projektleiter und Projektkoordinatoren, Bremerhaven 1993

26) Vgl. z.B. Mader, G.; Schatzberg, S.; Treeck, W.: Emstaler Gemeinderatsinformationssystem - Selbstgestaltung in der Verwaltungsarbeit, Arbeitspapier Nr. 52 der Forschungsgruppe Verwaltungsautomation Gesamthochschule Kassel, Kassel 1992, S. 10; Rüppell, C.; Köchling, A.: VIKS rechnet sich, Moderne Innovationsprozesse bei der Einführung eines Vertriebsinformations- und Kommunikationssystems, Dortmund 1993, S. 77; Zink, K.J., Thul, M.J.: Mitarbeiterbeteiligung bei der Einführung eines neuen CAD-Systems, in: Reichel, H.: (Hrsg.): Informatik - Wirtschaft - Gesellschaft, 23. GI-Jahrestagung in Dresden, Reihe Informatik aktuell, Berlin, Heidelberg, New York 1993, S. 207 - 212

27) Vgl. z.B. Jansen, K.-D.; Schwitalla, U.; Wicke, W.: Organisatorische und methodische Aspekte einer beteiligungsorientierten Entwicklung computerunterstützter Arbeitssysteme, Düsseldorf 1988, S. 17

Eine begleitende, formative Evaluation,[28] die einen integralen Bestandteil eines partizipativen Ansatzes zur Durchführung von Prozeßinnovationen bildet, würde einen wesentlichen Beitrag in bezug auf eine Konsensorientierung leisten, da sich die Transparenz von Entscheidungen verbessern und entstehende Konflikte versachlichen lassen. Ebenso könnte der Einsatz eines Evaluationsinstrumentariums in bestehenden Arbeitssystemen dazu dienen, im Sinne einer summativen Evaluation,[29] vorhandene Defizite in der Arbeitsgestaltung aufzudecken und damit Ansatzpunkte für Verbesserungsmaßnahmen aufzuzeigen.

Neben diesen eher arbeitswissenschaftlich orientierten Forderungen ist die Notwendigkeit eine Evaluation rechnerunterstützter Arbeitssysteme auch gesetzlich begründet. So fordert die am 21. Dezember 1996 in Kraft getretene Bildschirmarbeitsverordnung, als nationale Umsetzung der EG-Richtlinie 90/270/EWG,[30] „Mindestvorschriften bezüglich der Sicherheit und des Gesundheitsschutzes bei der Arbeit an Bildschrimgeräten" u.a., Sicherheits- und Gesundheitsbedingungen hinsichtlich einer Gefährdung des Sehvermögens sowie körperlicher und psychischer Belastungen zu evaluieren.[31] Entsprechende Untersuchungen sind auch im Zusammenhang mit der Umsetzung der Anforderungen des Arbeitsschutzgesetzes zu sehen. Dieses Gesetz, das am 21. August 1996 als Umsetzung der Rahmenrichtlinie 89/391/EWG[32] in nationales Recht überführt wurde, fordert explizit die Analyse und Dokumentation physischer und psychischer Gefährdungen.[33] Obwohl in beiden Richtlinien die Analyse von Arbeitssystemen gefordert wird, enthalten weder die Bildschirmarbeitsverordnung noch das Arbeitssicherheitsgesetz konkrete Hinweise darauf, wie und mit welchen Instrumentarien die Untersuchungen durchzuführen sind. Darüber hinaus schränken sie die Analysegegenstände auf „Gefährdungen" ein und klammern daher positiv zu bewertende Aspekte der Arbeit aus den Betrachtungen aus.

---

28) Vgl. Bortz, J.; Döring, N.: Forschungsmethoden und Evaluation für Sozialwissenschaftler, 2. Aufl., Berlin, Heidelberg, New York 1995, S. 106 - 107

29) Vgl. Bortz, J.; Döring, N., a. a. O. 1995, S. 106 - 107

30) Vgl. hierzu 90/270/EWG: Richtlinie des Rates vom 29. Mai 1990 über Mindestvorschriften bezüglich der Sicherheit und des Gesundheitsschutzes bei der Arbeit an Bildschirmgeräten, fünfte Einzelrichtlinie im Sinne von Artikel 16, Absatz 1 der Richtlinie 89/391/EWG, in: Amtsblatt der Europäischen Gemeinschaften vom 21.6.1990, Nr. L 156, Brüssel 1990

31) Vgl. Arbeitsschutzgesetz vom 21. August 1996, § 5

32) Vgl. hierzu 89/391/EWG: Rahmenrichtlinie - Richtlinie des Rates vom 12. Juni 1989 über die Durchführung von Maßnahmen zur Verbesserung der Sicherheit und des Gesundheitsschutzes der Arbeitnehmer bei der Arbeit, in: Amtsblatt der Europäischen Gemeinschaften vom 29.6.1989, Nr. L 183, Brüssel 1989

33) Vgl. Bildschirmarbeitsverordnung vom 21. Dezember 1996, § 3

Um vor obigem Hintergrund die Notwendigkeit einer umfassenden Evaluation rechnerunterstützter Arbeitssysteme zu verdeutlichen, ist es erforderlich, die Begriffe "Evaluation" und "Qualität einer Lösung" genauer zu hinterfragen. Schon die Wortwurzel von "Evaluation"[34)] zeigt, daß alle mit dieser Tätigkeit verbundenen Aktivitäten etwas mit "Bewerten" zu tun haben. Evaluation liefert Unterstützung bei Planungs- und Entscheidungsvorgängen und bezieht sich damit auf die Bewertung von Handlungsalternativen.[35)] Eine Evaluation stellt keinen Selbstzweck dar, vielmehr ist sie zielgerichtet und zweckorientiert und dient dazu, praktische Maßnahmen zu überprüfen, zu verbessern oder über sie zu entscheiden. Die eingesetzten Evaluationsmaßnahmen sollten dem aktuellen Stand wissenschaftlicher Techniken und Forschungsmethoden angepaßt sein.[36)]

Aus dieser Begriffsbestimmung folgt, daß das zentrale Problem einer Evaluation der Bewertungsprozeß ist, der seinerseits auf einer systematischen Analyse der Bewertungsgrundlagen aufbaut. Jede Bewertung bedarf geeigneter Maßstäbe und Verfahren, die beide immer im Kontext mit ihrem theoretischen Hintergrund zu betrachten sind. Denn die Entscheidung, ob z.B. eine bestimmte Arbeitstätigkeit als gut oder schlecht einzustufen ist, hängt unmittelbar davon ab, welchen Aspekten positive oder negative Wirkungen auf den Menschen zugesprochen werden. Somit muß vorab geklärt werden, welche Anforderungen der Mensch - bewußt oder unbewußt - an das Arbeitssystem stellt, in dem er tätig ist, was die zu untersuchenden Arbeitssystemelemente sind und welche theoretischen Konzepte die Basis der Bewertung bilden.

Bezieht man den Begriff "Qualität einer Lösung" auf die "Qualität eines Arbeitssystems", welches im Verlauf des Prozesses der Systemgestaltung zu entwickeln ist, so ergibt sich die Frage: "Welche Personengruppen sind davon betroffen und welche Anforderungen stellen sie an ein rechnerunterstütztes Arbeitssystem?" Prinzipiell lassen sich folgende Zielgruppen identifizieren:[37)]

---

34) lat. evalere = stark, wert sein

35) Vgl. Bortz, J.; Döring, N., a. a. O. 1995, S. 95; Wottawa, H.: Evaluation, in: Weidenmann, B.; Krapp, A.; Hofer, M.; Haber, G. L.; Mandel, H.: Pädagogische Psychologie, 3. Aufl., Weinheim 1994, S. 705

36) Vgl. Wottawa, H.; Thierau, H.: Lehrbuch Evaluation, Bern, Stuttgart, Toronto 1990, S. 9

37) Vgl. Zink, K. J.; Hauer, R.: Arbeitswissenschaftliche Aspekte bei der Entwicklung und Einführung von Expertensystemen, in: Bullinger H. J. (Hrsg.): Produktionsmanagement im Spannungsfeld zwischen Markt und Technologie, Hochschulgruppe Arbeits- und Betriebsorganisation, Forschungsbericht 3, München 1990, S. 234

- Systembenutzer, die mit Hilfe eines EDV-Systems ihre Arbeitsaufgaben bearbeiten,
- Anwender (z. B. Vertreter des Managements), die bestimmte Arbeitsergebnisse eines EDV-Systems benötigen, dieses aber nicht persönlich benutzen,
- Systementwickler, die für die Entwicklung von Softwareprodukten verantwortlich sind, und
- betriebliche Fachexperten.

Bei all diesen Personengruppen ist davon auszugehen, daß sie im Gestaltungsprozeß unterschiedliche Interessenschwerpunkte mit z.T. gegenläufigen Zielsetzungen haben. Bezogen darauf kann dasselbe Ergebnis der Arbeitssystemgestaltung unterschiedlich bewertet werden - je nachdem wie gut oder wie schlecht die jeweiligen Anforderungen erfüllt wurden. Insofern bedarf der Begriff „Humanzentrierung" einer weiteren Konkretisierung: Im Zentrum der Betrachtungen soll im folgenden der Systembenutzer stehen. Das heißt, die Güte der Arbeitssystemgestaltung wird in bezug auf seine Anforderungen beurteilt. Daraus folgt gleichzeitig, daß bei gegenläufigen Zielsetzungen im Gestaltungsprozeß den Benutzerinteressen - soweit dies möglich ist - Vorrang einzuräumen ist.

Ein zweiter Aspekt, der sich auf die Anforderungen des Systembenutzers bezieht, ist, ob es aufgrund der inter- und intraindividuellen Unterschiede und Präferenzen überhaupt möglich (und ökonomisch sinnvoll) ist, alle Anforderungen zu erfassen und deren Erfüllung zu bewerten. Die partizipative Systemgestaltung bietet zwar umfangreiche Möglichkeiten, Anforderungen und Wünsche der Betroffenen zu erfassen und in die Gestaltungsaktivitäten einzubringen. Sie hat aber dort ihre Grenzen, wo den Betroffenen das notwendige Fachwissen und die entsprechenden, umsetzbaren Erfahrungen aus dem betrieblichen Alltag fehlen. Darüber hinaus zeigen empirische Untersuchungen, daß eine „individualisierte Arbeitsgestaltung" sehr schnell an pragmatische Grenzen stößt. So wird es z.B. mit zunehmender Individualisierung von Softwaresystemen immer schwieriger mit anderen Personen über bestimmte Systemeigenschaften zu kommunizieren. Dies behindert dann wiederum die Pflege, Wartung und Weiterentwicklung eines solchen Softwaresystems.[38)]

Abhilfe läßt sich hier durch die Verwendung spezifischer Gestaltungsrichtlinien schaffen, die auf wissenschaftlich gesicherten und damit verallgemeinerbaren Erkenntnissen beruhen. Die darin enthaltenen Hinweise bieten die Möglichkeit, z. B. arbeitswissenschaftliche Forderungen bei der Systemgestaltung zu be-

---

38) Vgl. Beimel, J.; Schindler, R.; Wandke, H.: Wie Experten der Software-Ergonomie den Teil 10 (Dialogue Principles) der ISO 9241 bewerten, in: Rödiger, K.-H. (Hrsg.): Software-Ergonomie ´93, Von der Benutzungsoberfläche zur Arbeitsgestaltung, Stuttgart 1993, S. 143

rücksichtigen. Gleichzeitig ermöglichen sie damit die Güte des realisierten Arbeitssystems zu beurteilen, indem man überprüft, inwieweit die Anforderungen auch tatsächlich umgesetzt wurden.

Wie aber gelangt man zu solchen Gestaltungsrichtlinien, die eine geeignete Basis für Bewertungen bilden? Die bisherigen Ausführungen haben die Notwendigkeit einer anthropozentrischen Arbeitsgestaltung verdeutlicht. Berücksichtigt man zudem, daß der primäre Zweck eines Arbeitssystems in der Erfüllung einer Arbeitsaufgabe liegt, so folgt zwangsläufig, daß die Zielsetzung von Arbeitsgestaltungsmaßnahmen eine duale sein muß: Einerseits ist sicherzustellen, daß ein beabsichtigtes Arbeitsergebnis unter Berücksichtigung ökonomischer Anforderungen realisiert werden kann, andererseits muß Arbeit menschengerecht gestaltet sein. Das heißt, die Arbeit darf die Gesundheit des Arbeitstätigen nicht schädigen, sein Wohlbefinden nicht - oder allenfalls vorübergehend - beeinträchtigen. Sie muß den Bedürfnissen des Arbeitenden entsprechen, individuelle und kollektive Einflußnahme auf Arbeitsbedingungen und Arbeitssysteme ermöglichen und zur Entwicklung der Persönlichkeit im Sinne der Förderung der Potentiale und Kompetenzen des einzelnen Mitarbeiters beitragen.[39)]

In der Literatur werden wissenschaftlich begründet Charakteristika von Arbeitstätigkeiten beschrieben, deren Erfüllung Voraussetzung für eine menschengerechte Arbeit ist. Diese Kriterien humaner Arbeit, die auf einem relativ abstrakten Niveau angesiedelt sind, bewerten Arbeit unter den Aspekten:[40)]

- ❐ Ausführbarkeit,
- ❐ Schädigungslosigkeit,
- ❐ Beeinträchtigungsfreiheit und
- ❐ Persönlichkeitsförderlichkeit.

Da aufgrund des Abstraktionsniveaus dieser Kriterien, die im übrigen unabhängig von der Art der ausgeübten Tätigkeit sind, keine konkreten Aussagen zur Gestaltung von Arbeitssystemen gemacht werden können, müssen sie operationalisiert werden, z. B. in Form von arbeitswissenschaftlich orientierten Normen, Richtlinien und Checklisten. Als Beispiele hierfür sind die DIN 66234, Teil 8,[41)] und DIN EN ISO 9241, Teil 10,[42)] die Aussagen zur Dialog-

---

39) Vgl. Ulich, E.; Baitsch, C.: Arbeitsstrukturierung, in: Kleinbeck U., Rutenfranz J. (Hrsg.): Arbeitspsychologie, Enzyklopädie der Psychologie D, III, 1, Göttingen Toronto Zürich 1987, S. 494

40) Vgl. Hacker, W.: Arbeitstätigkeitsanalyse - Analyse und Bewertung psychischer Arbeitsanforderungen, Heidelberg 1995, S. 220

41) Vgl. hierzu DIN (Hrsg.): DIN 66234, Teil 8, Bildschirmarbeitsplätze - Grundlagen ergonomischer Dialoggestaltung, Berlin 1988

gestaltung bei Bildschirmarbeitsplätzen machen, Arbeitsschutzbestimmungen oder ergonomische Richtlinien zur Arbeitsplatzgestaltung[43] zu nennen. Obwohl diese Gestaltungsempfehlungen intra- und interindividuelle Unterschiede nur in begrenztem Umfang berücksichtigen und damit nur eingeschränkt dazu geeignet sind, eine differentielle Arbeitsgestaltung[44] zu ermöglichen, leisten sie einen wichtigen Beitrag bei der Gestaltung menschengerechter und effektiver Arbeitssysteme.

Ein Nachteil der oben aufgeführten Richtlinien liegt darin, daß sie Arbeitssysteme aus einem isolierten Blickwinkel heraus betrachten. Ebenso wie viele weitere derzeit am Markt angebotene Gestaltungsrichtlinien haben sie eine eher physiologische Ausrichtung. Sie können folglich nur einen Teil der Kriterien humaner Arbeit berücksichtigen. Psychische Aspekte der Arbeit, die aus dem Zusammenwirken von Mensch, Arbeitsaufgabe und Arbeitsbedingungen resultieren, lassen sich mit solchen Instrumentarien nicht erheben. Hier sind besondere Analyse- und Bewertungsverfahren erforderlich, wie beispielsweise das RHIA/VERA-Büro-[45], das VERA-[46] oder das TBS-GA-Verfahren.[47] Mit Hilfe dieser Verfahren lassen sich die wesentlich komplexeren psychischen Auswirkungen der Arbeit auf den Menschen erfassen. Im Gegensatz zu den vorgenannten Instrumentarien müssen allerdings hier die Gestaltungsempfehlungen

---

42) Vgl. hierzu DIN EN ISO (Hrsg.): ISO 9241, Teil 10, Ergonomische Anforderungen für Bürotätigkeiten mit Bildschirmgeräten, Grundsätze der Dialoggestaltung, deutsche Fassung, Berlin Juli 1996

43) Vgl. hierzu Köchling, A.: Gestaltungswerkzeug Checkliste Bildschirmergonomie, Wiesbaden 1990

44) "Dieses Prinzip bedeutet das gleichzeitige Angebot verschiedener Arbeitssysteme zwischen denen der Mitarbeiter wählen kann. Die Aufgabe der differentiellen Arbeitsgestaltung besteht darin, eine optimale Entwicklung der Persönlichkeit in der Auseinandersetzung mit der Arbeitstätigkeit auf dem Hintergrund interindividueller Differenzen zu gewährleisten." Ulich, E.: Über das Prinzip der differentiellen Arbeitsgestaltung, in: Industrielle Organisation, o. Jg. (1978), Heft 47, S. 568; Vgl. hierzu auch Ulich, E.: Differentielle Arbeitsgestaltung - ein Diskussionsbeitrag, in: Zeitschrift für Arbeitswissenschaft, 37 Jg. (1983), Heft 1, S. 12 - 15 und Ulich, E.: Zur Frage der Individualisierung von Arbeitstätigkeiten unter besonderer Berücksichtigung der Mensch-Computer-Interaktion, in: Zeitschrift für Arbeits- und Organisationspsychologie, 31 Jg. (1987), Heft 3, S. 87 - 88

45) Vgl. hierzu Leitner, K.; Lüders, E.; Greiner, B.; Ducki, A.; Niedermeier, R.; Volpert, W.: Analyse psychischer Anforderungen und Belastungen in der Büroarbeit. Das RHIA/VERA-Büro-Verfahren, Handbuch, Göttingen 1993 (a)

46) Vgl. hierzu Oesterreich, R.; Volpert, W.: VERA Version 2, Arbeitsanalyseverfahren zur Ermittlung von Planungs- und Denkanforderungen im Rahmen der RHIA-Anwendung, Teil 1: Handbuch, Berlin 1991

47) Vgl. hierzu Rudolph, E.; Schönfelder E.; Hacker, W.: Tätigkeitsbewertungssystem - Geistige Arbeit, Berlin 1987

erst aus den Evaluationsergebnissen abgeleitet werden. Analog zu den technischen/ergonomischen Richtlinien und Normen betrachten auch psychologische Analyseverfahren ein Arbeitssystem nur aus einem begrenzten Blickwinkel (organisatorisch/personell) heraus. Da zuvor schon die Notwendigkeit ganzheitlicher Gestaltungsansätze aufgezeigt wurde, ist es zwingend, die Ganzheitlichkeit auch für Evaluationsinstrumentarien zu fordern.

Versucht man allerdings ein solches Verfahren zu finden, so zeigt sich sehr schnell, daß keines der derzeit am Markt angebotenen Evaluationsinstrumente die Forderung nach Ganzheitlichkeit erfüllt. Es gibt zwar erste Ansätze, wie beispielsweise das KABA-[48] oder das EVADIS-II-Verfahren,[49] bei beiden werden aber die technischen bzw. organisatorischen und personellen Aspekte nur rudimentär erfaßt. Damit ergibt sich die dringende Notwendigkeit zur Entwicklung eines entsprechenden Verfahrens.

1.2 Forschungsansatz und Aufbau der Arbeit

Ziel der vorliegenden Arbeit ist es, ein wissenschaftlich fundiertes Arbeitsanalyseinstrumentarium[50] bereitzustellen und zu erproben, das auf die besonderen Anforderungen rechnerunterstützter Büroarbeitssysteme abgestimmt ist. Arbeitsanalyseverfahren werden in diesem Zusammenhang nicht nur zu rein analytischen Zwecken eingesetzt, sondern auch als Bewertungs- und Gestaltungsmethodik.[51] Durch ihre Anwendung in frühen Phasen der Arbeitssystemgestaltung sollen diese Instrumente eine präventive bzw. prospektive Arbeitsgestaltung[52] ermöglichen. Gegenstand der Evaluation sind die Arbeitsaufgaben und

---

48) Vgl. hierzu Dunckel, H.; Volpert, W.; Zölch, M.; Kreutner, U.; Pleiss, C.; Hennes, K.: Kontrastive Aufgabenanalyse im Büro - Der KABA-Leitfaden, Grundlagen und Manual, Zürich und Stuttgart 1993 (a)

49) Vgl. hierzu Oppermann, R.; Murchner, B.; Reitner, H.; Koch, M.: Software-ergonomische Evaluation - Der Leitfaden EVADIS II, 2. neu bearbeitete und erweiterte Auflage von "Evaluation von Dialogsystemen", Berlin, New York 1992

50) Bei vielen der als „Arbeitsanalyseverfahren" bezeichneten Instrumentarien ist dieser Begriff inadäquat, da er sich nur auf einen Teilbereich der Anwendungsmöglichkeiten bezieht. Zahlreiche der verfügbaren Verfahren werden nicht nur zur Analyse sondern auch zur Bewertung der Arbeit eingesetzt. Deshalb wäre hier der Terminus Evaluationsinstrumentarium treffender. Aber auch die inhaltliche Ausweitung des Begriffsverständnisses auf Bewertungsaspekte greift bei manchen Verfahren noch zu kurz, da diese zusätzlich noch die Entwicklung konkreter Gestaltungsmaßnahmen unterstützen.

51) Vgl. Hacker, W., a. a. O. 1995, S. 18

52) Die Strategie der präventiven Arbeitsgestaltung zielt darauf ab, durch die Berücksichtigung arbeitswissenschaftlicher Konzepte und Regeln im Stadium des Entwurfs von Arbeitssystemen und Arbeitsabläufen Schädigungen und Beeinträchtigungen der Gesund-

ihre Ausführungsbedingungen, die im Rahmen eines umfassenden, humanzentrierten Ansatzes detailliert untersucht werden. Das heißt, alle relevanten Arbeitssystemelemente werden bezüglich ihrer Auswirkungen auf den Menschen analysiert und vor dem Hintergrund der Kriterien humaner Arbeit bewertet.

Die Art der zu untersuchenden Evaluationsobjekte bedingt, daß technische, organisatorische und personelle Aspekte bei den Untersuchungen Berücksichtigung finden müssen. Dies erfordert wiederum sehr heterogene Analyseansätze, um den Spezifika der Untersuchungsgegenstände angemessen Rechnung zu tragen. Die Untersuchung von Arbeitsanalyseverfahren für den Bürobereich hat gezeigt, daß keines der verfügbaren Verfahren eine angemessene Analyse und Bewertung aller relevanten Arbeitssystemelemente ermöglicht. Die von unterschiedlichen Fachdisziplinen bereitgestellten Instrumentarien haben ihren Fokus auf jeweils verschiedenen Aspekten, untersuchen diese vor dem Hintergrund bestimmter Zielsetzungen sowie theoretischer Hintergründe und setzen dementsprechend spezifische Evaluationsschwerpunkte. Obwohl sich hieraus die Notwendigkeit eines neuartigen Evaluationsansatzes begründet, liegt das Ziel der vorliegenden Arbeit nicht darin, ein vollkommen neues Arbeitsanalyseverfahren zu entwickeln. Der hierzu erforderliche Entwicklungsaufwand und die Tatsache, daß für verschiedene Einzelelemente rechnerunterstützter Büroarbeitssysteme schon geeignete Evaluationsverfahren zur Verfügung stehen, begründen den alternativ gewählten Forschungsansatz: Vorhandene Arbeitsanalyseverfahren für den Bürobereich sollen so zu einem integrierten Verfahren miteinander kombiniert, daß eine umfassende Evaluation ermöglicht, aber gleichzeitig Redundanzen beim Einsatz der Verfahren weitgehend vermieden werden.

Bisher liegen kaum Erfahrungen mit dem Einsatz solcher Verfahrenskombinationen vor, und dort, wo erste Ansätze dokumentiert sind, fehlt eine wissenschaftlich fundierte Auseinandersetzung mit den theoretischen Grundlagen sowie eine kritische Reflexion der ausgewählten Instrumente.[53)] So schlagen beispielsweise die Autoren des SANUS-Handbuches verschiedene Verfahren zur Analyse bestimmter Arbeitssystemelemente vor, ohne z.B. die Frage zu klären, inwieweit bestimmte Verfahrensteile redundant und daher zusammenfaßbar sind. Ebenso fehlt eine Auseinandersetzung mit den theoretischen Grundlagen, die z.B. notwendig ist, um zu begründen, welche Arbeitssystemelemente wie

---

heit des arbeitenden Menschen vorzubeugen. Die prospektive Arbeitsgestaltung soll durch Erzeugen objektiver Handlungs- oder Gestaltungsspielräume im Stadium der Planung bzw. des Entwurfs - bzw. der Neustrukturierung von Arbeitssystemen Möglichkeiten der Persönlichkeitsentwicklung zu schaffen.
Vgl. Ulich, E., a. a. O. 1994, S. 145 - 146

53) Vgl. hierzu Burmester, M.; Görner, C.; Hacker, W.; Kärcher, M.; Kurtz, P.; Lieser, U.; Risch, W.; Wieland-Eckelmann, R.; Wilde, H.: Das SANUS-Handbuch, Bildschirmarbeit EU-konform, Bremerhaven 1997

bewertet werden müssen. Ein Grund für diese Vorgehensweise mag in der Tatsache liegen, daß die Verfahrenskombination vor dem Hintergrund der EU-Bildschirmrichtlinie 90/270/EWG entstanden ist. Die Autoren beschränken sich auf die Erfüllung der daraus ableitbaren Anforderungen, d.h. physische und psychische Belastungen stehen im Mittelpunkt der Analysen. In der vorliegenden Arbeit wird jedoch ein weitergehender Ansatz verfolgt. Neben Belastungsdimensionen sollen insbesondere auch die Aspekte untersucht werden, die eine Förderung der Persönlichkeit ermöglichen und damit positiv zu bewerten sind.

Vor obigem Hintergrund ist damit ein erster originärer Aspekt der vorliegenden Arbeit darin zu sehen, daß erstmals ein umfassender Evaluationsansatz vorgestellt wird, der theoretisch fundiert ist, alle relevanten Elemente eines rechnerunterstützten Büroarbeitssystems berücksichtigt sowie alle Ebenen humaner Arbeit einbezieht.

Um dieses Ziel zu erreichen, wird ein Rahmen entwickelt, der die zu analysierenden Evaluationsobjekte umfaßt und aufzeigt, in welchen Dimensionen und mit Hilfe welcher Arbeitsanalyseverfahren diese zu bewerten sind. Die dabei entstehende Matrix ermöglicht es somit, Arbeitsanalyseverfahren für eine umfassende Analyse rechnerunterstützter Büroarbeitssysteme auszuwählen bzw. in geeigneter Form miteinander zu kombinieren.

Die zu untersuchenden Arbeitssystemelemente werden deduktiv-modellbasiert bestimmt. Unter Einbeziehung neuerer arbeitspsychologischer Erkenntnisse wird in Kapitel 2 ein allgemeines Arbeitssystemmodell entwickelt, aus dem sich die Evaluationsobjekte rechnerunterstützter Büroarbeitssysteme ableiten lassen.

Die Entwicklung der zweiten Dimension der Bewertungsmatrix erfordert eine intensive Auseinandersetzung mit den theoretischen Grundlagen der Arbeitsanalyse. Die hierzu durchgeführten umfangreichen Literaturanalysen zeigten, daß bislang noch kein fundierter, fachdisziplinenübergreifender Systematisierungsansatz vorliegt. Arbeitsanalyseverfahren werden jeweils vor dem Hintergrund der einzelnen Fachrichtungen beschrieben, wobei die wissenschaftliche Fundierung teilweise erhebliche Unterschiede aufweist. In der vorliegenden Arbeit wird in Kapitel 3 ein Ansatz vorgestellt, der Arbeitsanalyseverfahren unterschiedlicher Wissenschaftszweige in ein übergeordnetes Konzept einbindet und die Voraussetzungen klärt, unter denen verschiedene Arbeitsanalyseverfahren miteinander kombiniert werden können. Während Kapitel 3 die Grundlagen der Arbeitsanalyse in allgemeiner Form behandelt, werden in Kapitel 4 solche Arbeitsanalysekonzepte näher behandelt, die eine umfassende Analyse und Bewertung rechnerunterstützter Büroarbeitssysteme ermöglichen sollen. Neben psychologischen Arbeitsanalyseverfahren werden Arbeitsplatzanalysen genauer gekennzeichnet und bezüglich ihrer theoretischen Basis detailliert beschrieben.

Auf Basis der theoretischen Vorarbeiten von Kapitel 2, 3 und 4 wird in Kapitel 5 eine konkrete Verfahrenskombination vorgestellt, die den Anforderungen einer umfassenden Evaluation rechnerunterstützter Büroarbeitssysteme entspricht. Die einzelnen Verfahren werden detailliert beschrieben, kritisch analysiert und bezüglich ihrer Einbindung in das Gesamtverfahren gekennzeichnet. Die Ausführungen zeigen dabei, daß, obwohl es sich bei den ausgewählten Verfahren um anerkannte Instrumente handelt, diese dennoch einige konzeptionelle Defizite aufweisen. Da sich nicht alle Defizite durch die Kombination der ausgewählten Verfahren beheben lassen, ist die Entwicklung eines neuen Teil-Erhebungsinstrumentariums erforderlich. Dieses neuentwickelte Verfahren dient zur systematischen Erfassung von Behinderungen im Bereich der Informationsverarbeitung und bereitet entsprechende Feinanalysen, die mit anderen Verfahren durchgeführt werden, vor.

Ein integriertes Arbeitsanalyseverfahren, das den oben skizzierten Anforderungen genügt, verursacht zwangsläufig einen erheblichen Untersuchungsaufwand. Um das Aufwand/Nutzen-Verhältnis in angemessenen Grenzen zu halten, werden in Kapitel 6 neue Einsatzbereiche für Arbeitsanalyseverfahren bei der Gestaltung rechnerunterstützter Büroarbeitssysteme vorgestellt. Neben den eher „klassischen" Anwendungsfeldern, die sich auf die Analyse sowie Bewertung bestehender bzw. prototypischer Arbeitssysteme beziehen, werden erweiterte Möglichkeiten aufgezeigt, wie sich diese Instrumente als Hilfsmittel bei der Gestaltung rechnerunterstützter Büroarbeitssysteme und zur Entwicklung aufgabenorientierter EDV-Schulungen nutzen lassen. Insbesondere der letztgenannte Anwendungsbereich stellt einen weiteren originären Ansatz dar. Bislang beschränkte sich der Einsatz von Arbeitsanalyseverfahren bei der Entwicklung von Qualifizierungsmaßnahmen darauf, qualifikatorische Anforderungen an den Arbeitsplatzinhaber zu bestimmen bzw. Inhalte für Qualifizierungsmaßnahmen abzuleiten. Der hier beschriebene Ansatz zeigt darüber hinaus, wie sich unter Einsatz von Arbeitsanalyseverfahren ein neuartiger Typ von Benutzerschulungen entwickeln läßt. Dieser orientiert sich nicht primär an den Funktionen eines Softwaresystems sondern an den damit zu bearbeitenden Aufgaben. Neben den Qualifizierungsinhalten liefern Arbeitsanalysen hier auch die Informationen, die es ermöglichen die Struktur der Schulung festzulegen. Die Methodik der aufgabenorientierten Benutzerschulung basiert auf einem Konzept, welches ursprünglich für den Produktionsbereich entwickelt wurde. In der vorliegenden Arbeit wird dieses Konzept weiterentwickelt und erstmals auf den Bereich rechnerunterstützter geistiger Arbeitstätigkeiten übertragen.

Abbildung 1.1 zeigt in einer Übersicht noch einmal den Aufbau der vorliegenden Arbeit.

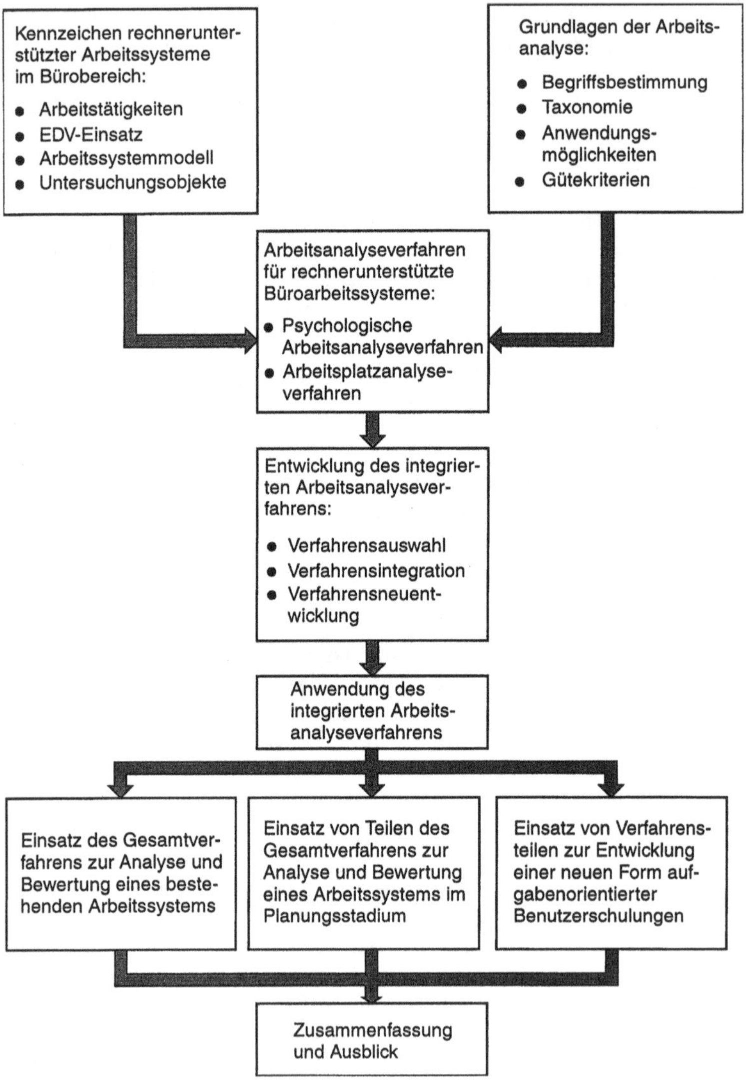

Abbildung 1.1: Aufbau der Arbeit

2 Der Bürobereich

Ziel des folgenden Kapitels ist es, den spezifischen Untersuchungsgegenstand der vorliegenden Arbeit - den Bürobereich - zu kennzeichnen und darauf aufbauend ein Modell eines rechnerunterstützten Büroarbeitssystems zu entwickeln. Dieses Modell dient letztlich dazu, die Elemente zu identifizieren, die Gegenstand arbeitsanalytischer Untersuchungen sein sollten. Ausgehend von einer allgemeinen Beschreibung des Bürobereiches und den dort lokalisierten Tätigkeiten werden zunächst die Besonderheiten der Bürokommunikation und die Unterstützungsmöglichkeiten durch EDV-Systeme skizziert.

2.1 Arbeitstätigkeiten im Bürobereich

In Anlehnung an BAETHGE und OBERBECK, die Büroarbeit als eine auf den gesellschaftlichen Produktions- und Zirkulationsprozeß bezogene Dienstleistungsfunktion ansehen, läßt sich der Bürobereich anhand seiner Funktionen, der in diesem Bereich tätigen Personen und den spezifischen Tätigkeiten charakterisieren.[1)] Letzteres ist auch im arbeitspsychologisch geprägten Verständnis DUNCKELs das wesentliche kennzeichnende Element des Bürobereichs.[2)]

Funktional handelt es sich bei der Büroarbeit im industriellen Sektor zunächst um die Gesamtheit der Prozesse, die den Austausch zwischen Unternehmen und Markt organisieren. Hierdurch nimmt der Bürobereich eine Brückenfunktion zwischen der Warenproduktion und ihren gesellschaftlichen Voraussetzungen und Bedingungen ein.[3)] Aufgrund dieser Abgrenzung sind der Büroarbeit in erster Annäherung alle Arbeitstätigkeiten zuzuordnen, die nicht in direktem Zusammenhang mit der Erstellung materieller Güter stehen. Vielmehr dienen die im Büro- und Verwaltungsbereich lokalisierten Informations-, Dokumentations- und Kommunikationsfunktionen zur Planung, Steuerung und Verwaltung betrieblicher Abläufe.[4)] Darüber hinaus grenzen verschiedene Autoren Büroarbeit als ausführende Tätigkeit an geistigen Objekten von Aktivitäten ab, die insbe-

---

1) Vgl. Baethge, M.; Oberbeck, H.: Zukunft der Angestellten, Neue Technologien und berufliche Perspektiven in Büro und Verwaltung, Frankfurt, New York 1986, S. 19 - 20

2) Vgl. Dunckel, H.: Psychologisch orientierte Systemanalyse im Büro, Bern, Göttingen, Toronto, Seattle 1996, S. 36

3) Vgl. Baethge, M.; Oberbeck, H., a. a. O. 1986, S. 19 - 20

4) Vgl. Rauch, W. D.: Büroinformationssysteme - Sozialwissenschaftliche Aspekte der Büroautomatisierung durch Informationssysteme, Wien 1982, S. 12; Nippa, M.; Schönecker, H. G.: Computerunterstützte Büroanalyse- und Gestaltungsmethoden, Organisationshilfen für die Praxis, in: Schönecker, H. G.; Nippa, M. (Hrsg.): Computerunterstützte Methoden für das Informationsmanagement, Baden-Baden 1990, S. 14

sondere im Zusammenhang mit Leitungs- und Entscheidungsfunktionen stehen.[5] Andere wiederum ordnen auch Führungsaufgaben der Büroarbeit zu,[6] so daß in der einschlägigen Fachliteratur kein einheitliches Begriffsverständnis vorliegt.

Begreift man Büroarbeit als geistige Tätigkeiten,[7] die RESCH als Planung, Verwaltung und Kontrolle einer anderen Arbeit definiert,[8] so lassen sich dem industriellen Bürobereich insbesondere die folgenden Funktionen zurechnen:[9]

- **Zielbildung für andere**
  Geistig tätige Personen erarbeiten symbolische Objekte, die eine Zielfunktion für andere Personen besitzen. Beispielsweise handelt es sich dabei um konstruktive Tätigkeiten, die im Zusammenhang mit dem Entwurf eines neuen Produktes stehen.
- **Arbeitsplanung für andere**
  Entsprechende Tätigkeiten lassen sich den betrieblichen Funktionen Arbeitsplanung und Arbeitsvorbereitung zuordnen. Hier hat die geistig arbeitende Person die Aufgabe festzulegen, wie und mit Hilfe welcher Ressourcen ein vorgegebenes Ziel zu erreichen ist.
- **Verwaltung von Arbeits- und Materialressourcen**
  Im Rahmen der Büroarbeit werden die benötigten und eingesetzten Arbeitskräfte, Arbeitszeiten und Materialien ermittelt und in Beziehung zu anderen Teilen der Produktion gesetzt. Die dabei anfallenden Tätigkeiten können sich auf eine reine Verbrauchserhebung beschränken, sie können aber auch Entscheidungen über die Ressourcenverteilung beinhalten.

---

5) Vgl. Höring, K.: Bürosystemgestaltung, in: Frese, E. (Hrsg.): Handwörterbuch der Organisation, Enzyklopädie der Betriebswirtschaftslehre, Band 2, 3., völlig neu gestaltete Aufl., Stuttgart 1992, Sp. 401

6) Vgl. z.B. Picot, A.; Reichwald, R.: Bürokommunikation, Leitsätze für den Anwender, 3. Aufl., München 1987, S. 71 oder Szyperski, N.; Grochla, E.; Höring, K.; Schmitz, P.: Bürosysteme in der Entwicklung, Studien zur Typologie und Gestaltung von Büroarbeitsplätzen, Braunschweig, Wiesbaden 1982, S. 17

7) Der Begriff „Arbeitstätigkeit“ bezeichnet die Gesamtheit aller an einem Arbeitsplatz auszuführenden Arbeitseinheiten. Letztere werden durch geistige oder manuelle Operationen realisiert und bilden die kleinsten Beschreibungseinheiten der Arbeitstätigkeit im Rahmen psychologischer Arbeitsanalyseverfahren wie z.B. der Kontrastiven Aufgabenanalyse. Vgl. Dunckel, H.; Volpert, W.; Zölch, M.; et al., a. a. O. 1993 (a), S. 366

8) Vgl. Resch, M.: Die Handlungsregulation geistiger Arbeit, Bern, Stuttgart, Toronto 1988, S. 18

9) Vgl. Resch, M., a. a. O. 1988, S. 20

Obwohl Bürotätigkeiten bislang am Beispiel industrieller Büro- und Verwaltungsbereiche skizziert wurden, sind sie nicht auf diesen Bereich beschränkt. Sie finden sich z.B. auch in staatlichen und privaten Organisationen:[10)]

- in denen beispielsweise die sozialen Folgen der Produktions- und Austauschprozesse reguliert werden (z.B. Versicherungen, Sozialamt),
- staatliche Ordnungsfunktionen lokalisiert sind (z.B. Gewerbeaufsichtsämter) oder
- die gesellschaftlichen und ökonomischen Voraussetzungen der Produktionsprozesse (z.B. Banken) geschaffen und erhalten werden.

Charakterisiert man den Bürobereich hinsichtlich der dort tätigen Personen, so handelt es sich dabei zunächst um kaufmännische und Verwaltungsangestellte in Industrieverwaltungen, Dienstleistungs- und Handelsunternehmen sowie öffentlichen Verwaltungen.[11)] Entsprechend RESCHs Definition geistiger Arbeit sind diesen Berufsgruppen auch solche Mitarbeiter zuzuordnen, die z.B. in Industrieunternehmen als Konstrukteure, Arbeitsvorbereiter oder Einkäufer tätig sind.[12)] Insgesamt bildet die Gruppe der Büroangestellten keine homogene Einheit hinsichtlich Tätigkeitsinhalten, Status oder Beschäftigungsperspektiven. Vielmehr liegt hier ein breites Spektrum vor, welches von einfachen Hilfs- bis hin zu hochqualifizierten Sachbearbeitertätigkeiten reicht.[13)]

Bürotätigkeiten als überwiegend[14)] geistige Tätigkeiten beziehen sich im Gegensatz zu den Arbeitstätigkeiten im Fertigungsbereich vorwiegend auf immaterielle bzw. symbolische Bearbeitungsobjekte. Arbeitssysteme des Büro- und Verwaltungsbereiches nehmen Informationen auf, diese werden dort be- bzw. verarbeitet und als neue, höherwertigere Informationen an andere Organisationseinheiten weitergeleitet. Der Informationsverarbeitungsprozeß ist daher ein zentrales Merkmal der Büroarbeit. Dies spiegelt sich auch im Begriffsver-

---

10) Vgl. Dunckel, H., a. a. O. 1996, S. 37

11) Vgl. Baethge, M.; Oberbeck, H., a. a. O. 1986, S. 19

12) Vgl. Resch, M., a. a. O. 1988, S. 21

13) Vgl. Baethge, M.; Oberbeck, H., a. a. O. 1986, S. 19

14) Resch weist in seinen Ausführungen darauf hin, daß eine klare Abgrenzung zwischen Kopf- und Handarbeit anhand der Tätigkeitsmerkmale nicht möglich ist. So beinhaltet die Arbeit eines Konstrukteurs neben gedanklichen Überlegungen auch manuelle Elemente, wie z.B. die Arbeit am Zeichenbrett. Umgekehrt müssen bei manuellen Tätigkeiten auch Signale wahrgenommen und interpretiert werden, was letztlich geistige Aktivitäten sind. Aus diesem Grund schlägt RESCH eine Abgrenzung anhand des Produktes der Tätigkeit vor. Dies führt schließlich zur Definition geistiger Arbeit als Planung, Verwaltung oder Kontrolle einer anderen Arbeit.
Vgl. Resch, M., a. a. O. 1988, S. 17 - 18

ständnis von Büroarbeit wider, das sich beispielsweise bei FRESE et al.,[15] PETERS,[16] SZYPERSKI et al.[17] oder DUNCKEL et al. findet.[18]

Die Ausführung geistiger Tätigkeiten für andere impliziert die Notwendigkeit einer Kooperation und beinhaltet damit auch eine soziale Dimension. Insofern weisen verschiedene Autoren darauf hin, daß Büroarbeit neben informatorischen auch kommunikative Prozesse umfaßt.[19] SZYPERSKI et al. legen dabei der Bürokommunikation eine umfassende, auf die spezifischen Anforderungen des Bürobereichs abgestimmte Definition zugrunde. Sie verstehen Kommunikation als einen „Prozeß, bei dem Informationen zwischen Personen (oder zwischen Personen und Maschinen) ausgetauscht werden. Ein Kommunikationsprozeß beginnt beim intuitiven begrifflichen und modellhaften Denken einer Person, die eine Aussage übertragen will, und endet im Denkprozeß der empfangenden Person. Im Fall der Kommunikation mit einer Maschine gilt entsprechendes für die Verarbeitungsprozesse des Computers."[20] Insofern umfaßt ihr Kommunikationsbegriff neben der Funktion der Übertragung von Informationen auch deren Be- bzw. Verarbeitung und Speicherung. Ebenso schließt der Kommunikationsprozeß auch intuitive und kreative Denkprozesse mit ein. Als Konsequenz ihrer Ausführungen schlagen SZYPERSKI et al. vor, mit dem Begriff der Bürokommunikation die Tätigkeiten im Bürobereich zu kennzeichnen, die im wesentlichen aus allen Teilprozessen der Kommunikation zwischen Personen (oder Personen und Maschinen) bestehen.[21] In Abbildung 2.1 sind die oben skizzierten Zusammenhänge abgebildet. Darüber hinaus zeigt diese Grafik, wie technische Systeme den Prozeß der Bürokommunikation unterstützen können.

Die bisherigen Ausführungen könnten die Vermutung nahelegen, daß Büroarbeit an den Büro- und Verwaltungsbereich als räumlichen Bereich gekoppelt ist. SZYPERSKI et al. weisen jedoch darauf hin, daß Büroarbeit nicht an einen Schreibtisch gebunden ist, sondern auch im Konferenzraum, in der Werkstatt, in

---

15) Vgl. Frese, E.; von Werder, A.: Bürokommunikation, in Frese, E. (Hrsg.): Handwörterbuch der Organisation, Enzyklopädie der Betriebswirtschaftslehre, Band 2, 3., völlig neu gestaltete Aufl., Stuttgart 1992, Sp. 374

16) Vgl. Peters, G.: Ablauforganisation im Büro, Ansatzpunkte zur effizienten Gestaltung der Büroarbeit, 1. Teil, in: Zeitschrift Führung und Organisation, 59. Jg. (1990), Heft 2, S. 106

17) Vgl. Szyperski, N.; Grochla, E.; Höring, K.; et al., a.a. O. 1982, S. 6

18) Vgl. Dunckel, H.; Volpert, W.; Zölch, M.; et al., a. a. O. 1993 (a), S. 53

19) Vgl. Rech, M., a. a. O. 1988, S. 19; Nippa, M.; Schönecker, H. G., a. a. O. 1990, S. 13 - 14

20) Szyperski, N.; Grochla, E.; Höring, K.; et al., a.a. O. 1982, S. 8

21) Vgl. Szyperski, N.; Grochla, E.; Höring, K.; et al., a.a. O. 1982, S. 10

einem Verkehrsmittel etc. stattfinden kann. Insofern ist das das Büro eine virtuelle Zusammenfassung geistiger Tätigkeiten.[22)]

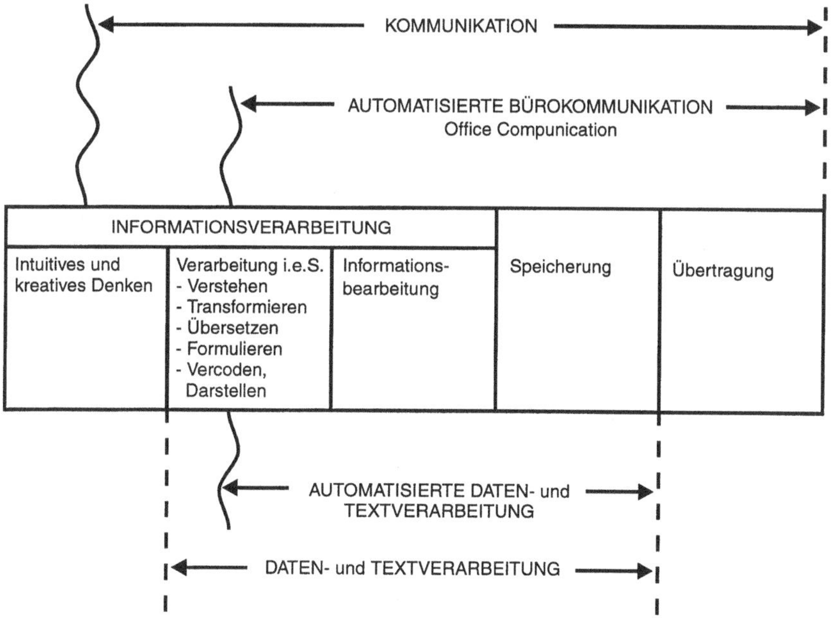

Abbildung 2.1: Elemente der Bürokommunikation[23)]

Aus dem spezifischen Verständnis von Arbeitstätigkeiten leitet sich ab, daß sich dem Bürobereich im allgemeinen und einem einzelnen Arbeitsplatz im speziellen unterschiedliche Aufgaben zuordnen lassen. Dabei ist die Arbeitsaufgabe im arbeitspsychologischen Verständnis als Gesamtheit aller Arbeitseinheiten definiert, die sich dem gleichen Ziel zuordnen lassen und aus diesem abgeleitet sind.[24)] Verschiedene Autoren weisen in ihren Ausführungen darauf hin, daß Aufgaben im Bürobereich, z.B. hinsichtlich ihrer Komplexität, des Informationsbedarfs etc. ein breites Spektrum abdecken.[25)] Entsprechend vielfältig sind

---

22) Vgl. Szyperski, N.; Grochla, E.; Höring, K.; et al., a.a. O. 1982, S. 6

23) Abbildung entnommen aus: Szyperski, N.; Grochla, E.; Höring, K.; et al., a.a. O. 1982, S. 11

24) Vgl. Dunckel, H.; Volpert, W.; Zölch, M.; et al., a. a. O. 1993 (a), S. 368

25) Vgl. z.B. Picot, A.; Neuburger, R.: EDV-Arbeitsplätze in Büro und Verwaltung, in: Luczak, H., Volpert, W. (Hrsg.): Handbuch Arbeitswissenschaft, Stuttgart 1997, S. 619; Picot, A.; Reichwald, R., a. a. O., 1987, S. 63 oder Fornfeist, M.: Kommunikations-

die Möglichkeiten, wie technische Systeme die Ausführung dieser Aufgaben unterstützen können. Eine effektive, effiziente und humane Arbeit läßt sich i. d. R. aber nur dann realisieren, wenn die Technikgestaltung den Merkmalen und Anforderungen der zu bearbeitenden Aufgaben angemessen Rechnung trägt.[26)] Insofern ist es unerläßlich, sich mit den im Bürobereich anfallenden Aufgabentypen zu befassen, um daraus Anforderungen an technische Unterstützungskonzepte abzuleiten. Im folgenden werden die wichtigsten Typologien der Büroarbeit vorgestellt, um dann anhand eines geeigneten Klassifikationsschemas konkrete Anforderungen an die Technikunterstützung abzuleiten.

SZYPERSKI et al. orientieren sich bei ihrem Typologisierungsansatz an den betrieblichen Basisfunktionen, die sich wiederum bestimmten Berufsgruppen zuordnen lassen. Konstituierende Merkmale dieser Basisfunktionen, die von den Autoren auch als Grundtypen der Büroarbeit bezeichnet werden, sind die Charakteristika der betrieblichen Aufgaben (Inhalt, Formalisierbarkeit, Strukturierbarkeit), die Notwendigkeit disziplinarischen Fachwissens und der Anlaß der Arbeit. Dementsprechend unterscheiden sie:[27)]

- Führungsaufgaben,
- Fachaufgaben,
- Sachbearbeiteraufgaben und
- Unterstützungsaufgaben.

Diese Typologie grenzt die Aufgaben hinsichtlich ihrer Komplexität und Strukturiertheit gegeneinander ab. Insofern trägt sie dem empirischen Tatbestand Rechnung, daß sich unstrukturierte und komplexe Tätigkeiten vorwiegend bei Führungskräften finden, während einfache und gut strukturierte Aufgaben vielfach von Schreib- oder Hilfskräften ausgeführt werden.[28)] Unberücksichtigt bleibt hier, was ein Nachteil dieser Klassifikation ist, daß auch Führungskräfte Routinetätigkeiten ausführen oder Sachbearbeiter hochkomplexe, wenig strukturierte Aufgaben bearbeiten können.[29)]

NIPPA und SCHÖNECKER schlagen eine Einteilung der Büroaufgaben vor, die zwischen:[30)]

---

technik und Aufgabe, Organisatorische Aufgabenanalyse unter Berücksichtigung des Kommunikationsproblems, München 1985, S. 31 - 32

26) Vgl. Nippa, M.; Schönecker, H. G., a. a. O. 1990, S. 17

27) Vgl. Szyperski, N.; Grochla, E.; Höring, K.; et al., a.a. O. 1982, S. 16 - 18

28) Vgl. Dunckel, H., a. a. O., S. 40

29) Vgl. Picot, A.; Reichwald, R., a. a. O. 1987, S. 71

30) Vgl. Nippa, M.; Schönecker, H. G., a. a. O. 1990, S. 18

- ❑ Einzelfallaufgaben,
- ❑ Projektaufgaben,
- ❑ Regelaufgaben und
- ❑ Routineaufgaben

differenziert. Die Abgrenzungskriterien sind dabei die Aufgabenkomplexität, -dynamik, -tragweite und -emotionalität, Strukturierbarkeit der Aufgabe, Planbarkeit der Aufgabenerfüllung und der Informations-, Kommunikations- sowie Flexibilitätsbedarf. Einzelaufgaben zeichnen sich in diesem Sinne dadurch aus, daß eine hohe Aufgabenkomplexität, -dynamik, -tragweite und -emotionalität vorliegt, der Informations-, Kommunikations- und Flexibilitätsbedarf sehr hoch ist und die Aufgabe gleichzeitig schlecht strukturier- und planbar ist. Umgekehrt zeichnen sich Routinetätigkeiten durch eine sehr hohe Strukturier- und Planbarkeit aus, während die aus den übrigen Klassifizierungsmerkmalen resultierenden Anforderungen sehr gering sind.[31)]

Die von PICOT und REICHWALD entwickelte Typologie der Büroaufgaben entstand vor dem Hintergrund, daß Bürokommunikation nur dann angemessen durch technische Systeme unterstützt werden kann, wenn die Komplexität der Aufgabe, die Planbarkeit des Informationsbedarfs, die Kooperationsbeziehungen und die Regelung des Lösungsweges bekannt sind. Daher unterscheiden sie bei ihrer idealtypischen Einteilung:

- ❑ nicht formalisierbare Einzelfallaufgaben,
- ❑ teilweise formalisierbare, sachfallbezogene Aufgaben und
- ❑ vollständig formalisierbare Routineaufgaben.

Obwohl bestimmte Aufgabentypen in bestimmten Bereichen dominieren, weisen die Autoren darauf hin, daß die Zuordnung der Aufgabentypen zu bestimmten Branchen oder Hierarchieebenen unzulässig ist.[32)] Abbildung 2.2 kennzeichnet die einzelnen Aufgabentypen anhand ihrer wesentlichen Merkmalsausprägungen.

Büroarbeit vom Typ 1 findet sich in erster Linie bei Führungskräften, die bei der Ausführung ihrer Tätigkeiten von Assistenzkräften unterstützt werden. Entsprechende Aufgaben, wie z.B. die Durchführung von Investitionsvorhaben oder strategische Entscheidungen, zeichnen sich dadurch aus, daß die Informationsverarbeitung nicht formalisierbar ist. Tätigkeiten von Typ 2 fallen in das breite Feld qualifizierter Projekt-Sachbearbeitung in Industrie, Handel und öffentlicher Verwaltung. Sie dominieren aber auch die Bürotätigkeiten in mittelständischen Betrieben und in der Dienstleistungsbranche. Schließlich finden

---

31) Vgl. Nippa, M.; Schönecker, H. G., a. a. O. 1990, S. 18

32) Vgl. Picot, A.; Reichwald, R., a. a. O. 1987, S. 70 - 71

sich Routineaufgaben vom Typ 3 überwiegend im Rechnungswesen oder in der Materialwirtschaft industrieller Verwaltungen, in öffentlichen Behörden oder bei der Sachbearbeitung im Versicherungswesen.[33]

Merkmale der Aufgabenerfüllung / Aufgabentyp	Problemstellung (Komplexität und Planbarkeit)	Informationsbedarf	Kooperationspartner	Lösungsweg
Büroarbeit vom Typ 1 Einzelfall (nicht formalisierbar)	hohe Komplexität, niedrige Planbarkeit	unbestimmt	wechselnd nicht festgelegt	offen
Büroarbeit vom Typ 2 sachbezogener Fall (teilweise formalisierbar)	mittlere Komplexität, mittlere Planbarkeit	problemabhängig (un)bestimmt	wechselnd festgelegt	geregelt bis offen
Büroarbeit vom Typ 3 Routinefall (vollständig formalisierbar)	niedrige Komplexität, hohe Planbarkeit	bestimmt	gleichbleibend festgelegt	festgelegt

Abbildung 2.2: Typen der Büroarbeit nach PICOT und REICHWALD[34]

Die Einteilung der Büroarbeit nach PICOT und REICHWALD soll in den folgenden Abschnitten dazu herangezogen werden, um aus den Aufgaben Anforderungen an den Einsatz technischer Hilfsmittel zur Unterstützung der Informations- und Kommunikationsprozesse abzuleiten.

2.2 EDV-Einsatz im Bürobereich

Im Gegensatz zum Produktionsbereich, wo Rationalisierungsbemühungen durch EDV-Einsatz eine lange Tradition haben, wird im Bürobereich eine Effizienzsteigerung durch die Verwendung von Rechnersystemen erst in den letzten Jahren verstärkt betrieben.[35] Trotz vielversprechender Vorteile, die geeignete

33) Vgl. Picot, A.; Reichwald, R., a. a. O. 1987, S. 70 - 73

34) Abbildung entnommen aus: Picot, A.; Reichwald, R., a. a. O. 1987, S. 70

35) Vgl. Picot, A.; Neuburger, R., a. a. O. 1997, S. 618; Friedrich, J., a. a. O. 1995, S. 56

Computer bieten, lassen sich die erhofften Verbesserungen aber nicht immer verwirklichen. So zeigen Untersuchungen, daß steigende Investitionen im Verwaltungsbereich nicht immer zu Produktivitätssteigerungen führen (Produktivitätsparadoxon).[36] Verschiedene Autoren weisen auch darauf hin, daß Motivationsverluste, Angst vor einem Arbeitsplatzverlust oder die Einschränkung der Kommunikationsmöglichkeiten[37] negative Begleiterscheinungen der Einführung von EDV-Systemen sein können.

Die oben skizzierten Phänomene treten insbesondere dann auf, wenn die Gestaltung rechnerunterstützter Arbeitssysteme einseitig auf technische Aspekte ausgerichtet ist und Fragen der Arbeitsgestaltung oder Qualifizierung der Mitarbeiter außer acht gelassen werden. Wird aber Technik im Sinne eines aufgabenorientierten Gestaltungsansatzes optional verstanden, so bietet sie bei richtiger Abstimmung auf die Anforderungen der Arbeitsaufgabe die Chance, Arbeit gleichzeitig effizient und menschengerecht zu gestalten.[38] Statt z.B. eine Büroschreibkraft, die bislang nur eine Schreibmaschine bedienen konnte, durch ein EDV-gestütztes Textverarbeitungssystem zu „ersetzen“, kann eine Alternativstrategie darin liegen, den Aufgabenbereich der arbeitenden Person zu erweitern und sie in Richtung Dokumentenverarbeitung weiterzuqualifizieren.[39]

Büroarbeit als geistige Arbeit, die sich auf die Gewinnung, Bearbeitung und Weiterleitung von Informationen bezieht,[40] ist durch die Art der Arbeitsobjekte

---

36) BRYNJOLFSSON wertet in seiner Untersuchung zahlreiche empirische Studien kritisch aus, die in bezug auf das Produktivitätsparadoxon durchgeführt worden sind. Als mögliche Erklärungen für dieses Phänomen identifiziert er Redistributionseffekte in den Unternehmen, zeitliche Verzögerungen zwischen den Investitionen in EDV-Systeme und dem damit erzielten Nutzen, methodischen Fehler bei der Datenerhebung und Mismanagement beim EDV-Einsatz.
Vgl. Brynjolfsson, E., a. a. O. 1993, S. 73 - 76

37) Vgl. Vetter, R.; Wiesenbauer, L.: Anwenderakzeptanz in BK-Projekten, in: Office Management, 40. Jg. (1992), Heft 6, S. 46 - 47; Dunckel, H.; Volpert, W.; Zölch, M.; et al., a. a. O. 1993 (a), S. 102; Zink, K. J.: Zur Notwendigkeit eines sozio-technologischen Ansatzes, in: Zink, K. J. (Hrsg.): Sozio-technologische Systemgestaltung als Zukunftsaufgabe, München 1984, S. 36; Helmreich, R.: Effizienter Technikeinsatz will gelernt sein - Ausbildung und Schulung für mehr Akzeptanz, in: Helmreich, R. (Hrsg.): Bürokommunikation und Akzeptanz, Heidelberg 1991, S. 179

38) Vgl. Ulich, E., a. a. O. 1994, S. 159 - 161

39) Vgl. Picot, A.; Reichwald, R., a. a. O. 1987, S. 125 - 127; Friedrich, J., a. a. O. 1995, S. 59

40) Vgl. Picot, A.; Rohrbach, P.: Bürokommunikation - Aktueller Stand und neue Entwicklungen, in: Franz, O. (Hrsg.): HFO - RKW-Handbuch Führungstechnik und Organisation, Band 3, Thema 2452, Düsseldorf 1994, S. 3; Picot, A.; Reichwald, R., a. a. O. 1987, S. 37; Friedrich, J., a. a. O. 1995, S. 57

für die Bearbeitung durch EDV-Systeme prädestiniert.[41] Welcher Art die Unterstützung sein kann, hängt jedoch unmittelbar von den spezifischen Anforderungen ab, die sich aus den jeweiligen Aufgaben ableiten lassen. Die von PICOT und REICHWALD vorgestellte akzentuierende Aufgabenklassifikation charakterisiert die unterschiedlichen Typen der Büroarbeit u.a. nach ihrem Formalisierungsgrad und Informationsbedarf.[42] Insofern ist diese Systematik in besonderem Maße dazu geeignet, Anforderungen an EDV-Systeme abzuleiten. Abbildung 2.3 zeigt beispielsweise, welche Kommunikationstechniken sich den einzelnen Aufgabentypen zuordnen lassen.

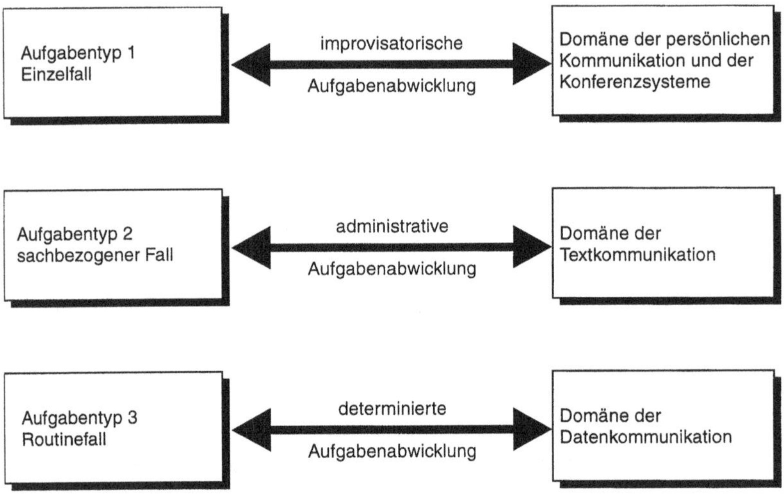

Abbildung 2.3: Aufgabentyp, Aufgabenabwicklung und Kommunikationstechniken[43]

Aufgabentyp 1 erfordert den schnellen und unbürokratischen Aufbau von Kommunikationsbeziehungen, um Abstimmungsprozesse durchführen und benötigte Informationen beschaffen zu können. Kommunkationstechniken zur Unterstützung dieses Aufgabentyps müssen den unmittelbaren Dialog und den Austausch auch komplexer Inhalte ermöglichen. Neben der persönlichen (face-to-face) Kommunikation kommen daher nur flexible Systeme in Frage, die den Benutzer nicht in deterministische Aufgabenabläufe zwängen. Aufgabentyp 2 zeichnet sich häufig durch die Notwendigkeit, vorgegebene Dienstwege einzu-

41) Vgl. Picot, A.; Rohrbach, P., a. a. O. 1994, S. 3; Friedrich, J., a. a. O. 1995, S. 57

42) Vgl. Picot, A.; Reichwald, R., a. a. O. 1987, S. 70 - 71

43) Abbildung entnommen aus: Picot, A.; Reichwald, R., a. a. O. 1987, S. 72

halten, aus. Die Kommunikation erfolgt i.d.R. in schriftlicher Form, weshalb hier textorientierte Kommunikationsmedien dominieren. Schließlich hat der Aufgabentyp 3 seinen Schwerpunkt in der Mensch-Maschine-Kommunikation, wobei die Art der Aufgabenausführung i.d.R. deterministisch-technisch festgelegt ist. Entsprechend den gleichbleibenden Problemstellungen lassen sich die Kommunikationsprozesse als programmierbare Abläufe darstellen.[44] Die folgende Abbildung zeigt beispielhaft, welche konkreten Kommunikationssysteme für den Bürobereich sich den einzelnen Aufgaben zuordnen lassen.

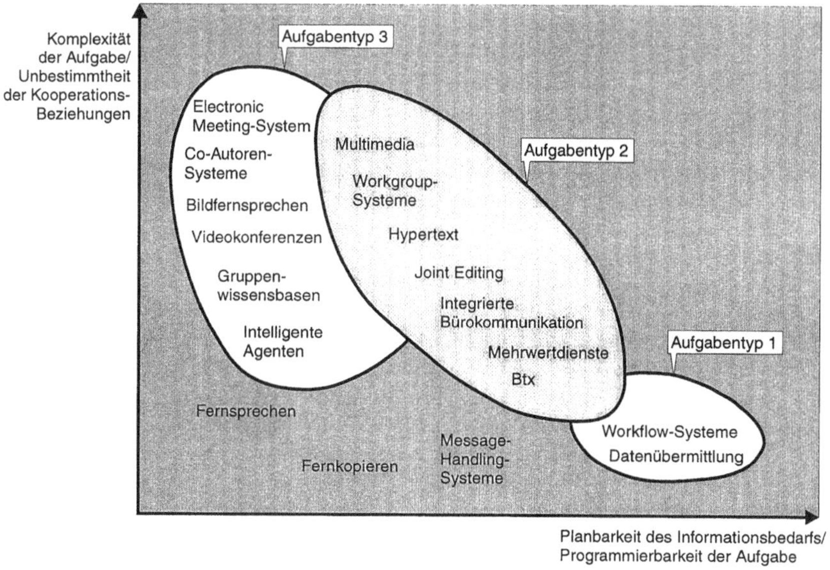

Abbildung 2.4: Aufgabentyp und Unterstützung durch Kommunikationstechniken[45]

Tätigkeiten im Büro- und Verwaltungsbereich umfassen neben Kommunikations- auch Informationsverarbeitungsprozesse. Beide Aktivitätsbereiche lassen sich wirkungsvoll durch EDV-Systeme unterstützen, was z.B. in den Begriffen Informations- und Kommunikationstechniken[46] (I&K) zum Ausdruck kommt.

---

44) Vgl. Picot, A.; Rohrbach, P., a. a. O. 1994, S. 31 - 33

45) Abbildung entnommen aus: Picot, A.; Rohrbach, P., a. a. O. 1987, S. 33

46) Im Sinne des Arbeitsanalyseverfahrens der Kontrastiven Aufgabenanalyse sollen im folgenden alle EDV-gestützten Arbeitsmittel als I&K-Techniken bezeichnet werden. Arbeitsmittel wie Telefon, Schreibmaschine, Kopierer, Nachschlagewerke etc. werden

Informationstechnologien sind alle technischen Einrichtungen, mit deren Hilfe Daten erfaßt, gespeichert und verarbeitet werden,[47] Kommunikationstechnologien unterstützen die Übertragung und Vermittlung von Daten.[48] Zusammenfassend werden solche Computersysteme auch als Bürosysteme[49] oder Computersysteme der Bürokommunikation[50] bezeichnet. Diese Definitionen tragen SZYPERSKIs erweitertem Begriffsverständnis der Büro-Kommunikation Rechnung, nach dem auch Aspekte der Informationsbe- bzw. -verarbeitung Bestandteile von Kommunikationsprozessen sind.[51] Zur formalen Abgrenzung der Bürosysteme von anderen EDV-Systemen schlagen FRESE et al. eine Dreiteilung der I&K-Techniken vor. Sie unterscheiden in einer akzentuierenden Abgrenzung Computersysteme des Produktionsbereichs, Computersysteme der „klassischen" Massendatenverarbeitung im Rechnungswesen und Computersysteme der Bürokommunikation (vgl. Abb. 2.5).[52] Diese Abgrenzung gründet sich auf organisatorische Kategorien und nicht auf technische Eigenschaften, da jeder der oben genannten Computertypen auf den gleichen technischen Konzepten der Mikroelektronik basiert.[53]

Die Notwendigkeit eines aufgabenorientierten Gestaltungansatzes impliziert umgekehrt, daß sich das Nutzenpotential von Bürosystemen kaum vollständig erschließen läßt, wenn sich der Gestaltungsprozeß auf technische Fragestellungen wie z.B. die Funktionalität von Computerprogrammen oder die Vernetzung von Computersystemen fokussiert. Vielmehr müssen schon frühzeitig auch personelle und organisatorische Aspekte Berücksichtigung finden. Dabei muß - im Gegensatz zu den in der Informatik verbreiteten Ansätzen - die Richtung des Gestaltungsprozesses von der Organisation über die Software zur Hardware verlaufen.[54] PICOT und NEUBURGER schlagen in diesem Zusammenhang ein dreistufiges Vorgehen vor:[55]

---

als konventionelle Arbeitsmittel bezeichnet. Vgl. Dunckel, H.; Volpert, W.; Zölch, M.; et al., a. a. O. 1993 (a), S. 370

47) Vgl. Dunckel, H., Volpert, W., Zölch, M., et al., a. a. O. 1993, S. 370; Picot, A.; Rohrbach, P., a. a. O. 1994, S. 3

48) Vgl. Dunckel, H., Volpert, W., Zölch, M., et al., a. a. O. 1993, S. 370; Picot, A.; Rohrbach, P., a. a. O. 1994, S. 4

49) Vgl. Höring, K.: Bürosystemgestaltung, a. a. O. 1992, Sp. 400

50) Vgl. Frese, E.; von Werder, A., a. a. O. 1992, Sp. 374 - 375

51) Vgl. Szyperski, N.; Grochla, E.; Höring, K.; et al., a.a. O. 1982, S. 8

52) Vgl. Frese, E.; von Werder, A., a. a. O. 1992, Sp. 375

53) Vgl. Höring, K.: Bürosystemgestaltung, a. a. O. 1992, Sp. 404

54) Vgl. Friedrich, J., a. a. O. 1995, S. 65

55) Vgl. Picot, A.; Neuburger, R., a. a. O. 1997, S. 619

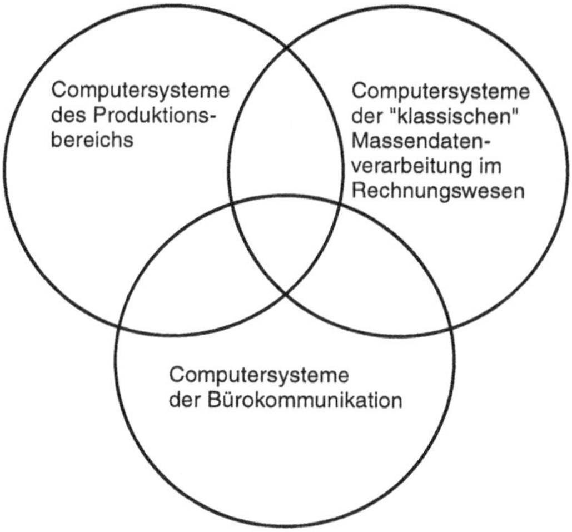

Abbildung 2.5: Einordnung der Bürosysteme[56)]

- Analyse der zugrundeliegenden Aufgaben,
- Auswahl und Planung der EDV-Unterstützung und
- Schaffung organisatorischer, personeller und technischer Voraussetzungen.

Dieser Ansatz zur Gestaltung rechnerunterstützter Büroarbeit verdeutlicht, daß im Rahmen des Gestaltungprozesses ein mehrdimensionales Optimierungsproblem zu lösen ist. Unterschiedlichste Arbeitssystemelemente aber auch die vielfältigen Beziehungen zwischen ihnen müssen derart gestaltet werden, daß letztlich ein Arbeitssystem entsteht, das gleichzeitig wirtschaftlichen und humanen Anforderungen genügt. Insofern ist es wenig sinnvoll, einen Büroarbeitsplatz in Sinne eines einfachen Input-Output- oder eines Mensch-Maschine-Modelles[57)] darzustellen.[58)] Vielmehr bietet sich eine systemtheoretische Betrachtung an, um die relevanten Elemente und ihre Beziehungen zueinander angemessen zu beschreiben. Die Systemtheorie, die ihre Ursprünge in der Nachrichtentechnik[59)] hat, bildet eine der wesentlichen Grundlagen der Managementlehre,[60)]

---

56) Abbildung entnommen aus: Frese, E.; von Werder, A., a. a. O. 1992, Sp. 375

57) Vgl. hierzu Timpe, K.-P.: Mensch-Maschine-Systeme, in: Luczak, H.; Volpert, W. (Hrsg.): Handbuch Arbeitswissenschaft, Stuttgart 1997, S. 609 - 612

58) Auf diese Problematik hat auch schon SYDOW in seinen Ausführungen zum soziotechnischen Ansatz hingewiesen. Vgl. Sydow, J., a. a. O. 1985, S. 28

59) Vgl. Wunsch, G.: Geschichte der Systemtheorie, Dynamische Systeme und Prozesse, München 1985, S. 7

die sich mit den funktionalen, prozessualen und institutionalen Aspekten dispositiver Tätigkeiten befaßt.[61] Auf sie soll im folgenden zurückgegriffen werden, um ein geeignetes Modell rechnerunterstützter Arbeitssysteme zu entwikkeln.

2.3 Modell eines rechnerunterstützten Büroarbeitssystems

Im folgenden Abschnitt wird in Anlehnung an verschiedene vorliegende Modelle[62] ein Arbeitssystemmodell vorgestellt. Aus diesem lassen sich die Elemente rechnerunterstützter Büroarbeitssysteme ableiten, die Gegenstand arbeitsanalytischer Untersuchungen sein sollen. Ein solches Modell muß ein offenes System[63] repräsentieren und dem komplexen Beziehungsgeflecht zwischen den Arbeitssystemelementen Rechnung tragen. Aus dem letzten Aspekt ergeben sich insbesondere die Fragen, welche Elemente das Modell beinhalten muß, damit es die Beziehungsstruktur angemessen wiedergeben kann, und was der integrierende Faktor ist, der die Beziehung zwischen den Systemelementen definiert.

In den verschiedenen Wissenschaftdisziplinen, die sich mit der Gestaltung von Arbeitssystemen befassen, herrscht weitgehende Einigkeit darüber, daß neben dem arbeitenden Menschen die Arbeitsaufgabe das zentrale Element eines Arbeitssystems ist, welches die Beziehungen zwischen den Arbeitssystemelementen determiniert.[64] Kein exakter Konsens besteht aber in der inhaltlichen Aus-

---

60) Vgl. Staehle, W.H.: Management, 7. Aufl., München 1994, S. 40

61) Vgl. Sydow, J.: Managementlehre, in: Luczak, H.; Volpert, W. (Hrsg.): Handbuch Arbeitswissenschaft, Stuttgart 1997, S. 196

62) Vgl. Elias, H. J.; Gottschalk, B.; Staehle, W. H.: Arbeitsstrukturierung auf der Grundlage der dualen Arbeitssituationsanalyse, in: Zeitschrift für Arbeitswissenschaft, 36 Jg. (1982), Heft 1, S. 2; Sydow, J., a. a. O. 1985, S. 29; Zink, K. J., Hauer, R., a. a. O. 1990, S. 247; REFA-Verband für Arbeitsstudien und Betriebsorganisation (Hrsg.): Grundlagen der Arbeitsgestaltung, Methodenlehre der Betriebsorganisation, München 1991(a), S. 152; Dunckel, H., a. a. O. 1996, S. 22; Kirchner, J.-H.: Arbeitssystem-Konzept, in: Luczak, H.; Volpert, W. (Hrsg.): Handbuch Arbeitswissenschaft, Stuttgart 1997, S. 607

63) Vgl. hierzu von Bertalanffy, L.: Vorläufer und Begründer der Systemtheorie, in: Kurzrock, R. (Hrsg.): Systemtheorie, Berlin 1972, S. 17 - 28; von Bertalanffy, L.: The Theory of Open Systems in Physics and Biology, in: Emery, F. E. (Hrsg.): Systems Thinking, Vol. 1, 7. revidierte Aufl., Bungay 1981, S. 83 - 99

64) Vgl. z.B. Rohmert, W.: Formen menschlicher Arbeit, in: Rohmert, W.; Rutenfranz, J. (Hrsg.): Praktische Arbeitsphysiologie, Stuttgart, New York 1983, S. 7; REFA-Verband für Arbeitsstudien und Betriebsorganisation (Hrsg.), a. a. O. 1991(a), S. 151; Volpert, W.: Psychische Regulation von Arbeitstätigkeiten, in: Rutenfranz, J.; Kleinbeck, U.

legung des Aufgabenbegriffes. So handelt es sich z.B. bei einer Aufgabe nach REFA um „eine Aufforderung an Menschen, Tätigkeiten auszuüben, die der Zielerreichung dienen.“[65)] Im Kontext handlungregulatorischer Ansätze[66)] der Arbeitspsychologie entspricht diese Aufgabendefinition eher dem Konstrukt des Auftrages, der objektiv übertragenen oder selbst generierten Verpflichtung ein bestimmtes Arbeitsergebnis zu erzielen.[67)] Aufträge stehen in einer relationalen Beziehung zu Aufgaben.[68)] Diese werden als Anforderungen verstanden, die sich dem arbeitenden Menschen konkret stellen und die er handelnd[69)] - unter Entwicklung geeigneter Handlungsstrukturen - bewältigen muß. Hierbei verweist der Terminus „Handeln“ auf die besondere Bedeutung der psychischen Prozesse, welche die Ausführung einer Tätigkeit[70)] steuern.[71)] Den Ausführungen in der vorliegenden Arbeit liegt ein arbeitspsychologisches, handlungsbezogenes Aufgabenverständnis zugrunde. Aufgaben bilden die Schnittstelle zwischen Mensch, Organisation sowie Technik und stellen vor dem Hintergrund

---

(Hrsg.): Arbeitspsychologie, Enzyklopädie der Psychologie, Themenbereich D, Serie III, Band.1, Göttingen, Toronto, Zürich 1987 (a), S. 14

65) REFA-Verband für Arbeitsstudien und Betriebsorganisation (Hrsg.), a. a. O. 1991(a), S. 151

66) Die Handlungsregulationstheorie liefert Erklärungen für die Prozesse menschlichen Handelns, die sie als Verknüpfung psychischer Prozesse und äußerer Aktivität definiert. Vgl. Leitner, K.; Volpert, W.; Greiner, B.; Weber, W.; Hennes, K.: Analyse psychischer Belastung in der Arbeit - Das RHIA-Verfahren, Handbuch und Manual, Köln 1987, S. 9

67) Vgl. Hacker, W., a. a. O. 1995, S. 23

68) Vgl. Hacker, W., a. a. O. 1995, S. 23 - 24

69) Vgl. Dunckel, H.; Volpert, W.; Zölch, M.; et al., a. a. O. 1993 (a), S. 368

70) Vgl. Hacker, W., a. a. O. 1986, S. 73

71) Unter dem Begriff der Tätigkeit - der Arbeitstätigkeiten miteinschließt - sind im Sinne von LEONTJEWs gegenständlichem Tätigkeitsbegriffs langzeitliche, gegenstandsbezogene Lebensäußerungen von Menschen zu verstehen, denen primär Orientierungsfunktionen in der realen Umwelt zukommen. Tätigkeiten stellen ein System mit eigenen inneren Übergängen und Umwandlungen dar, das in gesellschaftliche Bezüge eingebunden ist.
Vgl. Leontjew, A. N.: Tätigkeit, Bewußtsein, Persönlichkeit, Stuttgart 1977, S. 23
Das bestimmende Element von Tätigkeiten sind Motive, die einerseits als Auslöser wirken und andererseits Tätigkeiten einen Sinn verleihen.
Vgl. Leontjew, A. N., a. a. O. 1977, S. 82
Tätigkeiten werden durch zielgeleitete Handlungen realisiert, sie dürfen aber nicht als „Oberhandlungen“ mißverstanden werden. Vielmehr haben Tätigkeiten eine stimulierende und sinnbildende Funktion, während Handlungen einen ausführenden Charakter haben.
Vgl. Büssing, A.: Organisationsstruktur, Tätigkeit und Individuum: Untersuchungen am Beispiel der Pflegetätigkeit, Bern, Göttingen, Toronto, Seattle 1992, S. 46

eines übergeordneten betrieblichen Zusammenhanges Handlungsanforderungen an den arbeitenden Menschen.[72)]

Arbeitssysteme sind vielfach in übergeordnete organisatorische Zusammenhänge eingebunden. Je nach Untersuchungszweck kann es sich bei einem Arbeitssystem um ein Arbeitsgebiet (z.B. Bereich der Materialwirtschaft), einen Arbeitsbereich (z.B. Einkauf, Lager, Disposition) oder einen einzelnen Arbeitsplatz handeln.[73)] Im vorliegenden Fall wird die Organisationseinheit „Arbeitsplatz“ als Untersuchungsbereich definiert. Abbildung 2.6 zeigt das Arbeitssystemmodell, das zur Beschreibung rechnerunterstützter Büroarbeitssysteme dient und dessen Aufbau im folgenden näher erläutert wird.

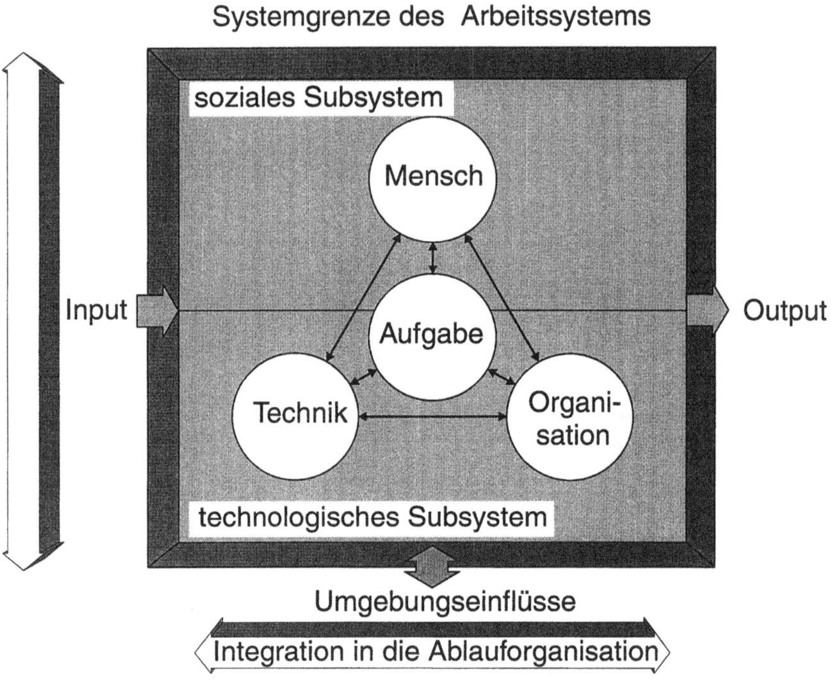

Abbildung 2.6: Modell eines Arbeitssystems

Die Festlegung von Systemgrenzen separiert einzelne Bereiche in zwei Dimensionen: einerseit von übergeordneten Systemen, andererseits aber auch von an-

72) Vgl. Volpert, W., a. a. O. 1987 (a), S. 13 - 14; Dunckel, H., a. a. O. 1996, S. 22

73) Vgl. Dunckel, H.; Volpert, W.; Zölch, M.; et al., a. a. O. 1993 (a), S. 365

deren Systemen gleicher Ebene. Daher ist bei der Modellierung die Integration eines Arbeitssystems in die Aufbau- und Ablauforganisation zu berücksichtigen.

Offene Systeme zeichnen sich durch Austauschbeziehungen zu ihrer Umwelt aus. Zunächst lassen sich Input-Faktoren (z.B. Informationen, Material, Energie) identifizieren, die in das System eingebracht und dort einem Transformationsprozeß zugeführt werden. Das Ergebnis sind Output-Faktoren (z.B. Informationen, Produkte), die aus dem System in die Umwelt weitergeleitet werden. Aufgrund der spezifischen Eigenschaften von Tätigkeiten im Bürobereich sind sowohl bei den Input- wie auch bei den Output-Faktoren Informationsströme von besonderer Bedeutung.

Weitere Austauschbeziehungen lassen sich unter dem Begriff „Umgebungseinflüsse" zusammenfassen. Neben Einflußfaktoren, die z.B. physikalischer (Klima, Lärm) oder chemischer Natur sind, fallen hierunter aber auch Beziehungen zu Personen (z.B. Kommunikations-, Kooperations- oder soziale) außerhalb des Arbeitssystems. Solche Umwelteinflüsse wirken einerseits von außen auf das zu betrachtende Arbeitssystem ein, andererseits gehen sie von diesem aus und beeinflussen die Umwelt. Insofern liegt hier eine wechselseitige Einflußnahme vor.

Innerhalb des Arbeitssystems finden sich das soziale und das technologische Subsystem. RÜHL ordnet dem sozialen Teilsystem die Organisationsmitglieder und die Beziehungen zwischen ihnen zu, während das technologische Teilsystem technische, organisatorische und ökonomische Aspekte umfaßt.[74)] Zur Beschreibung der Abhängigkeiten zwischen diesen Elementen liefern die Erkenntnisse der Arbeitspsychologie wertvolle Hinweise. Dort ist die Arbeitsaufgabe als das verbindende Element zwischen Mensch, Technik und Organisation definiert[75)] und bildet damit die Schnittstelle zwischen dem sozialen und dem technologischen Subsystem.[76)] So stellt die Arbeitsaufgabe bestimmte Anforderungen an die arbeitende Person, sie legt fest, welche technischen Geräte einzusetzen sind, um ein vorgegebenes Arbeitsergebnis zu erzielen, und sie bestimmt, welche Personen einer Arbeitsgruppe welche Arbeitsschritte in welcher Reihenfolge ausführen müssen. Umgekehrt beeinflussen technische, organisatorische und personelle Faktoren als Ausführungsbedingungen die Bearbeitung einer Arbeitsaufgabe. Dieser Ansatz betont die zentrale Rolle der Arbeitsaufgabe in

---

74) Vgl. Rühl, G., a. a. O. 1974 (a), S. 155

75) Vgl. Volpert, W., a. a. O. 1987 (a), S. 14; Vgl. Dunckel, H., a. a. O. 1996, S. 22; Vgl. hierzu auch Heinrich, L. J.; Burgholzer, P.: Systemplanung I, 5. Aufl., München 1991, S. 10

76) Vgl. Grothe, G., a. a. O. 1993, S. 8 - 9

einem Arbeitssystem und ist angesichts der Forderung nach einer Aufgabenorientierung wesentlich besser zur Systembeschreibung geeignet als die Reduktion der Arbeitsaufgabe auf ein Element des technologischen Systems.

Im hier zugrundegelegten, arbeitspsychologisch geprägten Verständnis lassen sich Arbeitsaufgaben als Handlungsanforderungen interpretieren, mit denen ein arbeitender Mensch konfrontiert wird. Hieraus resultieren z.B. Anforderungen an die Qualifikation des Arbeitsplatzinhabers. Die arbeitende Person wird im Arbeitssystemmodell durch das Element „Mensch" repräsentiert. Der Begriff „Technik" soll in diesem Modell im weiten Sinne verstanden werden. Er umfaßt alle technischen Elemente eines Arbeitssystems wie Maschinen, Geräte und Anlagen. Aber auch Einrichtungsgegenstände wie das Mobiliar oder der Arbeitsraum selbst fallen unter diesen Begriff. Die „Organisation" schließlich betrifft die Ablauforganisation innerhalb des Arbeitssystems. Darüber hinaus ist das Arbeitssystem in übergeordnete organisationale Zusammenhänge eingebunden, was im Modell die Pfeile „Integration in die Aufbauorganisation" und „Integration in die Ablauforganisation" zum Ausdruck bringen.

Eine umfassende arbeitsanalytische Untersuchung eines rechnerunterstützten Büroarbeitsplatzes muß alle aufgeführten Systemelemente einschließen. Dies ist jedoch lediglich eine notwendige aber keine hinreichende Bedingung. Aus dem systemtheoretischen Ansatz folgt, daß nicht nur die einzelnen Elemente, sondern auch die Beziehungen zwischen diesen zu berücksichtigen sind. Die Notwendigkeit dieser Forderung wird dann verständlich, wenn man bedenkt, daß sich z.B. die Funktionalität eines EDV-Systems erst dann richtig beurteilen läßt, wenn man sie vor dem Hintergrund der damit zu bearbeitenden Aufgabe betrachtet. Nur wenn die Anforderungen der Arbeitsaufgabe bekannt sind, ist beurteilbar, ob ein Rechnerssystem zu deren Bearbeitung angemessen ist oder nicht. Obwohl die Verbindungen, die über die Aufgabe definiert werden, von besonderer Bedeutung sind, gibt es auch direkte Beziehungen zwischen den übrigen Elementen. Die Beziehung zwischen Mensch und Technik kann sich beispielsweise darauf beziehen, wie ergonomisch ein Gerät oder eine Maschine gestaltet ist. So sind in diesem Zusammenhang die Einhaltung anthropometrischer Maße oder die Bildwiederholfrequenz eines Monitors wichtige, von einer bestimmten Arbeitsaufgabe aber weitgehend unabhängige Kennzeichen der Beziehung zwischen Mensch und Technik.

Vor dem Hintergrund der Arbeitsteilung ergibt sich, daß die Bearbeitung von Arbeitsaufgaben oftmals eine Kooperation mehrerer Personen erfordert. Insofern ist das Systemelement „Mensch" nicht auf eine einzelne Person beschränkt, sondern es kann sich um mehrere Personen handeln, die bei der Bearbeitung von Arbeitsaufgaben kooperieren. Damit wird eine weitere Modelleigenschaft deutlich. Jedes einzelne Element des Modells kann Subelemente beinhalten, die als Bestandteile des Arbeitssystems unabhängig voneinander sind oder aber in bestimmten Beziehungen zueinander stehen: So kann z.B. das Element „Technik“ ein EDV-System umfassen, das aus verschiedenen, miteinander verbundenen Komponenten (z.B. Hardware und Software) besteht, es kann sich aber auch um Kopierer, Telefone oder Fax-Geräte handeln, die sich unabhängig voneinander gestalten oder benutzen lassen.

Schließlich lassen sich neben den oben skizzierten Beziehungen noch solche identifizieren, die mehr als zwei Systemelemente betreffen. Ein Beispiel hierfür ist das Zusammenwirken von Mensch, Aufgabe und Technik, was sich auf die Mensch-Rechner-Funktionsverteilung bezieht. Je nachdem welche Anforderungen aus einer Arbeitsaufgabe resultieren, welche Funktionalitäten ein EDV-System bietet oder über welche Qualifikationen die arbeitende Person verfügt, lassen sich jeweils unterschiedliche Aufgabenbestandteile dem Menschen oder dem technischen System zuordnen. Sind dabei noch unterschiedliche Variationen der Abfolge von einzelnen Arbeitsschritten möglich oder bearbeiten verschiedene Personen die Aufgabe gemeinsam, hat dies auch organisatorische Konsequenzen, so daß alle vier Elemente des Arbeitssystems betroffen sind.

Aufgrund obiger Ausführungen lassen sich die in Tabelle 2.1 aufgelisteten Elemente eines Arbeitssystems identifizieren, die Gegenstand arbeitsanalytischer Untersuchungen sein können. In der ersten Spalte sind allgemeingültige Elemente eines Arbeitssystems aufgeführt, die weitgehend den Arbeitssystemelementen nach REFA[77)] entsprechen. In der zweiten Spalte sind die entsprechenden Konkretisierungen für rechnerunterstützte Büroarbeitssysteme aufgelistet, wobei dem Begriff der Aufgabe ein handlungsbezogenes Verständnis zugrundeliegt. Was in dieser Auflistung jedoch z.T. fehlt sind Ansatzpunkte, die die Beziehung zwischen den verschiedenen Systemelementen charakterisieren. Dies hat seinen Grund darin, daß sich manche Zusammenhänge erst dann benennen lassen, wenn theoretisch begründete, normative Setzungen vorgenommen werden. Dies ist u.a. Inhalt der folgenden Kapitel.

77) REFA-Verband für Arbeitsstudien und Betriebsorganisation (Hrsg.), a. a. O. 1991(a), S. 151

Arbeitssystem-elemente	Konkretisierung für rechnerunterstützte Büroarbeitssysteme
Systemgrenze	• Abgrenzung des zu betrachtenden Arbeitssystems („Arbeitsplatz“), das durch eine spezifische Aufgabe definiert wird
Aufgabe	• Handlungsanforderungen, die an den Arbeitsplatzinhaber gestellt werden • Arbeitsauftrag, der in relationaler Beziehung zur Arbeitsaufgabe steht • Prozeß der Aufnahme, Verarbeitung und Speicherung von Informationen
Mensch	• Arbeitsplatzinhaber • Personen, zu denen Informations-, Kommunikations- und Kooperationsbeziehungen bestehen
Technik	• Hardwaresysteme • Softwaresysteme • Räumlichkeiten • Einrichtungsgegenstände • konventionelle Bürogeräte und -maschinen
Organisation	• Ablauforganisation innerhalb des Arbeitssystems (siehe auch Arbeitsaufgabe)
Input	• Eingangsinformationen, die zur Bearbeitung einer Arbeitsaufgabe benötigt werden
Output	• Arbeitsergebnisse, die aus dem Arbeitssystem weitergeleitet werden
Umgebungs-einflüsse	• physikalische und chemische Umgebungseinflüsse • Beziehungen, die zwischen der Person im Arbeitssystem und Personen im Umsystem bestehen
Integration in die Aufbauorganisation	• Stellung des Arbeitssystems in der betrieblichen Aufbauorganisation
Integration in die Ablauforganisation	• Einbindung des Arbeitssystems in die betriebliche Ablauforganisation

Tabelle 2.1: Elemente eines rechnerunterstützten Büroarbeitssystems

3 Grundlagen der Arbeitsanalyse

Im folgenden werden Arbeitsanalyseverfahren als Hilfsmittel betrachtet, die den Prozeß der Gestaltung rechnerunterstützter Büroarbeitssysteme methodisch unterstützen.[1] Dabei kommt diesem Vorhaben die Entwicklung zu Gute, daß Arbeitsanalyseverfahren nicht nur zu rein analytischen Zwecken, sondern zunehmend als Bewertungs- und Gestaltungsmethodik Anwendung finden.[2] Letztlich soll der Einsatz von Arbeitsanalyseverfahren im Rahmen der Arbeitssystemgestaltung dazu dienen, durch eine bestmögliche Abstimmung von Arbeitssystemelementen menschengerechte Arbeit zu realisieren.

Bevor jedoch Anforderungen an ein entsprechendes Instrumentarium formuliert werden können und darauf aufbauend ein integriertes Analyseverfahren vorgestellt wird, ist es zunächst erforderlich, sich mit dem Begriff der Arbeitsanalyse zu befassen und z.B. Gegenstand, Einsatzzweck sowie theoretische Grundlagen näher zu beleuchten. Dies ist insofern unerläßlich, als sich der betreffende Forschungsbereich durch eine „semantische Sprachverwirrung" auszeichnet.[3] In deren Folge sind viele Grundbegriffe ungenügend definiert und lassen einen erheblichen Interpretationsspielraum. So bezeichnet z.B. in der einschlägigen Fachliteratur der Begriff „Arbeitsanalyseverfahren" einerseits ein Instrumentarium, andererseits aber auch eine generelle Vorgehensweise im Rahmen von Gestaltungsmaßnahmen. Der Terminus „Arbeitsanalyse" bezieht sich auf das Ergebnis, welches mit einem oder mehreren Instrumentarien erarbeitet wurde, gleichzeitig wird er auch für das Ergebnis von Fallstudien verwendet.[4]

In den folgenden Ausführungen liegt dem Terminus „Arbeitsanalyseverfahren" ein instrumentelles Begriffsverständnis zugrunde. Es handelt sich um ein Instrumentarium, bei dem im Rahmen eines definierten Vorgehens, unter Verwendung geeigneter Methoden, Merkmale der Arbeit erhoben und dokumentiert werden. „Methoden" sind dabei die unterschiedlichen Ansätze (z.B. Fragebögen, Interviews, Beobachtungen), mit deren Hilfe Daten erhoben werden, und

---

1) Vgl. Schüpbach, H.: Analyse und Bewertung von Arbeitstätigkeiten, in: Schuler, H. (Hrsg.): Organisationspsychologie, 2. korr. Aufl., Bern, Göttingen, Toronto, Seattle 1993, S. 186

2) Vgl. Hacker, W., a. a. O. 1995, S. 18

3) Vgl. Hacker, W., a. a. O. 1995, S. 25

4) Vgl. Gablenz-Kolakovic, S.; Krogoll, T.; Oesterreich, R.; Volpert, W.: Subjektive oder objektive Arbeitsanalyse?, in: Zeitschrift für Arbeitswissenschaft, 35. Jg. (1981), Heft 4, S. 217

der Begriff „Arbeitsanalyse“ steht als Synonym für den Prozeß der Datenerhebung.[5)]

3.1 Arbeitsanalyse - eine Begriffsbestimmung

Die Arbeitswissenschaft, deren Erkenntnisobjekt die menschliche Arbeit ist,[6)] läßt sich als Systematik der Analyse, Ordnung und Gestaltung der technischen, organisatorischen sowie sozialen Bedingungen von Arbeitsprozessen kennzeichnen.[7)] Damit ist ihr primäres Ziel das Erarbeiten von Erkenntnissen, die zur Gestaltung humaner und effektiver Arbeit führen.[8)] Welcher Art die konkreten Gestaltungsempfehlungen sind, hängt jedoch von den jeweiligen Bedingungen der zu verändernden oder zu gestaltenden Arbeitssituation ab, aber auch von den angestrebten Zielen. Insofern ergibt sich die Notwendigkeit einer eingehenden Analyse und Bewertung der Ausgangssituation, um fundierte Aussagen über Gestaltungsnotwendigkeiten treffen zu können. Arbeitsanalysen sollen diesen Prozeß methodisch unterstützen. Ihr Ziel ist die systematische Sammlung, Verarbeitung und Interpretation von Daten über Arbeitstätigkeiten, ihre Bedingungen und Folgen.[9)]

Die Gestaltung eines Arbeitssystems muß in unterschiedlichsten Dimensionen erfolgen. Entsprechend vielfältig wie die zu beachtenden organisatorischen, personellen und technischen Rahmenbedingungen sind damit die Ansatzpunkte für Arbeitsanalysen. Wenn FREI bemerkt, daß es **die** Arbeitsanalyse nicht gibt,[10)] bringt er damit zum Ausdruck, daß sich nur mit sehr heterogenen Ansät-

---

5) Vgl. Gablenz-Kolakovic, S.; Krogoll, T.; Oesterreich, R.; Volpert, W., a. a. O. 1981, S. 217

6) Vgl. Häberle, S.: Eine wissenschaftstheoretische Bestimmung der Arbeitswissenschaft, in: Zeitschrift für Arbeitswissenschaft, 47. Jg. (1993), Heft 4, 239; Luczak, H.: Kerndefinitionen und Systematiken der Arbeitswissenschaft, in: Luczak, H.; Volpert, W. (Hrsg.): Handbuch Arbeitswissenschaft, Stuttgart 1997, S. 12

7) Vgl. Luczak, H.; Volpert, W.; Raeithel, A.; Schwier, W., a. a. O. 1987, S. 59

8) Vgl. Luczak, H., a. a. O. 1998, S. 6; Häberle, a. a. O., S. 240

9) Vgl. Frieling, E.: Analyse von Arbeitstätigkeiten - eine Problemanalyse, in: Bungard, W.; Herrmann, T.: Arbeits- und Organisationspsychologie im Spannungsfeld zwischen Grundlagenorientierung und Anwendung, Bern, Göttingen, Toronto, Seattle 1993, S. 253

10) Vgl. Frei, F.: Psychologische Arbeitsanalyse - eine Einführung zum Thema, in: Frei, F.; Ulich, E. (Hrsg.): Beiträge zur psychologischen Arbeitsanalyse, Bern, Stuttgart, Wien 1981, S. 19

zen und Verfahren alle relevanten Aspekte der Arbeitssituation angemessen untersuchen lassen.[11]

Die Heterogenität der Arbeitsanalyseverfahren, die insbesondere aus den spezifischen Anwendungbereichen sowie den methodisch-theoretischen Grundlagen resultiert, erschwert eine systematische Einteilung solcher Instrumentarien. Zur Klassifizierung von Arbeitsanalyseverfahren schlägt FREI daher eine Beschreibung anhand von vier, jedoch nicht orthogonalen Dimensionen vor. Neben dem Gegenstand (Art der gewonnenen Informationen), der intendierten Anwendung (Analysezweck) dienen die theoretische Fundierung und formale Charakteristika zur Kennzeichnung eines Arbeitsanalyseinstrumentariums.[12]

3.1.1 Gegenstand von Arbeitsanalysen

Die Art der gewonnenen Informationen kennzeichnet ein Arbeitsanalyseverfahren danach, welche Elemente eines Arbeitssystems bzw. Mensch-Maschine-Systems Gegenstand einer Untersuchung sind.[13] Da nach HACKER der Gegenstand einer Wissenschaft ihre Methodik bestimmt,[14] soll der Analysegegenstand als zentrales Kriterium zur Entwicklung einer Taxonomie der Arbeitsanalyse herangezogen werden.

Prinzipielle Zielsetzung eines Arbeitsanalyseverfahrens ist es, empirische Informationen über die Interaktion zwischen Mensch und Arbeit zu liefern.[15] Diese erste Annäherung an den Begriff der Arbeitsanalyse beinhaltet jedoch keine Aussagen darüber, welche Dimensionen der Arbeit betrachtet werden und wie die entsprechenden Daten zu gewinnen sind. Betrachtet man die beiden Wortbestandteile von Arbeitsanalyse isoliert voneinander, eröffnen sich weitere inhaltliche Facetten. So umfaßt das Stichwort „Arbeit“ alle möglichen Komponenten der menschlichen Arbeitssituation, die sich z.B. nach HACKER unter dem Blickwinkel:[16]

---

11) Vgl. Frei, F., a. a. O. 1981, S. 11; Landau, K.: Verfahren der Arbeitssystemanalyse, in: Luczak, H.; Volpert, W. (Hrsg.): Handbuch Arbeitswissenschaft, Stuttgart 1997, S. 613

12) Vgl. Frei, F., a. a. O. 1981 S. 20 - 21

13) Vgl. Frei, F., a. a. O. 1981, S. 21 - 22

14) Vgl. Hacker, W., a. a. O. 1995, S. 16 - 21

15) Vgl. Trebeck, R.: Die Arbeitsanalyse als Grundlage der Arbeitsgestaltung, der Auswahl und Ausbildung von Mitarbeitern und der Arbeitsbewertung, in: Meier, A.; Herwig, B. (Hrsg.): Handbuch der Psychologie, Band 9: Betriebspsychologie, 2. Aufl., Göttingen 1970, S. 211

16) Vgl. Hacker, W., a. a. O. 1995, S. 16

- des Arbeitsprozesses mit seinen Komponenten,
- der Ausführungsbedingungen mit samt der Arbeitsumwelt und
- des Arbeitenden mit seinen Leistungsvoraussetzungen

betrachten läßt. Der Arbeitsprozeß umfaßt die vom arbeitenden Menschen auszuführenden Arbeitstätigkeiten, die Arbeitsgegenstände, die Arbeitsmittel sowie sonstige zur Verfügung gestellte Hilfsmittel.[17)] Bei den Arbeitsbedingungen lassen sich allgemeine und arbeitsplatz- bzw. arbeitstätigkeitsspezifische Bedingungen gegeneinander abgrenzen. Bedingungen werden hierbei einschränkend als auf den Arbeitenden einwirkende Arbeitsbedingungen verstanden. Die allgemeinen Arbeitsbedingungen umfassen die gesellschaftlich-ökonomischen Ausgangs- und deren Folgebedingungen, wie z.B. Merkmale der Produktionsverhältnisse, Arbeitszeitregelungen und Entlohnungssysteme. Darüber hinaus betreffen sie die raum-zeitlichen Arbeitsumweltbedingungen (Arbeitsort und -raum), in denen wiederum die natürlichen Bedingungen (Witterung, Klima) enthalten sind. Arbeitsplatzspezifische Bedingungen beziehen sich auf einen bestimmten Arbeitsplatz (z.B. Technologien und technische Hilfsmittel), während arbeitstätigkeitsspezifische Bedingungen charakteristisch für eine auszuführende Tätigkeit sind (z.B. Zeitbindung, Arbeitsnormen, Vorgehensbeschreibungen).[18)] Schließlich können auch die bei Arbeitenden vorhandenen physischen und psychischen Leistungsvoraussetzungen, die teilweise stabil, teilweise aber auch kurzfristig veränderlich sind, Gegenstand von Arbeitsuntersuchungen sein.[19)]

Die Beschreibung der Arbeit unter den oben skizzierten Aspekten liefert zahlreiche Ansatzpunkte für Arbeitsanalysen. Sie ist jedoch unvollständig, da auch das soziale Umfeld oder die Eigenschaften der Organisation Merkmale der Arbeit determinieren können. Insofern wird an dieser Stelle deutlich, daß zwischen Arbeits- und Organisationsanalysen ein fließender Übergang besteht.[20)]

Eine Taxonomie für Arbeitsanalyseverfahren hätte keinen ausreichenden Detaillierungsgrad, sofern sie sich nur auf die Analysegegenstände als Einteilungskriterium beschränken würde. Daher fließen auch Kriterien ein, die aus der

---

17) Vgl. Hacker, W., a. a. O. 1995, S. 17

18) Vgl. Hacker, W.: Arbeitspsychologie, Berlin (Ost) 1986, S. 37

19) Vgl. Hacker, W., a. a. O. 1995, S. 18; Sonntag, Kh.; Heun, D.; Schaper, N.: Der Leitfaden zur qualitativen Personalplanung bei technisch organisatorischen Innovationen (LPI), in: Zeitschrift für Arbeitswissenschaft, 46. Jg. (1992), Heft 1, S. 52 - 53; Sonntag, Kh.: Komplexe Technik, veränderte Arbeitsstrukturen und kompetent handelnde Mitarbeiter - eine Herausforderung an Arbeitsanalyse und Personalentwicklung, in: Zeitschrift für Arbeitswissenschaft, 47. Jg. (1993a), Heft 3, S. 151

20) Vgl. Hacker, W., a. a. O. 1995, S. 18

theoretischen Grundlage der Verfahren resultieren. Warum dies unerläßlich ist, zeigen die folgenden Ausführungen.

Aufgrund der verschiedenen Untersuchungsgegenstände folgt einerseits, daß es sich beim Methodenrepertoire der Arbeitsanalyse um z.T. sehr heterogene Ansätze und Verfahren handeln muß.[21] Andererseits ergibt sich daraus, daß Arbeitsanalyseverfahren von unterschiedlichen Annahmen darüber ausgehen, welche Arbeit „gut“ für den Menschen ist.[22] Angesichts der Tatsache, daß solche Instrumentarien zunehmend zu Bewertungszwecken eingesetzt werden, ist damit der Analysegegenstand ein wichtiges aber keinesfalls hinreichendes Kennzeichen. Vielmehr ist es unerläßlich, sich auch mit den zugrundeliegenden Theorien und den daraus abgeleiteten Konsequenzen zu befassen. Diese können hier jedoch nur sehr grob skizziert werden. Wissenschaftliche Theorien, die für die vorliegende Arbeit von besonderer Bedeutung sind, werden erst in nachfolgenden Kapiteln mit der erforderlichen Ausführlichkeit diskutiert.

Im folgenden soll eine Taxonomie vorgestellt werden, die auf einer akzentuierenden Abgrenzung arbeitsanalytischer Ansätze anhand des jeweiligen Analysegegenstandes sowie spezifischer Vorstellungen über den Gegenstand basiert.

Ausgehend von den Untersuchungsgegenständen unterteilt STAEHLE Arbeitsanalysen zunächst in Arbeitsplatz- und Arbeitstätigkeitsanalysen. Bei den aufgabenunspezifischen Arbeitsplatzanalysen liegt der Fokus der Untersuchungen z.B. auf der Arbeitsumwelt und den äußeren Arbeitsbedingungen. Tätigkeitsanalysen zeichnen sich durch einen aufgaben- und ablaufspezifischen Ansatz aus und thematisieren z.B. Arbeitsinhalt, Arbeitsablauf, Arbeitsmittel etc.[23] An Stelle des Begriffes „Arbeitsplatzanalyse“ findet sich in der einschlägigen Fachliteratur oftmals der Terminus „ingenieurwissenschaftliche Arbeitsanalyse“, während die Tätigkeitsanalyse auch als „psychologische Arbeitsanalyse“ bezeichnet wird.[24] Letztere Begriffsverwendung ist jedoch problematisch, da Tätigkeitsanalysen nicht nur vor einem psychologischen (z.B. handlungs- bzw. motivationstheoretischen)[25] Hintergrund durchgeführt werden können, sondern

---

21) Vgl. Frei, F., a. a. O. 1981, S. 11

22) Vgl. Dunckel, H., a. a. O. 1996, S. 88

23) Vgl. Staehle, W. H., a. a. O. 1994, S. 650 - 651

24) Vgl. von Rosenstiel, L.: Grundlagen der Organisationspsychologie, 3. überarbeitete und ergänzte Aufl., Stuttgart 1992, S. 61

25) Ein Beispiel für ein motivationstheoretisch fundiertes Arbeitsanalyseverfahren ist der Job Diagnostic Survey von HACKMAN und OLDHAM. Mit Hilfe dieses Instrumentariums ist es möglich, das subjektive Erleben der objektiven Arbeitssituation zu erfassen. Vgl. hierzu Hackman, J. R.; Oldham, G. R.: Development of the Job Diagnostic Survey, in: Journal of Applied Psychology, 60. Jg. (1975), Heft 2, S. 159 - 170

z.B. auch auf der theoretischen Grundlage technischer Steuerungsmodelle. SCHÜPACH plädiert daher für eine Einteilung in autonomie- und funktionsorientierte Ansätze der Tätigkeitsanalyse, wobei er letzteren auch solche zuordnet, die auf dem S-O-R-Verhaltensmodell[26] basieren. Die wesentlichen Kennzeichen beider Ansätze sind in Tabelle 3.1 aufgeführt.[27]

Funktionsorientierte Arbeits- bzw. Tätigkeitsanalysen, wie sie schon Anfang des 20. Jahrhunderts TAYLOR durchgeführt hat, zeichnen sich durch einen analytischen[28] Ansatz zur Beschreibung der Arbeitstätigkeiten aus. Entsprechende Untersuchungen zielen darauf ab, einen besten Weg der Arbeitsausführung zu finden, wobei Mensch, Technik und Organisation getrennt voneinander betrachtet werden. Typische Vertreter dieser Analyseansätze sind Bewegungs- und Zeitstudien. Bei dem zugrundegelegten Menschenbild handelt es sich um ein statisches bzw. mechanistisches, das dem Menschen eine einseitige Orientierung an Belohnung unterstellt. Theoretische Grundlage solcher Ansätze sind z.B. die oben erwähnten technischen Steuerungsmodelle oder das S-O-R Verhaltensmodell. Die massive und berechtigte Kritik, die an diesen Tätigkeitsanalyseansätzen geübt wird,[29] bezieht sich insbesondere auf die Stellung des Menschen im Arbeitsprozeß, die Trennung von planenden und ausführenden Tätigkeiten (Partialisierung der Arbeit) sowie die Folgen der extremen Arbeitsteilung in bezug auf Betriebsorganisation und Technikeinsatz.[30]

---

26) Das mechanistische Reiz-Reaktions-Modell (S-O-R) beschreibt menschliches Verhalten in einfachen Kausalzusammenhängen: Reize (S = Stimulus) wirken auf das Individuum (O = Organism) ein und lösen bestimmte Reaktionen (R = Response) aus, die sich z.B. in beobachtbaren Verhaltensweisen oder physiologischen Zustandsänderungen manifestieren. Dieses Modell bildet eine Grundlage des Belastungs-Beanspruchungs-Konzeptes, welches an späterer Stelle vorgestellt wird. Der große Nachteil dieses Ansatzes liegt u.a. darin, daß Einstellungen/Meinungen oder Persönlichkeitseigenschaften unberücksichtigt bleiben. Vgl. Frieling, E.; Sonntag, Kh.: Lehrbuch Arbeitspsychologie, Bern, Stuttgart, Toronto 1987 (a), S. 30 - 32

27) Vgl. Schüpbach, H., a. a. O. 1993, S. 171 - 172

28) Analytische Ansätze der Arbeitsanalyse basieren auf der Annahme, daß sich jede Tätigkeit als Kombination einer relativ geringen Anzahl von Teiltätigkeiten oder -bewegungen beschreiben läßt.
Vgl. Tomaszewski, T.: Arbeitsanalyse nach allgemeinen Tätigkeitsmerkmalen, in: Psychologie und Praxis, 10. Jg. (1966), Heft 10, S. 82

29) Vgl. z.B. Frei, F.: Handlungsorientierte Tätigkeitsanalysen mit dem „Fragebogen zur Arbeitsanalyse"?, Eine Erwiderung auf den Beitrag von C. Graf Hoyos, in: Angewandte Arbeitswissenschaft, Mitteilungen des IfaA, 2. Jg. (1977), S. 54 - 60

30) Vgl. Schüpbach, H., a. a. O. 1993, S. 167 - 172

Grundlagen	Funktionsorientierte Arbeitsanalyse	Autonomieorientierte Arbeitsanalyse
Organisations-modell	Zentrale Planung und Steuerung aller Arbeitsabläufe von Mensch und Technik (Trennung von Denken und Tun)	Lokale Selbstregulation im Rahmen einer zentralen Rahmenplanung (Einheit von Denken und Tun)
Menschenbild	Der Mensch erbringt nur dann eine gute Leistung, wenn er genau angewiesen und kontrolliert wird	Der Mensch ist ein autonomes Subjekt, fähig zur Selbstregulation und Weiterentwicklung
Verhältnis Mensch/ Technik	Kontrolle des Menschen durch den technischen Prozeß	Kontrolle des technischen Prozesses durch den Menschen
Analysemodell		
Ziel der Analyse	Den einen, besten Weg der Arbeitsvollzüge ermitteln; die dafür geeigneten Arbeitskräfte finden	Eine optimale Abstimmung von Mensch, Technik und Organisation finden; die Mitarbeiter umfassend qualifizieren
Analyse-strategie	„Analytische“ Arbeitsanalyse: Zergliederung der Arbeitsabläufe; getrennte Betrachtung von Mensch, Technik und Organisation	„Synthetische“ Arbeitsanalyse: ganzheitliche Betrachtung von Arbeitsabläufen; Zusammenführen von Mensch, Technik und Organisation
Analysebereich	Einfache manuelle Arbeiten und technische Einrichtungen	Arbeitssysteme: komplexe Arbeitsaufgaben und technische Systeme; Arbeitstätigkeiten
Analyse-dimensionen	Strukturen; elementare Funktionen und deren lineare Verknüpfung; Anforderungen; erforderliche Qualifikationen	Prozesse und deren Lenkung; komplexe Beziehungen und Rückwirkungen; Handlungsspielräume; Qualifizierungsmöglichkeiten
Theoretische Grundlagen	S-O-R-Verhaltensmodell, technische Steuerungsmodelle	Systemische Modelle, soziotechnischer Systemansatz, tätigkeits- und handlungstheoretische Ansätze
Grundlegende Analyse-methoden	Experimentelle Analysen	Beobachterinterviews; systematische Beobachtung (evtl. ergänzt durch experimentelle Analysen)

Tabelle 3.1: Merkmale funktions- und autonomieorientierter Arbeitsanalyse und -gestaltung[31)]

31) Tabelle entnommen aus: Schüpbach, H., a. a. O. 1993, S. 172

Anders als die funktionsorientierten Ansätze gehen die autonomieorientierten von einem Menschenbild aus, das den Menschen als autonomes, zur Selbstregulation und zur Weiterentwicklung fähiges Subjekt ansieht. Das Analyseziel liegt darin, einen optimalen Abgleich zwischen Mensch, Technik und Organisation zu finden und die Voraussetzungen für eine umfassende Qualifizierung der Mitarbeiter zu schaffen. Dementsprechend wird ein synthetischer Analyseansatz[32] zugrundegelegt, der eine ganzheitliche Betrachtung von Arbeitsabläufen ermöglicht.[33] Die theoretische Basis bilden im wesentlichen sozio-technische Systemansätze bzw. tätigkeits- und handlungspsychologische Konzepte. Entsprechend dieser konzeptionellen Grundlagen lassen sich Verfahren der soziotechnischen Systemanalyse von psychologischen Tätigkeitsanalysen abgrenzen. Trotz der Gemeinsamkeiten beider Verfahrensgruppen (z.B. in bezug auf das Menschenbild einer autonomen zur Selbstregulation fähigen Person oder die abgestufte Vorgehensweise bei der Analyse) werden beide Ansätze weitgehend unabhängig voneinander vorangetrieben.[34] Dies ist letztlich auch darauf zurückzuführen, daß jeweils unterschiedliche Analyseschwerpunkte vorliegen. Sozio-technische Systemanalysen[35] sollen die Grundlage für eine gemeinsame Optimierung des sozialen und des technischen Systems einer Organisation schaffen, wobei der einzelne Arbeitsplatz und die dort auszuführenden Tätigkei-

---

32) Synthetische Analyseansätze basieren auf der Annahme, daß alle Tätigkeiten eine gemeinsame Grundstruktur besitzen und die Unterschiede zwischen Tätigkeiten auf eine Variation der Grundstruktur zurückzuführen sind. Vgl. Tomaszewski, T., a. a. O. 1966, S. 83

33) Im Zusammenhang mit der zunehmenden Prozeßorientierung in Organisationen verweist FÜRSTENBERG auf notwendige Anpassungen im Bereich der Arbeitsanalyse. Um z.B. die geänderten Qualifikationsanforderungen oder Belastungsstrukturen angemessen erfassen zu können, müssen Arbeitsanalysen zunehmend auch die Partner im Arbeitsprozeß in ihre Untersuchungen mit einbeziehen. Damit erweitert sich die Analyseperspektive vom Arbeitsplatz hin zu komplexen Netzwerken mit flexiblen Abgrenzungen.
Vgl. Fürstenberg, F.: Prozeßorientierte Arbeitsforschung, in: Zeitschrift für Arbeitswissenschaft, 47. Jg. (1993), Heft 3, S. 157

34) Vgl. Schüpbach, H., a. a. O. 1993, S. 171 - 173

35) Ein Beispiel für ein sozio-technisches Analyseverfahren ist der STSAS von PASMORE. Untersuchungsschwerpunkte sind dort die innovative Ausrichtung einer Organisation, die Entwicklung der Humanressourcen, die Agilität in der Umwelt, die Zusammenarbeit in der Organisation, das Engagement und die Leistungen der Organisationsmitglieder sowie Aspekte, die sich auf die gemeinsame Optimierung der sozialen und technischen Subsysteme beziehen. Unberücksichtig bleibt bei diesem Instrumentarium z.B. die ergonomische Arbeitsplatzgestaltung. Fragen der Aufgabengestaltung werden im Zusammenhang mit der Enwicklung der Humanressourcen auf einem relativ abstrakten Niveau abgehandelt, wobei z.B. Analysen von Belastungen oder Arbeitsinhalten nicht vorgesehen sind.
Vgl. hierzu Pasmore, W., a. a. O. 1988, S. 157 - 186

ten von untergeordneter Bedeutung sind. Psychologische Tätigkeitsanalysen hingegen setzen mit ihren Untersuchungen an den auszuführenden Arbeitstätigkeiten an und werden dann durchgeführt, wenn die (z.B. mit Hilfe der soziotechnischen Systemanalyse erarbeiteten) Ergebnisse von Auftrags- und Bedingungsanalysen zu grob sind, um konkrete Gestaltungsmaßnahmen ableiten zu können.[36] Insofern bietet es sich an, bei entsprechenden Gestaltungsnotwendigkeiten, beide Verfahrensgruppen miteinander zu kombinieren.[37] Aufgrund der oben skizzierten Merkmale der verschiedenen Ansätze der Arbeitsanalyse ergibt sich das in Abbildung 3.1 dargestellte Gliederungsschema. Bei dieser Taxonomie wird in bezug auf die psychologische Tätigkeitsanalyse weiter differenziert. Auf die Notwendigkeit der Unterteilung kann jedoch erst in Kapitel 4 eingegangen werden.

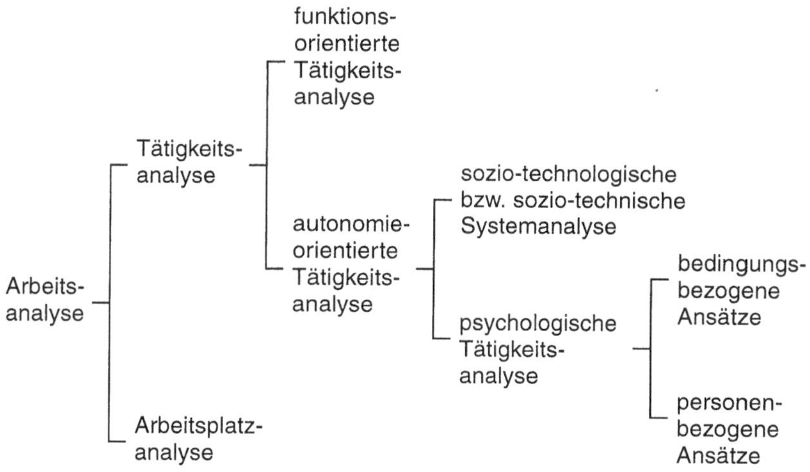

Abbildung 3.1: Taxonomie arbeitsanalytischer Verfahren

3.1.2 Anwendungszweck von Arbeitsanalysen

Mit der Dimension „Intendierte Anwendung" kennzeichnet FREI[38] die Verwendungsmöglichkeiten arbeitsanalytisch gewonnener Informationen. Prinzipiell lassen sich Arbeitsanalyseverfahren zu sehr unterschiedlichen Zwecken

36) Vgl. Ulich, E., a. a. O. 1994, S. 72 -79

37) Vgl. Schüpbach, H., a. a. O. 1993, S. 175

38) Vgl. Frei, F., a. a. O. 1981, S. 23 - 24

einsetzen, wobei sich nach FRIELING fünf Hauptgruppen hervorheben lassen:[39]

- **Ermittlung von Schwachstellen im Bereich der Arbeitsgestaltung und Arbeitsorganisation**

Effizienz und Effektivität von Arbeitsgestaltungsmaßnahmen hängen entscheidend davon ab, inwieweit die zu beseitigenden Probleme eindeutig identifiziert und ihre relevanten Ursachen ermittelt werden konnten. Jede arbeitsgestalterische Maßnahme ist daher implizit oder explizit auf entsprechende Analyseergebnisse angewiesen[40] und erfordert den Einsatz geeigneter Analyseinstrumentarien. Umgekehrt beeinflussen die Gestaltungsziele aber auch die Auswahl der Analyseinstrumentarien. Je nachdem, ob z.B. Schwachstellen im Bereich der Arbeitsmittel oder Qualifizierungsdefizite bei Mitarbeitern behoben werden sollen, liegt ein anderer Analyseschwerpunkt vor, der mit geeigneten Instrumentarien untersucht werden muß.[41] Arbeitsanalyseverfahren sind in besonderem Maße dazu geeignet, den Prozeß der Schwachstellenanalyse methodisch zu unterstützen. Sie ermöglichen es, Merkmale des Arbeitsplatzes, des Arbeitsvollzuges und der Arbeitsorganisation zu erheben, die nach gesicherten arbeitswissenschaftlichen Erkenntnissen die Arbeitsperson oder die Arbeitsorganisation beeinträchtigen können.

- **Bestimmung von Qualifikationserfordernissen und -inhalten zum Aufbau von Trainings-, Schulungs- und Ausbildungseinheiten**

Maßnahmen der Gestaltung oder Veränderung von Arbeitssystemen implizieren häufig umfangreiche technisch-organisatorische Anpassungen. Je umfangreicher die Änderungen der Arbeitssituation ausfallen, desto stärker wandeln sich auch die Anforderungen an das Qualifikationsprofil des im Arbeitssystem tätigen Menschen. Um Differenzen zwischen vorhandenen und geforderten Qualifikationen zu beseitigen, sind geeignete Qualifizierungsmaßnahmen durchzuführen.[42] Diese sollen einerseits sicherstellen, daß der Mitarbeiter seinen Aufgaben gerecht werden kann, andererseits zielen Aus- bzw. Weiterbildungsmaß-

---

39) Vgl. Frieling, E.: Arbeitsanalysen - ein Beitrag zur Verbesserung der Arbeitsbedingungen, in: Bundesminister für Arbeit und Sozialordnung (Hrsg.): Prävention im Betrieb, Arbeitsbedingungen gesundheitsgerecht gestalten, Bonn 1992, S. 119 - 121; Vgl. Frieling, E., a. a. O. 1993, S. 254 - 256

40) Vgl. Frei, F., a. a. O. 1981, S. 11

41) Vgl. Leplat, J.: Methodologie von Aufgabenanalyse und Aufgabengestaltung, in: Zeitschrift für Arbeits- und Organisationspsychologie, 32. Jg. (1988), Heft 1, S. 2 - 3

42) Vgl. Sonntag, Kh., a. a. O. 1993, S. 148 - 149

nahmen auch auf eine Reduktion psychischer Belastungen ab.[43] Arbeitsanalyseverfahren zur Untersuchung von Arbeitstätigkeiten und ihren Bedingungen erlauben es, aus den Analyseergebnissen Qualifikationserfordernisse empirisch abzuleiten und schaffen damit die Grundlage für aufgabenangemessene Qualifizierungsprogramme.[44]

Bei geistigen Arbeitstätigkeiten, wie sie im Bürobereich anfallen, sind kognitive Trainingsmaßnahmen von besonderer Bedeutung. Hierunter sind allgemeine Verfahrensweisen zur Unterstützung von Denkoperationen, Planungs- und Entscheidungsprozessen zu verstehen, die vorwiegend zur Ausführung komplexer Aufgaben erforderlich sind.[45] Betrachtet man vor diesem Hintergrund die erforderlichen Lernprozesse aus psychologischer Sicht, so beziehen sich diese auf die Optimierung psychischer Regulationsvorgänge geistiger Arbeit. Daher ist die Kenntnis der jeweiligen psychischen Regulationsgrundlagen eine wesentliche Voraussetzung zur Konzeption effektiver Qualifizierungsmaßnahmen.[46]

Die methodische Unterstützung, die solche Instrumente bei der Abgrenzung und Beschreibung von Arbeitsaufgaben sowie bei der Bestimmung der jeweiligen Regulationsgrundlagen bieten, leistet einen wesentlichen Beitrag, um anforderungsgerechte Schulungsmaßnahmen zu entwickeln. Aus den Analysedaten lassen sich Qualifikationsanforderungen ableiten, wodurch die empirische Basis zum Aufbau von Qualifizierungsbausteinen geschaffen wird.[47] Der arbeitsanalytische Zugang zu den entsprechenden Informationen kann dabei entweder bedingungsbezogen, durch externe Beobachter, oder aber personenbezogen, über die subjektive Einschätzung der Stelleninhaber, erfolgen.[48]

---

43) Vgl. Hacker, W., a. a. O. 1995, S. 249 - 250 oder Derisavi-Fard, F.; Frieling, E.; Hilbig, I.: Ermittlung der Belastung und Beanspruchung beim computerunterstützten Konstruieren, Untersuchungen bei Konstrukteuren aus dem Bereich Forschung und Entwicklung, Düsseldorf 1989, S. 193

44) Vgl. z.B. Bergmann, B.: Lernförderung im Arbeitsprozeß, in: Bergmann, B.; Richter, P. (Hrsg.): Die Handlungsregulationstheorie - Von der Praxis einer Theorie, Bern, Göttingen, Toronto, Seattle 1994, S. 129 - 130 und Severing, E.: Arbeitsplatznahe Weiterbildung, Betriebspädagogische Konzepte und betriebliche Umsetzungsstrategien, Neuwied, Kriftel, Berlin 1994, S. 168 - 185

45) Vgl. Sonntag, Kh.: Kognitive Trainingsverfahren in der Berufsbildung, in: Friede C. K.; Sonntag Kh.: (Hrsg.): Berufliche Kompetenz durch Training, Heidelberg 1993 (b), S. 47

46) Vgl. Bergmann, B.: Lernen in der Arbeit, in: Friede C. K.; Sonntag Kh.: (Hrsg.): Berufliche Kompetenz durch Training, Heidelberg 1993, S. 73 - 74

47) Vgl. Frieling, E: Entwicklungsperspektiven für wissenschaftliche Arbeitsanalyseverfahren, in: Sonntag Kh. (Hrsg.): Arbeitsanalyse und Technikentwicklung, Köln 1987 (b), S. 36

48) Vgl. Sonntag Kh., a. a. O. 1993, S. 151

❒ Eignungsanforderungen für Personalauswahl und -plazierung

Differenzen zwischen den qualifikatorischen Anforderungen eines Arbeitsplatzes und dem individuellen Qualifikationsprofil eines Mitarbeiters spielen auch im Zusammenhang mit der Personalauswahl und -plazierung eine wesentliche Rolle. Ein Arbeitsplatz kann nur dann optimal besetzt werden, wenn genau spezifiziert ist, welche Fähigkeiten und Fertigkeiten der zukünftige Arbeitsplatzinhaber zum Ausführen einer konkreten Arbeitstätigkeit benötigt. Arbeitsanalyseverfahren bieten die Möglichkeit, aufgabenspezifische Anforderungen zu analysieren und zu systematisieren.[49)] Das so ermittelte qualifikatorische Anforderungsprofil der Arbeitstätigkeit kann, wie oben skizziert, zur Konzeption von Qualifizierungsmaßnahmen verwendet werden. Es ermöglicht aber auch einen Vergleich, bei dem Qualifikationen und Interessen eines Bewerbers den Anforderungen der Arbeitstätigkeit gegenübergestellt werden. Ein weiteres Anwendungsfeld bei der Personalauswahl- und -plazierung ist die Entwicklung von Assessmentaufgaben. Hier können geeignete Arbeitsanalyseverfahren einen wichtigen Beitrag zur Entwicklung tätigkeitsrelevanter Testaufgaben leisten.[50)]

❒ Vergleiche zwischen verschiedenen Arbeitstätigkeiten

Ein Vergleich verschiedener Arbeitstätigkeiten kann aus vielen Gründen erforderlich sein. So sind z.B. epidemiologische Untersuchungen, die einen Zusammenhang zwischen bestimmten Erkrankungen und definierten Arbeitsbedingungen ermitteln sollen, ebenso auf eine Beschreibung aufgabenspezifischer Anforderungen angewiesen wie z.B. die Identifikation psychischer Belastungen, die aus der Arbeit resultieren. Arbeitsanalyseverfahren leiten dazu an, Arbeitsaufgaben bzw. -bedingungen unter einem bestimmten Fokus systematisch zu analysieren und anforderungsorientiert zu klassifizieren. Als Klassifikationsschema schlägt z.B. FRIELING in seinem Grundlagenwerk zur psychologischen Arbeitsanalyse eine Einteilung in die vier Klassifikationsgruppen: breitgestreute Arbeitsvariablen, Arbeitsfunktionen, Fähigkeiten und Arbeitsbedingungen vor.[51)] Der Vergleich unterschiedlicher Tätigkeiten umfaßt neben der eigentlichen Analyse auch eine darauf aufbauende Bewertung. Diese kann entweder als Relativbewertung, z.B. in bezug auf andere analysierte Arbeitssitua-

---

49) Vgl. Schaper, N.; Sonntag, Kh.: Lernbedarfsanalyse bei komplexen Aufgabenstellungen - eine inhaltsbezogene und methodenkritische Studie, in: Zeitschrift für Arbeits- und Organisationspsychologie, 39. Jg. (1995), Heft 4, S. 169 - 170

50) Vgl. Frieling, E.; Facaoaru, C.; Benedix, J.; Pfaus, H.; Sonntag, Kh.: Das Tätigkeits-Analyse-Inventar (TAI) - Theorie Auswertung Praxis - Handbuch und Verfahren, Landsberg 1993, S. 4 - 6

51) Vgl. Frieling , E.: Psychologische Arbeitsanalyse, Stuttgart, Berlin, Köln, Mainz 1975, S. 27

tionen, erfolgen oder aber bezüglich erwünschter, normativer Merkmale (Normativbewertung).[52]

❒ Technikfolgenabschätzung

Arbeitsanalyseverfahren können auch im Zusammenhang mit der Einführung oder Entwicklung technischer Systeme Anwendung finden. Beim Einsatz geeigneter Verfahren lassen sich frühzeitig - z.B. schon anhand eines einfachen Organisations- und Technikkonzeptes - Konsequenzen des Technikeinsatzes auf die Arbeitsaufgabe untersuchen und Auswirkungen auf den arbeitenden Menschen abschätzen.[53] Entsprechende Untersuchungen leisten damit einen wichtigen Beitrag zu einer präventiven bzw. prospektiven Arbeitsgestaltung, was vor dem Hintergrund der Technikgenese insbesondere die Mensch-Maschine-Funktionsverteilung betrifft.

RAUTERBERG, STROHM und ULICH verweisen in diesem Zusammenhang auf ein Projekt der Entwicklung und Einführung eines Bürokommunikationssystems. Bei diesem Projekt wurden frühzeitig Aufgabenanalysen durchgeführt und die Ergebnisse in einen partizipativen Prototypingansatz eingebracht. Verglichen mit dem Ergebnis einer traditionellen Vorgehensweise der Softwareentwicklung (Phasenmodell ohne Partizipation) war das entwickelte Produkt in bezug auf Aufgabenangemessenheit und Benutzerfreundlichkeit deutlich überlegen.[54]

Auch im Bereich der Informatik wird zunehmend der Nutzen von Arbeitsanalyseverfahren erkannt. So sieht RÖDIGER ein Potential für Arbeitsanalysen im Rahmen eines integrativen Ansatzes der Softwareentwicklung und Arbeitsgestaltung.[55] Der Einsatz von Arbeitsanalyseverfahren kann hier - trotz einiger grundsätzlicher Probleme[56] - Informationen liefern, die sich im Rahmen des Softwaregestaltungsprozesses vielfältig nutzen lassen. Beispielsweise lassen sich aus den Untersuchungsergebnissen durchaus konkrete Gestaltungshinweise für die Softwareentwicklung ableiten. Darüber hinaus vermittelt die systemati-

---

52) Vgl. Hacker, W., a. a. O. 1995, S. 28

53) Vgl. Dunckel, H., a. a. O. 1996, S. 145 - 149

54) Vgl. Rauterberg, M.; Strohm, O.; Ulich, E.: Arbeitsorientierte Gestaltung von Informationsprozessen, in: Reichel, H. (Hrsg.): Informatik - Wirtschaft - Gesellschaft, 23. GI-Jahrestagung Dresden, Reihe Informatik aktuell, Berlin, Heidelberg, New York u. a. 1993, S. 167

55) Vgl. Rödiger, K.-H.: Arbeitsanalyse und Softwareentwicklung, in: Friedrich, J.; Herrmann, T.; Peschek, M.; Rolf, A. (Hrsg.): Informatik und Gesellschaft, Heidelberg, Berlin, Oxford 1995, S. 211

56) Vgl. Rödiger, K.-H.: Arbeitsinformatik, in: Luczak, H.; Volpert, W. (Hrsg.): Handbuch Arbeitswissenschaft, Stuttgart 1997, S. 179

sche Beschreibung der Aufgaben und ihrer Ausführungsbedingungen dem Entwickler ein besseres Verständnis für die Arbeitsaufgaben, deren Bearbeitung durch ein Softwareprodukt unterstützt werden soll.[57] Obwohl RÖDIGERs Ausführungen eher theoretischer Natur sind, kennzeichnen sie einen Einstellungswandel. Noch Anfang der 90er Jahre wurde bei einer Befragung von Experten aus dem Bereich der Arbeitswissenschaft und der Informatik der Nutzen solcher Instrumentarien bei der Softwareentwicklung sehr zurückhaltend bewertet.[58] In aktuellen Publikationen zur aufgabenorientierten Gestaltung rechnerunterstützter Arbeitssysteme als Kerngebiet der Arbeitsinformatik wird jedoch explizit die eingehende Analyse, Bewertung und Gestaltung von Arbeitsaufgaben sowie -abläufen gefordert.[59] Ohne den Einsatz geeigneter Arbeitsanalyseverfahren läßt sich diese Forderung aber kaum systematisch umsetzen.

Ergänzend zu den oben genannten Anwendungszwecken finden Arbeitsanalyseverfahren z.B. noch im Rahmen des Gesundheitsschutzes,[60] bei der Klärung von Entlohnungsfragen[61] oder aber im Rahmen der Berufsforschung[62] Anwendung.

Ein weiteres wichtiges Abgrenzungskriterium ist neben den Anwendungszwekken der Geltungs- bzw. Anwendungsbereich eines Arbeitsanalyseverfahrens.[63] So zeichnen sich Arbeitstätigkeiten je nach Berufsgruppe oder Branche durch spezifische Merkmale aus. Soll ein Analyseinstrumentarium ein möglichst exaktes Bild der untersuchten Tätigkeit liefern, müssen die jeweiligen Charakteristika schon bei der Verfahrensentwicklung angemessen berücksichtigt werden. Je genauer aber ein Verfahren auf die besonderen Anforderungen einer bestimmten Berufsgruppe oder Branche eingeht, desto begrenzter ist sein Geltungsbe-

---

57) Vgl. Rödiger, K.-H., a. a. O. 1995, S. 215 - 217

58) Vgl. Hamborg, K.-C.; Schweppenhäuser, A.: Zur Bedeutung psychologischer Aufgabenanalysen für die Softwaregestaltung, in: Rödiger, K.-H. (Hrsg.): Software-Ergonomie 93, Von der Benutzungsoberfläche zur Arbeitsgestaltung, S. 230 - 232

59) Vgl. Rödiger, K.-H., a. a. O. 1997, S. 180 und Volpert, W.: Von der Software-Ergonomie zur Arbeitsinformatik, in: Rödiger, K.-H. (Hrsg.): Software-Ergonomie 93, Von der Benutzungsoberfläche zur Arbeitsgestaltung, Stuttgart 1993, S. 61

60) Vgl. Matern, B.: Psychologische Arbeitsanalyse, Berlin, Heidelberg, New York, Tokyo 1984, S. 58 oder Büssing, A.; Glaser, J.: Qualifikationserfordernisse und Qualifikationsmöglichkeiten als gesundheits- und persönlichkeitsfördernde Merkmale in der Arbeitstätigkeit, in: Zeitschrift für Arbeits- und Organisationspsychologie, 37. Jg. (1993), Heft 4, S. 155 - 156

61) Vgl. Trebeck, R., a. a. O. S. 215; Luczak, H., a. a. O. 1993, S. 682 - 691; Vgl. hierzu auch Maier, W.: Arbeitsanalyse und Lohngestaltung, 2. überarbeitete Aufl., Stuttgart 1988

62) Vgl. Maier, W., a. a. O., S. 8 - 11

63) Vgl. Frei, F., a. a. O. 1981, S. 24

reich. Dies zeigt sich beispielsweise darin, daß sich Verfahren, die für den Produktionsbereich entwickelt worden sind, nur sehr eingeschränkt für den Büro- und Verwaltungsbereich eignen.

3.1.3 Theoretische Fundierung von Arbeitsanalyseverfahren

Wie die Ausführungen zum Analysegegenstand gezeigt haben, lassen sich Arbeitsanalyseverfahren nicht primär einer Wissenschaftsdisziplin zuordnen. Entsprechend vielfältig sind auch die zugrundegelegten theoretischen Konzepte, aus denen sich z.B. Modelle zur Beschreibung menschlichen Arbeitshandelns ableiten. Die theoretischen Erklärungsmodelle dienen einerseits der Abgrenzung und Beschreibung der jeweils relevanten Elemente der Arbeitssituation. Andererseits gehen sie i.d.R. implizit oder explizit von einem bestimmten Menschenbild aus und schreiben dem Menschen spezifische Bedürfnisse, Interessen, Stärken etc. zu. Damit legen sie einen Bewertungsrahmen fest, anhand dessen sich beurteilen läßt, ob eine spezifische Arbeitssituation in ihrer Wirkung auf den Menschen positiv oder negativ zu bewerten ist.

Die theoretische Fundierung eines Arbeitsanalyseverfahrens legt fest, welche Informationen auf welcher Ebene (z.B. Arbeitsplatz, Unternehmensbereich oder Gesamtorganisation) oder anhand welcher Analyseeinheit (Träger der Informationen, z.B. Arbeitsaufgabe oder Arbeitsplatz) erhoben werden.[64] Zur Systematisierung der theoretischen Basiskonzepte unterscheidet FREI zwischen arbeitsphysiologischen/ergonomischen, organisationspsychologischen, betriebssoziologischen und arbeitspsychologischen Ansätzen. Zudem differenziert er bei letzteren zwischen eigenschaftspsychologischen, behavioristischen und handlungstheoretischen Konzepten.[65]

Die weitreichenden Konsequenzen der theoretischen Fundierung für die Arbeitsanalyse erfordern es, sich intensiv mit den unterschiedlichen Modellvorstellungen und daraus resultierenden Konsequenzen auseinanderzusetzen. Aufgrund der Vielzahl der in Frage kommenden Ansätze muß sich die Beschreibung jedoch auf die beschränken, die für die ausgewählten Verfahren relevant sind. Da - wie später noch zu zeigen ist - die theoretische Ausrichtung die Verfahrensauswahl beeinflußt, wird die skizzierte Grobeinteilung an dieser Stelle nicht weiter vertieft. Die intensive Auseinandersetzung mit einzelnen Theorien wird in nachfolgenden Abschnitten nachgeholt.

---

64) Vgl. Dunckel, H., a. a. O. 1996, S. 182 - 183

65) Vgl. Frei, F., a. a. O. 1981, S. 24 - 25

3.1.4 Formale Charakteristika von Arbeitsanalyseverfahren

Die letzte Dimension, die FREI zur Kennzeichnung von Arbeitsanalyseverfahren heranzieht, sind ihre formalen Charakteristika. Ein Kriterium ist dabei der Standardisierungsgrad. Arbeitsanalyseverfahren lassen sich dahingehend unterscheiden, ob die Erhebung der Daten:[66]

- ❑ unstandardisiert (z.B. anhand vorliegender Arbeitsplatzbeschreibungen oder freier Berichte der Arbeitsplatzinhaber),
- ❑ halbstandardisiert (z.B. Beobachtung nach grob vorgegebenen Kriterien oder Interviewtechniken) oder
- ❑ standardisiert (z.B. Fragebogen, Checklisten, Beobachterinterview) erfolgt.

Weiterhin ist auch die Quantifizierbarkeit von Erhebungsdaten und Auswertungsergebnissen sowie der abgeleiteten Maßnahmen ein weiteres formales Kennzeichen.[67] In engem Zusammenhang mit der Quantifizierbarkeit steht die Art der Skalen, die zur Beschreibung der Arbeitssituation herangezogen werden. Skalen können eher verbal (z.B. selten, nie, oft) oder aber numerisch verankert sein. Sie können darüber hinaus auch unterschiedlichen Typen angehören und beispielsweise drei, fünf oder sieben Stufen zum Kennzeichnen eines Items besitzen.[68]

Zu den formalen Kriterien zählen aber auch die Ökonomie eines Verfahrens in bezug auf die Ausbildung der Anwender, den Einsatz des Instrumentariums sowie die Auswertung der Untersuchungsergebnisse[69] oder aber die Tatsache, ob ausführliche Handanweisungen oder Verfahrensbeschreibungen zur Verfügung stehen.[70]

Das aus methodischer Sicht vielleicht wichtigste formale Kennzeichen eines Arbeitsanalyseverfahrens sind seine testtheoretischen Gütekriterien.[71] Diese geben letztlich darüber Aufschluß, ob ein Verfahren genau mißt, ob es auch tatsächlich die Sachverhalte erfaßt, die es zu messen beansprucht, und ob es robust gegenüber äußeren Einflüssen ist. Ebenso wie die theoretische Fundierung ist dieses formale Kriterium von entscheidender Bedeutung für die zweckorientierte Auswahl von Arbeitsanalyseverfahren. Aus diesem Grund werden die test-

---

66) Vgl. Frei, F., a. a. O. 1981, S. 25
67) Vgl. Frei, F., a. a. O. 1990, S. 26
68) Vgl. Dunckel, H., a. a. O. 1996, S. 183
69) Vgl. Frei, F., a. a. O. 1981, S. 26
70) Vgl. Dunckel, H., a. a. O. 1996, S. 183 -183
71) Vgl. Frei, F., a. a. O. 1981, S. 26

theoretischen Gütekriterien und die Ansätze zu ihrer Bestimmung im folgenden Abschnitt detailliert behandelt.

3.2 Gütekriterien für Arbeitsanalyseverfahren

Sollen Arbeitsanalysen als Grundlage für Arbeitsgestaltungsmaßnahmen dienen, so müssen die relevanten Entscheidungsträger davon ausgehen können, daß die hierbei eingesetzten Verfahren zuverlässige und gültige Ergebnisse liefern. Zum einen ist daher sicherzustellen, daß die verwendeten Instrumentarien für die jeweiligen Analyseziele geeignet sind. Zum anderen muß gewährleistet sein, daß unterschiedliche Untersucher, die die gleiche oder ähnliche Arbeitsaufgaben mit Hilfe eines bestimmten Verfahrens evaluieren, zu (möglichst) gleichen Ergebnissen kommen. Insofern ist die Überprüfung der Verfahrensgüte nicht nur von wissenschaftlichem Interesse, sondern auch von eminenter praktischer Bedeutung.72)

Arbeitsanalyseverfahren stellen keine „Tests“ im engeren Sinne dar. Dennoch lassen sich testtheoretische Gütekriterien heranziehen, um Aussagen über die Qualität solcher Verfahren zu machen. Insbesondere werden hierzu die Kriterien Objektivität, Reliabilität (Zuverlässigkeit) und Validität (Gültigkeit) verwendet. Mit ihrer Hilfe läßt sich überprüfen, ob die Verfahrensanwendung zu reproduzierbaren, stabilen Ergebnissen führt und diese im Sinne der von den Verfahrenskonstrukteuren intendierten Richtung interpretierbar sind. Die oben genannten Gütekriterien wurden ursprünglich für Erhebungsinstrumentarien aus dem Bereich der psychologischen Diagnostik entwickelt.73) Bei solchen Verfahren werden, im Gegensatz zu bedingungsbezogenen Arbeitsanalyseverfahren, Personenmerkmale erhoben. Die Person steht im Zentrum der Analyse, beantwortet Fragen oder führt Bearbeitungsaufgaben aus.74)

3.2.1 Objektivität

Zum Begriff der Objektivität findet sich bei LIENERT und RAATZ folgende Definition: „Unter Objektivität eines Tests verstehen wir den Grad, in dem die Ereignisse unabhängig vom Untersucher sind. Ein Test wäre demnach vollkommen objektiv, wenn verschiedene Untersucher bei denselben Probanden zu

---

72) Vgl. Dunckel, H.; Volpert, W.; Zölch, M.; et al., a. a. O. 1993 (a), S. 83

73) Vgl. Oesterreich, R.: Die Überprüfung von Gütekriterien bedingungsbezogener Arbeitsanalyseverfahren, in: Zeitschrift für Arbeitswissenschaft, 46. Jg. (1992), S. 139

74) Vgl. Lienert, G. A.; Raatz, U.: Testaufbau und Testanalyse, 5. völlig neubearb. und erweiterte Aufl., Weinheim 1994, S. 1 - 6

gleichen Ergebnissen gelangten".[75] Das Gütekriterium Objektivität beschreibt, wie robust ein Analyseverfahren gegenüber den Einflüssen seitens des Untersuchers bei der Durchführung einer Analyse ist. Als Maß für die interpersonelle Übereinstimmung oder Objektivität verschiedener Untersucher könnte der durchschnittliche Korrelationskoeffizient zwischen den Analysebefunden, die verschiedene Untersucher beim gleichen Analysegegenstand ermittelt haben, dienen. Je nach Durchführungsphase, in der Nicht-übereinstimmungen auftreten können, müssen unterschiedliche Aspekte der Objektivität beachtet werden.[76]

Die Durchführungsobjektivität gibt darüber Auskunft, inwieweit zufällige oder systematische Verhaltensvariationen des Untersuchers die Analyseergebnisse beeinflussen. Eine maximale Durchführungsobjektivität läßt sich dann erreichen, wenn die Untersuchungsanweisungen im Analyseverfahren so präzise wie möglich formuliert sind und eine weitgehend standardisierte Untersuchungssituation vorliegt.[77] Die Auswertungsobjektivität bezieht sich auf die numerische oder kategoriale Auswertung der Analyseergebnisse nach vorgegebenen Regeln. Je höher die Freiheitsgrade der Antwortmöglichkeiten im Rahmen der Datenerfassung sind, desto geringer ist die Auswertungsobjektivität.[78] Die Interpretationsobjektivität schließlich beschreibt die Unabhängigkeit der Auslegung der Analyseergebnisse von der interpretierenden Person, die nicht zwangsläufig mit dem Untersucher oder Auswerter identisch sein muß.[79]

Das Gütekriterium der Objektivität - in anderen Publikationen auch als Konkordanz bezeichnet[80] - ist in der einschlägigen Fachliteratur nicht unumstritten. Dies insbesondere auch deshalb, weil die verschiedenen Arten der Objektivität Sonderfälle der noch zu betrachtenden Reliabilität darstellen[81] und die Reliabilität nie höher sein kann als die Objektivität.[82] Aus diesen Gründen und aufgrund der Tatsache, daß es nur schwer möglich ist, bei der Überprüfung von Arbeitsanalyseverfahren ausschließlich die Objektivität und nicht auch Aspekte der Reliabilität zu erfassen, ist dieses Gütekriterium für Arbeitsanalyseverfahren von untergeordneter Bedeutung.

---

75) Lienert, G. A.; Raatz, U., a. a. O. 1994, S. 8

76) Vgl. Lienert, G. A.; Raatz, U., a. a. O. 1994,S. 9

77) Vgl. Lienert, G. A.; Raatz, U., a. a. O. 1994, S. 9

78) Vgl. Lienert, G. A.; Raatz, U., a. a. O. 1994, S. 8

79) Vgl. Lienert, G. A.; Raatz, U., a. a. O. 1994, S. 8

80) Vgl. Sprung, L.; Sprung, H.: Grundlagen der Methodologie und Methodik der Psychologie, Berlin 1984, S. 174

81) Vgl. Lienert, G. A.; Raatz, U., a. a. O. 1994, S. 177

82) Vgl. Lienert, G. A.; Raatz, U., a. a. O. 1994, S. 13 und Oesterreich, R., a. a. O. 1992, S. 140

3.2.2 Reliabiltität

Reliabilität oder Zuverlässigkeit ist ein Maß für die Genauigkeit, mit der ein bestimmtes Merkmal gemessen wird - unabhängig davon, ob dieses Merkmal auch gemessen werden soll (letzteres ist eine Frage der Validität). Mit Hilfe eines Reliabilitätskoeffizienten läßt sich angeben, wie gut die Analyseergebnisse verschiedener Untersucher, die unter gleichen Bedingungen dieselbe Analyse durchgeführt haben, übereinstimmen.[83)] Bezogen auf den Anwendungsbereich der Arbeitsanalyse bedeutet dies letztlich, daß die Reliabilität eine Aussage darüber ermöglicht, wie genau sich ein Arbeitssystem(element) mittels eines bestimmten Analyseverfahrens beschreiben läßt.[84)]

Ähnlich wie bei der Objektivität lassen sich auch hier - in Abhängigkeit von der Art des Zuganges - verschiedene Aspekte der Reliabilität unterscheiden. Bei der Bestimmung der Paralleltestreliabilität wird der Analysegegenstand parallel mit zwei streng vergleichbaren Verfahren evaluiert, und anschließend werden die jeweiligen Ergebnisse miteinander korreliert. Die Retest-Reliabilität läßt sich dadurch bestimmen, daß ein Analyseverfahren in zeitlichem Abstand zweimal auf denselben Analysegegenstand angewendet wird und man die jeweils ermittelten Ergebnisse einer Korrelationsanalyse unterzieht. Die innere Konsistenz schließlich läßt sich z.B. mit Hilfe der Methoden der Testhalbierung oder der Konsistenzanalyse bestimmen. Beiden Methoden liegt ein ähnliches Prinzip zugrunde: Ein Test wird nach bestimmten Regeln in zwei gleichwertige Testteile aufgesplittet, die dann einzeln angewendet werden. Die Auswertung und der Vergleich der jeweils ermittelten Testergebnisse ermöglicht dann Aussagen über die innere Konsistenz des Gesamtverfahrens.[85)]

Die oben angeführten Methoden zur Überprüfung der Reliabilität gelten für Tests aus dem Bereich der Eignungsdiagnostik. Sie lassen sich aber nicht ohne weiteres für Analyseverfahren aus dem interdisziplinären Bereich der Arbeitswissenschaft übernehmen. Dies gilt insbesondere für die innere Konsistenz, die für Tests im engeren Sinne ein geeignetes Reliabilitätsmaß darstellt, für bedingungsbezogene Arbeitsanalyseverfahren - wie OESTERREICH gezeigt hat - jedoch nicht geeignet ist.[86)]

In der klassischen Testtheorie definiert sich die Reliabilität als das Verhältnis der wahren Varianz zur Gesamtvarianz; letztere ergibt sich wiederum aus der

---

83) Vgl. Lienert, G. A.; Raatz, U., a. a. O. 1994, S. 9

84) Vgl. Moser, K.; Donat, M.; Schuler, H.; Funke, U.: Gütekriterien von Arbeitsanalyseverfahren, in: Zeitschrift für Arbeitswissenschaft, 43. Jg. (1989), Heft 2, S. 65

85) Vgl. Lienert, G. A.; Raatz, U., a. a. O. 1994, S. 9 - 10

86) Vgl. Oesterreich, R., a. a. O. 1992, S. 144

additiven Verknüpfung von wahrer Varianz und Fehlervarianz. Je höher die Fehlervarianz ist, desto geringer wird folglich die Reliabilität ausfallen.[87] Bei der Entwicklung eines Arbeitsanalyseverfahrens hoher Reliabilität hat dies die praktische Konsequenz, daß mögliche Einflüsse, die zur Fehlervarianz führen, gering zu halten sind. Bei bedingungsbezogenen Arbeitsanalyseverfahren lassen sich im wesentlichen drei Fehlerquellen identifizieren, die Einfluß auf das Analyseergebnis haben können: Die Person des Untersuchers (Untersucherfaktor), der Zeitpunkt, zu dem die Analyse durchgeführt wird (Zeitfaktor), und die Person, die die Arbeitstätigkeit ausübt (Personenfaktor).[88]

Die Durchführung einer bedingungsbezogenen Arbeitsanalyse erfolgt immer im Rahmen einer Interaktion zwischen arbeitender Person und Untersucher. Es ist daher nicht auszuschließen, daß, aufgrund der individuellen Vorgehensweise bei der Analyse oder eines spezifischen Begriffsverständnisses, zwei Untersucher bei der Analyse derselben Arbeitstätigkeit zu unterschiedlichen Analyseergebnissen gelangen. Diese Fehlerquelle ist auch im Bereich der psychologischen Diagnostik bekannt, allerdings ist sie dort minder gravierend, da im Vergleich zu bedingungsbezogenen Arbeitsanalysen die Interaktion zwischen Person und Untersucher weniger stark ausgeprägt ist. Es reicht bei bedingungsbezogenen Arbeitsanalyseverfahren daher nicht aus, diesem Problem nur durch Vorschriften zur Testvorgabe und -durchführung begegnen zu wollen, wie dies bei diagnostischen Tests der Fall ist. Vielmehr werden hier entsprechend gestaltete Manuals benötigt, die detaillierte Anweisungen zur Durchführung der Analyse und Definitionen wichtiger Begriffe enthalten. Die Anleitungen dürfen aber auch nicht zu formalisiert sein, um den Interaktionsprozeß, in dem zwischen Untersucher und arbeitender Person ein gemeinsames Begriffsverständnis aufgebaut werden soll, nicht zu beeinträchtigen.[89]
Bedingungsbezogene Arbeitsanalyseverfahren beanspruchen Ergebnisse hervorzubringen, die nicht nur zum Zeitpunkt der Analysedurchführung, sondern innerhalb eines größeren Zeitrahmens Gültigkeit haben. Insofern kann auch die Wahl des Untersuchungszeitpunktes zu Verzerrungen der Analyseergebnisse führen. Es läßt sich z. B. nicht auszuschließen, daß die aktuelle Befindlichkeit von Untersucher bzw. arbeitender Person die Analyseergebnisse beeinflußt. Eine weitere Fehlerquelle liegt darin begründet, daß der Untersucher bei der Durchführung einer Analyse nur die aktuelle Situation beurteilen kann. Werden zu anderen Zeitpunkten weitere Tätigkeiten unter verschiedenen Rahmenbedingungen ausgeübt, so lassen sich diese Aufgaben nur mit Hilfe gezielter Befragungen analysieren. Bedingungsbezogene Arbeitsanalyseverfahren benötigen daher Anweisungen, die den Untersucher anleiten darauf zu achten bzw. nach-

---

87) Vgl. Lienert, G. A.; Raatz, U., a. a. O. 1994, S. 175 - 176

88) Vgl. Oesterreich, R., a. a. O. 1992, S. 140 - 141

89) Vgl. Oesterreich, R., a. a. O. 1992, S. 140

zufragen, inwieweit sich Arbeitsabläufe zu anderen Zeitpunkten anders gestalten. Darüber hinaus muß es möglich sein, diese Aspekte bei der Darstellung bzw. Codierung der Ergebnisse entsprechend zu berücksichtigen.[90)]

Obwohl bedingungsbezogene Arbeitsanalyseverfahren von den individuellen Eigenschaften der arbeitenden Person abstrahieren sollen,[91)] können gerade diese zu Verzerrungen der Analyseergebnisse führen. Arbeitsanalysen werden immer vor dem Hintergrund der Arbeitstätigkeit bestimmter Personen durchgeführt. Dabei läßt sich nicht ausschließen, daß verschiedene Arbeitende, die dieselbe Arbeitstätigkeit unter den exakt gleichen Bedingungen ausführen, z.B. unterschiedliche Vorgehensweisen bei der Ausführung zeigen. Werden diese Tätigkeiten einzeln und unabhängig voneinander analysiert, so können die Ergebnisse zu gleichen Aufgaben unterschiedlich ausfallen. Um diesen Fehlerursachen vorzubeugen, sollte das Manual Verfahrensanweisungen enthalten, die den Untersucher dazu anleiten, von den individuellen Eigenarten der arbeitenden Person zu abstrahieren. Darüber hinaus dürfen bedingungsbezogene Arbeitsanalysen nur mit hinreichend geübten Personen durchgeführt werden.[92)] Als hinreichend geübt kann eine Person dann gelten, wenn sie die Arbeitsaufgabe in befriedigender Weise beherrscht, d.h. sich nicht mehr in der Anlernphase befindet und in den Augen der Kollegen und Vorgesetzten als geübt gilt.[93)]

Die hier vorgestellte Einteilung in Untersucher-, Zeit- und Personenfaktor kennzeichnet nach OESTERREICH und VOLPERT die wesentlichsten Einflußfaktoren auf die Reliabilität bedingungsbezogener Arbeitsanalyseverfahren.[94)] Sie bildet gleichzeitig die Grundlage, um verschiedene Modelle der Reliabilitätsprüfung dahingehend zu beurteilen, welche der Fehlerquellen sie zu kontrollieren erlauben.[95)]

Das erste vorzustellende Modell der Reliabilitätsprüfung ist die Vollständige Doppelanalyse. Bei dieser Methode analysieren jeweils zwei Untersucher unabhängig voneinander die gleiche Arbeitstätigkeit, die von zwei Arbeitenden unabhängig voneinander ausgeführt wird.[96)] Durch diesen Ansatz läßt sich überprüfen, inwieweit die Reliabilität des Analyseverfahrens durch die Fehlervarianzquellen Untersucher, Arbeitender und Untersuchungszeitpunkt beeinflußt

---

90) Vgl. Oesterreich, R., a. a. O. 1992, S. 140 - 141

91) Vgl. Oesterreich, R.; Volpert, W., a. a. O. 1987, S. 56

92) Vgl. Oesterreich, R., a. a. O. 1992, S. 140 - 141

93) Vgl. Oesterreich, R.; Volpert, W. (Hrsg.), a. a. O. 1991, S. 43

94) Vgl. Oesterreich, R.; Volpert, W. (Hrsg.), a. a. O. 1991, S. 43

95) Vgl. Oesterreich, R., a. a. O. 1992, S. 141

96) Vgl. Oesterreich, R., a. a. O. 1992, S. 141

wird. Da hier alle der oben skizzierten Fehlervarianzquellen berücksichtig werden, stellt die Vollständige Doppelanalyse die strengste Form der Reliabilitätsprüfung dar. Sie hat allerdings den Nachteil, daß sie nur dann anwendbar ist, wenn es in einem Unternehmen mindestens zwei Arbeitsplätze gibt, an denen zwei Personen dieselbe Arbeitstätigkeit ausüben. Dieses Problem ist insbesondere im Bürobereich so gravierend, daß sich dieses Modell hier kaum umsetzen läßt.[97)]

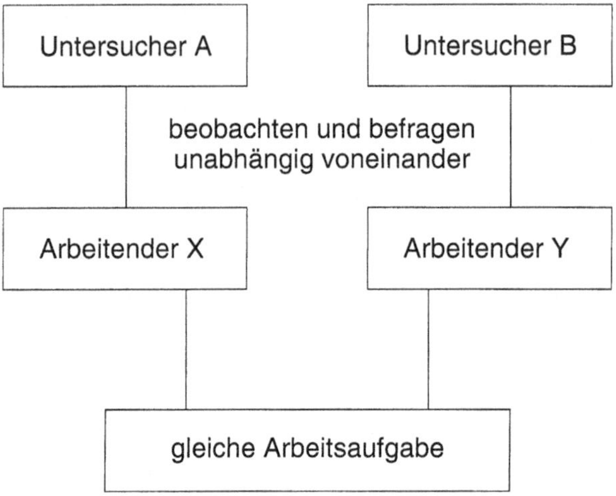

Abbildung 3.2: Modell der Vollständigen Doppelanalyse[98)]

Bei der Vollständigen Wiederholanalyse wird die Untersuchung von zwei Untersuchern zu zwei verschiedenen, möglichst weit auseinanderliegenden Zeitpunkten (t1 und t2) durchgeführt. Im Unterschied zur Vollständigen Doppelanalyse wird jedoch nur eine arbeitende Person, die eine Arbeitsaufgabe ausführt, betrachtet.[99)] Durch diesen Untersuchungsansatz hat das Analyseverfahren die Möglichkeit, sich gegenüber Fehlervarianzquellen zu bewähren, die aus dem Untersucher und den verschiedenen Untersuchungszeitpunkten resultieren. Einflüsse, die sich aus der Person des Arbeitenden begründen, lassen sich jedoch nur sehr eingeschränkt überprüfen, da im allgemeinen nicht davon auszugehen ist, daß sich seine individuelle Arbeitsweise zwischen den beiden Untersuchungszeitpunkten grundlegend verändern wird. Im Gegensatz zur zuvor beschriebenen Reliabilitätsprüfung läßt sich die Vollständige Wiederholanalyse

97) Vgl. Oesterreich, R.; Volpert, W. (Hrsg.), a. a. O. 1991, S. 60

98) Abbildung entnommen aus: Oesterreich, R., a. a. O. 1992, S. 141

99) Vgl. Oesterreich, R., a. a. O. 1992, S. 141

für jede Arbeitsaufgabe anwenden. Allerdings besteht hier die Gefahr, daß sich zwischen den Untersuchungszeitpunkten die Bedingungen des Arbeitshandelns ändern können und die Unterschiede zwischen den Ergebnissen beider Analysen nicht als Fehlervarianz, sondern als wahre Varianz anzusehen sind. Darüber hinaus ist nicht auszuschließen, daß die arbeitende Person durch Befragungen im Rahmen der ersten Analyse - beeinflußt durch den Erstuntersucher - ein spezifisches Begriffsverständnis entwickelt, welches sich nicht unbedingt mit dem des zweiten Untersuchers decken muß.[100)]

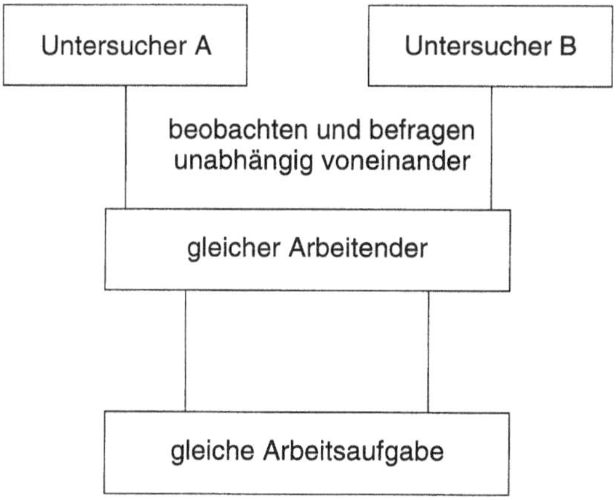

Abbildung 3.3: Modell der Vollständigen Wiederholanalyse[101)]

Die letzte Methode der Reliabilitätsprüfung, die an dieser Stelle skizziert werden soll, ist die Reduzierte Doppelanalyse. Hier beobachten und befragen zwei Untersucher gleichzeitig einen Arbeitenden bei der Ausführung seiner Arbeitstätigkeit.[102)] Durch diesen Untersuchungsansatz kann sich das Verfahren nur eingeschränkt gegenüber Fehlervarianzquellen seitens der Untersucher bewähren, da z.B. eine gegenseitige Beeinflussung bei der Datenerhebung nicht auszuschließen ist. Fehlervarianzquellen von seiten des Arbeitenden und durch verschiedene Untersuchungszeitpunkte bleiben gänzlich ungeprüft. Der Vorteil dieses Verfahrens liegt darin, daß es für jede Arbeitsaufgabe anwendbar ist. Aufgrund seiner sehr begrenzten Möglichkeiten Fehlervarianzquellen zu prüfen sollte jedoch auf seine Anwendung verzichtet werden, vor allem auch deshalb,

---

100) Vgl. Oesterreich, R.; Volpert, W. (Hrsg.), a. a. O. 1991, S. 61 - 62

101) Abbildung entnommen aus: Oesterreich, R., a. a. O. 1992, S. 141

102) Vgl. Oesterreich, R., a. a. O. 1992, S. 142

weil die Vollständige Wiederholanalyse mit einem geringfügigen Mehraufwand bessere Ergebnisse liefert.[103)]

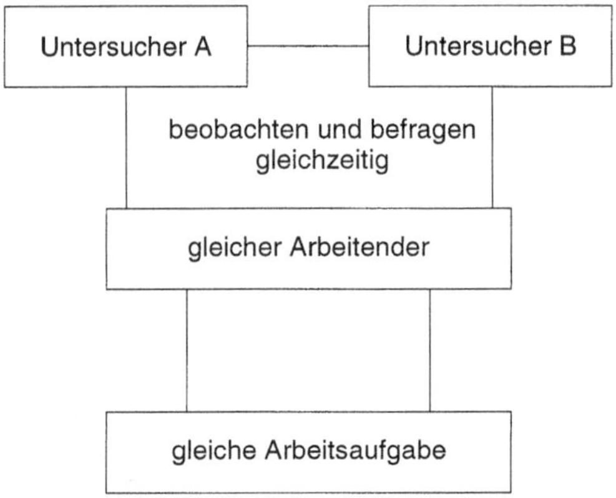

Abbildung 3.4: Modell der Reduzierten Doppelanalyse[104)]

3.2.3 Validität

Wie in den vorangegangenen Ausführungen gezeigt wurde, läßt sich mit Hilfe der Reliabilität eine Aussage darüber treffen, wie präzise ein Arbeitsanalyseverfahren ein Merkmal erfaßt. Ob das Verfahren aber auch tatsächlich das Attribut mißt, das es zu messen beansprucht, ist anhand dieses Kriteriums nicht zu beurteilen. Das Gütekriterium, welches zu diesem Problemkreis Aussagen liefert, ist die Validität oder Gültigkeit. Analog zur Reliabilität lassen sich auch bei der Validität verschiedene Aspekte unterscheiden, was zur Abgrenzung von inhaltlicher Validität, Konstruktvalidität und kriterienbezogener Validität führt.[105)]

Bei der inhaltlichen Validität von Arbeitsanalyseverfahren steht die Frage im Vordergrund, ob die Inhalte der verwendeten Items den Arbeitsplatz repräsentieren oder nicht.[106)] Die Abschätzung dieses Validitätsaspektes erfolgt in der

103) Vgl. Oesterreich, R.; Volpert, W. (Hrsg.), a. a. O. 1991, S. 61 - 62

104) Abbildung entnommen aus: Oesterreich, R., a. a. O. 1992, S. 61

105) Vgl. Lienert, G. A.; Raatz, U., a. a. O. 1994, S. 10

106) Vgl. Lienert, G. A.; Raatz, U., a. a. O. 1994, S. 10

Regel durch eine Gruppe kompetenter Beurteiler nach dem Ratingverfahren. Dabei wird auf einen numerischen Validitätskennwert verzichtet.[107)]

Nicht alle Betrachtungsgegenstände einer Arbeitsanalyse lassen sich unmittelbar operational erfassen. Vielmehr ist es fallweise erforderlich auf theoretische Konstrukte zurückzugreifen, um Aussagen über spezifische Elemente des Arbeitssystems machen zu können.[108)] Ein Konstrukt in diesem Sinne wäre beispielsweise die Persönlichkeitsförderlichkeit einer Arbeitsaufgabe. Aufgrund eines bestimmten Menschenbildes geht man davon aus, daß Arbeitsaufgaben mit hohen Planungs- und Entscheidungserfordernissen eine positive Auswirkung auf die Entwicklung seiner Persönlichkeit haben. Die Bestimmung der Persönlichkeitsförderlichkeit einer Arbeitstätigkeit erfolgt indirekt über die Bestimmung des Umfangs, in dem selbständige Entscheidungen über Ziele und Vorgehensweisen zur Zielerreichung möglich sind.

Das Ziel der Konstruktvalidierung ist es zu überprüfen, ob das Arbeitsanalyseverfahren auch tatsächlich die Konstrukte erfaßt, die das Arbeitssystem charakterisieren. Die Überprüfung dieses Gütekriteriums ist mit einem hohen technisch-ökonomischen Aufwand verbunden, da die Struktur des Konstruktes das Verfahren beeinflußt und umgekehrt. Dies bedingt eine rekursive Vorgehensweise, bei der sich Hypothesengenerierung und anschließende empirische Überprüfung abwechseln.[109)] Zur Bestimmung der Konstruktvalidität sind nach MOSER et al. eine Reihe von Methoden geeignet: Korrelationen mit Außenkriterien, Faktor- und Clusteranalysen, Untersuchung von Gruppenunterschieden etc.[110)]

Die kriterienbezogene Validität, die in der Testtheorie durch den Bezug von Testpunktwerten zu Kriterienpunktwerten definiert wird, ist unter praktischen Gesichtspunkten heraus der bedeutsamste Aspekt der Validität.[111)] Bei der Bestimmung der kriterienbezogenen Validität werden die Verfahrensergebnisse mit bestimmten Außenkriterien korreliert.[112)] Das heißt, man sucht nach geeigneten Meßgrößen (andere Verfahren oder Experteneinschätzungen), die das zu bestimmende Merkmal ebenfalls messen und verwendet den Grad der Übereinstimmung zwischen den Ergebnissen beider Untersuchungen als Maß für die

---

107) Vgl. Lienert, G. A.; Raatz, U., a. a. O. 1994, S. 225

108) Vgl. Lienert, G. A.; Raatz, U., a. a. O. 1994, S. 226

109) Vgl. Moser, K.; Donat, M.; Schuler, H.; Funke, U., a. a. O. 1989, S. 69

110) Vgl. Moser, K.; Donat, M.; Schuler, H.; Funke, U., a. a. O. 1989, S. 69

111) Vgl. Lienert, G. A.; Raatz, U., a. a. O. 1994, S. 221

112) Vgl. Leitner, K.; Lüders, E.; Greiner, B.; et al., a. a. O. 1993, S. 96

Kriteriumsvalidität.[113] Insofern stellt die Auswahl eines geeigneten Validierungskriteriums einen kritischen Erfolgsfaktor für den Validierungsprozeß dar.

3.2.4 Praktische Überprüfung von Gütekriterien und Konsequenzen für die Entwicklung des integrierten Arbeitsanalyseinstrumentariums

Aussagen zur Güte eines Arbeitsanalyseverfahrens finden sich hauptsächlich bei psychologischen Instrumentarien. Bei der Entwicklung ingenieurwissenschaftlich/ergonomischer Verfahren wird in der Regel auf die Überprüfung der Gütekriterien verzichtet. Der Grund hierfür ist, daß die theoretischen Grundlagen meist allgemein anerkannte Normen und Richtlinien sind, die sich auf konkret meßbare Größen und nicht auf theoretische Konstrukte beziehen.[114] Der Rückgriff auf allgemein anerkannte Standards stellt sicher, daß vor dem Hintergrund des jeweils aktuellen technisch-wissenschaftlichen Kenntnisstandes zumindest die inhaltliche Validität des Verfahrens gegeben ist. Aus der direkten Meßbarkeit der Untersuchungsobjekte folgt außerdem, daß verzerrende Einflüsse des Untersuchungszeitpunktes, der arbeitenden Person sowie des Untersuchers weitgehend vernachlässigt werden können, sofern der Untersucher geeignete (technische) Meßinstrumentarien verwendet und für die Durchführung der Analysen entsprechend qualifiziert ist. Insofern hängt die Zuverlässigkeit eines ingenieurwissenschaftlich/ergonomischen Arbeitsanalyseverfahrens weniger von seiner Konstruktion als von der Qualität der eingesetzten Meßinstrumentarien und der entsprechenden Qualifikationen des Untersuchers ab.

Im Gegensatz zu ergonomisch/ingenieurwissenschaftlichen Arbeitsanalyseverfahren sind bei psychologischen Instrumentarien die Untersuchungsobjekte vielfach nicht direkt meßbar und lassen dem Untersucher sowohl bei der Datenerhebung als auch bei der -auswertung einen relativ großen Interpretationsspielraum. Insofern sind hier umfangreiche Untersuchungen zur Güte der Verfahren - z.B. nach einem der zuvor erläuterten Untersuchungsansätze - erforderlich. Bei der praktischen Durchführung dieser Untersuchungen beschränkt sich die Überprüfung der Gütekriterien in der Regel auf die analytischen bzw. bewertenden Verfahrensmodule. Die deskriptiven Abschnitte werden - aufgrund ihrer spezifischen Anwendungsbereiche (z.B. Kennzeichnung des untersuchten Arbeitsplatzes) und der Art der zu erhebenden Informationen - meistens von diesen Untersuchungen ausgeklammert.

---

113) Vgl. Bonitz, D.: Evaluation von Arbeitssystemen, Zwei Instrumente zur Bewertung von Arbeitstätigkeiten und Organisationsstrukturen, Frankfurt am Main 1995, S. 77

114) Vgl. hierzu z.B. Köchling, A. a. a. O. 1990

Untersuchungen zur Validität und Reliabilität psychologischer Arbeitsanalyseverfahren beziehen sich immer auf inhaltlich abgeschlossene Analysemodule. Das heißt, je nachdem ob das zu untersuchende Instrument einen Analyseschwerpunkt hat, wie beispielsweise das Verfahren VERA 2,[115)] oder mehrere, wie z.B. das modulare Verfahren der kontrastiven Aufgabenanalyse (KABA),[116)] liefert die Überprüfung der Gütekriterien einen oder mehrere Werte für Validität und Reliabilität.

Dieser Sachverhalt ist letztlich auch dafür ausschlaggebend, daß beim Einsatz modularer Arbeitsanalyseinstrumentarien auf einzelne analytische bzw. bewertende Verfahrensabschnitte verzichtet werden kann, ohne hierdurch die Analyseergebnisse zu verfälschen. Umgekehrt läßt sich daraus aber auch ableiten, daß es zulässig ist, einzelne, in sich abgeschlossene Analysemodule verschiedener Verfahren miteinander zu kombinieren, ohne die Güte der Analysemodule zu beeinträchtigten. Voraussetzung hierfür ist jedoch, daß ihnen derselbe theoretische Ansatz zugrundeliegt und sie weder sprachlich noch inhaltlich verändert werden.

3.3 Bewertung arbeitsgestalterischer Lösungen

HACKER stellt in seinen Ausführungen zur psychologischen Tätigkeitsanalyse fest, daß Arbeitsanalyseverfahren oftmals auch zur direkten Bewertung arbeitsgestalterischer Lösungen dienen.[117)] Zur Beurteilung der Güte arbeitsgestalterischer Maßnahmen haben verschiedene Autoren unterschiedliche Bewertungsmodelle erarbeitet. Die darin enthaltenen Kriterien weisen teilweise Übereinstimmungen, teilweise aber auch große Unterschiede auf. Ein früher Ansatz, der weite Verbreitung gefunden und die Entwicklung anderer Ansätze maßgeblich beeinflußt hat, ist das Ebenenmodell nach ROHMERT. In diesem Modell wird Arbeit unter den Gesichtspunkten der Ausführbarkeit, Erträglichkeit, Zumutbarkeit und Zufriedenheit bewertet.[118)] Während sich die ersten drei Kriterien auch in anderen Bewertungsansätzen widerspiegeln, findet die Arbeitszufriedenheit aufgrund der problematischen, in der Regel undifferenzierten Erfassung[119)] bei aktuellen, insbesondere arbeitspsychologisch orientierten Bewer-

---

115) Vgl. hierzu Oesterreich, R.; Volpert, W. (Hrsg.), a. a. O. 1991

116) Vgl. hierzu Dunckel, H.; Volpert, W.; Zölch, M.; Kreutner, U.; Pleiss, C.; Hennes, K., a. a. O. 1993, S. 81 - 94

117) Vgl. Hacker, W., a. a. O. 1995, S. 28

118) Vgl. hierzu Rohmert, W.: Aufgaben und Inhalt der Arbeitswissenschaft, in: Die berufsbildende Schule, 24. Jg. (1972), Heft 1, S. 3 - 14

119) Eine Ausnahme bildet der Ansatz von BRUGGEMANN, die zwischen sechs verschiedenen Formen der Arbeitszufrieden- bzw. -unzufriedenheit differenziert. Ausgehend

tungsansätzen keine Berücksichtigung mehr.[120] So vertritt z.B. ULICH die Ansicht, daß ein genereller Zufriedenheitsbegriff kein geeignetes Bewertungskriterium für Arbeitstätigkeiten ist, da Zufriedenheit auf sehr unterschiedliche Weise entstehen und sehr verschiedene Bedeutungen haben kann.[121] FISCHER führt in diesem Zusammenhang aus, daß Arbeitszufriedenheit auch eine Form von Selbstschutzfunktion sein kann, weil beispielsweise diejenige Person, die in einer sie nicht befriedigenden Situation verbleibt oder sie nicht nach ihren Wünschen verändert, leicht als inkompetent gilt.[122]

Auch das derzeit differenzierteste Modell zur Bewertung der Arbeit - das hierarchische Bewertungssystem von HACKER (vgl. Abb. 3.5) - basiert auf dem Ansatz von ROHMERT. Entsprechend den Forderungen von VOLPERT[123] steht hier die Arbeit im Mittelpunkt der Betrachtungen, und eine Bewertung erfolgt in den Dimensionen:[124]

- ❑ Ausführbarkeit,
- ❑ Schädigungslosigkeit,
- ❑ Beeinträchtigungsfreiheit und
- ❑ Persönlichkeitsförderlichkeit.

Ein Vorteil dieses Ansatzes liegt darin, daß neben arbeitswissenschaftlichen (ergonomischen) und arbeitsmedizinischen Aspekten auch psychologische evaluiert werden. Dies bedingt den breiten Untersuchungsansatz, der zur Bewertung aller relevanten Aspekte des Arbeitssystems notwendig ist.[125]

---

von einem motivationstheoretischen Ansatz unterscheidet sie progressive, stabilisierte, resignative, fixierte und Pseudo-Arbeitszufriedenheit sowie konstruktive Arbeitsunzufriedenheit.
Vgl. Bruggemann, A.: Zur empirischen Untersuchung verschiedener Formen der Arbeitszufriedenheit, in: Zeitschrift für Arbeitswissenschaft, 30. Jg. (1976), Heft 2, S. 71; Vgl. hierzu auch Bruggemann, A.: Zur Unterscheidung verschiedener Formen von Arbeitszufriedenheit, in: Arbeit und Leistung, 28. Jg (1974), Heft. 11, S. 281 - 284

120) Vgl. Ulich, E., a. a. O. 1994, S. 119

121) Vgl. Ulich, E., a. a. O. 1994, S. 115

122) Vgl. Fischer, L.: Strukturen der Arbeitszufriedenheit, Göttingen 1989, S. 66

123) Vgl. Volpert, W., a. a. O. 1987 (a), S. 14

124) Vgl. Hacker, W., a. a. O. 1995, S. 220

125) Vgl. Hacker, W., a. a. O. 1995, S. 220

Bewertungsebenen	Unterebenen	Mögliche Kriterien (Beispiele)
Realisierung		
Persönlichkeitsförderlichkeit	- Weiterentwicklung - Erhaltung - Rückbildung } ausgewählter Fähigkeiten und Einstellungen	- Zeitanteil für - selbständige - schöpferische Verrichtungen - erforderliche Lernaktivitäten
Beeinträchtigungsfreiheit	- ohne bzw. mit zumutbaren Beeinträchtigungen - bedingt zumutbare Beeinträchtigungen - nicht zumutbare Beeinträchtigungen (funktionelle Störungen)	- negative Veränderungen psychophysiologischer Kennwerte (EKG, EEG) - Befindensbeeinträchtigungen
Schädigungslosigkeit	Gesundheitsschäden - ausgeschlosssen - möglich - hochwahrscheinlich	- MAK-Werte - Berufskrankheiten - Unfälle/Arbeitsschutzanordnungen
Ausführbarkeit	- uneingeschränkte Ausführbarkeit - bedingte, eingeschränkte Ausführbarkeit - zuverlässige Ausführbarkeit nicht gewährleistet	- anthropometrische Normen - sinnespsychophysiologische Normwerte

Abbildung 3.5: Hierarchisches System zur Bewertung von Arbeitsgestaltungsmaßnahmen[126]

126) Abbildung entnommen aus: Hacker, W., a. a. O. 1995, S. 224

Die Bewertungsdimensionen besitzen nach HACKER eine hierarchische Ordnung,[127] die eine Bewertungsabfolge determiniert. So muß vor dem Beurteilen der Beeinträchtigungsfreiheit oder Persönlichkeitsförderlichkeit sichergestellt sein, daß eine Arbeitstätigkeit ausführbar und schädigungslos ist.[128] Die Abhängigkeit der Kriterien bedingt auch, daß bei der Evaluation von Gestaltungsmaßnahmen höherer Ebenen auch die untergeordneten berücksichtigt werden müssen.[129] Dies ist insofern erforderlich, da einerseits Maßnahmen auf übergeordneten Ebenen auch Beiträge zur Verbesserung der unteren Ebenen leisten können.[130] Andererseits läßt sich aber nicht grundsätzlich ausschließen, daß z.B. Verbesserungen der Persönlichkeitsförderlichkeit zu Lasten der Beeinträchtigungsfreiheit oder Ausführbarkeit gehen. Weiter folgt aus der hierarchischen Gebundenheit, daß das Herausgreifen einzelner Ebenen zu Falschaussagen führen kann. HACKER verwendet daher den Begriff „Bewertungssystem", um zu betonen, daß eine komplette Bearbeitung aller Ebenen unerläßlich ist.[131]

Die Kriterien humaner Arbeit nach HACKER sind einerseits das zur Zeit differenzierteste System zu Bewertung der Arbeit,[132] andererseits ist aber die postulierte hierarchische Beziehung zwischen den Bewertungskriterien nicht unproblematisch. Als Konsequenz für die vorliegende Arbeit ergibt sich hieraus,

---

127) Im Gegensatz dazu betont ULICH, daß die von ihm vorgestellten Kriterien humaner Arbeit , die eine große inhaltliche Übereinstimmung mit denen HACKERs aufweisen, nicht in einer hierarchischen Beziehung zueinander stehen. Als Beispiel führt ULICH an, daß Mitarbeiter die ihnen im Zuge persönlichkeitsförderlicher Arbeitsgestaltung zugestandenen Handlungs- und Gestaltungsspielräume dazu nutzen können, schädigende und beeinträchtigenden Arbeitsbedingungen zu verbessern.
Vgl. Ulich, E., a. a. O. 1994, S. 124

128) Hieraus ergibt sich letztlich die Konsequenz, daß die Analyse und Bewertung eines Arbeitssystems abzubrechen ist, sobald z.B. Verstöße auf der Ebene der Beeinträchtigungsfreiheit festgestellt werden. Die Analyse und Bewertung der Persönlichkeitsförderlichkeit dürfte erst dann in Angriff genommen werden, wenn durch geeignete Arbeitsgestaltungsmaßnahmen die Beeinträchtigungen ausgeräumt worden sind. Wie das von ULICH angeführte Beispiel jedoch zeigt, ist es durchaus sinnvoll, auch bei vorhandenen Beeinträchtigungen die Persönlichkeitsförderlichkeit einer Arbeitstätigkeit zu bestimmen. Aus den Untersuchungsergebnissen lassen sich beispielsweise Gestaltungsmaßnahmen ableiteten, welch die Mitarbeiter dazu befähigen, Verstöße gegen die Beeinträchtigungsfreiheit selbständig zu beseitigen.

129) Vgl. Hacker, W., a. a. O. 1995, S. 223

130) Vgl. Hacker, W.; Richter, P.: Psychologische Bewertung von Arbeitsgestaltungsmaßnahmen - Ziele und Bewertungsmaßstäbe, Spezielle Arbeits- und Ingenieurspsychologie, Berlin (Ost) 1980, S. 29
Mit dieser Aussage wird die strenge hierarchische Ordnung der Bewertungskriterien relativiert.

131) Vgl. Hacker, W., a. a. O. 1995, S. 223

132) Vgl. Ulich, E., a. a. O. 1994, S. 119

daß rechnerunterstützte Büroarbeitssysteme in bezug auf alle vier Ebenen bewertet werden, ohne jedoch die im hierarchischen Bewertungssystem determinierte Bewertungsabfolge zu übernehmen.

Dem Kriterium der Ausführbarkeit liegt ein normatives Begriffsverständnis zugrunde. Die Bewertung soll eine Aussage darüber liefern, ob eine Arbeitstätigkeit überhaupt ausführbar ist, bzw. ob die Voraussetzungen für ein zuverlässiges, langfristiges und forderungsgerechtes Ausführen der Tätigkeit gegeben sind.[133] Entsprechend dem Grad der Ausführbarkeit differenziert HACKER zwischen:[134]

- uneingeschränkter Ausführbarkeit (kurz Ausführbarkeit),
- eingeschränkter oder bedingter Ausführbarkeit und
- Nichtausführbarkeit.

Einschränkungen der Ausführbarkeit einer Tätigkeit resultieren insbesondere aus Verstößen gegen biologische, vor allem anthropometrische Normative (z.B. aufzubringende Maximalkräfte oder Bewegungsräume). Die Bewertung von Arbeitsgestaltungsmaßnahmen hinsichtlich dieser Aspekte kann durch einen Vergleich der realen Arbeitssituation mit den z.B. in diversen Normen enthaltenen Vorgaben erfolgen. Neben Verstößen gegen anthropometrische Maße kann die Ausführbarkeit aber auch durch Einschränkungen bei den psychophysischen und psychischen Regulationsgrundlagen beeinträchtigt sein. Hier sind tätigkeitsregulierende kognitive Prozesse der Informationsaufnahme und -verarbeitung gestört (z.B. Wahrnehmbarkeit von Signalen, Behalten von Informationen). Mit Ausnahme sinnesphysiologischer Kenngrößen existieren für diesen Bereich jedoch noch keine verbindlichen Normen, die sich zu Bewertungszwecken heranziehen lassen.[135]

Im Zusammenhang mit der Schädigungslosigkeit wird überprüft, inwieweit die Arbeit so gestaltet ist, daß reversible und irreversible Schädigungen der physischen und psychischen Gesundheit ausgeschlossen sind.[136] Die Bewertung der Schädigungslosigkeit ist damit ein Teil der arbeitsmedizinischen Bewertung von Gesundheitsgefährdungen und bezieht sich auf den Einfluß von Umweltfaktoren (z.B. Lärm, Beleuchtung, gefährliche Stoffe etc.) und Gesundheitsgefährdungen durch physische und psychische Belastungen.[137] Ebenso wie beim

---

133) Vgl. Hacker, W., a. a. O. 1995, S. 223

134) Vgl. Hacker, W., a. a. O. 1995, S. 227

135) Vgl. Hacker, W., a. a. O. 1995, S. 229 - 230

136) Vgl. Hacker, W., a. a. O. 1995, S. 241 - 244

137) Vgl. Szadkowski, D.: Arbeitsmedizin, in: Luczak, H.; Volpert, W. (Hrsg.): Handbuch Arbeitswissenschaft, Stuttgart 1997, S. 152 - 153

Kriterium der Ausführbarkeit differenziert HACKER beim Grad der Schädigungslosigkeit zwischen den drei ordinalen Stufen:[138]

- Gesundheitsschäden ausgeschlossen,
- Gesundheitsschäden möglich,
- Gesundheitsschäden hochwahrscheinlich.

Das Konstrukt der Schädigungslosigkeit zielt einerseits auf die Verhütung körperlicher Gebrechen ab, die beispielsweise durch Unfälle oder Schadstoffeinwirkung hervorgerufen werden können.[139] Andererseits werden, entsprechend der erweiterten Gesundheitsdefinition der Weltgesundheitsorganisation (WHO), auch das physische, psychische und soziale Wohlbefinden thematisiert. Bislang sind die Auswirkungen arbeitgestalterischer Maßnahmen auf die letztgenannten Gesundheitsaspekte noch wenig untersucht.[140] Allerdings zeigen entsprechende Untersuchungen, daß Maßnahmen zur Förderung der Beeinträchtigungsfreiheit und Persönlichkeitsförderlichkeit gleichzeitig der Schädigungslosigkeit dienen.[141]

Mängel der Arbeitsgestaltung können, sie müssen jedoch nicht unbedingt, zu physischen und psychischen Gesundheitsstörungen führen. Im Zusammenhang mit dem Kriterium der Beeinträchtigungsfreiheit werden (kompensierbare) Fehlbeanspruchungen untersucht, die aus den Tätigkeitsanforderungen resultieren und sich als:[142]

- qualitative bzw. quantitative Überforderung,
- qualitativ vereinseitigte bzw. quantitative Unterforderung oder
- Kombinationen von Unter- mit Überforderung in unterschiedlichen Bereichen der Tätigkeitsanforderung äußern können.

Beeinträchtigungen können aber auch aus den Ausführungsbedingungen (z.B. Lärm, begrenzte Zwangshaltungen, unzureichende Sichtbedingungen am Monitor etc.) resultieren.[143] All diese Fehlbeanspruchungen äußern sich in einer Destabilisierung der Tätigkeitsregulation, die sich wiederum in Beeinträchtigungen des Befindens, vorübergehenden körperlichen Funktionsbeeinträchti-

---

138) Vgl. Hacker, W., a. a. O. 1995, S. 245

139) Vgl. Luczak, H., a. a. O. 1993, S. 19

140) Vgl. Hacker, W., a. a. O. 1995, S. 241

141) Vgl. Udris, I.; Rimann, M.; Thalmann; K.: Gesundheit erhalten, Gesundheit herstellen: Zur Funktion salutogenetischer Ressourcen, in: Bergmann, B.; Richter, P. (Hrsg.): Die Handlungsregulationstheorie, Göttingen, Bern, Toronto, Seattle 1994, S. 205 - 206

142) Vgl. Hacker, W., a. a. O. 1995, S. 265

143) Vgl. Hacker, W., a. a. O. 1995, S. 269

gungen und Leistungsminderungen niederschlägt.[144] Wie der Begriff „Fehlbeanspruchung" schon signalisiert, sind Beeinträchtigungen durch die Wechselwirkung objektiver Bedingungen mit individuell unterschiedlichen Eigenschaften charakterisiert. Das heißt, subjektive Befindensbeeinträchtigungen stehen z.B. in Wechselwirkung mit unabhängig erfaßten Arbeitsstressoren - Faktoren, die mit erhöhter Wahrscheinlichkeit Stress auslösen.[145] Diese Hypothese konnte durch zahlreiche Untersuchungen gestützt werden.[146] Allerdings zeigte sich auch, daß die objektiv belastenden Bedingungen in ihrer Wirkung subjektiv sehr unterschiedlich[147] oder - z.B. aufgrund von Gewöhnung - überhaupt nicht mehr wahrgenommen werden.[148] Ein hieraus resultierendes Phänomen ist beispielsweise das der resignativen Arbeitszufriedenheit.[149] HACKER plädiert vor diesem Hintergrund dafür, nicht die Beeinträchtigungen selbst, sondern deren Auswirkungen:[150]

- Stress,
- Monotoniezustände und psychische Sättigung sowie
- Ermüdungen durch körperliche und geistige Arbeit zu bewerten.

HACKER verweist auch darauf, daß anhaltende und extreme Beeinträchtigungen zu funktionellen und psychonervalen Erkrankungen führen können. Insofern bestehen fließende Übergänge zwischen Verstößen gegen die Beeinträchtigungsfreiheit und gegen die Schädigungslosigkeit.[151]

Ebenso wie bei den oben skizzierten Bewertungsdimensionen kann die Beeinträchtigungsfreiheit im normativen Sinne (hinsichtlich der Zumutbarkeit) ordi-

---

144) Vgl. Hacker, W., a. a. O. 1995, S. 270

145) Vgl. Greif, S.: Stress in der Arbeit - Einführung und Grundbegriffe, in: Greif, S.; Bamberg, E.; Semmer, N. (Hrsg.): Psychischer Stress am Arbeitsplatz, Göttingen, Toronto, Zürich 1991, S. 10 - 13

146) Vgl. z.B. Frese, M.: Sressbedingungen in der Arbeit und psychosomatische Beschwerden: Eine kausale Interpretation, in: Greif, S.; Bamberg, E.; Semmer, N.(Hrsg.): Psychischer Stress am Arbeitsplatz, Göttingen, Toronto, Zürich 1991 (a), S. 126 - 134; Dunckel, H.: Mehrfachbelastung und psychosoziale Gesundheit, in: Greif, S.; Bamberg, E.; Semmer, N. (Hrsg.): Psychischer Stress am Arbeitsplatz, Göttingen, Toronto, Zürich 1991, S. 162 - 167, oder Wieland-Eckelmann, R.: Kognition, Emotion und psychische Beanspruchung, Göttingen, Toronto, Zürich 1992, S. 282 - 292

147) Vgl. Richter, P.: Arbeitsgestaltung und Gesundheit - Pathopsychologie der Arbeit, in: Psychologie für die Praxis, 21. Jg. (1985), Heft 4, S. 318

148) Vgl. Leitner, K.; Lüders, E.; Greiner, B.; et al., a. a. O. 1993 (a), S. 65

149) Vgl. Bruggemann, A., a. a. O. 1976, S. 71

150) Vgl. Hacker, W., a. a. O. 1995, S. 265

151) Vgl. Hacker, W., a. a. O. 1995, S. 271

nal gestuft werden. In diesem Sinne lassen sich die Stufen:[152)]

- ohne bzw. mit zumutbaren Beeinträchtigungen,
- bedingt zumutbare Beeinträchtigungen und
- nicht zumutbare Beeinträchtigungen

gegeneinander abgrenzen. Die oberste Stufe des Bewertungssystems ist die der Persönlichkeitsförderlichkeit, bei der eher langfristige Wirkungen der Arbeit auf den Menschen thematisiert werden.[153)] Die Entwicklung der Persönlichkeit ist einerseits durch den Erwerb von Wissen, Erfahrungen und Fertigkeiten, andererseits durch das Entwickeln von Fähigkeiten verbunden mit Einstellungen zu ihrem Einsatz geprägt. Realisiert wird dieser Prozeß im Erwachsenenalter hauptsächlich über wissensgestützte Denkleistungen. Demnach zeichnen sich persönlichkeitsförderliche Arbeitsbedingungen dadurch aus, daß sie insbesondere Möglichkeiten bieten, solche Leistungen einzubringen und zu entwickeln.[154)] Persönlichkeitsförderliche Arbeitsbedingungen haben vielfältige Auswirkungen auf den arbeitenden Menschen, sei es, daß sie zur Erhaltung und Weiterentwicklung der intellektuellen Fähigkeiten beitragen, für die Arbeit motivieren oder aber zur Erhöhung und Stabilisierung der Gesundheit beitragen.[155)] So weisen BATTMANN und SCHÖNPFLUG darauf hin, daß Maßnahmen der Arbeitsstrukturierung (job enrichment, job enlargement und job rotation) nicht nur Lernmöglichkeiten in der Arbeit erschließen, sondern auch probate Mittel der Streßprävention sind.[156)] SEMMER betont die Bedeutung des Handlungsspielraumes für das Verhindern von Stress[157)] und SONNTAG zeigt auf, daß zielgerichtete Personalentwicklungsmaßnahmen unmittelbar zur Streßprävention dienen können[158)] (aber auch Stress auslösen können!).

---

152) Vgl. Hacker, W., a. a. O. 1995, S. 271 - 273

153) Vgl. Volpert, W.: Arbeits- und Organisationspsychologie, in: Luczak, H.; Volpert, W. (Hrsg.): Handbuch Arbeitswissenschaft, Stuttgart 1997, S. 141

154) Vgl. Hacker, W., a. a. O. 1995, S. 282

155) Vgl. Hacker, W., a. a. O. 1995, S. 287 - 295

156) Vgl. Battmann, W.; Schönpflug, W.: Bewältigung von Streß in Organisationen, in: Sonntag, Kh. (Hrsg.): Personalentwicklung in Organisationen, Göttingen, Bern, Toronto, Seattle 1992, S. 221

157) Vgl. Semmer, N.: Stress, in: Luczak, H.; Volpert, W. (Hrsg.): Handbuch Arbeitswissenschaft, Stuttgart 1997, S. 337

158) Vgl. Sonntag, Kh.: Personalentwicklung - ein (noch) unterrepräsentiertes Feld psychologischer Forschung und Gestaltung, in: Sonntag, Kh. (Hrsg.): Personalentwicklung in Organisationen, Göttingen, Bern, Toronto, Seattle 1992 (a), S. 13

Im Zusammenhang mit dem Kriterium der Persönlichkeitsförderlichkeit wird die Arbeitstätigkeit dahingehend bewertet, ob sie:[159]

- die Weiterentwicklung habitueller tätigkeitsregulierender psychischer Leistungen erlaubt,
- die Erhaltung von Einstellungen, Fähigkeiten, und Wissensbeständen ermöglicht oder aber
- durch Nichtbeanspruchung persönlichkeitszentraler Leistungsvoraussetzungen zu deren Rückbildung führt.

Ansatzpunkte zur Analyse und Bewertung von Arbeitsaufträgen und -tätigkeiten hinsichtlich der Persönlichkeitsförderlichkeit sind:[160]

- die Vollständigkeit[161] bzw. Unvollständigkeit der Tätigkeitsstruktur,
- Kooperations- und Kommunikationsmöglichkeiten,
- Einflußmöglichkeiten auf den Arbeitsprozeß,
- die erforderlichen psychischen Teilleistungen sowie
- das Verhältnis vorhandener zu geforderten Qualifikationen.

Bezüglich der Persönlichkeitsförderlichkeit liegt im deutschsprachigen Raum ein relativ einheitliches Begriffsverständnis vor. Ähnliche Definitionen wie bei HACKER finden sich z.B. bei ULICH[162] oder LUCZAK et al.[163]. Hervorzuheben ist jedoch die Weiterentwicklung von VOLPERT. Durch die Verknüpfung handlungsregulatorischer Ansätze mit evolutionstheoretischen Konzepten erschließt er neue inhaltliche Facetten der Persönlichkeitsförderlichkeit und zeigt damit weitere Ansatzpunkte zur Analyse und Bewertung der Arbeit auf.[164] Die hieraus resultierenden Humankriterien bilden die Grundlage der

---

159) Vgl. Hacker, W., a. a. O. 1995, S. 281

160) Vgl. Hacker, W., a. a. O. 1995, S. 305; Vgl. auch Richter, P.: Persönlichkeitsentwicklung durch Arbeit, in: Luczak, H.; Volpert, W. (Hrsg.): Handbuch Arbeitswissenschaft, Stuttgart 1997, S. 235

161) Vollständige Tätigkeiten beinhalten Vorbereitungs-/Planungsaktivitäten, Zielbildungs-/Entscheidungsprozesse, Ausführungsoperationen, Rückmeldungen sowie kooperative Einbindung der Tätigkeit. Dementsprechend sind unvollständige Tätigkeiten durch die Trennung der Handlungsausführung von deren Planung sowie der Kontrolle über die Qualität der Arbeit gekennzeichnet. VOLPERT verwendet für diesen Sachverhalt den Begriff der „Partialisierung der Arbeit“.
Vgl. Richter, P., a. a. O. 1985, S. 311

162) Vgl. Ulich, E., a. a. O., S. 122 - 123

163) Vgl. Luczak, H.; Volpert, W.; Raeithel, A.; Schwier, W., a. a. O. 1987, S. 58 - 59

164) Vgl. Volpert, W.: Welche Arbeit ist gut für den Menschen - Notizen zum Thema Menschenbild und Arbeitsgestaltung, in: Frei, F.; Udris, I. (Hrsg.): Das Bild der Arbeit, Bern, Göttingen, Toronto, Seattle 1990, S. 27 - 35; Volpert, W.: Kontrastive Analyse des Verhältnisses von Mensch und Rechner als Grundlage des Systemdesigns, in: Zeit-

Kontrastiven Aufgabenanalyse und werden im Zusammenhang mit der Verfahrensbeschreibung an späterer Stelle detailliert erläutert

schrift für Arbeitswissenschaft, 41. Jg. (1987b), Heft 3, S. 151 und Dunckel, H., a. a. O. 1996, S. 125 - 145

4 Arbeitsanalyseverfahren für rechnerunterstützte Büro-Arbeitssysteme

Bevor in Kapitel 5 eine konkrete Auswahl von Verfahren zur Evaluation rechnerunterstützter Büroarbeitssysteme vorgestellt und begründet wird, soll an dieser Stelle zunächst der Auswahlrahmen abgesteckt und mit seiner Hilfe eine erste Vorauswahl getroffen werden. Die Konsequenzen dieser Ausführungen zeigen, welche grundsätzlichen Überlegungen den Auswahlprozeß determinieren und welche Arten von Arbeitsanalyseverfahren zur Analyse und Bewertung dieser spezifischen Arbeitssysteme prinzipiell benötigt werden. Wesentliche Elemente in diesem Zusammenhang sind die Bewertungsebenen nach HACKER[1] und die auf den Analysegegenständen basierende Taxonomie der Arbeitsanalyseverfahren. Beide spannen einen zweidimensionalen Rahmen auf, der sich zur Auswahl geeigneter Verfahren oder Verfahrenskombinationen nutzen läßt.

Das in Abbildung 3.5 dargestellte Bewertungskonzept zeigt, auf welchen Ebenen ein Arbeitssystem untersucht werden muß. Damit bietet es die Möglichkeit, anhand der verfahrensspezifischen Merkmale eines Arbeitsanalyseverfahrens zu beurteilen, ob dieses alle Bewertungsebenen berücksichtigt, oder ob es - unter Berücksichtigung der methodischen Probleme einer Verfahrenskombination - durch zusätzliche Instrumentarien ergänzt werden muß. Damit ist das Bewertungssystem von HACKER einerseits ein Maßstab, der Aussagen über bestimmte „Qualitätsmerkmale“ eines Verfahrens zuläßt, und andererseits eine Art Leitfaden zur Zusammenstellung sinnvoller Verfahrenskombinationen.

Bei der Zusammenstellung eines Analyseinventars sind neben den Bewertungsdimensionen auch die Bewertungsgegenstände als Auswahlkriterien heranzuziehen. Ein Analyse- und Bewertungsinstrumentarium läßt sich folglich dahingehend kennzeichnen, welcher Gegenstand in welchen Bewertungsdimensionen betrachtet wird. Vor diesem Hintergrund ist HACKERs Forderung nach einer umfassenden Bearbeitung aller Bewertungsebenen[2] so zu konkretisieren, daß eine Zusammenstellung von Evaluationsinstrumentarien alle Bewertungsdimensionen und alle relevanten Elemente eines Arbeitssystems berücksichtigen muß. Welches die relevanten Elemente eines Arbeitssystems sind, ist jedoch im Einzelfall zu klären und hängt z.B. vom Untersuchungszweck aber auch von ökonomischen Überlegungen ab. Darüber hinaus ist festzuhalten, daß nicht jede Dimension für jeden Gegenstand angemessen ist. So wäre eine Bewertung der Umgebungseinflüsse unter dem Blickwinkel der Persönlichkeitsförderlichkeit wenig sinnvoll, da es hier primär um physiologische Auswirkungen geht, die dem Kriterium Schädigungslosigkeit zuzuordnen sind.

---

1) Vgl. Hacker, W., a. a. O. 1995, S. 228

2) Vgl. Hacker, W., a. a. O. 1995, S. 223

Die zentrale Rolle der Arbeitsaufgabe als Verbindungsglied zwischen Mensch, Technik und Organisation bedingt, daß Tätigkeitsanalysen ein zentrales Element bei der umfassenden Untersuchung von Arbeitssystemen sein müssen. In Kapitel 3.1.1 wurde ausgeführt, daß Tätigkeitsanalysen auf funktions- oder autonomieorientierten Ansätzen basieren können. Aufgrund der jeweiligen Charakteristika, wie z.B. dem Menschenbild und den daraus abgeleiteten Konsequenzen für das Verhältnis von Mensch und Technik, ergibt sich, daß vor dem Hintergrund eines anthropozentrischen Gestaltungsansatzes autonomieorientierte, psychologische Arbeits- bzw. Tätigkeitsanalyseverfahren zu präferieren sind. Die Ergebnisse sozio-technischer bzw. -technologischer Systemanalysen besitzen aufgrund ihres Untersuchungsansatzes i.d.R. einen zu geringen Detaillierungsgrad, als daß sie unmittelbar zur Gestaltung von Arbeitssystemelementen dienen könnten.

Der Nachteil der autonomieorientierten Verfahren zur Tätigkeitsanalyse liegt darin, daß ihre Schwerpunkte auf den Ebenen der Persönlichkeitsförderlichkeit und Beeinträchtigungsfreiheit liegen. Die Ebenen der Ausführbarkeit und Schädigungslosigkeit können sie nicht angemessen berücksichtigen. Psychologische Tätigkeitsanalysen erfassen in der Regel auch Aspekte der Ablauforganisation oder der Gestaltung technischer Hilfsmittel. Allerdings nur insoweit, wie sie Einfluß auf die Ausführung der Arbeitsaufgabe haben. Die Evaluation eines Arbeitssystems, die sich allein auf die Arbeitsaufgabe und ihre Wechselwirkungen zu Mensch, Technik und Organisation beschränkt, greift u.U. zu kurz, da z.B. die ergonomische Gestaltung der Arbeitsmittel oder die Bewertung der Umgebungseinflüsse nur unzureichende Berücksichtigung finden. Abhilfe kann hier der Einsatz einer Verfahrenskombination schaffen, bei der sich psychologische Tätigkeits- und Arbeitsplatzanalyseverfahren ergänzen. Letztere Verfahrensgruppe hat ihren Schwerpunkt auf den Ebenen der Ausführbarkeit und Schädigungslosigkeit, so daß eine solche Verfahrenskombination letztlich alle Ebenen des Bewertungsmodelles von HACKER abdecken kann.

Die folgenden Kapitel behandeln ausführlich psychologische Tätigkeits- bzw. Arbeitsanalyseverfahren[3)] und Verfahren zur Arbeitsplatzanalyse. Neben den jeweiligen Untersuchungsgegenständen werden dabei auch die wesentlichen theoretischen Konzepte behandelt, auf denen die Verfahrensgruppen basieren.

---

3) Die Begriffe psychologische Arbeits- und Tätigkeitsanalyse werden in der Fachliteratur weitgehend synonym verwendet. Dies ergibt sich u.a. daraus, daß bei solchen Analyseansätzen die Arbeitstätigkeit in Abhängigkeit von den Ausführungsbedingungen untersucht wird.

4.1 Psychologische Arbeitsanalysen

Im Sinne der psychologischen Arbeitsanalyse sind Arbeitstätigkeiten absichtsgeleitete und willentliche Tätigkeiten. Demzufolge stehen die psychischen Merkmale von Arbeitstätigkeiten im Mittelpunkt entsprechender Untersuchungen.[4)] FREI definiert den Begriff „psychologische Arbeitsanalyse“ als: "...die Analyse der Struktur des Arbeitsprozesses, der psychischen Struktur und Regulation menschlicher Arbeitstätigkeiten im Zusammenhang mit ihren Bedingungen und Auswirkungen. Ihr Gegenstand ist die konkrete Arbeitstätigkeit als psychisch regulierte Tätigkeit; sie schließt damit - im Unterschied etwa zur ergonomischen Arbeitsplatzanalyse - die konkret arbeitenden Individuen mit ein."[5)]

4.1.1 Gegenstand und Ziele psychologischer Arbeitsanalysen

Die Analyse der Arbeit bezieht sich aus psychologischer Sicht mindestens auf zwei Dimensionen. Zum einen sind dies die Ausführungsbedingungen als Kontextmerkmal, zum anderen die Arbeitsinhalte als Kontentmerkmal. Arbeitsinhalt und Ausführungsbedingungen kennzeichnen einen Arbeitsauftrag - die objektiv übertragene oder selbst generierte Verpflichtung ein bestimmtes Arbeitsergebnis zu erzielen. Vom Arbeitsauftrag ist dessen subjektive Interpretation - die Aufgabe - abzugrenzen.[6)] Nach HACKMAN wird ein objektiver Auftrag nach der Übernahme vom arbeitenden Menschen redefiniert. Er entwickelt handlungsleitende innere Repräsentationen der objektiven Sachverhalte, wobei z.B. seine Erfahrungen, aber auch seine Bedürfnisse und Wertvorstellungen den Redefinitionsprozeß entscheidend prägen.[7)] Sowohl Auftrag als auch Aufgabe können Gegenstand einer psychologischen Arbeitsanalyse sein.[8)]

Auftrag und Aufgabe sind relationale Konstrukte, deren Beziehung eine Arbeitsaufgabe charakterisiert. Insofern läßt sich aus psychologischer Sicht Arbeit nur durch ein Beziehungsgeflecht beschreiben, wobei mindestens vier Sachverhalte zu berücksichtigen sind:[9)]

---

4) Vgl. Hacker, W., a. a. O. 1995, S. 37

5) Frei, F., a. a. O. 1981, S. 12

6) Vgl. Hacker, W., a. a. O. 1995, S. 23

7) Vgl. Hackman, J. R.: Toward understanding the role of tasks in behavioral research, in: Acta Psychologica, o. Jg. (1969), Heft 31, S. 118 - 119

8) Vgl. Hacker, W., a. a. O. 1995, S. 25

9) Vgl. Hacker, W., a. a. O. 1995, S. 23 - 24

- die Tätigkeit, die der Überführung des Ausgangs- in einen Ziel- oder Sollzustand dient,
- die dabei zu bearbeitenden materiellen oder informationellen Arbeitsgegenstände,
- die Person, die eine Arbeitstätigkeit ausübt, und
- die zu berücksichtigenden Ausführungsbedingungen.

Die oben skizzierten Aspekte der Arbeit, die im Bedarfsfall ergänzt werden können, stehen im Mittelpunkt psychologischer Arbeitsanalysen. Eine besondere Bedeutung hat dabei die Tätigkeit, die den gemeinsamen Kern von Auftrag und Aufgabe bildet.[10)]

Ausgehend von der Differenzierung zwischen Auftrag und Aufgabe kann Arbeit als Gegenstand psychologischer Arbeitsanalysen einerseits als abhängige, andererseits auch als unabhängige Variable aufgefaßt werden. Arbeit als unabhängige Variable ist in ihren organisatorischen und technischen Merkmalen direkt gestaltbar. Dementsprechend läßt sie sich in bezug auf Aufträge und Ausführungsbedingungen beschreiben. Die Charakterisierung als abhängige Variable bezieht sich auf die zur Erfüllung der redefinierten Aufgabe ausgeführten Handlungen und die Auswirkungen auf den Arbeitenden.[11)]

Sowohl Auftrag als auch Aufgabe beinhalten verschiedene Betrachtungsebenen. So stehen einmal die zur Erfüllung des Auftrags-/Aufgabenzieles erforderlichen Soll-Tätigkeiten, die daraus abgeleiteten psychischen Vorgänge und Repräsentationen sowie die hierzu erforderlichen Eigenschaften der arbeitenden Person im Zentrum der Analyse. Zum anderen können auch die bei der Ausführung der Arbeitstätigkeit tatsächlich ausgeführten Handlungen und Operationen, die dabei wirksamen psychischen Prozesse und Repräsentationen sowie die eingesetzten Fähigkeiten, Fertigkeiten und Kenntnisse Gegenstand psychologischer Arbeitsanalysen sein.[12)]

Psychologische Arbeitsanalysen lassen sich auch hinsichtlich der spezifischen Analyseziele kennzeichnen. Generell liefern diese Verfahren Informationen, die es ermöglichen, psychologische Erkenntnisse in die Gestaltung der Arbeit und ihrer Bedingungen einfließen zu lassen. Ziel ist dabei, psychische Regulationsvorgänge zu optimieren und die hierfür notwendigen Grundlagen zu schaffen.[13)] Nach HACKER können je nach Interesse des Untersuchers die Arbeitsanalyse, die Arbeitsbewertung oder die Arbeitsgestaltung im Vordergrund ste-

10) Vgl. Hacker, W., a. a. O. 1995, S. 24 - 25

11) Vgl. Hacker, W., a. a. O. 1995, S. 25

12) Vgl. Hacker, W., a. a. O. 1995, S. 26 - 27

13) Vgl. Matern, B., a. a. O. 1984, S.14

hen. Jede dieser Zielklassen ist wiederum unterteilbar in die drei Teilzielklassen:[14)]

- ❑ Steigerung der Arbeitseffektivität,
- ❑ Optimierung der psychophysischen Belastungen des Arbeitenden und
- ❑ Stabilisierung der körperlichen und geistigen Gesundheit einschließlich der Schaffung von Möglichkeiten zur Entwicklung der Persönlichkeit.

Obwohl bei den oben angeführten Zielen auch die Gestaltung der Arbeit thematisiert wird, sind psychologische Arbeitsanalyseverfahren keine unmittelbaren Gestaltungsinstrumente. Ihr Schwerpunkt ist die Analyse und Bewertung von Arbeit. Dennoch können sie Gestaltungsprozesse wirkungsvoll unterstützen, indem sie die Güte erarbeiteter Lösungen hinsichtlich bestimmter Humankriterien präventiv bewerten.[15)] Darüber hinaus sind in vielen Verfahrenshandbüchern zumindest abstrakte Gestaltungsvorschläge enthalten, die für die reale Umsetzung zu konkretisieren sind.[16)]

4.1.2 Bedingungs- und personenbezogene Analyseansätze

Psychologisch orientierte Ansätze der Arbeitsanalyse lassen sich auch danach unterteilen, ob die eingesetzten Instrumente die interindividuell gültigen oder individuell spezifischen Merkmale des Arbeitshandelns sowie dessen Bedingungen erfassen sollen. Im ersten Fall sind die Instrumente zur Ableitung allgemeiner Gestaltungshinweise bzw. zur verallgemeinernden Bewertung von gestalterischen Lösungen geeignet, während sich im zweiten Fall diese Maßnahmen auf eine konkrete Person beziehen.[17)] Um in diesem Zusammenhang die höchst problematischen Bezeichnungen „objektive“ bzw. „subjektive“ Arbeitsanalyse zu vermeiden, sollen, in Anlehnung an OESTERREICH und VOLPERT, die Begriffe der „bedingungs- und personenbezogenen Arbeitsanalyse“ verwendet werden. Bedingungsbezogene Analyseverfahren untersuchen die Arbeitsbedingungen oder das Arbeitshandeln im Kontext der konkreten (objektiven) organisatorischen und technischen Bedingungen. Sie abstrahieren von den individuell unterschiedlichen Eigenarten der arbeitenden Menschen. Personenbezogene Analyseverfahren hingegen zielen auf die Erfassung von Aspekten, die durch die individuellen Unterschiede der handelnden Personen determiniert werden. Erhebungsinhalte sind beispielsweise Einstellungen und

---

14) Vgl. Hacker, W., a. a. O. 1995, S. 28 - 29

15) Vgl. Dunckel, H., a. a. O. 1996, S. 155

16) Vgl. z.B. Dunckel, H.; Volpert, W.; Zölch, M.; et al., a. a. O. 1993 (a), S. 299 - 309

17) Vgl. Gablenz-Kolakovic, S.; Krogoll, T.; Oesterreich, R.; Volpert, W., a. a. O. 1981, S. 217

Meinungen zur eigenen Arbeit oder individuelle Unterschiede bei der Arbeitsausführung.[18)]

Ein Kritikpunkt an bedingungsbezogenen Analyseansätzen ist, daß diese die interindividuellen Unterschiede zwischen Arbeitenden bei der Wahrnehmung, Redefinition und Ausführung der Tätigkeit nicht berücksichtigen.[19)] OESTERREICH und VOLPERT führen jedoch aus, daß sich die Interaktion zwischen Arbeitssituation und Person nur dann beschreiben läßt, wenn beide Seiten in ihrer wechselseitigen Beziehung, aber dennoch getrennt voneinander, - z.B. mit Hilfe einer Kombination aus bedingungs- und personenbezogenen Analyseverfahren - untersucht werden.[20)] Für die Analyse der Arbeitssituation bedeutet dies, daß die Bedingungen untersucht werden müssen, die das Handeln beeinflussen. Dabei werden allgemeine Merkmale menschlichen Handelns unterstellt und die Charakteristika der Arbeit aufgrund ihrer vorhandenen oder postulierten Wirkungen auf psychische und physische Prozesse erhoben.[21)] Nur mit Hilfe dieses hypothetiko-deduktiven Ansatzes wird es überhaupt möglich, von der Analyse der Arbeitsbedingungen auf die psychischen Regulationsprozesse zu schließen.[22)] Der bedingungsbezogene Ansatz entspricht damit einer paradigmengebundenen Behavior-Setting-Analyse im Sinne KAMINSKIs.[23)]

Der bedingungsbezogene Ansatz setzt voraus, daß verschiedene Personen ihr Handeln bei derselben Tätigkeit in gleicher Weise psychisch regulieren. Vergleicht man jedoch die Regulationsvorgänge einer geübten Person mit denen eines Menschen, der dieselbe Handlung zum ersten Mal ausführt, so werden sich in der Regel erhebliche Unterschiede feststellen lassen. Da bedingungsbezogene Analysen darauf abzielen, längerfristige Wirkungen der Arbeit auf den Menschen zu untersuchen, muß sichergestellt sein, daß die arbeitende Person sich nicht mehr in der Anlernphase befindet und die Arbeitstätigkeiten schon längere Zeit ausgeübt hat. Bei den entsprechenden Analyseinstrumentarien wird

---

18) Vgl. Oesterreich, R.; Volpert, W.: Handlungstheoretisch orientierte Arbeitsanalyse, in: Rutenfranz, J.; Kleinbeck, U. (Hrsg.): Arbeitspsychologie, Enzyklopädie der Psychologie, Themenbereich D, Serie III, Band 1, Göttingen, Toronto, Zürich 1987, S. 56

19) Vgl. Dunckel, H., a. a. O. 1996, S. 110 - 111

20) Vgl. Oesterreich, R.; Volpert, W., a. a. O. 1987, S. 55

21) Vgl. Dunckel, H., a. a. O. 1996, S. 111

22) Vgl. Matern, B., a. a. O. 1984, S.105; Dunckel, H., a. a. O. 1996, S. 111 und Hacker, W., a. a. O. 1995, S. 151 - 154

23) Vgl. hierzu Kaminski, G.: Paradigmengebundene Behavior-Setting-Analyse, in: Kaminski, G. (Hrsg.): Ordnung und Variabilität im Alltagsgeschehen - Das Behavior-Setting-Konzept in den Verhaltens- und Sozialwissenschaften, Göttingen 1985, S. 154 - 176

hierfür der Begriff der „hinreichend geübten Person" verwendet.[24] Ist eine solche Person nicht vorhanden, stellt dies ein Abbruchkriterium für bedingungsbezogene Arbeitsanalysen dar, die eine arbeitende Person bei der Ausführung ihrer Tätigkeit betrachten sollen. Werden aber Arbeitssysteme im Projektierungs- oder Prototypenstadium ohne verfügbare Arbeitspersonen untersucht, so sind bedingungsbezogene Analyseverfahren die Instrumente der Wahl.[25] Die Untersuchungen können dann anhand der Beschreibungen in Pflichtenheften, Sollkonzepten oder erster Prototypen durchgeführt werden.[26] Dies ist z.B. auch dann der Fall, wenn Standardsoftwareprodukte entwickelt werden sollen, die sich nicht an konkrete Anwender richten.

Je nachdem ob ein bedingungs- oder ein personenbezogener Untersuchungsansatz verfolgt wird, hat dies Konsequenzen für die Auswahl der Untersuchungsmethoden. Die subjektiven Einschätzungen lassen sich z.B. mittels teilstandardisierter Fragebögen oder im Rahmen freier Befragungen erfassen.[27] Bedingungsbezogene Analyseansätze greifen häufig auf die Erhebungstechnik des Beobachterinterviews zurück. Der Untersucher beobachtet dabei den Arbeitenden bei der Ausführung seiner Arbeitstätigkeit und erhebt im Dialog mit ihm ergänzende Informationen. Der methodische Grund hierfür ist, daß die Methodenklassen der Beobachtung und Befragung für sich alleine jeweils erhebliche Einschränkungen in bezug auf die Ermittlung regulativer Grundlagen haben.[28] Tabelle 4.1 stellt die jeweiligen Vor- und Nachteile einander gegenüber.

---

24) Vgl. Leitner, K.; Lüders, E.; Greiner, B.; Ducki, A.; Niedermeier, R.; Volpert, W., a. a. O. 1993 (a), S. 31

25) Vgl. Richter, P.; Heimke, K.; Malessa, A.: Tätigkeitspsychologische Bewertung und Gestaltung von Arbeitsaufgaben, in: Zeitschrift für Arbeits- und Organisationspsychologie, 32. Jg. (1988), Heft 1, S. 15

26) Vgl. Dunckel, H.; Volpert, W.; Zölch, M.; Kreutner, U.; Pleiss, C.; Hennes, K., a. a. O., S. 24

27) Vgl. Hacker, W., a. a. O. 1995, S. 27

28) Vgl. Hacker, W., a. a. O. 1995, S. 132

	Vorzüge	Nachteile
Beobachtung allein	• Verlauf zugänglich	• Ziele/Zwecke/Pläne fehlen • Begründung fehlt • Wissen (Kenntnisse) } nicht direkt beob- • Regeln, Strategien } achtbar
Befragung allein	• „Kognitionen“ (Ziele, Gründe, Teile der Kenntnisse, Regeln, Strategien) zugänglich	• nicht alles aussagbar (prozedurales vs. deklaratives Wissen) • nicht alles Aussagbare reguliert die Tätigkeit (z.B. handlungsbegleitende Kognitionen; nachträgliche Attribuierungen)

Tabelle 4.1: Vorzüge und Grenzen von Beobachtung und Befragung bei der Analyse der psychischen Regulation von Arbeitstätigkeiten[29]

4.1.3 Ablauf einer psychologischen Arbeitsanalyse

Das Vorgehen bei einer psychologischen Arbeitsanalyse zeichnet sich dadurch aus, daß nicht nur die interessierende Tätigkeit Gegenstand der Untersuchungen ist. Vielmehr werden mit Hilfe einer konzeptionsgeleiteten Methodenkombination zunächst die übergeordneten technologisch-organisatorischen Rahmenbedingungen untersucht, die die Arbeitstätigkeit determinieren. Die Analyse folgt dabei dem OTKA-Schema (Organisation-Technik-Kooperation-Auftrag), dem die Annahme zugrunde liegt, daß eine Arbeitstätigkeit durch:[30]

- ❑ die Eigenschaften der Organisation,
- ❑ die gewählte Technologie,
- ❑ die Art der Arbeitsteilung sowie die daraus resultierenden Kooperationsbeziehungen und
- ❑ den sich hieraus ergebenden Aufträgen

---

29) Tabelle entnommen aus: Hacker, W., a. a. O. 1995, S. 133

30) Vgl. Hacker, W., a. a. O. 1995, S. 61 - 62

geprägt ist. Weiter kennzeichnet die Vorgehensweise ein schrittweises Eingrenzen des Untersuchungsgegenstandes, wobei fortschreitend Hypothesen gebildet und überprüft werden. Die Ergebnisse jedes Analyseschrittes werden dahingehend ausgewertet, daß sie spezifischere Vorhersagen (Hypothesen) über die vermuteten Tätigkeitsmerkmale (die regulativen Grundlagen) ermöglichen. Diese Annahmen bilden dann den Startpunkt für Untersuchungen auf der jeweils untergeordneten Ebene, auf der die Überprüfung der gebildeten Hypothesen erfolgt. Bei dieser Vorgehensweise finden zunächst solche Methoden Anwendung, die vorliegende Daten z.B. aus vorhandenen Dokumentationen auswerten und dann erst solche, die unter Einbeziehung der Arbeitenden bzw. mittels Eingriffen in deren Arbeitsprozeß neue Daten erzeugen.[31)]

Der iterative Ansatz von abwechselnd hypothesengenerierenden und hypothesenüberprüfenden Schritten, der zu einer systematischen Einengung des Betrachtungsgegenstandes führt, wird als das Trichtermodell der Arbeitsanalyse bezeichnet. HACKER differenziert bei diesem Modell, in Anlehnung an MATERN,[32)] zwischen den vier Betrachtungsebenen Untersuchungsfeldanalyse, Auftrags- und Ausführungsbedingungsanalyse, Tätigkeitsanalyse sowie interventive Detailanalyse der psychischen Regulation von Arbeitstätigkeiten.[33)] Dieses Konzept nutzt die vielfältigen Möglichkeiten des quasiexperimentellen Untersuchungsansatzes,[34)] die MATERN ausführlicher diskutiert.[35)] Abbildung 4.1 zeigt die vier Hauptebenen dieses hypothetiko-deduktiven Ansatzes.

Die Untersuchungsfeld-Analyse dient als erster Schritt der psychologischen Arbeitsanalyse dazu, das Untersuchungsfeld abzugrenzen, die Untersuchungsfragen zu präzisieren und damit die Grundlage zur Auswahl der benötigten Untersuchungsmethoden zu schaffen.[36)] Es werden dabei Hypothesen über Untersuchungsschwerpunkte und Mängelursachen generiert.[37)] Die Auswertung vorliegender Dokumente, Arbeitsergebnisse, technologischer Leistungs- und Auswirkungsdaten etc. liefert Informationen zur:[38)]

---

31) Vgl. Hacker, W., a. a. O. 1995, S. 62

32) Vgl. Matern, B., a. a. O. 1984, S. 43 - 46

33) Vgl. Hacker, W., a. a. O. 1995, S. 62 - 63

34) Vgl. hierzu Campbell, D. T.; Stanley, J. C.: Experimental and quasiexperimental design for research, Chicago 1966

35) Vgl. Matern, B., a. a. O. 1984, S. 159 - 185

36) Vgl. Hacker, W., a. a. O. 1995, S. 63

37) Vgl. Matern, B., a. a. O. 1984, S. 44

38) Vgl. Hacker, W., a. a. O. 1995, S. 69 - 70

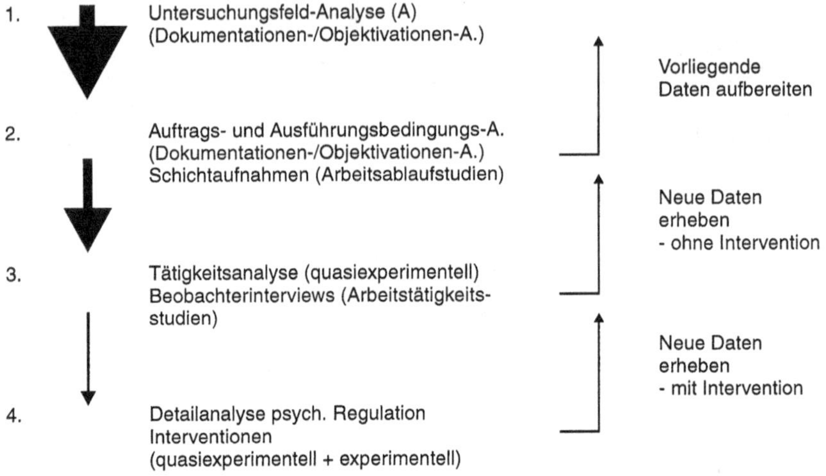

Abbildung 4.1: Trichter-Modell der psychologischen Arbeitsanalyse[39)]

- ❑ organisationalen Einordnung der zu untersuchenden Einheit (Organisationsanalyse),
- ❑ Beschreibung der wirksamen materiellen und informationellen Abhängigkeiten in der Untersuchungseinheit,
- ❑ Ableitung von Fragen bzgl. der Untersuchungsziele und
- ❑ Auswahl der weiteren Analyseschritte und -methoden.

Im Rahmen der Auftrags- und Bedingungsanalyse werden aus dem technologischen Gesamtprozeß die zu bearbeitenden Arbeitsaufträge mit samt ihren Ausführungsbedingungen abgeleitet.[40)] Arbeit wird dabei als unabhängige, die psychischen Anforderungen bestimmende Variable aufgefaßt. Das Ergebnis des Untersuchungsschrittes ist eine Beschreibung der Soll-Tätigkeiten, wobei die Auftragsanalyse insbesondere klären soll:[41)]

- ❑ wie die Aufträge der Untersuchungseinheit in die Aufbauorganisation eingeordnet sind (z.B. anhand von Input-Output-Beziehungen),
- ❑ wie die Arbeitstätigkeiten in den technologischen Prozeß integriert sind und welche Mensch-Maschine-Funktionsverteilung dabei vorliegt und
- ❑ welche horizontale bzw. vertikale Arbeitsteilung und -kombination existiert.

---

39) Abbildung entnommen aus: Hacker, W., a. a. O. 1995, S. 63

40) Vgl. Hacker, W., a. a. O. 1995, S. 64

41) Vgl. Hacker, W., a. a. O. 1995, S. 79 - 81

Auftrags- und Bedingungsanalyse generieren darüber hinaus Hypothesen über die Struktur von Arbeitstätigkeiten, ihre psychologische Bewertung sowie erste Annahmen über die Ausrichtung eventuell erforderlicher bzw. möglicher Veränderungsmaßnahmen.[42]

Die Tätigkeitsanalyse nach quasiexperimentellen Plänen bildet den Kern einer psychologischen Arbeitsanalyse. Dieser Untersuchungsschritt setzt bei der Tatsache an, daß die auszuführenden Soll-Tätigkeiten bei einem gegebenen Tätigkeitsspielraum in unterschiedlicher Weise realisiert werden können, wobei sich die einzelnen Ausführungsvarianten hinsichtlich der Effektivität und der Regulationsgrundlage unterscheiden. Ziel der Tätigkeitsanalyse ist es, mit Hilfe von Beobachterinterviews die leistungsbestimmenden Teiltätigkeiten (psychische Vorgänge und Repräsentationen) effektiver Tätigkeitsvarianten zu bestimmen.[43]

Auf der untersten Ebene des Trichtermodelles sind die interventiven Detailanalysen angesiedelt. Mit ihrer Hilfe sollen durch hypothesengeleitete Eingriffe in die Tätigkeit sowie deren psychischer Regulation geklärt werden, welche psychischen Prozesse und Repräsentationen effiziente Tätigkeiten auszeichnen.[44]

4.1.4 Die Theorie der Handlungsregulation als eine Grundlage psychologischer Arbeitsanalyseverfahren

Die Theorie der Handlungsregulation (HRT), die zu Beginn der 70er Jahre maßgeblich von HACKER[45] geprägt wurde, ist eine der wesentlichen theoretischen Grundlagen psychologischer Tätigkeitsanalysen. Gleichzeitig bildet sie eine der grundlegenden Theorien der Arbeitspsychologie,[46] die sich mit dem Erleben und Verhalten in Organisationen bzw. im Kontext von Arbeit befaßt.[47]

---

42) Vgl. Matern, B., a. a. O. 1984, S. 44

43) Vgl. Hacker, W., a. a. O. 1995, S. 64 - 65

44) Vgl. Hacker, W., a. a. O. 1995, S. 65

45) Vgl. hierzu Hacker, W.: Allgemeine Arbeits- und Ingenieurpsychologie, Berlin (Ost) 1973

46) SCHULER charakterisiert den Begriff der Arbeitspsychologie wie folgt:"In der deutschsprachigen Arbeitspsychologie besteht weitgehend Einigkeit darüber, daß die Aufgabe dieser Disziplin eine dreifache ist: (1) die Analyse von Arbeitstätigkeiten und Arbeitssystemen, (2) deren Bewertung nach definierten Humankriterien und (3) die Erarbeitung von Gestaltungsvorschlägen."
Schuler, H.: Einführung zu Teil II: Arbeit, in: Schuler, H. (Hrsg.): Organisationspsychologie, 2. korr. Aufl., Bern, Göttingen, Toronto, Seattle 1993, S. 131

47) Vgl. Volpert, W., a. a. O. 1997, S. 139 - 140

Ihre besondere Bedeutung erlangte die HRT u. a. dadurch, daß im Zuge ihrer Entwicklung die bis zu diesem Zeitpunkt voneinander isolierten Forschungsstränge der Sensumotorikforschung und der Kognitionspsychologie erstmals miteinander verknüpft wurden. Hierdurch ließen sich Planung und Ausführung von Aktivitäten in ein Konzept integrieren,[48] was auch gleichzeitig eine Abkehr von behavioristisch geprägten Denkvorstellungen zur Konsequenz hatte.[49]

Um einen ersten Einblick in die Theorie der Handlungsregulation zu gewinnen, ist es zunächst erforderlich, die beiden Begriffe „Handlung" und „Regulation" näher zu betrachten. In der Definition HACKERs stellt eine Handlung[50] die kleinste psychologische Einheit einer willensmäßig gesteuerten Tätigkeit dar. Das Kriterium zur Abgrenzung verschiedener Handlungen ist ein dem Handelnden bewußtseinspflichtiges Ziel,[51] welches neben einer Auslöse- und Leitfunktion zur Ausführung der Tätigkeit auch eine motivationale Dimension besitzt.[52] Nur anhand des Ziels, das letztlich das antizipierte Ergebnis einer Handlung abbildet, lassen sich einzelne Handlungen als selbständige, abgrenzbare Elemente einer Tätigkeit identifizieren.[53] Handlungen selbst setzen sich wiederum aus mehreren Operationen (Teilhandlungen) zusammen, die ihrerseits Bewegungen umfassen. Im Gegensatz zu Handlungen besitzen Operationen keine bewußtseinspflichtigen Ziele, was sie zu unselbständigen Bestandteilen einer Tätigkeit macht.[54] Tätigkeiten hingegen sind größere zusammenhängende Handlungsgefüge, deren Ziele sehr komplex und dem Handelnden nicht immer in allen Aspekten bewußt sind.[55]

---

48) Vgl. Leitner, K.; Volpert, W.; Greiner, B.; Weber, W.; Hennes, K.: Analyse psychischer Belastung in der Arbeit - Das RHIA-Verfahren, Handbuch und Manual, Köln 1987, S. 8 - 9

49) Vgl. Volpert, W.: Psychologische Handlungstheorie - Anmerkungen zu Stand und Perspektive, in: Volpert, W. (Hrsg.): Beiträge zur psychologischen Handlungstheorie, Schriften zur Arbeitspsychologie Nr. 28, Bern, Stuttgart, Wien 1980, S. 13 -14

50) Dieser Handlungsbegriff ist wesentlich durch die Arbeiten von RUBINSTEIN und LEONTJEW geprägt. Vgl. hierzu Rubinstein , S. L.: Grundlagen der Allgemeinen Psychologie, Berlin 1971 und Leontjew, A. N.: Tätigkeit, Bewußtsein, Persönlichkeit, Stuttgart 1977

51) Vgl. Hacker, W., a. a. O. 1986, S. 73

52) Vgl. Hacker, W.: Ziele - eine vergessene psychologische Schlüsselvariable? Zur antriebsregulatorischen Potenz von Tätigkeitsinhalten, in: Psychologie für die Praxis, o. Jg. (1983), Heft 2, S. 6 - 9

53) Vgl. Hacker, W., a. a. O. 1986, S. 73

54) Vgl. Hacker, W., a. a. O. 1986, S. 63

55) Vgl. Volpert, W., a. a. O. 1987 (a), S. 6

Der Begriff der Regulation bezieht sich auf den psychischen Prozeß der Formung und Lenkung von Handlungen.[56] Hier steht die Art und Weise, wie bestimmte Ziele des Handelns gebildet, wie sie in Teilziele untergliedert und schließlich durch einzelne Teilhandlungen und Bewegungen erreicht werden, im Zentrum des Interesses.[57] Insofern sind Handlungen - anders als Bewegungen (motorisches Handeln) - ein psychischer Akt, weil sie:[58]

- bewußt und zielgerichtet erfolgen und
- mindestens eine sensumotorische Einheit (Wahrnehmen - Verarbeiten - motorisches Handeln) umfassen.

Vor diesem Hintergrund läßt sich die Handlungsregulationstheorie als wissenschaftlicher Ansatz kennzeichnen, welcher sich mit der Frage beschäftigt, „wie Menschen durch ihr konkretes Tun Ziele anstreben und erreichen und wie die dabei verlaufenden Prozesse des Handelns zu beschreiben sind. Dabei wird Handeln als eine Verbindung psychischer Prozesse und äußerer Aktivität aufgefaßt.“[59]

Der Handlungsregulationstheorie liegt ein Menschenbild zugrunde, das von einem zielgerichtet und bewußt handelnden Individuum ausgeht.[60] Menschliches Handeln wird von dieser Theorie anhand vier grundlegender Thesen gekennzeichnet, die gleichzeitig ein Konzept menschlicher Stärken repräsentieren:[61]

- **Bezug auf äußere Gegenstände**

  Handeln hat immer einen gegenständlichen Charakter. Es wird durch die objektiven Umweltbedingungen determiniert und wirkt gleichzeitig auf sie ein. Handeln wird daher weder ausschließlich durch Denkleistungen eines Menschen noch einzig durch Reagieren auf äußere Anreize geleitet.

  Obwohl der aus der marxistischen Tätigkeitspsychologie übernommene Begriff der Gegenständlichkeit sich primär auf konkrete Gegenstände bezieht,

---

56) Vgl. Volpert, W., a. a. O. 1987(a), S. 5

57) Vgl. Leitner, K.; Volpert, W.; Greiner, B.; Weber, W.; Hennes, K., a. a. O. 1987, S. 13

58) Vgl. Bokranz, R.; Landau, K.L.: Einführung in die Arbeitswissenschaft, Stuttgart 1991, S. 172

59) Leitner, K.; Volpert, W.; Greiner, B.; Weber, W.; Hennes, K., a. a. O., S. 9

60) Vgl. Oesterreich, R.: Handlungsregulation und Kontrolle, München, Wien, Baltimore 1981, S. 5

61) Vgl. Leitner, K.; Volpert, W.; Greiner, B.; Georg, W.; Hennes, K., a. a. O. 1987 S. 9 - 10

können Handlungen, wie beispielsweise das Problemlösen,[62] auch einen mentalen Gegenstand (Gefühle, Vorstellungen, Gedanken) besitzen.[63]

- **Einbindung in gesellschaftliche Zusammenhänge**
  Handeln ist immer in gesellschaftliche Zusammenhänge eingebunden. Die gesellschaftlich-historischen Entwicklungen prägen das individuelle Handeln, gleichzeitig trägt das Handeln eines Individuums aber auch zur Weiterentwicklung einer Gesellschaft bei.

- **Prozeßcharakter**
  Handeln hat immer einen Prozeßcharakter. Den Menschen kennzeichnet dabei die Fähigkeit, nicht nur einzelne Handlungen, sondern größere Handlungsgefüge regulieren zu können.

- **Zielgerichtetheit**[64]
  Handeln ist ein Verhalten, das durch das Setzen und Verfolgen von Zielen charakterisiert ist. Erst Ziele - vorgegebene oder selbst gesetzte - eröffnen das Motivationspotential einer Arbeitstätigkeit und ermöglichen ihre strukturierte und systematische Bearbeitung.

Durch die Einbeziehung innerer und äußerer Aspekte menschlichen Handelns tritt die Handlungsregulationstheorie in Opposition zu jenen psychologischen Ansätzen, die menschliches Verhalten rein durch äußere Bedingungen determiniert sehen. Gleichzeitig werden aber auch solche Ansätze zurückgewiesen, die den Menschen auf seine inneren psychischen Prozesse reduzieren und sein Handeln sowie dessen Bedingungen unberücksichtigt lassen.[65]

Ausgangspunkt handlungsregulatorisch begründeter Untersuchungen ist das bewußte und zielgerichtete Handeln.[66] Obwohl der Schwerpunkt im Bereich

---

62) Vgl. hierzu Dörner, D.: Problemlösen als Informationsverarbeitung, Stuttgart, Berlin, Köln, Mainz 1976 oder Sell, R.: Angewandtes Problemlösungsverhalten, Denken und Handeln in komplexen Zusammenhängen, 2. korr. Aufl, Berlin, Heidelberg, New York, London, Paris, Tokyo 1989

63) Vgl. von Cranach, M.: Die Unterscheidung von Handlungstypen - Ein Vorschlag zur Weiterentwicklung der Handlungspsychologie, in: Bergmann, B.; Richter, P.(Hrsg.): Die Handlungsregulationstheorie, Göttingen, Bern, Toronto, Seattle 1994, S. 74

64) Vgl. Oesterreich, R.; Volpert, W., a. a. O. 1987, S. 45 - 46

65) Vgl. Leitner, K.; Lüders, E.; Greiner, B.; Ducki, A.; Niedermeier, R.; Volpert, W., a. a. O. 1993, S. 24

66) Zielgerichtetheit und Gegenständlichkeit menschlichen Handelns sind essentielle Annahmen der Handlungsregulationstheorie, deren Gültigkeit für den Bereich des Arbeitshandelns sich kaum bestreiten läßt. Dennoch muß an dieser Stelle darauf hingewiesen werden, daß die HRT mit diesen Annahmen nicht jede menschliche Handlungsweise

der Regulation von Handlungen liegt, setzt sich diese Theorie aber auch mit Fragestellungen der Motivation, Emotion, Kommunikation, Persönlichkeitsentwicklung und dem Handeln außerhalb der Arbeit auseinander. Im Zusammenhang mit arbeitspsychologischen Fragestellungen stellt die Handlungsregulationstheorie im wesentlichen drei Ziele in den Vordergrund:[67]

- **Kriterien humaner Arbeit**
  Aus der Analyse psychologisch relevanter Aspekte der Arbeitstätigkeit lassen sich Kriterien humaner Arbeit ableiten.

- **Bedeutung der Arbeit für die Entwicklung der Persönlichkeit**
  Die Entwicklung eines Individuums vollzieht sich im wesentlichen im Handeln selbst. Folglich bestimmen die im Arbeitshandeln gemachten Erfahrungen entscheidend die psychischen Eigenarten eines Menschen.

- **Bedingungen des Arbeitshandelns**
  Handlungsregulatorisch begründete Untersuchungen richten sich insbesondere auf die Bedingungen des Arbeitshandelns und deren Auswirkungen auf den Menschen. Grundsätzlich werden dabei Auswirkungen mit negativem Einfluß (psychische Belastungen) und positiv zu bewertende Bedingungen (psychische Anforderungen) gegeneinander abgegrenzt.

Aus dem spezifischen Verständnis menschlichen Handelns - insbesondere der Zielgerichtetheit - leitet sich die zentrale Bedeutung der psychischen Struktur des Arbeitshandelns ab. Die psychische Struktur begründet sich daraus, daß das Ziel einer Handlung unter wechselnden Ausführungsbedingungen nur dann zu erreichen ist, wenn die tätigkeitsregulierenden psychischen Vorgänge zielkonform organisiert werden.[68] Die psychische Struktur ist daher immer aufgabenabhängig und betrifft zum einen die Ziele, zum anderen die zur Zielerreichung erforderliche Handlungsorganisation.[69] Im Zusammenhang mit der psychi-

---

hinreichend erklären bzw. begründen kann. Wie weiter oben schon ausgeführt ist z.B. das Problemlösen ein Handeln, das nicht immer auf reale Gegenstände Bezug nimmt, oder es gibt Handlungen, die um ihrer selbst willen ausgeführt werden, wie z.B. das Trommeln mit den Fingern auf einer Tischoberfläche. Als Ausweg schlägt VON CRANACH in seinem Beitrag zur Weiterentwicklung der Handlungspsychologie vor, sechs Arten von Handlungsprototypen (zielgerichtetes, bedeutungsorientiertes, prozeßorientiertes, emotional-intuitives, mentales und Affekt-Handeln) zu unterscheiden, um so menschliches Handeln umfassender beschreiben zu können.
Vgl. von Cranach, M., a. a. O. 1994, S. 80 - 84

67) Vgl. Leitner, K.; Volpert, W.; Greiner, B.; Georg, W.; Hennes, K., a. a. O. 1987, S. 10 - 11

68) Vgl. Hacker, W., a. a. O. 1986, S. 86

69) Vgl. Hacker, W., a. a. O. 1986, S. 109

schen Struktur lassen sich mehrere Elemente gegeneinander abgrenzen. Zunächst ist dies der Entwurf von Handlungsprogrammen, der vom Ziel der Handlung ausgeht. Der Entwurf erfordert wiederum vom Handelnden, daß er die wirksamen technologischen Rahmenbedingungen berücksichtigt, Entscheidungen bezüglich der Mittel und Wege zur Zielherbeiführung auf Basis von Soll-Ist-Vergleichen trifft und während der Handlungsausführung rückkoppelnde Kontrollprozesse zwischen einem Zwischenzustand und abgeleiteten Teilzielen durchführt.[70)]

Aus der psychischen Struktur einer Handlung folgt unmittelbar, daß der Handelnde vor deren Ausführung eine Vorstellung über das Ergebnis und über die Vorgehensweise bei der Ausführung haben muß. Darüber hinaus muß er in der Lage sein, während der Handlung selbst, anhand von Soll-Ist-Vergleichen entscheiden zu können, inwieweit das erarbeitete Zwischenergebnis mit dem Handlungsziel übereinstimmt. "Ohne solche Vergleichsprozesse sind ähnliche Operationen oder Handlungsabläufe nicht vorstellbar; es sei denn, das Verhalten ist weitgehend genetisch determiniert (Reflexe oder angeborene Auslösemechanismen bzw. instinktgebundenes Verhalten)."[71)]

Zur Erklärung zielgerichteten Verhaltens greift die Handlungsregulationtheorie auf Operative Abbildungssysteme und das Prinzip der hierarchisch-sequentiellen Handlungsregulation zurück. Beide Elemente werden in den folgenden Ausführungen näher betrachtet.

4.1.4.1 Operative Abbildungssysteme

Operative Abbildungssysteme (OAS) sind antizipierte tätigkeitsleitende Gedächtnisrepräsentationen von Zielen, Aktionsprogrammen[72)] zur Zielerreichung und den eventuell hierbei zu berücksichtigenden Bedingungen (vgl. Abbildung 4.2). Anders als die aus ihnen abgeleiteten temporären psychischen Vorgänge der Handlungsregulation sind die OAS relativ stabil und langlebig (invariant).

70) Vgl. Hacker, W., a. a. O. 1986, S. 111

71) Frieling, E.; Sonntag, Kh., a. a. O. 1987, S. 33

72) Aktionsprogramme sind hierarchisch organisierte Prozesse, die die Abfolge von Operationen organisieren.
Vgl. Miller, G. A.; Galanter, E.; Pribram, K. H.: Strategien des Handelns. Pläne und Strukturen des Verhaltens, 2. Aufl., Stuttgart 1991, S. 43 - 44
Aktionsprogramme stellen damit einen Entwurf nachfolgend auszuführender Operationen dar und sind gleichzeitig der Maßstab, an dem der Realisierungsprozeß fortlaufend gemessen wird.
Vgl. Hacker, W., a. a. O. 1986, S. 152

Sie bilden eine langfristige Regulationsgrundlage und sind insofern das entscheidende Kettenglied bei der psychischen Regulation von Arbeitstätigkeiten.[73]

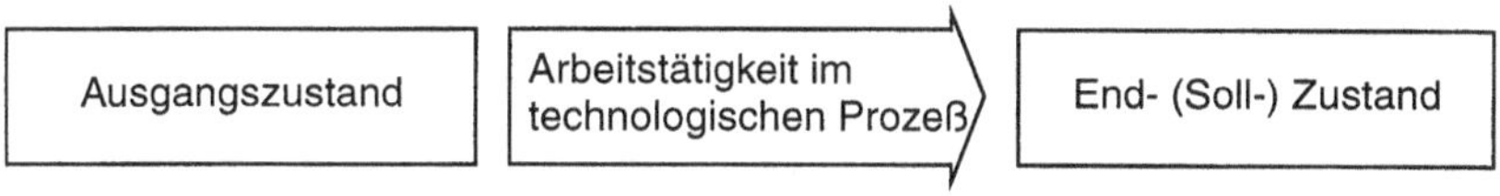

OAS-Inhalte:		
Repräsentationen von **Ausgangszuständen, Ausführungsbedingungen**	Prädiktionen von **Transformationen** zwischen Ausgangs- und Endzustand: **Maßnahmen**	**Ziele** als Antizipationen von **Resultat** bzw. **Sollzustand** und Prädiktion von **Folgen**
Beispiele:		
- Rohstoffeigenschaften - Gesetzmäßigkeiten von technologischen Prozessen - Eingriffsmöglichkeiten in die Fertigung	- Programme, Pläne - Funktionsweisen von Arbeitsmitteln - Signale für erforderliche Maßnahmen	- Arbeitsergebnis - Zwischenergebnisse - Sollwertbereiche

Abbildung 4.2: Überblick über die Inhalte Operativer Abbildungssysteme[74]

Operative Abbildungssysteme bilden die entscheidende Grundlage zur Regulation sowohl manueller als auch geistiger Tätigkeiten.[75] Deshalb müssen sie spätestens in der Phase der Handlungsvorbereitung entstehen und als angestrebter Soll-Zustand bis zum Abschluß der Handlung bestehen bleiben. Letzteres ist erforderlich, da sich nur durch den fortlaufenden Vergleich des im Gedächtnis gespeicherten Zielzustandes mit dem aktuellen Ist-Zustand die zur Handlungsregulation erforderlichen Rückkopplungsprozesse realisieren lassen. Die große Bedeutung Operativer Abbildungssysteme liegt aber auch darin begründet, daß ihre Richtigkeit und Differenziertheit die an ihnen orientierten psychischen Prozesse determinieren und damit die Effektivität und Effizienz einer Handlung bestimmen. Insofern resultiert aus dieser Eigenschaft der OAS eine Vorhersage- und Erklärungsfunktion für Leistungen und Aufwände.[76]

---

73) Vgl. Hacker, W., a. a. O. 1986, S. 120 - 121

74) Abbildung entnommen aus: Hacker, W., a. a. O. 1986, S. 123

75) Vgl. Hacker, W., a. a. O. 1986, S. 125 - 128

76) Vgl. Hacker, W., a. a. O. 1986, S. 120 - 121

Operative Abbildungssysteme lassen sich anhand verschiedener Merkmale kennzeichnen, die aus ihrer operativen, tätigkeitsregulierenden Funktion resultieren:[77]

- OAS haben zunächst einen selektiven Charakter. Sie sind anforderungsabhängig bzw. bewältigungsorientiert und bilden z.B. technologische Vorgänge nur in dem Umfang ab, wie dies für die Tätigkeitsregulation erforderlich ist.
- OAS ermöglichen ein rationelles Behalten von Informationen, indem sie Klassen von Merkmalen und Relationen repräsentieren. Insofern tragen sie verallgemeinernde, schematisierende Züge.
- OAS sind aufwandsbezogen, d. h. ihnen liegt die Strategie zugrunde, Anforderungen mit möglichst geringem Aufwand zu erfüllen.
- OAS werden im Gedächtnis derart repräsentiert, daß der Rekodierungsaufwand zwischen dem zu regulierenden Handlungsvollzug und dem gespeicherten Modell minimiert wird.
- Die Regulation von Handlungen durch OAS erfolgt erfahrungsgeleitet auf der Basis von Vorwegnahmen und Erwartungen (Hypothesenbildung).

4.1.4.2 Das Prinzip der hierarchisch-sequentiellen Handlungsregulation

Das zweite Kernelement der Handlungsregulationstheorie ist das Prinzip der hierarchisch-sequentiellen Handlungsregulation. Es beschreibt wie auf der Basis Operativer Abbildungssyteme spezielle funktionelle Einheiten gebildet werden, die letztlich eine Handlung regulieren. Diese Funktionseinheiten umfassen neben hierarchisch gestaffelten Vornahmen auch entsprechend organisierte Handlungs- oder Aktionsprogramme, die wiederum hierarchisch strukturierte Rückkopplungsprozesse beinhalten.[78]

Ansatzpunkt des Prinzips der hierarchisch-sequentiellen Handlungsregulation ist, daß Handlungen in der Regel nicht als Ganzes geplant und ausgeführt werden. Vielmehr spaltet der Ausführende eine Handlung zunächst in einfachere, leichter regulierbare Teilhandlungen mit entsprechenden Teilzielen auf und arbeitet diese nacheinander (sequentiell) ab. Folglich ist jede Handlung Bestandteil einer Obereinheit und beinhaltet wiederum verschiedene Untereinheiten mit denen sie über Rückkopplungsschleifen verbunden ist. Eine übergeordnete Handlungseinheit gilt dann als abgearbeitet, wenn alle untergeordneten (in einer bestimmten Reihenfolge) erfolgreich ausgeführt worden sind. Die Entscheidung über das Erreichen eines jeweiligen Handlungs-(Teil-)Zieles basiert auf einem Vergleich zwischen dem erreichten Ist-Zustand mit dem geplanten Soll-

---

77) Vgl. Hacker, W., a. a. O. 1986, S. 120 - 121

78) Vgl. Hacker, W., a. a. O. 1986, S. 136

Zustand. Hierzu werden die in den niedrigeren Hierarchieebenen erarbeiteten Ergebnisse den jeweils übergeordneten zurückgemeldet und in einen Vergleichsprozeß eingebracht. Je nachdem wie dieser Vergleich ausfällt, gilt eine (Teil-) Handlung als abgeschlossen, oder es müssen Teilhandlungen wiederholt bzw. die Handlungsziele und -pläne revidiert werden. Die Regulation einer Handlung basiert damit auf einer Vielzahl von Rekursionsanweisungen, was zu verschiedenen Ebenen von Handlungseinheiten und damit zu einem hierarchischen Aufbau der Handlung selbst führt (Handlungspyramide): Je höher die Handlungsebene ist, desto komplexer sind die Ziele der dort angesiedelten Handlungseinheit. Den höchsten Komplexitätsgrad besitzt demnach die „Starteinheit“ an der Spitze der Pyramide, den niedrigsten haben die „End- bzw. Basiseinheiten“. Bei letzteren handelt es sich um Bewegungsabläufe im Sinne sensumotorischer Fertigkeiten, die gleichzeitig auch das Ende der Rekursionsanweisungen kennzeichnen. Solche Basiseinheiten sind psychisch automatisierbar, d. h., nach einem Initialimpuls laufen die entsprechenden Handlungsprogramme weitgehend ohne bewußte Kontrolle ab und erreichen ihr Ziel trotzdem mit hoher Wahrscheinlichkeit.[79)]

Abbildung 4.3 zeigt in einer schematischen Darstellung das Prinzip der hierarchisch-sequentiellen Handlungsregulation.

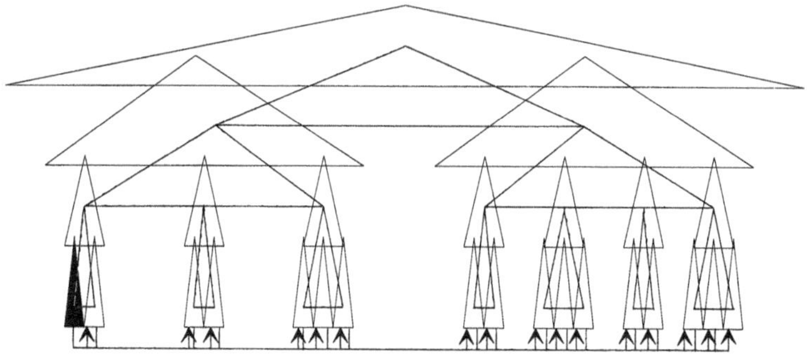

Abbildung 4.3: Modell der hierarchisch-sequentiellen Handlungsregulation[80)]

Zur Beschreibung der Binnenstruktur einer Handlung wurden verschiedene Ansätze entwickelt, die z. T. auch die Grundlage für die Entwicklung unterschiedlicher Familien psychologischer Arbeitsanalysverfahren bildeten. Die folgenden Ausführungen stellen die wichtigsten Ansätze in ihrer historischen Abfolge vor.

---

79) Vgl. Volpert, W., a. a. O. 1987(a), S. 14 - 15

80) Abbildung entnommen aus: Volpert, W., a. a. O. 1987(a), S. 15

4.1.4.2.1 Das TOTE-Modell

Ein früher Ansatz zur Beschreibung der Struktur von Handlungsplänen ist das TOTE-Modell (Test-Operate-Test-Exit) von MILLER, GALANTER und PRIBRAM. Geprägt durch die zur Zeit seiner Entwicklung verbreiteten Computermetaphern führt dieses Modell jede abgrenzbare menschliche Handlung auf die Grundform eines Regelkreises zurück (vgl. Abb. 4.4).[81]

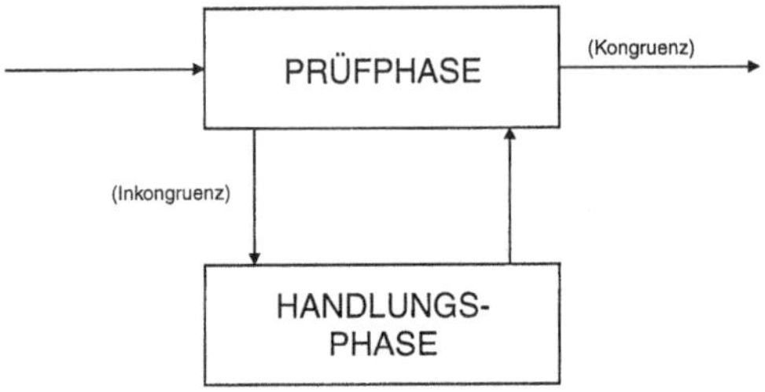

Abbildung 4.4: Die Test-Operate-Test-Exit-Einheit[82]

Im Sinne einer TOTE-Einheit läßt sich die Ausführung einer Handlung wie folgt beschreiben: Nachdem ein Ziel gebildet worden ist, wird ein erster Vergleich zwischen dem angestrebten Soll- und dem aktuellen Ist-Zustand (Test) durchgeführt. Zur Überwindung der festgestellten Diskrepanz führt der Handelnde eine bestimmte Aktivität durch (Operate), deren Ergebnis in einen erneuten Soll-Ist-Vergleich einfließt (Test). Ergibt dieser Vergleich wieder eine Diskrepanz, wird die Aktivität (inklusive der erforderlichen Rückkopplungsschleifen) so lange wiederholt, bis das Handlungsziel und damit das Ende der Schleife erreicht ist. Ist die Diskrepanz beseitigt, findet die Verhaltensweise ihr Ende (Exit).[83] Abbildung 4.5 zeigt an einem Beispiel die Konkretisierung einer TOTE-Einheit.

Die entscheidende Weiterentwicklung des TOTE-Modells im Vergleich zu einfachen Regelkreismodellen liegt darin, daß Operate-Einheiten wiederum aus einer oder mehreren linear verketteten TOTE-Einheiten bestehen können. Durch diesen Ansatz ergibt sich eine hierarchische Struktur, bei der Handlungen verschiedene Ebenen von Handlungen bzw. Teilhandlungen umfassen. Analog sind auch die Handlungsziele organisiert.[84] Die hierarchische Aufspaltung einer

---

81) Vgl. Volpert, W., a. a. O. 1987 (a), S. 8 - 9

82) Abbildung entnommen aus: Miller, G.A.; Galanter, E.; Pribram, K.H., a. a. O. 1991, S. 34

83) Vgl. Volpert, W., a. a. O. 1987 (a), S. 9

84) Vgl. Volpert, W., a. a. O. 1987(a), S. 10

Handlung in verschiedene Teilhandlungen sei ebenfalls am Beispiel des Nageleinschlagens[85] verdeutlicht. Hier läßt sich die Operate-Einheit „Hämmern“ in die TOTE-Einheiten "Heben des Hammers" und "Zuschlagen" entsprechend Abbildung 4.6 unterteilen.

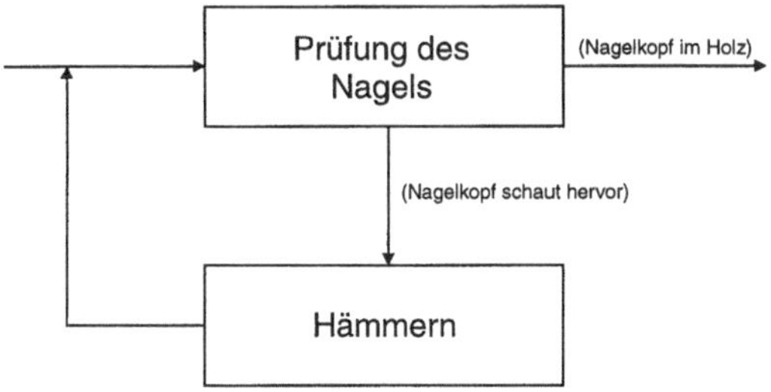

Abbildung 4.5: Nageleinschlagen als TOTE-Einheit[86]

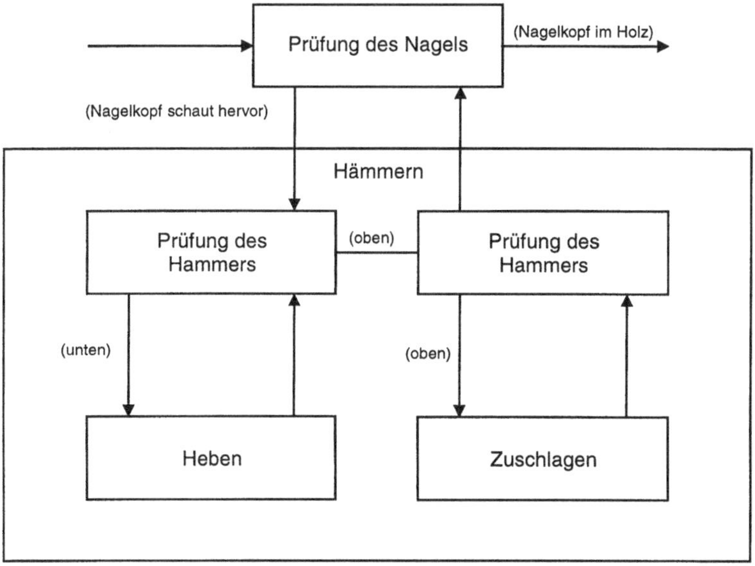

Abbildung 4.6: Hierarchische Struktur des Nageleinschlagens[87]

---

85) Vgl. Volpert, W., a. a. O. 1987(a), S. 40 - 43

86) Abbildung entnommen aus: Miller, G.A.; Galanter, E.; Pribram, K.H., a. a. O. 1991, S. 40

MILLER et al. betonen mit Ihrem TOTE-Modell die Autonomie und Eigenaktivität des Subjektes und grenzen sich damit vom traditionellen Behaviorismus ab.[88] Allerdings bot ihr Konzept auch einige Ansatzpunkte für Kritik:

- Das TOTE-Modell ist ein geschlossener Kreisprozeß, bei dem Führungsvorgaben aus der Umwelt und Rückwirkungen der Handlungen auf diese nicht berücksichtigt sind.[89]
- Eine TOTE-Schleife stellt die pure Wiederholung derselben Teilhandlung dar. Da (Teil-)Handlungen aber auch die Bedingungen des Handelns verändern, wird das TOTE-Modell, das keine Variationsmöglichkeiten der Operate-Einheiten vorsieht, realitätsfern und unflexibel.[90]
- Der Rückkopplungsprozeß ist im TOTE-Modell unpräzise dargestellt.[91]
- Es fehlen Aussagen darüber, womit die Handlungsergebnisse verglichen werden und woher die Vergleichsinhalte stammen.[92]

Trotz dieser Kritikpunkte wurden die Grundgedanken von MILLER, GALANTER und PRIBRAM zur Binnenstruktur einer Handlung in den einschlägigen Fachkreisen akzeptiert. Ihre Erkenntnis, daß Vornahme-[93], Veränderungs- und Rückkopplungsschleifen verschachtelte Systeme hierarchisch geordneter Einheiten bilden, hat z.B. HACKER aufgegriffen und darauf aufbauend seine Theorie der Handlungsregulation entwickelt.[94]

4.1.4.2.2 Das Konzept der Handlungsregulation nach HACKER

An die Überlegungen von MILLER et al. anknüpfend hat HACKER das Modell der Vergleichs-Veränderungs-Rückkopplungs-Einheit (VVR-Einheit) entwikkelt. Anders als beim TOTE-Modell handelt es sich hier um einen offenen Kreisprozeß, der Führungsvorgaben aus der Umwelt und Auswirkungen des Handelns auf diese berücksichtigt. Dies hat einerseits zu Folge, daß ein Bezug zur Umwelt und zu den jeweiligen OAS hergestellt ist, und andererseits Verän-

---

87) Abbildung entnommen aus: Miller, G.A.; Galanter, E.; Pribram, K.H., a. a. O. 1991, S. 42

88) Vgl. Volpert, W., a. a. O. 1987(a), S. 13

89) Vgl. Hacker, W., a. a. O. 1986, S. 142

90) Vgl. Volpert, W., a. a. O. 1987(a), S. 13

91) Vgl. Hacker, W., a. a. O. 1986, S. 141 - 142

92) Vgl. Hacker, W., a. a. O. 1983, S. 7

93) „Eine vorstellungsmäßige oder gedankliche Vergegenwärtigung des anzustrebenden Produktes wird durch einen Entschluß zur Vornahme.“
Hacker, W., a. a. O. 1986, S. 148

94) Vgl. Hacker, W., a. a. O. 1986, S. 142

derungen in der Umwelt die psychische Struktur einer Handlung beeinflussen können. Ebenso wie die TOTE-Einheit besteht auch bei der Theorie der Handlungsregulation nach HACKER der Veränderungsteil der VVR-Einheit seinerseits aus VVR-Einheiten. Durch Rekursionsanweisungen lassen sich aus einem relativ einfachen, zyklischen Grundmodell ebenfalls komplexe Handlungsstrukturen ableiten.[95] In der folgenden Abbildung ist die hierarchische Struktur der regulativen Funktionseinheit nach HACKER abgebildet.

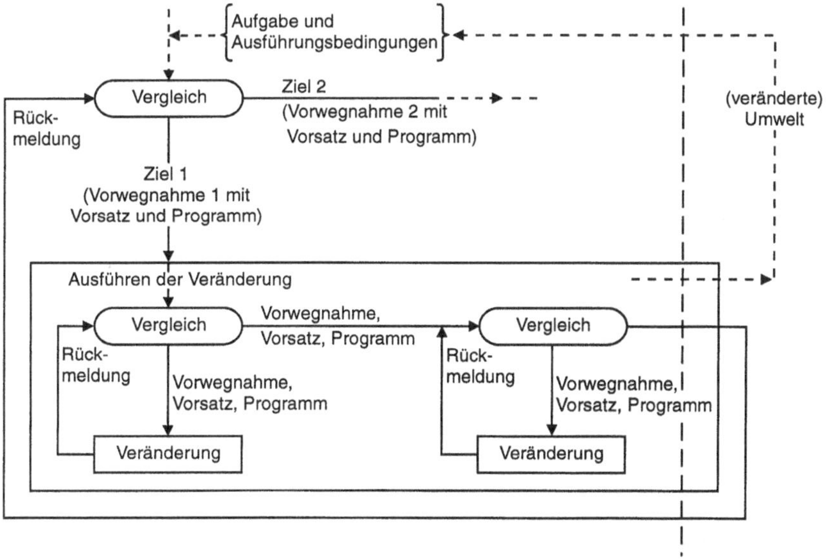

Abbildung 4.7: Hierarchische Struktur der VVR-Einheit[96]

Der Prozeß der Handlungsregulation setzt im VVR-Modell an den vom Handelnden übernommenen Aufgaben und Umgebungsbedingungen an. Ergibt ein Vergleich dieser Informationen mit dem aktuellen Ist-Zustand eine Diskrepanz, löst dies eine Vorwegnahme des Resultates, eine Vornahme (Vorsatz zur Ausführung der Handlung) sowie eine Aktivierung der Programme, die die Veränderungen in der sozialen und dinglichen Umwelt steuern, aus. Die erarbeiteten Resultate fließen über eine Rückmeldeschleife in einen erneuten Vergleichsprozeß ein, wo sie mit dem gespeicherten Ziel und Programm verglichen werden. Bei hinreichender Übereinstimmung wird dann ein weiteres, bislang zurückgestelltes Ziel aktiviert. Der wesentliche Unterschied zum TOTE-Modell liegt

95) Vgl. Hacker, W., a. a. O. 1986, S. 141 - 142

96) Abbildung entnommen aus: Hacker, W., a. a. O. 1986, S. 142

demnach in einer stärkeren inhaltlichen Orientierung, die sich insbesondere darauf bezieht, womit die Veränderungen in der sozialen und dinglichen Umwelt verglichen werden und woher die Vergleichsinhalte stammen.[97]

Aus der hierarchischen Struktur des VVR-Modelles folgt, daß sich (entlang der Vertikalen der Handlungspyramide) bezüglich der regulierenden Vorgänge und Repräsentationen qualitativ unterschiedliche Ebenen gegeneinander abgrenzen lassen. HACKER unterscheidet die intellektuelle, die perzeptiv-begriffliche und die sensumotorische Regulationsebene, auf denen sowohl die Handlungsvorbereitung als auch die zur Ausführung erforderlichen Aktionsprogramme spezifische Charakteristika aufweisen. Die Handlungsvorbereitung auf der sensumotorischen Ebene zeichnet sich durch einen weitgehend automatisierten Ablauf aus, bei dem bewegungsorientierte Abbilder generiert werden. Diese lenken unselbständige Komponenten von Handlungen und sind in der Regel nicht bewußtseinsfähig. Entsprechend handelt es sich bei den Aktionsprogrammen um ebenfalls nur bedingt bewußtseinsfähige, nicht verbalisierbare Bewegungsentwürfe. Auf der perzeptiv-begrifflichen Ebene werden Handlungen durch bewußtseinsfähige (und damit verbalisierbare) Vorgänge vorbereitet, die jedoch nicht immer bewußtseinspflichtig sein müssen. Hier dominieren Beurteilungs- und Klassifizierungsaktivitäten, die eine Informationsintegration und -bewertung nach gespeicherten Regeln einschließen. Die auf dieser Ebene angesiedelten Aktionsprogramme sind Handlungsschemata - zielorientierte Zusammenschlüsse von Bewegungsstereotypen und kognitiven Routinen zu variabel einsetzbaren Programmen. Handlungen der intellektuellen Regulationsebene bedürfen zur Vorbereitung der bewußten Analyse und Synthese von Handlungsplänen. Insofern sind die entsprechenden psychischen Vorgänge nicht nur bewußtseinsfähig sondern vielmehr bewußtseinspflichtig. Im Gegensatz zu den übrigen Ebenen haben hier die Aktionsprogramme eine rahmenhafte, für die konkrete Ausführungsform disponible Struktur. Sie beziehen sich nicht auf konkrete Realisierungsschritte, sondern vielmehr auf Teilzielabfolgen, Ziele oder globale Oberziele. Bei den Aktionsprogrammen selbst wird auf dieser Ebene zwischen Plänen, Strategien und heuristischen Regelsystemen differenziert. Pläne sind Festlegungen, wie konkrete Teilziele abzuarbeiten sind, während Strategien einen allgemeineren Charakter haben und für mögliche Abfolgen von Situationen Regeln zum jeweiligen Vorgehen bereitstellen. Heuristiken schließlich dienen zur Erzeugung von Strategien und Plänen. In Abbildung 4.8 sind die oben skizzierten Zusammenhänge dargestellt. Die Grafik zeigt zudem, daß die Ebenen der Aktionsprogramme hierarchisch geordnet sind: Übergeordnete Ebenen schließen untergeordnete ein und bedienen sich ihrer als Unterprogramme. Darüber hinaus zeigt die Illustration die Möglichkeit zur Verkürzung der Handlungsvorbereitung durch eine „Regulation aus dem Gedächtnis“. Ein-

---

97) Vgl. Hacker, W., a. a. O. 1986, S. 142 - 143

mal bewußt erarbeitete komplexe Strategien können unter stabilen Rahmenbedingungen aus dem Gedächtnis abgerufen werden und so die Handlungsvorbereitung erheblich verkürzen.[98)]

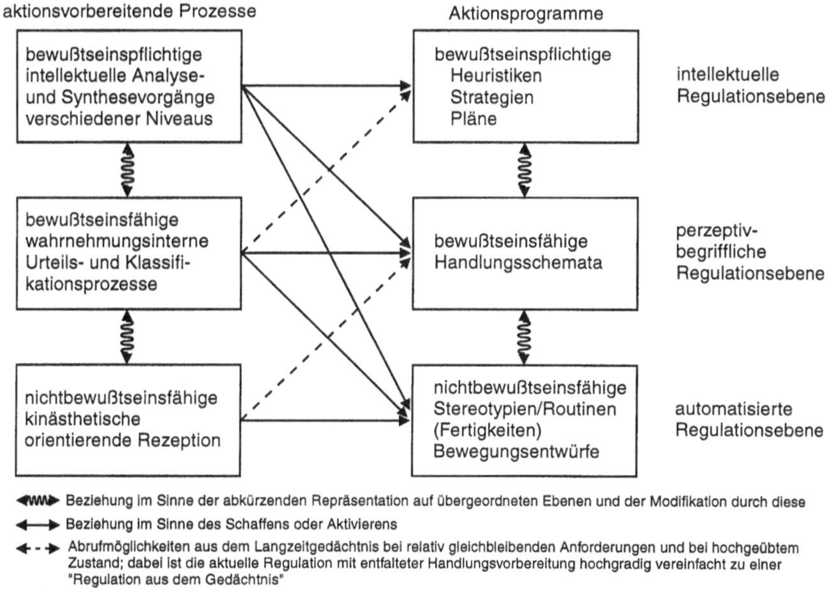

Abbildung 4.8: Multiple Beziehungen zwischen vorbereitenden und realisierenden Regulationskomponenten[99)]

Trotz zahlreicher empirischer Belege, die HACKER für die Existenz der Regulationsebenen aufführt, sind sein Modell der Handlungsregulation und die Abgrenzung der drei Regulationsebenen nicht unumstritten.[100)] So führt OESTERREICH als zentralen Kritikpunkt an HACKERs Theorie die Charakterisierung der perzeptiv-begrifflichen Regulationsebene an. Die für diese Ebene als charakteristisch bezeichneten Funktionen der Signalbearbeitung und die begriffliche Vorwegnahme von Handlungsausführungen können auch auf der untersten Regulationsebene vorkommen.[101)] Darüber hinaus wird die Undifferen-

98) Vgl. Hacker, W., a. a. O. 1986, S. 155 - 159

99) Abbildung entnommen aus: Hacker, W., a. a. O. 1986, S. 160

100) Vgl. Moldaschl, M.; Weber, W.: Prospektive Arbeitsplatzbewertung an flexiblen Fertigungssystemen - Psychologische Analyse von Arbeitsorganisation, Qualifikation und Belastung, Berlin 1986, S. 73 - 74

101) Vgl. Oesterreich, R.: a. a. O. 1981, S. 19

ziertheit der intellektuellen Ebene hinsichtlich Komplexität und Reichweite der ablaufenden Prozesse bemängelt.[102] Einen weiteren Ansatzpunkt für Kritik sieht OESTERREICH in den VVR-Einheiten. So lassen sich mit ihrer Hilfe komplexere hierarchische Strukturen nur sehr aufwendig darstellen, und die dabei entstehenden Strukturen ähneln eher ausgearbeiteten Plänen als dem Prozeß der Regulation einer Handlung. Darüber hinaus bieten die VVR-Einheiten keine Möglichkeit, fehlerhafte Handlungsausführungen oder das Nicht-Erreichen von Zielen abzubilden.[103]

4.1.4.2.3 Das Konzept der Handlungsregulation nach OESTERREICH

Als konstruktive Kritik am HACKERschen 3-Ebenen-Modell entwarfen VOLPERT u.a.,[104] in Anlehnung an OESTERREICH,[105] das 5-Ebenen-Modell der Handlungsregulation. Bei diesem Modell lassen sich die Anforderungen zur Regulation einer Handlung einer von fünf Regulationsebenen zuordnen. Dabei liegt die Prämisse zugrunde, daß der geübte Handelnde die Handlung auf dem Regulationsniveau vollzieht, das sich aus den objektiven Handlungsanforderungen ergibt.[106]

Das Prinzip der hierarchisch-sequentiellen Handlungsorganisation wird mit Hilfe eines Systems miteinander verbundener Regelungseinheiten operationalisiert. Wie Abbildung 4.9 zeigt besteht eine Regelungseinheit aus vier, durch Pfeile kreisförmig miteinander verbundenen Feldern, wobei jede Einheit zwei Stufen des 5-Ebenen-Modelles verbindet. Eine Regelungseinheit repräsentiert eine „zyklische Einheit",[107] die ein Ziel sowie ein entsprechendes Aktions- bzw. Handlungsprogramm umfaßt und damit einer regulativen Funktionseinheit in der Terminologie HACKERs entspricht.[108] An dieser Stelle wird deutlich, daß auch OESTERREICH auf das Grundprinzip der Operativen Abbildungssysteme zurückgreift, ohne jedoch den Begriff explizit zu verwenden.

Der Vorgang der Handlungsregulation läßt sich anhand dieses Modells wie folgt beschreiben: Die in der Mitte stehenden, stärker umrandeten Felder symbolisieren den Entwurf bzw. die Planung stufenspezifischer Aktionsprogramme.

---

102) Vgl. Oesterreich, R.: a. a. O. 1981, S.17 - 18

103) Vgl. Oesterreich, R.: a. a. O. 1981, S. 28

104) Vgl. Oesterreich, R.; Volpert, W. (Hrsg.), a. a. O. 1991, S. 37 - 39

105) Vgl. hierzu Oesterreich, R., a. a. O. 1981

106) Vgl. Moldaschl, M.; Weber, W., a. a. O. 1986, S. 75

107) Vgl. Oesterreich, R.: a. a. O. 1981, S. 28

108) Vgl. Oesterreich, R.: a. a. O. 1981, S. 11 - 12

Die erste Aktivitätseinheit eines Aktionsprogrammes wird als „Ziel" an die jeweils untergeordnete Hierarchieebene weitergegeben, wo sie den Entwurf bzw. die Planung eines weiteren (untergeordneten) Aktionsprogrammes auslöst. Dieser Vorgang findet so lange seine Fortsetzung, bis letztlich die Handlung auf der Hierarchieebene I ausgeführt wird. Umgekehrt wird von den untergeordneten Ebenen eine Rückmeldung über das Erreichen der Ziele an die jeweils übergeordnete gerichtet und gleichzeitig nach neuen Zielen angefragt.[109]

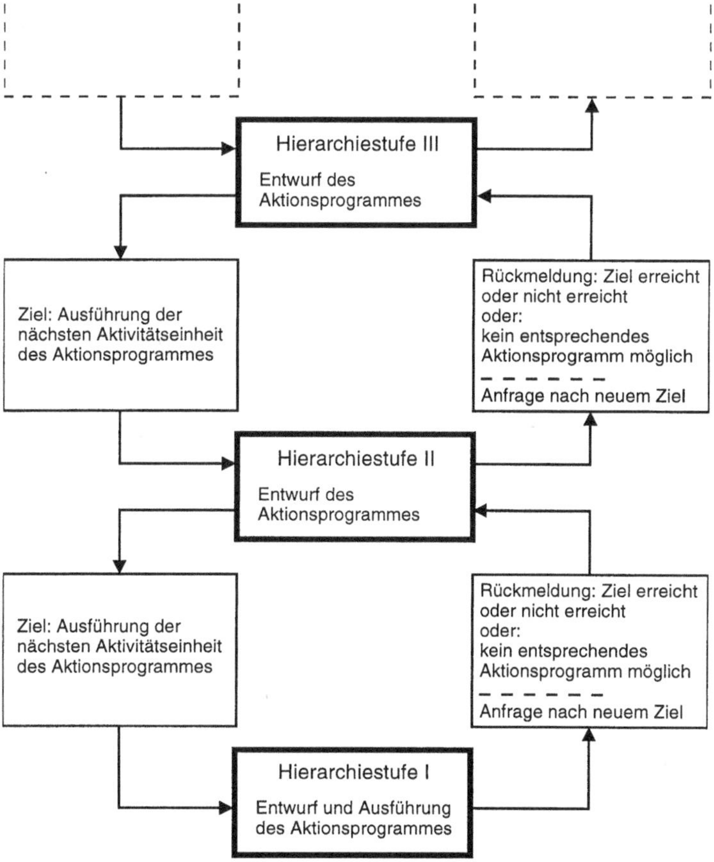

Abbildung 4.9: Die hierarchisch-sequentielle Handlungsregulation als Regelungseinheit[110]

---

109) Vgl. Oesterreich, R.: a. a. O. 1981, S. 30

110) Abbildung modifiziert übernommen aus: Oesterreich, R.: a. a. O. 1981, S. 29

Das 5-Ebenen-Modell der Handlungsregulation basiert auf spezifischen Vorstellungen über den Prozeß menschlichen Handelns. OESTERREICH konkretisiert diese anhand eines „Handlungsfeld-Modelles". Da dieses Konzept und die damit verbundenen Fachtermini von grundlegender Bedeutung für das Verständnis des 5-Ebenen-Modelles sind, muß vor dessen Erläuterung das Konzept des Handlungsfeldes skizziert werden (vgl. Abbildung 4.10).

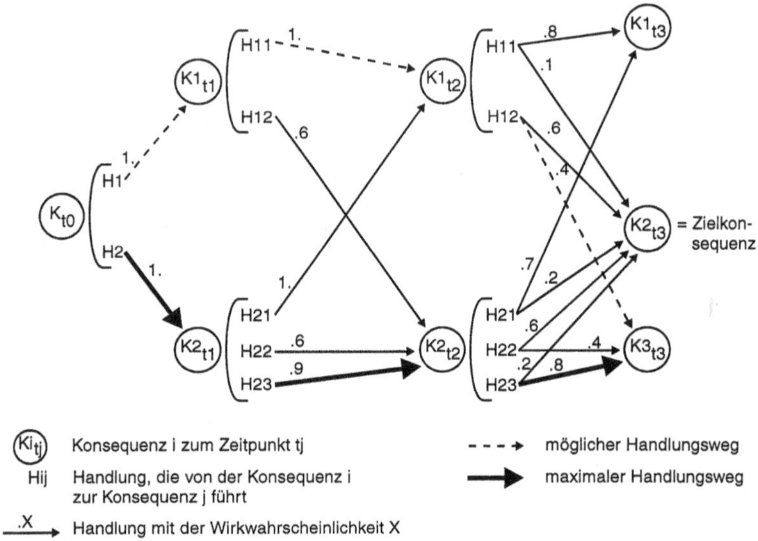

Abbildung 4.10: Das Handlungsfeld-Modell[111)]

Will der Handelnde ein Ziel (Zielkonsequenz) erreichen, so stehen ihm in der Regel mehrere Möglichkeiten offen, auf welchem Weg er dieses Ziel erreichen kann. Er steht damit vor dem Problem, die Möglichkeit auszuwählen und auszuführen, die in bezug auf die Zielerreichung die größte Erfolgswahrscheinlichkeit besitzt. Der Bereich aller Handlungsmöglichkeiten wird als Handlungsfeld bezeichnet. Im Handlungsfeld selbst sind wiederum Handlungen, Wirkwahrscheinlichkeiten (ein dimensionsloser Wert zwischen 0 und 1, der ein Merkmal einer Handlung ist) und Konsequenzen von Handlungen zeitbezogen abgebildet. Handlungen sind Aktivitätseinheiten, an deren Beginn und Ende der Aktivitätsfluß in verschiedene Richtungen fortsetzbar ist und die mit unterschiedlich hoher Wahrscheinlichkeit (Wirkwahrscheinlichkeit) zu einer bestimmten Situation (Konsequenz) als Ergebnis einer Handlung führen. Um ein Handlungsziel zu erreichen, wird der Handelnde, von einer Ausgangssituation ausgehend, ver-

111) Abbildung entnommen aus: Oesterreich, R.: a. a. O. 1981, S. 38

suchen, ein Handlungsprogramm zu entwerfen, das mit möglichst großer Wahrscheinlichkeit zur Zielkonsequenz führt. Die dabei antizipierten Handlungen mit ihren jeweiligen Konsequenzen bezeichnet OESTERREICH als Handlungsweg. Die Wegwahrscheinlichkeit gibt an, mit welcher Sicherheit ein bestimmter Handlungsweg zur Zielkonsequenz führt. Sie resultiert aus der multiplikativen Verknüpfung der Wirkwahrscheinlichkeiten der einzelnen Handlungen des Handlungsweges. Der Handlungsweg mit der höchsten Wegwahrscheinlichkeit ist der maximale Handlungsweg.[112)]

Innerhalb des Handlungsfeldes lassen sich verschiedene Klassen von Konsequenzen identifizieren, die eine besondere Bedeutung für den Entwurf und die Ausführung einer Handlung besitzen. Wird bei der Handlungsausführung eine negativ-kritische erreicht, schließt dies das Erreichen der Zielkonsequenz aus. Umgekehrt müssen positiv-kritische Konsequenzen im Handlungsverlauf auf jeden Fall erreicht werden, um zur Zielkonsequenz zu gelangen.[113)]

Ein Schlüsselrolle für die Planung eines erfolgreichen Handlungsweges besitzen hoch-effizient-divergente (h-d-e-) Konsequenzen. Die Effizienz-Divergenz ist eine zwischen 0 und 1 variierende Größe, die das Ausmaß kennzeichnet, inwieweit eine Konsequenz dem Handelnden die Möglichkeit bietet, sein Handeln in möglichst viele Richtungen effizient fortzuführen. Ihre besondere Bedeutung erlangen h-d-e-Konsequenzen dadurch, daß sie die Möglichkeit bieten, die Antizipationsspannen für die Planung eines erfolgreichen Handlungsweges zu verkürzen. Gibt es in einem Handlungsfeld in überschaubaren Abständen immer wieder h-d-e-Konsequenzen an denen sich Handlungen ausrichten können, lassen sich auch sehr weit entfernte Zielkonsequenzen anstreben, ohne den gesamten Handlungsweg vorab zu planen. Der Handelnde plant schrittweise von einer h-d-e-Konsequenz zur nächsten und verfolgt damit einen optimalen Handlungsweg, dessen Wegwahrscheinlichkeit jedoch geringer sein kann als die des maximalen Handlungsweges.[114)]

Das Handlungsfeld ist ein Konstrukt, welches das Netz möglicher Handlungen, Konsequenzen und Wirkwahrscheinlichkeiten unabhängig von den Meinungen und Kenntnissen des Handlungsausführenden abbildet. Um zu beschreiben, wie groß die objektiven Möglichkeiten sind, ein bestimmtes Ziel zu erreichen oder einen Handlungsbereich zu regulieren, führt OESTERREICH die Begriffe „Kontrolle in bezug auf ein Ziel“ und „Kontrolle in bezug auf einen Handlungsbereich“ ein. Die zielbezogene Kontrolle entspricht der Wirkwahrschein-

112) Vgl. Oesterreich, R.: a. a. O. 1981, S. 37 - 43

113) Vgl. Oesterreich, R.: a. a. O. 1981, S. 88 - 91

114) Vgl. Oesterreich, R.: a. a. O. 1981, S. 94 - 103

lichkeit des maximalen Handlungsweges,[115] während die Kontrolle in bezug auf einen Handlungsbereich von der Vielfalt der effizienten Handlungsmöglichkeiten abhängt.[116] Von diesen personenunabhängigen Größen zu unterscheiden sind die Kontrollkompetenzen, die sich auf einen Handlungsbereich, ein Ziel oder die Zielwahl beziehen können. Hier geht es letztlich darum, wie realitätsnah die innere Repräsentation des Handlungsbereiches ist,[117] wie sich die Wirkwahrscheinlichkeit des entworfenen Handlungsweges im Vergleich zum maximalen verhält (Ziel)[118] oder ob die h-d-e-Konsequenzen in einem Handlungsbereich bekannt sind (Zielwahl).[119]

Die Erläuterung der wesentlichen Begriffe der Handlungsregulation nach OESTERREICH hat die Grundlage zur Erläuterung des 5-Ebenen-Modelles geschaffen. Wie schon die Ausführungen zu den Regelungseinheiten verdeutlicht haben, lassen sich die einzelnen Ebenen anhand ihrer spezifischen Handlungsprogramme und der weitergeleiteten Ziele qualitativ gegeneinander abgrenzen. Abbildung 4.11 zeigt die Gesamtdarstellung des 5-Ebenen-Modelles. Auf der untersten Modellebene wird die Handlungsausführung reguliert. Diese Ebene entspricht der sensumotorischen Regulationsebene des HACKERschen Modelles.[120] Als Ziel und als Aktionsprogramm werden von der übergeordneten Ebene die nächste anzuzielende Folgekonsequenz und die dazu auszuführende Handlung übergeben. Das Aktionsprogramm dieser Ebene ist ein Bewegungsprogramm, welches aus Einzelbewegungen bzw. Sequenzen von Einzelbewegungen besteht. Die Handlungsausführung wird von den materiellen Gegebenheiten, der Präzision der Bewegungsausführung und von Variationen der Umweltbedingungen beeinflußt. Bei Handlungen, die mit hoher Wahrscheinlichkeit zum Erfolg führen, besteht die Möglichkeit, daß sie unterhalb der Bewußtseinsschwelle ablaufen. Dies gilt insbesondere auch für solche Handlungen, denen ein zuvor auf höherer Ebene entworfenes und dann automatisiertes Aktionsprogramm zugrundeliegt. Im Gegensatz zu den anderen Ebenen ist hier keine Überprüfung des Aktionsprogrammes während seiner Ausführung vorgesehen. Bei fehlerhafter Ausführung oder bei nicht berücksichtigten Umweltvariationen während der Handlungsausführung wird diese abgebrochen und das Ergebnis an die Ebene der Handlungsplanung zurückgemeldet. Dort wird dann entschieden, wie weiter zu verfahren ist.[121]

---

115) Vgl. Oesterreich, R.: a. a. O. 1981, S. 50

116) Vgl. Oesterreich, R.: a. a. O. 1981, S. 123

117) Vgl. Oesterreich, R.: a. a. O. 1981, S. 123

118) Vgl. Oesterreich, R.: a. a. O. 1981, S. 52

119) Vgl. Oesterreich, R.: a. a. O. 1981, S. 109 - 110

120) Vgl. Oesterreich, R.: a. a. O. 1981, S. 144

121) Vgl. Oesterreich, R.: a. a. O. 1981, S. 59 - 85

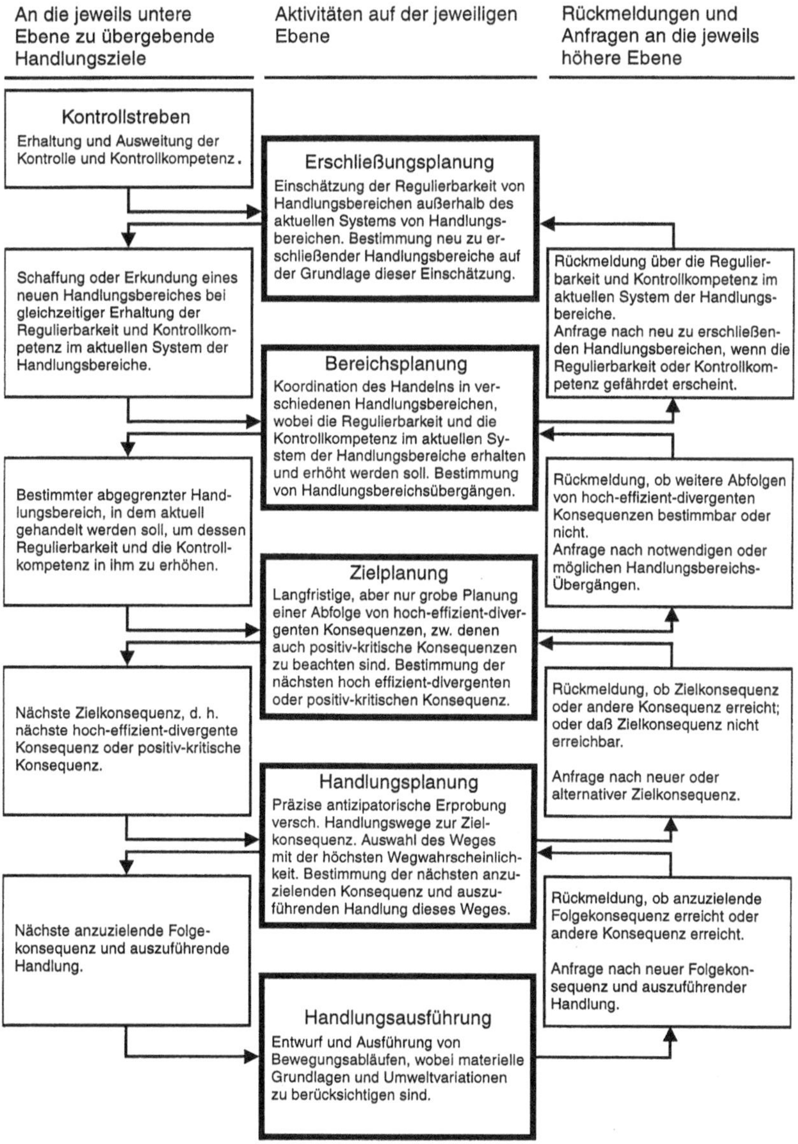

Abbildung 4.11: Gesamtdarstellung des 5-Ebenen-Modells[122)]

122) Abbildung entnommen aus: Oesterreich, R.: a. a. O. 1981, S. 142 - 143

Die Rückmeldung von Handlungsergebnissen an die jeweils übergeordnete Modellebene ist klar von der Rückkopplung von Handlungsergebnissen an die innere Repräsentation (die Grundlage des Handlungsentwurfes) abzugrenzen. Bei der Rückkopplung werden Informationen über das Erreichen einer Konsequenz weitergeleitet. Diese lassen sich hinsichtlich des erreichten Zieles und in bezug auf die Eignung des beschrittenen Handlungsweges auswerten. Über die Zielauswertung erhält der Handelnde Informationen, bei welcher Konsequenz des Handlungsfeldes er angelangt ist und von wo aus er die weiteren Aktivitäten planen muß. Die Rückkopplung über das erreichte Ziel erlaubt aber auch Rückschlüsse über die im Handlungsfeld gültigen Wirkwahrscheinlichkeiten. Die Wegauswertung liefert damit die Informationen, die es dem Handelnden ermöglichen - sofern erforderlich - seine innere Repräsentation des Handlungsfeldes zu korrigieren.[123]

An die Ebene der Handlungsplanung wird von der ihr übergeordneten Ebene eine Zielkonsequenz übergeben. Zur Zielerreichung steht dem Handelnden ein Handlungsfeld zur Verfügung, das unabhängig von seinen Kenntnissen und Meinungen existiert. Innerhalb dieses Handlungsfeldes kann er verschiedene Handlungswege einschlagen, die mit unterschiedlicher Wahrscheinlichkeit zum Erfolg führen. Auf Basis früherer Erfahrungen oder auch aufgrund von Erfahrungen, die ihm andere vermitteln, entwickelt der Handelnde eine innere Repräsentation des objektiven Handlungsfeldes. Wie gut beide einander entsprechen ist maßgeblich für seine Kontrollkompetenz und damit auch für die Güte der erforderlichen Planungsprozesse. Im Rahmen der Entwicklung des Aktionsprogrammes erprobt der Handelnde in gedanklicher Antizipation diejenigen Wege innerhalb des Handlungsfeldes, die ihm bekannt sind. Er schätzt die Erfolgswahrscheinlichkeiten ab und wählt den Weg aus, der nach seiner Ansicht die größte Erfolgswahrscheinlichkeit besitzt. Im Idealfall enspricht der ausgewählte Weg dem maximalen Handlungsweg. Ergibt die Abschätzung der Erfolgswahrscheinlichkeiten aber, daß eine Zielkonsequenz nicht zu erreichen ist, wird diese der übergeordneten Ebene zurückgemeldet und nach einer neuen Zielkonsequenz angefragt. Der ausgewählte Handlungsweg wird als Handlungsprogramm bezeichnet. Er besteht aus einer Abfolge von Handlungen und ihren jeweiligen Folgekonsequenzen, die sequentiell an die Ebene der Handlungsausführung weitergeleitet werden. Falls eine Folgekonsequenz bei der Ausführung einer Handlung nicht erreicht werden konnte, muß, ausgehend von der aktuellen Konsequenz, ein anderer Handlungsweg entworfen werden, um zur Zielkonsequenz zu gelangen. Nachdem ein Handlungsweg komplett abgearbeitet ist erfolgt eine Meldung über das Erreichen bzw. Nicht-Erreichen der Zielkonse-

---

123) Vgl. Oesterreich, R.: a. a. O. 1981, S. 71 - 74

quenz an die Ebene der Zielplanung sowie eine Anfrage bezüglich der nächsten anzustrebenden Zielkonsequenz.[124]

Durch antizipatorisches Erproben von Zielabfolgen in der inneren Repräsentation erfolgt, auf der Ebene der Zielplanung, die Grobplanung längerfristig zu erreichender Ziele. Diese werden an die untergeordnete Ebene der Handlungsplanung übergeben und bilden dort deren Basis. Das stufenspezifische Aktionsprogramm wird, in Analogie zu dem der Handlungsausführungs- bzw. -planungsebene, als Zielprogramm bezeichnet. Auf der Ebene der Zielplanung zeigt sich auch die besondere Bedeutung der h-d-e-Konsequenzen. Die Planung des Zielprogrammes bezieht nicht alle Konsequenzen des Handlungsfeldes ein, sondern konzentriert sich auf die besonders bedeutsamen h-d-e-Konsequenzen, wobei auch die untergeordneten positiv- bzw. negativ-kritischen zu beachten sind. Insofern liegt hier eine hierarchische Struktur der Ziele vor, was sich im Aufbau des Zielprogrammes niederschlagen kann. In bezug auf die Entwicklung geeigneter Zielprogramme ist es für die Kontrollkompetenz des Handelnden bedeutsam, daß er sowohl die h-d-e- als auch die positiv- bzw. negativ-kritischen Konsequenzen eines Handlungsfeldes besonders gut kennt.[125]

Auf der Ebene der Bereichsplanung findet die Abgrenzung und Koordination verschiedener Handlungsbereiche statt. Ein abgegrenzter Handlungsbereich ist ein Teil des Handlungsfeldes, in welchem die Planung von Handlungen zum Erreichen bestimmter Zielkonsequenzen stattfindet. Außerhalb dieses Bereiches liegen Handlungsfeldteile, in denen das Handeln keinen Beitrag zum Erreichen einer konkreten Zielkonsequenz leistet. Die Abgrenzung verschiedener Handlungsbereiche hat den Vorteil, daß sie die Antizipationsspanne für Planungen enorm verkürzt. Da nur begrenzte Ausschnitte eines Handlungsfeldes zu betrachten sind, können eine Vielzahl von Konsequenzen, Handlungen und Wirkwahrscheinlichkeiten unberücksichtigt bleiben.[126] Die Ebene der Bereichsplanung übergibt als Ergebnis an die Ebene der Zielplanung, in welchem Handlungsbereich als nächstes gehandelt werden soll bzw. eine langfristig grobgeplante Abfolge von Zielkonsequenzen. Letztlich geht es bei der Bereichsplanung darum, verschiedene Zielprogramme so miteinander zu koordinieren, daß die Regulierbarkeit (bzw. die Kontrolle) in den Handlungsbereichen erhalten oder erhöht wird. Eng damit verbunden ist auch eine erfahrungsgeleitete Ausweitung der Kontrollkompetenz, d. h. eine Verbesserung der inneren Repräsentation der Handlungsbereiche.[127]

---

124) Vgl. Oesterreich, R.: a. a. O. 1981, S. 55 - 58

125) Vgl. Oesterreich, R.: a. a. O. 1981, S. 110 - 112

126) Vgl. Oesterreich, R.: a. a. O. 1981, S. 114 - 115

127) Vgl. Oesterreich, R.: a. a. O. 1981, S. 137 - 138

Die oberste Ebene des 5-Ebenen-Modelles ist die der Erschließungsplanung. Auf ihr erschließt der Handelnde neue Handlungsbereiche, ohne jedoch die Regulierbarkeit bestehender zu gefährden. Insofern ist das kennzeichnende Merkmal dieser Ebene, daß Handeln in verschiedenen Handlungsbereichen koordiniert werden muß, was sich einerseits in einer Vergrößerung der Antizipationsbreite niederschlägt, andererseits aber auch längerfristige Antizipationsspannen erforderlich macht. Letzteres ergibt sich daraus, daß sich während und vor allem nach Erschließung neuer Handlungsbereiche das gesamte System verbundener Handlungsbereiche ändert. Dies führt wiederum zu neuen Abgrenzungen innerhalb des Systems der bisherigen Handlungsbereiche. Die Erschließung neuer Handlungsbereiche kann dadurch veranlaßt werden, daß die Ebene der Bereichsplanung eine gute Regulierbarkeit und Kontrollkompetenz in den bereits bestehenden Handlungsbereichen zurückmeldet. Sie muß aufgenommen werden, wenn aus der Rückmeldung folgt, daß die Regulierbarkeit in bestehenden Handlungsbereichen gefährdet ist.[128)]

Allen Ebenen übergeordnet ist das Kontrollstreben, eine höhere Form des Strebens nach Überleben, das Ansatzpunkte zur Verknüpfung der HRT mit motivationstheoretischen Ansätzen bietet. Das Konzept des Kontrollstrebens basiert zunächst auf der Annahme, daß jedes Lebewesen prinzipiell danach strebt, sich selbst und seine Art zu erhalten. Aus der handlungstheoretischen Interpretation dieses Sachverhaltes folgt, daß ein Lebewesen zu unterschiedlichen Arten von Aktivitäten fähig sein muß, um angemessen auf Veränderungen der Umweltbedingungen reagieren zu können. Ausgehend von diesen Annahmen leitet OESTERREICH ab, daß sich bei höherentwickelten Lebewesen das Kontrollstreben darin zeigt, daß diese versuchen, durch geeignetes Verhalten die Regulierbarkeit (Kontrolle) im Lebensraum zu erhalten. Bei lernfähigen Lebewesen kommt hinzu, daß sich zeitlich zurückliegende Erfahrungen im aktuellen und zukünftigen Handeln niederschlagen und so die Erhaltung der Kontrolle erleichtern. Der dabei wirksame Mechanismus ist der Erwerb von Kontrollkompetenz, die Aneignung von Kenntnissen über den Lebensraum. Schließlich komplettiert ein dritter Baustein die inhaltliche Ausgestaltung des Kontrollstrebens. Durch die Ausbildung von Handlungsfertigkeiten kann die Wirkwahrscheinlichkeit einzelner Handlungen erhöht werden, was wiederum die Regulierbarkeit des Handlungsfeldes erhöht. Vor diesem Hintergrund zielt das Kontrollstreben letztlich darauf ab, die Regulierbarkeit von Handlungsbereichen und die Kontrollkompetenz in ihnen zu erhalten und zu erhöhen sowie Handlungsfertigkeiten auszubilden. Das Kontrollstreben ist damit ein Bedürfnis, welches durch die Erhöhung der Kontrolle, der Kontrollkompetenz und der Verbesserung der Handlungsgeschicklichkeit befriedigt werden kann, aber erst dann endgültig

---

128) Vgl. Oesterreich, R.: a. a. O. 1981, S. 139 - 141

erschöpft ist, wenn eine Erhöhung der Regulierbarkeit in keinem Lebensbereich mehr möglich ist.[129)]

Obwohl OESTERREICH erste Ansatzpunkte aufzeigt, muß die Verknüpfung der Handlungsregulationstheorie mit motivationstheoretischen Konzepten nach wie vor als unbefriedigend bezeichnet werden. Die hier skizzierten Ansätze der Motivbildung berücksichtigen weder die Erkenntnisse inhalts- noch prozeßorientierter motivationstheoretischer Forschung[130)] in angemessener Weise. Während zum Prozeß der Motivbildung keine konkreten Aussagen getroffen werden, läßt sich letztlich aus dem Kontrollstreben nur das Wachstumsmotiv[131)] „Selbstverwirklichung"[132)] ableiten. Defizitmotive (z.B. physiologische, Sicherheits- und Schutzbedürfnisse),[133)] die bei Abweichungen von einem erwarteten/gewohnten Anspruchsniveau entstehen,[134)] lassen sich mit dem Konzept des Kontrollstrebens nur unzureichend erklären. Da menschliches Verhalten aber immer motiviert und zielorientiert ist[135)] und letztlich nur im Gesamtzusammenhang von Tätigkeit und ihrem Motiv, Handlungen und ihren Zielen sowie der Operation mit samt ihren Bedingungen umfassend beschreibbar ist,[136)] kann die Handlungsregulationstheorie nur einen Teilbereich menschlichen Verhaltens erklären. Damit folgt aber auch, daß Arbeitsanalyseverfahren, die auf dem Konzept der HRT basieren, trotz ihrer großen Vorteile[137)] nur einen Ausschnitt menschlicher Arbeitstätigkeiten berücksichtigen können.

4.1.4.3 Arbeitsanalysen auf Basis der Handlungsregulationstheorie

Die besondere Eignung der Handlungsregulationstheorie als Grundlage psychologischer Arbeitsanalysen liegt zunächst darin begründet, daß sie intellektuelle

---

129) Vgl. Oesterreich, R.: a. a. O. 1981, S. 129 - 136

130) Vgl. Hoyos, C. Graf: Arbeitspsychologie, Stuttgart 1974, S. 183

131) Vgl. Walter-Busch, E.: Arbeitszufriedenheit in der Wohlstandsgesellschaft, Bern 1977, S. 28

132) Vgl. Maslow, A. H.: Motivation and Personality, New York 1954, S. 46; Rosenstiel, L. von: Die motivationalen Grundlagen des Verhaltens in Organisationen - Leistung und Zufriedenheit, Berlin 1975, S. 23 - 26

133) Vgl. hierzu Maslow, A. H., a. a. O. 1954, S. 35 - 37

134) Vgl. Neuberger, O.: Theorien der Arbeitszufriednheit, Stuttgart 1974, S. 104

135) Vgl.Kanfer, F. H.; Reinecker, H.; Schmelzer, D.: Selbstmanagement-Therapie, Berlin, Heidelberg, New York 1991, S. 444

136) Vgl. Büssing, A., a. a. O. 1992, S. 46 - 47

137) Vgl. Kapitel 3.1.1

und manuelle Aktivitäten in ihrem inneren Zusammenhang betrachtet.[138] Arbeitsaufgaben im Sinne der Handlungsregulationstheorie lassen sich als Handlungsanforderungen interpretieren, die der Mensch bewältigen muß. Im Gegensatz zu technischen Aufgabendefinitionen,[139] wo diese als zu erfüllende Funktion eines technischen Systems definiert sind, bezieht damit die Arbeitspsychologie den arbeitenden Menschen in ihre Aufgabendefinition mit ein. Vor dem Hintergrund der Handlungsregulationstheorie lassen sich Arbeitsaufgaben dahingehend untersuchen, bewerten und vergleichen, welche Anforderungen sie an die psychische Regulation der Handlungsausführung stellen. Prinzipiell lassen sich die Anforderungen in positiv zu bewertende Regulationserfordernisse und negativ zu beurteilende Regulationsbehinderungen unterteilen.[140]

Die Regulationserfordernisse einer Aufgabe hängen einerseits von ihrem Inhalt, andererseits von ihren situativen Ausführungsbedingungen ab. Um, trotz der daraus resultierenden Unterschiede, verschiedene Aufgaben hinsichtlich der Handlungsanforderungen objektiv miteinander vergleichen zu können, bietet es sich an, das Niveau, auf dem die Aufgabe reguliert wird, zu untersuchen.[141] In diesem Zusammenhang bilden die Modelle der hierarchisch-sequentiellen Handlungsregulation einen geeigneten Bewertungsmaßstab. Je höher die Regulationsebene im Modell ist, desto anspruchsvoller sind die ebenenspezifischen Planungs- und Zielbildungsprozesse. Durch die Zuordnung einer Aufgabe zu einer der Modellebenen wird eine Antwort auf die Frage gegeben, welche Denk- und Planungsanforderungen aus der Aufgabe resultieren. An dieser Stelle wird auch ein Vorteil des 5-Ebenen-Modelles nach OESTERREICH gegenüber dem 3-Ebenen-Modell von HACKER deutlich. Die stärkere Differenzierung der höheren Regulationsebenen erlaubt eine wesentlich differenziertere und damit genauere Einstufung insbesondere von intellektuell anspruchsvolleren Aufgaben.

---

138) Vgl. Resch, M.: Zur Analyse von geistigen Arbeitstätigkeiten in Büro und Verwaltung, in: Zeitschrift für Arbeitswissenschaft, 42. Jg. (1989), Heft 4, S. 199

139) Als Beispiel einer ingenieurwissenschaftlich orientierten Aufgabendefinition sei die von LANDAU und ROHMERT angeführt. Die Autoren definieren den Begriff der Aufgabe als „die Zusammenfassung einzelner Funktionen zu einem übergeordneten Zweck... Hierbei versteht man die Aufgabe als Oberbegriff für mehrere, sachlich zusammenhängende Arbeitsvorgänge, die meist in einem vorgegebenen Ablauf ausgeübt werden und gleichartige, wenn auch vom Wert her unterschiedliche Anforderungen an die Arbeitnehmer stellen.“
Landau, K.; Rohmert, W.: Aufgabenbezogene Analyse von Arbeitstätigkeiten, in: Rutenfranz, J.; Kleinbeck, U. (Hrsg.): Arbeitspsychologie, Enzyklopädie der Psychologie, Themenbereich D, Serie III, Band 1, Göttingen, Toronto, Zürich 1987, S. 86

140) Vgl. Leitner, K.; Lüders, E.; Greiner, B.; Ducki, A.; Niedermeier, R.; Volpert, W., a. a. O. 1993(a), S. 25 - 26

141) Vgl. Oesterreich, R.; Volpert, W. (Hrsg.), a. a. O. 1991, S. 25 - 27

Das Konstrukt der Regulationserfordernisse steht in engem Bezug zu dem von ULICH postulierten Konzept des Handlungsspielraumes[142] bzw. dem von HACKER geprägten Begriff der Freiheitsgrade.[143] Je höher das Regulationsniveau einer Aufgabe ist, desto größer ist ihr Handlungsspielraum bzw. desto mehr Freiheitsgrade besitzt sie. Gleichzeitig bedeutet ein Mehr an Handlungsspielraum oder Freiheitsgraden aber auch eine höhere Lernrelevanz einer Aufgabe, was wiederum ein zentrales Merkmal ihrer Persönlichkeitsförderlichkeit ist. Damit ermöglicht die Bestimmung des Regulationsniveaus eine unmittelbare Aussage über die Persönlichkeitsförderlichkeit einer Aufgabe.

Regulationsbehinderungen sind im Gegensatz zu Regulationserfordernissen negativ zu bewerten, da sie die Ausführung einer Aufgabe erschweren oder im Extremfall sogar gänzlich verhindern. Sie ergeben sich dann, wenn die Ausführungsbedingungen einer Aufgabe im Widerspruch zur Zielerreichung stehen. Regulationsbehinderungen können unabhängig vom Anforderungsniveau auftreten und langfristig zu Beeinträchtigungen des Wohlbefindens sowie der psychosozialen Gesundheit führen.[144] So wie die Analyse und Bewertung einer Aufgabe hinsichtlich der Regulationserfordernisse eine Aussage über ihre Persönlichkeitsförderlichkeit ermöglicht, so liefert die Evaluation in bezug auf Regulationsbehinderungen Informationen bezüglich der Schädigungslosigkeit und Beeinträchtigungsfreiheit.

Sowohl das Konstrukt der Regulationserfordernisse als auch das der Regulationsbehinderungen leitet sich aus dem Konzept der Partialisierung des Arbeitshandelns ab.[145] Allgemein besagt dieses Konzept, daß der Handelnde von höheren Regulationsebenen ausgeschlossen wird und sich seine individuellen Regulationsmöglichkeiten auf die unteren Ebenen beschränken.[146] Dies führt zu einer Form der Arbeitsteilung, bei der Entscheidungen über das Ziel einer Handlung (z.B. ein zu fertigendes Produkt) von deren Ausführung getrennt werden. Je stärker eine solche Zergliederung des Arbeitsprozesses voranschreitet, desto geringer sind die Planungs- und Denkanforderungen bei ausführenden Tätigkeiten. Vorhandene Fähigkeiten und Fertigkeiten lassen sich nur noch sehr eingeschränkt nutzen bzw. weiterentwickeln - die Arbeit wird immer gleich-

---

142) Vgl. Ulich, E.: Arbeitswechsel und Aufgabenerweiterung, in: REFA-Nachrichten, 25. Jg. (1972), Heft 1, S. 266 - 267

143) Vgl. Hacker, W., a. a. O. 1986, S. 104

144) Vgl. Leitner, K.; Lüders, E.; Greiner, B.; Ducki, A.; Niedermeier, R.; Volpert, W., a. a. O. 1993(a), S. 27 - 28

145) Vgl. hierzu Volpert, W.: Die Lohnarbeitswissenschaft und die Psychologie der Arbeitstätigkeit, in: Groskurth, P.; Volpert, W. (Hrsg.): Lohnarbeitspsychologie, Berufliche Sozialisation: Emanzipation zur Anpassung, Frankfurt a. M. 1975, S. 11 - 196

146) Vgl. Oesterreich, R.; Volpert, W., a. a. O. 1991, S. 28

förmiger und sinnentleerter. Die Partialisierung des Arbeitshandelns hat aber auch Konsequenzen in bezug auf den Umgang mit Regulationsbehinderungen. Der Ausschluß von höheren Regulationsstufen schränkt gleichzeitig die Möglichkeiten ein, Behinderungen angemessen zu begegnen und wird damit zur Quelle psychischer Belastungen.[147)]

Die Ausführungen zur Rolle der Handlungsregulationstheorie haben verdeutlicht, daß sich die psychologische Arbeitsanalyse vor allem auf die Ebenen der Persönlichkeitsförderlichkeit und Beeinträchtigungsfreiheit bezieht. Die Ebenen der Ausführbarkeit und Schädigungslosigkeit, die insbesondere auch die materiellen Bedingungen der Arbeit betreffen, werden bei solchen Evaluationsansätzen vernachlässigt. Hieraus folgt unmittelbar, daß eine rein psychologisch basierte Analyse von Arbeit unvollständig ist und insofern einer methodischen Ergänzung auf den Ebenen der Ausführbarkeit und Schädigungslosigkeit bedarf.

In den vorangegangenen Abschnitten wurden die spezifischen Annahmen der Handlungsregulationstheorie über menschliches Handeln vorgestellt, und es wurde gezeigt, welche Konsequenzen sich für den Gegenstand psychologischer Arbeitsanalysen ableiten lassen. Nach HACKER bestimmt aber nicht nur der Gegenstand sondern auch die Annahmen über den Gegenstand die Methodik einer Wissenschaft.[148)] Daher müssen an dieser Stelle auch die Konsequenzen reflektiert werden, welche sich aus dem spezifischen Menschenbild der Handlungsregulationstheorie ergeben. Denn nur vor dem Hintergrund des jeweiligen Menschenbildes läßt sich beurteilen, welche Arbeit den Anforderungen des Menschen entspricht, in dem sie z.B. spezifische Bedürfnisse befriedigt oder Möglichkeiten zur individuellen Weiterentwicklung erschließt.[149)] Als Konsequenz folgt unmittelbar, daß sich dieselbe Maßnahme zur Gestaltung menschengerechter Arbeit je nach zugrunde gelegtem Menschenbild unterschiedlich interpretieren läßt.[150)] So war die von TAYLOR propagierte Form der Arbeitsorganisation aus seiner Sicht, d. h. vor dem Hintergrund seines spezifischen Menschenbildes, durchaus human. Nach TAYLORs Meinung konnten die Nachteile des alten Produktionssystems überwunden und Arbeitsbedingungen realisiert werden, die sich an den wahren (monetären) Interessen des Arbeiten-

---

147) Vgl. Leitner, K.; Lüders, E.; Greiner, B.; Ducki, A.; Niedermeier, R.; Volpert, W., a. a. O. 1993(a), S. 28 - 30

148) Vgl. Hacker, W., a. a. O. 1995, S. 23

149) Vgl. Volpert, W., a. a. O. 1990, S. 23

150) Vgl. Schallenberger, U.: Menschenbilder und das Bild menschengerechter Arbeit, in: Frei, F.; Udris, I. (Hrsg.): Das Bild der Arbeit, Bern, Göttingen, Toronto, Seattle 1990, S. 57

den orientieren.[151] Aus heutiger Sicht mag diese Feststellung als blanker Zynismus erscheinen. Die Aussage zeigt aber auch, daß Fakten allein nicht ausreichen, um zu beurteilen, ob eine Form der Arbeitsgestaltung menschengerechter ist als eine andere. Erst vor dem Hintergrund eines spezifischen Menschenbildes wird ein entsprechender Vergleich möglich.[152]

Die Beschäftigung mit Menschenbildern hat in den Sozialwissenschaften eine lange Tradition. Aber auch z.B. in der Informatik oder im Bereich der Technikgenese gewinnen Menschenbilder zunehmend an Bedeutung.[153] So weist DIERKES darauf hin, daß die Entwicklung technischer Systeme von Leitbildern beeinflußt wird, in denen organisationsspezifisch grundlegende Perzeptionen, Werte und Verhaltensvorstellungen aggregiert sind.[154] Als Leitbilder der Technikentwicklung können auch Menschenbilder dienen, wenn sie nach DIERKES et al. folgende Funktionen erfüllen:[155]

- ❑ Bündelung von Intentionen und Erfahrungswissen (Kollektive Projektion)
- ❑ Bindung individueller Wahrnehmungs- und Bewertungsformen an ein gemeinsames Richtungsfeld (synchrone Voradaption)
- ❑ Ersatz noch nicht existierender gemeinsamer, verbindlicher Regelsysteme und Entscheidungslogiken (funktionales Äquivalent)
- ❑ Katalysator sowie kognitiver und bildlicher Repräsentationsrahmen für im Denkprozeß entstehende Probleme (kognitiver Aktivator)
- ❑ Aktivierung emotionaler, volitiver und affektiver Potentiale (personeller Motivator)
- ❑ Stabilisierung von Kooperationsbeziehungen (interpersoneller Aktivator)

Die Gestaltung von Arbeitssystemen kann prinzipiell vor dem Hintergrund verschiedener Menschenbilder erfolgen. Je nachdem, welches herangezogen wird, hat dies weitreichende Konsequenzen z.B. auf die Nutzung der vorhandenen Gestaltungsspielräume. ULICH verdeutlicht dies am Beispiel der Konzeption rechnerunterstützter Tätigkeiten. Technikorientierte Gestaltungsansätze, die den

---

151) Vgl. Taylor, F. W.: Die Grundsätze wissenschaftlicher Betriebsführung, München 1913, S. 8

152) Vgl. Schallenberger, U., a. a. O. 1990, S. 57

153) Vgl. hierzu Coy, W.; Nake, F.; Pflüger, J.-M.; Rolf, A.; Seetzen, J.; Siefkes, D.; Stransfeld, R. (Hrsg.): Sichtweisen der Informatik, Braunschweig 1992 oder Dierkes, M.; Hoffmann, U.; Marz, L.: Leitbild und Technik - Zur Entstehung und Steuerung technischer Innovationen, Berlin 1992

154) Vgl. Dierkes, M.: Organisationskultur und Leitbilder als Einflußfaktoren der Technikgenese - Thesen zur Strukturierung eines Forschungsfeldes, in: Dierkes, M. (Hrsg.): Die Technisierung und ihre Folgen - Zur Biographie eines Forschungsfeldes, Berlin 1993, S. 268

155) Vgl. Dierkes, M.; Hoffmann, U.; Marz, L., a. a. O. 1992, S. 41 - 58

Menschen insbesondere als potentielle Fehlerquelle ansehen, überlassen dem arbeitenden Menschen lediglich nicht automatisierbare Resttätigkeiten. Bei aufgabenorientierten Gestaltungskonzepten übernehmen die Operateure ganzheitliche Aufgaben, von der Arbeitsplanung bis zur Qualitätskontrolle. Das hier gültige Menschenbild betont u. a. die Bedeutung der Mitarbeitermotivation und die Notwendigkeit, Humanressourcen angemessen zu nutzen bzw. weiterzuentwikkeln.[156)]

Welche Konsequenzen lassen sich aus dem Menschenbild der Handlungsregulationstheorie für die Analyse und Gestaltung von Arbeitssystemen ableiten? Das Menschenbild der HRT bedingt zunächst einen anthropozentrischen Gestaltungsansatz. Arbeitssysteme werden dahingehend analysiert und bewertet, daß menschliche Stärken beachtet, geschützt und gefördert werden.[157)] Damit läßt sich auch die im Zusammenhang mit der Gestaltung von Mensch-Maschine-Systemen zentrale Frage, welche Aufgaben dem Menschen und welche der Technik übertragen werden sollen,[158)] eindeutig beantworten. Den technischen Systemen bleiben Aufgaben vorbehalten, die der Mensch nicht ausführen soll oder kann, da sie seine psychosoziale Gesundheit beeinträchtigen bzw. schädigen oder die vom Menschen nicht ausführbar sind. Der Mensch sollte die Aufgaben übernehmen, die seine Besonderheiten und Stärken schützen und fördern - unabhängig von einer eventuellen Überlegenheit der Maschine.[159)] Dieses Bild der Arbeit schafft die Grundlage für das Analyse- und Bewertungskonzept handlungsregulatorisch begründeter Arbeitsanalyseinstrumentarien. Die Reflexion realer Arbeitssituationen vor dem Ideal der HRT ermöglicht eine Aussage, ob Arbeitsaufgaben und ihre Ausführungsbedingungen „gut“ oder „schlecht“ für einen Menschen sind.

Das spezifische Menschenbild prägt einerseits die grundsätzliche Sichtweise der Arbeit, andererseits erschließt es aber auch konkrete Ansatzpunkte zur Analyse und Bewertung der Arbeit. So können aus den Annahmen über menschliche Stärken (Zielgerichtetheit, Gegenständlichkeit, Soziabilität und Prozeßhaftigkeit), die um evolutionstheoretische Überlegungen - insbesondere um das Konzept der eigenen Entwicklungswege - ergänzt werden, Kriterien zur

---

156) Vgl. Ulich, E., a. a. O. 1994, S. 254 - 256

157) Vgl. Volpert, W. a. a. O. 1990, S. 25 - 28

158) Vgl. Hoyos, C. Graf: Menschliches Handeln in technischen Systemen, in: Hoyos, C. Graf; Zimolong, B. (Hrsg.): Ingenieurpsychologie, Enzyklopädie der Psychologie, Themenbereich D, Serie III, Band 2, Göttingen, Toronto, Zürich 1990, S. 13

159) Vgl. Volpert, W., a. a. O. 1987 (b), S. 148

Analyse und Bewertung der Arbeit und ihrer Ausführungsbedingungen abgeleitet werden. So dienen die Kriterien:[160]

- Entscheidungsspielraum,
- Zeitspielraum,
- Strukturierbarkeit,
- Belastungen,
- Körperliche Aktivität,
- Kontakt zu materiellen und sozialen Bedingungen des Arbeitshandelns,
- Variabilität von Aufgaben und Aufträgen,
- Kooperation und zwischenmenschliche Kommunikation,

zur Überprüfung, inwieweit eine konkrete Arbeitssituation menschliche Stärken schützt und fördert. An dieser Stelle soll auf eine eingehende Erläuterung der Humankriterien verzichtet werden. Da sie sich im Bewertungskonzept der Kontrastiven Aufgabenanalyse im Büro widerspiegeln, werden sie in Kapitel 5 im Zusammenhang mit der Beschreibung dieses Analyseinstrumentariums eingehend erläutert.

4.2 Arbeitsplatzanalysen

Psychologische Arbeitsanalysen können aufgrund ihres Untersuchungsgegenstandes (Arbeitstätigkeiten und ihre Ausführungsbedingungen) und der Tatsache, daß sie die Ebenen der Ausführbarkeit und Schädigungslosigkeit vernachlässigen, nicht alle Elemente eines Arbeitssystems angemessen berücksichtigen. Während solche Verfahren eine relativ genaue Analyse von Input, Output, Arbeitsablauf und Arbeitsaufgaben bzw. -aufträgen ermöglichen, werden Umgebungseinflüsse oder Betriebsmittel nur insoweit thematisiert, wie aus ihnen psychologisch relevante Wirkungen resultieren (z.B. psychische Belastungen, die aus unangemessenen Klimawerten resultieren).

Um eine umfassende Evaluation rechnerunterstützter Arbeitssysteme sicherzustellen, sind zudem Arbeitsplatzanalysen durchzuführen. Mit ihrer Hilfe werden die (vorwiegend)[161] aufgabenunspezifischen Elemente eines Arbeitssystems

---

160) Volpert, W., a. a. O. 1990, S. 28 - 36; Dunckel, H.; Volpert, W.; Zölch, M.; Kreutner, U.; Pleiss, C.; Hennes, K., a. a. O. 1993, S. 29 - 33 und Dunckel, H., a. a. O. 1996, S. 89 - 104 sowie 125 - 129

161) Die Relativierung ist insofern sinnvoll, als sich z.B. ein Rechnersystem mit entsprechenden Softwareprodukten zur Erfüllung unterschiedlichster Aufgaben (z.B. Textverarbeitung, Softwareentwicklung etc.) einsetzen läßt. Damit handelt es sich um ein aufgabenunspezifisches Arbeitssystemelement. Umgekehrt kann aber ein Rechner mit einem bestimmten Softwaresystem ausschließlich zur Bearbeitung einer einzigen Aufgabe

untersucht.[162] Der Arbeitsplatz als räumlicher Bereich des Arbeitssystems in dem die Arbeitsaufgabe erfüllt wird[163] zeichnet sich insbesondere durch die hier lokalisierten Schnittstellen zwischen Mensch und Technik aus.[164] Insofern ist die Analyse technischer Subsysteme (im weitesten Sinne) und ihrer Schnittstellen zum Menschen ein zentrales Anliegen von Arbeitsplatzanalysen.

Am Arbeitsplatz wirken darüber hinaus Umgebungsfaktoren auf den Menschen ein. Diese stehen in keinem unmittelbaren Zusammenhang mit der Bearbeitung eines konkreten Arbeitsauftrages, dennoch können sie die Arbeitsausführung im positiven wie im negativen Sinne beeinflussen. Generell lassen sich bei den Umgebungseinflüssen physikalisch/chemische (z.B. Lärm, Beleuchtung, Klima, Gefahrstoffe) und soziale (z.B. Arbeitszeit, Entlohnung, Betriebsklima) gegeneinander abgrenzen.[165] Letzte Gruppe ist z.T. Gegenstand psychologischer Arbeitsanalysen. Daher bleiben sie bei Arbeitsplatzanalysen, deren Untersuchungsschwerpunkt die sächlichen Bedingungen des Arbeitsplatzes sind, unberücksichtigt.

4.2.1 Gegenstände von Arbeitsplatzanalysen

Charakterisiert man Arbeitsplatzanalysen nach ihrem Untersuchungsgegenstand, so lassen sich aufgrund obiger Ausführungen folgende drei Untersuchungsschwerpunkte akzentuierend gegeneinander abgrenzen:

- Arbeitsplatzgestaltung,
- Betriebsmittelgestaltung und
- Umgebungseinflüsse.

In den folgenden Abschnitten werden die oben aufgeführten Gegenstandsbereiche kurz umrissen, um die Transparenz des Begriffes Arbeitsplatzanalyse zu erhöhen. Dabei wird auf die Erläuterung einzuhaltender Grenz- oder Normwerte verzichtet, da dies an späterer Stelle, im Zusammenhang mit der Beschreibung eines konkreten Arbeitsplatzanalyseverfahrens, erfolgt. Darüber hinaus werden,

---

genutzt werden, was ihn dann zu einem aufgabenspezifischen Element des Arbeitssystems macht.

162) Vgl. Staehle, W.H., a. a. O. 1994, S. 650

163) Vgl. REFA-Verband für Arbeitsstudien und Betriebsorganisation (Hrsg.), a. a. O. 1991(a), S. 165

164) Vgl. Schmidtke, H.: Arbeitsplatzgestaltung, in: Schmidtke, H. (Hrsg.): Ergonomie, 3. neubearb. und erw. Aufl., München, Wien 1993, S. 502

165) Vgl. Bubb, H., Schmidtke, H.: Systemstruktur, in: Schmidtke, H. (Hrsg.): Ergonomie, 3. neubearb. und erw. Aufl., München, Wien 1993, S. 306

wo es möglich und sinnvoll ist, die Ausführungen auf den Bereich rechnerunterstützter Büroarbeitssysteme fokussiert.

4.2.1.1 Analyse der Arbeitsplatzgestaltung

Das grundsätzliche Ziel der Arbeitsplatzgestaltung liegt nach REFA darin, eine möglichst effiziente und effektive Realisierung wirtschaftlicher Güter bei erträglicher Belastung sowie Beanspruchung des Arbeitenden und unter Wahrung der Arbeitssicherheit zu realisieren.[166)] Demzufolge muß der Arbeitsplatz unter Berücksichtigung anthropometrischer, arbeitsphysiologischer, informationstechnischer, bewegungstechnischer und sicherheitstechnischer Aspekte gestaltet werden. Darüber hinaus sind nach ZÜLCH aber auch Umgebungseinflüsse, bestimmte Arbeitsmittel oder Stellteile in den Gestaltungsprozeß einzubeziehen.[167)] Insofern läßt sich die Arbeitsplatzgestaltung nicht immer eindeutig von der Gestaltung der Betriebsmittel und der Umgebungseinflüsse abgrenzen.

SCHMIDTKE sieht dagegen die Gestaltung der Umgebungseinflüsse nicht als Aufgabe der Arbeitsplatzgestaltung an. Aus seiner Sicht beschränken sich die entsprechenden Aktivitäten auf die sächlichen Bedingungen des Arbeitsplatzes und betreffen die Elemente:

- ❑ Zugang zum Arbeitsplatz,
- ❑ Bewegungsraum,
- ❑ Sehraum,
- ❑ Arbeitstische, Werkbänke, Konsolen sowie
- ❑ Körperunterstützungen.

Unter dem Zugang zum Arbeitsplatz werden Verkehrswege, Türen, Treppen, Rampen und Leitern zusammengefaßt. Für deren Auslegung existieren eine Reihe baurechtlicher und sicherheitstechnischer Vorschriften,[168)] in denen de-

---

166) Vgl. REFA-Verband für Arbeitsstudien und Betriebsorganisation (Hrsg.): Arbeitsgestaltung in der Produktion, Methodenlehre der Betriebsorganisation, München 1991(b), S. 165

167) Vgl. Zülch, G.: Methoden und Hilfsmittel der Arbeitsplatzgestaltung, in: Luczak, H.; Volpert, W. (Hrsg.): Handbuch Arbeitswissenschaft, Stuttgart 1997, S. 852

168) Vgl. hierzu z.B. Verordnung über Arbeitsstätten (Arbeitsstättenverordnung - ArbStättV) vom 20. März 1975, § 9 und 52; VBG - Verwaltungs-Berufsgenossenschaft (Hrsg.): ZH 1/535 - Sicherheitsregeln für Büro-Arbeitsplätze, 3. geänderte Auflage, Januar 1976, Ziffer 5.6 und VBG - Verwaltungs-Berufsgenossenschaft (Hrsg.): VGB 1, Unfallverhütungsvorschrift UVV - Allgemeine Vorschriften, vom 1. April 1977 in der Fassung vom 1. Oktober 1991, § 24 und § 25 oder Deutsches Institut für Normung e. V. (Hrsg.): DIN

tailliert geregelt ist, welche Maße und sonstigen Gestaltungsregeln zu beachten sind.[169]

Der Bewegungsspielraum am Arbeitsplatz muß nach § 24 der Arbeitsstättenverordnung grundsätzlich so gestaltet sein, daß sich der Arbeitende bei der Ausführung seiner Arbeitstätigkeit ungehindert bewegen kann.[170] Als wesentliche Einflußparameter bei der Festlegung des funktionellen Bewegungsspielraumes nennt SCHMIDTKE die Notwendigkeit, größere Körperkräfte aufzubringen und Betriebsmittel am Arbeitsplatz zu benutzen oder zu warten. In beiden Fällen sind die Flächen in Abhängigkeit von den erforderlichen Körperhaltungen und den anthropometrischen Maßen der (potentiellen) Arbeitsplatzinhaber zu gestalten. Von besonderer Bedeutung bei der Gestaltung des Bewegungspielraumes ist der Greifraum. Dieser ist letztlich dafür maßgeblich, wo am Arbeitsplatz z.B. Bedienelemente, Vorrichtungen, Materialbehälter etc. anzuordnen sind.[171] Bei der Flächengestaltung für Büroarbeit liefert die DIN 4543 weitergehende Informationen über die Gestaltung, Zuordnung und Eingliederung des Arbeitsplatzes in den Arbeitsraum.[172] Diese Norm schreibt keine festen Quadratmeterwerte für die Planung der Raumgrößen vor. Vielmehr werden über einen modularen Ansatz die erforderlichen Arbeitsflächen, Stellflächen, Möbelfunktionsflächen etc. erfaßt und aus diesen Werten die notwendige Raumgröße ermittelt.[173]

Die Gestaltung des Sehraumes soll sicherstellen, daß die physiologische Belastung des Arbeitenden bei der Aufnahme visueller Informationen minimiert wird. Hierzu sind zum einen häufig bzw. ständig zu überwachende Anzeigen, Bildschirme aber auch sonstige Arbeitsmittel so anzuordnen, daß der Blickwinkel möglichst dem des ruhenden Auges entspricht. Zum anderen sind die häufig benötigten Objekte im zentralen Gesichtsfeld und die weniger häufig benötigten im Blick- oder Umblickgesichtsfeld zu plazieren. Nur wenn diese Gestaltungs-

---

277, Teil 2, Grundfläche und Rauminhalte von Bauwerken im Hochbau; Gliederung der Nutzflächen, Funktionsflächen und Verkehrsflächen (Netto-Grundfläche), Berlin 1987

169) Vgl. Schmidtke, H., a. a. O. 1993, S. 503 - 505

170) Vgl. Verordnung über Arbeitsstätten (Arbeitsstättenverordnung - ArbStättV) vom 20. März 1975, § 24

171) Vgl. Schmidtke, H., a. a. O. 1993, S. 505 - 507

172) Vgl. hierzu Deutsches Institut für Normung e. V. (Hrsg.): DIN 4543, Teil 1, Büroarbeitsplätze, Flächen für die Aufstellung und Benutzung von Büromöbeln, Sicherheitstechnische Anforderungen, Prüfung, Berlin 1994

173) Vgl. Fischer, M.: Verkehrsflächen und Flächen in Arbeitsräumen, in: Luczak, H., Volpert, W. (Hrsg.): Handbuch Arbeitswissenschaft, Stuttgart 1997, S. 874 - 876

regeln beachtet werden, lassen sich längerfristig Zwangshaltungen und die daraus resultierenden körperlichen Beeinträchtigungen vermeiden.[174]

Arbeitstische und Werkbänke sind solche Arbeitsmittel, an denen in stehender oder sitzender Haltung die Arbeitstätigkeit ausgeführt wird. Bei Konsolen und Steuerpulten handelt es sich um tischähnliche Betriebsmittel, die neben der Arbeitsplatte Stellteile, Sicht- und Anzeigegeräte umfassen. Beide Gruppen von Arbeitsmitteln sind so zu gestalten, daß ein sicheres Ausführen der Arbeit gewährleistet ist, die Höhe der Arbeitsfläche ein belastungsarmes Arbeiten im Sitzen oder Stehen ermöglicht und darüber hinaus ausreichende Bewegungsmöglichkeiten im Beinraum bestehen. Zusätzlich ist bei Konsolen bzw. Steuerpulten darauf zu achten, daß eingebaute Geräte und Stellteile so positioniert sind, daß sie sich entsprechend der Gestaltungsregeln für den Seh- und Greifraum einfach überwachen bzw. bedienen lassen. Bei Bildschirmarbeitsplätzen sind neben dem Arbeitstisch Beleghalter, Bildschirm und Tastatur bei den Gestaltungsmaßnahmen zu berücksichtigen. Je nachdem ob der Arbeitsplatz vorwiegend der Datenerfassung, -ausgabe oder dem Dialog zwischen Mensch und Rechner dient, sind diese Gegenstände an unterschiedlichen Stellen zu positionieren.[175]

Körperunterstützungen umfassen alle Arten von Sitzen, Arm- sowie Fußstützen. Mit ihrer Hilfe sollen arbeitsunabhängige Belastungen, insbesondere Belastungen der Skelettmuskulatur, eliminiert werden. Der Einsatz von Sitzen und der damit verbundene Wechsel von Steh- zu Sitzarbeitsplätzen zielt darauf ab, die Beine sowie den Kreislauf zu entlasten und dadurch z.B. Gefäßerkrankungen vorzubeugen. Da Arbeitssitze im Gegensatz zu Ruhesitzen dem Arbeitenden Zwangshaltungen abverlangen, können die erhofften Effekte aber nur dann eintreten, wenn Rückenlehne, Sitzfläche, Sitzhöhe etc. so auf die Anforderungen der Arbeitstätigkeit und die Person des Arbeitenden abgestimmt sind, daß eine wirkungsvolle Entlastung erzielt wird. Der Einsatz von Armstützen ist dann sinnvoll, wenn beispielsweise feinmotorische Präszisionsarbeiten, Arbeiten in dynamischen Systemen oder Aufgaben in besonderen Sitzhaltungen auszuführen sind. Fußstützen sind bei richtiger Auslegung ein geeignetes Mittel, um auch kleineren Menschen eine physiologische richtige Sitzhaltung an nicht höhenverstellbaren Arbeitsplatten zu ermöglichen.[176]

---

174) Vgl. Schmidtke, H., a. a. O. 1993, S. 507 - 509

175) Vgl. Schmidtke, H., a. a. O. 1993, S. 509 - 515

176) Vgl. Schmidtke, H., a. a. O. 1993, S. 515 - 520

4.2.1.2 Analyse der Betriebsmittelgestaltung

Unter Betriebsmitteln[177)] lassen sich alle beweglichen und unbeweglichen technischen Einrichtungen zusammenfassen, die zur Erfüllung des Arbeitsauftrages erforderlich sind.[178)] Die Auswahl und Gestaltung dieser Hilfsmittel wird im wesentlichen durch das zu unterstützende Fertigungsverfahren determiniert, das seinerseits stark von den Eigenschaften des zu produzierenden Produktes abhängt.[179)] In dieser Interdependenz schlagen sich damit die z.T voneinander unabhängigen Ansätze der technologischen und technischen Arbeitsgestaltung nieder.[180)]

Da Betriebsmittel direkt an der Schnittstelle zwischen Mensch und Technik angesiedelt sind, müssen diese nicht nur hinsichtlich technischer und wirtschaftlicher, sondern insbesondere auch bezüglich humaner Gesichtspunkte gestaltet werden.[181)] Letztendlich hängt die Auswahl und Gestaltung von folgenden Faktoren ab:[182)]

- Prozeßbedingungen (Branche, Organisationsprinzip, Arbeitsablauf),
- Erfordernisse der auszuführenden Aufgabe,
- Wirtschaftlichkeitsaspekte und
- arbeitswissenschaftliche Kriterien.

Die Analyse und Bewertung von Betriebsmitteln bei der Durchführung von Arbeitsplatzanalysen muß besonders auf die Frage der menschengerechten Gestaltung technischer Systeme konzentrieren. Vor dem Hintergrund des Bewertungsmodelles von HACKER betreffen solche Untersuchungen vor allem die Ebenen der Ausführbarkeit und Schädigungslosigkeit. Die Frage, inwieweit technische Systeme einen Beitrag zur Persönlichkeitsförderlichkeit leisten oder zu Beeinträchtigungen des Arbeitenden führen, wird primär im Zusammenhang mit psychologischen Arbeitsanalysen beantwortet.

---

177) Arbeitsmittel, z.B. Werkzeuge, Maschinen, technische Anlagen, Geräte etc. sind dadurch gekennzeichnet, daß sie direkt auf das Arbeitsobjekt einwirken, und sie bilden eine Untermenge der Betriebsmittel.
Vgl. Kirchner, J.-H., a. a. O. 1997, S. 607

178) Vgl. Schmidtke, H.; Rühmann, H.: Betriebsmittelgestaltung, in: Schmidtke, H. (Hrsg.): Ergonomie, 3. neubearb. und erw. Aufl., München, Wien 1993, S. 521

179) Vgl. Luczak, H., a. a. O. 1993, S. 402

180) Vgl. hierzu Müller, T.: Technologische und technische Arbeitsgestaltung, in: Luczak, H.; Volpert, W. (Hrsg.):Handbuch Arbeitswissenschaft, Stuttgart 1997, S. 579 - 583

181) Vgl. Schmidtke, H.; Rühmann, H., a. a. O. 1993, S. 521

182) Vgl. Schmidtke, H.; Rühmann, H., a. a. O. 1993, S. 521

Bislang existiert noch keine allgemein anerkannte Systematik zur ergonomischen Gestaltung von Betriebsmitteln. Jedoch lassen sich folgende wesentliche Anforderungsbereiche identifizieren, wenn es darum geht, solche Systeme an die psychophysischen Anforderungen des Menschen anzupassen.[183] Im einzelnen sind dies:

- **Anthropometrische Anforderungen der Benutzer**
  Ein Betriebsmittel kann nur dann den vollen Nutzen erbringen, wenn seine geometrischen Abmessungen in einem angemessenen Verhältnis zu den Körpermaßen des Benutzers stehen. Dementsprechend müssen z.B. Stell- und Handhabungsteile so angebracht sein, daß der Benutzer sie erreichen kann, ohne dabei physiologisch ungünstige Körperhaltungen einnehmen zu müssen.[184]

- **Physische Leistungsfähigkeit der Benutzer**
  Neben der Berücksichtigung anthropometrischer Anforderungen bei der Gestaltung von Betriebsmitteln, Stellteilen oder sonstigen Arbeitshilfen müssen diese auch so beschaffen sein, daß der Benutzer sie ohne physische Überforderung bedienen kann. Ziel der physiologischen Betriebsmittelgestaltung ist, durch geeignete Maßnahmen die statische und dynamische Belastung der Muskulatur des Arbeitenden zu reduzieren, aber auch die belastenden Wirkungen von Umgebungseinflüssen (z.B. Lärm) sowie unspezifische physiologische Streßreaktionen zu minimieren.[185]

- **Mentale Kapazitäten der Benutzer**
  Neben den physiologischen Restriktionen sind bei der Gestaltung von Betriebsmitteln auch die Grenzen der Benutzer bezüglich der Aufnahme und Verarbeitung von Informationen zu beachten. Bei der Betriebsmittelauslegung betrifft dies in erster Linie die Gruppierung und Codierung optischer sowie akustischer Signale. Wesentliche Gestaltungsparameter der über Anzeigen oder Sichtmittel vermittelten optischen Informationen sind z.B. Sehwinkel, Leuchtdichte, Farbkontrast, Licht-Schatten-Verteilung, Sehwinkelgeschwindigkeit, Farb- und Oberflächengestaltung sowie Blendungs- und Spiegelungseffekte.[186] Akustische Signale dienen in erster Linie dazu, kritische Systemzustände zu kennzeichnen und müssen so ausgelegt sein, daß sie z.B.

---

183) Vgl. Schmidtke, H.; Rühmann, H., a. a. O. 1993, S. 521

184) Vgl. Schmidtke, H.; Rühmann, H., a. a. O. 1993, S. 522 - 523

185) Vgl. Schmidtke, H.; Rühmann, H., a. a. O. 1993, S. 523 - 524

186) Vgl. Schmidtke, H.; Rühmann, H., a. a. O. 1993, S. 533 - 534

vor dem Hintergrund allgemeiner Betriebsgeräusche deutlich wahrnehmbar sind.[187)]

- **Sicherheitstechnische Erfordernisse**
  Die sicherheitstechnische Gestaltung von Betriebsmitteln ist originäres Aufgabengebiet der Sicherheitstechnik. Entsprechende Gestaltungsmaßnahmen sollen sicherstellen, daß Gesundheitsschäden des Benutzers und anderer Personen durch unsachgemäße Bedienung (z.B. aufgrund der Fehlinterpretation von Anzeigewerten) oder durch Schäden am Betriebsmittel verhindert werden.[188)]

Die zentralen Betriebsmittel in rechnerunterstützten Büro-Arbeitssystemen sind EDV-Systeme,[189)] deren wesentliche Gestaltungsparameter hier nur kurz andiskutiert werden können. EDV-Systeme lassen sich zunächst in Hardware- und Softwarekomponenten unterteilen, wobei der Software, aufgrund des zunehmenden Preisverfalls im Hardwarebereich, eine zunehmende Bedeutung zukommt.[190)]

Die ergonomische Hardwaregestaltung bezieht sich in den einschlägigen Analyse- bzw. Gestaltungsverfahren vor allem auf den Monitor, die Tastatur, den Beleg und den Beleghalter.[191)] Von besonderer Bedeutung ist in diesem Zusammenhang der Monitor, dessen ergonomische Qualität sich letztlich in der Wahrnehmbarkeit der dargestellten Informationen niederschlägt. Kriterien, die die Monitordarstellungen unmittelbar beeinflussen, sind Leuchtdichte, Bildschirmkontrast und Flimmerfrequenz, aber auch Blendungen und Bildschirmreflexionen haben entscheidenden Einfluß darauf, wie gut der Benutzer Bildschirminformationen erfassen kann. Entsprechende Gestaltungsempfehlungen sind in zahlreichen Normen und Regelwerken[192)] enthalten. Wird ein Monitor

---

187) Vgl. Schmidtke, H.; Rühmann, H., a. a. O. 1993, S. 539 - 540

188) Vgl. Schmidtke, H.; Rühmann, H., a. a. O. 1993, S. 550 - 552

189) Vgl. Lackes, R.: Die Berücksichtigung softwareergonomischer Aspekte in EDV-Arbeitssystemen, in: Zeitschrift für Arbeitswissenschaft, 45. Jg. (1991), Heft 3, S. 135

190) Vgl. Zeidler, A.; Zellner, R., a. a. O. 1994, S. 13

191) Vgl. z.B. Hacker, W.; Raum, H.; Rentzsch, M.; Völker, K.: Bildschirmarbeit - arbeitswissenschaftliche Empfehlungen, Berlin 1987, S. 93 -103; Baitsch, C.; Katz, C.; Spinas, P.; Ulich, E.: Computerunterstützte Büroarbeit, Ein Leitfaden für Organisation und Gestaltung, Zürich 1989, S. 115 - 119; Köchling, A., a. a. O. 1990, S. 98 - 105; Wieland-Eckelmann, R.; Baggen, R.; Schmitz, U.; Schwarz, R.: Systemergonomische Beanspruchungs- und Arbeitsanalyse (SEBA), Berlin 1994, S. 20 - 30

192) Vgl. hierzu. Deutsches Institut für Normung e. V. (Hrsg.): DIN ISO 9241 Teil 3, Bildschirmgeräte für Bürotätigkeiten, Anforderungen an visuelle Anzeigen, Entwurf, Berlin 1989; Deutsches Institut für Normung e. V. (Hrsg.): DIN 66234 Teil 2, Bildschirmar-

als isoliertes Element betrachtet (z.B. im Rahmen von Laboruntersuchungen), sollte sich die Überprüfung der ergonomischen Güte mindestens auf den Kontrast und die Flimmerfrequenz erstrecken.[193] In realen Arbeitssystemen greift dieser Ansatz jedoch zu kurz, da Reflexionen und Blendungen, die in unmittelbarem Zusammenhang mit der Arbeitsplatzgestaltung stehen, nicht berücksichtigt werden. Untersuchungen zu den Auswirkungen des Bildschirmkontrastes[194] oder zur Reflexbildung[195] zeigen, daß unzureichend gestaltete Monitore ein erhebliches Belastungspotential für den EDV-Benutzer darstellen. Ebenso wie bei den Monitoren sind Gestaltungsempfehlungen für die Tastatur - dem nach wie vor wichtigsten Eingabemedium - in zahlreichen Normen enthalten.[196] Obwohl traditionelle Tastaturen Zwangshaltungen der Arme sowie Hände bedingen und dadurch die Gesundheit beeinträchtigen können,[197] sind ergonomisch optimierte Geräte an Büroarbeitsplätzen nach wie vor eher die Ausnahme. Dabei ließ sich auch hier nachweisen, daß die ergonomische Gestal-

---

beitsplätze, Wahrnehmbarkeit von Zeichen auf Bildschirmen, Berlin 1983; Vgl. VBG - Verwaltungs-Berufsgenossenschaft (Hrsg.): ZH 1/618 - Sicherheitsregeln für Bildschirm-Arbeitsplätze im Bürobereich, Oktober 1980, Ziffer 4.1

193) Vgl. Bauer, H.-D.: Bildschirme - Qualitätsanforderungen nach ergonomisch-physiologischen Kriterien, in: Luczak, H., Volpert, W. (Hrsg.):Handbuch Arbeitswissenschaft, Stuttgart 1997, S. 537

194) Vgl. Pfister, E; Lindner, H.; Ferl, T.: Optimierung des Bildschirmkontrastes - Reduktion der psychophysiologischen Beanspruchung, in: Zeitschrift für Arbeitswissenschaft, 50. Jg. (1996), Heft 3, S. 159

195) Vgl. Menozzi, M.; Krueger, H.: Reflexionen am Bildschirm - Beurteilung der Oberflächeneigenschaften, in: Zeitschrift für Arbeitswissenschaft, 44. Jg. (1990), Heft 4, S. 240 - 241

196) Vgl. hierzu. Deutsches Institut für Normung e. V. (Hrsg.): DIN 2136: Büro- und Datentechnik, Alphanumerische Tastaturen, Tastenpositionsbezeichnung, Tastenbenennungssystem, Berlin 1988; Deutsches Institut für Normung e. V. (Hrsg.): DIN 2137, Teil 2: Büro- und Datentechnik, Alphanumerische Tastaturen, Deutsche Tastatur für Text- und Datenverarbeitung, Belegung mit Schriftzeichen, Berlin 1988; Deutsches Institut für Normung e. V. (Hrsg.): DIN 2137, Teil 6: Büro- und Datentechnik, Alphanumerische Tastaturen, Deutsche Tastatur für Text- und Datenverarbeitung, Belegung mit Funktionen, Berlin 1988; Deutsches Institut für Normung e. V. (Hrsg.): DIN 2137, Teil 7: Büro- und Datentechnik, Alphanumerische Tastaturen, Deutsche Tastatur für Text- und Datenverarbeitung, Tastenanordnung und Maße, Berlin 1988; Deutsches Institut für Normung e. V. (Hrsg.): DIN 2148: Büro- und Datentechnik, Tastaturen, Begriffe und Einteilung, Berlin 1982; Vgl. VBG - Verwaltungs-Berufsgenossenschaft (Hrsg.): ZH 1/618, a. a. O. 1980, Ziffer 4.3

197) Vgl. Hertting-Thomas, R.: Tastaturen, in: Luczak, H.; Volpert, W. (Hrsg.): Handbuch Arbeitswissenschaft, Stuttgart 1997, S. 565

tung nicht nur Humanisierungszielen dient, sondern ebenso positive Effekte auf die Leistungsfähigkeit und die Qualität der Arbeitsergebnisse hat.[198)]

Wie gut der EDV-Benutzer ein EDV-System bei der Arbeitsausführung nutzen kann, hängt vor allem von der Qualität der zur Verfügung stehenden Software ab. Faßt man unter dem Begriff „Software" die Gesamtheit aller auf einem Rechner zur Verfügung stehenden Programme zusammen, so ist aus arbeitswissenschaftlicher Sicht die Anwendungssoftware, die der Benutzer bei der Bearbeitung seiner Aufgaben einsetzt, von besonderer Bedeutung. Betriebssysteme oder Netzwerksoftware, die keinen Einfluß auf die Bedienung der Anwendungssoftware haben oder deren Laufzeitverhalten nicht beeinflussen, sind von untergeordneter Bedeutung.[199)] Folglich ist es gerechtfertigt, den Schwerpunkt der Analyse und Bewertung von Software auf die Anwendungssoftware zu legen und z.B. Betriebssysteme oder Oberflächenprogramme zu vernachlässigen.

Die auszuführenden Tätigkeiten in rechnerunterstützten Büroarbeitssystemen reichen von einfachen Datenerfassungs- bzw. -eingabetätigkeiten bis hin zu anspruchsvollen Programmiertätigkeiten. Daher muß das Spektrum der verwendeten Softwareprodukte einen weiten Bereich abdecken.[200)] So reichen die Anwendungsbeispiele im Bürobereich von Management-Informationssystemen über Textverarbeitungs-, Grafik-, Tabellenkalkulations- und Datenbanksoftware bis hin zu Softwareprodukten für Electronic Mail und Telekonferenzen.[201)] Während die Analyse, Bewertung und Gestaltung der Hardware insbesondere deren Anpassung an die physiologischen Potentiale und Grenzen des Benutzers betrifft, bezieht sich die Evaluation und Gestaltung der Software vor allem auf die mentalen und kognitiven Ressourcen des Benutzers, aber auch auf dessen Gewohnheiten bzw. Verhaltensweisen.[202)] Vor diesem Hintergrund wird verständlich, warum die weiter unten vorgestellten Kriterien zur Softwareevaluation auf einem hohen Abstraktionsniveau angesiedelt sind und nicht denselben Konkretisierungsgrad aufweisen wie Kriterien zur Gestaltung der Hardware.

Die obigen Ausführungen zeigen auch, daß die Evaluation von Softwareprodukten auf mehreren Ebenen erfolgen muß. Zum einen ist zu klären, ob vor dem Hintergrund der zu bearbeitenden Aufgaben die erforderlichen, korrekt funk-

---

198) Vgl. Müller, K.-W.: Veränderung der Schreibleistung bei der Umstellung auf eine variable ergonomische Tastatur, in: Zeitschrift für Arbeitswissenschaft, 50. Jg. (1996), Heft 4, S. 241 - 243

199) Vgl. Hacker, W.; Raum, H.; Rentzsch, M.; Völker, K., a. a. O. 1987, S. 115

200) Vgl. Lackes, R., a. a. O. 1991, S. 135

201) Vgl. Frese, E.; von Werder, A., a. a. O. 1992, Sp. 376

202) Vgl. Schwarthmann, F.: Software-Ergonomie: Schlagwort oder Realität?, in: Office Management, o. Jg. (1983), Heft 5, S. 416

tionierenden Systemfunktionen zur Verfügung stehen, zum anderen muß die Untersuchung zeigen, ob die Systemfunktionen dem Benutzer in angemessener Weise zugänglich sind.[203] Darüber hinaus sind beispielsweise die Mensch-Rechner-Funktionsverteilung[204] oder die Erschließung von Handlungsspielräumen[205] Aspekte, die auch von den Eigenschaften der Software abhängen und insofern bei deren Analyse und Bewertung zu berücksichtigen sind. In weit stärkerem Maße hängen sie jedoch von der Art der Aufgabengestaltung ab.[206] Daraus ergibt sich, daß an dieser Stelle ein fließender Übergang zwischen Betriebsmittel- und Aufgabenanalyse vorliegt, was sich z.B. im aufgabenorientierten Ansatz der Softwareevaluation im Rahmen des Leitfadens EVADIS II[207] oder im Konzept der kontrastiven Analyse des Verhältnisses zwischen Mensch und Rechner, das im Verfahren der Kontrastiven Aufgabenanalyse realisiert ist, niederschlägt.[208]

Unter dem Kriterium der Benutzungsfreundlichkeit oder Benutzbarkeit wird subsummiert, wie gut die Funktionalität eines Softwareproduktes auf die zu bearbeitende Aufgabe abgestimmt ist und wie einfach sich der Umgang mit dem System für den Benutzer gestaltet.[209] Die Norm DIN EN 29241, Teil 10,[210] die als Ersatz für die DIN 66234, Teil 8,[211] vorgesehen ist, enthält Kriterien und mögliche Beispiele, die bei der Gestaltung sowie Analyse und Bewertung des Mensch-Rechner-Dialoges zu beachten sind. Ein Dialogsystem muß im Sinne dieser Norm so gestaltet sein, daß:[212]

---

203) Vgl. Oppermann, R.; Murchner, B.; Reiterer, H.; Koch, M., a. a. O 1992, S. 2

204) Vgl. Volpert, W., a. a. O. 1987(b), S. 148; Dunckel, H., a. a. O 1996, S. 89

205) Vgl. Oberquelle, H.: Prävention in der Software-Entwicklung durch Gestaltung von (Spiel-) Räumen, in Zeitschrift für Arbeitswissenschaft, 47. Jg. (1993), Heft 3, S. 169

206) Vgl. Ulich, E.: Von der Benutzungsoberfläche zur Arbeitsgestaltung, in: Rödiger, K.-H. (Hrsg.): Software-Ergonomie `93, Von der Benutzungsoberfläche zur Arbeitsgestaltung, S. 23 - 24

207) Vgl. hierzu Oppermann, R.; Murchner, B.; Reiterer, H.; Koch, M., a. a. O. 1992

208) Vgl. hierzu Dunckel, H.; Volpert, W.; Zölch, M.; Kreutner, U.; Pleiss, C.; Hennes, K., a. a. O. 1993

209) Vgl. Hacker, W.; Raum, H.; Rentzsch, M.; Völker, K., a. a. O. 1987, S. 116 - 117; Oppermann, R.; Murchner, B.; Reiterer, H.; Koch, M., a. a. O. 1992, S. 3

210) Vgl. Deutsches Institut für Normung e. V. (Hrsg.): DIN EN 29241, Teil 10, Ergonomische Anforderungen für Bürotätigkeiten mit Bildschirmgeräten, Grundsätze der Dialoggestaltung, Entwurf, Berlin 1994

211) Vgl. hierzu Deutsches Institut für Normung e. V. (Hrsg.): DIN 66234, Teil 8, a. a. O. 1988

212) Vgl. Deutsches Institut für Normung e. V. (Hrsg.): DIN EN 29241, Teil 10, a. a. O., 1994, Ziffer 3.1 - 3.7

- es den Benutzer bei der Ausführung seiner Aufgabe effektiv und effizient unterstützt (Aufgabenangemessenheit);
- jeder einzelne Dialogschritt durch Rückmeldungen oder Erklärungen des Systems für den Benutzer verständlich ist (Selbstbeschreibungsfähigkeit);
- der Benutzer die Möglichkeit hat, den gesamten Dialogablauf bis zum Erreichen des angestrebten Zieles zu beeinflussen (Steuerbarkeit);
- der Dialogablauf den Kenntnissen und Erfahrungen des Benutzers aus bisherigen Arbeitsabläufen oder allgemeinen Übereinkünften entspricht (Erwartungskonformität);
- trotz erkennbar fehlerhafter Eingaben seitens des Benutzers das angestrebte Arbeitsergebnis ohne oder mit minimalem Korrekturaufwand erzielt werden kann (Fehlerrobustheit);
- der Benutzer den Dialog bei einer gegebenen Aufgabe an seine individuellen Bedürfnisse und Fähigkeiten anpassen kann (Individualisierbarkeit);
- es dem Benutzer während des Erlernens der Softwarebenutzung Unterstützung und Anleitung gibt (Lernförderlichkeit).

4.2.1.3 Analyse der Umgebungseinflüsse

Die Arbeitsumgebung im eingangs definierten Sinne läßt sich im wesentlichen durch die Umweltbedingungen Beleuchtung, Lärm, Klima, Schadstoffe, Strahlung und mechanische Schwingungen charakterisieren. Ihre Parameter ergeben sich hauptsächlich aus der Freisetzung mechanischer bzw. chemischer Energien durch Arbeitsmittel, Arbeitsverfahren oder atmosphärischer Bedingungen. Unangemessene Arbeitsumgebungsbedingungen können vielfältige Auswirkungen auf den Menschen haben. Je nach Expositionsdauer und -intensität reichen diese von Leistungs- und Befindensbeeinträchtigungen bis hin zu massiven Gesundheitsschäden (z.B. Lärmschwerhörigkeit).[213)]

Aufgrund der spezifischen Bedingungen im Bürobereich besitzen dort nicht alle Umgebungsfaktoren dieselbe Relevanz. So werden mechanische Schwingungen, Schadstoffe oder ionisierende Strahlungen[214)] in Gestaltungsleitfäden[215)] und Arbeitsplatzanalyseverfahren[216)] für den Bürobereich nicht thematisiert, da sie dort als Belastungsquellen von untergeordneter Bedeutung sind. Aus diesem Grund beschränken sich die folgenden Ausführung auf die Umgebungsfaktoren

---

213) Vgl. Rentzsch, M.: Gestaltung der Arbeitsumgebung, in: Luczak, H.; Volpert, W. (Hrsg.): Handbuch Arbeitswissenschaft, Stuttgart 1997, S. 877 - 878

214) Eine Ausnahme bilden ionisierende Strahlungen, die durch Bildschirme erzeugt werden.

215) Vgl. hierzu Baitsch, C.; Katz, C.; Spinas, P.; Ulich, E., a. a. O. 1989

216) Vgl. hierzu Köchling, A., a. a. O. 1990

Beleuchtung, Lärm und Klima und ihre Auswirkungen auf den arbeitenden Menschen.[217]

Insbesondere im Bürobereich ist das Auge das mit am meisten beanspruchte Organ des Menschen, da 80-90% aller Informationen über visuelle Kanäle wahrgenommen werden. Da gutes Sehen unmittelbar von den Lichtverhältnissen abhängt, kommt der richtigen Beleuchtung des Arbeitsplatzes eine besondere belastungsminimierende Bedeutung zu.[218] Die in zahlreichen Regelwerken enthaltenen Gestaltungsmaßnahmen beziehen sich in erster Linie auf künstliche Lichtquellen. Da aber fensterlose Arbeitsräume i.d.R. nur für den kurzzeitigen Aufenthalt zugelassen sind, müssen bei der Beleuchtung des Arbeitsplatzes Tageslicht und künstliche Beleuchtung aufeinander abgestimmt werden.[219]

Bei der Planung der Arbeitsstättenbeleuchtung ist die wichtigste zu berücksichtigende Kenngröße die Beleuchtungsstärke. Sie charakterisiert den Anteil des Lichtstromes, der auf einen m^2 einer Empfängerfläche fällt. Die Leuchtdichte gibt hingegen an, wie groß der Lichtstrom ist, den ein m^2 einer leuchtenden Fläche in eine bestimmte Richtung des Raumes abstrahlt. Neben diesen beiden Dimensionen sind die Lichtfarbe und die Reflexionsgrade der im Arbeitsraum vorhandenen Oberflächen weitere Aspekte, die Einfluß auf die Beleuchtungsgestaltung haben.[220] Die Auslegung der Arbeitsplatzbeleuchtung orientiert sich einerseits an diesen physikalischen Kenngrößen, andererseits muß sie auch die Art der auszuführenden Tätigkeiten berücksichtigen. DIN 5035, Teil 2, enthält umfangreiche Vorgaben bezüglich der für bestimmte Tätigkeitsarten einzuhaltenden Beleuchtungskennwerte.[221]

Die primäre Aufgabe der Beleuchtung liegt darin, vorhandene Kontraste, Farbunterschiede und Konturen gut sichtbar zu machen.[222] Um dies zu erreichen, muß das zu betrachtende Detail einen Mindestkontrast bzgl. Helligkeit oder Farbgestaltung gegenüber seiner unmittelbaren Umgebung aufweisen und darf eine bestimmte Größe nicht unterschreiten. Darüber hinaus muß der Betrach-

---

217) Vgl. REFA-Verband für Arbeitsstudien und Betriebsorganisation (Hrsg.): Arbeitsgestaltung im Bürobereich, Methodenlehre der Betriebsorganisation, München 1991(c), S. 170

218) Vgl. Bokranz, R.; Landau, K., a. a. O., S. 74

219) Vgl. Hartmann, E.: Beleuchtung, in: Schmidtke, H. (Hrsg.): Ergonomie, 3. neubearb. und erw. Aufl., München, Wien 1993, S. 191

220) Vgl. Çakir, A.: Beleuchtung und Farbe, in: Luczak, H.; Volpert, W. (Hrsg.): Handbuch Arbeitswissenschaft, Stuttgart 1997, S. 500

221) Vgl. hierzu Deutsches Institut für Normung e. V. (Hrsg.): DIN 5035-2, Teil 2, Angewandte Lichttechnik, Entwurf, Berlin 1996

222) Vgl. Hartmann, E., a. a. O., S. 208

tungsgegenstand und/oder seine Umgebung eine bestimmte Mindestleuchtdichte besitzen, um ihn mühelos erkennen zu können. Diese drei Faktoren sind voneinander abhängig und bestimmen die Wahrnehmbarkeit eines Gegenstandes. So muß z.B. bei konstanter Leuchtdichte der Kontrast zwischen dem betrachteten Objekt und seiner Umgebung erhöht werden, wenn bei einer Verkleinerung des Objektes dieses genauso gut wahrgenommen werden soll wie ein größeres.[223)] Werden diese Restriktionen bei der Gestaltung der Arbeitsplatzbeleuchtung nicht beachtet oder wird das Sehen durch Blendungen bzw. Reflexbildungen (z.B. auf Monitoren) erschwert, kann dies zu Beeinträchtigungen der Leistungsfähigkeit, Ermüdungen und asthenopischen Beschwerden bei der arbeitenden Person führen. Letztere äußern sich z.B. in Druckgefühl in den Augen, Brennen der Augenlider, Verschwimmen des wahrgenommenen Bildes, Kopfschmerzen, Akkommodationsproblemen, Schwindel oder sogar in Migräneanfällen.[224)]

Lärm ist als negativ empfundener Schall definiert. Der Schall bildet daher die physikalische Basis für die Analyse und Bewertung von Lärm. Die wichtigsten Kenngrößen des Schalles sind der Schalldruck, die Frequenz, die rms-Mittelwerte und der Schallpegel.[225)] Zur Beurteilung der Lärmbelastungen des Menschen werden die Belastungshöhe und die Belastungsdauer herangezogen. Die Belastungshöhe ergibt sich aus der Frequenz und dem Schalldruck, die Belastungsdauer aus der Einwirkungszeit des Schalles sowie aus dessen zeitlichen Verlaufscharakteristika. Aufgrund der sinnesphysiologischen Eigenschaften des menschlichen Gehörorgans hängt die empfundene Lautstärke nicht nur vom Schalldruck, sondern auch von der Frequenz ab. Daher wird zur Kennzeichnung der empfundenen Lautstärke der bewertete Schalldruckpegel verwendet. Es handelt sich dabei um ein genormtes Maß, das Abhängigkeiten des Lautstärkeempfindens von Frequenz und Schalldruck berücksichtigt.[226)]

Lärm am Arbeitsplatz muß vor allem hinsichtlich seiner gesundheitsgefährdenden Wirkungen analysiert und bewertet werden. Hierzu existieren zahlreiche Arbeitsschutzvorschriften, die detaillierte Vorgaben bzgl. einzuhaltender Grenzwerte oder sonstiger Schutzmaßnahmen enthalten.[227)] Die gesundheitsgefährdenden Wirkungen von Lärm haben eine physiologische und eine psychische Dimension. Die physiologischen Wirkungen beziehen sich auf das

---

223) Vgl. Hartmann, E., a. a. O., S. 200 - 201

224) Vgl. Hartmann, E., a. a. O., S. 207

225) Vgl. Schaefer, P.: Lärm, in: Schmidtke, H. (Hrsg.): Ergonomie, 3. neubearb. und erw. Aufl., München, Wien 1993, S. 212 - 215

226) Vgl. Bokranz, R.; Landau, K., a. a. O., S. 80 - 83

227) Vgl. Christ, E.: Schall, in: Luczak, H.; Volpert, W. (Hrsg.): Handbuch Arbeitswissenschaft, Stuttgart 1997, S. 507

menschliche Gehörorgan als akustischen Sensor, die psychischen auf Beeinträchtigungen des Wohlbefindens. Die wichtigste physiologische Wirkung von Lärm ist die Lärmschwerhörigkeit. Es handelt sich hierbei um eine irreversible Schädigung des menschlichen Hörapparates, die auf eine akustische Überlastung des Gehörs zurückzuführen ist. Sie äußert sich zunächst durch einen Rückgang des Hörvermögens im Bereich um 4000 Hz - der Bereich in dem das Ohr seine maximale Empfindlichkeit besitzt. Beim weiteren Fortschreiten der Erkrankung wird der Gehörsinn derart geschädigt, daß sich der Gehörverlust auf alle Frequenzbereiche ausdehnt und die Hörempfindlichkeit immer weiter zurückgeht. Psychische Lärmwirkungen hängen im wesentlichen von der Amplitude und der Frequenz des Schalles ab. Sie beziehen sich letztlich darauf, ob Schall (z.B. Musik) subjektiv angenehme oder unangenehme Eindrücke beim Menschen erzeugt.[228)]

Die Analyse und Bewertung der Schallsituation am Arbeitsplatz soll darüber Aufschluß geben, ob bestimmte Lärm-Grenzwerte eingehalten sind. Hierzu werden die drei Grenzwertarten Gesundheits-, Leistungs- und Komfortgrenzen herangezogen. Die Einhaltung der Gesundheitsgrenzwerte soll vor allem die Lärmschwerhörigkeit beim Menschen verhindern. Zur Kennzeichnung der hierfür kritischen Kenngröße „Lärmintensität" dienen der Beurteilungspegel aber auch die Spitzenwerte des unbewerteten Schalldruckverlaufes.[229)] In §15 der Arbeitsstättenverordnung,[230)] in der VDI-Norm VDI 2058, Blatt 2[231)] und in der Unfallverhütungsvorschrift „Lärm"[232)] sind die einzuhaltenden Grenzwerte dokumentiert. Darüber hinaus enthalten diese Regelwerke Vorgaben über umzusetzende Maßnahmen, wenn am Arbeitsplatz bestimmte Lärmgrenzwerte überschritten werden. Leistungsgrenzwerte sollen sicherstellen, daß die mentale Leistungsfähigkeit des arbeitenden Menschen durch Lärm nicht beeinträchtigt wird. Je höher der Anteil geistiger Arbeit ist, destor schärfer werden diese Grenzen gezogen.[233)] Neben den oben schon erwähnten Regelwerken finden sich insbesondere in der VDI-Norm VDI 2058, Blatt 3[234)] detaillierte Vorgaben

228) Vgl. Schaefer, P., a. a. O., S. 218 - 219

229) Vgl. Schaefer, P., a. a. O., S. 252 - 253

230) Vgl. hierzu Verordnung über Arbeitsstätten (Arbeitsstättenverordnung - ArbStättV) vom 20. März 1975

231) Vgl. hierzu Verein Deutscher Ingenieure - VDI (Hrsg.): VDI Richtlinie 2058, Blatt 2: Beurteilung von Lärm hinsichtlich Gehörgefährdung, Berlin 1988,

232) Vgl. hierzu VBG - Verwaltungs-Berufsgenossenschaft (Hrsg.): VGB 121, Unfallverhütungsvorschrift „Lärm", vom 1. Januar 1991

233) Vgl. Schaefer, P., a. a. O., S. 252 - 253

234) Vgl. hierzu Verein Deutscher Ingenieure - VDI (Hrsg.): VDI Richtlinie 2058, Blatt 3: Beurteilung von Lärm am Arbeitsplatz unter Berücksichtigung unterschiedlicher Tätigkeiten, April 1981

für Lärmgrenzwerte, die bei bestimmten Tätigkeiten einzuhalten sind. Komfortgrenzwerte beziehen sich auf die psychischen Wirkungen des Schalles und damit um die sehr subjektive Frage, wie sehr sich jemand durch Lärmentwicklungen belästigt fühlt.[235)]

Die physiologische Wirkung des Klimas betrifft den Wärmehaushalt des arbeitenden Menschen, genauer den Wärmeaustausch des Organismus mit seiner Umgebung. Unter diesem Aspekt lassen sich vier Klimabereiche gegeneinander abgrenzen: der Kältebereich, der Komfortbereich, der Bereich der Erträglichkeit und der Bereich der Unerträglichkeit. Im Kältebereich liegt eine beschleunigte Wärmeabfuhr an die Umgebung vor, auf die der Körper mit Zittern reagiert. Im Komfortbereich ist die Wärmebilanz ausgeglichen, während sie im Erträglichkeitsbereich erschwert ist und die Wärmeabfuhr über Transpiration erfolgt. Der Unerträglichkeitsbereich schließlich ist durch eine unzureichende Wärmeabfuhr gekennzeichnet, die zu einem kontinuierlichen Anstieg der Kerntemperatur führt.[236)] Um das Wohlbefinden zu erhalten und die geistige bzw. körperliche Leistungsfähigkeit zu sichern, muß die Kerntemperatur des Menschen eine weitgehend konstante Temperatur von ca. 37°C aufweisen. Schon geringe Abweichungen nach oben oder unten können zu ernsthaften Beeinträchtigungen der Leistungsfähigkeit, zu Erkrankungen und im Extremfall zum Tode führen.[237)] So bewirken zu kalte Arbeitsbedingungen z.B. eine Verringerung der Wachsamkeit, der Reaktionsgeschwindigkeit und der sensumotorischen Koordinationsfähigkeit. Darüber hinaus sind Kälteschmerzen oder sogar Erfrierungen mögliche Folgen. Zu hohe Umgebungstemperaturen haben einen negativen Einfluß auf die körperliche Leistungsfähigkeit und führen bei entsprechender Expositionsdauer zu Hitzschlag, Kreislaufkollaps oder zu einer Dehydrierung des Körpers.[238)]

Die wichtigsten Klimakenngrößen sind die Lufttemperatur, die Luftfeuchtigkeit, die Luftgeschwindigkeit und die Strahlungstemperatur.[239)] Ihr Zusammenwirken bestimmt das Klimaempfinden und damit auch die Frage, ob eine bestimmte Klimasituation subjektiv als angenehm empfunden wird oder nicht. Das Klimaempfinden hängt zudem von individuellen Präferenzen ab, so daß ein bestimmtes Klima von einer Personengruppe als angenehm empfunden wird, von anderen als zu warm oder zu kalt. Hieraus folgt unmittelbar, daß es unmög-

---

235) Vgl. Schaefer, P., a. a. O., S. 255

236) Vgl. Griefahn, B.: Klima, in: Luczak, H.; Volpert, W. (Hrsg.): Handbuch Arbeitswissenschaft, Stuttgart 1997, S. 495

237) Vgl. Wenzel, H. G.: Klima, in: Schmidtke, H. (Hrsg.): Ergonomie, 3. neubearb. und erw. Aufl., München, Wien 1993, S. 276

238) Vgl. Wenzel, H. G., a. a. O., S. 281 - 283

239) Vgl. Bokranz, R.; Landau, K., a. a. O., S. 89

lich ist, für alle Personen ein optimales Klima zu definieren. Dennoch lassen sich bestimmte Grenzwerte formulieren, um die klimatische Belastung des Menschen in einem erträglichen Rahmen zu halten.[240)]

Da der Mensch auf die klimatische Gesamtsituation reagiert, lassen sich dieselben physiologischen bzw. psychologischen Reaktionen durch verschiedene Kombinationen der einzelnen Klimawerte realisieren. Dies erfordert wiederum, daß bei der Analyse und Bewertung des Klimas am Arbeitsplatz die unterschiedlichen Klimawerte und deren Abhängigkeiten untereinander zu berücksichtigen sind. Hilfsmittel zur Gestaltung des Klimas am Arbeitsplatz sind Klimasummenmaße, die Auswirkungen des Klimas auf die Leistungsfähigkeit, das Befinden sowie auf physiologische Funktionen des Menschen valide beschreiben sollen. In diesen Kenngrößen sind die den Wärmeaustausch beeinflussenden Klimawerte mathematisch oder meßtechnisch zu einem einzigen Wert verdichtet. Zum Teil berücksichtigen sie zusätzlich noch die Einflüsse der Arbeitsschwere und die Isolationswirkung der Kleidung.[241)]

Vorgaben zur Messung bzw. Gestaltung des Arbeitsplatzklimas finden sich z.B. in der DIN 33403,[242)] in den Sicherheitsregeln für Büro-Arbeitsplätze ZH 1/535[243)] oder den Arbeitsstättenrichtlinien ASR 5[244)] und ASR 6.[245)]

4.2.2 Relevante Wissenschaftsdisziplinen für Arbeitsplatzanalysen

Ebenso vielfältig wie die Ansatzpunkte für Arbeitsplatzanalysen sind die Wissenschaftsdisziplinen, die Erkenntnisse zur Analyse und Bewertung von Arbeitsplätzen bereitstellen. Insofern können an dieser Stelle nur einige ausgewählte Ansätze, die für rechnerunterstützte Arbeitssysteme im Bürobereich von besonderer Relevanz sind, vorgestellt werden. Dabei wird deutlich, daß zahlreiche Untersuchungsbereiche Gegenstand verschiedener Wissenschaften sind.

Die wahrscheinlich wichtigste Disziplin ist die Ergonomie, die Regeln und Erkenntnisse zur Gestaltung und Beurteilung menschlicher Arbeit entwickelt und

---

240) Vgl. Luczak, H., a. a. O. 1993, S. 293 - 294

241) Vgl. Griefahn, B., a. a. O., S. 497

242) Vgl. hierzu Deutsches Institut für Normung e. V. (Hrsg.): DIN 33403: Klima am Arbeitsplatz und in der Arbeitsumgebung, Einfluß des Klimas auf den Wärmehaushalt des Menschen, Teil 2, Berlin 1984

243) Vgl. hierzu VBG - Verwaltungs-Berufsgenossenschaft (Hrsg.): ZH 1/535, a. a. O. 1976

244) vgl hierzu Arbeitsstättenrichtlinie ASR 5: Lüftung, zu § 5 Arbeitsstättenverordnung

245) Vgl. hierzu Arbeitsstättenrichtlinie ASR 6/1,3: Raumtemperaturen, zu § 6 Abs. 1 und 3 der Arbeitsstättenverordnung

bereitstellt.[246] Ergonomische Gestaltungsansätze verfolgen eine duale Zielsetzung, die einerseits auf eine Verbesserung der Arbeitsproduktivität und Arbeitsqualität, andererseits auf die Erhaltung bzw. Förderung der Gesundheit und Unversehrtheit des arbeitenden Menschen ausgerichtet ist. Ihre Gestaltungsfelder sind der Arbeitsplatz, die Arbeitsmittel, die Arbeitsumgebung aber auch Arbeitszeitregelungen und Arbeitsstrukturen.[247] Ergonomische Arbeitsgestaltung hat das Ziel, Arbeitsplätze und -systeme so zu gestalten, daß sie bestmöglich an die Abmessungen des Menschen sowie seine physiologischen und psychologischen Anforderungen angepaßt sind.[248] Dieses Anliegen, Mensch und Arbeit aufeinander abzustimmen, läßt sich mit Hilfe zweier grundsätzlicher Strategien verwirklichen:[249]

- mit Hilfe der Arbeitsgestaltung, die die Anpassung der Arbeit an den Menschen anstrebt (z.B. durch Gestaltungsmaßen in bezug auf technische Hilfsmittel) oder
- durch Ausbildung und Einarbeitung, was zur Anpassung des Menschen an die Arbeit führt.

Die unterschiedlichen Gestaltungsfelder und -ziele erfordern eine ganzheitliche Betrachtung des Arbeitsplatzes und der Arbeitsbedingungen. Das heißt, Gestaltungsmaßnahmen müssen sich sowohl auf technische als auch auf organisatorische und personelle Aspekte beziehen. Ein solches Anliegen läßt sich i. d. R. aber nur dann realisieren, wenn ergonomische Erkenntnisse schon in die Planungsphase von Arbeitssystemen einfließen.[250] Je nachdem zu welchem Zeitpunkt ergonomische Fragestellungen aufgegriffen werden, lassen sich prospektive und korrektive Ansätze gegeneinander abgrenzen. Die prospektive Ergonomie zielt darauf ab, Voraussagen über Auswirkungen zukünftiger Arbeitsbedingungen zu treffen. Die korrektive Ergonomie hingegen trifft bei realisierten Arbeitssystemen Aussagen darüber, ob gegen ergonomische Grundsätze verstoßen wurde oder nicht.[251]

Die Ergonomie als Gestaltungswissenschaft greift auf die Ergebnisse anderer Forschungsdisziplinen zurück und leitet hieraus Gestaltungsregeln ab. Wichtige Erkenntnisse liefern z.B. Arbeitsphysiologie, -medizin und -psychologie.[252]

---

246) Vgl. Laurig, W.: Grundzüge der Ergonomie, 4. Aufl., Berlin, Köln 1992, S. 9

247) Vgl. Laurig, W.: Ergonomie, in: Luczak, H.; Volpert, W. (Hrsg.): Handbuch Arbeitswissenschaft, Stuttgart 1997, S. 126 - 127

248) Vgl. Luczak, H., a. a. O. 1993, S. 464

249) Vgl. Laurig, W., a. a. O. 1992, S. 18

250) Vgl. Luczak, H., a. a. O. 1993, S. 464

251) Vgl. Laurig, W., a. a. O. 1997, S. 127 - 128

252) Vgl. Laurig, W., a. a. O. 1992, S. 11

Gegenstand arbeitsphysiologischer Forschung sind die Wechselbeziehungen zwischen der technischen Gestaltung von Arbeitsaufgaben, -plätzen, -gegenständen, -stoffen sowie Arbeits- und Betriebsmitteln und deren organ- bzw. organismusbezogene Auswirkungen. Arbeitsphysiologische Untersuchungen analysieren und messen die im Verlauf des Arbeitsvollzugs auf den Menschen einwirkenden physikalischen, chemischen, informatorischen und energetischen Teilbelastungen, bewerten diese hinsichtlich der organischen Auswirkungen beim Menschen und schaffen so die Grundlage zur Ableitung konkreter Gestaltungshinweise.[253)]

Die arbeitsphysiologische Bewertung und Gestaltung der Arbeit bezieht sich dabei insbesondere auf:[254)]

- die anthropometrische, bewegungs-, sicherheits- und informationstechnische Arbeitsgestaltung,
- die Umgebungseinflüsse (Lärm, mechanische Schwingungen, Beleuchtung, Luft) und
- die Organisation der Arbeit (z.B. bezüglich Fragen der Arbeitsstrukturierung, Pausenregelungen, Schichtarbeit, Freizeit- und Urlaubsproblematik).

Anthropometrische Untersuchungen liefern auf der Basis wissenschaftlich abgesicherter Verfahren Informationen über Körpermaße des Menschen. Damit stellt diese Forschungsdisziplin Informationen bereit, die z.B. Ergonomen benötigen, um Arbeitsmittel bzw. Arbeitsumgebung an anatomische und größenmäßige Anforderungen des Menschen bestmöglich anzupassen.[255)] Darüber hinaus lassen sich solche Informationen z.B. auch zur Überprüfung des Greifraumes im Rahmen von Arbeitsplatzanalysen verwenden. Bei der ergonomischen Gestaltung eines Produktes oder eines Arbeitsplatzes werden anthropometrische Maße nicht nur für einzelne Benutzer, sondern für ganze Benutzerpopulationen benötigt. Da Körpermaße interindividuell verschieden sind, hat die Anthropometrie die zusätzliche Aufgabe, Verteilungen von Körpermaßen zu bestimmen. Hierzu werden diese in sogenannte Perzentile gegliedert, die angeben, wieviel Prozent einer Population bezüglich eines bestimmten Körpermaßes kleinere oder größere Werte aufweisen.[256)]

---

253) Vgl. Luczak, H.; Rohmert, W.: Arbeitsphysiologie, in: Luczak, H.; Volpert, W. (Hrsg.): Handbuch Arbeitswissenschaft, Stuttgart 1997 (a), S. 148

254) Vgl. Luczak, H.; Rohmert, W, a. a. O. 1997 (a), S. 150

255) Vgl. Bubb, H.: Körpermaße, in: Luczak, H.; Volpert, W. (Hrsg.): Handbuch Arbeitswissenschaft, Stuttgart 1997, S. 380

256) Vgl. Jürgens, H. W.: Anthropometrische Grundlagen der Arbeitsgestaltung, in: Schmidtke, H. (Hrsg.): Ergonomie, 3. neubearb. und erw. Aufl., München, Wien 1993, S. 461 - 462

In ihrem aktuellen Selbstverständnis sieht sich die Arbeitsmedizin nicht als passiv handelnde Wissenschaft, die eingetretene Schäden registriert und auf gegebene Verhältnisse reagiert. Vielmehr begreift sie sich als gestaltende Disziplin, die aktiv in die Arbeitsbedingungen eingreift, um die Gesundheit des Menschen zu schützen und die Entfaltung seines physischen und psychischen Potentiales zu ermöglichen.[257)] Während die Arbeitsphysiologie vorwiegend Erträglichkeitsgrenzen bestimmt, befaßt sich die arbeitsmedizinische Forschung mit der Ermittlung von Schädigungsgrenzen.[258)] Ein Forschungsschwerpunkt ist dabei die Bestimmung der Auswirkungen von Gefahrstoffen auf die Gesundheit des arbeitenden Menschen. Entsprechende Grenzwerte sind in den MAK- (maximale Arbeitsplatzkonzentration) und BAT-Werten (biologische Arbeitsstofftoleranzwerte) enthalten.[259)] Ein weiterer Tätigkeitsbereich sind arbeitsmedizinische Vorsorgeuntersuchungen. Ärztliche Untersuchungen der Beschäftigten sollen einerseits sicherstellen, daß sich das Leistungs- und Fähigkeitsprofil des Mitarbeiters mit dem Anforderungsprofil des Arbeitsplatzes deckt. Andererseits sollen solche Untersuchungen erste Anzeichen arbeitsbedingter Gesundheitsschäden aufdecken, um frühzeitig therapeutische Gegenmaßnahmen einleiten zu können.[260)]

Rechnerunterstützte Arbeitssysteme im Bürobereich lassen sich als rückkoppelnde Mensch-Maschine-Systeme beschreiben, in denen der Arbeitsauftrag durch einen zielgerichteten Informationsaustausch realisiert wird.[261)] Die Analyse, Gestaltung und Bewertung solcher Systeme ist u.a. Gegenstand der Anthropotechnik, die seit Beginn der 70er Jahre schwerpunktmäßig die Mensch-Rechner-Interaktion erforscht. Untersuchungsbereiche sind in diesem Zusammenhang die Gestaltung der Mensch-Rechner-Schnittstellen, die Dialoggestaltung sowie die Funktionsaufteilung zwischen Mensch und Technik. Damit zeichnet sich die Anthropotechnik durch eine stark ingenieurwissenschaftlich-technische Ausrichtung aus.[262)] Ein sehr ähnliches, aber hinsichtlich der Betrachtungsgegenstände erweitertes Forschungsfeld deckt die Softwareergonomie ab. Anliegen dieser Aspektwissenschaft ist die Optimierung des Zusammenspiels von Mensch, Technik, Aufgabe und organisatorischen Rahmenbe-

---

257) Vgl. Szadkowski, D.: Arbeitsmedizin, in: Luczak, H.; Volpert, W. (Hrsg.): Handbuch Arbeitswissenschaft, Stuttgart 1997, S. 153

258) Vgl. Luczak, H., a. a. O. 1993, S. 355

259) Vgl. Szadkowski, D., a. a. O., S. 154

260) Vgl. Dahlke, W.: Vorsorgeuntersuchungen, in: Luczak, H.; Volpert, W. (Hrsg.): Handbuch Arbeitswissenschaft, Stuttgart 1997, S. 843 - 844

261) Vgl. Timpe, K.-P.: Mensch-Maschine-Systeme, in: Luczak, H.; Volpert, W. (Hrsg.): Handbuch Arbeitswissenschaft, Stuttgart 1997, S. 609

262) Vgl. Kraiss, K.-F.: Anthropotechnik, in: Luczak, H.; Volpert, W. (Hrsg.): Handbuch Arbeitswissenschaft, Stuttgart 1997, S. 129 - 131

dingungen.[263] Gegenstände ihrer Betrachtungen sind Arbeitssysteme, Software-Produkte sowie die Prozesse der Systementwicklung und -einführung.[264] Entgegen früheren Definitionen, die die Softwareergonomie auf die „...Analyse, Gestaltung und Evaluation interaktiver Komponenten von Rechnersystemen“[265] einschränkten, handelt es sich damit um einen benutzer- bzw. aufgabenorientierten Ansatz der Arbeitssystemgestaltung. Entsprechend diesem erweiterten Verständnis hat die Software-Ergonomie drei inhaltliche Schwerpunkte: Der technisch orientierte Zweig befaßt sich z.B. mit den unterschiedlichen Dialogformen oder der Gestaltung der Benutzungsschnittstellen. Der kognitiv-psychologische Forschungsschwerpunkt zielt auf die kognitiven Aspekte der Mensch-Rechner-Kommunikation und liefert Hinweise zur Bewertung und Gestaltung von Piktogrammen oder Bildschirmmasken. Schließlich geht es im Zusammenhang mit den arbeitspsychologischen Forschungsaktivitäten um Kriterien zur Gestaltung und Bewertung interaktiver Benutzungsschnittstellen im Rahmen einer menschengerechten Arbeitsgestaltung.[266] Software-Ergonomie ist damit ein interdisziplinäres Forschungsgebiet, das im Schnittstellenbereich von Informatik, Psychologie und Arbeitswissenschaft angesiedelt ist.[267]

4.2.3 Ablauf von Arbeitsplatzanalysen

Bei den in Kapitel 4.2.1 skizzierten Untersuchungsgegenständen von Arbeitsplatzanalysen handelt es sich um aufgabenunabhängige Bedingungen der Arbeit. Ihre Analyse betrifft i. d. R. physikalisch/chemische Eigenschaften (z.B. Klimakennwerte) oder Merkmale eines Gegenstandes (z.B. Gestaltungsmerkmale einer Bildschirmmaske), die sich direkt messen bzw. erfassen lassen. Die Bewertung der Gestaltungsgüte erfolgt durch den Vergleich mit Norm- oder Grenzwerten, die in zahlreichen Normen, Verordnungen, Richtlinien etc. festgeschrieben sind. Arbeitsplatzanalysen sollen letztlich eine Aussage darüber ermöglichen, inwieweit diese Gestaltungsvorgaben bei der Realisierung der entsprechenden Elemente eines Arbeitssystems berücksichtigt worden sind.

---

263) Vgl. Maaß, S.: Software-Ergonomie, Benutzer- und aufgabenorientierte Systemgestaltung, in: GI - Gesellschaft für Informatik (Hrsg.): Informatik Spektrum, Band 16, Heidelberg, Berlin, New York. 1993, S. 191

264) Vgl. Maaß, S.; Ackermann, D.; Dzida, W.; Gorny, P.; Oberquelle, H.; Rödiger K.-H.; Rupietta, W.; Streitz, N.: Software-Ergonomie-Ausbildung in Informatik-Studiengängen bundesdeutscher Universitäten, in: GI - Gesellschaft für Informatik (Hrsg.): Informatik Spektrum, Band 16, Heidelberg, Berlin, New York. 1993, S. 26 - 27

265) Fähnrich, K.-P.; Ziegler, J.: Software-Ergonomie: Stand und Entwicklung, in Fähnrich, K.-P. (Hrsg.): Software-Ergonomie, State of the Art 5, München, Wien 1987, S. 9

266) Vgl. Maaß, S., a. a. O. 1993, S. 191 - 194

267) Vgl. Maaß, S.; Ackermann, D.; Dzida, W. et al., a. a. O. 1993, S. 25

Grundsätzlich sind alle potentiellen Gegenstände von Arbeitsplatzanalysen so zu gestalten, daß die Arbeit ausführbar und schädigungslos ist. Entsprechend umfassend müßte daher auch der Untersuchungsansatz angelegt sein. Da letzterer in der praktischen Umsetzung aber nicht nur von theoretischen Überlegungen, sondern auch von den ökonomischen Rahmenbedingungen und dem jeweiligen Untersuchungskontext determiniert wird, beschränken sich Arbeitsplatzanalysen oftmals auf isolierte Aspekte oder abgegrenzte Gruppen von Arbeitssystemelementen. Dementsprechend variiert auch die Komplexität der eingesetzten Analyseverfahren. So läßt sich z.B. die Analyse und Bewertung des Einzelaspektes „Raumtemperatur" im einfachsten Falle mit Hilfe der entsprechenden Norm[268)] oder Arbeitsstättenrichtlinie[269)] durchführen, während die umfassende Analyse des Raumklimas den Einsatz eines oder evtl. mehrerer komplexer Instrumente[270)] erforderlich machen kann. Aber auch wenn dasselbe Untersuchungsobjekt betrachtet wird können sich die geeigneten Analyseverfahren z.B. bezüglich des erforderlichen Untersuchungsaufwandes erheblich unterscheiden. So sind beispielsweise bei der Analyse und Bewertung von Dialogsystemen mit dem Leitfaden EVADIS II[271)] pro Softwareprodukt mehrere hundert Prüffragen systematisch abzuarbeiten, während die DIN EN 29241[272)] lediglich sieben abstrakte Prüfkriterien bereitstellt und keine Informationen über die Abarbeitungsreihenfolge beinhaltet. Zusammenfassend läßt sich festhalten, daß Arbeitsplatzanalyseverfahren ein breites Spektrum bezüglich Komplexität und Differenziertheit aufweisen. Je nachdem ob z.B. eine Detailanalyse erforderlich ist oder eine Screeninguntersuchung ausreicht, variiert das Spektrum von Normen, Richtlinien etc. über einfache Checklisten bis hin zu komplexen Analyseinstrumenten, die ansatzweise auch Arbeitstätigkeiten in ihre Untersuchungen einbeziehen.

Die Unterschiedlichkeit der Untersuchungsgegenstände und möglichen -ansätze bedingt, daß kein allgemeingültiges Ablaufschema für Arbeitsplatzanalysen existiert, das sich bezüglich seiner Differenziertheit und Systematik mit dem hypothetiko-deduktiven Erkenntnisgewinnungsprozeß psychologischer Arbeitsanalysen vergleichen ließe. Insofern ist es erforderlich, den Ablauf von Arbeitsplatzanalysen auf einem sehr abstrakten Niveau zu diskutieren.

---

268) Vgl. z.B. Deutsches Institut für Normung e. V. (Hrsg.): DIN 33403, Teil 2, a. a. O. 1984

269) Vgl. z.B. Arbeitsstättenrichtlinie ASR 6/1,3, a. a. O.

270) Vgl. z.B Köchling, A., a. a. O. 1990; REFA (Hrsg.): Ergonomische Prüfliste in: REFA (Hrsg.), a. a. O. 1991(a), S. 370 - 388

271) Vgl. hierzu Oppermann, R.; Murchner, B.; Reiterer, H.; Koch, M., a. a. O. 1992

272) Vgl. hierzu Deutsches Institut für Normung e. V. (Hrsg.): DIN EN 29241 Teil 10, a. a. O. 1994

Bei LAURIG findet sich ein mehrstufiger Ansatz zur arbeitswissenschaftlichen Beurteilung von Arbeitsbedingungen, der auch als grobes Ablaufschema für eine Vielzahl von Arbeitsplatzanalysen geeignet ist. Hier werden folgende drei Untersuchungsschritte gegeneinander abgegrenzt:[273)]

- Beschreibung der Arbeitsbedingungen unter Benennung von Teilbelastungen und Abgrenzung von Belastungsabschnitten,
- Bewertung der Teilbelastungen mit „Werten" auf geeigneten Skalen,
- Beurteilung der Bewertung durch Vergleichen mit zu vereinbarenden Kriterien.

Der Untersuchungsschritt der Beschreibung dient dazu, die zu analysierenden Bedingungen eindeutig zu kennzeichnen. Hierdurch wird der Untersuchungsgegenstand, auf den sich die weiteren Analysen beziehen, eindeutig bestimmt. Die Bewertung durch den Vergleich mit Skalenwerten steht in unmittelbarem Zusammenhang mit dem Problem der Datenerhebung. Während psychologische Arbeitsanalysen hierbei auf die Methode des Beobachterinterviews zurückgreifen, reichen bei Arbeitsplatzanalysen die Datenerhebungsmethoden von Beobachtungen (z.B. Reflexe auf Bildschirmen) über einfache Messungen (z.B. Bestimmung der Tischhöhe mit einem Metermaß) bis hin zu umfangreichen chemisch/physikalischen Untersuchungen (z.B. Messung der Strahlungstemperatur). Der Vergleich der erhobenen Daten mit entsprechenden Normwerten ermöglicht dann eine Aussage, ob für den Arbeitsplatzinhaber akzeptable Arbeitsbedingungen bestehen oder ob Gestaltungsnotwendigkeiten vorliegen. Die abschließende Beurteilung liefert letztlich eine zusammenfassende Aussage inwieweit z.B. die Kriterien der Ausführbarkeit und Schädigungslosigkeit erfüllt sind.

Bei Arbeitsplatzanalysen, die sich auf bestimmte Arbeitsplätze beziehen, sollte deren räumlich/organisatorische Einbettung in das Unternehmen dokumentiert werden. DIN 33407[274)] stellt geeignete Identifizierungsmerkmale zur Verfügung, um einen bestimmten Arbeitsplatz in einem Arbeitssystem eindeutig zu kennzeichnen.

---

273) Vgl. Laurig, W., a. a. O. 1992, S. 165 - 166

274) Vgl. hierzu Deutsches Institut für Normung e. V. (Hrsg.): DIN 33407, Arbeitsanalyse, Merkmale, Dezember 1980, Ziffer 3

4.2.4 Das Belastungs-Beanspruchungskonzept als theoretische Grundlage von Arbeitsplatzanalysen

Bei den meisten der oben skizzierten Wissenschaftsdisziplinen bildet das Belastungs-Beanspruchungs-Konzept die wesentliche theoretische Grundlage. Dieses ursprünglich von ROHMERT entwickelte Modell soll die menschbezogenen Wirkungen von Arbeitssystemen analysierbar, meßbar, beurteilbar und gestaltbar machen.[275] Das Belastungs-Beanspruchungs-Konzept ist dabei einerseits Richtlinie der Aufteilung dieses Prozesses, andererseits aber auch ein Analyseinstrument zur Bestimmung von Einwirkungs-Auswirkungs-Zusammenhängen. Für arbeitswissenschaftliche Analyse- und Gestaltungsansätze hat es paradigmatischen Charakter, das heißt es integriert menschbezogene Betrachtungen in bezug auf Analyse-, Meß-, Bewertungs- sowie Gestaltungskonzept in einen systematischen Rahmen.[276]

In seinem ursprünglichen Ansatz stellt das Belastungs-Beanspruchungs-Konzept einen Zusammenhang zwischen den objektiv im Arbeitssystem wirkenden Einflüssen (Belastungen) und den Auswirkungen der Arbeit auf den Menschen (Beanspruchungen) her. Entsprechend diesem Ansatz lassen sich fünf unterschiedliche Beanspruchungsdimensionen menschlicher Arbeit gegeneinander abgrenzen, die sich wiederum mit verschiedenen methodischen Ansätzen erfassen lassen (vgl. Abb. 4.12).[277]

Der Wirkmechanismus, der den Zusammenhang zwischen den belastenden Ursachen und den resultierenden Beanspruchungen herstellt, läßt sich mit Hilfe des einfachen Belastungs-Beanspruchungs-Konzeptes beschreiben (vgl. Abb. 4.13). Dieses Modell verdeutlicht, daß unterschiedliche Belastungen, die aus der Arbeitsaufgabe oder den Umweltbedingungen resultieren, gleichzeitig oder sequentiell auf den arbeitenden Menschen einwirken. Die resultierenden Beanspruchungen sind nicht nur von der Art und der Dauer der objektiven Belastungen abhängig, vielmehr werden sie an den individuellen Eigenschaften und Bedürfnissen des Menschen gebrochen. Dabei spielen neben interindividuellen Unterschieden auch intraindividuelle (zeitveränderliche) Charakteristika der Person eine wesentliche Rolle.[278] KIRCHNER gibt in diesem Zusammenhang einen Überblick über Teilbelastungen, die auf den Menschen einwirken, und den resultierenden Beanspruchungsformen. Dabei zeigt er, daß es keinen linea-

---

275) Vgl. Rohmert, W., a. a. O. 1972, S. 11 - 12

276) Vgl. Luczak, H.; Rohmert, W.: Belastungs-Beanspruchungs-Konzepte, in: Luczak, H.; Volpert, W. (Hrsg.): Handbuch Arbeitswissenschaft, Stuttgart 1997 (b), S. 326

277) Vgl. Rohmert, W.: Das Belastungs-Beanspruchungs-Konzept, in: Zeitschrift für Arbeitswissenschaft, 38. Jg. (1984), Heft 4, S. 194

278) Vgl. Rohmert, W., a. a. O. 1984, S. 196

ren Zusammenhang zwischen Belastungen und Beanspruchungen gibt. Er differenziert daher zwischen direktem Einfluß, bedingtem/indirekten Einfluß und einem zusätzlichen Einfluß bzw. Sekundäreffekt.[279)]

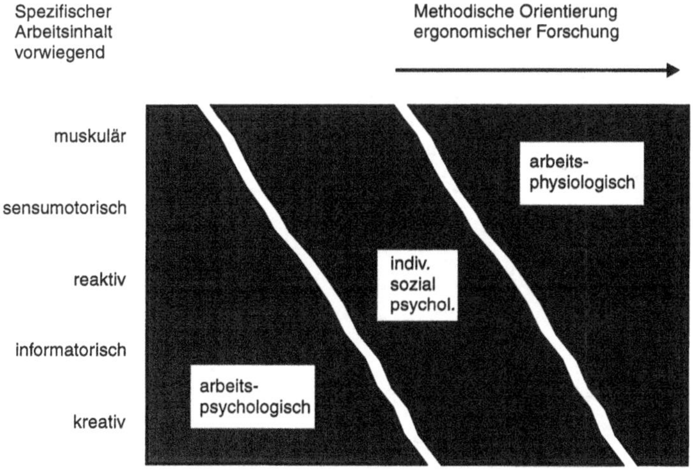

Abbildung 4.12: Gliederung menschlicher Arbeit nach der Beanspruchung[280)]

Zur Messung der Teilbeanspruchungen stehen drei prinzipielle Zugangswege offen. Erstens können sie objektiv über organische Reaktionen des Menschen, zweitens über das erfragte subjektive Beanspruchungsempfinden und drittens über die Analyse der Arbeitstätigkeit erfaßt werden.[281)] Bei der objektiven Messung von Beanspruchungen lassen sich logisch-deduktive und empirisch-induktive Ansätze gegeneinander abgrenzen. Der induktive Ansatz basiert auf einem phänomenorientierten Beanspruchungsbegriff, der Beanspruchungen operational definiert. Der deduktiven Vorgehensweise liegt dagegen ein modell-orientierter Beanspruchungsbegriff zugrunde. Beanspruchungen werden als Grad der Ausschöpfung bestimmter Eigenschaften, Fähigkeiten, Fertigkeiten und Bedürfnisse durch bestimmte Belastungen definiert.[282)] Der deduktive An-

279) Vgl. Kirchner, H.-J.: Belastungen und Beanspruchungen - Einige begriffliche Klärungen zum Belastungs-Beanspruchungs-Konzept, in: Zeitschrift für Arbeitswissenschaft, 40. Jg. (1986), Heft 2, S. 73

280) Abbildung entnommen aus: Rohmert, W., a. a. O. 1984, S. 195

281) Vgl. Luczak, H.; Rohmert, W., a. a. O. 1997 (b), S. 327

282) Vgl. Rohmert, W., a. a. O. 1984, S. 197

satz zur Beanspruchungsermittlung hat jedoch dort seine Grenzen, wo Teilbelastungen nicht klar voneinander zu trennen sind.[283]

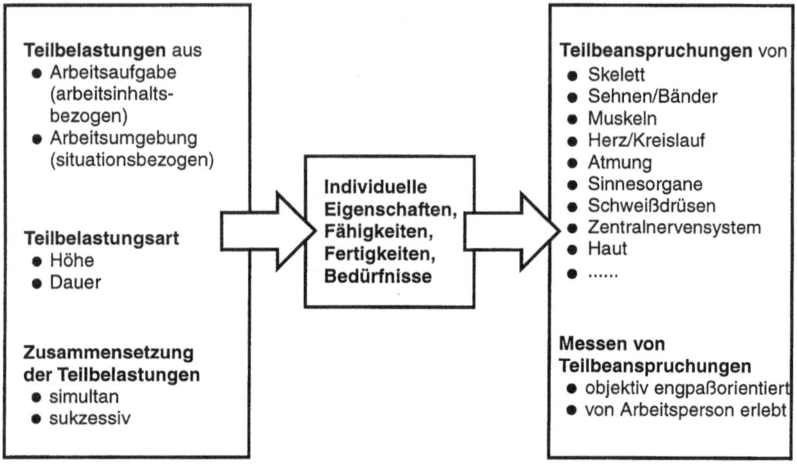

Abbildung 4.13: Das einfache Belastungs-Beanspruchungs-Konzept[284]

Das einfache Belastungs-Beanspruchungs-Konzept gilt streng genommen nur für Arbeitstätigkeiten, die keinen Handlungsspielraum aufweisen.[285] Insofern ist seine Realitätsnähe stark eingeschränkt. Darüber hinaus stößt dieses Konzept an Grenzen, weil:[286]

- ❑ die Regulation von Handlungen und Leistungen nicht erklärbar ist und im Modell keine Rückkopplungsmechanismen vorhanden sind;
- ❑ psychische Teilbelastungen/-beanspruchungen sich qualitativ und quantitativ nicht vollständig erfassen lassen;
- ❑ die Frage der Belastungssuperposition weitgehend ausgeklammert bleibt;
- ❑ vorwiegend psychische Phänome wie Ermüdung, Monotonie, Sättigung, Überforderung in diesem Konzept nicht angemessen repräsentiert werden und
- ❑ eine Optimierung von Beanspruchungen im Rahmen der Arbeitsgestaltung nicht vorgesehen ist.

---

283) Vgl. Luczak, H.; Rohmert, W., a. a. O. 1997 (b), S. 327

284) Abbildung entnommen aus: Rohmert, W.: Formen menschlicher Arbeit, in: Rohmert, W.; Rutenfranz, J. (Hrsg.): Praktische Arbeitsphysiologie, 3. Aufl., Stuttgart, New York 1983, S. 10

285) Vgl. Rohmert, W., a. a. O. 1984, S. 197

286) Vgl. Luczak, H.; Rohmert, W., a. a. O. 1997 (b), S. 327

Aufgrund dieser Schwachstellen wurde das Belastungs-Beanspruchungs-Konzept in der Vergangenheit schrittweise erweitert. Die Modifikation von LUCZAK (vgl. Abb. 4.14) enthält ein Element „Bewältigung“, das unterschiedliche Strategien zur Bewältigung von Belastungen repräsentiert. Die resultierende Beanspruchung ergibt sich aus der Handlungskompetenz, dem Anspruchsniveau, mit dem sich die arbeitende Person den Belastungen aussetzt (psycho-physiologische Resistenz) und weiteren typologischen Faktoren. Mit diesem Ansatz wird es möglich, Variationen der Ausführung von Arbeitstätigkeiten bei vorhandenen Handlungsspielräumen zu erklären.[287]

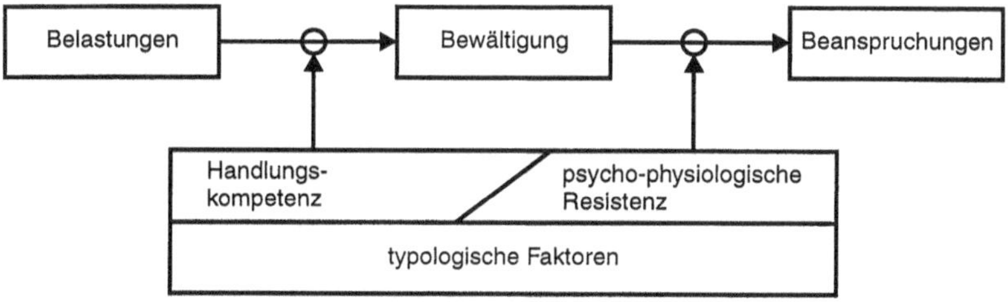

Belastungen	≙	f (Teilbelastungen, Belastungshöhe, Belastungsdauer)
Teilbelastungsarten	=	Teilbelastung aus Arbeitsinhalt/Arbeitsaufgabe sowie physikochemischer und sozialer Arbeitssituation/Arbeitsumgebung
Teilbelastungshöhe	=	nominal oder ordinal unterscheidbare Ausprägungen einer Teilbelastungsart (Belastungsfaktoren) bzw. intervall- oder proportionalskalierte Ausprägungsgrößen, z.B. der energetischen Arbeitsschwere oder informatorischen Arbeitsschwierigkeit
Teilbelastungsdauer	=	Aspekte der Arbeitszeitorganisation wie z.B. absolute Arbeitsdauer, Pausen- und Schichtregime
Bewältigung	≙	g (Teilbelastungen, Handlungskompetenz)
Handlungskompetenz	=	ausführungsregulatorisch vorwiegend leistungsbestimmende individuelle Eigenschaften und Fähigkeiten, antriebsregulatorisch vorwiegend motivationale und konzentrative Faktoren der Arbeitsperson
Beanspruchungen	≙	h (Teilbelastungen, Bewältigung, psychophysiologische Resistenz)
psychophysiologische Resistenz	=	Kennwerte und Kennlinien, die die Amplituden- und Phasenbeziehung organismischer Reaktionen der Arbeitsperson in psychophysikalischen (Wahrnehmung) und funktionell-physiologischen Meßgrößen bestimmen, z.B. LPI nach Müller oder Ekmann´sche Exponenten in Wahrnehmungsstärke-Funktionen

Abbildung 4.14: Das erweiterte Belastungs-Beanspruchungs-Konzept[288]

Dieses integrierte Belastungs-Beanspruchungs-Konzept ist ein Systematisierungsansatz zur Einordnung der in unterschiedlichen Disziplinen gewonnenen Erkenntnisse über die menschliche Arbeit. Erfaßt werden die lang- und kurzfristigen Auswirkungen körperlicher, informatorischer und psycho-sozialer Belastungen.[289] Durch die Einbeziehung z.B. psycho-sozialer Dimensionen[290]

---

287) Vgl. Luczak, H.: Lernen als informatorisch-mentale Arbeit, in: Berndt, J.; Busch, D. W.; Schönwälder, H.-G. (Hrsg.): Schule-Arbeit, Belastung und Beanspruchung von Schülern, Braunschweig 1982, S. 30 - 31

288) Abbildung entnommen aus: Luczak, H., a. a. O. 1982, S. 31

289) Vgl. Rohmert, W., a. a. O. 1984, S. 198

oder die Ausweitung auf vorwiegend geistige Tätigkeiten[291] tritt ein interdisziplinär erweiterter Ansatz an die Stelle des streng ingenieurwissenschaftlich orientierten einfachen Belastungs-Beanspruchungs-Konzeptes. Der erweiterte Ansatz bedingt auch eine nähere Klassifizierung der Belastungen. Solche, die intervall oder proportional skalierbar sind wie z.B. Gewichte, Häufigkeiten, Lärmwerte, werden als Belastungsgrößen bezeichnet. Belastungsfaktoren sind ordinal oder nominal unterscheidbar und beziehen sich beispielsweise auf Körperhaltungen oder das Betriebsklima.[292]

Vor dem Hintergrund des integrierten Belastungs-Beanspruchungs-Konzeptes lassen sich drei Teilanalysen gegeneinander abgrenzen. Diese beziehen sich auf die Belastungen, den Handlungsvollzug und die resultierenden Beanspruchungen.[293] Die tätigkeitsbezogene Arbeitsanalyse (vgl. Abb. 4.15) kennzeichnet die Arbeitsaufgabe sowie ihre Ausführungs- und Umweltbedingungen. Ergebnis sind beispielsweise objektive Anforderungsprofile energetisch-effektorischer oder informatorisch-mentaler Art.[294] Ein Arbeitsanalyseverfahren, das diesem Bereich zuzuordnen ist, ist das Arbeitswissenschaftliche Erhebungsverfahren der Tätigkeitsanalyse (AET).[295]

Im Kontext der vorliegenden Arbeit beschränken sich Arbeitsplatzanalysen auf Belastungen, die aus den situationsspezifischen Umweltbedingungen resultieren. Damit erfassen sie nur einen Teil der im Belastungs-Beanspruchungs-Konzept abbildbaren Belastungsarten. Belastungen, die aus dem Arbeitsauftrag bzw. der -aufgabe sowie deren Ausführungsbedingungen resultieren, sollen im Rahmen der vorliegenden Arbeit Gegenstand psychologischer Tätigkeitsanalysen sein. Dies ergibt sich daraus, daß hier von einem psychologischen

---

290) Vgl. Slesina, W.; von Ferber, Chr.: Das integrierte Belastungs-Beanspruchungs-Konzept - eine Herausforderung an die Soziologie, zur gesundheitsgerechten Arbeitsgestaltung beizutragen, in: Zeitschrift für Arbeitswissenschaft, 43. Jg. (1989), Heft 1, S. 16 - 18

291) ROHMERT und HÖRL erweitern in ihrem Beitrag das Belastungs-Beanspruchungs-Konzept auf überwiegend geistige Tätigkeiten, die eine umfassendere Handlungsregulation erfordern. Dabei formulieren sie zusätzliche Gültigkeitsbedingungen, die sich u.a. in der Notwendigkeit, individuums- und leistungsorientierte Ansätze miteinander zu kombinieren, manifestieren.
Vgl. Rohmert, W.; Hörl, S.: Theorie und Praxis der menschlichen Arbeit vorwiegend geistiger Art, in: Zeitschrift für Arbeitswissenschaft, 45. Jg. (1991), Heft 4, S. 203 - 204

292) Vgl. Rohmert, W., a. a. O. 1984, S. 198

293) Vgl. Luczak, H., a. a. O. 1982, S. 30

294) Vgl. Luczak, H.; Rohmert, W., a. a. O. 1997 (b), S. 327

295) Vgl. hierzu Rohmert, W.; Landau, K.: Das arbeitswissenschaftliche Erhebungsinstrumentarium der Tätigkeitsanalyse (AET), Handbuch und Merkmalheft, Bern, Stuttgart, Wien 1979 bzw. Rohmert, W.; Landau, K.: A new technique for job analysis, London 1983.

(handlungsregulatorischen) Aufgabenverständnis ausgegangen wird, bei dem Belastungen als Behinderungen der Handlungsregulation interpretiert werden. Wie die folgenden Ausführungen zeigen, ist das Belastungs-Beanspruchungs-Konzept zur Beschreibung der Handlungsregulation weitaus schlechter geeignet als entsprechende psychologische Modelle.

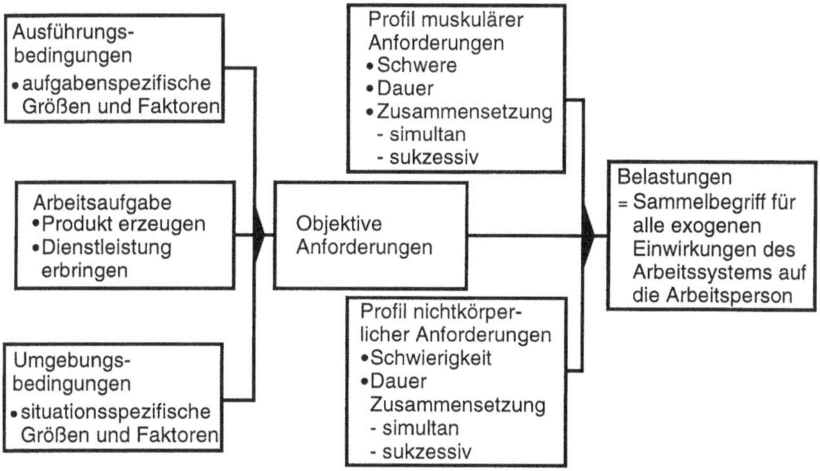

Abbildung 4.15: Tätigkeitsbezogene Arbeitsanalyse im Belastungs-Beanspruchungs-Konzept[296)]

Die zweite Teilanalyse schließt sich an die Tätigkeitsanalyse an und soll die aus der Handlungsregulation resultierende Belastungshöhe kennzeichnen (vgl. Abb. 4.16). Diese Belastungen werden von der arbeitenden Person entweder aktiv erarbeitet oder passiv erduldet. Unter Berücksichtigung individueller Eigenschaften und Bedürfnisse der Arbeitsperson ergeben sich hieraus Handlungen und Leistungen, aus denen wiederum Rückkopplungen resultieren. Die in Abbildung 4.16 mit Hilfe der gestrichelten Linien abgebildeten Rückkopplungsschleifen betreffen die Ausführungsbedingungen der Arbeitsaufgabe, Verhaltensänderungen bei der Arbeitsperson sowie deren individuellen Bedürfnisse und Eigenschaften.[297)] Vergleicht man diesen Ansatz zur Beschreibung der Handlungsregulation mit denen von HACKER, OESTERREICH und VOLPERT, so wird deutlich, daß auch das integrierte Belastungs-Beanspruchungs-Konzept die internen Regulationsprozesse bei der arbeitenden Person

296) Abbildung entnommen aus: Rohmert, W., a. a. O. 1984, S. 199; Vgl. auch Luczak, H.; Rohmert, W., a. a. O. 1997 (b), S. 329

297) Vgl. Luczak, H.; Rohmert, W., a. a. O. 1997 (b), S. 327

nicht angemessen beschreiben kann. Deshalb wurde in dieser Arbeit zur Ermittlung der Belastungen auf psychologische Arbeitsanalyseverfahren zurückgegriffen, die auf der Handlungsregulationstheorie basieren.

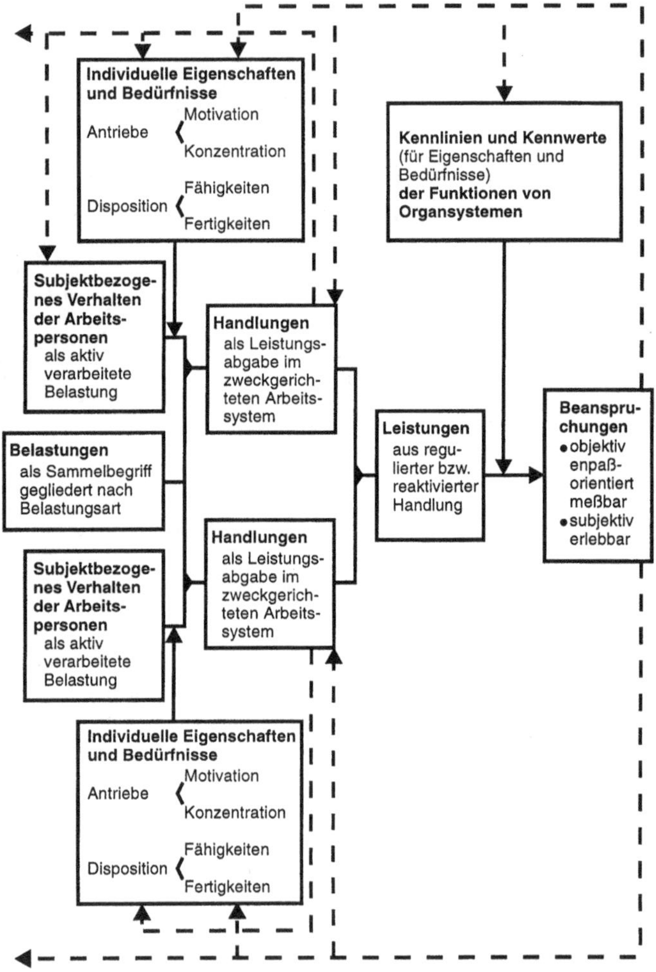

Abbildung 4.16: Handlungsregulation im Belastungs-Beanspruchungs-Konzept[298]

298) Abbildung entnommen aus: Luczak, H.; Rohmert, W., a. a. O. 1997 (b), S. 330; Vgl. auch Rohmert, W., a. a. O. 1984, S. 199

Die dritte Teilanalyse betrifft schließlich die bei der Arbeitsperson hervorgerufenen Beanspruchungen (vgl. Abb. 4.17). Letztere sind individuell verschieden und resultieren aus den verhaltenswirksam gewordenen Leistungen. Beanspruchungen können über das subjektive Erleben erfragt oder objektiv engpaßorientiert gemessen werden. Der objektive Ansatz hat den Vorteil, daß die Beanspruchungsermittlung über physiologische oder biochemische Indikatoren weniger anfällig für willentliche Beeinflussungen ist. Beanspruchungen können sich trotz konstanter Belastungshöhen im Zeitverlauf ändern. Dies ist u.a. darauf zurückzuführen, daß positive (z.B. Übung) oder negative Anpassungsreaktionen (Ermüdung, Monotonie) zu einer Verminderung oder Steigerung der Beanspruchungen führen. Negative Effekte sind insbesondere beim Überschreiten von Dauerleistungsgrenzen zu erwarten. Die Anpassungsvorgänge können sogar zu Gesundheitsschäden (z.B. Lärmschwerhörigkeit) führen, wenn dabei Schädigungsgrenzen überschritten werden.[299]

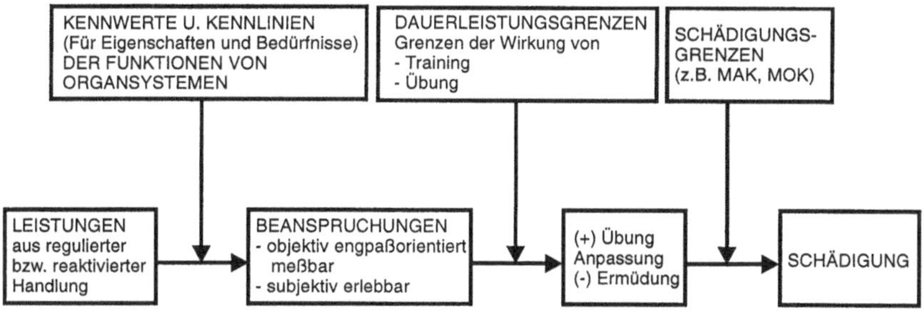

Abbildung 4.17: Handlungsregulation und Beanspruchung im Belastungs-Beanspruchungs-Konzept[300]

Die Messung von Beanspruchungen liefert Informationen über die Wirkungen von Belastungen. Da Beanspruchungen auch von den individuellen Eigenschaften eines Menschen abhängen, ist jede entsprechende Evaluation auf eine Untersuchungsperson als Analyseeinheit angewiesen. Beanspruchungsmessungen im Sinne des Belastungs-Beanspruchungs-Konzeptes können deshalb nur in realisierten Arbeitssystemen (bzw. unter Laborbedingungen) mit konkret arbeitenden Personen durchgeführt werden. Es ist folglich nicht möglich, in der Planungsphase von Arbeitssystemen solche Analysen anhand der vorliegenden Soll- oder Organisationskonzepte durchzuführen. Vielmehr muß zumindest ein prototypisches Arbeitssystem vorhanden sein, aber auch dann besteht die Ge-

299) Vgl. Rohmert, W., a. a. O. 1984, S. 200

300) Abbildung entnommen aus: Rohmert, W., a. a. O. 1984, S. 200

fahr, daß aufgrund mangelnder Übung und Erfahrung seitens der Arbeitsperson die Untersuchungsergebnisse verfälscht werden.

Im Interesse eines präventiven bzw. prospektiven Arbeitsgestaltungsansatzes sollten Ergebnisse von Arbeitsanalysen möglichst frühzeitig, d. h. schon in der Planungsphase, zur Verfügung stehen. Aufgrund der oben skizzierten Probleme ist dies bei Beanspruchungsanalysen im Sinne des Belastungs-Beanspruchungs-Konzeptes jedoch nicht möglich. Einen Ausweg erschließen bedingungsbezogene psychologische Tätigkeitsanalysen. Diese Gruppe von Verfahren erlaubt es, zumindest grobe, aber empirisch begründete Abschätzungen über die beanspruchende Wirkung der ermittelten Belastungsfaktoren zu treffen. Aus diesem Grund dienen in der vorliegenden Arbeit Arbeitsanalyseverfahren auf Basis des Belastungs-Beanspruchungs-Konzeptes nur zur Analyse und Bewertung bestehender Arbeitsplätze.

5 Auswahl geeigneter Basisverfahren und Entwicklung des integrierten Gesamtverfahrens für rechnerunterstützte Büroarbeitssysteme

Das Ziel der vorliegenden Arbeit ist die Konzeption eines Evaluationsinstrumentariums zur umfassenden Analyse und Bewertung rechnerunterstützter Arbeitssysteme im Bürobereich. Dabei soll die Güte der Anpassung der Arbeit an den Menschen untersucht werden. Insofern liegt ein humanzentrierter Ansatz zugrunde, wie er sich aus den Konzepten der Arbeitswissenschaft und insbesondere der Arbeitspsychologie heraus begründet.

Die umfassende Evaluation rechnerunterstützter Büroarbeitssysteme wird durch den Einsatz einer geeigneten Kombination vorhandener, bezüglich der theoretischen Basis und - soweit als möglich - testtheoretischen Güte fundierten Arbeitsanalyseverfahren ermöglicht. Auf Grundlage der theoretischen Vorarbeiten in den Kapiteln 2, 3 und 4 wurden geeignete Basisverfahren ausgewählt, die sich zu einem integrierten Instrumentarium kombiniert lassen. Bei der Auswahl standen wissenschaftliche Anforderungen im Sinne einer möglichst exakten Analyse und Bewertung der relevanten Arbeitssystemelemente im Vordergrund. Gleichwohl hatten aber auch ökonomische Aspekte der Evaluation (z.B. im Sinne von Durchführungsaufwand) Einfluß auf die Auswahl und Zusammenstellung der Analyseverfahren. Dies zeigt sich beispielsweise darin, daß zwar alle in Kapitel 2 identifizierten Arbeitssystemelemente analysiert werden, die Bewertung der Auswirkungen auf den Menschen sich jedoch auf bestimmte Elemente beschränkt. Hierdurch ist es möglich, die Anzahl der benötigten Verfahren insgesamt möglichst gering zu halten.

Bevor die Kombination der verschiedenen Analyseverfahren zu einem integrierten Verfahren und die Entwicklung eines neuen Verfahrens zu Ermittlung von Behinderungen bei der Informationsverarbeitung vorgestellt werden, sollen aber zunächst die ausgewählten Einzelverfahren detailliert beschrieben sowie die Überlegungen, die zur Auswahl geführt haben, erläutert werden.[1)]

5.1 Grundsätzliche Anforderungen zur Auswahl geeigneter Basisverfahren

Die zentrale Bedeutung von Arbeitsaufgaben in Arbeitssystemen begründet, daß rechnerunterstützte Arbeitstätigkeiten im Bürobereich und ihre Ausführungsbedingungen im Zentrum der Analyse stehen müssen. Neben einer Analy-

---

1) Die Vorgehensweise bei der Anwendung des integrierten Verfahrens orientiert sich an den Ablaufschemata der einzelnen Teilverfahren. Diese sind in den jeweiligen Verfahrenshanbüchern dokumentiert.

se des Arbeitsauftrages als unabhängiger Variable soll er auch als abhängige Variable analysiert und hinsichtlich seiner Auswirkungen auf den Menschen bewertet werden.

Die Erläuterungen zum Belastungs-Beanspruchungskonzept und der Handlungsregulationstheorie haben gezeigt, daß letztere die psychische Struktur von Handlungen sehr viel differenzierter beschreiben kann. Die Theorie der Handlungsregulation ermöglicht es, intellektuelle und manuelle Aktivitäten in ihren inneren Zusammenhängen zu betrachten und definiert Arbeitsaufgaben als Handlungsanforderungen, die ein Arbeitsauftrag vermittelt. Vor diesem Hintergrund sollen Arbeitsaufgaben mit Hilfe psychologischer Arbeitsanalyseverfahren untersucht werden, die auf dem Ansatz der Handlungsregulationstheorie beruhen. Solchen Verfahren liegt zudem ein spezifisches Menschenbild zugrunde, aus dem sich ein Konzept menschlicher Stärken ableiten läßt. Dieses ermöglicht eine Aussage darüber, welche Auswirkungen der Arbeit auf den Menschen positiv oder negativ zu bewerten sind. Darüber hinaus bildet es es die Grundlage für eine psychologische Bewertung der Aufgaben aber auch der Beziehungen zwischen dem Menschen und den übrigen Elementen des Arbeitssystems (z.B. Mensch-Rechner-Funktionsverteilung). Motivationale Aspekte werden aufgrund des zugrundegelegten handlungsregulatorischen Ansatzes zur Tätigkeitsanalyse nicht explizit erfaßt. Sie lassen sich lediglich implizit, z.B. über das Kriterium der Persönlichkeitsförderlichkeit, berücksichtigen.[2)]

Ausgehend von dem spezifischen Aufgabenverständnis lassen sich bei den Handlungsanforderungen positiv zu bewertende Regulationserfordernisse und negativ zu bewertende Regulationsbehinderungen unterscheiden. Beide Dimensionen sind bei der Analyse und Bewertung von Arbeitsaufgaben zu berücksichtigen und betreffen neben der Arbeitsaufgabe auch deren Ausführungsbedingungen. Damit wird deutlich, daß psychologische Arbeitsanalysen eine Bewertung auf den Ebenen der Persönlichkeitsförderlichkeit und Beeinträchtigungsfreiheit ermöglichen und durch Verfahren zu ergänzen sind, die Bewertungen auf den Ebenen der Ausführbarkeit und Schädigungslosigkeit erlauben.

Da sich innerhalb der Handlungsregulationstheorie das 5-Ebenen-Modell nach OESTERREICH als das differenzierteste Konzept erwiesen hat, wurde die Auswahl auf solche Analyseinstrumentarien eingeschränkt, die auf dem 5-Ebenen-Modell basieren und für den Bürobereich konzipiert worden sind.

Psychologische Arbeitsanalyseverfahren lassen sich grundsätzlich in bedingungsbezogene und personenbezogene Verfahren unterteilen, mit denen sich

---

2) Zum Zusammenhang zwischen den Gestaltungselementen persönlichkeitsförderlicher Arbeit und Arbeitsmotivation vgl. z.B. Hackman, J. R.; Oldham, G. R., a. a. O. 1975

jeweils spezifische Zielsetzungen verfolgen lassen. Da der Schwerpunkt der vorliegenden Arbeit auf der Gestaltung der sächlichen Bedingungen am Arbeitsplatz liegt und das Verfahren möglichst früh im Gestaltungsprozeß einsetzbar sein soll (z.B. schon in der Planungsphase), beschränkt sich die Auswahl auf bedingungsbezogene Ansätze. Personenbezogene Arbeitsanalysen, die z.B. individuelle Wahrnehmungen und Meinungen erheben, stellen eine sinnvolle Ergänzung bedingungsbezogener Analysen dar. Sie können beispielsweise dann eingesetzt werden, wenn in bestehenden Arbeitssystemen die individuellen Auswirkungen der Arbeit auf eine einzelne Person zu untersuchen sind. In der vorliegenden Arbeit bleiben personenbezogene Ansätze insbesondere aufgrund des Problems der Verfügbarkeit von Arbeitspersonen im Planungsstadium von Arbeitssystemen unberücksichtigt. Die Wirkung der Arbeit auf den Menschen wird aber dennoch nicht außer acht gelassen. Der hier verfolgte bedingungsbezogene Ansatz ermöglicht dies dadurch, daß die Handlungsregulationstheorie allgemeine Merkmale menschlichen Handelns unterstellt, aus denen sich wiederum bestimmte Wirkungen von Arbeitsbedingungen auf den Menschen ableiten lassen. Insofern haben Analyseergebnisse, die so gewonnen werden, auch eine höhere Allgemeingültigkeit als solche, die aus personenbezogenen Analysen stammen.

Aus dem von MATERN bzw. HACKER postulierten „Trichtermodell" der psychologischen Arbeitsanalyse leiten sich weitere Anforderungen an die Auswahl psychologischer Arbeitsanalyseverfahren ab. Instrumente, die entsprechend dem OKTA-Prinzip aufgebaut sind, berücksichtigen beispielsweise die organisatorische Einbindung eines Arbeitsplatzes in eine Gesamtorganisation oder die Kooperationsbeziehungen, in die der Arbeitsplatzinhaber eingebunden ist. Entsprechend konstruierte Analyseverfahren erlauben es somit, eine Vielzahl der Untersuchungsobjekte abzudecken, die sich aus dem Modell rechnerunterstützter Büroarbeitssysteme ableiten. Aus untersuchungsökonomischen Überlegungen heraus sind daher solche Verfahren zu bevorzugen, welche die Anforderungen des OKTA-Ansatzes möglichst gut erfüllen.

Psychologische Arbeitsanalyseverfahren in obigem Sinne bewerten die Arbeit schwerpunktmäßig unter den Aspekten der Persönlichkeitsförderlichkeit und Beeinträchtigungsfreiheit. Daher reduzieren sie z.B. auch die Bewertung der Umgebungseinflüsse oder die Gestaltung technischer Hilfsmittel auf ihre regulationsbehindernde Wirkung. Inwieweit Arbeitssystemelemente so gestaltet sind, daß die Arbeit ausführbar und schädigungsfrei ist, wird bei psychologischen Arbeitsanalysen weitgehend vernachlässigt.[3] Insofern sind Bewertungen auf diesen beiden Ebenen mit Hilfe anderer Instrumentarien durchzuführen. Vor

---

[3] Eine Ausnahme bilden Untersuchungsschritte, die sich auf die Frage beziehen, ob die zur Ausführung einer Tätigkeit erforderlichen Informationen verfügbar sind.

den besonderen Anforderungen rechnerunterstützter Büroarbeitssysteme dürfen deshalb die Arbeitsplatzgestaltung und vor allem die Gestaltung des EDV-Systems nicht vernachlässigt werden.

Im Rahmen der folgenden Ausführungen werden die Arbeitsanalyseverfahren näher vorgestellt, die aufgrund der oben skizzierten Überlegungen ausgewählt worden sind.

5.2 Die Kontrastive Aufgabenanalyse

Die Kontrastive Aufgabenanalyse (KABA), welche am Institut für Humanwissenschaft in Arbeit und Ausbildung der Technischen Universität Berlin entwikkelt wurde, ist ein bedingungsbezogenes, psychologisches Arbeitsanalyseverfahren,[4)] das auf der Handlungsregulationstheorie basiert.[5)] Das Verfahren ist branchenunabhängig und für den Einsatz im Büro- und Verwaltungsbereich konzipiert.[6)] Die Verfahrensanwendung bei der Analyse technischer Planungstätigkeiten (z.B. NC-Programmierung, Konstruktion) und administrativer Tätigkeiten im Werkstattbereich (z.B. Fertigungssteuerung) haben jedoch gezeigt, daß es auch für solche Tätigkeiten geeignet ist.[7)]

Gegenstand der Analyse ist zunächst die Arbeitsaufgabe. Anschließend werden in weiteren Schritten (potentielle) Auswirkungen des (geplanten) Einsatzes von I&K-Techniken vor dem Hintergrund der Aufgabenstruktur erfaßt und Hinweise zur Gestaltung von Aufgaben und technischen Systemen abgeleitet.[8)] Ausgehend von einer spezifischen, aus der Handlungsregulationstheorie abgeleiteten Vorstellung über menschliche Stärken und Besonderheiten werden Informations- und Kommunikationstechniken (I&K-Techniken) dahingehend beurteilt, inwieweit sie diese Eigenschaften des Menschen unterstützen bzw. fördern. Die Kontrastive Aufgabenanalyse verfolgt damit eine humanzentrierte Sichtweise.[9)]

---

4) Vgl. Dunckel, H.; Volpert, W.; Zölch, M.; et al., a. a. O. 1993 (a), S. 15

5) Vgl. Dunckel, H.; Volpert, W.; Zölch, M.; et al., a. a. O. 1993 (a), S. 20

6) Vgl. Dunckel, H.; Volpert, W.; Zölch, M.; et al., a. a. O. 1993 (a), S. 24

7) Vgl. Zölch, M.: Analyse und Bewertung von Bürotätigkeiten: Die Kontrastive Aufgabenanalyse (KABA), in: Strohm, O.; Ulich, E. (Hrsg.): Unternehmen arbeitspsychologisch bewerten, Zürich 1997, S. 225

8) Vgl. Zölch, M.; Dunckel, H.: Erste Ergebnisse des Einsatzes der „Kontrastiven Aufgabenanalyse", in: Ackermann, D., Ulich, E. (Hrsg.): Software-Ergonomie ´91 - Benutzerorientierte Software-Entwicklung, Stuttgart 1991, S. 365

9) Vgl. Dunckel, H.; Volpert, W.; Zölch, M.; et al., a. a. O. 1993 (a), S. 16

Eine wesentliche Frage, die mit Hilfe des KABA-Verfahrens beantwortet werden soll, ist, welche Teile einer Arbeitstätigkeit der Mensch und welche I&K-Techniken übernehmen sollen. Dabei kann dieses Verfahren sowohl zur Analyse und Bewertung bestehender Arbeitssysteme (z.B. zur Identifikation von Schwachstellen oder im Rahmen von Vorher-Nachher-Vergleichen) als auch zur vorausschauenden Evaluation von Soll-Konzepten, Pflichtenheften und Prototypen verwendet werden. Insofern ist sein Einsatz nicht an spezifische Phasen des Gestaltungsprozesses von Arbeitssystemen gebunden. Ein weiteres Kennzeichen ist der modulare Aufbau, der den Einsatz als Gesamtverfahren oder den Einsatz bestimmter Verfahrensbestandteile zur Analyse einzelner Humankriterien erlaubt. Auch hinsichtlich des Umfangs der durchzuführenden Untersuchungen ist das KABA-Verfahren flexibel. So können z.B. alle Arbeitsaufgaben einer übergeordneten Organisationseinheit (z.B. einer Abteilung) oder nur bestimmte Arbeitsaufgaben einzelner Arbeitsplätze untersucht werden.[10)]

Als Ergebnis liefert eine KABA-Analyse eine Dokumentation aller an einem Arbeitsplatz anfallenden Arbeitsaufgaben sowie eine detaillierte Beschreibung einzelner Aufgaben. Letztere werden im Verlauf der weiteren Untersuchungen genauer evaluiert, wobei quantitative Bewertungen und qualitative Bewertungsbegründungen die weiteren Ergebnisse sind. [11)]

Obwohl das Verfahren primär auf Arbeitssysteme mit integrierten Informations- und Kommunikationstechnologien ausgerichtet ist, lassen sich mit ihm auch Arbeitssysteme untersuchen, die mit konventionellen Technologien ausgestattet sind.[12)] Die Kontrastive Aufgabenanalyse soll betriebliche Praktiker (z.B. Personen, die mit der Konzeption und Einführung von EDV-Systemen betraut sind) aber auch wissenschaftlich tätige Personen (z.B. Betriebsspsychologen oder arbeitswissenschaftlich vorgebildete Personen) in die Lage versetzen, bei der Beurteilung und Gestaltung von Arbeits- und Softwaresystemen arbeitspsychologische Anforderungen an eine menschengerechte Aufgabengestaltung zu berücksichtigen.[13)]

Aufgrund der wissenschaftlichen Ausrichtung liegt der Kontrastiven Aufgabenanalyse ein psychologischer Aufgabenbegriff zugrunde. Arbeitsaufgaben werden als Tätigkeiten verstanden, die von einem Menschen als handelndes Subjekt auszuführen sind. Der Handelnde muß im betrieblichen Zusammenhang bestimmte Ziele für sein eigenes Handeln übernehmen und versuchen, diese durch geeignete Handlungsstrategien zu erreichen. Vor diesem Hintergrund werden

---

10) Vgl. Dunckel, H.; Volpert, W.; Zölch, M.; et al., a. a. O. 1993 (a), S. 24 - 25

11) Vgl. Dunckel, H.; Volpert, W.; Zölch, M.; et al., a. a. O. 1993 (a), S. 25 - 26

12) Vgl. Dunckel, H.; Volpert, W.; Zölch, M.; et al., a. a. O. 1993 (a), S. 24

13) Vgl. Dunckel, H.; Volpert, W.; Zölch, M.; et al., a. a. O. 1993 (a), S. 15

bei der Durchführung einer Analyse Arbeitsaufgaben und ihre Ausführungsbedingungen hinsichtlich derjenigen Regulationsprozesse untersucht (Planungs- und Entscheidungserfordernisse), die mit der Ausführung einer Tätigkeit verbunden sind.[14)] Dabei lassen sich grundsätzlich Tätigkeiten bis hin zur Ebene qualifizierter Sachbearbeitung evaluieren.[15)] Zur Datengewinnung wird, neben Dokumentenanalysen und Expertengesprächen, die Methodik des Beobachterinterviews eingesetzt.[16)]

5.2.1 Die Humankriterien der Kontrastiven Aufgabenanalyse

Der spezifische Ansatz der Kontrastiven Aufgabenanalyse manifestiert sich u.a. darin, daß eine Kontrastierung von Mensch und Technik angestrebt wird: Ausgehend von einem Konzept menschlicher Besonderheiten und Stärken werden im Rahmen eines humanzentrierten Evaluationsansatzes die Ergebnisse von Arbeitsgestaltungsmaßnahmen dahingehend bewertet, inwieweit sie diese menschlichen Eigenschaften unterstützen und fördern.[17)] Diese methodische Vorgehensweise setzt jedoch zweierlei voraus: Zum einen muß eine (theoretisch begründete) Vorstellung über schützenswerte menschliche Eigenschaften vorhanden sein, zum anderen kann eine Bewertung nur dann erfolgen, wenn geeignete Bewertungsmaßstäbe zur Verfügung stehen.

Die Kontrastive Aufgabenanalyse entstand im wesentlichen vor dem Hintergrund der Handlungsregulationstheorie. Aus dieser Theorie - ergänzt um Überlegungen aus dem Bereich der Kritik an der Künstlichen Intelligenz[18)] sowie Selbstorganisations- und Evolutionstheorien[19)] - leitet sich das dem KABA-Verfahren zugrundeliegende Konzept menschlicher Stärken ab. Grundlegende Merkmale menschlichen Handelns sind in diesem Sinne:[20)]

- die Zielgerichtetheit,
- die praktisch tätige Auseinandersetzung des Menschen mit der realen Welt (Gegenständlichkeit) und
- die soziale Eingebundenheit.

---

14) Vgl. Dunckel, H.; Volpert, W.; Zölch, M.; et al., a. a. O. 1993 (a), S. 23

15) Vgl. Dunckel, H.; Volpert, W.; Zölch, M.; et al., a. a. O. 1993 (a), S. 24

16) Vgl. Dunckel, H.; Volpert, W.; Zölch, M.; et al., a. a. O. 1993 (a), S. 25

17) Vgl. Dunckel, H.; Volpert, W.; Zölch, M.; et al., a. a. O. 1993 (a), S. 15

18) Vgl. hierzu: Dreyfus, H. L.: Die Grenzen der Künstlichen Intelligenz - Was Computer nicht können, Königstein 1985

19) Vgl. hierzu Volpert, W. a. a. O. 1990

20) Vgl. Dunckel, H.; Volpert, W.; Zölch, M.; et al., a. a. O. 1993 (a), S. 29 - 30

Basierend auf diesem Konzept menschlicher Stärken und Besonderheiten haben die Autoren des KABA-Verfahrens acht Humankriterien abgeleitet, die, unter besonderer Berücksichtigung des Einsatzes von I&K-Techniken, bei der Bewertung und Gestaltung von Arbeitsaufgaben und -systemen zu berücksichtigen sind. Im einzelnen handelt es sich dabei um folgende Kriterien:[21)]

Grundmerkmale menschlichen Handelns	Nr.	Humankriterien
Zielgerichtetheit	1.	Entscheidungsspielraum
	3.	Belastungen
	4.	Zeitspielraum
	8.	Strukturierbarkeit
Gegenständlichkeit	5.	Variabilität
	6	Körperliche Aktivität
	7.	Kontakt
Soziale Eingebundenheit	2.	Kommunikation

Tabelle 5.1: Grundmerkmale menschlichen Handelns und zugeordnete Humankriterien[22)]

Die oben aufgelisteten Kriterien, die in den folgenden Abschnitten noch genauer zu detaillieren sind, ermöglichen ein kriteriengeleitetes Vorgehen bei der Durchführung einer KABA-Analyse. In deren Verlauf wird überprüft, in welchem Ausmaß die Arbeitsbedingungen an einem Arbeitsplatz den Humankriterien entsprechen und welchen Einfluß die eingesetzten Informations- und Kommunikations-Techniken (I&K-Techniken) auf die Arbeitsaufgaben und -bedingungen haben.[23)]

Die Bedeutung der einzelnen Humankriterien ist unterschiedlich hoch. Die Kriterien „Entscheidungsspielraum“, „Kommunikation“ und „psychische Belastungen“, die für die Gestaltung humaner Arbeitsbedingungen von besonderer Bedeutung sind, bilden die Hauptdimensionen der Bewertung. Die übrigen Humankriterien - die vertiefenden Dimensionen - können als Differenzierung und Präzisierung der Hauptdimensionen angesehen werden.[24)] Während letztere bei der Durchführung einer KABA-Analyse in jedem Fall zu untersuchen sind, ist

21) Vgl. Dunckel, H.; Volpert, W.; Zölch, M.; et al., a. a. O. 1993 (a), S. 32 - 33

22) Tabelle entnommen aus: Dunckel, H.; Volpert, W.; Zölch, M.; et al., a. a. O. 1993 (a), S. 33

23) Vgl. Dunckel, H.; Volpert, W.; Zölch, M.; et al., a. a. O. 1993 (a), S. 33

24) Vgl. Dunckel, H.; Volpert, W.; Zölch, M.; et al., a. a. O. 1993 (a), S. 32 - 33

es zulässig, daß der Untersucher, je nach Untersuchungsziel und zur Verfügung stehender Zeit, Kriterien der vertiefenden Dimensionen außen vor läßt.[25)]

❑ Entscheidungsspielraum

Mit Hilfe des Humankriteriums „Entscheidungsspielraum“ läßt sich eine Aussage darüber treffen, in welchem Umfang eine arbeitende Person bei der Ausführung einer Arbeitsaufgabe selbständig über Ziele, Vorgehensweisen und den Einsatz von Arbeitsmitteln entscheiden kann.[26)] Es steht damit in engem Bezug zu anderen arbeitspsychologischen Konzepten, wie z.B. dem „Tätigkeitsspielraum“[27)] oder dem der „Freiheitsgrade“.[28)] Seine besondere Bedeutung als zentrales Element bei der Analyse von Arbeitstätigkeiten erlangt dieses Kriterium angesichts der handlungregulatorisch erklärbaren Vorgehensweise des Menschen beim Ausführen von Arbeitstätigkeiten. Der Mensch besitzt die Fähigkeit, sich Ziele zu setzen, diese auch unter sich verändernden Rahmenbedingungen handelnd zu erreichen und damit seine im Berufsleben erworbene Fähigkeiten anzuwenden bzw. auszuweiten. Aufgrund der weit verbreiteten, häufig auch aus einer unangemessenen Technisierung resultierenden Partialisierung von Arbeitstätigkeiten werden jedoch Arbeitstätigkeiten auf das „blinde“ Ausführen vorgegebener Anweisungen reduziert. Dies hat zur Folge,

---

25) Vgl. Dunckel, H.: Arbeitspsychologische Kriterien zur Beurteilung und Gestaltung von Arbeitsaufgaben im Zusammenhang mit EDV-Systemen, in: Maaß, S.; Oberquelle, H. (Hrsg.): Software-Ergonomie 89 - Aufgabenorientierte Systemgestaltung und Funktionalität, Stuttgart 1989, S. 78

26) Vgl. Dunckel, H.; Volpert, W.; Zölch, M.; et al., a. a. O. 1993 (a), S. 34

27) ULICH, der den Begriff des Tätigkeitsspielraumes geprägt hat, versteht hierunter ein mehrdimensionales Konstrukt, das sich aus dem Handlungs-, Gestaltungs- und Entscheidungsspielraum zusammensetzt. Der Handlungsspielraum charakterisiert die Flexibilität des arbeitenden Menschen bei der Ausführung von Teiltätigkeiten bzw. Teilhandlungen. Der Gestaltungsspielraum kennzeichnet die Möglichkeiten zur selbständigen Gestaltung von Vorgehensweisen nach eigenen Zielsetzungen, und der Entscheidungsspielraum beschreibt das Ausmaß der Entscheidungskompetenz einer Person oder einer Gruppe von Personen zur Festlegung bzw. Abgrenzung von Tätigkeiten oder Aufgaben. Die Größe des Entscheidungsspielraumes steht somit in unmittelbarem Zusammenhang mit dem Ausmaß an Autonomie, das mit einer bestimmten Tätigkeit verbunden ist.
Vgl. Ulich, E., a. a. O. 1994, S. 143 - 144

28) Eine sehr enge Beziehung des Humankriteriums Entscheidungsspielraum besteht zu dem von HACKER formulierten Konzept der Freiheitsgrade. Diese repräsentieren die gegebenen Möglichkeiten zu unterschiedlichem, aufgabenbezogenen Handeln hinsichtlich Verfahrenswahl, Mitteleinsatz und zeitlicher Organisation von Aufgabenbestandteilen.
Vgl. Hacker, W.: Allgemeine Arbeits- und Ingenieurspsychologie, Schriften zur Arbeitspsychologie, Band 20, 2. Aufl., Bern 1978, S. 72

daß die Problemhaltigkeit und Lernrelevanz von Arbeitsaufgaben sinkt, was letztlich zum Verlust beruflicher Qualifikationen, zum Phänomen der Qualifikationserosion[29] führen kann. Arbeitstätigkeiten, die einen hohen Entscheidungsspielraum im Sinne von Planungs- und Entscheidungserfordernissen besitzen, wirken diesem Prozeß entgegen. Sie wirken sich - sofern der Mensch in der Lage ist, die daraus resultierenden Anforderungen angemessen zu bewältigen - positiv auf die Entwicklung der Persönlichkeit aus[30] und leisten auch einen wesentlichen Beitrag zur Förderung der Arbeitsmotivation und -zufriedenheit.[31]

Zur Analyse von Arbeitsaufgaben vor dem Hintergrund des Humankriteriums „Entscheidungsspielraum" wird im KABA-Verfahren ein 7-Stufen-Modell verwendet. Die einzelnen Stufen unterscheiden sich bezüglich der Qualität der mit einer Arbeitsaufgabe verbundenen Planungs- und Entscheidungserfordernisse, wobei Stufe I die geringsten und Stufe VII die höchsten Anforderungen kennzeichnet. Bei der Bewertung einer Arbeitsaufgabe wird insbesondere untersucht, welchen Einfluß I&K-Techniken auf die Planungs- und Entscheidungserfordernisse haben. Die Arbeitsaufgabe selbst wird - wenn sich einzelne Arbeitseinheiten unterschiedlichen Stufen zuordnen lassen - in die jeweils höchste Stufe der anfallenden Planungs- und Entscheidungserfordernisse eingeordnet. Tabelle 5.2 beinhaltet die Benennungen der einzelnen Stufen.[32]

Kennzeichnend für die Differenzierung der einzelnen Stufen ist das spezifische Verständnis des Begriffes „Entscheidung". Eine Entscheidung im Sinne des KABA-Verfahrens liegt nur dann vor, wenn der Arbeitende bei der Ausführung einer Arbeitstätigkeit zwischen mindestens zwei möglichen Vorgehensweisen wählen kann. Insofern enthalten die Stufen 1 - 3 keine Entscheidungen in diesem Sinne.[33]

---

29) Der Verlust bzw. das Verkümmern einmal erworbener beruflicher Qualifikationen - die Qualifikationserosion - vollzieht sich im wesentlichen über drei Mechanismen: Den Verlust von Erfahrungsmöglichkeiten, die Entsinnlichung der Tätigkeit und der Verfall von Wissen und Können durch mangelnde Übung.
Vgl. Lutz,B., Moldaschl, M., a. a. O. 1989, S. 83 - 85

30) Vgl. Dunckel, H.; Semmer, N.: Streßbezogene Arbeitsanalyse: Ein Instrument zur Abschätzung von Belastungsschwerpunkten in Industriebetrieben, in Sonntag, K: Arbeitsanalyse und Technikentwicklung - Beiträge über Einsatzmöglichkeiten arbeitsanalytischer Verfahren bei technisch-organisatorischen Änderungen, Bachem 1987, S. 168

31) Vgl. Dunckel, H.; Volpert, W.; Zölch, M.; et al., a. a. O. 1993 (a), S. 34 - 35

32) Vgl. Dunckel, H.; Volpert, W.; Zölch, M.; et al., a. a. O. 1993 (a), S. 34 - 35

33) Vgl. Dunckel, H.; Volpert, W.; Zölch, M.; et al., a. a. O. 1993 (a), S. 35 - 36

Stufe	Benennung
Stufe 1	Ausführen vorgegebener Vorgehensweisen
Stufe 2	Bestimmung einer Vorgehensweise
Stufe 3	Vergegenwärtigen einer Vorgehensweise
Stufe 4	Treffen einer Entscheidung
Stufe 5	Treffen mehrerer Entscheidungen
Stufe 6	Entscheidungen für mehrere Teilprozesse
Stufe 7	Entwicklung neuer Vorgehensweisen

Tabelle 5.2: Stufenbenennungen zur Bestimmung der Planungs- und Entscheidungserfordernisse[34)]

❑ **Kommunikation**

Die Fähigkeit des Menschen gemeinsam mit anderen Probleme zu lösen und sein Bedürfnis nach sozialen Kontakten und zwischenmenschlichen Beziehungen erfordern bei der Arbeitstätigkeit ausreichende Möglichkeiten zur Kooperation und Kommunikation. Das Humankriterium „Kommunikation“ dient im KABA-Verfahren dazu, den Umfang und die Qualität arbeitsbezogener Kommunikation zu bestimmen. Mit Hilfe des Unterkriteriums „Kommunikationserfordernisse“ wird zunächst getrennt für interne (dem Unternehmen zugehörige Personen) und externe Kommunikationspartner (z.B. Kunden und Lieferanten) untersucht, bezüglich welcher Aufgaben(teile) eine Abstimmung erforderlich ist und auf welche Inhalte sich diese Abstimmungsprozesse beziehen sollen. Das Unterkriterium „Direktheit arbeitsbezogener Kommunikation“ kennzeichnet die Art und Weise der Kommunikationsvermittlung, ob z.B. Möglichkeiten zum persönlichen Kontakt zwischen Kommunikationspartnern gegeben sind oder die Abstimmungen nur technisch vermittelt erfolgen können.[35)]

Ebenso wie beim Kriterium „Entscheidungsspielraum“ erfolgt die Bewertung der Kommunikationserfordernisse durch eine Stufenzuordnung. Für die interne Kommunikation dient hierzu ein 7-Stufen-Modell, für die externe ein 6-stufiges. Bei den internen Kommunikationserfordernissen besteht ein enger Zusammenhang zum Umfang der Planungs- und Entscheidungserfordernisse: Die Stufenzuordnung orientiert sich an der Höhe des Entscheidungsspielraumes derjenigen Aufgaben(teile), über die kommuniziert werden muß. Die Einstufung

34) Tabelle entnommen aus: Dunckel, H.; Volpert, W.; Zölch, M.; et al., a. a. O. 1993 (a), S. 36

35) Vgl. Dunckel, H.; Volpert, W.; Zölch, M.; et al., a. a. O. 1993 (a), S. 39 - 40

„externer Kommunikationserfordernisse“ erfolgt im wesentlichen danach, ob im Rahmen des Kommunikationsprozesses nur Informationen ausgetauscht oder auch Entscheidungen getroffen werden.36) Tabelle 5.3 beinhaltet die Stufenbezeichnungen interner und externer Kommunikationserfordernisse.

Interne Kommunikationserfordernisse	Externe Kommunikationserfordernisse
Stufe 1 Kommunikation über die Ausführung vorgegebener Vorgehensweisen	Stufe 1 Kommunikation zur Übertragung von Informationen
Stufe 2 Kommunikation über die Bestimmung einer Vorgehensweise	Stufe 2 Kommunikation über die Bereitstellung oder Auswahl von Informationen
Stufe 3 Kommunikation über das Vergegenwärtigen einer Vorgehensweise	Stufe 3 Kommunikation zur Festlegung geeigneter Handlungsmöglichkeiten durch die externe Person
Stufe 4 Kommunikation über eine Entscheidung	Stufe 4 Kommunikation zur Festlegung geeigneter Handlungsmöglichkeiten durch die arbeitende Person
Stufe 5 Kommunikation über mehrere Entscheidungen	Stufe 5 Kommunikation zur Abstimmung einer gemeinsamen Zielstellung
Stufe 6 Kommunikation über Entscheidungen für mehrere Teilprozesse	Stufe 6 Kommunikation zur Erarbeitung einer gemeinsamen Zielstellung
Stufe 7 Kommunikation über die Entwicklung neuartiger Vorgehensweisen	

Tabelle 5.3: Stufen interner und externer Kommunikationserfordernisse37)

Die Qualität der Kommunikation hängt maßgeblich davon ab, über welche Kanäle sie realisiert wird, d. h. ob sich neben sprachlichen auch nicht-sprachliche

36) Vgl. Dunckel, H.; Volpert, W.; Zölch, M.; et al., a. a. O. 1993 (a), S. 40

37) Tabelle entnommen aus: Dunckel, H.; Volpert, W.; Zölch, M.; et al., a. a. O. 1993 (a), S. 41 - 42

Kommunikationsmittel einsetzen lassen. Das KABA-Verfahren bringt dies mit Hilfe der Direktheitsstufen einer vierstufigen Skala zum Ausdruck. Bei der Bewertung werden zunächst alle eingesetzten Kommunikationsmittel erfaßt und der zeitliche Anteil ihrer Nutzung abgeschätzt. Die Direktheitsstufe ergibt sich dann aus dem überwiegend genutzten Kommunikationsmedium.[38)]

Stufe	Kennzeichen
Stufe1: Direktes Gespräch	• Einsatz aller zur Verfügung stehenden sprachlichen und nicht-sprachlichen Kommunikationsmittel • Wechselweise und unmittelbare Reaktionen der Kommunikationspartner möglich
Stufe 2: Telefon	• Vollständiger Einsatz sprachlicher Kommunikationsmittel • Fehlen der Möglichkeit des Einsatzes von Gestik, Mimik und räumlichem Verhalten • Unmittelbare Reaktion der Kommunikationspartner noch eingeschränkt möglich
Stufe 3: Anrufbeantworter	• Einschränkungen sprachlicher Kommunikationsmittel (Beschränkung der Sprechzeit) • Direkte und unmittelbare Reaktion der Kommunikationspartner nicht mehr möglich
Stufe 4: Briefpost, Kurzmitteilungen, Telefax, Telex, Electronic mail	• Beschränkte Ausdrucksmöglichkeiten durch Schriftsprache • Häufig weitergehende Beschränkungen durch Standardisierungen (z. B. durch Zeilenbegrenzungen) • Direkte und unmittelbare Reaktion der Kommunikationspartner nicht möglich

Tabelle 5.4: Kurzdefinition der Direktheitsstufen[39)]

---

38) Vgl. Dunckel, H.; Volpert, W.; Zölch, M.; et al., a. a. O. 1993 (a), S. 40

39) Tabelle entnommen aus: Dunckel, H.; Volpert, W.; Zölch, M.; et al., a. a. O. 1993 (a), S. 43

❑ Psychische Belastungen

Aus Arbeitstätigkeiten resultieren immer Anforderungen an die arbeitende Person, die je nach Art positiv (z.B. Planungs- und Entscheidungserfordernisse) oder negativ (z.B. Störungen im Arbeitsablauf) zu bewerten sind.[40] Während im KABA-Verfahren mit Hilfe des Humankriteriums „Entscheidungsspielraum“ Anforderungen erfaßt werden, die positive Auswirkungen auf die Entwicklung der Persönlichkeit des Arbeitenden haben, stellen „psychische Belastungen“[41] ein Negativkriterium dar. Die Analyse und Bewertung einer Arbeitstätigkeit unter dem Aspekt „psychischer Belastung“ soll Stressoren[42] identifizieren, die im Zusammenhang mit der Ausführung einer Arbeitsaufgabe stehen.[43]

Psychische Belastungen ergeben sich insbesondere dann, wenn bei der Bearbeitung einer Arbeitsaufgabe bestimmte Ereignisse auftreten, die die Ausführung (die Regulation einer Handlung) unnötig behindern.[44] Die belastende Wirkung resultiert aber nicht unmittelbar aus dem auslösenden Ereignis selbst, sondern vielmehr aus dem betrieblich bedingten Umgang mit ihm (z.B. wenn trotz des Ausfalls eines benötigten Arbeitsmittels ein gefordertes Arbeitsergebnis zu einem bestimmten Zeitpunkt vorliegen muß).[45]

Bei der Kontrastiven Aufgabenanalyse werden psychische Belastungen in Behinderungen und Überforderungen unterteilt. Hindernisse sind nicht vorhersehbare, den Arbeitsablauf unmittelbar beeinflussende Ereignisse, die dem Arbeitenden einen zusätzlichen oder erhöhten Handlungsaufwand abverlangen. Qualitativ lassen sich bei den Hindernissen drei Kategorien unterscheiden: in-

---

40) Vgl. Leitner, K.; Lüders, E.; Greiner, B.; et al., a. a. O. 1993, S. 15 - 16

41) Psychische Belastungen beeinträchtigen die anforderungsgerechte Ausführung einer Arbeitstätigkeit, indem sie den Arbeitsablauf unnötig erschweren und dem Arbeitenden einen zusätzlichen Handlungsaufwand abfordern.
Vgl. Leitner, K.; Volpert, W.; Greiner, B.; et al., a. a. O., S. 12

42) In dem von ZAPF et al. entwickelten Stressorenkonzept sind Stressoren diejenigen Faktoren, die bei Individuen Stress verursachen. Nach Definition der Autoren liegt ein Stressor genau dann vor, wenn objektive Bedingungen bei einem relativ hohen Anteil der betroffenen Personen „aversive Prognosen“ hervorrufen, die diese trotz zusätzlicher Bewältigungs- und Kontrolltätigkeiten nicht reduzieren können.
Vgl. Zapf, D.; Bamberg, E.; Dunckel, H.; Frese, M.; Greif, S.; Mohr, G.; Rückert, D.; Semmer, N.: Dokumentation der Skalen des Forschungsprojektes „Psychischer Stress am Arbeitsplatz - Hemmende und fördernde Bedingungen für humanere Arbeitsplätze“, Bonn: Bundesministerium für Forschung und Technologie , Projektträger „Humanisierung des Arbeitslebens“, Kennzeichen 01 VD 177-ZA-TAP 0016 1983, S. 19

43) Vgl. Dunckel, H.; Volpert, W.; Zölch, M.; et al., a. a. O. 1993 (a), S. 44

44) Vgl. Dunckel, H.; Volpert, W.; Zölch, M.; et al., a. a. O. 1993 (a), S. 206 - 207

45) Vgl. Dunckel, H.; Volpert, W.; Zölch, M.; et al., a. a. O. 1993 (a), S. 44

formatorische und motorische Erschwerungen sowie Unterbrechungen des Arbeitshandelns. Informatorische Erschwerungen beziehen sich auf das Wahrnehmen, Erkennen oder Auffinden von Informationen. Motorische Erschwerungen liegen dann vor, wenn Arbeitsmittel schwer zugänglich, umständlich zu bedienen oder unzuverlässig sind bzw. gänzlich fehlen. Unterbrechungen schließlich können aus Funktionsstörungen bzw. Blockierungen bei Arbeitsmitteln resultieren, aber auch auf Störungen durch Personen zurückzuführen sein.[46] Behinderungen werden bei der Durchführung einer KABA-Analyse dadurch quantifiziert, daß eine Kennziffer, die die Häufigkeit des Auftretens eines Hindernisses beschreibt, multiplikativ mit dem zeitgewichteten Zusatzaufwand zur Überwindung der Behinderung verknüpft wird.[47]

Anders als bei Hindernissen handelt es sich bei Überforderungen um Dauerzustände, die im Tagesverlauf die physische und psychische Leistungsfähigkeit beeinträchtigen. Bei dieser Belastungsdimension differenzieren die Autoren der Kontrastiven Aufgabenanalyse zwischen monotonen Arbeitsbedingungen und Zeitdruck. Monotone Arbeitsbedingungen zeichnen sich dadurch aus, daß der Arbeitende eine inhaltlich gleichförmige Arbeitsaufgabe bearbeiten muß, die nur geringe Anforderungen an ihn stellt, aber gleichzeitig anhaltende Aufmerksamkeit und Konzentration verlangt. Zeitdruck liegt dann vor, wenn die Zeitintervalle zur Ausführung von Arbeitsaufgaben bzw. einzelner Arbeitsschritte so knapp bemessen sind, daß der Ausführende ein gleichmäßig hohes Arbeitstempo einhalten muß und keine Möglichkeit hat dieses zu variieren, um damit z.B. Leistungschwankungen im Tagesverlauf auszugleichen.[48]

Aufgrund des bedingungsbezogenen Evaluationsansatzes der Kontrastiven Aufgabenanalyse erfaßt das Verfahren objektive Hindernisse und Überforderungen. Damit ist jedoch nicht ausgesagt, daß jede arbeitende Person diese Bedingungen auch tatsächlich als belastend empfinden muß.[49] Stress zeichnet sich dadurch aus, daß er personenbezogen ist, d. h. objektive Anforderungen wirken vermittelt durch die Einschätzungen des einzelnen Individuums. Gleichwohl schließt dieser personenorientierte Stressansatz nicht aus, daß es eine Reihe objektiv feststellbarer Stressoren gibt, die bei einer Vielzahl von Personen zu psychischen Belastungen führen.[50] Neben der Beeinträchtigung der psychosozialen Gesundheit des Einzelnen haben Stressoren auch eine ökonomische Dimension. So haben die Untersuchungen von ZAPF gezeigt, daß bei

---

46) Vgl. Dunckel, H.; Volpert, W.; Zölch, M.; et al., a. a. O. 1993 (a), S. 44 - 46

47) Vgl. Dunckel, H.; Volpert, W.; Zölch, M.; et al., a. a. O. 1993 (a), S. 208 - 215

48) Vgl. Dunckel, H.; Volpert, W.; Zölch, M.; et al., a. a. O. 1993 (a), S. 47

49) Vgl. Dunckel, H.; Volpert, W.; Zölch, M.; et al., a. a. O. 1993 (a), S. 45

50) Vgl. Dunckel, H.; Semmer, N., a. a. O. 1987, S. 163 - 177

Mensch-Rechner-Interaktionen eine wechselseitige Beziehung zwischen dem Auftreten von Stress und dem Enstehen von Fehlern besteht.[51)]

❑ **Zeitspielraum**

Mit Hilfe des Humankriteriums „Zeitspielraum" werden zeitliche Bedingungen des Arbeitshandelns untersucht. Das Unterkriterium „zeitliche Planungserfordernisse" liefert eine Aussage darüber, inwieweit der Arbeitende selbständig den zeitlichen Ablauf seiner Arbeitsaufgabe festlegen bzw. planen kann.[52)] Zur Quantifizierung dient eine vierstufige Skala, bei der die Abgrenzug der einzelnen Stufen danach erfolgt, ob und in welchem Umfang die Abfolge von Arbeitsaufträgen geplant werden muß.[53)] Tabelle 5.5 enthält eine Auflistung der einzelnen Stufen.

Stufe	Stufenbezeichnung
Stufe 1	Keine zeitliche Planung
Stufe 2	Bestimmung der Auftragsabfolge
Stufe 3	Zeitliche Planung der Auftragsabfolge
Stufe 4	Zeitliche Planung der Auftragsabfolge in Etappen

Tabelle 5.5: Stufen zeitlicher Planungserfordernisse[54)]

Das zweite Unterkriterium - die „Zeitbindung" - sagt aus, inwieweit sich die Ausführung einer Arbeitsaufgabe an vorgegebenen Terminen orientieren muß und innerhalb welcher Zeit (Teil)Aufträge bearbeitet oder fertiggestellt sein müssen.[55)]

Der zeitliche Dispositionsspielraum hängt wesentlich von der Art der Arbeitsorganisation ab. So bieten Arbeitsaufgaben, wie sie z.B. bei einer starr getakteten Fließfertigung anfallen, einem Arbeitenden kaum die Chance, Arbeitsprozesse selbständig unter zeitlichen Aspekten zu variieren. Damit fehlen auch Möglichkeiten, die im Tagesrhythmus auftretenden Leistungsschwankungen zu

---

51) Vgl. Zapf, D.: Fehler, Stress und organisationaler Kontext, in: Frese, M.; Zapf, D. (Hrsg.): Fehler bei der Arbeit mit dem Computer, Bern, Göttingen, Toronto 1991, S. 110 - 112

52) Vgl. Dunckel, H.; Volpert, W.; Zölch, M.; et al., a. a. O. 1993 (a), S. 48 - 49

53) Vgl. Dunckel, H.; Volpert, W.; Zölch, M.; et al., a. a. O. 1993 (a), S. 221 - 223

54) Tabelle entnommen aus: Dunckel, H.; Volpert, W.; Zölch, M.; et al., a. a. O. 1993 (a), S. 49

55) Vgl. Dunckel, H.; Volpert, W.; Zölch, M.; et al., a. a. O. 1993 (a), S. 50

kompensieren oder Störungen und unvorhersehbare Ereignisse aufzufangen. Ein ausreichender zeitlicher Spielraum ist demnach eine wichtige Voraussetzung, um angemessen mit Arbeitsbelastungen umzugehen.[56)] Darüber hinaus können die menschlichen Stärken „zielgerichtetes Handeln" und „flexibles Reagieren" auf veränderte Umweltbedingungen nur dann zum Tragen kommen, wenn die zeitlichen Rahmenbedingungen es auch zulassen.[57)]

❑ Variabilität

Die Evaluation einer Arbeitsaufgabe und ihrer Ausführungsbedingungen vor dem Hintergrund des Humankriteriums „Variabilität" ermöglicht es, das Ausmaß zu kennzeichnen, in dem der Arbeitende mit variablen, nicht gleichförmigen Anforderungen konfrontiert wird. Dabei steht die Unterschiedlichkeit der Arbeitsabläufe bzw. der benötigten Arbeitsmittel im Vordergrund, und nicht die Komplexität einer Arbeitsaufgabe. Letztere wird im Zusammenhang mit dem Entscheidungsspielraum betrachtet.[58)] Im Sinne des KABA-Verfahrens besteht jede Arbeitstätigkeit aus mindestens einer Arbeitsaufgabe, und diese wiederum aus wiederkehrenden Arbeitsaufträgen.[59)] Insofern wird bei diesem Humankriterium zwischen Aufgaben- und Auftragsvariabilität differenziert. Die „Aufgabenvariabilität" bezieht sich auf die Anzahl unterschiedlicher Arbeitsaufgaben, die an einem Arbeitsplatz zu bearbeiten sind, sowie auf die betrieblicherseits vorgegebenen Möglichkeiten zum Aufgabenwechsel. Bei der Ermittlung der „Auftragsvariabilität" wird untersucht, wie sehr sich die einzelnen Aufträge voneinander unterscheiden. Dabei dienen folgende Kriterien zur Kennzeichnung eines Auftrages:[60)]

- ❑ Auftragsinformationen
- ❑ grundlegende Informationen
- ❑ Prozeßinformationen
- ❑ Arbeitsmittel
- ❑ Dauer der Bearbeitung
- ❑ Abfolge von Arbeitseinheiten

Für jedes dieser Kriterien überprüft der Evaluator, ob sie bei der Bearbeitung verschiedener Arbeitsaufträge unterschiedlich sind. Bezüglich des Einsatzes

---

56) Auch hier haben die Untersuchungen von ZAPF et al. gezeigt, daß ein Zusammenhang zwischen Zeitdruck und dem Auftreten bestimmter Fehler existiert.
Vgl. Zapf, D.; Bamberg, E.; Dunckel, H.; et al., a. a. O., S. 19

57) Vgl. Dunckel, H.; Volpert, W.; Zölch, M.; et al., a. a. O. 1993 (a), S. 48 - 49

58) Vgl. Dunckel, H.; Volpert, W.; Zölch, M.; et al., a. a. O. 1993 (a), S. 51

59) Vgl. Dunckel, H.; Volpert, W.; Zölch, M.; et al., a. a. O. 1993 (a), S. 367

60) Vgl. Dunckel, H.; Volpert, W.; Zölch, M.; et al., a. a. O. 1993 (a), S. 52

von I&K-Techniken wird abschließend untersucht, ob sich Aufgaben- und Auftragsvariabilität vergrößern oder verkleinern.[61]

❑ Kontakt

In der Regel tritt bei Arbeitstätigkeiten im Büro- und Verwaltungsbereich das Bearbeiten vorwiegend schriftlich fixierter Informationen an die Stelle des unmittelbaren Bezuges zu produktiven, materiellen Prozessen. Informationen, die aus einem direkten Kontakt zu materiellen oder sozialen Gegebenheiten resultieren, liefern aber ein ganzheitlicheres Bild eines Sachverhaltes als Informationen, die losgelöst von ihrem Entstehungszusammenhang vermittelt werden. Insofern resultieren hieraus unmittelbare Konsequenzen für die Qualität von Planungs- und Entscheidungsprozessen.[62]

Mit Hilfe des Humankriteriums „Kontakt" wird im Rahmen einer KABA-Analyse untersucht, welche Arten von Informationen (z.B. Prozeßinformationen, Auftragsinformationen) bei der Ausführung einer Arbeitsaufgabe bearbeitet werden und über welche Informationskanäle diese zugänglich sind. Zur Klassifzierung der Informationszugänge dienen dabei die folgenden fünf Kategorien:[63]

- ❑ direkt mündlich
- ❑ fernmündlich
- ❑ schriftlich (in Wort und Zahl)
- ❑ bildlich/graphisch
- ❑ direkt materiell

Die Zugangsarten unterscheiden sich dadurch, daß sie jeweils mehr oder weniger Möglichkeiten beinhalten, unterschiedliche Wahrnehmungssinne anzusprechen. Der direkt mündliche und der direkt materielle Zugang zu Informationen bieten in diesem Sinne die größten Möglichkeiten. In bezug auf I&K-Techniken wird mit Hilfe des Humankriteriums „Kontakt" abschließend überprüft, inwieweit der Technikeinsatz die Zugangsarten zu Informationen erweitert oder reduziert.[64]

❑ Körperliche Aktivität

Aus dem Modell der hierarchisch sequentiellen Handlungsregulation wird ersichtlich, daß jede Handlung letztendlich durch körperliche Aktivitäten reali-

---

61) Vgl. Dunckel, H.; Volpert, W.; Zölch, M.; et al., a. a. O. 1993 (a), S. 53

62) Vgl. Dunckel, H.; Volpert, W.; Zölch, M.; et al., a. a. O. 1993 (a), S. 53 - 54

63) Vgl. Dunckel, H.; Volpert, W.; Zölch, M.; et al., a. a. O. 1993 (a), S. 55

64) Vgl. Dunckel, H.; Volpert, W.; Zölch, M.; et al., a. a. O. 1993 (a), S. 55

siert wird.[65] Hieraus folgt unmittelbar, daß alle Arbeitstätigkeiten - inklusive geistiger - Anforderungen an die körperliche Aktivität des Handelnden stellen. Arbeitstätigkeiten im Büro- und Verwaltungsbereich sind oftmals mit dem Problem behaftet, daß nur sehr einseitige Anforderungen an Körperhaltungen und Bewegungen bestehen, was zu gesundheitlichen Beeinträchtigungen bei dem Arbeitenden führen kann.[66] Diese Bedingungen des Arbeitshandelns haben aber nicht nur Auswirkungen auf der physiologischen Ebene, sie beeinträchtigen z.B. ebenso die Aufmerksamkeit oder das Wohlbefinden und sind damit auch auf der Ebene der Psyche wirksam.[67]

Die Analyse der körperlichen Aktivität bezieht sich im KABA-Verfahren auf zwei Dimensionen: den Bewegungsspielraum und den Haltungsspielraum. Beide werden überwiegend durch hardware-ergonomische Mängel beeinträchtigt und sind beim Einsatz von I&K-Techniken in besonderem Maße zu berücksichtigen. Bei der Überprüfung des Bewegungsspielraumes kennzeichnet der Untersucher mit Hilfe einer vierstufigen Skala, in welchem Ausmaß die Arbeitsaufgabe Anforderungen an die Bewegung einzelner Körperteile stellt. Die Stufenbenennungen sind in Tabelle 5.6 aufgelistet.[68]

Stufe	Stufenbezeichnung
Stufe 1	Geringe Bewegungsanforderungen
Stufe 2	Einfache Bewegungen vorwiegend eines Körperteils
Stufe 3	Komplexe Bewegungen eines Körperteils
Stufe 4	Komplexe Bewegungen mehrerer Körperteile

Tabelle 5.6: Stufen des Bewegungsspielraumes[69]

Der Haltungsspielraum schließlich kennzeichnet, ob bei der Ausführung einer Arbeitsaufgabe unterschiedliche Körperhaltungen erforderlich bzw. möglich sind. Zur Einstufung wird eine dreistufige Skala verwendet, deren Stufen in Tabelle 5.7 enthalten sind.[70]

---

65) Vgl. Oesterreich, R. a. a. O. 1981, S. 143

66) Vgl. Dunckel, H.; Volpert, W.; Zölch, M.; et al., a. a. O. 1993 (a), S. 56

67) Vgl. Dunckel, H. a. a. O. 1989, S. 73

68) Vgl. Dunckel, H.; Volpert, W.; Zölch, M.; et al., a. a. O. 1993 (a), S. 57 - 58

69) Tabelle entnommen aus: Dunckel, H.; Volpert, W.; Zölch, M.; et al., a. a. O. 1993 (a), S. 57

70) Vgl. Dunckel, H.; Volpert, W.; Zölch, M.; et al., a. a. O. 1993 (a), S. 57

Stufe	Stufenbezeichnung
Stufe 1	Einseitig fixierte Körperhaltung
Stufe 2	Einseitig veränderliche Körperhaltung
Stufe 3	Haltungswechsel

Tabelle 5.7: Stufen des Haltungsspielraumes[71)]

❑ Strukturierbarkeit

Die planende Aufgabenbewältigung - ein vorsatzgeleiteter, regulativer Vorgang - stellt die effektivste Form der Handlungsorganisation dar. Entsprechend organisierte Arbeitstätigkeiten erbringen die höchsten Leistungen bei gleichzeitiger Reduktion von Beanspruchungen.[72)] Voraussetzungen für individuelle Planungen sind u.a. das Vorhandensein nutzbarer Freiheitsgrade bezüglich der Aufgabenausführung und die Vorhersehbarkeit von Situationen und ihrer Konsequenzen. Letzteres ist umittelbar mit der Durchschaubarkeit der Arbeitssituation verknüpft.[73)]

Mit Hilfe des Humankriteriums „Strukturierbarkeit" werden bei der Kontrastiven Aufgabenanalyse die Durchschaubarkeit und die Gestaltbarkeit des Aufgabenzusammenhanges untersucht. Die Durchschaubarkeit hängt zum einen davon ab, ob der arbeitenden Person die im Arbeitsprozeß vor- und nachgelagerten Stellen bekannt sind, zum anderen, ob sie die für Planungen erforderlichen Informationen vorhersehbar erhält bzw. sie die Bedingungen für die Weiterverarbeitung des Arbeitsergebnisses kennt. Die Gestaltbarkeit kennzeichnet das Ausmaß, in dem die Bedingungen des Arbeitshandelns durch den Arbeitenden beeinflußbar und veränderbar sind.[74)]

Die Analyse der Strukturierbarkeit erfolgt anhand der in Tabelle 5.8 aufgelisteten Aspekte. Sowohl für die Durchschaubarkeit als auch die Gestaltbarkeit untersucht der Anwender des KABA-Verfahrens, inwieweit diese bekannt (Durchschaubarkeit) und beeinflußbar sind (Gestaltbarkeit).[75)]

---

71) Tabelle entnommen aus: Dunckel, H.; Volpert, W.; Zölch, M.; et al., a. a. O. 1993 (a), S. 57

72) Vgl. Hacker, W.; a. a. O. 1986, S. 329

73) Vgl. Hacker, W.; a. a. O. 1986, S. 330 - 331

74) Vgl. Dunckel, H.; Volpert, W.; Zölch, M.; et al., a. a. O. 1993 (a), S. 58

75) Vgl. Dunckel, H.; Volpert, W.; Zölch, M.; et al., a. a. O. 1993 (a), S. 59

Es ist bekannt bzw. kann beeinflußt werden,	
1.	woher bzw. von wem die Arbeitsaufträge kommen
2.	wann Arbeitsaufträge von vorgelagerten Stellen kommen
3.	wieviele Arbeitsaufträge von vorgelagerten Stellen kommen
4.	welche Arbeitsaufträge von vorgelagerten Stellen kommen
5.	in welcher Form Arbeitsaufträge von vorgelagerten Stellen kommen
6.	wohin Arbeitsergebnisse gehen
7.	wann Arbeitsergebnisse nachgelagerte Stellen erreichen
8.	wann Arbeitsergebnisse weiterbearbeitet werden
9.	in welcher Form Arbeitsergebnisse bei nachgelagerten Stellen vorliegen müssen

Tabelle 5.8: Aspekte der Durchschaubarkeit und Gestaltbarkeit des Aufgabenzusammenhanges[76)]

5.2.2 Testtheoretische Gütekriterien der Kontrastiven Aufgabenanalyse

Die Überprüfung der Zuverlässigkeit (Reliabilität) erfolgte nach der Methode der Vollständigen Doppelanalyse. Insgesamt wurden 20 Arbeitsaufgaben, die von 20 verschiedenen Personen bearbeitet wurden, doppelt analysiert. Die Analysen selbst führten zufällig ausgewählte Untersucherpaare zu unterschiedlichen Zeitpunkten durch.[77)]

Bei der Reliabilitätsprüfung, deren Ergebnisse Tabelle 5.9 zeigt, wurde die Beobachterübereinstimmung mit Hilfe der Produkt-Moment-Korrelation nach Pearson bestimmt. Bezogen auf die Verwendung der Korrelation als Übereinstimmungsmaß gilt $r = 0.50$[78)] als ausreichend, $r \geq 0.60$ als befriedigend, $r \geq 0.70$ als gut und $r \geq 0.80$ als sehr gut. Da die Berechnung der Produkt-Moment-Korrelationskoeffizienten nach Pearson intervallskalierte Daten voraussetzt, dies bei den vorliegenden Einstufungen jedoch bezweifelt werden kann, wurde

76) Tabelle entnommen aus: Dunckel, H.; Volpert, W.; Zölch, M.; et al., a. a. O. 1993 (a), S. 57

77) Vgl. Dunckel, H.; Volpert, W.; Zölch, M.; et al., a. a. O. 1993 (a), S. 85

78) Die Verwendung von r = 0.50 als Grenzwert orientiert sich z.B. an Lienert, der diesen Wert als ausreichend zum Vergleich von Gruppen, nicht jedoch zur individuellen Differenzierung ansieht.
Vgl. Lienert, G. A.; Raatz, U., a. a. O. 1994, S. 14

zur Kontrolle noch Kendalls tau als Zusammenhangsmaß für ordinal skalierte Daten berechnet. Letztere Werte lagen nach Angaben der Autoren etwas unter den oben angeführten. Die Bestimmung des Signifikanzniveaus (* signifikant auf dem 5%-Niveau, ** signifikant auf dem 1%-Niveau) erfolgte ebenfalls über Kendalls tau.[79)]

Humankriterien	Sprachliche Kennzeichnung	Produkt-Moment-Korrelationen
Entscheidungsspielraum	sehr gut	0.98**
Kommunikation		
• Kommunikationserfordernisse		
- intern	sehr gut	0.86**
- extern	befriedigend	0.61**
• Direktheit der Kommunikation		
- intern	befriedigend	0.63**
- extern	befriedigend	0.61**
Belastung		
• Summe Zusatzaufwand informatorische Erschwerungen plus motorische Erschwerungen plus Unterbrechungen	ausreichend	0.53**
• Zeitdruck	ausreichend	0.51**
• Monotone Arbeitsbedingungen	befriedigend	0.61**
Zeitspielraum		
• Zeitliche Planungserfordernisse	befriedigend	0.63**
• Zeitbindung	ausreichend	0.52**
Variabilität		
• Aufgabenvariabilität	sehr gut	0.87**
• Auftragsvariabilität	sehr gut	0.83**
Kontakt	befriedigend	0.53*
Körperliche Aktivität		
• Bewegungsspielraum	befriedigend	0.58**
• Haltungsspielraum	unzureichend	0.38*
Strukturierbarkeit		
• Durchschaubarkeit	unzureichend	0.39*
• Gestaltbarkeit	gut	0.78**

Tabelle 5.9: Ergebnisse der Reliabilitätsprüfung des KABA-Verfahrens[80)]

79) Vgl. Dunckel, H.; Volpert, W.; Zölch, M.; et al., a. a. O. 1993 (a), S. 87 - 88

80) Tabelle entnommen aus: Dunckel, H.; Volpert, W.; Zölch, M.; et al., a. a. O. 1993 (a), S. 86

Die Reliabilitätsprüfung hat ergeben, daß die Untersucher die Humankriterien mit befriedigender bis guter Zuverlässigkeit beurteilten. Ausnahmen bildeten lediglich die Unterkriterien „Haltungsspielraum" und „Durchschaubarkeit". Aufgrund ihrer mangelnden Zuverlässigkeit wurden die entsprechenden Manualerläuterungen noch einmal präzisiert und beim Humankriterium „körperliche Aktivität" die Stufen modifiziert. Nach Ansicht der Autoren des KABA-Verfahrens verbessern diese Maßnahmen die Zuverlässigkeit des Verfahrens, eine erneute Reliabilitätsprüfung zur Bestätigung dieses Sachverhaltes wurde offensichtlich aber nicht mehr durchgeführt.[81)]

Die Untersuchungen zu den testheoretischen Gütekriterien haben gezeigt, daß mit Hilfe der im Manual enthaltenen Kriterien eine zuverlässige Aufgabenabgrenzung möglich ist. Die Beurteilung der Zuverlässigkeit bei der Bewertung von I&K-Techniken ist aufgrund des retrospektiven Ansatzes der Reliabilitätsprüfung nur eingeschränkt zu klären. In bezug auf die Humankriterien „Entscheidungsspielraum", „Kommunikation", „Belastungen", „Zeitspielraum" und „Auftragsvariabilität" ließ sich eine befriedigende Zuverlässigkeit feststellen. Das Humankriterium „körperliche Aktivität" wurde nicht überprüft, bei den übrigen Humankriterien blieb die Zuverlässigkeit ungeklärt.[82)]

Die inhaltliche Validität (Gültigkeit) des Verfahrens kann aufgrund der theoriegeleiteten Vorgehensweise und der Tatsache, daß das Verfahren während der einzelnen Entwicklungsschritte immer wieder mit Experten abgestimmt und entsprechend modifiziert wurde, als gegeben angesehen werden. Zur Überprüfung der kriterienbezogenen Validität wurden Analyseergebnisse der Kontrastiven Aufgabenanalyse mit Außenkriterien korreliert. Hierzu entwickelten die Autoren des KABA-Verfahrens einen 133 Fragen umfassenden Fragebogen aus bestehenden Instrumenten, den die Arbeitenden (N = 85) schriftlich beantworteten. Als Grundlage dienten insbesondere der Fragebogen zur „Subjektiven Arbeitsanalyse (SAA)"[83)], die von MOHR[84)] überarbeitete „Freiburger Beschwerdeliste (FBL)"[85)] und die ebenfalls von ihr entwickelte Skala zur „Gereiztheit und Belastetheit (GB)" (vgl. Tab 4.10).

---

81) Vgl. Dunckel, H.; Volpert, W.; Zölch, M.; et al., a. a. O. 1993 (a), S. 85 - 87

82) Vgl. Dunckel, H.; Volpert, W.; Zölch, M.; et al., a. a. O. 1993 (a), S. 88 - 89

83) Vgl. Baitsch, C.; Katz, C.; Spinas, P.; Ulich, E., a. a. O. 1989, S. 141 - 145

84) Vgl. hierzu Mohr, G.: Die Erfassung psychologischer Befindensbeeinträchtigungen bei Arbeitern, Frankfurt 1986

85) Vgl. hierzu Fahrenberg, J.: Die Freiburger Beschwerdeliste FBL, in: Zeitschrift für klinische Psychologie, 2. Jg. (1975), S. 90 - 96

Humankriterien	Sprachliche Kenn-zeichnung	SAA	Gesund-heitsdimen-sionen
Entscheidungsspielraum	gegeben	0.53**	
Kommunikation			
• Kommunikationserfordernisse			
- intern	gegeben	0.54**	
- extern	gegeben	0.33**	
• Direktheit der Kommunikation			
- intern	offen		
- extern	offen		
Belastung			
• Summe Zusatzaufwand informatorische Erschwerungen plus motorische Erschwerungen plus Unterbrechungen	gegeben		0.33**
• Zeitdruck	offen		
• Monotone Arbeitsbedingungen	gegeben	0.56**	0.34**
Zeitspielraum			
• Zeitliche Planungserfordernisse	offen		
• Zeitbindung	offen		
Variabilität			
• Aufgabenvariabilität	offen		
• Auftragsvariabilität	gegeben	0.51**	
Kontakt	offen		
Körperliche Aktivität			
• Bewegungsspielraum	offen		
• Haltungsspielraum	offen		
Strukturierbarkeit			
• Durchschaubarkeit	gegeben	0.45**	0.30*
• Gestaltbarkeit	gegeben	0.34*	

Tabelle 5.10: Ergebnisse der Validitätsprüfung des KABA-Verfahrens[86)]

Obige Tabelle zeigt die Korrelationskoeffizienten, die sich bei der Validitätsprüfung zum einen in bezug auf das SAA-Verfahren und zum anderen be-

86) Tabelle entnommen aus: Dunckel, H.; Volpert, W.; Zölch, M.; et al., a. a. O. 1993 (a), S. 92

züglich der Gesundheitsdimensionen (abgeleitet aus der FBL, der GB und Fragen zu Augen-, Gelenk- und Schleimhautbeschwerden) ergeben haben. Da bei der Validitätsprüfung - begründet durch die Tatsache, daß zur Validierung des bedingungsbezogenen Verfahrens subjektive Einschätzungen herangezogen wurden[87] - nur erheblich niedrigere Korrelationswerte als bei der zuvor skizzierten Reliabilitätsprüfung zu erwarten sind, beschränkt sich die sprachliche Kennzeichnung lediglich auf „gegeben“ bzw. „offen“. Analog zur Reliabilitätsprüfung bedeuten hier * signifikant auf dem 5%-Niveau und ** signifikant auf dem 1%-Niveau.[88]

Die Auswertung zeigt, daß Zusammenhänge zwischen den Dimensionen des SAA bzw. den Gesundheitsdimensionen und den Humankriterien „Entscheidungsspielraum, „Belastungen“, „Variabilität“, „Kommunikation“ und „Strukturierbarkeit“ bestehen. Die Gültigkeit der Humankriterien „Zeitspielraum“, „körperliche Aktivität“ und „Kontakte“ konnte mangels inhaltlicher Entsprechungen in den Fragebogendimensionen nicht überprüft werden.[89] Auch Auswertungen bezüglich I&K-spezifischer Aspekte ergaben, daß solche Belastungen signifikante, aber nicht sonderlich hohe Zusammenhänge ($r = 0.2$) zu den Belastungsdimensionen des SAA wie auch zur Beurteilung des Bildschirmsystems durch die Arbeitenden hatten.[90]

5.3 Das RHIA/VERA-Büro-Verfahren

Bei dem RHIA/VERA-Büro-Verfahren handelt es sich um ein psychologisches Arbeitsanalyseverfahren, das für den Einsatz im Büro- und Verwaltungsbereich entwickelt wurde.[91] Mit Hilfe des Verfahrens lassen sich Tätigkeiten bis zur Ebene qualifizierter Sachbearbeitung untersuchen, wobei keine Einschränkungen bezüglich der Branche und der eingesetzten Bürotechnologien bestehen.[92] Ebenso wie die Kontrastive Aufgabenanalyse basiert dieses Verfahren auf der Handlungsregulationstheorie mit ihren spezifischen Annahmen über die Besonderheiten menschlichen (Arbeits)Handelns. Gegenstand der Analyse sind die Arbeitsaufgaben mit ihren Ausführungsbedingungen, dabei sollen inbesondere

---

87) Eine hohe Korrelation würde den Verdacht nahelegen, daß das KABA-Verfahren nicht die objektiven Bedingungen, sondern individuelle Einschätzungen der Arbeitenden erfaßt hätte.
Vgl. Dunckel, H.; Volpert, W.; Zölch, M.; et al., a. a. O. 1993 (a), S. 90 - 91

88) Vgl. Dunckel, H.; Volpert, W.; Zölch, M.; et al., a. a. O. 1993 (a), S. 90 - 93

89) Vgl. Dunckel, H.; Volpert, W.; Zölch, M.; et al., a. a. O. 1993 (a), S. 91

90) Vgl. Dunckel, H.; Volpert, W.; Zölch, M.; et al., a. a. O. 1993 (a), S. 93

91) Vgl. Leitner, K.; Lüders, E.; Greiner, B.; et al., a. a. O. 1993 (a), S.15

92) Vgl. Leitner, K.; Lüders, E.; Greiner, B.; et al., a. a. O. 1993 (a), S.18

die aus der Arbeitstätigkeit resultierenden Anforderungen an Planungs- und Denkleistungen sowie psychisch belastende Arbeitsbedingungen evaluiert werden. Die Ausrichtung der Analyse auf die Beurteilung der Arbeitsbedingungen als Handlungsbedingungen für den Arbeitenden kennzeichnen das RHIA/VERA-Büro-Verfahren als bedingungsbezogenes Arbeitsanalyseverfahren, das von den individuellen Eigenschaften einer bestimmten Person abstrahiert.[93)] Hieraus folgt unmittelbar, daß auch dieses Verfahren nur dann einsetzbar ist, wenn es sich bei dem Arbeitsplatzinhaber um eine hinreichend geübte Person handelt.[94)]

Wie schon die Verfahrensbeschreibung in Kapitel 5.1 gezeigt hat, ist die Analyse von Regulationserfordernissen und -behinderungen auch ein Ziel der Kontrastiven Aufgabenanalyse. Allerdings handelt es sich bei diesem Instrument um ein Screeningverfahren[95)], dessen Analyseergebnisse naturgemäß weitaus weniger detailliert sein können, als die eines Verfahrens für Detailanalysen.[96)]

Sowohl zur Überprüfung der positiv zu bewertenden Planungs- und Denkanforderungen als auch der, das Wohlbefinden beeinträchtigenden psychischen Belastungen existieren Analyseinstrumente, von denen zwei die Grundlage für die Entwicklung des RHIA/VERA-Büro-Verfahrens bildeten. Planungs- und Denkanforderungen bei gewerblichen Arbeitstätigkeiten lassen sich mit dem 1983 publizierten VERA-Verfahren[97)] (Verfahren zur Ermittlung von Regulationserfordernissen in der Arbeit) analysieren. Das 1987 veröffentlichte RHIA-Verfahren[98)] (Verfahren zur Ermittlung von Regulationshindernissen in der Arbeitstätigkeit) erlaubt die Erfassung psychischer Belastungsfaktoren in demselben Arbeitsbereich. Schließlich wurde mit der Version 2 des VERA-Verfahrens[99)] die Grundlage für einen integrierten Einsatz beider Analyseinstrumente im Produktionsbereich geschaffen. Beide Verfahren ermöglichen entsprechende Detailanalysen der Arbeitstätigkeit, haben jedoch den grundlegenden Nachteil, daß sie für den Einsatz im Büro- und Verwaltungsbereich - aufgrund der dort anzutreffenden spezifischen Rahmenbedingungen - ungeeignet sind. Im vorliegenden RHIA/VERA-Büro-Verfahren wurden sowohl das RHIA

---

93) Vgl. Leitner, K.; Lüders, E.; Greiner, B.; et al., a. a. O. 1993 (a), S. 17

94) Vgl. Leitner, K.; Lüders, E.; Greiner, B.; et al., a. a. O. 1993 (a), S. 31

95) Vgl. Leitner, K.; Lüders, E.; Greiner, B.; et al., a. a. O. 1993 (a), S. 85

96) Vgl. Leitner, K.; Lüders, E.; Greiner, B.; et al., a. a. O. 1993 (a), S. 18 - 19

97) Vgl. hierzu Volpert, W.; Oesterreich, R.; Gablenz-Kolakovic, S.; Krogoll, T.; Resch, M.: Verfahren zur Ermittlung von Regulationserfordernissen in der Arbeitstätigkeit (VERA) - Analyse von Planungs- und Denkprozessen in der industriellen Produktion, Köln 1983

98) Vgl. hierzu Leitner, K.; Volpert, W.; Greiner, B.; et al. 1987

99) Vgl. hierzu Oesterreich, R.; Volpert, W. (Hrsg.), a. a. O. 1991

als auch das VERA-Verfahren an die Spezifika der Arbeitstätigkeiten im Büro- und Verwaltungsbereichs angepaßt, inhaltlich adaptiert und in einem Instrument integriert.[100)]

Der aus dem VERA-Verfahren abgeleitete Teil des RHIA/VERA-Büro-Verfahrens dient zur Bestimmung der Regulationserfordernisse, die aus der Arbeitsaufgabe resultieren. Dabei wird insbesondere untersucht, welche Bedingungen am Arbeitsplatz das eigenständige Handeln des Arbeitenden einschränken und durch welche Maßnahmen sich dem entgegenwirken läßt.[101)] Zur Quantifizierung des Ausmaßes, in dem ein Arbeitender selbständig entscheiden oder planen kann, dient ein handlungsregulatorisch begründetes Stufenmodell der Regulationserfordernisse. Jede zu untersuchende Arbeitsaufgabe wird bezüglich der Planungs- und Entscheidungserfordernisse analysiert und einer der neun Ebenen des Modells zugeordnet.[102)] Die Analyse der psychischen Belastungen erfolgt mit Hilfe des Verfahrensteils, der sich aus dem RHIA-Verfahren ableitet. Regulationsbehinderungen werden zunächst mit Hilfe eines theoretisch begründeten Modells kategorisiert und anschließend anhand von Zeitmessungen bzw. -schätzungen quantifiziert.[103)] Sowohl das Modell der Regulationsbehinderungen als auch das Stufenmodell der Regulationserfordernisse werden in einem späteren Abschnitt detailliert erläutert.

Die Datenerhebung im Rahmen einer Untersuchung erfolgt theoriegeleitet mit Hilfe der Erhebungsmethodik des Beobachterinterviews.[104)] Neben den oben angeführten Quantifizierungen liefert eine Analyse auch qualitative Ergebnisse, wie z.B. differenzierte Aufgabenbeschreibungen, Begründungen für Bewertungen oder genaue Darstellungen der analysierten Ereignisse. Letztere - insbesondere konkrete Hinweise auf Mängel in der Arbeitsgestaltung - sind wertvolle Hinweise für die Ableitung von Verbesserungsmaßnahmen für die das Verfahrensmanual ebenfalls Vorschläge enthält.[105)] Als Anwender des RHIA/VERA-Büro-Verfahrens kommen neben Sozialwissenschaftlern, Betriebspsychologen und Arbeitspädagogen auch Betriebsärzte, arbeitswissenschaftlich vorgebildete Betriebsräte und Arbeitsplaner in Frage.[106)]

---

100) Vgl. Leitner, K.; Lüders, E.; Greiner, B.; et al., a. a. O. 1993 (a), S. 16

101) Vgl. Leitner, K.; Lüders, E.; Greiner, B.; et al., a. a. O. 1993 (a), S. 16 - 17

102) Vgl. Leitner, K.; Lüders, E.; Greiner, B.; et al., a. a. O. 1993 (a), S. 18

103) Vgl. Leitner, K.; Lüders, E.; Greiner, B.; et al., a. a. O. 1993 (a), S. 18

104) Vgl. Leitner, K.; Lüders, E.; Greiner, B.; et al., a. a. O. 1993 (a), S. 17

105) Vgl. Leitner, K.; Lüders, E.; Greiner, B.; et al., a. a. O. 1993 (a), S. 18

106) Vgl. Leitner, K.; Lüders, E.; Greiner, B.; et al., a. a. O. 1993 (a), S. 20

5.3.1 Die Humankriterien des RHIA/VERA-Büro-Verfahrens

Dem RHIA/VERA-Büro-Verfahren liegt ein psychologisches Aufgabenverständnis zugrunde, das durch die Handlungsregulationstheorie geprägt ist.[107)] Im Sinne dieser Theorie bilden Handlungen die kleinste psychologische Einheit einer willensmäßig gesteuerten Tätigkeit zur Erreichung eines bestimmten Zieles.[108)] Arbeitsaufgaben sind demnach als Handlungsanforderungen im Arbeitsprozeß anzusehen, die sich aus der gesellschaftlichen und innerbetrieblichen Aufgabenteilung ergeben, und denen sich der Arbeitende stellen muß.[109)] Vor diesem Hintergrund können Arbeitsaufgaben dahingehend untersucht werden, welche Anforderungen sie an die psychische Regulation des Handelns stellen, wobei unter dem Begriff der Regulation „die Art und Weise, wie bestimmte Ziele des Handelns gebildet werden, wie sie in Teilziele untergliedert und schließlich durch einzelne Teilhandlungen und Bewegungen erreicht werden,“[110)] zu verstehen ist.[111)]

Anforderungen an die Handlungsregulation sind aus arbeitspsychologischer Sicht positiv zu bewerten, sofern sie der arbeitenden Person Möglichkeiten bieten, selbständig Ziele zu bilden und Planungen durchzuführen. Dieser Sachverhalt wird im RHIA/VERA-Büroverfahren mit Hilfe des Humankriteriums „Regulationserfordernisse“ untersucht. Im Gegensatz zu den Regulationserfordernissen kennzeichnen das zweite Humankriterium, „psychische Belastungen“, die Durchführungsbedingungen des Arbeitshandelns, die im Widerspruch zur Zielerreichung stehen.[112)]

❑ Regulationserfordernisse

Um Handlungen hinsichtlich ihres Regulationsniveaus bewerten zu können, ist es zunächst erforderlich, anhand qualitativer Kriterien eindeutig abgrenzbare Stufen der Regulationserfordernisse zu definieren.[113)] Eine geeignete Grundlage hierfür bildet das von OESTERREICH entwickelte 5-Ebenen-Modell der Handlungsregulation, dessen Ebenen unterschiedlich hohe Stufen von Regulationserfordernissen repräsentieren.[114)] Als Abgrenzungskriterien dienen die

107) Vgl. Leitner, K.; Lüders, E.; Greiner, B.; et al., a. a. O. 1993 (a), S. 26

108) Vgl. Hacker, W. a. a. O. 1986, S. 73

109) Vgl. Leitner, K.; Lüders, E.; Greiner, B.; et al., a. a. O. 1993 (a), S. 25

110) Leitner, K.; Volpert, W.; Greiner, B.; et al., a. a. O. 1987, S.13

111) Vgl. Leitner, K.; Lüders, E.; Greiner, B.; et al., a. a. O. 1993 (a), S. 26

112) Vgl. Leitner, K.; Lüders, E.; Greiner, B.; et al., a. a. O. 1993 (a), S. 27

113) Vgl. Leitner, K.; Lüders, E.; Greiner, B.; et al., a. a. O. 1993 (a), S. 33 - 34

114) Vgl. Oesterreich, R., a. a. O. 1981, S. 142 -143

qualitativen Merkmale der Aktionsprogramme, die Besonderheiten bei deren Entwurf sowie die Spezifika der an nachfolgende Arbeitseinheiten weiterzugebende Ziele.[115)]

Das Modell von OESTERREICH bildete auch die Grundlage zur Entwicklung des im VERA-Verfahren[116)] verwendeten Stufenmodells zur Bewertung der Regulationserfordernisse. Innerhalb jeder der fünf Ebenen der Handlungsregulation werden zwei Stufen unterschieden - je nachdem, ob die ebenentypischen Anforderungen vollständig oder mit Einschränkungen erfüllt sind. Letztere - die sogenannten restringierten R-Stufen (R = Restriktionen) - sind dadurch gekennzeichnet, daß die Anforderungen innerhalb einer Ebene nicht vollständig erfüllt sind, ohne jedoch die Regulationserfordernisse auf die darunterliegende Ebene zu reduzieren.[117)]

Das für den Produktionsbereich entwickelte VERA-Stufenmodell ist aufgrund der besonderen Spezifika der Arbeitstätigkeiten nicht im Büro- und Verwaltungsbereich anwendbar. Arbeitstätigkeiten im produzierenden Bereich zeichnen sich in der Regel dadurch aus, daß im Arbeitsprozeß eine Arbeitseinheit erst dann begonnen wird, wenn die vorausgehende abgeschlossen ist. Bei Bürotätigkeiten hingegen unterbricht die arbeitende Person häufig eine angefangene Arbeitseinheit, bearbeitet eine andere und kehrt nach deren Beendigung zu der unterbrochenen zurück. Insofern war es bei der Konzeption des RHIA/ VERA-Büro-Verfahrens erforderlich, das „ablauforientierte" Stufenmodell des VERA-Verfahrens durch ein „entscheidungsorientiertes" zu ersetzen.[118)] Die Kurzbeschreibung dieses Stufenmodelles zeigt Tabelle 5.11.

---

115) Vgl. Oesterreich, R., a. a. O. 1981, S. 33

116) Vgl. hierzu Volpert, W.; Oesterreich, R.; Gablenz-Kolakovic, S.; et al., a. a. O. 1983 bzw. Oesterreich, R., Volpert, W. (Hrsg.), a. a. O. 1991

117) Vgl. Oesterreich, R., Volpert, W. (Hrsg.), a. a. O. 1991, S. 46

118) Vgl. Leitner, K.; Lüders, E.; Greiner, B.; et al., a. a. O. 1993 (a), S. 35

Ebene 5	Einrichtung neuer Arbeitsprozesse
Stufe 5	Organisatorische Bedingungen für die Einrichtung neuer Arbeitsprozesse werden konzipiert, wobei bestehende Arbeitsprozesse in neuartiger Weise integriert werden sollen.
Stufe 5 R	Organisatorische Bedingungen für die Einrichtung neuer Arbeitsprozesse werden konzipiert, wobei bestehende Arbeitsprozesse möglichst wenig verändert werden sollen
Ebene 4	**Koordination von Teilprozessen**
Stufe 4	Es müssen Strategieentscheidungen in (mindestens) zwei Teilprozessen der Arbeitsaufgabe getroffen und miteinander koordiniert werden
Stufe 4 R	Es muß eine Strategieentscheidung getroffen und dabei berücksichtigt werden, daß die Realisierung von (Strategie-) Entscheidungen in Teilprozessen, die von anderen bearbeitet werden, nicht gefährdet wird.
Ebene 3	**Strategieentscheidungen**
Stufe 3	Es muß eine Strategieentscheidung getroffen werden; aus dieser leitet sich ab, welche weiteren Entscheidungen zu treffen sind.
Stufe 3 R	Es müssen mehrere Entscheidungen getroffen werden; das Abwägen verschiedener Möglichkeiten ist mindestens zweimal im Verlauf eines Arbeitsauftrages erforderlich.
Ebene 2	**Entscheidung**
Stufe 2	Vor oder während der Bearbeitung eines Arbeitsauftrages müssen verschiedene Möglichkeiten abgewogen werden. Für eine von ihnen ist eine Entscheidung zu treffen.
Stufe 2 R	Es ist erforderlich, sich vor oder während der Bearbeitung eines Arbeitsauftrages die Vorgehensweise zu vergegenwärtigen.
Ebene 1	**Regelanwendung**
Stufe 1	Bei der Bearbeitung eines Arbeitsauftrages ist die Bestimmung der Vorgehensweise erforderlich
Stufe 1 R	Die Arbeitsaufträge werden in immer der gleichen Weise mit den gleichen Arbeitsmitteln bearbeitet.

Tabelle 5.11: Kurzdefinitionen des VERA-Modells für Büroarbeit[119)]

119) Tabelle entnommen aus: Leitner, K.; Lüders, E.; Greiner, B.; et al., a. a. O. 1993 (a), S. 37

Das Stufenmodell zur Erfassung der Regulationerfordernisse repräsentiert eine sehr umfassende Arbeitsaufgabe, die von der Anwendung einfacher Regeln bis zur Einrichtung neuer Arbeitsprozesse reicht. In der Praxis sind solche Arbeitstätigkeiten selten.[120] Vielmehr sind sie häufig so gestaltet, daß die Arbeitenden in mehr oder weniger großem Umfang von höheren Regulationsstufen abgeschnitten sind. Dieses Phänomen wird unter dem Begriff der Partialisierung des Arbeitshandelns thematisiert.[121] Abbildung 5.1 zeigt diesen Sachverhalt beispielhaft. Arbeitsaufgabe A ist der Regulationsstufe 4 zugeordnet und betrifft die Koordination mehrerer Teilprozesse. Eine solche Arbeitstätigkeit ist aufgrund der resultierenden Planungs- und Denkanforderungen intellektuell wesentlich anspruchsvoller als beispielsweise Arbeitsaufgabe D, bei der die Arbeitstätigkeit auf das Ausführen von Operationen nach vorgegebenen Regeln reduziert ist.

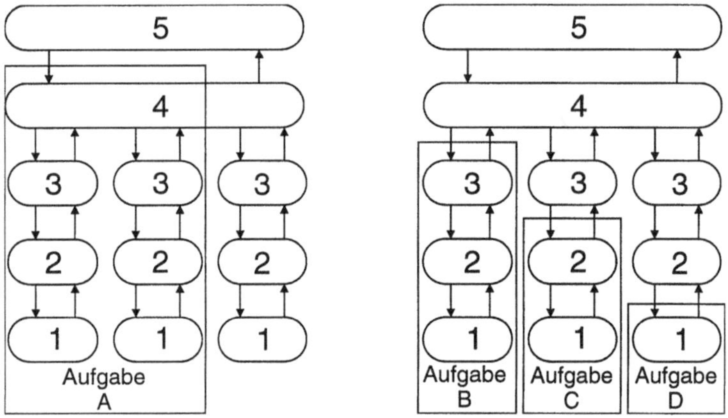

Abbildung 5.1: Regulationserfordernisse bei verschiedenen Aufgaben[122]

Bei der Überprüfung des Humankriteriums „Regulationserfordernisse" wird untersucht, welche Entscheidungen bei der Ausführung einer Arbeitsaufgabe zu treffen sind und in welcher Beziehung die Entscheidungen zueinander stehen (ob sie einander über- oder untergeordnet sind).[123] Die Einstufung der untersuchten Arbeitsaufgabe richtet sich nach der höchsten Stufe der Regulationser-

120) Vgl. Leitner, K.; Lüders, E.; Greiner, B.; et al., a. a. O. 1993 (a), S. 38

121) Vgl. hierzu Volpert, W., a. a. O. 1975, S. 11 - 196

122) Abbildung entnommen aus: Leitner, K.; Lüders, E.; Greiner, B.; et al., a. a. O. 1993 (a), S. 37

123) Vgl. Leitner, K.; Lüders, E.; Greiner, B.; et al., a. a. O. 1993 (a), S. 41

fordernisse, die bei der Ausführung benötigt wird.[124] In bezug auf das 5-Ebenen-Modell der Handlungsregulation wird mit der Stufenzuordnung gleichzeitig eine Aussage darüber gemacht, wie „vollständig“ eine Arbeitsaufgabe ist.[125]

❑ Psychische Belastungen

Wie schon an anderer Stelle ausgeführt, können sich psychische Belastungen daraus ergeben, daß die Ausführungsbedingungen einer Arbeitstätigkeit im Widerspruch zur Zielerreichung stehen. Dabei resultiert die belastende Wirkung jedoch nicht unmittelbar aus der Behinderung selbst, sondern aus dem betrieblicherseits vorgegebenen Umgang mit ihr. Ein typisches Beispiel hierfür ist, daß der Arbeitende trotz Auftretens einer Behinderung das vorgegebene Arbeitsergebnis auf einem vorgegebenen Handlungsweg erreichen muß. Eine solche Situation kann zwei Konsquenzen zur Folge haben:[126]

1. Der Arbeitende muß zur Überwindung der Behinderung einen zusätzlichen Handlungsaufwand betreiben, oder er wird zu riskantem Handeln gezwungen.
2. Die Leistungsvoraussetzungen des Handelnden werden hinsichtlich der Regulationsfähigkeit überfordert.

In beiden Fällen handelt es sich um Regulationsbehinderungen, wobei der erste Fall mit dem Begriff „Regulationshindernis“ und der zweite mit „Regulationsüberforderung“ charakterisiert wird. Beide sollen in den folgenden Abschnitten näher betrachtet werden.[127]

Im Sinne des RHIA/VERA-Büro-Verfahrens sind Arbeitsbedingungen im wesentlichen durch vier Elemente geprägt: durch die Arbeitsmittel und -gegenstände, die Arbeitsorganisation und das Arbeitsergebnis. Sie stecken den Rahmen des Arbeitshandelns ab und bestimmen, auf welchem Regulationsniveau eine Aufgabe angesiedelt ist. Unter Hindernissen sind solche Bedingungen zu verstehen, die die Ausführung der Arbeitstätigkeit bzw. das Erreichen des Arbeitsergebnisses beeinträchtigen. Regulationsbehinderungen müssen deutlich von den positiv zu bewertenden Regulationserfordernissen abgegrenzt werden: Sie leisten keinen Beitrag hinsichtlich der Planungs- und Entscheidungserfor-

---

124) Vgl. Leitner, K.; Lüders, E.; Greiner, B.; et al., a. a. O. 1993 (a), S. 41
125) Vgl. Leitner, K.; Lüders, E.; Greiner, B.; et al., a. a. O. 1993 (a), S. 57
126) Vgl. Leitner, K.; Lüders, E.; Greiner, B.; et al., a. a. O. 1993 (a), S. 59
127) Vgl. Leitner, K.; Lüders, E.; Greiner, B.; et al., a. a. O. 1993 (a), S. 59

dernisse und sind auch nicht erforderlich, um z.B. ein bestimmtes Arbeitsergebnis zu erreichen.[128)]

Mit diesen Annahmen unterstellt man implizit, daß es einen unbehinderten Weg zum Erreichen des Arbeitsergebnisses gibt. In Abbildung 5.2 ist dies schematisch dargestellt. Die Kästchen A - E stellen bestimmte „Situationen" dar, während die dickeren Pfeile zwischen ihnen die verbindenden Handlungsschritte kennzeichnen. Tritt nun ein Hindernis auf (symbolisiert durch das schwarze Kästchen) gibt es prinzipiell mehrere Arten wie der Arbeitende reagieren kann (dünnere Pfeile):[129)]

1. Aufgrund des Hindernisses muß der Arbeitende den gesamten Weg des Arbeitshandelns von vorn beginnen (Pfeil 1).
2. Bestimmte Teilschritte des Arbeitshandelns sind zu wiederholen (Pfeil 2).
3. Der Arbeitende muß bei der Ausführung der Arbeitstätigkeit einen „Umweg" gehen und z.B. zusätzliche Aktivitäten ausführen (Pfeil 3).
4. Das Hindernis erfordert einen erhöhten Handlungsaufwand bei einzelnen Teilschritten (Pfeil 4).
5. Der Arbeitende reagiert mit „riskantem Handeln" und nimmt z.B. bestimmte Sanktionen in Kauf (Pfeil 5).

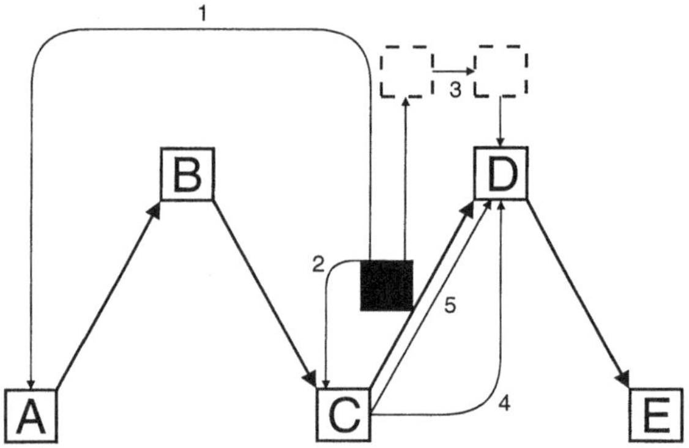

Abbildung 5.2: Mögliche Reaktionen auf Hindernisse[130)]

128) Vgl. Leitner, K.; Lüders, E.; Greiner, B.; et al., a. a. O. 1993 (a), S. 60

129) Vgl. Leitner, K.; Lüders, E.; Greiner, B.; et al., a. a. O. 1993 (a), S. 60 - 61

130) Abbildung entnommen aus: Leitner, K.; Lüders, E.; Greiner, B.; et al., a. a. O. 1993 (a), S. 60

All diesen Reaktionsarten ist gemeinsam, daß sich die Ausführung einer Arbeitsaufgabe gegenüber dem unbehinderten Ablauf zeitlich verzögert. Die Zeit, die die erforderliche Reaktion zur Überwindung des Hindernisses benötigt, wird als Zusatzaufwand bezeichnet. Mit seiner Hilfe lassen sich Regulationshindernisse quantitativ bewerten.[131)] Aufgrund des bedingungsbezogenen Ansatzes muß jedoch sichergestellt sein, daß die Reaktionen und der damit verbundene Zusatzaufwand auch tatsächlich auf die vorliegenden Handlungsbedingungen und nicht auf den persönlichen Arbeitsstil des Arbeitenden zurückzuführen sind. Letzteres wäre beispielsweise dann der Fall, wenn der Arbeitende die grundsätzliche Möglichkeit zur Beseitigung des Hindernisses hätte oder wenn Kollegen in der gleichen Situation anders handeln würden.[132)]

Ein weiteres Charakteristikum zur Bestimmung von Regulationshindernissen sind die „Bewältigungsmöglichkeiten", die den Umgang mit einem Hindernis betreffen. Sind solche seitens des Betriebes explizit vorgesehen, werden die auftretenden Hindernisse nicht als Regulationshindernisse eingestuft. Im einzelnen sind im RHIA/VERA-Büro-Verfahren folgende Reaktionsmöglichkeiten vorgesehen:[133)]

- Der Arbeitende hat die Möglichkeit, die Qualität seiner Arbeit zu vermindern.
- Beim Auftreten eines Hindernisses können Teile der Arbeit an andere Personen abgeben werden.
- Bei Bedarf können Bearbeitungszeiten verlängert werden.
- Der Arbeitende hat die Möglichkeit, sich seine Arbeitsaufgabe zeitlich so einzuteilen, daß er nur bei Routinetätigkeiten von anderen Personen gestört wird.

Nach dieser eher allgemeinen Kennzeichnung sollen Regulationshindernisse anhand von insgesamt 25 Typenklassen inhaltlich klassifiziert werden. Diese Klassifikation ist in Abbildung 5.3, zusammen mit der Einteilung der noch zu erläuternden Regulationsüberforderungen, dargestellt.

131) Vgl. Leitner, K.; Lüders, E.; Greiner, B.; et al., a. a. O. 1993 (a), S. 62

132) Vgl. Leitner, K.; Lüders, E.; Greiner, B.; et al., a. a. O. 1993 (a), S. 64

133) Vgl. Leitner, K.; Lüders, E.; Greiner, B.; et al., a. a. O. 1993 (a), S. 63

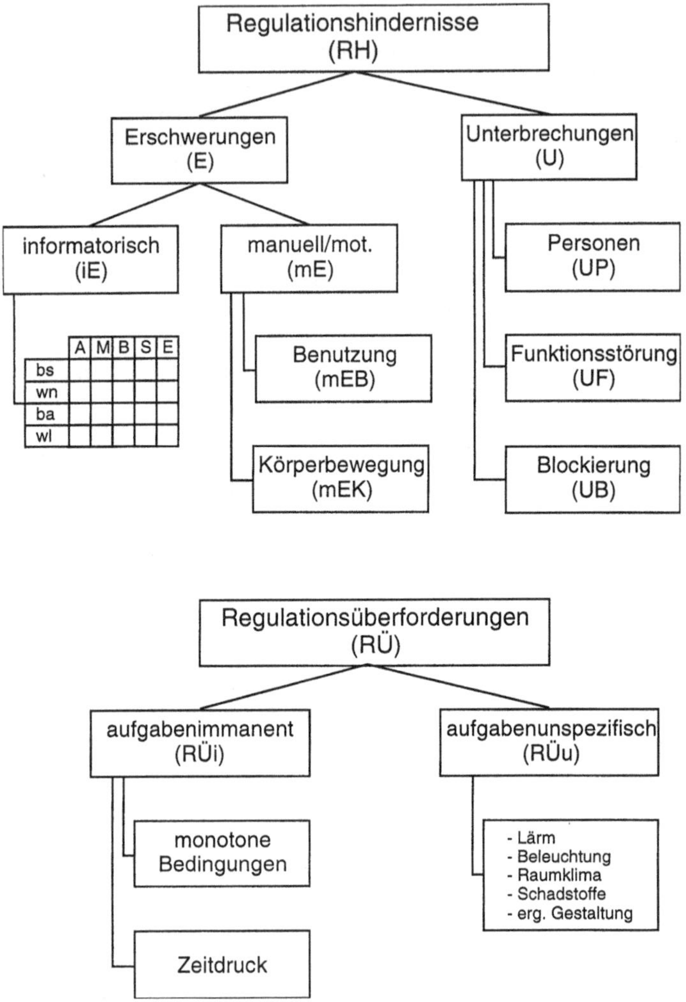

Abbildung 5.3: Klassifikation der Regulationsbehinderungen[134)]

Regulationshindernisse lassen sich zunächst danach unterscheiden, ob sie an bestimmte Arbeitsoperationen gebunden sind oder unabhängig von ihnen auftreten können. Operationsspezifische Hindernisse werden als Erschwerungen

---

134) Abbildung entnommen aus: Leitner, K.; Lüders, E.; Greiner, B.; et al., a. a. O. 1993 (a), S. 67

(E) bezeichnet, während es sich bei den operationsunabhängigen um Unterbrechungen (U) handelt, die an jeder beliebigen Stelle im Handlungsablauf auftreten können. Letztere lassen sich „störungsspezifisch“ in Unterbrechung durch Personen (UP), Funktionsstörungen (UF) oder Blockierungen (UB) weiter ausdifferenzieren. Erschwerungen beziehen sich auf manuelle/motorische oder informatorische Aspekte einer Operation. Manuelle/motorische Erschwerungen (mE) können daraus resultieren, daß die Benutzung von Arbeitsmitteln (mEB) oder die Körperbewegung (mEK) behindert ist, Informatorische Erschwerungen (iE) liegen dann vor, wenn die zur Ausführung einer Arbeitsaufgabe benötigten Informationen wie Auslöseinformationen (A), Meldungen (M), Basisinformationen (B), statische Informationen (S) oder erzeugte Informationen (E) fehlen. Bei der Kennzeichnung informatorischer Erschwerungen sind diese in einem Bezugsrahmen zu positionieren, der zum einen aus den oben aufgeführten Informationsarten, zum anderen aus den Operationsarten Beschaffung (bs), Wahrnehmung (wn), Bearbeitung (ba) und Weiterleitung (wl) gebildet wird.[135)]

Bezüglich dieser Klassifikation ist jedoch anzumerken, daß das Belastungskonzept des RHIA/VERA-Büroverfahrens in bezug auf informatorische Erschwerungen unvollständig ist. Betrachtet man das in Abbildung 5.4 dargestellte Blockdiagramm des sensumotorischen Systems beim Menschen, so fällt auf, daß dieser mehrere Speicherelemente zur kurz- bzw. längerfristigen Abspeicherung von Informationen besitzt. Insofern wäre es angebracht, insbesondere aufgrund der spezifischen Charakteristika von Arbeitstätigkeiten im Büro- und Verwaltungsbereich, im Belastungskonzept eine Operationsart „Behalten von Informationen“ einzuführen. Diese Forderung wird auch durch die Aussage von HACKER gestützt. Er weist darauf hin, daß die Überforderung kognitiver und mnestischer Leistungen, wie das Behalten von Zwischenresultaten gedanklicher Verabeitungsprozesse während des Verarbeitens neuer Informationen, die Regulation von Handlungen beeinträchtigt.[136)]

Regulationsüberforderungen (RÜ) grenzen sich von Regulationshindernissen dadurch ab, daß sie den Arbeitsablauf nicht unmittelbar beeinflussen. Es handelt sich um vorhersehbare Dauerzustände, die vermittelt auf das Arbeitshandeln einwirken und die regulativen Prozesse (z.B. Aufmerksamkeit und Konzentration) beeinträchtigen. Ebenso wie Regulationshindernisse können Regulationsüberforderungen weiter differenziert werden. In Abhängigkeit davon, ob sie aus der Arbeitsaufgabe resultieren oder nicht, lassen sich zunächst aufgabenimmanente (RÜi) und aufgabenunspezifische (RÜu) Regulationsüberforderungen unterscheiden.[137)]

---

135) Vgl. Leitner, K.; Lüders, E.; Greiner, B.; et al., a. a. O. 1993 (a), S. 68

136) Vgl. Hacker, W., a. a. O. 1995, S. 234 - 235

137) Vgl. Leitner, K.; Lüders, E.; Greiner, B.; et al., a. a. O. 1993 (a), S. 69

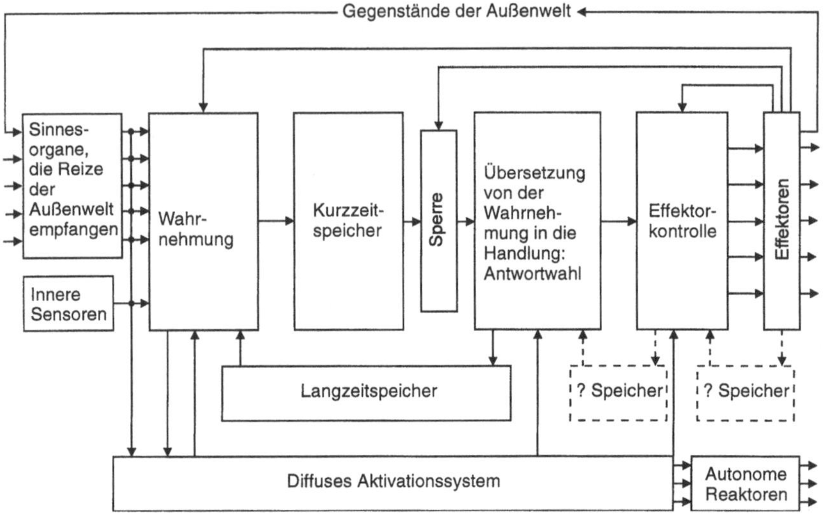

Abbildung 5.4: Das sensumotorische System des Menschen[138)]

Aufgabenimmanente Regulationsüberforderungen sind das Ergebnis einer unzureichenden Gestaltung der Arbeitsaufgaben. Im RHIA/VERA-Büro-Verfahren werden in diesem Zusammenhang monotone Arbeitsbedingungen und Zeitdruck untersucht. Monotone Arbeitsbedingungen zeichnen sich dadurch aus, daß die Arbeitsaufgabe keine Planungen und Entscheidungen erfordert aber dennoch nicht psychisch automatisierbar ist, z.B. weil sie anhaltende Aufmerksamkeit und Konzentration erfordert. Zeitdruck ist ein kontinuierliches Merkmal von Arbeitsaufgaben und drückt sich in der Arbeitsgeschwindigkeit aus, die zum Erreichen eines Arbeitsergebnisses erforderlich ist.[139)]

Regulationsüberforderungen, die nicht aus Arbeitsaufgaben resultieren, sind auf ungünstige Umgebungsbedingungen (z.B. Lärm, Temperatur) oder auf Mängel in der ergonomischen Gestaltung von Arbeitsplatz, Arbeitsmittel etc. zurückzuführen. Der Begriff „aufgabenunspezifisch“ soll in diesem Zusammenhang kennzeichnen, daß diese Überforderungen nicht aus der Arbeitsaufgabe resultieren. Jede Person, die sich in der Nähe des Arbeitenden befindet, ist diesen Be-

---

138) Abbildung entnommen aus: Welford, A.T.: Fertigkeiten und Leistung, Bern, Stuttgart, Wien 1981, S. 15

139) Vgl. Leitner, K.; Lüders, E.; Greiner, B.; et al., a. a. O. 1993 (a), S. 70 - 71

dingungen ebenfalls ausgesetzt ist, ohne daß sie die Aufgabe selbst ausführt.[140)]

5.3.2 Testtheoretische Gütekriterien des RHIA/VERA-Büro-Verfahrens

Die testtheoretischen Gütekriterien wurden von den Autoren des RHIA/VERA-Büro-Verfahrens in bezug auf die vier Aufgabenmerkmale „VERA-Stufe der Planungs- und Entscheidungserfordernisse“, „Zusatzaufwand“, „Dauer monotoner Arbeitsbedingungen“ und „Zeitdruck“ untersucht. Hierfür wurden Reliabilität und Validität überprüft.[141)]

Da sich bei der Erprobung des Verfahrens keine ausreichende Anzahl geeigneter Aufgaben zur Durchführung einer Vollständigen Doppelanalyse gefunden hatte, mußte die Reliabilitätsprüfung nach der Methode der vollständigen Wiederholanalyse[142)] erfolgen. Dieser Untersuchungsansatz bietet die Möglichkeit, daß sich das zu überprüfende Verfahren gegenüber den beiden Fehlervarianzquellen „Zeitfaktor“ und „Untersucherfaktor“ bewährt, die Wirksamkeit des Personenfaktors läßt sich aber nur sehr eingeschränkt überprüfen.[143)] Wie OESTERREICH und VOLPERT gezeigt haben, besteht bei dieser Untersuchungsmethode zudem die Gefahr, daß sich zwischen den beiden Untersuchungszeitpunkten die Bedingungen des Arbeitshandelns ändern und die arbeitenden Personen im Rahmen der ersten Untersuchung ein spezifisches Begriffsverständnis entwickeln, das sich nicht unbedingt mit dem des zweiten Untersuchers decken muß. Dies kann dann zu Verfälschungen bei den Ergebnissen der Reliabilitätsprüfung führen.[144)] Insofern waren besondere Anforderungen bei der Festlegung des Untersuchungsdesigns und der Auswahl der Retest-Stichprobe zu erfüllen.

Die Ergebnisse zur Überprüfung der Retest-Reliabilität basieren auf einer Stichprobe von 71 Personen, deren Arbeitsplätze innerhalb von einem Jahr zweimal mit Hilfe des RHIA/VERA-Büro-Verfahrens untersucht wurden. Um die notwendige Stabilität der Arbeitsbedingungen sicherzustellen, mußten die in Frage kommenden Mitarbeiter vor Durchführung der Retests einen Kurzfragebogen zu Veränderungen am Arbeitsplatz beantworten. Da fast jeder Arbeitsplatz von Veränderungen betroffen war, ergab sich die Stichprobe letztlich aus

---

140) Vgl. Leitner, K.; Lüders, E.; Greiner, B.; et al., a. a. O. 1993 (a), S. 71 - 72

141) Vgl. Leitner, K.; Lüders, E.; Greiner, B.; et al., a. a. O. 1993 (a), S. 89

142) Vgl. Oesterreich, R., a. a. O. 1992, S. 141

143) Vgl. Leitner, K.; Lüders, E.; Greiner, B.; et al., a. a. O. 1993 (a), S. 90 - 91

144) Vgl. Oesterreich, R.; Volpert, W. (Hrsg.), a. a. O. 1991, S. 61 - 62

den Mitarbeitern, bei denen die Veränderungen nicht mehr als vier der 16 Fragebogenitems betrafen. Zusätzlich wurden bei der Auswertung der Retests solche Analysen von der Auswertung ausgeschlossen, bei denen Unterschiede in den Analyseergebnissen auf „tatsächliche“ Veränderungen am Arbeitsplatz zurückzuführen waren. Dies war insbesondere bei der Bewertungsdimension „Zeitdruck“ erforderlich.[145)]

Der relativ lange zeitliche Abstand zwischen den Untersuchungen hatte auf der einen Seite den Vorteil, daß sich ergebnisverfälschende Erinnerungseffekte seitens der befragten Mitarbeiter weitgehend ausschließen ließen.[146)] Auf der anderen Seite führte dies aber zu Problemen bei der Bewertungsdimension „Zeitdruck“, die relativ kurzfristigen Veränderungen unterliegt. Hier wird der Korrelationswert der Retestreliabilität künstlich verringert und ist daher als Untergrenze zu interpretieren.[147)]

An den Retest-Untersuchungen waren insgesamt 24, in der Verfahrensanwendung geschulte Untersucher beteiligt. Ihre Verteilung auf die Retest-Stichprobe erfolgte zufällig, wobei sichergestellt war, daß sie nicht auch die entsprechende Erstuntersuchung durchgeführt hatten. Die wesentlichen Ergebnisse der Reliabilitätsprüfung sind in Tabelle 5.12 aufgeführt. Als Reliabilitätsmaß dient der Korrelationskoeffizient nach PEARSON, der in diesem Anwendungsfall aber nur dann zulässig ist, wenn die Mittelwertsdifferenzen zwischen erster und zweiter Untersuchung unbedeutend sind. Alle Korrelationskoeffizienten, bei denen p kleiner als 0,001 ist, sind signifikant.[148)]

Die Ergebnisse der Reliabilitätsprüfung zeigen, daß die Planungs- und Entscheidungserfordernisse sowie der Zusatzaufwand mit hoher Übereinstimmung erfaßt werden. Der gleichfalls hohe Wert in bezug auf die monotonen Bedingungen ist jedoch aufgrund der extrem schief verteilten Werte mit Vorsicht zu interpretieren. Die im Vergleich zu den anderen Bewertungsdimensionen relativ geringen Werte beim Zeitdruck sind einerseits auf zwei extreme Ausreißer, andererseits aber auf die schon oben erwähnten zeitlichen Einflüsse zurückzuführen.[149)]

---

145) Vgl. Leitner, K.; Lüders, E.; Greiner, B.; et al., a. a. O. 1993 (a), S. 92 - 93

146) Vgl. Leitner, K.; Lüders, E.; Greiner, B.; et al., a. a. O. 1993 (a), S. 91

147) Vgl. Leitner, K.: Auswirkungen von Arbeitsbedingungen auf die psychosoziale Gesundheit in: Zeitschrift für Arbeitswissenschaft, 47 Jg. (1993), Heft 2, S. 100

148) Vgl. Leitner, K.; Lüders, E.; Greiner, B.; et al., a. a. O. 1993 (a), S. 92 - 95

149) Vgl. Leitner, K.; Lüders, E.; Greiner, B.; et al., a. a. O. 1993 (a), S. 95 - 96

	r	p	N
VERA-Stufe	0.84	0.000	71
Zusatzaufwand	0.74	0.000	66
Monotone Bedingungen	0.80	0.000	67
Zeitdruck	0.67	0.000	47

Tabelle 5.12: Ergebnisse der Reliabilitätsüberprüfung des RHIA/VERA-Büro-Verfahrens[150)]

Das RHIA/VERA-Büro-Verfahren ist eine Adaption der beiden für den Produktionsbereich entwickelten Arbeitsanalyseverfahren RHIA und VERA für den Einsatz im Büro- und Verwaltungsbereich. Für beide Bereiche waren dieselben theoretischen Konzepte Grundlage der Verfahrensentwicklung, woraus sich schlußfolgern läßt, daß die inhaltlich-logische Validität sowohl des RHIA-[151)] als auch des VERA-Verfahrens[152)] für das RHIA/VERA-Büo-Verfahren gültig ist.[153)]

Zur Überprüfung des aus testtheoretischer Sicht wichtigsten Validitätsaspektes[154)] - der kriterienbezogenen Validität - dienten die vier Außenkriterien „Psychosomatik“, „Gereiztheit“, „Freizeit“ und „Selbstwirksamkeit“. Diese Kenngrößen wurden gewählt, weil aufgrund theoretischer Überlegungen spezifische Prognosen bezüglich der Zusammenhänge mit den RHIA/VERA-Ergebnissen möglich waren.[155)]

Das Außenkriterium „Psychosomatik“ wurde mit Hilfe der von MOHR[156)] überarbeiteten Version der Freiburger Beschwerdeliste[157)] untersucht. Ziel der Analyse war die Erfassung psychosomatischer Beschwerden, die positiv mit dem Zusatzaufwand, dem Zeitdruck und den monotonen Arbeitsbedingungen korrelieren sollten. Im Gegensatz zum Außenkriterium „Psychosomatik“ bezieht sich die „Gereiztheit“ auf eher kurzfristige, körperlich noch nicht mani-

---

150) Tabelle modifiziert übernommmen aus: Leitner, K.; Lüders, E.; Greiner, B.; et al., a. a. O. 1993 (a), S. 95

151) Vgl. Leitner, K.; Lüders, E.; Greiner, B.; et al., a. a. O. 1993 (a), S. 65 - 66

152) Vgl. hierzu Oesterreich; R., Volpert, W. (Hrsg.), a. a. O. 1991, S. 67

153) Vgl. Leitner, K.; Lüders, E.; Greiner, B.; et al., a. a. O. 1993 (a), S. 96

154) Vgl. Lienert, G. A.; Raatz, U., a. a. O. 1994, S. 13

155) Vgl. Leitner, K.; Lüders, E.; Greiner, B.; et al., a. a. O. 1993 (a), S. 98

156) Vgl. hierzu Mohr, G., a. a. O. 1986

157) Vgl. hierzu Fahrenberg, J., a. a. O. 1975

festierte Beeinträchtigungen des Befindens. Unter Zuhilfenahme einer ebenfalls von MOHR entwickelten Skala[158]) maß man die Erschöpfung psychischer Ressourcen, um die positive Korrelation zu den Bewertungsdimensionen Zusatzaufwand und Zeitdruck nachzuweisen.[159])

Das 5-Ebenen-Modell der Handlungsregulationstheorie nach OESTERREICH ermöglicht es, Tätigkeiten hinsichtlich des Niveaus ihrer Planungs- und Entscheidungserfordernisse einzustufen.[160]) Aufgaben, die auf der höchsten Stufe einzuordnen sind, zeichnen sich durch ihre oftmals langfristigen Zielsetzungen aus und tragen im Verlauf ihrer Ausführung in besonderem Maß zur Entwicklung der Handlungskompetenzen bei.[161]) Vor diesem Hintergrund haben WEYERICH et al. ein Verfahren zur „Ermittlung von Alltagstätigkeiten" entwickelt.[162]) Dieses Instrument soll eine Aussage darüber liefern, inwieweit eine Person in ihrer Freizeit Tätigkeiten mit langfristigen Zielsetzungen ausübt und ggf. in welchem zeitlichen Umfang dies der Fall ist.[163]) Bei der Validitätsprüfung des RHIA/VERA-Büro-Verfahrens wurde davon ausgegangen, daß Arbeitsaufgaben mit hohen Planungs- und Entscheidungserfordernissen auch außerhalb der Erwerbsarbeit das Interesse und die Fähigkeit fördern, sich mit entsprechenden Aufgaben zu befassen. Insofern muß das Kriterium „Freizeit" positiv mit der VERA-Stufe und negativ mit dem Kriterium monotone „Arbeitsbedingungen" korrelieren.[164])

Das Außenkriterium „Selbstwirksamkeit" beschreibt die subjektive Überzeugung einer Person, Anforderungssituationen bewältigen zu können und weist damit einen engen Bezug zu den von OESTERREICH geprägten Begriffen Kontrollmeinung und Kompetenzmeinung auf.[165]) SCHWARZER und

---

158) Vgl. hierzu Mohr, G.: Fünf Subkonstrukte psychischer Befindensbeeinträchtigungen bei Industriearbeitern : Auswahl und Entwicklung, in: Greif, S.; Bamberg, E.; Semmer, N. (Hrsg.): Psychischer Streß am Arbeitsplatz, Göttingen 1991, S. 91 - 119

159) Vgl. Leitner, K.; Lüders, E.; Greiner, B.; et al., a. a. O. 1993 (a), S. 98 - 99

160) Vgl. Oesterreich, R., a. a. O. 1981, S. 141 - 144

161) Vgl. Oesterreich, R., a. a. O. 1981, S. 155 - 156

162) Vgl. hierzu Weyerich, A., Lüders, E., Oesterreich, R., Resch, M.G.: Ermittlung von Alltagstätigkeiten - Das EVA-Verfahren, Berlin 1992

163) Vgl. Leitner, K., a. a. O. 1993, S. 102

164) Vgl. Leitner, K.; Lüders, E.; Greiner, B.; et al., a. a. O. 1993 (a), S. 98 - 99

165) Die Kontrollmeinung ist die subjektive Einschätzung eines Handelnden bezüglich der Kontrollmöglichkeiten in einem Handlungsbereich. Das heißt, es geht hier um die Frage, wie gut oder weniger gut ein Handlungsbereich nach Meinung des Handelnden regulierbar ist, unabhängig davon, ob er sich selbst in der Lage sieht diese Kontrolle zu realisieren. Die Kompetenzmeinung betrifft die Frage, wie gut der Handelnde seine Möglichkeiten einschätzt, einen Handlungsbereich zu regulieren, unabhängig davon, ob

JERUSALEM[166) haben in diesem Zusammenhang Skalen entwickelt, mit denen sich Überzeugungen subjektiver Kontrollierbarkeit von Anforderungssituationen erfassen lassen. Zur Überprüfung der Validität der VERA-Stufe und der monotonen Arbeitsbedingungen wurde eine Kurzversion der Skala „Allgemeine Selbstwirksamkeit" herangezogen.[167)

Bei dem hier beschriebenen Ansatz der Validitätsprüfung hängt die Qualität der Untersuchungsergebnisse maßgeblich davon ab, wie gut oder wie schlecht die eingesetzten Skalen sind. Die im Verfahrenshandbuch aufgeführten Cronbachs-Alpha-Werte zu den internen Konsistenzen der Validierungskriterien belegen, daß es sich im testtheoretischen Sinne um „gute Skalen" handelt und damit die Aussagen zur Validität entsprechend fundiert sind.[168)

In Tabelle 5.13 sind die Zusammenhänge zwischen den Ergebnissen des RHIA/VERA-Büro-Verfahrens und den Validierungskriterien aufgeführt.

	VERA-Stufe	Zusatz-aufwand	Zeitdruck	Monotone Bedingungen
Psycho-somatik	-.13*	.35***	.11*	.12*
Gereiztheit	.06	.30***	.11*	.08
Freizeit	.37***	.00	.07	-.15*
Selbstwirk-samkeit	.17**	.10	.03	-.22**
N = 227				

Tabelle 5.13: Korrelation der Verfahrensergebnisse des RHIA/VERA-Büro-Verfahrens mit den Validierungskriterien[169)

er den Handlungsbereich als gut regulierbar einschätzt.
Vgl. Oesterreich, R., a. a. O. 1981, S. 250 - 251

166) Vgl. hierzu Schwarzer, R., Jerusalem, M.: Erfassung leistungsbezogener und allgemeiner Kontroll- und Kompetenzerwartungen, in: Krampen, G. (Hrsg.): Diagnostik von Attributionen und Kontrollüberzeugungen, Göttingen 1989, S. 127 - 133

167) Vgl. Leitner, K.; Lüders, E.; Greiner, B.; et al., a. a. O. 1993 (a), S. 98 - 99

168) Vgl. Leitner, K.; Lüders, E.; Greiner, B.; et al., a. a. O. 1993 (a), S. 100

169) Tabelle entnommen aus: Leitner, K.; Lüders, E.; Greiner, B.; et al., a. a. O. 1993 (a), S. 102

Insgesamt weisen diese Ergebnisse auf eine gute Validität hin, und die vermuteten Zusammenhänge zwischen den Validierungskriterien und den Verfahrensergebnissen konnten bestätigt werden.[170)]

5.4 Das Tätigkeits-Analyse-Inventar (TAI)

Das Tätigkeits-Analyse-Inventar wurde nach über zehnjähriger Entwicklungszeit 1993 in seiner endgültigen Form publiziert. Es handelt sich um ein (weitgehend) bedingungsbezogenes, psychologisches Arbeitsanalyseverfahren, das aber auch Aspekte einer Arbeitsplatzanalyse mit einschließt. Das Verfahren erhebt den Anspruch, universell einsetzbar und dennoch für differenzierte Einsatzzwecke geeignet zu sein. Unabhängig von Branchen oder Tätigkeitsgruppen soll dieses Instrumentarium eine standardisierte Tätigkeitbeschreibung ermöglichen und dabei Informationen liefern, die die Grundlage zur Planung und Gestaltung menschlicher Arbeitstätigkeiten, technisch-organisatorischer Rahmenbedingungen sowie anderer Elemente des Arbeitssystems bilden. Darüber hinaus ermöglichen die Analyseergebnisse eine anforderungsorientierte Klassifikation von Tätigkeiten.[171)]

Die wesentlichen Zielsetzungen, die mit einer TAI-Analyse verfolgt werden können, lassen sich wie folgt zusammenfassen:

- **Entwicklung von Gestaltungsempfehlungen auf der Basis von Schwachstellenanalysen**

  Die zielgerichtete und effektive Beseitigung von Gestaltungsmängeln in einem Arbeitssystem setzt voraus, daß die Probleme und ihre relevanten Ursachen bekannt sind. Das TAI stellt verschiedene Methoden zur Verfügung, um detaillierte Schwachstellen-Analysen im Bereich der Arbeitsgestaltung und Arbeitsorganisation (z.B. in bezug auf Maschinen, Werkzeuge, Kommunikationsmedien etc.) durchzuführen. Der modulare Aufbau des Verfahrens erlaubt es dabei (je nach Fragestellung der Analyse) Schwerpunkte zu setzten und so einzelne Problembereiche gezielt zu untersuchen. Die dabei gewonnenen Ergebnisse lassen sich zwar nicht unmittelbar zur Verbessung der Arbeitssituation heranziehen, bilden aber eine geeignete Grundlage zur Ableitung von Gestaltungsmaßnahmen, die dann wiederum die Basis für Veränderungsprozesse bilden.[172)]

---

170) Vgl. Leitner, K.; Lüders, E.; Greiner, B.; et al., a. a. O. 1993 (a), S. 103

171) Vgl. Frieling, E.; Facaoaru, C.; Benedix, J.; et al.; a. a. O. 1993, 1993, S. 2

172) Vgl. Frieling, E.; Facaoaru, C.; Benedix, J.; et al.; a. a. O 1993., S. 3

- **Ermittlung von Belastungen**

  Ein weiterer Schwerpunkt des TAI ist die Ermittlung von Belastungen, die im Zusammenhang mit der sensumotorischen Ausführung von Arbeitstätigkeiten bzw. der Verarbeitung der Informationen stehen. Solche Belastungen können sowohl aus quantitativen (z.B. Häufigkeit, Zeitdauer, Variabilität) als auch aus qualitativen (z.B. Feinheit und Komplexität sensorischer Erkennungsleistungen) Tätigkeitsmerkmalen resultieren. Die Analyseergebnisse dienen zur Bestimmung von Über- und Unterforderungen und zur Ableitung von Maßnahmen einer humanen Arbeitssystemgestaltung. Darüber hinaus bilden sie auch eine Grundlage für die Entwicklung neuer bzw. die Anpassung bestehender Entlohnungssysteme.[173)]

- **Ermittlung von Qualifikationserfordernissen und -inhalten**

  Das TAI bietet die Möglichkeit aus der Analyse von Arbeitstätigkeiten, unter Berücksichtigung bildungspolitischer und pädagogischer Überlegungen, Qualifizierungsbausteine abzuleiten. Dabei wird der Begriff „Qualifizierung" auf die berufliche Kompetenz sowie die Voraussetzung, sich selbständig an veränderte technisch-organisatorische Arbeitsbedingungen angemessen anpassen zu können, eingeschränkt.[174)] Neben Qualifizierungserfordernissen, die sich aus den aktuell vorliegenden Arbeitstätigkeiten ableiten lassen, bietet das Verfahren auch die Möglichkeit, Veränderungsprozesse im Arbeitssystem empirisch zu erfassen und darauf aufbauend zukünftige Qualifizierungserfordernisse zu prognostizieren.[175)]

- **Ableitung von Eignungsanforderungen**

  Weitere Einsatzmöglichkeiten des TAI ergeben sich im Zusammenhang mit den personalwirtschaftlichen Maßnahmen Personalentwicklung, -plazierung und -selektion, die umfangreiche Kenntnisse bezüglich der auszuführenden Arbeitstätigkeiten erfordern.[176)] Das TAI ermöglicht es, aus bestehenden Arbeitsaufgaben systematisch die Eignungsanforderungen abzuleiten, denen

---

173) Vgl. Frieling, E.; Facaoaru, C.; Benedix, J.; et al.; a. a. O 1993., S. 3 - 4

174) Vgl. Sonntag, Kh.: Ermittlung tätigkeitsbezogener Merkmale: Qualifikationsanforderungen und Voraussetzungen menschlicher Aufgabenbewältigung, in Sonntag, Kh. (Hrsg.): Personalentwicklung in Organisationen - Psychologische Grundlagen, Methoden und Strategien,
Göttingen 1992, S. 147

175) Vgl. Frieling, E.; Facaoaru, C.; Benedix, J.; et al.; a. a. O. 1993, S. 4

176) Vgl. Sonntag, Kh.: Qualifikation und Qualifizierung bei komplexen Arbeitstätigkeiten, in: Hoyos, Graf C.; Zimolong, B. (Hrsg.): Enzyklopädie der Psychologie, Wirtschafts-, Organisations- und Arbeitspsychologie, Band 2 Ingenieurpsychologie, Göttingen 1990, S. 547 - 548

das Qualifikationsprofil eines zukünftigen Stelleninhabers entsprechen muß. So lassen sich aus den Analyseergebnissen z.B. tätigkeitsrelevante Testaufgaben z.B. für Assessment-Center generieren.[177)]

- **Vergleichsuntersuchungen in bezug auf Arbeitstätigkeiten**

  Die letzte Anwendungsmöglichkeit des TAI ergibt sich im Zusammenhang mit der vergleichenden Untersuchung von Arbeitstätigkeiten, die aus unterschiedlichen Anlässen heraus erfolgen kann. So bilden solche Analysen z. B. eine Grundlage für die Arbeitsbewertung,[178)] bei der man Arbeitstätigkeiten dadurch vergleicht, daß man sie mit Punktwerten versieht und bestimmten Entgeltgruppen zuordnet. Arbeitspsychologisch orientierte Vergleichsuntersuchungen zielen dagegen auf den Vergleich von Anforderungen ab, die aus verschiedenen Tätigkeiten resultieren, während epidemiologisch zentrierte Analysen darüber Aufschluß geben sollen, ob sich bestimmte Erkrankungen definierten Arbeitsbedingungen zuordnen lassen. Schließlich sind Vergleichsuntersuchungen im Zusammenhang mit der empirischen Berufsforschung[179)] (Berufsklassifikation, Berufsanalyse etc.) und bei der Überprüfungen der Übertragbarkeit von simulierten Arbeitsvollzügen in Laborsituationen auf die reale Arbeitssituation[180)] erforderlich. Mit Hilfe des TAI lassen sich Arbeitstätigkeiten auf verschiedenen Analyseebenen (Betrieb, Bereich/Abteilung, Arbeitsplatz) mit unterschiedlichen Zielsetzungen vergleichen.[181)] In Abbildung 5.5 ist ein solcher Vergleich beispielhaft dargestellt. Anhand eines Stressorenprofils werden hier zwei exemplarische Arbeitsplätze miteinander verglichen.

---

177) Vgl. Frieling, E.; Facaoaru, C.; Benedix, J.; et al.; a. a. O. 1993, S. 4 - 5

178) Vgl. hierzu Paasche, J.: Die Praxis der Arbeitsbewertung, Köln 1974

179) Vgl. hierzu Seifert, K. H. (Hrsg.): Handbuch der Berufspsychologie, Göttingen 1977

180) Vgl. hierzu Frieling, E.: Zur Generalisierung der Wirkung von Laborstressoren auf berufliche Belastung, in: Langosch, W. (Hrsg.): Psychosoziale Probleme und psychotherapeutische Interventionsmöglichkeiten bei Herzinfarktpatienten, München 1980, S. 271 - 279

181) Vgl. Frieling, E.; Facaoaru, C.; Benedix, J.; et al.; a. a. O. 1993, S. 5 - 6

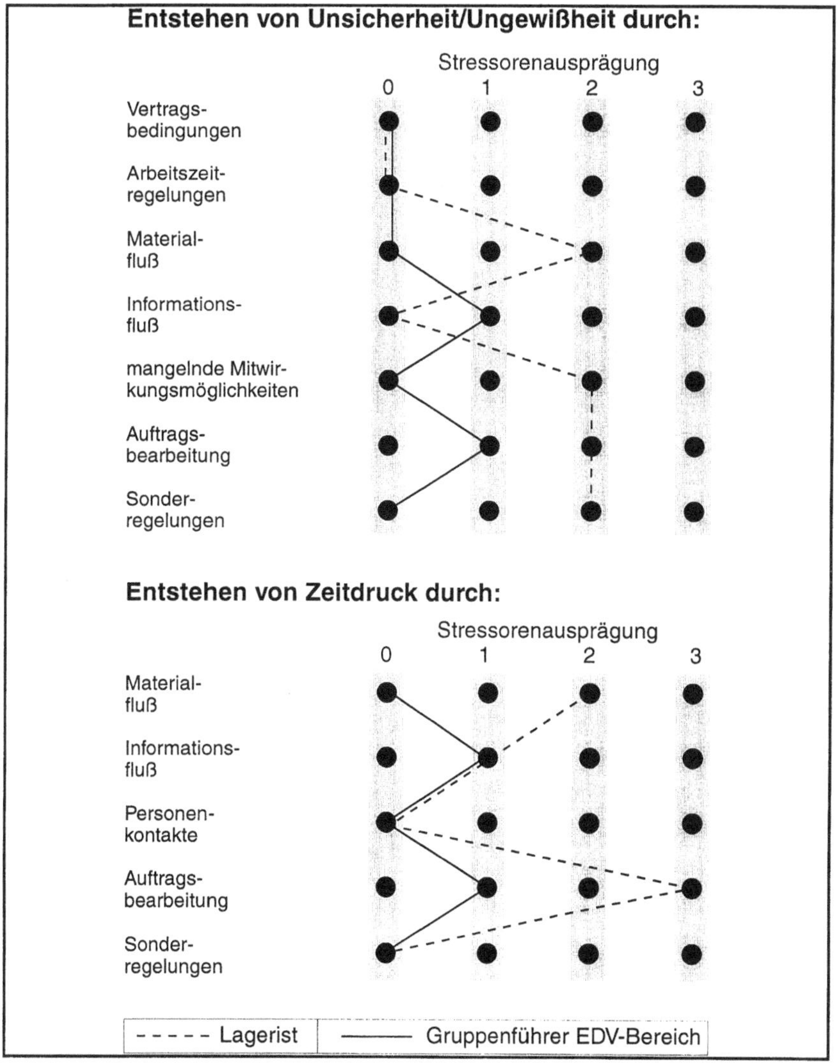

Abbildung 5.5: Stressorenprofil für zwei exemplarische Arbeitsplätze[182)]

182) Abbildung entnommen aus: Frieling, E.; Facaoaru, C.; Benedix, J.; et al.; a. a. O. 1993, S. 136

Das Tätigkeits-Analyse-Inventar ist modular aufgebaut, wobei die einzelnen Verfahrensteile als eigenständige Analyseeinheiten (als Inventar) in Kombination mit anderen oder als Gesamtverfahren anwendbar sind. Darüber hinaus läßt sich das TAI als Itemlexikon, z.B. zur Konstruktion spezifischer Fragebögen, heranziehen.[183] Bezüglich des Analysezweckes und -umfangs lassen sich verschiedene Einsatzmöglichkeiten unterscheiden. So ist dieses Verfahren zur Durchführung von Auftrags-, Bedingungs-, oder Tätigkeitsanalysen geeignet, aber auch zur Durchführung psychologischer Wirkungsanalysen oder zur Ermittlung der Leistungsvoraussetzungen bei bestimmten Personen (vgl. Abb. 5.6). Der Umfang, und damit die Qualität der Analyse kann auf dem Niveau einer Screening- oder einer Detailanalyse angesiedelt sein.[184] Aufgrund dieser Eigenschaften bietet sich die Möglichkeit, je nach Schwerpunkt der beabsichtigten Evaluation, nur ausgewählte Aspekte des komplexen Analysegegenstandes „Arbeitstätigkeit" strukturiert zu untersuchen.[185] Diese Beschränkung steigert einerseits die Verfahrensökonomie, stellt jedoch auf der anderen Seite eine Simplifizierung der Realität dar. Diesem Sachverhalt muß sich der Untersucher vor Beginn der Analyse bewußt sein. Nur in diesem Fall, und wenn er die nach Ansicht der Autoren des TAI relevanten Rahmenbedingungen:

- Zeitliche Aspekte wie Zeitdauer, Zeitpunkt, Bezugszeitraum,
- Räumliche Abgrenzung des Analysegegenstandes,
- Abgrenzung der organisatorischen Einheit und
- Berücksichtigung individueller Besonderheiten

angemessen berücksichtigt, kann er Fehler bei der Interpretation der Analysedaten sowie der darauf aufbauenden Schlußfolgerungen vermeiden.[186] Die Auswahl der Module selbst richtet sich insbesondere nach dem Anliegen der durchzuführenden Untersuchung bzw. der zu untersuchenden Problemstellung. Aber auch die Untersuchungsebenen (Gesamtgesellschaft, Betriebe, Betriebsbereich, Arbeitsplatz), die Art der zu untersuchenden Arbeitstätigkeit (Tätigkeiten im Bürobereich oder in der Produktion) sowie die relevanten Rahmenbedingungen, unter denen die Analyse durchzuführen ist, haben einen wesentlichen Einfluß auf die Selektion der Verfahrensbausteine.[187]

---

183) Vgl. Frieling, E.; Facaoaru, C.; Benedix, J.; et al.; a. a. O. 1993, S. 17 - 19

184) Vgl. Frieling, E.; Facaoaru, C.; Benedix, J.; et al.; a. a. O. 1993, S. 17 - 18

185) Vgl. Frieling, E.; Facaoaru, C.; Benedix, J.; et al.; a. a. O. 1993, S. 16

186) Vgl. Frieling, E.; Facaoaru, C.; Benedix, J.; et al.; a. a. O. 1993, S. 7 - 10

187) Vgl. Frieling, E.; Facaoaru, C.; Benedix, J.; et al.; a. a. O. 1993, S. 17

allgemeine Analyseformen	Analysegegenstände	Abschnitte	TAI-Auswertemöglichkeiten Analyse der individuumsunabhängigen Anforderungen	
			Beschreibung	Bewertung
Auftrags- und Bedingungsanalyse	Gesamtgesellschaft (z.B. Konzern) Standort Betriebsbereich	1.1 - 1.3 2.1 - 2.4	Beschreibung anhand technischer und organisatorischer Merkmale zu: - Klassifikationszwecken - um erste Hinweise auf Defizite in der Arbeitsorganisation und im Technikeinsatz zu ermitteln	
	Arbeitsbereich Arbeitsplatz	3.1 - 3.7	Beschreibung der Arbeitsplatzbedingungen: - Auftragsbedingungen - Ausführungsbedingungen	- beanspruchungsrelevante Anforderungen aus technisch-organisatorischen Bedingungen - beanspruchungsrelevante Anforderungen aus den Umgebungsbedingungen; Sicherheitsanalyse
Tätigkeitsanalyse (Zerlegung in Teiltätigkeiten)	Arbeitsplatz (Arbeitsinhalte)	4.1 - 4.3	- sensumotorische Arbeitsausführung	- energetische und sensumotorische beanspruchungsrelevante Anforderungen
		5.1 - 5.5 6.1 - 6.5	- Aufgaben-/Funktionsanalyse - Unterlagenanalyse	- Qualifikationsanforderungsanalyse - informatorische beanspruchsrelevante Anforderungen aus den Arbeitsinhalten
Arbeitsvollzugsanalyse	TAI kann für die Analyseform als Lexikon genutzt werden, um Verfahren zu konstruieren	/	/	/
psychologische Wirkungsanalyse				
Analyse der Leistungsvoraussetzungen	Person	7.1 - 7.3	grobe Beschreibung der Kenntnisbereiche, der Eingangsqualifikationen und einige Daten zur Person	

Abbildung 5.6: Darstellung der TAI-Auswertemöglichkeiten[188)]

188) Abbildung entnommen aus: Frieling, E.; Facaoaru, C.; Benedix, J.; et al.; a. a. O. 1993, S. 18

Die Datenerhebungen selbst erfolgen anhand von Dokumentenanalysen, standardisierten Fragebögen und im Rahmen von Beobachterinterviews, wobei in der Regel konkret abfrag-/beobachtbare Daten erhoben werden. Subjektive Wertungen, z.B. mit Hilfe adjektivischer Skalen, bilden die Ausnahme.[189)]

5.4.1 Der Aufbau des Tätigkeits-Analyse-Inventars

Das TAI ist modular aufgebaut und gliedert sich in sieben Hauptabschnitte, die auf unterschiedlichen, sich gegenseitig ergänzenden theoretischen Konzepten beruhen. Letztere werden im Zusammenhang mit den jeweiligen Verfahrensabschnitten näher betrachtet. Die Festlegung der Grobanalysebereiche orientiert sich zunächst am ganzheitlichen[190)] Tätigkeitskonzept,[191)] aus dem die Forderung einer Berücksichtigung von Arbeitsbedingungen und inhaltlichen Aspekten der Tätigkeit folgt. Insgesamt lassen sich die einzelnen Verfahrensbestandteile des TAI zwei Schwerpunkten zuordnen. Die Verfahrensteile, die dem ersten Schwerpunkt (Abschnitte 1 - 3.7) zuzuordnen sind, dienen zur Erfassung der Merkmale technisch-organisatorischer Bedingungen. Mit Hilfe der restlichen Abschnitte lassen sich Arbeitsinhalte, die sensumotorische Arbeitsausführung, Informationsaufnahme und -abgabe sowie Eingangsqualifikationen und Kenntnisse des Arbeitenden analysieren.[192)] Abbildung 5.7 zeigt die in den folgenden Abschnitten näher erläuterte Struktur des TAI.

---

189) Vgl. Frieling, E.; Facaoaru, C.; Benedix, J.; et al.; a. a. O. 1993, S. 11

190) Ganzheitliche Arbeitstätigkeiten zeichnen sich dadurch aus, daß der Arbeitenden ein "ganzes Stück" Arbeit vollendet und nicht (für ihn) sinnlose Einzelteile einer Aufgabe bearbeiten muß. Hierdurch erhält er die Chance, den Bedeutungsgehalt und Stellenwert seiner Aufgabe im betrieblichen Arbeitsablauf klar zu erkennen (Aufgabenidentität und -relevanz). Dieses Ziel läßt sich insbesondere dadurch erreichen, daß die Arbeitsaufgaben so gestaltet sind, daß sie dem Arbeitenden einen Bezug zu realen Gegenständen und sozialen Situationen ermöglichen.
Vgl. Ulich, E.: Arbeitspsychologische Konzepte der Aufgabengestaltung, in: Maaß, S.; Oberquelle, H. (Hrsg.): Software-Ergonomie ´89 - Aufgabenorientierte Systemgestaltung und Funktionalität, Stuttgart 1989, S. 63

191) Vgl. hierzu Leontjew, A. N.; a. a. O. 1977

192) Vgl. Frieling, E.; Facaoaru, C.; Benedix, J.; et al.; a. a. O. 1993, S. 22

<table>
<tr><td colspan="2" rowspan="2"></td><td colspan="2">Analysegegenstände</td></tr>
<tr><td colspan="2">Betriebliche Rahmenbedingungen</td></tr>
<tr><td rowspan="5">Analyseebenen</td><td>Gesamtgesellschaft</td><td colspan="2">1.1 Allgemeine Charakterisierung der Gesamtgesellschaft
Itemanzahl: 10</td></tr>
<tr><td>Standort</td><td colspan="2">1.2 Kennzeichen des untersuchten Standorts
1.3 Organisation der Arbeitnehmerinteressenvertretung
Itemanzahl: 74</td></tr>
<tr><td>Betriebsbereich</td><td colspan="2">2.1 Stellung des Betriebsbereichs im Betrieb
2.2 Kennzeichen der Auftragsbearbeitung
2.3 Personalwirtschaftliche Strukturdaten
2.4 Spezieller Technikeinsatz in der Fertigung und Montage
Itemanzahl: 153</td></tr>
<tr><td rowspan="1">Arbeitsplatz</td><td>Arbeitsbedingungen

3.1 Formale Rahmenbed. der Tätigkeit
Itemanzahl: 46
3.2 Merkmale der Aufbau- u. Ablauforganisation
Itemanzahl: 122
3.3 Kennzeichen der Auftragsdurchführung
Itemanzahl: 79
3.4 Techn.-org. Störungsarten
Itemanzahl: 52
3.5 Räuml. u. physikal.-chem. Umgebungsbed.
Itemanzahl: 137
3.6 Merkmale zur Sicherheitsanalyse
Itemanzahl: 80
3.7 Daten- u. Kommunikationstechniken
Itemanzahl: 28</td><td>Arbeitsinhalte

<u>Sensumotorik</u>
4.1 Sinnesleistung
4.2 Physische Arbeitsschwere
4.3 Koordinationsleistungen
Itemanzahl: 226
<u>Informationsaufnahme</u>
5.1 Beobachten
5.2 Zuhören/Befragen
5.3 Lesen von Zeichnungen
5.4 Lesen von Zahlenmaterial
5.5 Lesen von Texten
Itemanzahl: 386
<u>Informationsabgabe</u>
6.1 Umgang mit Maschinen, Werkzeugen u. Geräten
6.2 Reden/Sprechen
6.3 Erstellen v. Zeichnungen
6.4 Erstellen v. Zahlenmaterial
6.5 Erstellen von Texten
Itemanzahl: 424</td></tr>
<tr><td>Personenbezogene Daten</td><td colspan="2">7.1 Kenntnisse
7.2 Eingangsqualifikationen
7.3 Daten zur Person
Itemanzahl: 238</td></tr>
</table>

Abbildung 5.7: Aufbau des TAI[193)]

193) Abbildung entnommen aus: Frieling, E.; Facaoaru, C.; Benedix, J.; et al.; a. a. O. 1993, S. 23

5.4.1.1 Ermittlung technisch-organisatorischer Bedingungen

Dieser Verfahrensteil, der die Abschnitte 1.1 - 3.7 beinhaltet, soll die relevanten technisch-organisatorischen Bedingungen möglichst vollständig abbilden und ihre potentiell beanspruchende Struktur erfassen. Die Analyse bezieht sich einerseits auf die allgemeinen betrieblichen (Makrobereiche) und andererseits auf die spezifischen arbeitsplatzbezogenen Bedingungen (Mikrobereich). Ausgehend von LEONTJEWs Modell der gegenständlichen Tätigkeit[194)] und den daran anknüpfenden theoretischen Überlegungen von KANNHEISER[195)] wurde, unter Einbeziehung weiterer streßtheoretischer Ansätze,[196)] ein Konzept zur Erfassung streßerzeugender Bedingungen entwickelt. Mit Hilfe von 18 Stressoren werden sowohl auf der Makro- als auch auf der Mikroebene die relevanten Bedingungen geordnet zusammengefaßt und insbesondere in bezug auf die Analyseebene „Arbeitsplatz" hinsichtlich ihrer (streßbezogenen) Wirksamkeit bewertet.[197)]

❑ Ebene der Gesamtgesellschaft, des Standortes und des Betriebsbereichs

Der erste Hauptabschnitt, der insgesamt 84 Items umfaßt, dient zur allgemeinen Kennzeichnung der Gesamtgesellschaft (Unternehmen) sowie des Standortes (Betrieb) und liefert Informationen über die Organisation der Arbeitnehmerinteressenvertretung. Im zweiten Hauptabschnitt (153 Items) steht die detaillierte Analyse des Betriebsbereichs im Vordergrund. Hier wird untersucht, welcher Art der Betriebsbereich ist, welche räumliche Verteilung vorliegt (z. B. innerhalb eines oder mehrerer Gebäude angesiedelt) und welche Stellung der betrachtete Bereich im Gesamtunternehmen hat. Einen weiteren Untersuchungsschwerpunkt bildet die Auftragsbearbeitung, die z. B. hinsichtlich Auftraggeber und Fertigungscharakteristika gekennzeichnet wird. Schließlich liefert der zweite Verfahrensabschnitt zusätzlich noch Informationen über personalwirtschaftliche Strukturdaten (z. B. Anzahl der Beschäftigten, Arbeitsplatztypen,

---

194) Vgl. Frieling, E.; Facaoaru, C.; Benedix, J.; et al.; a. a. O. 1993, S. 22

195) Vgl. hierzu Kannheiser, W.: Theorie der Tätigkeit als Grundlage eines Modells von Arbeitsstress, in: Psychologie und Praxis, 27. Jg. (1983), Heft 3, S. 102 - 110 und Kannheiser, W.: Erfassung emotional beanspruchungsrelevanter Tätigkeitsbedingungen mit Hilfe des Tätigkeitsanalyse-Inventars (TAI), in: Psychologie und Praxis, 29. Jg. (1985), Heft 3, S. 25 - 35

196) Vgl. hierzu z.B. Schönpflug, W.: Beanspruchung und Belastung bei der Arbeit - Konzepte und Theorien, in: Kleinbeck, U; Rutenfranz, J. (Hrsg.): Arbeitspsychologie. Enzyklopädie der Wirtschafts-, Organisations- und Arbeitspsychologie, Serie III, Band 1, Göttingen 1987, S. 130 - 184; Dunckel, H.: Mehrfachbelastung am Arbeitsplatz und psychosoziale Gesundheit, Frankfurt 1985; Hacker W.; Richter, P.: Psychische Fehlbelastung - Psychische Ermüdung, Monotonie, Sättigung und Stress, Berlin 1980

197) Vgl. Frieling, E.; Facaoaru, C.; Benedix, J.; et al.; a. a. O. 1993, S. 26 - 29

Arbeitszeitregelung, Weiterbildungsmaßnahmen etc.) sowie über spezielle, in Fertigung und Montage eingesetzte Techniken. Die beiden ersten Hauptabschnitte des Tätigkeits-Analyse-Inventars dienen zur Beschreibung der Makrostruktur der betrachteten Organisation und bieten dem Analytiker die Möglichkeit, diese systematisch darzustellen und geistig zu durchdringen.[198] Auf eine Bewertung der Beanspruchungsrelevanz organisatorisch-technischer Bedingungen auf der Makroebene wurde verzichtet, da einerseits gesicherte Erkenntnisse über entsprechende Beanspruchungswirkungen nicht vorliegen und andererseits ökonomische Überlegungen dies verbieten. Insofern dienen diese Verfahrensbestandteile hauptsächlich dazu, dem Untersucher einen Überblick über die Organisation zu verschaffen, branchen-, betriebs- oder abteilungsübergreifende Vergleichsuntersuchungen zu ermöglichen sowie erste Hinweise auf Defizite im Bereich der Arbeitsorganisation und des Technologieeinsatzes aufzuzeigen.[199]

❑ Ebene des Arbeitsplatzes

Beim Einsatz des dritten Hauptabschnittes (technisch-organisatorische Bedingungen des Arbeitsplatzes), der mit 544 Items auch der umfangreichste ist, verlagert sich der Analysefokus auf die spezifische Arbeitstätigkeit des Stelleninhabers.[200] Untersucht werden in diesem Zusammenhang:[201]

- ❑ Formale Rahmenbedingungen der Tätigkeit
- ❑ Merkmale der Aufbau- und Ablauforganisation
- ❑ Kennzeichen der Auftragsdurchführung
- ❑ Technisch-organisatorische Störungen
- ❑ Räumliche und physikalische Umgebungsbedingungen
- ❑ Merkmale zur Sicherheitsanalyse
- ❑ Daten- und Kommunikationstechniken

Die dabei gewonnenen Informationen sollen Aussagen bezüglich streßerzeugender Bedingungen der Arbeitssituation liefern, wobei die Operationalisierung der Erhebungsmerkmale auf den beanspruchungsrelevanten Dimensionen „Abhängigkeit“, „Druck“, „Partizipation“, „Autonomie“ und „Unsicherheit“ basiert.[202]

---

198) Vgl. Frieling, E.; Facaoaru, C.; Benedix, J.; et al.; a. a. O. 1993, S. 32 - 33

199) Vgl. Frieling, E.; Facaoaru, C.; Benedix, J.; et al.; a. a. O. 1993, S. 32 - 33

200) Vgl. Frieling, E.; Facaoaru, C.; Benedix, J.; et al.; a. a. O. 1993, S. 35

201) Vgl. Frieling, E.; Facaoaru, C.; Benedix, J.; et al.; a. a. O. 1993, S. 23

202) Vgl. Frieling, E.; Facaoaru, C.; Benedix, J.; et al.; a. a. O. 1993, S. 35

Bei der Analyse der „formalen Rahmenbedingungen der Arbeitstätigkeit“ liefert das entsprechende Verfahrensmodul des TAI Aussagen zu Vertragsbedingungen und Arbeitszeitregelungen, die den Stelleninhaber betreffen. Die „Merkmale der Aufbau- und Ablauforganisation“ beziehen sich auf die unmittelbare Arbeitsumgebung des Arbeitsplatzinhabers. Untersuchungsgegenstand ist in diesem Zusammenhang einerseits die Integration der untersuchten Stelle in die Unternehmensorganisation, andererseits soll die Untersuchung aber auch Aussagen zum Grad der Arbeitsteilung, zur Eigen- bzw. Fremdkontrolle sowie zur quantitativen und qualitativen Überforderung der arbeitenden Person liefern. Neben diesen eher globalen Informationen in bezug auf die Ablauforganisation ergänzen spezifische, z.B. den Materialfluß, die Personenkontakte, die Mitwirkungsmöglichkeiten, die Entscheidungsspielräume und die Informationsflüsse betreffende Daten, die Analyse.[203)]

Der Abschnitt „Kennzeichen der Auftragsdurchführung“dient zur Analyse der Bedingungen, die im Zusammenhang mit der Auftragsstellung, -bearbeitung, -realisierung und -erledigung stehen. Ergänzend soll der Block „Sonderregelungen“ darüber Aufschluß geben, wie häufig Auftragsbedingungen, bedingt durch technisch-organisatorischen Änderungen, variieren, und welche betrieblichen Regelungen in bezug auf den Ausfall von Personen bestehen. „Technisch-organisatorische Störungsarten“ lassen sich mit Hilfe des entsprechenden Abschnittes des TAI zunächst hinsichtlich Art und Häufigkeit des Auftretens klassifizieren. Darüber hinaus wird im Zusammenhang mit den Kriterien „Störungsbewältigung“, „Wirkung von Störungen auf den Arbeitsablauf“ und „Störungsfolgen für den Stelleninhaber“ überprüft, wie mit solchen Behinderungen des Arbeitsablaufs betrieblicherseits umzugehen ist bzw. welche Konsequenzen daraus resultieren.[204)]

Die Analyse der Umgebungsbedingungen des Arbeitsplatzes orientiert sich zunächst an den klassischen Umgebungsfaktoren Beleuchtung, Klima, Lärm, Strahlung, Schwingungen und Gefahrstoffe. In einem weiteren Untersuchungsschritt wird dann überprüft, wie und in welchem Umfang der Stelleninhaber diese Bedingungen beeinflussen kann und welchen äußeren Eindruck der Arbeitsplatz hinterläßt. Mit Hilfe der hierzu verwendeten Verfahrensabschnitte des TAI sollen die aus den Umgebungsbedingungen resultierenden Belastungen so genau erfaßt werden, daß letztlich eine begründete Aussage darüber möglich ist, ob die Arbeitssituation hinsichtlich der Umgebungsfaktoren unbedenklich ist, weitere Feinanalysen erforderlich sind oder in bezug auf bestimmte Bedingungen ein Gestaltungsbedarf besteht.

---

203) Vgl. Frieling, E.; Facaoaru, C.; Benedix, J.; et al.; a. a. O. 1993, S. 37 - 40

204) Vgl. Frieling, E.; Facaoaru, C.; Benedix, J.; et al.; a. a. O. 1993, S. 40 - 42

Die „Merkmale zur Sicherheitsanalyse" bilden insofern eine Besonderheit, als sie neben der Verwendung im Rahmen des TAI auch als eigenständiges Analyseinstrumentarium existieren.[205] Mit Hilfe dieses Verfahrensabschnittes werden neben den unmittelbar wirkenden Gefährdungsfaktoren auch solche untersucht, deren gesundheitsgefährdende Wirkung sich erst langfristig entfaltet (mittelbare Faktoren). Die Strukturierung der Analysekriterien zur Erhebung der unmittelbaren Faktoren orientiert sich an den unterschiedlichen Energiearten, aus denen Gefährdungen resultieren können. Insgesamt berücksichtigt der entsprechende Abschnitt folgende energetischen Gefährdungsbereiche:[206]

- Mechanische Energie
- Elektrische und magnetische Energie
- Chemische Energie
- Thermische Energie
- Strahlungsenergie
- Sonstige Faktoren

Neben den oben angeführten Gefahrenquellen bezieht der Abschnitt Sicherheitsanalyse zusätzlich noch solche unmittelbaren Faktoren mit ein, bei denen sich die schädigende Wirkung nicht ausschließlich aus dem Energiegehalt ergibt, sondern aus Expositionsdauer und der Belastungshöhe. Hierzu gehören physikalisch-chemische Faktoren wie Klima, Lärm, mechanische Schwingungen und Schadstoffe sowie physiologische Faktoren, die sich auf die Arbeitsschwere und die Körperhaltung beziehen. Die beiden letztgenannten Gruppen von Gefährdungsfaktoren werden im Rahmen der Abschnitte 3.5 (Umgebungsbedingungen) und 5.2 (Körperhaltung und körperliche Anstrengung) thematisiert.[207]

Mittelbare Gefährdungsfaktoren zeichnen sich dadurch aus, daß sie allein, auch über längere Zeit hinweg, keine schädigende Wirkung entfalten, ihr Vorhandensein aber die Wahrscheinlichkeit für Verletzungen oder Erkrankungen zum Teil erheblich erhöht. Zu dieser Gruppe von Gefährdungsfaktoren gehören Gestaltlösungen, die Fehlhandlungen hervorrufen können (z.B. ungeeignete Bedienelemente an Maschinen), organisatorische Bedingungen, die sicherheitswidriges Verhalten fördern oder Umgebungsbedingungen, die ein Erkennen von Gefahrenquellen verhindern (z.B. unzureichende Beleuchtung am Arbeitsplatz). Zur Analyse dieser Aspekte des Arbeitssystems dienen die Verfahrensabschnitte 3.1. - 3.4 (Technisch-organisatorische Bedingungen), 5.1 (Informationstech-

---

205) Vgl. hierzu Nohl, J.: Verfahren zur Sicherheitsanalyse: eine prospektive Methode zur Analyse und Bewertung von Gefährdungen, Wiesbaden 1989

206) Vgl. Frieling, E.; Facaoaru, C.; Benedix, J.; et al.; a. a. O. 1993, S. 50 - 51

207) Vgl. Frieling, E.; Facaoaru, C.; Benedix, J.; et al.; a. a. O. 1993, S. 51 - 53

nische Gestaltung der Informationsaufnahme) und 3.5 (Umgebungsbedingungen, Block Beleuchtung).[208)]

Der letzte Untersuchungsgegenstand in bezug auf den Arbeitsplatz ist die eingesetzte Daten- und Kommunikationstechnik. Ziel der Analyse ist es, Aussagen über die Beziehungen zwischen Mensch, Technik und Organisation zu treffen und eventuell vorhandene Defizite aufzuzeigen. Insgesamt beinhaltet dieser Verfahrensabschnitt drei Schwerpunkte: die vorhandene EDV-Technik, die vom Stelleninhaber genutzten Kommunikationstechniken sowie die Gründe, die für eine Vernetzung der Rechnersysteme ausschlaggebend waren.[209)]

5.4.1.2 Analyse der Arbeitsinhalte

Während die Verfahrensabschnitte 1.1 bis 3.7 die Grundlage für Auftrags- und Bedingungsanalysen bilden, ermöglichen die restlichen Module (Abschnitte 4.1 bis 7.3) des TAI eine Tätigkeitsanalyse bzw. die Analyse der Leistungsvoraussetzungen bei der arbeitenden Person.[210)] In diesem Zusammenhang sollen die entsprechenden Verfahrensabschnitte insbesondere dabei helfen, die beanspruchs- und qualifikationsrelevanten Anforderungen, die sich aus der Ausführung der Arbeitsaufgabe ergeben, zu identifizieren. Ziel der Untersuchungen ist es, die erforderlichen Informationen zu erheben, um einerseits quantitative Vergleiche von Arbeitstätigkeiten durchzuführen und andererseits Hinweise für konkrete Gestaltungsmaßnahmen zu erarbeiten. Die theoretischen Grundlagen für diese Verfahrensbestandteile sind vielfältiger Art und umfassen z.B. arbeitsanalytische, ergonomische und ingenieurwissenschaftliche Konzepte, die um kognitionspsychologische und handlungstheoretische Modellvorstellungen ergänzt wurden.[211)] Die wesentlichen Konzepte, ihre Merkmale sowie die Art und Weise wie sie ihren Niederschlag im TAI gefunden haben, werden im folgenden kurz skizziert.

---

208) Vgl. Frieling, E.; Facaoaru, C.; Benedix, J.; et al.; a. a. O. 1993, S. 53 - 55

209) Vgl. Frieling, E.; Facaoaru, C.; Benedix, J.; et al.; a. a. O. 1993, S. 57 - 58

210) Die Einordnung des Hauptabschnittes „Kenntnisse und Eingangsqualifikationen" in das Kapitel Arbeitsinhalte erscheint zunächst wenig sinnvoll, da dieser Verfahrensteil offensichtlich auf personenbezogene Daten abzielt und damit einen Wechsel der Analyseebene erfordert. Die im TAI getroffene Einordnung läßt sich aber dadurch erklären, daß dieser Hauptabschnitt einen Vergleich der eingebrachten und der formal geforderten Qualifikationen ermöglichen soll, wobei sich letztere aus der zu bearbeitenden Arbeitstätigkeit ableiten.

211) Vgl. Frieling, E.; Facaoaru, C.; Benedix, J.; et al.; a. a. O. 1993, S. 58 - 59

Bei verhaltenszentrierten arbeitsanalytische Ansätzen[212] liegt der Fokus der Analysen auf beobachtbaren Verhaltensweisen. Die Einbeziehung solcher Konzepte in das TAI hat dazu geführt, daß bei der Evaluation der Arbeitsinhalte nur Erhebungsmerkmale berücksichtigt werden, die sich auf beobachtbare bzw. abfragbare gegenständliche und informatorische Komponenten sowie Teilhandlungen beziehen.[213] Der Rückgriff auf ergonomische[214] und funktionsorientierte[215] Ansätze bedingt, daß Arbeitsinhalte, Körperhaltungen, Bewegungen, Informationsquellen etc. qualitativ differenziert und zusätzlich hinsichtlich ihrer Komplexität und Intensität geordnet werden.[216] Schließlich waren die Forderungen des Belastungs-/Beanspruchungskonzeptes[217] dafür ausschlaggebend, daß Belastungen qualitativ differenziert und quantitativ gewichtet werden.[218] Tabelle 5.14 zeigt in einer Übersicht die verwendeten theoretischen Ansätze und die daraus abgeleiteten Konstruktionsprinzipien.

❑ Energetische und sensumotorische Arbeitsausführung

Die sensumotorische Ausführung von Arbeitstätigkeiten wird im wesentlichen durch Anforderungen an die Bereiche Sinnesleistungen, Motorik sowie Sensumotorik bestimmt. Diese Dreiteilung bildet auch die Grundlage für den Aufbau des Hauptabschnittes „Sensumotorik" des TAI.[219]

---

212) Vgl. hierzu z.B. McCormick, E. J.; Jeanneret, P. R.; Mecham, R. C.: The development and background of the Position Analysis Questionaire (PAQ), Occupational Research Center Report No. 5, West Lafayette, Purdue University 1969; Frieling, E.; Hoyos, Graf C.: Fragebogen zur Arbeitsanalyse (FAA), Bern 1978 und Cunningham, J. W.: Occupational Analysis Inventory, in: Gael, S. (Ed.): Job Analysis Handbook for Business Industry and Government, Vol. 2, New York 1988, pp. 975 - 992

213) Vgl. Frieling, E.; Facaoaru, C.; Benedix, J.; et al.; a. a. O. 1993, S. 58 - 59

214) Vgl. hierzu z.B. Schmidtke, H.: Ergonomische Bewertung von Arbeitssystemen, München 1976 und Rohmert, W.; Landau, K.; a. a. O. 1979

215) Vgl. hierzu z.B. Baehr, M. E.: The managerial and professional job functions inventory (formerly the work elements inventory), in: Gael, S. (Ed.): Job Analysis Handbook for Business Industry and Government, Vol. 2, New York 1988, pp. 1072 - 1085

216) Vgl. Frieling, E.; Facaoaru, C.; Benedix, J.; et al.; a. a. O. 1993, S. 60

217) Vgl. hierzu z.B. Rohmert, W.: Das Belastungs-Beanspruchungs-Konzept, in: Zeitschrift für Arbeitswissenschaft, 38. Jg. (1984), Heft 3, S. 193 - 200; Kirchner J. H.: Belastungen und Beanspruchungen, in: Zeitschrift für Arbeitswissenschaft, 40. Jg. (1986), Heft 2, S. 69 - 74 und Schönpflug, W., a. a. O. 1987, S. 130 - 184

218) Vgl. Frieling, E.; Facaoaru, C.; Benedix, J.; et al.; a. a. O. 1993, S. 60

219) Vgl. Frieling, E.; Facaoaru, C.; Benedix, J.; et al.; a. a. O. 1993, S. 62

Theoretische Grundkonzeption TAI-Verfahrensteil „Arbeitsinhalte“		
theoretische Ansätze	abgeleitetes Konstruktionsprinzip	Umsetzung im TAI (Beispiele)
verhaltens-zentrierte Konzepte	nur Verwendung von: beobachtbaren, konkreten, eindeutig definierten, empirisch abgrenzbaren Tätigkeitskomponenten	z.B. Werkzeuge, Geräte, Anzeigen, Arbeitsunterlagen, Handlungen der Umsetzung und Erzeugung von Kräften, Ausführen von Bewegungen, Umsetzung und Erzeugung von Informationen
ergonomische und funktions-orientierte Konzepte	beobachtbare, empirisch eindeutig abgrenzbare und hierarchisch nach Komplexität und Intensität geordnete Komponenten	Ordnung der Erhebungsmerkmale nach Intensität und Komplexität, z.B. ❑ Komplexität im Bereich Sinnesleistungen: Feinheit der zu erlernenden Unterschiede; ❑ im Bereich Informationsverarbeitung: Detailliertheit des Planens von Texten; ❑ Intensität im Bereich Arbeitsschwere: zu haltende oder zu hebende Gewichte in Newtonklassen
arbeitswissen-schaftliches Belastungs-/Beanspruchungs-konzept	qualitative Differenzierung und quantitative Gewichtung der Merkmale (kombinierte Bewertung)	qualitative Differenzierung der Merkmale nach Art, Höhe/Intensität, Komplexität, zeitliche quantitative Gewichtung der Doppeleinstufung „Zeitdauer und Häufigkeit“

Tabelle 5.14: Theoretische Grundkonzeption der Abschnitte 4.1 bis 7.3 des TAI[220)]

Bei der Analyse der Sinnesleistungen steht im Vordergrund, welche Erkennungsleistungen erforderlich und wie hoch die hieraus resultierenden Belastungen sind. Hinsichtlich der angesprochenen Sinnesmodalitäten differenziert das

220) Tabelle entnommen aus: Frieling, E.; Facaoaru, C.; Benedix, J.; et al.; a. a. O. 1993, S. 61

Verfahren zwischen visuellen, auditiven, haptisch/taktilen, olfaktorisch/ gustatorischen und propriozeptiv/kinästhetischen Modalitäten. Zur Bewertung der sensorisch-diskriminatorischen Anforderungen greift das TAI auf Merkmale und Dimensionen von Signalen zurück, die diese Sinnesmodalitäten ansprechen. Um eine Aussage über die Qualifikations- oder Beanspruchungsrelevanz der Signalmerkmale bzw. -dimensionen treffen zu können, ist es darüber hinaus erforderlich, Ausführbarkeitsgrenzen zu definieren. Diese ergeben sich bei der sensorischen Arbeit aus der Empfindlichkeit der Sinnesorgane[221)] und bei der diskriminatorischen Arbeit aus der Feinheit der abgespeicherten Vergleichsskalen.[222)] Die Belastungshöhe bzw. -intensität folgt aus der Feinheit der erforderlichen Erkennungsleistungen in bezug auf die verschiedenen Sinnesmodalitäten. Zur Erfassung der Belastungsdauer dienen geeignete Zeitdauerschlüssel, der gesamte zeitliche Umfang der arbeitsbedingten sensorischen Erkennungsleistungen ergibt sich aus der Kombination von Zeitdauer und Wiederholhäufigkeit.[223)]

In bezug auf Körperhaltung und körperliche Anstrengung differenziert der Abschnitt 4.2 des TAI zwischen den beiden idealtypischen Belastungsdimensionen dynamische und statische Muskelarbeit, die in der Praxis jedoch kaum isoliert voneinander auftreten. Bei der Datenerhebung werden dementsprechend sowohl statische Belastungsformen, wie Körperstellungen und zu haltende Gewichte, als auch dynamische, beispielsweise Körperhaltungen und zu transportierende Gewichte, untersucht. Unter Körperstellungen sind dabei übergeordnete Grundstellungen wie Stehen, Sitzen und Liegen zu verstehen, die das Ende oder den Ausgangspunkt für Bewegungen bilden. Körperhaltungen hingegen beziehen sich auf möglichen Körperbewegungen wie Gehen, Laufen etc.[224)] Zur Differenzierung der Körperstellungen und -haltungen wurde auf arbeitswissenschaftliche Systematiken[225)] zurückgegriffen, die eine Zuordnung zu Merkmalsklassen erlauben. Die Belastungshöhe ergibt sich aus der Haltungsschwere und dem Kraftaufwand, die Belastungsdauer ermittelt der Untersucher durch Schätzungen mit Hilfe von Zeitdauer-Schlüsseln. Ebenso wie bei den sensori-

---

221) Vgl. Frieling, E.; Facaoaru, C.; Benedix, J.; et al.; a. a. O. 1993, S. 64 - 65

222) Vgl. Luczak, H,: Informationstechnische Arbeitsgestaltung, in: Rohmert, W.; Rutenfranz, J. (Hrsg.): Praktische Arbeitsphysiologie, Stuttgart 1983, S. 332

223) Vgl. Frieling, E.; Facaoaru, C.; Benedix, J.; et al.; a. a. O. 1993, S. 66 - 68

224) Vgl. Frieling, E.; Facaoaru, C.; Benedix, J.; et al.; a. a. O. 1993, S. 68 - 70

225) Vgl. hierzu z.B. Rohmert, W.: Physische Beanspruchung durch Muskelbelastung, in : Schmidtke, H.; Jürgens, H. W. (Hrsg.): Handbuch der Ergonomie, München 1975, S. 14 -18 und Bullinger, H.-J.; Solf, J.: Ergonomische Arbeitsmittelgestaltung, Band I, II, III, Forschungsberichte der Bundesanstalt für Arbeitsschutz und Unfallforschung, Band 196, 197, 198, Dortmund 1979

schen Belastungen ergibt die Kombination der Zeitdauer mit der Wiederholungshäufigkeit den gesamten zeitlichen Belastungsumfang.[226)]

Der abschließende Abschnitt 4.3 zielt auf die Erfassung sensumotorischer Bewegungen und Koordinationsleistungen ab. Während kraftbetonte, meist großmotorische Bewegungen die motorische Muskelarbeit kennzeichnen,[227)] sind die Anforderungen an die Geschicklichkeit und die damit verbundenen kleinmotorischen Bewegungen und Koordinationsleistungen das kennzeichnende Merkmal sensumotorischer Arbeitstätigkeiten.[228)] Sensumotorische Fertigkeiten befähigen den Menschen zur willkürlichen Ausführung von Teilbewegungen oder komplexen Bewegungsabläufen, die aus unterschiedlichen sensorischen und motorischen Anteilen bestehen. Mit Hilfe der entsprechenden Verfahrensabschnitte des TAI sollen sensumotorische Arbeitstätigkeiten zunächst hinsichtlich Bewegungsart, -komplexität und -ablauf analysiert werden. Darüber hinaus sollen die Untersuchungen aber auch Aufschluß über die bewegungskontrollierenden Informationsverarbeitungsprozesse, die damit verbundenen Belastungen sowie die geforderten sensumotorischen Leistungsvoraussetzungen geben.[229)]

❑ Kognitive Arbeitsausführung

Die Analyse der kognitiven Arbeitsausführung bezieht sich einerseits auf die Aufnahme von Informationen (Abschnitt 5) und andererseits auf die Informationserzeugung bzw. -umsetzung (Abschnitt 6). Bei der Entwicklung dieser Verfahrensmodule wurden neben den schon erläuterten theoretischen Grundlagen weitere konzeptionelle Ansätze und Modelle einbezogen.[230)]

In Anlehnung an die informationstheoretischen Ansätze, die den Problemlösungsprozeß in die drei Phasen „Aufnahme, Verarbeitung und Abgabe“ unterteilen,[231)] werden im TAI nur die empirisch zugänglichen Aspekte Informationsaufnahme und -erzeugung/-umsetzung in die Analyse einbezogen. Sowohl Hauptabschnitt 5 als auch Hauptabschnitt 6 bestehen aus fünf Itemblöcken, die sich an der Art der zu verarbeitenden Informationen - gegenständliche, mündliche, schriftlich-bildliche, schriftlich-numerische und schriftlich-verbal kodierte

---

226) Vgl. Frieling, E.; Facaoaru, C.; Benedix, J.; et al.; a. a. O. 1993, S. 70- 72

227) Vgl. Frieling, E.; Facaoaru, C.; Benedix, J.; et al.; a. a. O. 1993, S. 72

228) Vgl. Hacker W.; a. a. O. 1986, S. 389 - 392

229) Vgl. Frieling, E.; Facaoaru, C.; Benedix, J.; et al.; a. a. O. 1993, S. 72 - 78

230) Vgl. Frieling, E.; Facaoaru, C.; Benedix, J.; et al.; a. a. O. 1993, S. 78

231) Vgl. hierzu z.B. Dörner, D.: Die kognitive Organisation beim Problemlösen, Bern 1974

Informationen - orientieren. Hierdurch stehen sich fünf analog konstruierte Abschnitte zur Analyse der Informationsaufnahme und -abgabe gegenüber.[232)]

Die Einbeziehung des Mehrebenenkonzeptes[233)] in die Entwicklung des TAI äußert sich im Zusammenhang mit der kognitiven Arbeitsausführung darin, daß Arbeitsinhalte gleichzeitig auf drei Ebenen analysiert werden. So stehen bei der gegenständlichen Ebene z.B. Informationsquellen und Unterlagen im Mittelpunkt des Interesses, während auf der funktionalen beispielsweise Handlungen der Aufnahme, Umsetzung und Erzeugung von Informationen und auf der Prozeßebene z.B. die Komplexität und Ausführungsbedingungen von Informationsverarbeitungsprozessen Analyseschwerpunkte bilden.[234)]

Ansätze der kognitiven Ergonomie[235)] zeichnen sich dadurch aus, daß sie informationstheoretische Konzeptionen mit dem arbeitswissenschaftlichen Belastungs-Beanspruchungskonzept verbinden. Mental-informatorische Belastungen werden als Funktion des Schwierigkeitsgrades sowie der zeitliche Dauer verschiedener Handlungen der Informationsverarbeitung aufgefaßt. Analog werden im TAI mental-informatorische Belastungen bei kognitiven Arbeitstätigkeiten durch die Verknüpfung qualitativer und zeitlicher Merkmale bestimmt.[236)]

Informationstheoretisch orientierte, aufgabenanalytische Ansätze[237)] stellen abstrakte, kognitionspsychologisch fundierte Merkmalskategorien (z. B. Aufgabenkomplexität, Genauigkeit, Kontrollumfang etc.) zur Verfügung, mit deren Hilfe sich Arbeitsaufgaben kennzeichnen lassen. Der Rückgriff auf solche Auf-

---

232) Vgl. Facaoaru, C.; Frieling, E.: Zur Problematik der Erfassung informatorischer und sensumotorischer Anforderungen und Belastungen - dargestellt an der Entwicklung des Tätigkeitsanalyseinventars, in: Zeitschrift für Arbeitswissenschaft, 45 Jg. (1991), Heft 3, S. 146 -147

233) Vgl. hierzu z.B. Tomaszewski, T.; a. a. O. 1966 Tomaszewski präferiert in diesem Beitrag eine synthetische Methode der Tätigkeitsananlyse, die davon ausgeht, daß alle Tätigkeiten auf eine gemeinsame Grundstruktur zurückzuführen sind. Die Struktur verschiedener Tätigkeiten ergibt sich demnach aus der Variation energetischer, regulativer und kollektiver Aspekte.

234) Vgl. Frieling, E.; Facaoaru, C.; Benedix, J.; et al.; a. a. O. 1993, S. 79

235) Vgl. hierzu z.B. Schütte, M.; Schwier, W.; Luczak, H.: Informatorische Belastungen und Beanspruchungen bei einer simulierten Schiffsführungsaufgabe, in: Zeitschrift für Arbeitswissenschaft, 39. Jg. (1985), Heft 1, S. 39 - 48; Döring, B.: Systemergonomische Belastungsanalyse bei hochautomatisierten Prozeßführungsaufgaben, in: Zeitschrift für Arbeitswissenschaft, 40. Jg. (1986), Heft 2, S. 75 - 82

236) Vgl. Frieling, E.; Facaoaru, C.; Benedix, J.; et al.; a. a. O. 1993, S. 79 - 80

237) Vgl. hierzu z.B. Hackman J. R.: Tasks and task performance in research of stress, in: McGrath, J. E. (Ed.): Social and psychological factors in stress, New York 1970, pp. 202 - 237

gabenmerkmale dient im TAI dazu, die objektiv informatorische Schwierigkeit einer Aufgabe anhand der Bewertungsdimensionen Komplexität, Menge, Selbständigkeit und Variabilität bzw. deren konkreten Operationalisierungen zu bestimmen.[238)]

Zur Analyse der kognitiven Ausführung der Arbeitstätigkeit dienen die schon erwähnten Hauptabschnitte Informationsaufnahme und Informationsabgabe. Beider Gliederungsschema orientiert sich an der Art der zu verarbeitenden Informationen und weist eine Fünfteilung auf. Hauptabschnitt 5 - Informationsaufnahme, -speicherung und -umsetzung - umfaßt die Abschnitte:[239)]

- Beobachten, Überwachen und Signalerfassung (5.1),
- Zuhören, Entgegennahme von Anweisungen (5.2),
- Lesen von Zeichnungen und Skizzen (5.3),
- Lesen von Zahlenangaben und Rechenprogrammen sowie
- Lesen von Texten.

Hauptabschnitt 6, der zur Erfassung der Informationsumsetzung und -erzeugung herangezogen wird, gliedert sich in die Abschnitte:[240)]

- Bedienen von Werkzeugen und Geräten (6.1),
- Übertragen/Erzeugen mündlicher Informationen (6.2),
- Erstellen von Zeichnungen und Skizzen (6.3),
- Rechnen und Programmieren (6.4) sowie
- Abfassen von Texten.

Jeder dieser Abschnitte enthält zwischen 50 und 100 Items und umfaßt die Merkmalsbereiche Informationsquellen, Arbeitsunterlagen, Aufgaben, Informationsverarbeitungsprozesse und Ausführungsbedingungen. Innerhalb dieser Merkmalsbereiche werden die Erhebungsmerkmale aus den Operationalisierungsdimensionen „Komplexität“, „Selbständigkeit“ und „zeitliche Dichte/Dauer“ abgeleitet. Der einheitliche Aufbau der Hauptabschnitte 5 und 6 ermöglicht es zum einen die Arbeitstätigkeit anhand gleicher relevanter Dimensionen, über mehrere informatorische Handlungen hinweg, vergleichend zu beschreiben. Zum anderen ergibt sich auch die Chance, verschiedene Tätigkeiten, die sich hinsichtlich ihrer gegenständlichen und informatorischen Komponenten unterscheiden, auf der Basis verhaltenswissenschaftlich sinnvoller Bewertungsdimensionen zu vergleichen.[241)] Abbildung 5.8 zeigt beispielhaft diese Vergleichsmöglichkeiten auf. Für sechs verschiedene Arbeitstätigkeiten wurden

---

238) Vgl. Frieling, E.; Facaoaru, C.; Benedix, J.; et al.; a. a. O. 1993, S. 81 - 82

239) Vgl. Frieling, E.; Facaoaru, C.; Benedix, J.; et al.; a. a. O. 1993, S. 82

240) Vgl. Frieling, E.; Facaoaru, C.; Benedix, J.; et al.; a. a. O. 1993, S. 84

241) Vgl. Frieling, E.; Facaoaru, C.; Benedix, J.; et al.; a. a. O. 1993, S. 84

die Profile für die Informationsaufnahme und -abgabe einander gegenübergestellt.

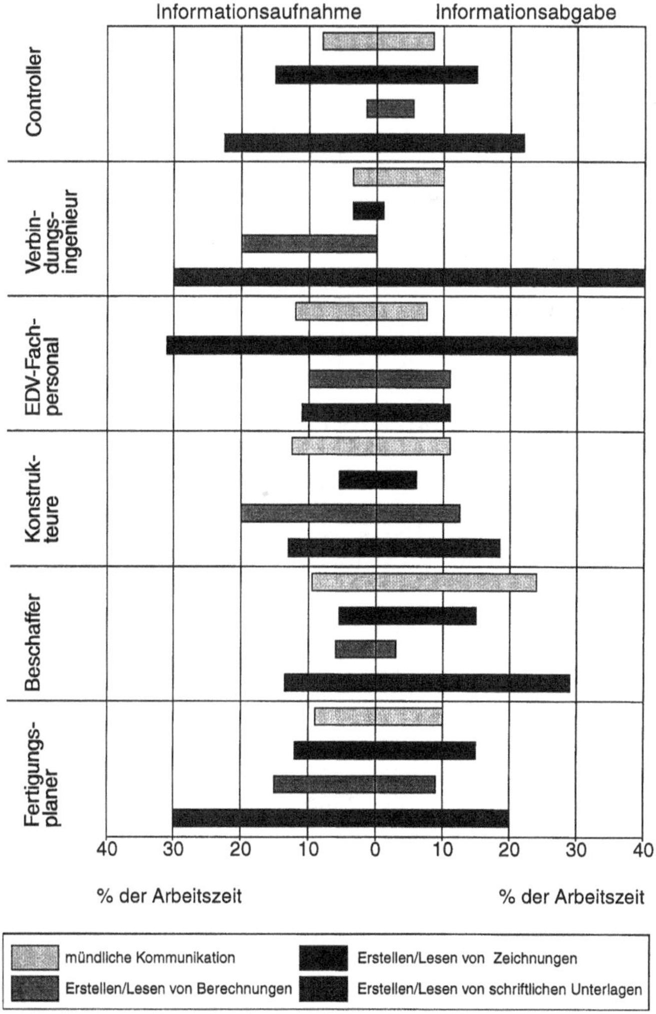

Abbildung 5.8: Informationsprofile verschiedener Beschäftigtengruppen[242)]

242) Abbildung entnommen aus: Frieling, E.; Facaoaru, C.; Benedix, J.; et al.; a. a. O. 1993, S. 173

❑ Kenntnisse und Eingangsqualifikationen

In diesem abschließenden, 238 Items umfassenden Hauptabschnitt des TAI werden personenbezogene Daten sowie Kenntnisse, die zum Vollzug der Arbeitshandlungen erforderlich sind, ermittelt. Der Einsatz von Abschnitt 7.1 liefert Informationen, die die formal geforderten und die tatsächlich eingebrachten Eingangsqualifikationen, die Anlern- und Ausbildungszeiten, die Art der Einarbeitung und die beruflichen Erfahrungen des Stelleninhabers betreffen. Mit Abschnitt 7.2 lassen sich sonstige beruflich relevante Daten des Stelleninhabers erheben. Schließlich soll der dritte Abschnitt die Möglichkeit schaffen, die für die Berufsausübung zu beherrschenden Wissensgebiete in einem eher explorativen Grobraster bezüglich der Kenntnisbreite und -tiefe zu charakterisieren.[243)] Hieraus lassen sich dann z.B. Ausbildungsinhalte und Lernziele ableiten und die Grundlagen zur Entwicklung von Curricula sowie Aus- und Weiterbildungsprogrammen schaffen.[244)]

5.4.2 Testtheoretische Gütekriterien des TAI

Die Ausführungen zu testtheoretischen Gütekriterien beschränken sich im TAI-Handbuch auf die Verfahrensreliabilität, da die Autoren auf eine Überprüfung der Validität verzichtet haben.[245)] Aufgrund der theoriegeleiteten Vorgehensweise ist jedoch davon auszugehen, daß zumindest die inhaltliche Validität des Verfahrens gegeben ist. Bezüglich der Konstruktvalidität und der kriterienbezogenen Validität können an dieser Stelle keine Abschätzungen getroffen werden, da, anders als bei dem oben aufgeführten Vailiditätsaspekt, hier umfangreiche Untersuchungen unerläßlich sind.

Die Reliabilitätsprüfungen basieren auf der Untersuchung von 46 Arbeitsplätzen, die von jeweils zwei, in der Verfahrensanwendung ausgebildeten Untersuchern (relativ) getrennt eingestuft wurden. Insgesamt beschränkten sich die durchgeführten Untersuchungen auf maximal 1055 TAI-Items, wobei die Abschnitte 1 und 2 bei den Untersuchungen gänzlich ausgeklammert blieben.[246)] Da ansonsten wenig weitergehende Angaben zu Untersuchungsdesign und

---

243) Vgl. Frieling, E.; Facaoaru, C.; Benedix, J.; et al.; a. a. O. 1993, S. 84

244) Vgl. hierzu Sonntag, Kh.; Heun, D.; Benedix, J.: Tätigkeitsanalyse als Beitrag zur Qualifikationsforschung und Trainingsgestaltung: Das qualifikationsbezogene Teilverfahren des TAI, in: Sonntag, Kh. (Hrsg.): Arbeitsanalyse und Technikentwicklung: Beiträge über Einsatzmöglichkeiten arbeitsanalytischer Verfahren bei technisch-organisatorischen Veränderungen, 1. Aufl., Köln 1987, S. 89 - 108

245) Vgl. Frieling, E.; Facaoaru, C.; Benedix, J.; et al.; a. a. O. 1993, S. 99

246) Vgl. Frieling, E.; Facaoaru, C.; Benedix, J.; et al.; a. a. O. 1993, S. 103

-ablauf vorliegen und auch die Unabhängigkeit der beiden Untersucher relativiert wird, bleibt die Frage offen, gegenüber welchen Störgrößen, in bezug auf die Reliabilität, sich das Verfahren letztlich bewähren konnte. Darüber hinaus veranlassen die Tatsachen, daß lediglich ca. die Hälfte der TAI-Items bei der Reliabilitätsprüfung Berücksichtigung gefunden haben (wobei diese z.T aufgrund der Untersuchungsergebnisse grundlegend überarbeitet, aber nicht erneut überprüft wurden) und die Validitätsprüfung fehlt,[247)] zur Kritik an der Überprüfung der Gütekriterien.

Als Zuverlässigkeitsmaße dienen im TAI die Item- und die Positionsreliabilität.[248)] Die Itemreliabilität bezieht sich auf die Übereinstimmung der Untersuchungsergebnisse zweier oder mehrere Verfahrensanwender, die ein Item über mehrere Arbeitsplätze hinweg erfassen. Bei der Positionsreliabilität hingegen überprüfen mindestens zwei Untersucher alle Items in bezug auf einen Arbeitsplatz.[249)] In beiden Fällen kommen zur Ermittlung der Reliabilitätskennzahlen die gleichen statistischen Berechnungsprozeduren zur Anwendung: Es wird korrelationstechnisch die Übereinstimmung der Untersuchungsergebnisse ermittelt.[250)] Sowohl Item- als auch Positionsreliabilität lassen sich als Sonderfälle der Paralleltestreliabilität auffassen: die Untersuchungen werden nicht nur mit streng vergleichbaren, sondern mit identischen Instrumentarien ausgeführt.

Zur Durchführung der Reliabilitätsprüfungen schlagen die Autoren zwei Vorgehensweisen vor: Mehrfacheinschätzungen desselben Arbeitsplatzes durch verschiedene Untersucher und Doppeleinschätzungen verschiedener Arbeitsplätze durch mehrere Beurteilerpaare. Da die erstgenannte Methode einen hohen organisatorischen Aufwand verursacht, wurden die Positions- und Itemreliabilität mit Hilfe von Doppeleinschätzungen überprüft. Als Zusammenhangsmaße dienten die prozentuale, nicht zufallskorrigierte Beurteilerübereinstimmung und der durchschnittliche Z-transformierte Spearmansche Rangkorrelationskoeffizient.[251)] Aufgrund der methodischen Einwände LEITNERs an der Eignung der Beurteilerübereinstimmung - insbesondere in bezug auf nominal

---

247) Die fehlende Validitätsprüfung sowie methodische Unzulänglichkeiten bei den durchgeführten Reliabilitätsprüfungen sind Hauptkritikpunkte LEITNERs am Tätigkeits-Analyse-Inventar. Er bezeichnet die Tatsache, daß Gültigkeitsbelege noch nicht einmal für bestimmte Verfahrensabschnitte ausgewiesen sind, sogar als Verstoß gegen wissenschaftlichen Mindeststandards.
Vgl. Leitner, K.: Das Tätigkeits-Analyse-Inventar (TAI): Eine kritische Bewertung, in: Zeitschrift für Arbeitswissenschaft, 48 Jg.(1994), Heft 3, S. 130

248) Vgl. Frieling, E.; Facaoaru, C.; Benedix, J.; et al.; a. a. O. 1993, S. 99 - 100

249) Vgl. Frieling, E.; a. a. O. 1975, S. 72 - 73

250) Vgl. Frieling, E.; Facaoaru, C.; Benedix, J.; et al.; a. a. O. 1993, S. 100

251) Vgl. Frieling, E.; Facaoaru, C.; Benedix, J.; et al.; a. a. O. 1993, S. 100 - 101

skalierte Daten[252] - beschränkt sich die Darstellung der Zuverlässigkeitswerte im folgenden auf die durchschnittlichen Spearmans rho sowie die durchschnittlichen Fischer-Z transformierten rho. Bei den in Tabelle 5.15 aufgelisteten Kennzahlen in bezug auf Items und Indikatoren des TAI wird darüber hinaus der Einfluß von „trifft nicht zu" Bewertungen (TNZ) berücksichtigt. Damit wird der Möglichkeit Rechnung getragen, daß eine Vielzahl von Items, die bei einer Analyse nicht zutreffend sind, zu einer artifiziellen Erhöhung der Korrelationswerte führen.[253]

Berechnungsart	Itemzuverlässigkeit (über AP)	Positionsreliabilität (über Items)
durchschnittlicheSpearmans rho		
Items (TNZ)	0,70	0,81
Items (ohne TNZ)	0,58	0,55
Indikatoren (ohne TNZ)	0,79	0,86
durchschnittliche Fischer-Z transformierte rho		
Items (TNZ)	0,82	0,94
Items (ohne TNZ)	0,70	0,83
Indikatoren (ohne TNZ)	0,87	0,95

Tabelle 5.15: Durchschnittliche Items- und Positionsreliabilitäten mit und ohne Berücksichtigung der TNZ („trifft nicht zu" - Items)[254]

---

252) LEITNER greift in seinen Ausführungen zur Überprüfung der Gütekriterien des TAI die auf Seite 101 im TAI-Handbuch enthaltene Aussage auf, daß geringe Abweichungen zwischen zwei Beurteilern gleich behandelt werden wie Einstufungen in weit auseinanderliegenden Kategorien. Hierzu führt er dann weiter aus, daß nominalskalierte Daten definitorisch keine Ordnung in bezug auf Kategorien aufweisen, und folglich auch keine großen oder geringen Distanzen zwischen Kategorien existieren.
Vgl. Leitner, K.: Das Tätigkeits-Analyse-Inventar (TAI): Eine kritische Bewertung, a. a. O., S. 130

253) Vgl. Frieling, E.; Facaoaru, C.; Benedix, J.; et al.; a. a. O. 1993, S. 102 - 103

254) Tabelle entnommen aus: Frieling, E.; Facaoaru, C.; Benedix, J.; et al.; a. a. O. 1993, S. 105

Die Ergebnisse der Zuverlässigkeitsprüfung zeigen, daß die Werte der Positionsreliabiltät sowohl in bezug auf die Items als auch bezüglich der Indikatoren höher ausfällt, als die Werte der Itemreliabilität. Die Autoren des TAI führen dies auf die stringente paarweise Korrelationsberechnung gegenüber der paarübergreifenden zurück. Die höchsten Korrelationswerte insgesamt wurden bei der Positionsreliabilität auf der Indikatorenebene erzielt. Da arbeitsanalytische Daten kaum auf der Item- sondern vielmehr auf aggregierten Indikatorebenen interpretiert werden, schlußfolgern die Autoren weiter, daß Reliabilitätsprüfungen auf der (Aggregations-)Ebene durchzuführen sind, auf der die spätere Interpretation der Daten erfolgen soll. Bei der Interpretation der oben angeführten Reliabilitätskennzahlen ist jedoch zu beachten, daß diese aufgrund der begrenzten Anzahl der einbezogenen Items und der Tatsache, daß Items nach Auswertung der Reliabilitätsprüfungen überarbeitet wurden, nur als grobe Hinweise zu betrachten sind.[255)]

5.5 Checkliste Bildschirmergonomie

Die Checkliste Bildschirmergonomie läßt sich als ein ergonomisches Arbeitsplatzanalyseverfahren zur Evaluation rechnerunterstützter Arbeitssysteme im Büro- und Verwaltungsbereich kennzeichnen. Ziel des Verfahrenseinsatzes ist es, konkrete Ergonomieprobleme, die einen bestimmten Arbeitsplatz betreffen, aufzudecken bzw. zu überprüfen, inwieweit die untersuchte Arbeitssituation Arbeitsschutzanforderungen entspricht.[256)] Das Verfahren bezieht sich auf Büroräume „herkömmlicher Art" im Sinne der ZH 1/535,[257)] deren Fläche weniger als 400 m^2 beträgt.[258)]

Zur ergonomischen Gestaltung von Arbeitsplätzen im Büro- und Verwaltungsbereich liegen zahlreiche Normen, Richtlinien und Forschungsberichte vor. Allerdings resultiert aus der Vielzahl auch eine gewisse Unübersichtlichkeit, was die Anwendung der Gestaltungsrichtlinien nicht unerheblich erschwert. Dieses Problem war einer der wesentlichen Ausgangspunkte bei der Entwicklung der Checkliste Bildschirmergonomie: Die Verfahrensentwicklung hatte nicht das Ziel neue Arbeitsschutzstandards für den Büro- und Verwaltungsbereich zu erarbeiten, vielmehr wurden in bezug auf konkrete Ergonomiekomplexe die relevanten Gestaltungsregeln bzw. Arbeitsschutzstandards zusammengetragen und in geeigneter Weise miteinander kombiniert, um so eine systematische Evalua-

---

255) Vgl. Frieling, E.; Facaoaru, C.; Benedix, J.; et al.; a. a. O. 1993, S. 104 - 106

256) Vgl. Köchling, A., a. a. O. 1990, S. 4

257) Vgl. VBG - Verwaltungs-Berufsgenossenschaft (Hrsg.): ZH 1/535, a. a. O. 1976, Ziffer 4.10

258) Vgl. Köchling, A., a. a. O. 1991, S. 40

tion zu ermöglichen.[259] Eine weitere Besonderheit des Instrumentes liegt darin, daß es nicht ausschließlich analytischen Zwecken dient. Durch die Verknüpfung der Ergonomiemängel mit Maßnahmenalternativen zu deren Überwindung und die Auflistung detaillierter Literaturangaben zu den betreffenden Arbeitsschutzstandards schafft es die Grundlage für zielgerichtete Maßnahmen zur Arbeitsplatzgestaltung.[260] Abbildung 5.9 zeigt als Beispiel ein Formblatt zur Analyse der Raumbeleuchtung.

Die Art der Datenerhebung hängt bei der Checkliste Bildschirmergonomie von dem jeweils untersuchten Ergonomiekomplex ab. Bei bestimmten Sachverhalten ist z.B. der Arbeitsplatzinhaber in der Lage, objektive Aussagen zum Untersuchungsgegenstand zu machen. In solchen Fällen reicht die Befragung des Arbeitsplatzinhabers zur Datengewinnung aus. Ergonomische Schwachstellen, wie beispielsweise Spiegelungs-, Blendungs- und Körperhaltungsprobleme zeichnen sich oftmals dadurch aus, daß die Betroffenen sie nicht objektiv beurteilen können. Hier müssen Beobachtungen des Untersuchers die Befragungen ergänzen. Ein dritter Problemtyp erfordert schließlich Messungen mit Hilfe eines Zentimetermaßes, beispielsweise dann, wenn Abmessungen von Büroeinrichtungen, -räumen oder -maschinen zu bestimmen sind. Schließlich gibt es noch ergonomische Probleme, bei denen diese einfachen Messungen nicht ausreichen, sondern Meßverfahren mit z.T. komplizierten Meßausrüstungen erforderlich sind. Welche Methoden der Datenerhebung bei welchen Ergonomieproblemen jeweils einzusetzen sind, wird auf den Formblättern der Checkliste Bildschirmergonomie mit Hilfe eines speziellen Symbols gekennzeichnet.[261]

Die Checkliste Bildschirmergonomie ist modular aufgebaut und besteht aus zehn Checklistenteilen, die in Abhängigkeit von den zu untersuchenden Ergonomieproblemen miteinander kombiniert werden. Hierdurch läßt sich zum einen der Bearbeitungsaufwand minimieren, zum anderen besteht die Möglichkeit, das Verfahren an die spezifischen Anforderungen der Analyse konkreter Ergonomieprobleme anzupassen. Abbildung 5.10 zeigt, welche Checklistenbausteine in welcher Kombination für welche Ergonomieprobleme einzusetzen sind.[262]

---

259) Vgl. Köchling, A., a. a. O. 1991, S. 4

260) Vgl. Köchling, A., a. a. O. 1991, S. 7

261) Vgl. Köchling, A., a. a. O. 1991, S. 8

262) Vgl. Köchling, A., a. a. O. 1991, S. 4

	5. Arbeitsumgebung: Raumbeleuchtung				
	5.2 MÄNGEL UND MASSNAHMEN				

In der Übersicht "Raumbeleuchtungsmängel und Maßnahmen" können Sie erkennbare Mängel auf mögliche Ursachen zurückführen und damit auch auf mögliche Korrekturmaßnahmen verweisen. Bitte kreuzen Sie - ggf. mit Hilfe Ihrer Raumnachbarn - die betreffenden Stellen an. Die Kreuze ("x") dienen dabei als Lesehilfe.

MASSNAHMEN

Vorhandene Leuchtröhren

A **gegen Leuchtröhren mit angemessener Beleuchtungsstärke, Lichtfarbe, Blendbegrenzung usw. austauschen (46)**
B **reinigen, da Beleuchtungsstärke durch Veralterung u. Verschmutzung abgenommen hat (47)**
C **durch neue Leuchtröhren mit angemessener Beleuchtungsstärke, Blendbegrenzung etc. ersetzen (48)**
D **abschirmen z.B. durch Blenden, Raster (49)**

Allgemeinbeleuchtung

E **im Hinblick auf gleichmäßige Ausleuchtung anordnen (50)**
F **raumbezogen planen (51)**
G **elektrotechnische Maßnahmen (z.B. Schaltung verändern) (52)**
H **zusätzliche blendarme Einzelplatzbeleuchtung beschaffen (53)**

Einrichtungen zur Tageslichtregulierung wie Stores, Rollos, Jalousien (54)

I **anbringen**
J **austauschen, da unzureichend**

Raumbeleuchtungsmängel	Maßnahmen									
	A	B	C	D	E	F	G	H	I	J
Beleuchtungsstärke										
( ) zu hell	x		x					x	x	x
( ) zu dunkel	x	x	x					x	x	x
Lichtfarbe										
( ) zu kalt	x		x							
( ) zu warm	x		x							
Schattenwirkung										
( ) zu schwach	x		x		x					
( ) zu stark	x		x		x					
Deckenbeleuchtung										
( ) flackert und flimmert							x			
( ) **Mischarbeitsprobleme (61)**	x		x			x		x	x	x
( ) **Blendungs- und/oder Spiegelungseffekte auf Schirm, Tastatur, Beleg**	x		x	x					x	x

Abbildung 5.9: Checkliste Bildschirmergonomie - Analyse der Raumbeleuchtung[263)]

263) Abbildung entommen aus: Köchling, A., a. a. O. 1991, S. 17

Übersicht: Erweiterte Checklistenbausteine										
Ausgewählte Ergonomieprobleme	Angaben zum		Arbeitsumgebung				Arbeitsplatz und Arbeitsmittel		Arbeits-sicher-heit	Arbeits-medizin. Vorsorge
	Arbeits-platz	Arbeits-raum	Raum-klima	Raum-akustik	Raumbe-leuch-tung	Flächen-bedarf u. Gestaltg.	Sitzen	Sehen		
Nr. d. Checklistenteils	1	2	3	4	5	6	7	8	9	10
Raumklimaprobleme	O	O	x			(x)				
Raumakustikprobleme	O	O		x		(x)				
Raumbeleuchtungs-probleme	O	O			x	(x)		(x)		
Flächenbedarfsprobleme	O	O	(x)	(x)	(x)	x	(x)			
Probleme beim Sitzen	O	O				(x)	x	(x)		
Probleme beim Sehen	O	O			(x)		(x)	x		
Arbeitssicherheit	O	O							x	
Probleme der arbeits-medizinischen Vorsorge	O	O								x

O Standardbausteine
x Kernbausteine
(x) Randbausteine

Abbildung 5.10: Checklistenbausteine und zugehörige Ergonomieprobleme[264)]

Bei der Durchführung der Analyse werden zunächst allgemeine Informationen zum Arbeitsplatz und Arbeitsraum erhoben. Diese deskriptiven Verfahrensteile müssen unabhängig vom jeweils zu untersuchenden Problem bearbeitet werden, da sie zur Kennzeichnung der Rahmenbedingungen dienen. Die hierfür vorgesehenen Checklisten sind in Abbildung 5.10 als Standardbausteine bezeichnet. In Abhängigkeit des zu betrachtenden Problems wird im weiteren Verlauf der Analyse die problemspezifische Checkliste (Kernbaustein) eingesetzt. Mit ihrer Hilfe läßt sich eine detaillierte Analyse des spezifischen Problems durchführen. Da unterschiedliche Ergonomieprobleme nicht nur isoliert auftreten, sondern ggf. auch in Wechselwirkung zueinander stehen, ist es in vielen Fällen sinnvoll, ergänzend Checklisten zur Analyse verbundener Problembereiche einzusetzen (Randbausteine). So läßt sich beispielsweise bei der Analyse von Raumklimaproblemen auch die Checkliste "Flächenbedarf und Gestaltung" zusätzlich einsetzen.[265)]

264) Abbildung entommen aus: Köchling, A., a. a. O.191, S. 10

265) Vgl. Köchling, A., a. a. O. 1991, S. 9 - 11

5.5.1 Die Analyseobjekte der Checkliste Bildschirmergonomie

Neben den deskriptiven Verfahrensteilen zur Beschreibung des Arbeitsplatzes und des Arbeitsraumes umfaßt die Checkliste Bildschirmergonomie weitere acht Module, mit deren Hilfe sich Untersuchungen zu den Schwerpunkten Arbeitsumgebung, Arbeitsplatz und Arbeitsmittel, Arbeitssicherheit sowie arbeitsmedizinische Vorsorge durchführen lassen.[266] Während den beiden letztgenannten Analyseschwerpunkten jeweils ein eigener Verfahrensteil zugeordnet ist, zielt die Analyse bei den anderen auf spezifische Teilaspekte ab. So wird im Zusammenhang mit der Arbeitsumgebung überprüft, ob Raumklima, Raumakustik, Beleuchtung sowie Flächenbedarf und -gestaltung den Arbeitsschutzanforderungen entsprechen.[267] In bezug auf die Gestaltung des Arbeitsplatzes und der Arbeitsmittel steht die Frage im Vordergrund, inwieweit ergonomisch unzulängliche Gestaltungsergebnisse das Sitzen und Sehen beeinträchtigen.[268]

Die einzelnen Checklistenmodule lassen sich in inhaltlich gegeneinander abgrenzbare Abschnitte unterteilen. So beinhalten sie im ersten Abschnitt zunächst Erläuterungen und Begründungen zu den zugrundegelegten Arbeitsschutzstandards. Ihre Einhaltung wird dann in einem konkreten Arbeitssystem, unter Zuhilfenahme spezieller, im zweiten Abschnitt enthaltener Formblätter, überprüft. Spezielle Maßnahmen/Mängel-Listen, die den identifizierten ergonomischen Schwachstellen konkrete Möglichkeiten zur Abhilfe zuordnen, ermöglichen das systematische Ableiten und Umsetzen von Verbesserungsmaßnahmen. Abschließend finden sich in jedem Modul ergänzende Hinweise zu den betreffenden Ergonomiekomplexen sowie detaillierte Literaturverweise auf grundlegende Publikationen zu den entsprechenden Themen.[269]

❑ Analyseschwerpunkt Raumklima

Bei der Analyse des Raumklimas wird untersucht, inwieweit Arbeitsschutzstandards hinsichtlich Raumtemperatur, Luftfeuchtigkeit, Zugluft und Luftreinheit eingehalten werden. Zu allen vier Teilaspekten beinhaltet der entsprechende Checklistenteil detaillierte Angaben, die die besonderen Bedingungen rechnerunterstützter Arbeitssysteme im Büro- und Verwaltungsbereich betreffen, sowie Angaben bezüglich der einzuhaltenden Grenzwerte (vgl. Tabelle 5.16).[270] In bezug auf Raumtemperatur, Luftfeuchtigkeit und Zugluft wird jedoch auch betont, daß die einzelnen Klimawerte nur als Orientierungswerte an-

---

266) Vgl. Köchling, A., a. a. O. 1991, S. 10

267) Vgl. Köchling, A., a. a. O. 1991, S. 41 - 81

268) Vgl. Köchling, A., a. a. O. 1991, S. 82 - 111

269) Vgl. Köchling, A., a. a. O. 1991, S. 11 - 12

270) Vgl. Köchling, A., a. a. O. 1991, S. 41 - 43

zusehen sind, da gerade hier starke gegenseitige Abhängigkeiten bestehen.[271]) Erst die richtige Kombination unter Beachtung von Rahmenbedingungen, die aus personenbezogenen Größen (Bekleidung, energetische Belastung, Anzahl der Personen in einem Raum), der bauphysikalischen Gestaltung des Raumes (Temperatur der Umschließungsflächen und sonstiger Wärmestrahler, Abmessungen des Raumes) oder vorhandener lufttechnischer Anlagen resultieren, führt letztlich zur thermischen Behaglichkeit.[272])

Im Vergleich zu Arbeitsplätzen, die z.B. im Fertigungsbereich angesiedelt sind, ist bei Büroarbeitsplätzen die Gefahr chemisch/physikalisch bedingter Luftverunreinigungen prinzipiell geringer. Dennoch können aber auch hier entsprechende Belastungen auftreten, beispielsweise wenn Raucher in den Büroräumen arbeiten,[273]) lüftungstechnische Anlagen verunreinigte Außenluft zuführen[274]) oder die Büros gegenüber Räumen mit verunreinigter Luft unzureichend isoliert sind.[275])

Die Datengewinnung in bezug auf das Raumklima basiert in erster Linie auf Befragungen der betroffenen Mitarbeiter und Beobachtungen vor Ort. Sofern es erforderlich ist, können diese Informationen durch Meßdaten physikalischer Untersuchungen mit Thermometern, Hygrometern etc. ergänzt werden.[276])

---

271) Vgl. VBG - Verwaltungs-Berufsgenossenschaft (Hrsg.), ZH 1/535 a. a. O. 1976, Ziffer 4.12.1

272) Vgl. Deutsches Institut für Normung e. V. (Hrsg.): DIN 1946: Raumlufttechnik, Gesundheitstechnische Anforderungen (VDI-Lüftungsregeln), Teil 2, Berlin 1994, Ziffer 4.1
Die Checkliste Bildschirmergonomie verweist an dieser Stelle auf die 1983 erschienene Version dieser Norm, die eine andere Gliederung besaß.

273) Vgl. Arbeitsstättenrichtlinie ASR 5: Lüftung, zu § 5 Arbeitsstättenverordnung, Ziffer 4.2.1

274) Vgl.hierzu Deutsches Institut für Normung e. V. (Hrsg.): DIN 1946, a. a. O. 1994, Ziffer 5.2.7

275) Vgl. Köchling, A., a. a. O. 1991, S. 41

276) Vgl. Köchling, A., a. a. O. 1991, S. 46

	Temperatur °C	Relative Luftfeuchte in %[277]	Maximale Windgeschwindigkeit in m/sec[278]
Arbeitsschutzstandards Minimum Optimum Maximum	 20[279] 21 - 22[280] 26[281]	 50 65 80	 0,1 0,15 (0,2)
Mögliche Einwirkungen von Bildschirmgeräten, Terminaldruckern u.ä. Büromaschinen	Erhöhend durch Wärmeabgabe	Senkend durch Wärmeabgabe	Erhöhend bei Belüftungsanlagen u. Installationen von Ventilatoren; zusätzlich erhöhend bei ununterbrochen starrer Körperhaltung u. Bewegungsmangel
Auswirkungen auf die Arbeitsleistung	ja	ja	ja
Auswirkungen auf die Gesundheit	• vorzeitige Ermüdung • Reizbarkeit • Konzentrationsstörungen • Erkältungsanfälligkeit • Hitzestau (Kreislaufbeschwerden)	• Austrocknung von: Nasenschleimhaut, Augenbindehaut, sonst. Schleimhäuten • Hitzestau (Kreislaufbeschwerden)	• Erkältungsanfälligkeit • Bindehautreizungen • rheumatische Beschwerden

Tabelle 5.16: Mögliche Einwirkungen von Bildschirmsystemen auf das Raumklima[282]

277) Bezüglich der einzuhaltenden Luftfeuchtigkeitswerte Vgl. VBG - Verwaltungs-Berufsgenossenschaft (Hrsg.): ZH 1/535, a. a. O. 1976, Ziffer 4.12.4 und Arbeitsstättenrichtlinie ASR 5: Lüftung, zu § 5 Arbeitsstättenverordnung, Ziffer 4.2.3

278) Bezüglich der zulässigen Luft-Strömungsgeschwindigkeiten Vgl. VBG - Verwaltungs-Berufsgenossenschaft (Hrsg.): ZH 1/535, a. a. O. 1976, Ziffer 4.12.4 und Deutsches Institut für Normung e. V. (Hrsg.): DIN 33403, a. a. O. 1984, Ziffer 4.3

279) Vgl. Arbeitsstättenrichtlinie ASR 6: Raumtemperaturen, zu § 6 Arbeitsstättenverordnung, Ziffer 2.1

280) Vgl. VBG - Verwaltungs-Berufsgenossenschaft (Hrsg.): ZH 1/535, a. a. O. 1976, Ziffer 4.12.2

281) Vgl. Arbeitsstättenrichtlinie ASR 6: Raumtemperaturen, zu § 6 Arbeitsstättenverordnung, Ziffer 2.4

282) Tabelle entnommen aus: Köchling, A., a. a. O. 1991, S. 43

❑ Analyseschwerpunkt Raumakustik

Die Analyse der Raumakustik soll darüber Aufschluß geben, ob der Schallpegel in bezug auf bestimmte Tätigkeitsklassen eine vorgegebene Höhe nicht übersteigt (vgl. Tab 5.17).[283)] Als Meßgröße dient aufgrund der Festlegungen in § 15 der Arbeitsstättenverordnung der Beurteilungspegel.[284)] Dieser ist von verschiedenen Faktoren abhängig, beispielsweise von den Einsatzbedingungen der Maschinen, den Raum- und Umgebungseinflüssen oder vom zeitlichen Verlauf der Geräuschbelastung am Arbeitsplatz.[285)] Gemessen wird die Summe der im Verlauf von acht Stunden auf den Arbeitsplatz einwirkenden akustischen Immissionen und nicht die von einzelnen Büromaschinen ausgehenden Geräusche (Emissionen). Von der Erfassung ausgenommen sind sogenannte Fremdgeräusche wie beispielsweise Gespräche zwischen Mitarbeitern im Arbeitsraum oder arbeitsbedingte Kommunikationssignale wie das Klingeln des Telefons.[286)]

Ebenso wie bei der Analyse des Raumklimas basiert die Datenerhebung im wesentlichen auf Mitarbeiterbefragungen bzw. Beobachtungen, die ggf. durch physikalische Analysen zu ergänzen sind. Bei den Vorschlägen zur Minderung von unzulässig hohen Geräuschpegeln wird bezüglich der Ursachen Büromaschinen, Raum- und Arbeitsbedingungen differenziert.[287)]

❑ Analyseschwerpunkt Raumbeleuchtung

Beleuchtungsprobleme entstehen, wenn entweder die Beleuchtungsstärke am Arbeitsplatz nicht ausreichend ist oder andere Störfaktoren (z.B. Blendungen und Spiegelungen) die Wahrnehmung beeinträchtigen. Die Ursachen für Beeinträchtigungen des Sehens können vielfältiger Art (vgl. Abb 5.11) sein und erfordern oftmals die Untersuchung mehrerer Problemquellen und dementsprechend auch die Durchführung mehrerer Maßnahmen zu ihrer Beseitigung.[288)]

---

283) Vgl. Köchling, A., a. a. O. 1991, S. 54

284) Vgl. Verordnung über Arbeitsstätten (Arbeitsstättenverordnung - ArbStättV) vom 20. März 1975, § 15

285) Vgl. Verein deutscher Ingenieure - VDI (Hrsg.): VDI 3729: Emissionskennwerte technischer Schallquellen, Geräte der Büro- und Informationstechnik, Rahmen-Richtlinie, Blatt1, Berlin 1992, Ziffer 4.1.3

286) Vgl. Verein deutscher Ingenieure - VDI (Hrsg.): VDI Richtlinie 2058, a. a. O. 1981, Blatt 3, Ziffer 2.3, 2.4 und 5

287) Vgl. Köchling, A., a. a. O. 1991, S. 56 - 59

288) Vgl. Köchling, A., a. a. O. 1991, S. 63

Tätigkeitsarten	Wesentliche Merkmale	Beispielhafte Tätigkeiten[289)]	Beurteilungspegel
Tätigkeiten mit besonders hohen geistigen Anforderungen und Kommunikation über größere Entfernungen		• Referate, Vorträge vor größeren oder kleineren Gruppen	geringer als 55 dB(A) [290)]
Tätigkeiten mit überwiegend geistigen Anforderungen[291)]	• hohe Konzentrationsanforderungen • ggf. Anforderungen an schöpferisches Denken • Anforderungen, Entscheidungen mit besonderer Tragweite zu treffen[292)]	• Teilnahme an Besprechungen • Wissenschaftliches Arbeiten • Entwickeln von Programmen und Systemanalysen	50 dB(A) als Orientierungswert[293)] höchsten 55 dB(A)[294)]

Tabelle 5.17: Tätigkeitsarten und zulässige Beurteilungspegel - Teil I

289) Vgl. Köchling, A., a. a. O. 1991, S. 54 - 55

290) Vgl. Verein deutscher Ingenieure - VDI (Hrsg.): VDI Richtlinie 2058, a. a. O. 1981, Blatt 3, Fußnote 2 zu Ziffer 5.1

291) Vgl. z.B. Verein deutscher Ingenieure - VDI (Hrsg.): VDI Richtlinie 2058, a. a. O. 1981, Blatt 3, Ziffer 1 und 5.1

292) Vgl. z.B. Verein deutscher Ingenieure - VDI (Hrsg.): VDI Richtlinie 2058, a. a. O. 1981, Blatt 3, Ziffer 1 und 5.1

293) Vgl. Klosterkötter, W.; Gono, F.; Loch, E. G.; Arens, H.; Karama, U.; Schulte, F. N.: Experimentelle Untersuchungen zur Frage der Lärmgrenzwerte für werdende Mütter am Arbeitsplatz, BAU-Forschungsbericht Nr. 132, Dortmund 1974, S. 52

294) Vgl. Klosterkötter, W.; Gono, F.; Loch; et al., a. a. O. 1974, S. 52

Tätigkeitsarten	Wesentliche Merkmale	Beispielhafte Tätigkeiten[295]	Beurteilungspegel
Tätigkeiten mit geistigen Anforderungen[296]	• zeitweiser oder ständiger Zwang zur Anspannung der Aufmerksamkeit bei Informationsverarbeitung • hohe Verantwortung hinsichtlich Fehlleistungen wegen möglicher folgenschwere Auswirkungen[297] • repetitiv-mentale Beanspruchung[298]	• Disponieren • Datenerfassen • Schreibmaschineschreiben • Arbeiten mit Textverarbeitungsgeräten • Arbeiten mit Tischrechneranlagen	60 dB(A) als Orientierungswert[299] höchsten 70 dB(A) [300]
Tätigkeiten bei denen es auf eine einwandfreie Sprachverständigung ankommt[301]		• Telefonate, direkte Kundenkontakte als wesentlicher Bestandteil der Tätigkeit	geringer als 70 dB(A)[302]

Tabelle 5.17: Tätigkeitsarten und zulässige Beurteilungspegel- Teil II

---

295) Vgl. Köchling, A., a. a. O. 1991, S. 54 - 55

296) Vgl. z.B. Verein deutscher Ingenieure - VDI (Hrsg.): VDI Richtlinie 2058, a. a. O. 1981, Ziffer 1 und 5.2

297) Vgl. Verein deutscher Ingenieure - VDI (Hrsg.): VDI Richtlinie 2058, a. a. O. 1981, Blatt 3, Ziffer 1 und 5.2

298) Vgl. Klosterkötter, W.; Gono, F.; Loch; et al., a. a. O. 1974, S. 52

299) Vgl. Klosterkötter, W.; Gono, F.; Loch; et al., a. a. O. 1974, S. 52

300) Vgl. Klosterkötter, W.; Gono, F.; Loch; et al., a. a. O. 1974, S. 52

301) Vgl. z.B. Verein deutscher Ingenieure - VDI (Hrsg.): VDI Richtlinie 2058, a. a. O. 1981, Blatt 3, Ziffer 1 und 5.3

302) Vgl. z.B. Verein deutscher Ingenieure - VDI (Hrsg.): VDI Richtlinie 2058, a. a. O. 1981, Blatt 3, Ziffer 1 und 5.2

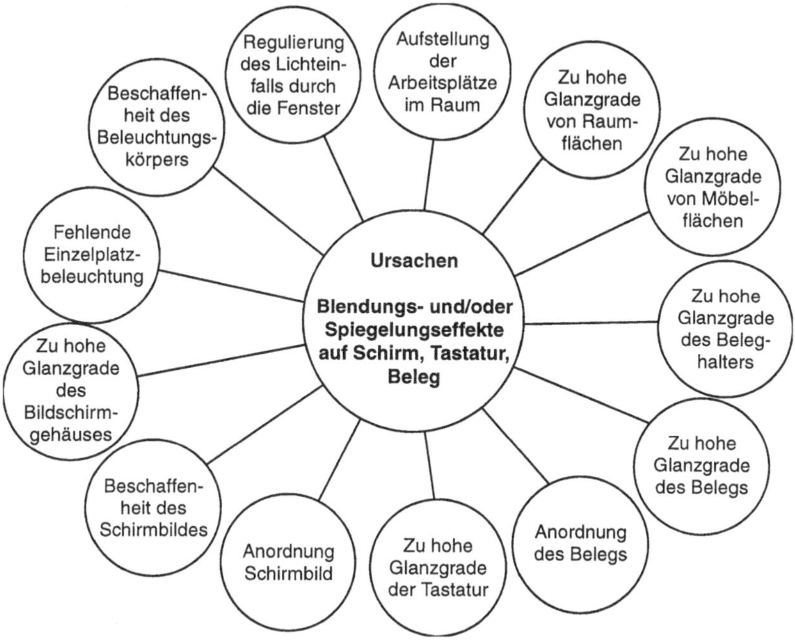

Abbildung 5.11: Ursachen für Beeinträchtigungen des Sehens[303)]

Die Überprüfung der Arbeitsschutzstandards in bezug auf die Raumbeleuchtung ist im Vergleich zu den schon erläuterten Untersuchungen wesentlich differenzierter. Je nachdem ob es sich um einen einfachen Büroarbeitsplatz, einen Büroarbeitsplatz mit Bildschirmarbeitsgeräten, einen Büroarbeitsplatz mit besonderen Beleuchtungsanforderungen aufgrund der dort durchzuführenden Arbeitsaufgaben etc. handelt, unterscheiden sich die zu erfüllenden Arbeitsschutzstandards z.B. bezüglich der Beleuchtungsstärke ganz erheblich. Dies hat seine Ursache u.a. darin, daß einige Arbeitschutzstandards entweder nur für Bildschirmarbeitsplätze oder bildschirmlose Arbeitsplätze gelten. Neben der Beleuchtungsstärke werden mit diesem Abschnitt der Checkliste Bildschirmergonomie auch Licht- und Schattenwirkung, Lichtflimmern, Lichtfarbe, Lichtrichtung, Reflexionsgrade von Arbeitsmöbeln und Raumflächen, Lichtdichtenunterschiede sowie Blendwirkungen der Beleuchtungskörper näher betrachtet.[304)]

---

303) Abbildung entommen aus: Köchling, A., a. a. O. 1991, S. 64

304) Vgl. Köchling, A., a. a. O. 1991, S. 63 - 67

❑ Analyseschwerpunkt Flächenbedarf und Flächengestaltung

Der vierte und letzte Untersuchungsschwerpunkt im Zusammenhang mit der Arbeitsumgebung ist der Flächenbedarf bzw. die Flächengestaltung. Hier kontrolliert der Untersucher zunächst, ob die in § 23 der Arbeitsstättenverordnung[305)] enthaltenen Vorgaben in bezug auf die Höhe der Büroräume und die erforderliche Fläche je Büroarbeitsplatz eingehalten sind. Dabei differenziert die Checkliste Bildschirmergonomie in Anlehnung an die ZH 1/618[306)] und BERGDOLL[307)] zwischen Büroarbeitsplätzen ohne EDV-Systeme, Bildschirmarbeitsplätzen und Arbeitsplätzen, bei denen Mischarbeit vorliegt. Für den jeweiligen Arbeitsplatztyp enthält die Checkliste spezifische Vorgaben, die einzuhalten sind.[308)]

Die Analyse der Flächengestaltung bezieht sich darüber hinaus auf Büroeinrichtungsgegenstände. Diesbezüglich wird überprüft, ob am Arbeitsplatz ausreichender Strauraum vorhanden ist und keine Stolper- oder Sturzgefahren aus nicht-ortsfesten Arbeitsmitteln wie Papierkörben, Akten und Registraturwagen etc.[309)] resultieren. Einen weiteren Untersuchungsschwerpunkt bilden die Verkehrswege, für deren Analyse das Instrumentarium eine Reihe dezidierter Vorgaben aus den einschlägigen Verordnungen und Richtlinien übernimmt.[310)] Die letzten Arbeitsschutzstandards, deren Einhaltung im Zusammenhang mit der Flächengestaltung überprüft wird, betreffen die Bewegungsräume der einzelnen Mitarbeiter sowie die Arbeitsplatzdichte.[311)]

---

305) Vgl. Verordnung über Arbeitsstätten (Arbeitsstättenverordnung - ArbStättV) vom 20. März 1975, § 23

306) Vgl. VBG - Verwaltungs-Berufsgenossenschaft (Hrsg.): ZH 1/618, a. a. O. 1980, Ziffer 4.4.1

307) Vgl. Bergdoll, K.; Häußermann, H.; Wulf, H.; Lüsebrink, K.; Petrowsky, W.: Mischarbeit und elektronische Textverarbeitung, Schriftenreihe „Humanisierung des Arbeitslebens", Frankfurt/Main, New York 1987, S. 57 - 58

308) Vgl. Köchling, A., a. a. O. 1991, S. 74

309) Vgl. VBG - Verwaltungs-Berufsgenossenschaft (Hrsg.): ZH 1/535, a. a. O. 1976, Ziffer 5.7

310) Vgl. hierzu Verordnung über Arbeitsstätten (Arbeitsstättenverordnung - ArbStättV) vom 20. März 1975, § 9 und 52; Arbeitsstättenrichtlinie ASR 10/1: Lüftung, zu § 10 Arbeitsstättenverordnung, Ziffer 4.3; VBG - Verwaltungs-Berufsgenossenschaft (Hrsg.): ZH 1/535, a. a. O. 1976, Ziffer 5.6 und VBG - Verwaltungs-Berufsgenossenschaft (Hrsg.): VGB 1, a. a. O. 1991, § 24 und § 25

311) Vgl. Köchling, A., a. a. O. 1991, S. 74 - 75

❑ Analyseschwerpunkt Sitzen

Während die ersten vier Analysemodule zur Überprüfung der Arbeitsumgebung dienen, sind in den folgenden vier Modulen der Arbeitsplatz und die Arbeitsmittel Gegenstand der Untersuchungen. Aufgrund der spezifischen Merkmale von Arbeitstätigkeiten im Büro- und Verwaltungsbereich, ist der erste Analyseschwerpunkt - das richtige Sitzen - von besonderer Bedeutung für die Gesundheit des arbeitstätigen Menschen. Richtiges Sitzen wird von einer Vielzahl unterschiedlichster Determinanten bestimmt und läßt sich nicht dadurch realisieren, daß man z.B. ein einzelnes, isoliertes Element des Arbeitssystems (z.B. den Arbeitsstuhl) ergonomisch richtig gestaltet. Vielmehr lassen sich erst bei einer optimalen Kombination verschiedener Einflußfaktoren Beeinträchtigungen der Gesundheit ausschließen. Insofern sind in diesem Analyseabschnitt mehrere Unterpunkte zu überprüfen:[312)]

❑ die Abstimmung der Arbeitshöhen von Tisch und Stuhl;
❑ die flexible Anordnung der Arbeitselemente auf der Tischfläche;
❑ die Berücksichtigung individueller Körpermaße;
❑ das Vorhandensein eines angemessenen Bewegungsraumes und
❑ die Möglichkeit zur Veränderung der Arbeitshaltung.

Die Analyse des Arbeitsplatzes vor dem Hintergrund des Unterkriteriums „Abstimmung der Arbeitshöhen“ soll eine Aussage darüber ermöglichen, ob durch die Einhaltung von Maßgaben bezüglich der Arbeitshöhen[313)] oder die Verwendung höhenvariabler Tische[314)] und Stühle[315)] bzw. die Bereitstellung von Fußstützen[316)] eine lockere und entspannte Sitzhaltung ermöglich ist. Die Checkliste Bildschirmergonomie enthält eine Sammlung der wesentlichen einzuhaltenden Höhen- und Verstellmaße bei Tischen und verweist explizit auf die Notwendigkeit des Einsatzes höhenverstellbare Drehstühle an Bildschirmar-

---

312) Vgl. Köchling, A., a. a. O. 1991, S. 83 - 91

313) Vgl. VBG - Verwaltungs-Berufsgenossenschaft (Hrsg.), ZH 1/618, a. a. O. 1980, Ziffer 4.6.3 und 4.6.9; Deutsches Institut für Normung e. V. (Hrsg.): DIN 4549 (Entwurf): Schreibtische, Bildschirm-Arbeitstische und Büromaschinentische, Maße, Berlin 1989, Ziffer 4.6.7 und 4.6.8

314) Vgl. VBG - Verwaltungs-Berufsgenossenschaft (Hrsg.), ZH 1/618, a. a. O. 1980, Ziffer 4.6.3 und 4.6.9; Deutsches Institut für Normung e. V. (Hrsg.): DIN 4549, a. a. O. 1989, Ziffer 4.2

315) Vgl. Deutsches Institut für Normung e. V. (Hrsg.): DIN 66234, Teil 6, Bildschirmarbeitsplätze - Gestaltung des Arbeitsplatzes, Berlin 1984, Ziffer 3.6 und VBG - Verwaltungs-Berufsgenossenschaft (Hrsg.): ZH 1/535, a. a. O. 1976, Ziffer 4.2

316) Vgl. VBG - Verwaltungs-Berufsgenossenschaft (Hrsg.), ZH 1/618, a. a. O. 1980, Ziffer 4.6.7

beitsplätzen.[317] Auch für Bürostühle enthält das Analyseverfahren detaillierte Gestaltungsempfehlungen,[318] die ergonomisch richtiges Sitzen ermöglichen sollen. Während bei der Analyse der Tische und Sitzgelegenheiten die Voraussetzungen für eine angemessene Sitzhaltung überprüft werden, wird zum Abschluß des Analyseschrittes „Arbeitshöhen" die Sitzhaltung selbst überprüft. Insbesondere in bezug auf Bildschirmarbeitsplätze werden dabei die räumlichen Beziehungen zwischen dem EDV-Gerät[319] und der arbeitenden Person sowie der daraus resultierenden Kopfhaltung untersucht.[320]

Der zweite Untersuchungsaspekt im Zusammenhang mit dem ergonomisch richtigen Sitzen betrifft die Anordnung von Arbeitselementen wie Tastatur, Bildschirm, Beleg etc. auf der zur Verfügung stehenden Arbeitsfläche.[321] Bei den Tischflächen müssen bestimmte Mindeststandards erfüllt sein, um die erforderlichen Variationsmöglichkeiten zu bieten aber auch um konkrete Arbeitsschutzvorschriften einzuhalten.[322] Die in der Checkliste Bildschirmergonomie enthaltenen und im Verlauf der Analyse zu überprüfenden diesbezüglichen Vorgaben sind im wesentlichen aus den DIN-Normen DIN 4549[323] und DIN 66234 Teil 6[324] abgeleitet. Ergänzend werden im Zusammenhang mit diesem Unterkriterium das Vorhandensein ausreichenden Stauraumes[325] sowie die anforderungsgerechte Gestaltung der Beleghalter[326] überprüft. Ebenso wie bei

---

317) Vgl. VBG - Verwaltungs-Berufsgenossenschaft (Hrsg.), ZH 1/618, a. a. O. 1980, Ziffer 4.7.1

318) Vgl. z.B. Deutsches Institut für Normung e. V. (Hrsg.): DIN 4551: Bürodrehstühle und Bürodrehsessel, Sicherheitstechnische Anforderungen, Prüfung, Berlin 1988, Ziffer 4.; VBG - Verwaltungs-Berufsgenossenschaft (Hrsg.): ZH 1/535, a. a. O. 1976, Ziffer 4.2 und 5.4 sowie Arbeitsstättenrichtlinie ASR 25/1: Sitzgelegenheiten, zu § 25 Absatz 1 Arbeitsstättenverordnung, Ziffer 1.1

319) Vgl. Deutsches Institut für Normung e. V. (Hrsg.): DIN 66234, Teil 6, a. a. O. 1984, Ziffer 3 und VBG - Verwaltungs-Berufsgenossenschaft (Hrsg.): ZH 1/618, a. a. O. 1980, Ziffer 4.3.2 und 4.8.2

320) Vgl. Köchling, A., a. a. O. 1991, S. 87

321) Vgl. Köchling, A., a. a. O. 1991, S. 88 - 89

322) Vgl. z.B. VBG - Verwaltungs-Berufsgenossenschaft (Hrsg.): ZH 1/618, a. a. O. 1980, Ziffer 3.5, 4, 4.8 und 6.4

323) Vgl. Deutsches Institut für Normung e. V. (Hrsg.): DIN 4549, a. a. O. 1989, Ziffer 3, 3.3

324) Vgl. Deutsches Institut für Normung e. V. (Hrsg.): DIN 66234, Teil 6, a. a. O. 1984, Ziffer 3 und 3.3

325) Vgl. Köchling, A., a. a. O. 1991, S. 89

326) Vgl. Deutsches Institut für Normung e. V. (Hrsg.): DIN 66234, Teil 6, a. a. O. 1984, Ziffer 3; VBG - Verwaltungs-Berufsgenossenschaft (Hrsg.): ZH 1/535, a. a. O. 1976, Ziffer 4.4.1, 4.4.2 und 5.4; VBG - Verwaltungs-Berufsgenossenschaft (Hrsg.): ZH 1/618, a. a. O. 1980, Ziffer 4.5 sowie Knabe, K. P.: Bilanzierung der ergonomischen Er-

dem zuvor skizzierten Untersuchungsaspekt „Arbeitshöhe“ wird auch hier abschließend die Qualität der Arbeitsplatzgestaltung anhand der Körperhaltung[327] des Arbeitsplatzinhabers bewertet.

Die Berücksichtigung individueller Körpermaße[328] bezieht sich im wesentlichen auf die Höhe der dem Arbeitsplatzinhaber zur Verfügung gestellten Arbeitstische. Je nachdem, ob es sich bei der arbeitenden Personen um Arbeitnehmer mit großen oder kleinen Körpergrößen handelt muß die Tischhöhe mehr oder weniger als 720 mm betragen. Die Einteilung kann dabei quantitativ[329] anhand der Körpergröße oder qualitativ anhand der jeweiligen Sitzhaltung erfolgen. Die Checkliste Bildschirmergonomie enthält hierzu geeignete Einteilungskriterien.[330]

Ein angemessener Bewegungsraum zeigt sich einerseits darin, daß Bewegungen im Beinraum nicht durch Unterbauten oder Kabelstränge beeinträchtigt werden.[331] Andererseits muß der Arbeitsplatz so gestaltet sein, daß es möglich ist, beim Aufstehen vom Arbeitsplatz mit dem Arbeitsstuhl zurückzurollen und sich mit zurückgerolltem Drehstuhl um die eigene Achse zu drehen, ohne dabei an Wände, Möbel oder andere Gegenständen zu stoßen.[332]

Der letzte, im Zusammenhang mit dem Analyseschwerpunkt „Sitzen“ thematisierte Analyseaspekt, betrifft die Möglichkeiten zur Veränderung der Arbeitshaltung und damit Fragen des Belastungswechsels. Hier wird insbesondere überprüft, ob die Ausführung der Arbeitsaufgabe über längere Zeit schnelle Zwangsbewegungen erfordert,[333] einseitige Körperhaltungen bedingt,[334] kei-

---

kenntnisse über die Arbeit am Bildschirm, BAU-Forschungsbericht Nr. 323, Dortmund 1982, S. 343

327) Vgl. Deutsches Institut für Normung e. V. (Hrsg.): DIN 66234, Teil 6, a. a. O. 1984, Ziffer 3

328) Vgl. z.B. Deutsches Institut für Normung e. V. (Hrsg.): Beiblatt 1 zu DIN 33 402, Teil 2: Körpermaße des Menschen, Werte, Anwendung von Körpermaßen in der Praxis, Berlin 1984, Ziffer 1.1, und Knabe, K. P., a. a. O. 1982, S. 159 - 160

329) Vgl. Deutsches Institut für Normung e. V. (Hrsg.): DIN 33 402, Teil 2: Körpermaße des Menschen, Werte, Berlin 1986, Tabelle 2, S. 4

330) Vgl. Köchling, A., a. a. O. 1991, S. 90

331) Vgl. Deutsches Institut für Normung e. V. (Hrsg.): DIN 33 400 (Vornorm), Gestalten von Arbeitssystemen nach arbeitswissenschaftlichen Erkenntnissen, Begriffe und allgemeine Leitsätze, Berlin 1975, Ziffer 4.1.1

332) Vgl. Köchling, A., a. a. O. 1991, S. 91

333) Vgl. Köchling, A., a. a. O. 1991, S. 91

ne Möglichkeiten zur Veränderung der Sitzhaltung beinhaltet[335] oder die Möglichkeiten unzureichend sind, im Verlauf des Arbeitstages die Sitzhaltung aufzugeben und umherzugehen.[336] Entsprechende Bewegungsmöglichkeiten können dabei integraler Bestandteil der Arbeitsaufgaben sein,[337] sie können jedoch auch in Form von Bewegungspausen realisiert sein.[338]

❑ Analyseschwerpunkt Sehen

Im Zusammenhang mit der Analyse der Arbeitsplatzbeleuchtung werden ergonomische Schwachstellen und damit Beeinträchtigungen des Sehens identifiziert, die auf eine unzureichende Gestaltung des Arbeitsraumes zurückzuführen sind.[339] Beim Analyseschwerpunkt „Sehen" liegt der Fokus der Untersuchungen auf der Gestaltung der Arbeitsmittel.[340] Trotzdem weist dieser Analyseabschnitt größere inhaltliche Überschneidungen zu dem Verfahrensmodul „Raumbeleuchtung" auf. Analyseobjekte sind der Bildschirm bzw. die Bildschimdarstellungen, die Tastatur und die verwendeten Belege. Die Bewertung bezieht sich zum einen auf strukturelle Aspekte, zum anderen auf Blendungs- und Spiegelungsphänomene. Abschließend werden in diesem Teil der Checkliste Bildschirmergonomie noch Aspekte des Belastungswechsels untersucht. Hier steht die Frage im Vordergrund, inwieweit Beeiträchtigungen des Sehens auf eine ergonomisch ungünstige Form des Arbeitsablaufs oder der -organisation zurückzuführen sind.[341]

Um ergonomische Beeinträchtigungen des Sehens zu identifizieren, wird zunächst die Gestaltung des Schirmbildes unter dem Blickwinkel der Lesbarkeit

---

334) Vgl. z.B. VBG - Verwaltungs-Berufsgenossenschaft (Hrsg.): ZH 1/618, a. a. O. 1980, Ziffer 6.8; Gaußmann A.; Schmidt, M.; Volkholz, V.: Monotonie am Arbeitsplatz, BAU-Forschungsbericht Nr. 282, Dortmund 1981, S. 35

335) Vgl. z.B. Deutsches Institut für Normung e. V. (Hrsg.): DIN 66234, Teil 6, a. a. O. 1984, Ziffer 3; VBG - Verwaltungs-Berufsgenossenschaft (Hrsg.): ZH 1/535, a. a. O. 1976, Ziffer 4.1

336) Vgl. z.B. Gaußmann A.; Schmidt, M.; Volkholz, V.,a. a. O. 1981, S. 35., Borowski, B: Einseitige Körperhaltung am Arbeitsplatz - Darstellung der Verteilung und gesundheitlicher Risiken, BAU-Forschungsbericht Nr. 277, Dortmund 1981, S. 86

337) Vgl. z.B. VBG - Verwaltungs-Berufsgenossenschaft (Hrsg.): ZH 1/618, a. a. O. 1980, Ziffer 6.8; Gaußmann A.; Schmidt, M.; Volkholz, V.,a. a. O. 1981, S. 33 - 35, Borowski, B, a. a. O. 1981, S. 87

338) Vgl. z.B. VBG - Verwaltungs-Berufsgenossenschaft (Hrsg.): ZH 1/618, a. a. O. 1980, Ziffer 6.8; Gaußmann A.; Schmidt, M.; Volkholz, V.,a. a. O. 1981, S. 35, Borowski, B, a. a. O. 1981, S. 92

339) Vgl. Köchling, A., a. a. O. 1991, S. 63 - 73

340) Vgl. Köchling, A., a. a. O. 1991, S. 98

341) Vgl. Köchling, A., a. a. O. 1991, S. 98 - 106

und Wahrnehmbarkeit untersucht. Die wesentlichen Einflußgrößen in diesem Zusammenhang sind dabei:[342)]

- Bildschirmgröße
- Aufbau des Schirmbildes
- Positiv/Negativdarstellung
- Farbdarstellung
- Leuchtdichtenkontrast zwischen Zeichen und Bildschirmhintergrund
- Zeichencodierung
- Leuchtdichtenkontrast zwischen Vorlage, Tastatur und Bildschirm
- Flimmern des Bildschirmes

Wie gut oder wie schlecht sich die auf einem Monitor dargestellten Informationen erfassen lassen hängt wesentlich von der Größe der verfügbaren Darstellungsfläche ab. Da für die Bildschirmgröße keine Maßvorgaben existieren, muß bei der Evaluation auf indirekte Indikatoren - den Informationsumfang und die Zeichengröße - zurückgegriffen werden.[343)] Für beide existieren in den einschlägigen Normen qualitative bzw. quantitative[344)] Vorgaben, die in der Checkliste Bildschirmergonomie zur Bewertung der ergonomischen Qualität des Schirmbildes dienen.[345)]

Die Wahrnehmbarkeit des Bildschirminhaltes hängt auch maßgeblich davon ab, daß die Bildschirmmasken strukturiert aufgebaut sind und diese Struktur innerhalb eines Anwendungsprogrammes konsistent umgesetzt ist. Entsprechende Forderungen leiten sich insbesondere aus dem Beiblatt 1 zur DIN 66234, Teil 3 ab, das eine inhaltliche Untergliederung der Masken in Arbeits-, Befehls- und Meldungsbereiche sowie eine geeignete Abgrenzung dieser Bereiche voneinander fordert.[346)] Die Checkliste Bilschirmergonomie greift bei der Analyse des Bildschirminhaltes auf diese Grundlage zurück.[347)]

---

342) Vgl. Köchling, A., a. a. O. 1991, S. 98 - 102

343) Vgl. Köchling, A., a. a. O. 1991, S. 98

344) Vgl. Deutsches Institut für Normung e. V. (Hrsg.): DIN 66234, Teil 8, a. a. O. 1988, Ziffer 3.1; Deutsches Institut für Normung e. V. (Hrsg.): DIN 66234, Teil 1, Bildschirmarbeitsplätze - Geometrische Gestaltung der Schriftzeichen, Berlin 1980, Ziffer 5, 7.1, 7.2; VBG - Verwaltungs-Berufsgenossenschaft (Hrsg.): ZH 1/618, a. a. O. 1980, Ziffer 4.1.5, 4.1.6 und 4.1.11 sowie Knabe, K. P., a. a. O. 1982, S. 340

345) Vgl. Köchling, A., a. a. O. 1991, S. 98 - 99

346) Vgl. Deutsches Institut für Normung e. V. (Hrsg.): DIN 66234, Teil 3, Beiblatt 1, Gruppierung und Formatierung von Daten - Hinweise und Beispiele (Entwurf), Berlin 1983, Ziffer 1 bis 3

347) Vgl. Köchling, A., a. a. O. 1991, S. 100

In bezug auf die Frage, ob einer Positiv- (schwarze Zeichen auf weißem Hintergrund) oder Negativdarstellung der Vorzug zu geben ist, folgt das Verfahren Experteneinschätzungen, die eine Positivdarstellung als besser wahrnehmbar erachten. Allerdings wird hier vorausgesetzt, daß der Monitor ein stabiles, flimmerfreies Bild wiedergeben kann. Sofern diese Bedingung nicht zu erfüllen ist, stellt eine Negativdarstellung die ergonomisch günstigere Lösung dar.[348] Allerdings wird in der Checkliste Bildschirmergonomie auch darauf hingewiesen, daß zum Einsatz von Positivdarstellungen unzureichende Erfahrungswerte vorliegen und die in den DIN-Normen oder Sicherheitsregeln formulierten Gestaltungsregeln sich auf Negativdarstellungen beziehen.[349]

Bei der Farbdarstellung wird zwischen monochromatischen und mehrfarbigen Darstellungen unterschieden. Auch bei diesem Aspekt orientiert sich das Analyseverfahren an der DIN 66234 - speziell am Teil 2 - und den darin enthaltenen Aussagen zur Farbgestaltung von Bildschirmmasken.[350] Ebenfalls aus diesem Normenteil leiten sich die Anforderungen an die Leuchtdichtenkontraste zwischen Zeichen und Hintergrund bzw. Vorlage, Tastatur und Bildschirm ab.[351] Hier enthält die Checkliste Bildschirmergonomie zahlreiche, aus diesen Gestaltungsrichtlinien abgeleitete quantitative Vorgaben, die z. B. den Leuchtdichtenkontrast, dessen Regelungsbereich oder den Einfluß der Raumbeleuchtung betreffen.[352]

Ebenso wie bei der Farbgestaltung oder der Strukturierung der Bildschirmmasken leiten sich die Anforderungen an die Codierung von Zeichen, Wörtern und Feldern aus der DIN 66234 ab. Im Teil 5 dieser Norm werden sehr ausführlich unterschiedliche Möglichkeiten zur Hervorhebung von Elementen der Bild-

---

348) Vgl. Cakir, A.; Franke, R. P.; Piruzram, M.: Arbeitsplätze für Phonotypistinen, BAU-Forschungsbericht Nr. 363, Dortmund 1983, S. 360 und VBG - Verwaltungs-Berufsgenossenschaft (Hrsg.): ZH 1/618, a. a. O. 1980, Ziffer 4.1.2

349) Vgl. Köchling, A., a. a. O. 1991, S. 101

350) Vgl. Deutsches Institut für Normung e. V. (Hrsg.): DIN 66234, Teil 2, Bildschirmarbeitsplätze - Wahrnehmbarkeit von Zeichen auf Bildschirmen, Berlin 1983, Ziffer 2.3 aber auch VBG - Verwaltungs-Berufsgenossenschaft (Hrsg.): ZH 1/618, a. a. O. 1980, Ziffer 4.1.7 und Knabe, K. P., a. a. O. 1982, S. 340

351) Vgl. Deutsches Institut für Normung e. V. (Hrsg.): DIN 66234, Teil 2, a. a. O. 1986, Ziffer 1 und 2.2; Deutsches Institut für Normung e. V. (Hrsg.): DIN 66234, Teil 7, Bildschirmarbeitsplätze - Ergonomische Gestaltung des Arbeitsraumes - Beleuchtung und Anordnung, Berlin 1984, Ziffer 1, 2 und 3.2; VBG - Verwaltungs-Berufsgenossenschaft (Hrsg.): ZH 1/618, a. a. O. 1980, Ziffer 4.1.2 bis 4.1.4 und Knabe, K. P., a. a. O. 1982, S. 334

352) Vgl. Köchling, A., a. a. O. 1991, S. 101 - 102

schirmmasken erläutert und Möglichkeiten ihrer Anwendung aufgezeigt.[353]) Diese Gestaltungsregeln bilden die Grundlage für den entsprechenden Analyseabschnitt der Checkliste Bildschirmergonomie.[354])

Der letzte, im Zusammenhang mit der Wahrnehmbarkeit und Lesbarkeit des Schirmbildes zu untersuchende Aspekt betrifft das Flimmern des Monitorbildes. Hier gilt die generelle Forderung, daß das Schirmbild auch im seitlichen Gesichtsfeld, das in bezug auf Flimmern sensibler reagiert als das zentrale Gesichtsfeld, flimmerfrei ist. Die hierzu erforderliche Bildwiederholfrequenz, die bei Positivdarstellungen wesentlich höher liegt als bei Negativdarstellungen, muß prinzipiell über der Flimmerverschmelzungsfrequenz des menschlichen Auges liegen. Wie hoch sie konkret sein muß hängt von verschiedenen Faktoren ab, z.B. von der mittleren Leuchtdichte des Bildschirms, der Nachleuchtdauer des Leuchtstoffes, der Monitorgröße oder der Lage des Bildschirms in bezug zum Gesichtsfeld.[355])

Zur Vermeidung von Spiegelungen und Blendungen sollen die Monitore eine entspiegelte Oberfläche besitzen[356]) und die Möglichkeit bieten, die Schirmfläche nach vorne zu neigen.[357]) Darüber hinaus muß auch das Bildschirmgehäuse so beschaffen sein, daß durch eine entsprechende Oberflächengestaltung Blendungen und Spiegelungen vermieden werden.[358])

---

353) Vgl. Deutsches Institut für Normung e. V. (Hrsg.): DIN 66234, Teil 5, Bildschirmarbeitsplätze - Codierung von Informationen, Berlin 1981, Ziffer 4 bis 6.2.8, Deutsches Institut für Normung e. V. (Hrsg.): DIN 66234, Teil 5, Beiblatt 1, Bildschirmarbeitsplätze - Codierung von Informationen - Verwendung von Grafik, Berlin 1988, Ziffer 1 bis 2.3; Deutsches Institut für Normung e. V. (Hrsg.): DIN 66234, Teil 5, Beiblatt 2, Bildschirmarbeitsplätze - Codierung von Informationen - Farbkombinationen, Berlin 1988, Ziffer 1 bis 4

354) Vgl. Köchling, A., a. a. O. 1991, S. 101 - 102

355) Vgl. Deutsches Institut für Normung e. V. (Hrsg.): DIN 66234, Teil 2, a. a. O. 1986, Ziffer 1 und 2.5; VBG - Verwaltungs-Berufsgenossenschaft (Hrsg.): ZH 1/618, a. a. O. 1980, Ziffer 4.1.8 und Knabe, K. P., a. a. O. 1982, S. 335

356) Vgl. Deutsches Institut für Normung e. V. (Hrsg.):DIN 5035: Beleuchtung mit künstlichem Licht, Begriffe und allgemeine Anforderungen, Teil 1, Berlin 1990, Ziffer 4.4.3, Knabe, K. P., a. a. O. 1982, S. 334

357) Vgl. Deutsches Institut für Normung e. V. (Hrsg.): DIN 66234, Teil 6, a. a. O. 1984, Ziffer 3.3.1; VBG - Verwaltungs-Berufsgenossenschaft (Hrsg.): ZH 1/618, a. a. O. 1980, Ziffer 4.8.2; Knabe, K. P., a. a. O. 1982, S. 345

358) Vgl. Deutsches Institut für Normung e. V. (Hrsg.): DIN 66234, Teil 2, a. a. O. 1986, Ziffer 3.1.4, und 4; Deutsches Institut für Normung e. V. (Hrsg.): DIN 5035, Teil 1, a. a. O. 1990, Ziffer 1 und 4.4.3; VBG - Verwaltungs-Berufsgenossenschaft (Hrsg.): ZH 1/618, a. a. O. 1980, Ziffer 4.1.10; Knabe, K. P., a. a. O. 1982, S. 334, Cakir, A.; Franke, R. P.; Piruzram, M., a. a. O. 1983, S. 303 - 304

Die Lesbarkeit und Wahrnehmbarkeit der Tastatur hängt maßgeblich davon ab, wie die Tasten angeordnet und beschriftet sind. Insbesondere die DIN 66234, Teil 6, liefert allgemeine Hinweise bezüglich der Anordnung von Tasten bzw. Tastenfeldern. Darüber hinaus enthält sie detaillierte Forderungen zur Beschriftung der Tasten.[359)] Die in dieser DIN-Norm enthaltenen Gestaltungsregeln bilden die wesentliche Grundlage für das entsprechende Analysemodul der Checkliste Bildschirmergonomie.[360)] Analog zur ergonomischen Bewertung des Bildschirmes wird auch bei der Tastatur überprüft, ob bestimmte Vorgaben eingehalten und dadurch Blendungen und Spiegelungen vermieden werden.[361)]

Der dritte, im Zusammenhang mit dem Analyseschwerpunkt „Sehen" zu untersuchende Typ von Arbeitsmitteln, ist der verwendete Beleg.[362)] Auch hier überprüft der Untersucher zunächst die Wahrnehmbarkeit und Lesbarkeit, die maßgeblich von der Art der verwendeten Belege[363)], dem strukturellen Aufbau[364)] und der Zeichengestaltung[365)] abhängen. Um Blendungen und Spiegelungen zu vermeiden, sind auch hier insbesondere drei Gestaltungsgrundsätze zu beachten, deren Erfüllung im Rahmen der Checkliste Bildschirmergonomie untersucht wird. Dem Arbeitsplatzinhaber sollte ein neigbarer, reflexionsarmer Beleghalter zur Verfügung stehen,[366)] es muß die Möglichkeit bestehen, die Belege auf der Tischfläche geneigt anzuordnen[367)] und die Belegoberfläche darf keine glänzende, reflektierende Beschaffenheit aufweisen.[368)]

---

359) Vgl. Deutsches Institut für Normung e. V. (Hrsg.): DIN 66234, Teil 6, a. a. O. 1984, Ziffer 3.2 und VBG - Verwaltungs-Berufsgenossenschaft (Hrsg.): ZH 1/618, a. a. O. 1980, Ziffer 4.4.1

360) Vgl. Köchling, A., a. a. O. 1991, S. 103 - 104

361) Vgl. Cakir, A.; Franke, R. P.; Piruzram, M., a. a. O. 1983, S. 303 - 304 und Knabe, K. P., a. a. O. 1982, S. 338

362) Vgl. Köchling, A., a. a. O. 1991, S. 104 - 105

363) Vgl. VBG - Verwaltungs-Berufsgenossenschaft (Hrsg.): ZH 1/618, a. a. O. 1980, Ziffer 4.4.1 und Cakir, A.: Belegestaltung für Bildschirm-Arbeitsplätze, BAU-Forschungsbericht Nr. 277, Dortmund 1981, S. 209 - 212

364) Vgl. Deutsches Institut für Normung e. V. (Hrsg.): DIN 66234, Teil 6, a. a. O. 1984, Ziffer 3.3; Cakir, A., a. a. O. 1981, S. 244 - 245, 248 und 262 - 263

365) Vgl. Cakir, A., a. a. O. 1981, S. 244 - 245, 248 und 262 - 263

366) Vgl. Deutsches Institut für Normung e. V. (Hrsg.): DIN 66234, Teil 6, a. a. O. 1984, Ziffer 3.3; Deutsches Institut für Normung e. V. (Hrsg.): DIN 5035, Teil 1, a. a. O. 1990, Ziffer 1 und 4.4.3; VBG - Verwaltungs-Berufsgenossenschaft (Hrsg.): ZH 1/618, a. a. O. 1980, Ziffer 4.5.3 und Knabe, K. P., a. a. O. 1982, S. 343

367) Vgl. Köchling, A., a. a. O. 1991, S. 107

368) Vgl. Deutsches Institut für Normung e. V. (Hrsg.): DIN 66234, Teil 6, a. a. O. 1984, Ziffer 3.3; Deutsches Institut für Normung e. V. (Hrsg.): DIN 5035, Teil 1, a. a. O. 1990, Ziffer 1 und 4.4.3; VBG - Verwaltungs-Berufsgenossenschaft (Hrsg.): ZH 1/618, a. a. O. 1980, Ziffer 4.4.1

Beeinträchtigungen des Sehens lassen sich nicht nur auf ergonomisch ungünstig gestaltete Arbeitsmittel und -räume zurückführen, vielmehr können die Ursachen auch im Bereich der Arbeitsorganisation bzw. der Arbeitsabläufe liegen. Typische Beispiele im Bereich der Bildschirmarbeit sind dabei Sichtfixationen und kurzzeitige Blickwechsel zwischen Monitor, Tastatur und Beleg.[369)]

❑ Analyseschwerpunkt Arbeitssicherheit

Im Zusammenhang mit dem Analyseschwerpunkt Arbeitssicherheit zielt die Checkliste Bildschirmergonomie darauf ab, zu überprüfen, inwieweit am untersuchten Arbeitsplatz Sicherheitsmängel vorliegen, die Unfallgefahren bedingen.[370)]

Zunächst wird dabei der ordnungsgemäße Zustand der Elektroinstallationen im Sinne der Unfallverhütungsvorschriften überprüft.[371)] Die Kabelverlegung muß so ausgeführt sein, daß sie keine Stolpergefahren bildet,[372)] der Mitarbeiter sich nicht im Fuß- und Beinraum in Kabeln verfängt[373)] und die Installation der Kabel eine flexible Anordnung der Arbeitsmittel auf der Tischfläche erlaubt.[374)] Darüber hinaus müssen die Elektroinstallationen Zug-, Druck- und Verdrehungsbelastungen widerstehen, und es müssen Vorkehrungen gegen Quetschungen bzw. Beschädigungen an scharfen Kanten getroffen sein.[375)] Schließlich ist noch zu überprüfen, ob Stecker, Steckdosen und Anschlüsse ordnungsgemäß installiert sind und keine Wackelkontakte oder nicht isolierte Drähte vorliegen.[376)]

---

369) Vgl. Köchling, A., a. a. O. 1991, S. 105 - 106

370) Vgl. Köchling, A., a. a. O. 1991, S. 112

371) Vgl. VBG - Verwaltungs-Berufsgenossenschaft (Hrsg.): VBG 4, Unfallverhütungsvorschrift Elektrische Anlagen und Betriebsmittel, 1. April 1979 mit Durchführungsanweisungen vom April 1986, § 3

372) Vgl. z.B. VBG - Verwaltungs-Berufsgenossenschaft (Hrsg.): ZH 1/535, a. a. O. 1976, Ziffer 4.9.2 und 4.9.3

373) Vgl. Köchling, A., a. a. O. 1991, S. 112

374) Vgl. Graunke, H.; Julich, H.; Petersen, H.-C.; Schäfer, H.; Strupp, K.: Humanisierung der Arbeitsbedingungen beim Dialogverkehr am Datensichtgerät, BMFT-Forschungsbericht HA 82-037, Humanisierung des Arbeitslebens, Band I, Flensburg 1982, S. 286

375) Vgl. z.B. VBG - Verwaltungs-Berufsgenossenschaft (Hrsg.): ZH 1/535, a. a. O. 1976, Ziffer 4.8.3 und 4.8.4

376) Vgl. z.B. VBG - Verwaltungs-Berufsgenossenschaft (Hrsg.): ZH 1/535, a. a. O. 1976, Ziffer 4.7.2, 4.8.1, 4.8.3 und 4.8.4

Der zweite Analyseaspekt betrifft die Kipp- und Standsicherheit der Bildschirmgeräte sowie der sonstigen Büromaschinen.[377)] Diese müssen grundsätzlich von ihrer Bauart so ausgelegt sein, daß sie in jedem Betriebszustand ausreichend standsicher sind. Bei der Aufstellung der Geräte ist es unzulässig, diese über die Tischkante hinausragen zu lassen[378)] oder auf Stellflächen stellen, die nicht stabil, vibrations- und schwingungsarm sind.[379)] Ebensowenig dürfen solche Geräte im Einfallsbereich von Tür-, Fenster- oder Schranköffnungen plaziert[380)] bzw. so angeordnet sein, daß sie sich im Bewegungsraum von Nachbararbeitsplätzen befinden.[381)]

Im Zusammenhang mit der Hygiene am Arbeitsplatz wird überprüft, ob die Bildschirmgeräte nicht verschmutzt sind und regelmäßig von unterwiesenen Personen[382)] bzw. entsprechend unterrichteten Mitarbeitern des Putzdienstes mit Hilfe von Spezialreinigungsmitteln gesäubert werden.[383)] Ein weiterer Untersuchungsgegenstand sind die Teppichböden. Diese müssen so verlegt sein, daß keine Rutschgefahr besteht[384)] und der Bodenbelag selbst keine elektrostatischen Aufladungen verursacht.[385)]

Abschließend wird beim Analyseschwerpunkt „Arbeitssicherheit" noch untersucht, ob Flächen, mit denen der Arbeitende längere Zeit in Berührung kommt, eine unzulässig hohe Wärmeableitung zulassen,[386)] ob die Ecken und Kanten von Büromöbeln[387)] und -maschinen[388)] Verletzungsgefahren darstellen und

---

377) Vgl. Köchling, A., a. a. O. 1991, S. 112

378) Vgl. z.B. Deutsches Institut für Normung e. V. (Hrsg.): DIN 66234, Teil 6, a. a. O. 1984, Ziffer 3

379) Vgl. z.B. Cakir, A.; Franke, R. P.; Piruzram, M., a. a. O. 1983, S. 365

380) Vgl. Verordnung über Arbeitsstätten (Arbeitsstättenverordnung - ArbStättV) vom 20. März 1975, § 9

381) Vgl. Köchling, A., a. a. O. 1991, S. 113

382) Vgl. z.B. VBG - Verwaltungs-Berufsgenossenschaft (Hrsg.): ZH 1/535, a. a. O. 1976, Ziffer 6.5

383) Vgl. Köchling, A., a. a. O. 1991, S. 113

384) Vgl. Köchling, A., a. a. O. 1991, S. 113

385) Vgl. Verordnung über Arbeitsstätten (Arbeitsstättenverordnung - ArbStättV) vom 20. März 1975, § 16 und VBG - Verwaltungs-Berufsgenossenschaft (Hrsg.): ZH 1/535, a. a. O. 1976, Ziffer 4.9.4 und 4.12.4

386) Vgl. z.B. VBG - Verwaltungs-Berufsgenossenschaft (Hrsg.): ZH 1/535, a. a. O. 1976, Ziffer 4.1.4 und VBG - Verwaltungs-Berufsgenossenschaft (Hrsg.): ZH 1/618, a. a. O. 1980, Ziffer 4.6.6

387) Vgl. Deutsches Institut für Normung e. V. (Hrsg.): DIN 4554: Büromöbel (ausgenommen Sitzmöbel), Anforderungen und Prüfung, Berlin 1986, Ziffer 4.2

ob die nach der Röntgenverordnung geforderten Hinweisschilder bezüglich der Ortsdosisleistung[389] vorhanden sind, bzw. die Ortsdosisleistung von Geräten, die mehr als fünf Jahre in Betrieb sind, zwischenzeitlich überprüft wurde.[390]

❑ Analyseschwerpunkt Arbeitsmedizinische Vorsorge

Mit Hilfe des achten Evaluationsmoduls der Checkliste Bildschirmergonomie überprüft der Untersucher, ob im Rahmen der arbeitsmedizinischen Vorsorge bei Mitarbeitern an Bildschirmarbeitsplätzen Augenuntersuchungen durchgeführt werden[391] und diese den Anforderungen des Berufsgenossenschaftlichen Grundsatzes G 37 entsprechen. Dieses Dokument regelt insbesondere, welche Untersuchungen von welchen Personen durchzuführen sind und welche zeitlichen Vorgaben (z.B. bezüglich der Abstände zwischen Untersuchungen) dabei beachtet werden müssen.[392]

5.5.2 Testtheoretische Gütekriterien der Checkliste Bildschirmergonomie

Die Verfahrensbeschreibung der Checkliste Bildschirmergonomie enthält keine Aussagen bezüglich testtheoretischer Gütekriterien. Insofern müssen sich die folgenden Ausführungen auf eine theoretische Diskussion der Gütekriterien vor dem Hintergrund der Testtheorie beschränken.

Wie die Ausführungen in Kapitel 3 zeigen, muß in bezug auf die Validität zwischen inhaltlicher Validität, Konstruktvalidität und kriterienbezogener Validität differenziert werden. Die inhaltliche Validität bezieht sich im wesentlichen darauf, ob die in einem Verfahren verwendeten Items die zu untersuchenden Bedingungen angemessen repräsentieren.[393] Die Überprüfung der inhaltlichen Validität erfolgt in der Regel durch eine Einschätzung kompetenter Beurteiler,

---

388) Vgl. Deutsches Institut für Normung e. V. (Hrsg.): DIN 31000: Sicherheitsgerechtes Gestalten technischer Erzeugnisse - Allgemeine Leitsätze, Berlin 1979, Ziffer 5.4

389) Vgl. Verordnung über den Schutz vor Schäden durch Röntgenstrahlen (Röntgenverordnung RÖV) vom 1.März 1973, zuletzt geändert durch Verordnung vom 13. Oktober 1976, § 5; Deutsches Institut für Normung e. V. (Hrsg.): DIN 31000, a. a. O. 1979, Ziffer 5.9.2 VBG - Verwaltungs-Berufsgenossenschaft (Hrsg.): ZH 1/618, a. a. O. 1980, Ziffer 4.1.12

390) Vgl. Köchling, A., a. a. O. 1991, S. 113

391) Vgl. Köchling, A., a. a. O. 1991, S. 118

392) Vgl. hierzu Berufsgenossenschaftlicher Grundsatz für arbeitsmedizinische Vorsorgeuntersuchung „Bildschirm-Arbeitsplatz“ (G 37), Fassung 9/1982

393) Vgl. Lienert, G. A.; Raatz, U., a. a. O. 1994, S. 10

wobei auf einen numerischen Validitätskennwert verzichtet wird.[394] Aufgrund der theoriegeleiteten Vorgehensweise bei der Entwicklung der Checkliste Bildschirmergonomie[395] und der Tatsache, daß z.B. die Sicherheitsregeln für Büroarbeitsplätze,[396] die Arbeitsstättenverordnung[397] und verschiedene arbeitswissenschaftliche Publikationen[398] dieselben ergonomischen Kriterien aufgreifen, ist davon auszugehen, daß die inhaltliche Validität gegeben ist. Das heißt, die Analyseschwerpunkte des Verfahrens betreffen relevante Aspekte eines Büroarbeitssystems.

Die Konstruktvalidität ist in bezug auf die Checkliste Bildschirmergonomie kein geeignetes Gütekriterium, da das Verfahren keine Konstrukte im Sinne der Testtheorie[399] erfassen soll, sondern nur auf direkt erfaßbare, vorwiegend physikalische Größen abzielt. Hieraus folgt aber auch, daß die kriterienbezogene Validität sichergestellt ist. Dieser Validitätsaspekt ist in der Testtheorie durch den Bezug zwischen Testpunktwerten zu Kriterienpunktwerten definiert.[400] Da die zu überprüfenden Größen unmittelbar erfaß- bzw. meßbar sind - sofern geeignete Meßinstrumente verwendet werden - ist sichergestellt, daß die Items analysiert werden, deren Überprüfung beabsichtigt ist.

Die Reliabilität eines Analyseverfahrens bezieht sich darauf, wie genau ein bestimmtes Merkmal gemessen wird, bzw. wie genau die Analysen zweier Evaluatoren, die die Untersuchung unter denselben Bedingungen durchgeführt haben, übereinstimmen.[401] Bei bedingungsbezogenen Arbeitsanalyseverfahren lassen sich im wesentlichen drei potentielle Fehlerquellen identifizieren, die die Reliabilität beeinträchtigen können: der Personen-, der Untersucher- und der Zeitfaktor.[402] Bei einer Untersuchung mit der Checkliste Bildschirmergonomie steht die ergonomische Gestaltung des Arbeitssystems bzw. die Einhaltung von

---

394) Vgl. Lienert, G. A.; Raatz, U., a. a. O. 1994, S. 225

395) Vgl. Köchling, A., a. a. O. 1991, S. 5 - 6

396) Vgl. VBG - Verwaltungs-Berufsgenossenschaft (Hrsg.): ZH 1/535, a. a. O. 1976, insbesondere Ziffer 4.1, 4.2, 4.3, 4.4, 4.7, 4.8, 4.9, 4.10, 4.11 und 4.12 sowie VBG - Verwaltungs-Berufsgenossenschaft (Hrsg.): ZH 1/618, a. a. O. 1980, insbesondere Ziffer 4.1, 4.4, 4.6, 4.7, 4.9, 4.10, 4.11 und 5

397) Vgl. Verordnung über Arbeitsstätten (Arbeitsstättenverordnung - ArbStättV) vom 20. März 1975, insbesondere § 5, § 6, § 7, § 8, § 15, § 17, § 23, § 24 und § 25

398) Vgl. z.B. Bokranz, R., Landau, K.: Einführung in die Arbeitswissenschaft, Stuttgart 1991, S. 327 - 369 und 424 - 435; Luczak, H., a. a. O. 1998, S. 351 - 366, 391 - 409, 413 - 435 und 587 - 630

399) Vgl. Lienert, G. A.; Raatz, U., a. a. O. 1994, S. 226

400) Vgl. Lienert, G. A.; Raatz, U., a. a. O. 1994, S. 221

401) Vgl. Lienert, G. A.; Raatz, U., a. a. O. 1994, S. 9

402) Vgl. Oesterreich, R., a. a. O. 1992, S. 140 - 141

Arbeitsschutzstandards im Vordergrund der Betrachtungen. Aufgrund der Art der zu erhebenden Informationen, die relativ wenig Interpretationsspielräume zulassen, und der Tatsache, daß sich die Datenerhebungen überwiegend auf direkt meßbare Größen beziehen, ist die arbeitende Person als Fehlerquelle von untergeordneter Bedeutung. Lediglich wenn sich der Untersucher bei der Erhebung der Daten[403] ausschließlich auf Befragungen beschränkt, ist nicht auszuschließen, daß es z.B. aufgrund mangelnder Erfahrungen des Arbeitsplatzinhabers zu ungenauen Aussagen kommen kann.

Ebenso wie der Personenfaktor ist der Zeitfaktor als Fehlerquelle relativ unbedeutend. Die mit Hilfe der Checkliste Bildschirmergonomie gewonnenen Untersuchungsergebnisse sind in erster Linie zeitpunktbezogen, das heißt, das Verfahren zielt darauf ab, einen aktuell vorliegenden Zustand zu überprüfen. Aber auch hier gibt es gewisse Einschränkungen. Bei bestimmten Analyseobjekten - insbesondere beim Raumklima - liegt eine gewisse Zeitabhängigkeit vor (z.B. der Einfluß der Jahreszeiten), bei der es sinnvoll sein kann, sie im Zusammenhang mit den durchzuführenden Untersuchungen in angemessener Form zu berücksichtigen.

Die letzte Fehlerquelle in bezug auf die Reliabilität betrifft den Untersucher und die Art und Weise, wie er einen vorliegenden Sachverhalt bewertet. Da die Checkliste Bildschirmergonomie - bedingt durch die spezifischen Eigenschaften der Untersuchungsgegenstände - relativ wenig Interpretationsspielraum läßt, ist davon auszugehen, daß die Person des Untersuchers, sofern sie angemessen qualifiziert ist, die richtigen Meßinstrumente verwendet und diese beherrscht, kaum als Ursache für die Verfälschung von Untersuchungsergebnissen in Frage kommt.

Obwohl für die Checkliste Bildschirmergonomie keine Untersuchungsergebnisse in bezug auf testtheoretische Gütekriterien vorliegen, läßt sich aufgrund der obigen Ausführungen schlußfolgern, daß die Validität und Reliabilität gegeben sind.

---

403) Dies gilt insbesondere für vergangenheitsbezogene Informationen, die der Untersucher aktuell nicht unmitelbar selbst, sondern z.B. nur durch Befragung des Arbeitsplatzinhabers überprüfen kann.

5.6 Der Leitfaden EVADIS II

Seit Anfang der 80er Jahre wird die Qualität von Softwareprodukten nicht nur danach bemessen, wie leistungsfähig ein Programm ist. Vielmehr tritt seit dieser Zeit die Forderung nach Benutzerfreundlichkeit - und damit die Frage nach der Zugänglichkeit der Systemleistungen für den Benutzer - immer stärker in den Vordergrund.[404)] Wie gut ein Softwareprodukt diese Qualitätsanforderungen erfüllt hängt u.a. davon ab, ob im Rahmen des Entwicklungsprozesses bestimmte softwareergonomische Gestaltungsrichtlinien beachtet wurden oder nicht. Entsprechende Gestaltungshinweise sind in zahlreichen nationalen und internationalen Normen bzw. Richtlinien in unterschiedlichen Abstraktionsstufen festgeschrieben. Als Beispiele lassen sich die DIN 66234, Teil 8[405)], die DIN EN ISO 9241, Teil 10[406)], die MITRE-Guidelines[407)] oder die Gestaltungungsleitfäden verschiedener Softwareproduzenten[408)] anführen. Die dort dokumentierten Gestaltungsprinzipien liefern einerseits wichtige Hinweise zur Gestaltung bzw. Auswahl von Softwareprodukten, andererseits begründen sie die Notwendigkeit, die softwareergonomische Qualität von Softwaresystemen zu evaluieren.[409)] Dementsprechend wurden in den vergangenen Jahren zahlreiche Instrumentarien entwickelt, die sich mehr oder weniger stark an den oben erwähnten Normen orientieren. Beispiele hierfür sind die Verfahren PROKUS[410)], Ergonomieprüfer,[411)] IsoMetrics[L412)] oder ABETO.[413)] Mit Hilfe solcher Eva-

---

404) Vgl. Bullinger, H.-J.; Fähnrich, K.-P.; Ziegler, J.: Software-Ergonomie: Stand und Entwicklungstendenzen, in: Schönpflug, W.; Wittstock, M. (Hrsg.): Software-Ergonomie '87, Nützen Informationssysteme dem Benutzer ?, Stuttgart 1987, S. 18

405) Vgl. hierzu Deutsches Institut für Normung e. V. (Hrsg.): DIN 66234, Teil 8, a. a. O. 1988

406) Die Ausführungen im EVADIS II Leitfaden beziehen sich auf die Vorversion der ISO 9241, Teil 10, Dezember 1990. Im folgenden wird jedoch auf die mittlerweile verabschiedete, von der ISO unverändert übernommene Version DIN EN ISO 9241, Teil 10, Bezug genommen. Vgl. hierzu DIN EN ISO (Hrsg.): ISO 9241, Teil 10, a. a. O. 1996

407) Vgl. hierzu Smith, S.L.; Mosier, J.: Guidelines for Designing User Interface Software, MITRE, Bedford 1986

408) Vgl. hierzu z.B. Siemens/Nixdorf (Hrsg.): Styleguide Richtlinien zur Gestaltung von Benutzeroberflächen, München 1990

409) Vgl. Oppermann, R.; Murchner, B.; Reiterer, H.; Koch, M., a. a. O. 1992

410) Vgl. hierzu Zülch, G.; Englisch, J.; Grundel, Ch.: Beurteilung der Benutzerfreundlichkeit von Programmsystemen, in: Fortschrittliche Betriebsführung und Industrial Engineering, 42. Jg. (1993), Heft 5, S. 267 - 272

411) Vgl. hierzu TBS - Technologieberatungsstelle beim DGB-Landesbezirk Nordrhein-Westfalen (Hrsg.): Ergonomieprüfer, Handlungshilfen zur ergonomischen Arbeits- und Technikgestaltung, Technik und Gesellschaft, Heft 14, Oberhausen 1993

luationsinstrumentarien, die bei der Entwicklung und Auswahl von Softwaresystemen anwendbar sind, soll letztlich geklärt werden, welches System aus softwareergonomischer Sicht zu bevorzugen ist, welche softwareergonomische Güte es besitzt oder welche Defizite es aufweist.[414)]

Der im folgenden beschriebene Leitfaden EVADIS II ist ein Instrumentarium zur Evaluation von Dialogsystemen im Büro- und Verwaltungsbereich.[415)] Er ist eines der wenigen Verfahren, die, neben verschiedenen Normen und einem konkreten Benutzungsschnittstellenmodell, auch den Kontext des Softwareeinsatzes in die Untersuchungen mit einbezieht.[416)] Gerade dieser Aspekt ist jedoch von besonderer Bedeutung, da sich die ergonomische Gestaltung eines Softwareproduktes nur in definierten Aufgabenzusammenhängen beurteilen läßt.[417)] Obwohl das Verfahren einen Anspruch auf Ganzheitlichkeit erhebt,[418)] liegt sein Schwerpunkt eindeutig im Bereich der Softwareevaluation und damit bei der Analyse sowie Bewertung der Beziehungen zwischen Programmsystemen und ihren Benutzern.[419)] Personelle und organisatorische Rahmenbedingungen werden nur in begrenztem Umfang berücksichtigt, Hardwareaspekte vollständig aus den Betrachtungen ausgeklammert.[420)]

Das diesem Verfahren zugrundegelegte Verständnis von „Softwareergonomie" umfaßt drei Gütebereiche: Die angemessene Funktionalität eines Softwareproduktes, seine Fehlerfreiheit sowie die ergonomische Gestaltung der Schnittstellen zwischen Benutzer und Software.[421)] Ausgehend von dieser Dreiteilung läßt

---

412) Vgl. hierzu Willumeit, H.; Gediga, G.; Hamborg, K.-C.: IsoMetricsL: Ein Verfahren zur formativen Evaluation von Software nach ISO 9241/10, in: E&I - Ergonomie & Informatik, o. Jg. (1996), Heft 27, S. 5 - 12

413) Vgl. hierzu TBS - Technologieberatungsstelle beim DGB-Landesbezirk Nordrhein-Westfalen (Hrsg.): ABETO - Arbeitsblätter, Schritt 3 - Analyse, Oberhausen 1994

414) Vgl. Holz auf der Heide, B.: Welche software-ergonomischen Evaluationsverfahren können was leisten?, in: Rödiger, K.-H. (Hrsg.): Software Ergonomie ´93, Von der Benutzungsoberfläche zur Arbeitsgestaltung, Stuttgart 1993, S. 160

415) Vgl. Oppermann, R.; Murchner, B.; Reiterer, H.; et al., a. a. O. 1992, S. 5

416) Vgl. Stary, Ch.; Riesenecker-Caba, T.; Kalkhofer, M.: Die Operationalisierung der EU-Richtlinie 90/270/EWG zur Mensch-Maschine-Schnittstelle, in: Zeitschrift für Arbeitswissenschaft, 51. Jg. (1997), Heft 1, S. 22

417) Vgl. Luczak, H., a. a. O. 1998, S. 615

418) Vgl. Reiterer, H.: User Interface Evaluation and Design, Research Results of the Projects Evaluation of Dialogue Systems (EVADIS) and User Interface Design Assistance (IDA), GMD-Bericht 237, München, Wien 1994, S.15

419) Vgl. Oppermann, R.; Murchner, B.; Reiterer, H.; et al., a. a. O. 1992, S. 4

420) Vgl. Oppermann, R.; Murchner, B.; Reiterer, H.; et al., a. a. O. 1992, S. 1

421) Vgl. Oppermann, R.; Murchner, B.; Reiterer, H.; et al., a. a. O. 1992, S. 2

sich auch der Untersuchungsschwerpunkt von EVADIS II weiter eingrenzen: Im Zentrum des Interesses steht die Qualität der Schnittstelle zwischen Benutzer und System (Schnittstellenergonomie)[422] und damit die Frage, wie gut ein Benutzer die Funktionalität eines Softwareproduktes erschließen kann.

Dem Leitfaden EVADIS II liegt eine aufgabenorientierte Sichtweise[423] zugrunde, was sich u.a. in der Einbeziehung bestimmter Benutzereigenschaften (z.B. Übungsgrad im Umgang mit der Software) und einer anthropozentrischen Bewertungsrichtung bei der Evaluation niederschlägt. Letzteres zeigt sich z.B. darin, daß ergonomische Aspekte der Softwaregestaltung (z.B. Werkzeugschnittstelle, Dialogschnittstelle und Ein-/Ausgabeschnittstelle) organisatorischen Fragestellungen (z.B. Mensch-Mensch-Funktionsverteilung, Gestaltung der Arbeitsabläufe und Mensch-Rechner-Funktionsverteilung) untergeordnet sind.[424]

EVADIS II ist auf der Basis des 1988 publizierten Leitfadens EVADIS (methodengeleitetes Expertenurteil)[425] entwickelt worden, wobei die Ziele der vorgenommenen Erweiterung im Vergrößern des Einsatzbereiches sowie in einer stärkeren „Aufgaben- und Benutzerorientierung" zu sehen sind.[426] EVADIS II zielt auf die objektivierbaren Eigenschaften eines Softwaressystems ab und ermöglicht eine software-ergonomische Evaluation, die ohne Versuchspersonen auskommt. Hinsichtlich des Untersuchers wird dabei vorausgesetzt, daß es sich um einen Software-Ergonomen mit fundiertem software-technischem und -ergonomischem Hintergrundwissen handelt, der darüber hinaus mit der zu untersuchenden Software vertraut ist.[427]

Der angestrebte ganzheitliche Evaluationsansatz erfordert den Einsatz verschiedener Evaluationsmodule zur Erfassung personeller, organisatorischer und technischer Aspekte eines Arbeitssystems. Insofern wurden die aus der ersten EVADIS Version übernommenen und erweiterten Module um weitere Instrumentarien ergänzt. Das Modul „Benutzerbefragung" ermöglicht die Erfassung relevanter Benutzereigenschaften und schafft so die Grundlage für eine diffe-

---

422) Vgl. Oppermann, R.; Murchner, B.; Reiterer, H.; et al., a. a. O. 1992, S. 4

423) Vgl. Ulich, E., a. a. O. 1994, S. 159 - 161,

424) Vgl. Oppermann, R.; Murchner, B.; Reiterer, H.; et al., a. a. O. 1992, S. 10; Vgl. hierzu auch Balzert, H.: Trends und Perspektiven der Software-Ergonomie, in: Balzert, H. (Hrsg.): Einführung in die Software-Ergonomie, Berlin, New York 1988, S. 346 - 347

425) Vgl. hierzu Oppermann, R.; Murchner, B.; Pieper, M.; Simm, H.; Stellmacher, I.: Evaluation von Dialogsystemen - Der software-ergonomische Leitfaden EVADIS, Berlin 1988

426) Vgl. Oppermann, R.; Murchner, B.; Reiterer, H.; et al., a. a. O. 1992, S. V - VI

427) Vgl. Oppermann, R.; Murchner, B.; Reiterer, H.; et al., a. a. O. 1992, S.94 - 95

renzierte Betrachtung der ergonomischen Qualität eines Softwareproduktes vor dem Hintergrund spezifischer Benutzeranforderungen. Mit Hilfe der „vereinfachten Arbeitsanalyse“ läßt sich einerseits die ergonomische Qualität von Arbeitsaufgaben messen, andererseits unterstützt dieses Modul den Untersucher bei der Konstruktion von Prüfaufgaben anhand derer die Software evaluiert wird. Der eigentliche EVADIS-Leitfaden schließlich dient zur Bewertung der ergonomischen Qualität und Funktionalität eines Softwaresystems.[428)]

5.6.1 Bezugsrahmen von EVADIS II

Der Evaluationsleitfaden EVADIS II ist in einen zweidimensionalen Bezugsrahmen eingebettet, der einerseits aus den zu evaluierenden Objekten, andererseits aus den zur Bewertung herangezogenen Humankriterien gebildet wird.[429)] Beide Dimensionen werden im folgenden näher betrachtet.

5.6.1.1 Das IFIP-Benutzerschnittstellenmodell

Die im Rahmen der Anwendung des EVADIS II Leitfadens zu untersuchenden Evaluationsobjekte leiten sich aus dem IFIP-Benutzerschnittstellenmodell (IFIP: International Federation for Information Processing) ab, das von der IFIP Arbeitsgruppe WG 6.5 entwickelt wurde.[430)] Dieses Modell stellt anwendungsneutral verschiedene, am Verhältnis Benutzer-Softwaresystem orientierte Benutzerschnittstellen dar, die sich wiederum mittels differenzierter softwareergonomischer Bewertungskriterien evaluieren lassen. In Abbildung 5.12 ist das grundlegende Benutzerschnittstellenmodell des EVADIS II Leitfadens aufgeführt, welches auf dem 1983 von DZIDA vorgestellten[431)] und 1988 bezüglich der Organisationsschnittstelle modifizierten IFIP-Modell aufbaut.[432)]

Über die Ein-/Ausgabeschnittstelle werden die Regeln für die Eingaben des Benutzers sowie Ausgaben des Rechners festgelegt. Die Eingaberegeln bestimmen dabei, auf welche Weise Zeichen und Befehle einzugeben sind oder wie die Positionierung des Cursors auf dem Bildschirm erfolgt (z.B. mit Cursortaste oder Maus). Die Ausgaberegeln legen fest, wie Daten oder Software-Werkzeuge

---

428) Vgl. Oppermann, R.; Murchner, B.; Reiterer, H.; et al., a. a. O. 1992, S. 53 - 54

429) Vgl. Oppermann, R.; Murchner, B.; Reiterer, H.; et al., a. a. O. 1992, S. 55

430) Vgl. Oppermann, R.; Murchner, B.; Reiterer, H.; et al., a. a. O. 1992, S. 55

431) Vgl. Dzida, W.: Das IFIP-Modell für Benutzerschnittstellen, in: Office Management, 31. Jg. (1983), S. 7

432) Vgl. Dzida, W.: Modellierung und Bewertung von Benutzerschnittstellen, in: Software Kurier, o.Jg. (1988), Heft 1, S. 20

(Funktionen, Anwendungen) sowie Meldungen dem Benutzer auf dem Bildschirm oder anderen Medien (z.B. Drucker) dargeboten werden.[433)]

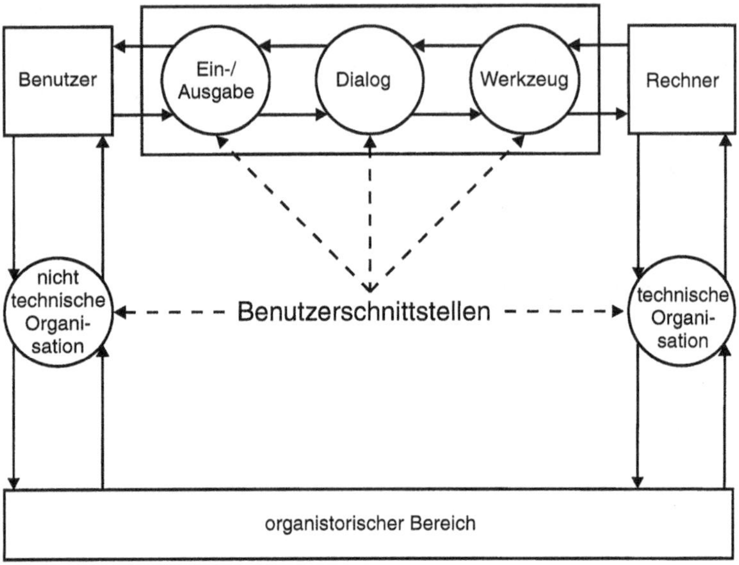

Abbildung 5.12: Das IFIP-Benutzerschnittstellenmodell[434)]

Die Dialogschnittstelle wird durch die Regeln, die den Dialog zwischen Rechnersystem und Benutzer festlegen, charakterisiert. Der Dialog beschreibt den Ablauf der Arbeit des Benutzers mit dem Rechner, z.B., wie er sich Hilfeinformationen geben lassen kann, ob er in einem oder mehreren Dialogschritten vorgehen will oder ob er einen Verarbeitungsprozeß unterbrechen möchte.[435)]

Die Werkzeugschnittstelle bestimmt die Regeln, nach denen der Benutzerzugriff auf Softwarewerkzeuge und Daten zu erfolgen hat.[436)] Dieser Zugriff geschieht mittels Informationen, die durch ein abstraktes Konzept bzgl. der Zugriffsmodalitäten, und zwar sowohl für Werkzeuge als auch für die Daten, vermittelt (z.B. Desktop-Metapher) werden. DZIDA definiert dabei ein „abstraktes Konzept" als „Wissen über den Werkzeuggebrauch, das von Einzel-

433) Vgl. Dzida, W., a. a. O. 1983, S. 6

434) Abbildung entnommen aus: Oppermann, R.; Murchner, B.; Reiterer, H.; et al., a. a. O. 1992, S. 55

435) Vgl. Dzida, W., a. a. O. 1983, S. 6

436) Vgl. Dzida, W., a. a. O. 1983, S. 6

heiten der Handhabung absieht, so daß der Benutzer nur ein übergeordnetes Prinzip zu kennen braucht, um das richtige Werkzeug zu finden."[437] Das Anwendungsspektrum der einzelnen Softwarewerkzeuge bestimmt ebenfalls die Regeln bzgl. der Art des Zugriffs. Die "funktionale Gebundenheit" eines Werkzeuges kann dabei sehr spezifisch sein (z.B. nur für einen Einsatzzweck geeignet), oder sie kann allgemein sein (z.B. für viele Einsatzzwecke geeignet, wie etwa die Funktionen "Löschen", "Einfügen"). Im letzten Fall spricht man auch von "generischen" Werkzeugen.[438]

Die letzte im IFIP-Modell enthaltene Benutzerschnittstelle ist die Organisationsschnittstelle. Sie definiert die Regeln, die das Entstehen, Festlegen und Verteilen von Arbeitsaufgaben bestimmen sowie den Zusammenhang der Arbeitsaufgaben des Benutzers mit den Arbeitsaufgaben anderer Benutzer.[439] Die Organisationsschnittstelle läßt sich in eine technische und nicht-technische unterteilen. Die nicht-technische Organisationsschnittstelle (oder Aufgabenschnittstelle) regelt, wie der Benutzer in die Organisation integriert ist, etwa durch ein entsprechendes Organisationskonzept (Mensch-Mensch-Funktionsverteilung, Gestaltung der Arbeitsabläufe). Diese Schnittstelle ist jedoch im Rahmen des EVADIS II-Leitfadens von untergeordneter Bedeutung. Die technische Organisationsschnittstelle legt fest, wie der Benutzer mittels eines Arbeitsmittels (Rechners) in die Organisation zu integrieren ist (Mensch-Rechner-Funktionsverteilung). Neben der Integration des einzelnen Benutzers sind aber auch Fragen der Zusammenarbeit zwischen verschiedenen Benutzern mittels des Rechners relevant (z.B. welche Nachrichten werden mittels elektronischer Post ausgetauscht).[440]

Da die oben aufgezeigten Schnittstellen für eine konkrete Evaluation eine zu grosse Generalität aufweisen, wurden sie im Rahmen der Entwicklung des EVADIS II in Anlehnung an DZIDA stärker detailliert (vgl. Tabelle 5.18).[441]

---

437) Dzida, W., a. a. O. 1988, S. 17

438) Vgl. hierzu Dzida, W., a. a. O. 1988, S. 18

439) Vgl. Dzida, W., a. a. O. 1983, S. 6

440) Vgl. Dzida, W., a. a. O. 1988, S. 20

441) Vgl. hierzu Dzida, W., a. a. O. 1988, S. 15 - 20

1 Ein-/Ausgabeschnittstelle
1.1 Informationsdarstellung
1.1.1 Dialogbereiche
1.1.2 Hervorhebungen
1.1.3 Ausgabeformate
1.1.4 Darstellung von Zahlen und Texten
1.1.5 Darstellung von Tabellen und Listen
1.1.6 Darstellung von Graphiken (Ikone, Piktogramme)
1.2 Eingabemedien
1.3 Eingabe
1.3.1 Eingabeaufforderung (Prompt)
1.3.2 Eingabeformate
1.4 Ausgabemedien
1.5 Sprache
1.5.1 Abkürzungen
1.5.2 Terminologie (Semantik)
1.5.3 Grammatik (Syntax)
2 Dialogschnittstelle
2.1 Dialogtechniken
2.1.1 Dialogsprachen
2.1.2 Natürlich-sprachlicher Dialog
2.1.3 Funktionstasten
2.1.4 Formulare/Masken
2.1.5 Menüs
2.1.6 Fenster
2.1.7 Direkte Manipulation
2.2 Dialogsteuerung/Dialogablauf
2.2.1 Direktwahl
2.2.2 Feldanwahl
2.2.3 Verschieben/Blättern
2.2.4 Speichern des Bildschirminhaltes
2.2.5 Abbrechen eines Dialogschrittes
2.2.6 Abbrechen/Unterbrechen eines Dialogs
2.2.7 Beenden eines Dialogs
2.2.8 Wechseln von Dialogeinstellungen (Anpaßbarkeit)
2.2.9 Exploration, Makrobildung

Tabelle 5.18: Benutzerschnittstellenmodell des Leitfadens EVADIS II (Teil I)[442)]

442) Vgl. Oppermann, R.; Murchner, B.; Reiterer, H.; et al., a. a. O. 1992, S. 57 - 61, eigene Tabelle

2 Dialogschnittstelle
2.3 Statusinformationen und Meldungen
2.4 Fehlerbehandlung
2.4.1 Fehlervermeidung
2.4.2 Fehlerdiagnose
2.4.3 Fehlermanagement
2.5 Hilfen
2.5.1 Online-Hilfe
2.5.2 Online-Tutorial
2.5.3 Handbücher
3 Werkzeugschnittstelle
3.1 Funktionalität des Anwendungssystems
3.2 Funktionalität der Schnittstelle
3.3 Antwortzeit/Durchsatz, Störungen
4 Organisationsschnittstelle
4.1 Technische Organisationsschnittstelle
4.1.1 Informationsaustausch
4.1.2 Datenschutz/Datensicherungskonzepte
4.2 Nicht-technische Organisationsschnittstelle

Tabelle 5.18: Benutzerschnittstellenmodell des Leitfadens EVADIS II (Teil II)[443]

5.6.1.2 Ergonomische Kriterien

Die im EVADIS II verwendeten Bewertungskriterien leiten sich prinzipiell aus den Kriterien humaner Arbeit nach LUCZAK et al. ab.[444] Da diese jedoch als generelle Richtlinien der Arbeitsgestaltung ohne konkreten Bezug zu einer speziellen Arbeitstätigkeit zu verstehen sind, bedürfen sie einer Konkretisierung, um sie zur Durchführung von Evaluationen heranziehen zu können. Im EVADIS II Leitfaden erfolgt diese Konkretisierung getrennt für Kriterien zur Bewertung der Organisation bzw. Aufgaben und Kriterien zur ergonomischen Bewertung der Software.[445]

---

443) Vgl. Oppermann, R.; Murchner, B.; Reiterer, H.; et al., a. a. O. 1992, S. 57 - 61, eigene Tabelle

444) Vgl. Luczak, H.; Volpert, W.; Raeithel, A.; et al., a. a. O. 1987, S. 59

445) Vgl. Oppermann, R.; Murchner, B.; Reiterer, H.; et al., a. a. O. 1992, S. 18

5.6.1.2.1 Kriterien für die Evaluation der Organisation und der Arbeitsaufgaben

Die Organisationsevaluation ermöglicht eine Aussage über die Beziehung von Arbeitsaufgabe, Bürosystem und Benutzer sowie deren Integration in die gesamte Büroorganisation. Das Ziel der Aufgabenbewertung ist die ergonomische Beurteilung der Beziehung zwischen Benutzer und Arbeitsaufgabe.[446)] Im folgenden sollen die hierzu herangezogenen Bewertungskriterien, die in erster Linie auf die Bewertungsebene der Persönlichkeitsförderlichkeit abzielen,[447)] näher betrachtet werden.

- **Anforderungsvielfalt**[448)]
  Arbeitsaufgaben, die sich durch eine hohe Anforderungsvielfalt auszeichnen, erlauben es dem Arbeitenden unterschiedlichste Fähigkeiten, Kenntnisse und Fertigkeiten einzusetzen.[449)] Dies ist insbesondere bei Arbeitsaufgaben der Fall, die neben Elementen der Ausführung auch Planungs- und Kontrollaufgaben enthalten. Neben dem Einsatz eher kognitiver Potentiale beinhaltet Anforderungsvielfalt aber auch die Möglichkeit zu körperlicher Aktivität sowie die Beanspruchung unterschiedlichster Sinnesorgane.[450)]

- **Ganzheitlichkeit**
  Bei ganzheitlichen Arbeitsaufgaben wird dem Arbeitenden ein sinnvoller Aufgabenzusammenhang übergeben.[451)] D.h., er führt keine für ihn „sinnlosen" Teilaufgaben aus, sondern eine Arbeitstätigkeit mit definierten Anfang und Ende, bei der er Ablauf und Ergebnis kennt. Hierdurch hat er die Möglichkeit, den Bedeutungsgehalt und den Stellenwert seiner Aufgabe im betrieblichen Ablauf zu erkennen.[452)] Ganzheitliche Aufgaben erfordern zudem einen Bezug zu realen Gegenständen und Situationen.[453)]

- **Durchschaubarkeit**
  Eine Arbeitsaufgabe ist für den Arbeitenden dann durchschaubar, wenn er die

---

446) Vgl. Oppermann, R.; Murchner, B.; Reiterer, H.; et al., a. a. O. 1992, S. 22

447) Vgl. hierzu Volpert, W., a. a. O. 1990, S. 28 - 36

448) Vgl. Oppermann, R.; Murchner, B.; Reiterer, H.; et al., a. a. O. 1992, S. 22

449) Vgl. Baitsch, C.; Katz, C.; Spinas, P.; Ulich, E., a. a. O. 1989, S. 28

450) Vgl. Ulich, E., a. a. O. 1989, S. 63

451) Das Konzept der ganzheitlichen Aufgaben entspricht weitgehend den Ansätzen der vollständigen Tätigkeit nach HACKER bzw. der vollständigen Handlung nach Volpert. Vgl. Hacker, W., a. a. O. 1995, S. 44 bzw. Volpert, W., a. a. O. 1987, S. 18

452) Vgl. Baitsch, C.; Katz, C.; Spinas, P.; et al., a. a. O. 1989, S. 28

453) Vgl. Oppermann, R.; Murchner, B.; Reiterer, H.; et al., a. a. O. 1992, S. 23

technischen Bedingungen und Zusammenhänge, die organisatorischen Strukturen, die Ereignisse im Arbeitsprozeß und die Folgen seines Eingreifens in den Arbeitsprozeß durchschauen und vorhersehen kann.[454] Insofern ist die Durchschaubarkeit zum einen von der klaren Abgrenzung der Arbeitsaufgabe, zum anderen von den zur Verfügung gestellten Informationen und Qualifizierungsmöglichkeiten abhängig.[455]

- **Rückmeldungen (Feedback)**[456]
  Eine wesentliche Voraussetzung für die Regulation von Handlungen sowie für die Initiierung von Lernprozessen ist eine angemessene Rückmeldung oder Feedback.[457] Arbeitsaufgaben sollten so gestaltet sein, daß aus der Aufgabe selbst eine direkte Rückmeldung an den Arbeitenden bezüglich des laufenden Fortgangs der Arbeitstätigkeit (Ablauffeedback) sowie über das Ergebnis des Schaffens (Resultatfeedback) resultiert.[458]

- **Autonomie**[459]
  Der Grad der Autonomie kennzeichnet das Ausmaß an Kontrolle, das der Arbeitende bei der Ausführung der Arbeitstätigkeit hat[460] und damit letztlich in der Unabhängigkeit von technisch-organisatorischen Regelungen und Behinderungen.[461] Neben dem Handlungsspielraum, der die Freiheitsgrade bezüglich der Auswahl bzw. Festlegung von Arbeitsmitteln, Vorgehensweisenund Verfahren beschreibt,[462] wird die Autonomie vor allem durch den Zeit-[463] und den Entscheidungsspielraum gekennzeichnet. Der Zeitspielraum manifestiert sich in den Freiheitsgraden bei der zeitlichen Strukturierung und Koordination der Abfolge von (Teil-)Aufgaben. Ein hoher Entscheidungsspielraum schließlich kennzeichnet den Umfang der Entschei-

---

454) Vgl. Hacker, W., a. a. O. 1986, S. 108; Dunckel, H., a. a. O. 1989, S. 72; Dunckel, H.; Volpert, W.; Zölch, M.; et al., a. a. O. 1993 (a), S. 58 - 59; Dunckel, H., a. a. O. 1996, S. 132 - 133

455) Vgl. Oppermann, R.; Murchner, B.; Reiterer, H.; et al., a. a. O. 1992, S. 24

456) Vgl. Oppermann, R.; Murchner, B.; Reiterer, H.; et al., a. a. O. 1992, S. 24 - 25

457) Vgl. Rückle, H.: Feedback, in: Management Enzyklopädie, Band 3, 2. Aufl., München 1982, S. 487 - 488

458) Vgl. Ulich, E., a. a. O. 1994, S. 168

459) Vgl. Oppermann, R.; Murchner, B.; Reiterer, H.; et al., a. a. O. 1992, S. 25 - 26

460) Vgl. Baitsch, C.; Katz, C.; Spinas, P.; et al., a. a. O. 1989, S. 28 - 29

461) Vgl. Volpert, W., a. a. O. 1990, S. 30 - 31

462) Vgl. Hacker, W., a. a. O. 1986, S. 104; Volpert, W., a. a. O. 1990, S. 28

463) Vgl. Volpert, W., a. a. O. 1990, S. 28 - 29

dungskompetenzen, die dem Arbeitenden bei der Ausführung seiner Arbeitstätigkeit zugestanden werden.[464)]

- **Lern- und Entwicklungsmöglichkeiten**
  Arbeitsaufgaben sollten so gestaltet sein, daß sie es dem Arbeitenden ermöglichen seine Qualifikationen einzusetzen und diese zu erhalten bzw. zu fördern.[465)] Insofern müssen ausreichende Lernmöglichkeiten - z.B. in Form von Schulungen oder sonstigen Weiterbildungsmaßnahmen - und Chancen zur beruflichen Weiterentwicklung vorhanden sein.[466)]

- **Kooperations- und Kommunikationsförderlichkeit**
  Dem Menschen als sozialem Wesen kann ein Bedürfnis nach sozialer Interaktion unterstellt werden, das nicht durch ungeeignete Formen der Aufgabenverteilung behindert werden darf.[467)] Insofern muß die Arbeitsaufgabe die Möglichkeiten zu kooperativer Aufgabenbewältigung mit persönlicher Kommunikation, sozialer Unterstützung und sozialem Lernen bieten.[468)]

- **Datenschutz- und Datensicherheit**
  Durch den EDV-Einsatz im Bürobereich ergibt sich in bezug auf den Arbeitenden eine neue Dimension der Leistungs- und Verhaltenskontrolle. Insofern muß sichergestellt sein, daß alle anfallenden und erforderlichen Daten ausschließlich zum Zwecke der Aufgabenerfüllung verwendet werden. Dies bedeutet, daß insbesondere persönliche Daten des Arbeitnehmers vor unberechtigtem Zugriff gesichert sind und somit genau festgelegt ist, welche Personen in welchem Umfang Zugriff auf diese Informationen haben dürfen. In diesem Zusammenhang muß aber auch geregelt sein, welche zur Ausführung der Arbeitsaufgabe benötigten Daten der Arbeitende wo lokal speichern darf und welche technisch-organisatorischen Maßnahmen getroffen werden müssen, um einem unberechtigten Zugriff vorzubeugen.[469)]

- **Belastung und Beanspruchung**
  Bei der Erfüllung der Arbeitsaufgabe soll der Arbeitende weder über- noch unterfordert werden. Als eine Möglichkeit der Belastungsminderung ist der

---

464) Vgl. Ulich, E., a. a. O. 1994, S. 143
465) Vgl. Baitsch, C.; Katz, C.; Spinas, P.; et al., a. a. O. 1989, S. 29
466) Vgl. Oppermann, R.; Murchner, B.; Reiterer, H.; et al., a. a. O. 1992, S. 27 - 28
467) Vgl. Volpert, W., a. a. O. 1990, S. 34 - 35
468) Vgl. Oppermann, R.; Murchner, B.; Reiterer, H.; et al., a. a. O. 1992, S. 62 - 63
469) Vgl. Oppermann, R.; Murchner, B.; Reiterer, H.; et al., a. a. O. 1992, S. 28 - 29

Wechsel zwischen anspruchvolleren und weniger anspruchvollen Tätigkeitselementen anzusehen.[470)]

In Tabelle 5.19 sind die Humankriterien zur Bewertung der Organisation und der Aufgaben mit ihren jeweils charakteristischen Forderungen zusammengefaßt.

5.6.1.2.2 Kriterien für die Evaluation der Software

Die Softwareevaluation soll eine Aussage darüber liefern, ob die Funktionalität des Softwaressystems für die Arbeitsaufgabe angemessen ist und ob dieses einfach zu benutzen ist. Es soll sichergestellt werden, daß die menschengerechte Organisation der Arbeit im Bürobereich nicht durch den Einsatz eines EDV-Systems beeinträchtigt oder gar zunichte gemacht wird.[471)]

Die im EVADIS II-Leitfaden zur Evaluation der Software herangezogenen Kriterien, leiten sich im wesentlichen aus der DIN 66234, Teil 8,[472)] sowie der DIN EN ISO 9241, Teil 10,[473)] ab. Es handelt sich dabei im einzelnen um:

- **Verfügbarkeit**
  Die softwareergonomische Qualität eines EDV-Systems zeigt sich u.a. darin, daß seine Funktionen jederzeit für den Benutzer verfügbar sind. Häufige Systemabstürze, lange oder unberechenbare Antwortzeiten sind Störungen, die die Verfügbarkeit beeinträchtigen und damit die reibungslose Ausführung einer Arbeitstätigkeit behindern. In der Regel sind die Ursachen und Folgen solcher Störungen für den Benutzer weder durchschaubar noch kann er sie beeinflussen. Da er aber dennoch auf das EDV-System zur Bearbeitung seiner Arbeitsaufgabe angewiesen, erlebt er solche Situationen als Streß.[474)]

---

470) Vgl. Oppermann, R.; Murchner, B.; Reiterer, H.; et al., a. a. O. 1992, S. 63

471) Vgl. Oppermann, R.; Murchner, B.; Reiterer, H.; et al., a. a. O. 1992, S. 30

472) Vgl. hierzu Deutsches Institut für Normung e. V. (Hrsg.): DIN 66234 Teil 8, a. a. O. 1988

473) Vgl. hierzu DIN EN ISO (Hrsg.): ISO 9241 Teil 10, a. a. O. 1996

474) Vgl. Baitsch, C.; Katz, C.; Spinas, P.; et al., a. a. O. 1989, S. 78 - 79

Ergonomisches Kriterium	Charakteristische Forderungen
Anforderungsvielfalt	• Einsatz unterschiedlicher Fähigkeiten, Kenntnisse und Fertigkeiten • Beanspruchung mehrerer menschlicher Sinne • Möglichkeit zur körperlichen Aktivität
Ganzheitlichkeit	• „Ganzes Stück" Arbeit vollenden • Bedeutungsgehalt und Stellenwert der eigenen Aufgabe erkennen • Bezug zu realen Gegenständen und sozialen Situationen
Durchschaubarkeit	• Technische Bedingungen und Zusammenhänge durchschauen • Organisatorische Strukturen kennen • Ereignisse im Arbeitsprozeß verstehen • Folgen des eigenen Eingreifens vorhersehen
Rückmeldungen (Feedback)	• Ablauffeedback bezüglich des Fortgangs der Arbeitstätigkeit • Resultatfeedback bezgl. des Arbeitsergebnisses
Autonomie	• Handlungsspielraum • Zeitspielraum • Entscheidungsspielraum • Abhängigkeiten und/oder Behinderungen
Lern- und Entwicklungsmöglichkeiten	• Lernmöglichkeiten (Qualifikationserhalt/ -erweiterung) • Berufliche Entwicklungsmöglichkeiten
Kooperations- und Kommunikationsförderlichkeit	• Soziale Unterstützung • Soziales Lernen • Persönliche Kommunikation
Datenschutz/Datensicherheit	• Datenverwertung • Datenzugriffsrechte • Datenlokalität • Datensicherungsmöglichkeiten
Belastung und Beanspruchung	• Unter-/Überforderung • Wechsel zwischen anspruchsvolleren Aufgaben und Routineaufgaben

Tabelle 5.19: Ergonomische Kriterien des Leitfadens EVADIS II zur Evaluation der Organisation und der Arbeitsaufgaben[475)]

[475)] Vgl. Oppermann, R.; Murchner, B.; Reiterer, H.; et al., a. a. O. 1992, S. 62 - 63

- **Nützlichkeit**
  Aus dem Kriterium „Aufgabenangemessenheit" der DIN 66234 leitet sich das im EVADIS II-Leitfaden enthaltene Kriterium „Nützlichkeit" ab. Nützlichkeit bezieht sich auf die Frage, ob ein Softwaresystem dem Benutzer all die Funktionalitäten (Informationen und Funktionen) in der Reihenfolge zur Verfügung stellt, wie sie der Arbeitende zur Erledigung seiner Arbeitsaufgabe benötigt.[476)]

- **Komfort**
  Das Kriterium „Komfort" entspricht weitgehend dem Verständnis der Aufgabenangemessenheit der DIN 66234, Teil 8.[477)] Während sich die Nützlichkeit jedoch auf die funktionalen Aspekte der Aufgabenangemessenheit bezieht, steht bei dem Kriterium „Komfort" die bequeme und komfortable Bedienung eines Softwaresystems im Vordergrund.[478)]

- **Übersichtlichkeit**[479)]
  Die Bewertung der Anordnung und Darstellung von Informationen auf dem Bildschirm sowie die Gestaltung von Meldungen, Hilfeinformationen usw. erfolgt mit Hilfe des Kriteriums der Übersichtlichkeit. Hierbei wird insbesondere überprüft, ob die spezifischen Besonderheiten menschlicher Wahrnehmungs-, Verhaltens- und Denkprozesse bei der Softwaregestaltung angemessen berücksichtigt wurden und damit eine Entlastung des menschlichen Kurzzeitgedächtnisses sichergestellt ist.[480)]

- **Selbstbeschreibungsfähigkeit**
  Das Kriterium der Selbstbeschreibungsfähigkeit wurde direkt aus der ISO 9241, Teil 10, bzw. DIN 66234, Teil 8, übernommen. In letzterer Norm wird die Selbstbeschreibungsfähigkeit wie folgt definiert: „Ein Dialog ist selbstbeschreibungsfähig, wenn dem Benutzer auf Verlangen Einsatzzweck sowie Leistungsumfang des Dialogsystems erläutert werden können und wenn jeder Dialogschritt unmittelbar verständlich ist oder der Benutzer auf Verlangen zu dem jeweiligen Dialogschritt entsprechende Erläuterungen erhalten

---

476) Vgl. Oppermann, R.; Murchner, B.; Reiterer, H.; et al., a. a. O. 1992, S. 31

477) Vgl. Deutsches Institut für Normung e. V. (Hrsg.): DIN 66234, Teil 8, a. a. O. 1988, Ziffer 3.1

478) Vgl. Oppermann, R.; Murchner, B.; Reiterer, H.; et al., a. a. O. 1992, S. 62 - 63

479) Vgl. hierzu Deutsches Institut für Normung e. V. (Hrsg.): DIN 66234, Teil 2, a. a. O. 1983; Deutsches Institut für Normung e. V. (Hrsg.): DIN 66234, Teil 3, Gruppierung und Formatierung von Daten, Berlin 1981; Deutsches Institut für Normung e. V. (Hrsg.): DIN 66234, Teil 5, a. a. O. 1981

480) Vgl. Oppermann, R.; Murchner, B.; Reiterer, H.; et al., a. a. O. 1992, S. 33 - 34

kann."[481] Die Selbstbeschreibungsfähigkeit beeinflußt maßgeblich, wie leicht ein Softwaresystem erlernbar ist.[482]

- **Erwartungskonformität**
  Dieses Humankriterium wurde ebenso wie das Kriterium der Selbstbeschreibungsfähigkeit aus der DIN 66234, Teil 8 bzw. ISO 9241, Teil 10 übernommen. Dort gilt ein Dialog dann als erwartungskonform, wenn er den Erwartungen des Benutzers entspricht. D.h., das Dialogsystem muß sich z.B. bezüglich der Antwortzeiten oder des Dialogablaufs so verhalten, wie es der Benutzer aufgrund seiner Erfahrungen aus den bisherigen Arbeitsabläufen, den Systemschulungen oder dem Umgang mit dem Dialogsystem selbst erwartet.[483]

- **Fehlerrobustheit**
  Auch für das Kriterium der Fehlerrobustheit lehnt sich der EVADIS II-Leitfaden an die Definitionen der DIN 66234, Teil 8, bzw. ISO 9241, Teil 10, an. In diesem Sinne gilt ein Dialog dann als fehlerrobust, wenn trotz einer fehlerhaften Eingabe das beabsichtigte Arbeitsergebnis mit minimalem oder ohne Korrekturaufwand erreicht wird. Voraussetzung für eine effektive Fehlerkorrektur ist dabei die Fähigkeit des Systems, dem Benutzer Fehler verständlich zu machen.[484]

- **Erlernbarkeit**
  Wie leicht oder wie schwer ein Dialogsystem erlernbar ist hängt u.a. davon ab, ob das System den Benutzer in einer geeigneten Art und Weise durch den Lernprozeß führt und welcher Zeitaufwand dafür erforderlich ist. Ausschlaggebend für eine leichte Erlernbarkeit ist u.a., ob die Systemkomplexität angemessen reduziert wird und die Konsistenz des Dialogs erhalten bleibt. Das aus der ISO 9241, Teil 10 übernommene Kriterium der Erlernbarkeit soll im Rahmen einer Evaluation mit dem EVADIS II-Leitfaden entsprechende Aussagen über das Softwaresystem liefern.[485]

---

481) Deutsches Institut für Normung e. V. (Hrsg.): DIN 66234 Teil 8, a. a. O. 1988, Ziffer 3.2

482) Vgl. Oppermann, R.; Murchner, B.; Reiterer, H.; et al., a. a. O. 1992, S. 35 - 37

483) Vgl. Deutsches Institut für Normung e. V. (Hrsg.): DIN 66234, Teil 8, a. a. O. 1988, Ziffer 3.4

484) Vgl. Deutsches Institut für Normung e. V. (Hrsg.): DIN 66234, Teil 8, a. a. O. 1988, Ziffer 3.5

485) Vgl. DIN EN ISO (Hrsg.): ISO 9241, Teil 10, a. a. O. 1996, Ziffer 3.8

- **Individualisierbarkeit**
  Damit ein Softwaresystem den Arbeitenden optimal bei der Ausführung seiner Arbeitstätigkeit unterstützen kann, muß es möglichst gut an die individuellen Fähigkeiten und Bedürfnissen des Benutzers anzupassen sein. Das ebenfalls aus der ISO 9241, Teil 10, übernommene Kriterium der Individualisierbarkeit soll entsprechende Aussagen liefern.486)

- **Steuerbarkeit**
  Die Qualität der Arbeit(sbedingungen) in rechnerunterstützten Arbeitssystemen wird maßgeblich dadurch bestimmt, daß Rechnersysteme eine Werkzeugfunktion haben und die Steuerung des Dialogs durch den Benutzer erfolgt. Mit dem Kriterium der Steuerbarkeit, das sowohl in der DIN 66234, Teil 8 bzw. ISO 9241, Teil 10, enthalten ist, wird überprüft, inwieweit der Benutzer die Geschwindigkeit des Ablaufs, die Auswahl und Reihenfolge von Arbeitsmitteln oder Art und Umfang von Ein- bzw. Ausgaben beeinflussen kann.487)

- **Kooperations- und Kommunikationsförderlichkeit**
  Auf die Bedeutung der Kooperations- und Kommunikationsförderlichkeit wurde schon im Zusammenhang mit der Evaluation der Organisation und Arbeitsaufgaben eingegangen. Aber auch in bezug auf die Analyse und Bewertung des Dialogsystems ist dieses Kriterium von Bedeutung. Ein Ziel einer EVADIS II-Evaluation ist die Überprüfung, ob das Dialogsystem die Kooperations- und Kommunikationsbeziehungen zu Kollegen und Mitarbeitern beeinträchtigt.488)

- **Datenschutz/Datensicherheit**
  Ebenso wie das zuvor genannte Kriterium wurden Datenschutz und Datensicherheit schon vor dem Hintergrund der Aufgaben- und Organisationsbewertung thematisiert. Aber auch bei der Evaluation des Dialogsystems wird überprüft, inwieweit Daten für die Erledigung der Arbeitsaufgabe zugänglich bzw. vor unberechtigtem Zugriff geschützt sind und das Dialogsystem Verhaltens- sowie Leistungskontrollen ermöglicht.489)

In nachfolgender Tabelle sind die Kriterien zur Bewertung der Software mit ihren charakteristischen Forderungen noch einmal in einer Übersicht dargestellt.

---

486) Vgl. DIN EN ISO (Hrsg.): ISO 9241, Teil 10, a. a. O. 1996, Ziffer 3.7

487) Vgl. Deutsches Institut für Normung e. V. (Hrsg.): DIN 66234 Teil 8, a. a. O. 1988, Ziffer 3.3

488) Vgl. Oppermann, R.; Murchner, B.; Reiterer, H.; et al., a. a. O. 1992, S. 47

489) Vgl. Oppermann, R.; Murchner, B.; Reiterer, H.; et al., a. a. O. 1992, S. 47 - 48

Ergonomisches Kriterium	Charakteristische Forderungen
Verfügbarkeit	• keine Behinderung durch Störungen • keine zu langen Antwortzeiten
Nützlichkeit	• Aufgabenangemessenheit
Komfort	• keine unnötige Belastung des Dialogs
Übersichtlichkeit	• Entlastung des menschlichen Kurzzeitgedächtnisses
Selbstbeschreibungsfähigkeit	• Erläuterungen hinsichtlich Einsatzzweck und Leistungsumfang abrufbar
Erwartungskonformität	• Erwartungen des Benutzers gerecht werden
Fehlerrobustheit	• Verständlichmachen fehlerhafter Eingaben • minimaler Korrekturaufwand
Erlernbarkeit	• Minimieren der Lernzeit • Reduzieren der Komplexität • Erhaltung der Konsistenz
Individualisierbarkeit	• Anpassung an individuelle Bedürfnisse des Benutzers
Steuerbarkeit	• Einflußnahme des Benutzers ermöglichen
Kooperations- und Kommunikationsförderlichkeit	• entsprechende Organisationskonzepte (z.B. „selbstregulierende Gruppen“) • unmittelbare, persönliche Kommunikation zwischen Arbeitenden
Datenschutz/Datensicherheit	• Verwenden ausschließlich zum Zweck der Aufgabenerfüllung • Schutz vor unbefugten Zugriffen

Tabelle 5.20: Ergonomische Kriterien zur Evaluation der Software[490)]

490) Vgl. Oppermann, R.; Murchner, B.; Reiterer, H.; et al., a. a. O. 1992, S. 64 - 65, eigene Tabelle

5.6.2 Bestandteile von EVADIS II

Die Forderung nach einer ganzheitlichen Evaluation, im Sinne der Berücksichtigung personeller, organisatorischer und technischer Aspekte, versuchen die Autoren des Leitfadens EVADIS II durch die Kombination von drei verschiedenen Methoden umzusetzen. Die Einbeziehung der Benutzer erfolgt mit Hilfe eines Benutzerfragebogens, die Evaluation organisatorischer Rahmenbedingungen sowie der Arbeitsaufgaben ist das Ziel der vereinfachten Arbeitsanalyse, und schließlich wird mit Hilfe des methodengeleiteten Expertenurteils die softwareergonomische Qualität des Dialogsystems bewertet.[491]

Methoden / Evaluationsschwerpunkte	Benutzerbefragung	vereinfachte Arbeitsanalyse	methodengeleitetes Expertenurteil (Methodenschwerpunkt)
Benutzer	**Ziel:** Erfassen von Benutzereigenschaften **Werkzeug:** standardisierter Fragebogen **Ort:** Arbeitsplatz		
Aufgaben (Organisation)		**Ziele:** Bewertung von Arbeitsaufgaben, Erstellen von Prüfaufgaben **Werkzeug:** Leitfaden zur Erstellung von Prüfaufgaben **Ort:** Arbeitsplatz	
Software			**Ziel:** Bewertung der ergonomischen Qualität **Werkzeug:** Prüffragensammlung **Ort:** Arbeitsplatz, Prüfstelle, Entwickler

Abbildung 5.13: Methodenkombination im Leitfaden EVADIS II[492]

❑ Fragebogen zur Erfassung von Benutzereigenschaften

Im Rahmen des Leitfadens EVADIS II dient dieser Fragebogen dazu, die beim Mensch-Rechner-Dialog wesentlichen Benutzereigenschaften zu erfassen. Neben eher allgemeinen Merkmalen wie Alter, Funktion im Unternehmen etc. werden auch Informationen bezüglich fachlicher bzw. EDV-spezifischer Quali-

491) Vgl. Oppermann, R.; Murchner, B.; Reiterer, H.; et al., a. a. O. 1992, S. 53

492) Abbildung entnommen aus: Oppermann, R.; Murchner, B.; Reiterer, H.; et al., a. a. O. 1992, S. 53

fikationen erhoben und eine Abschätzung der Nutzungsintensität von EDV-Einrichtungen getroffen. Diese Informationen ermöglichen eine differenzierte Bewertung der Software in Abhängigkeit von der jeweiligen Benutzergruppe. So lassen sich Benutzer in eine von vier Kategorien einordnen, je nachdem wie häufig sie ein System benutzen (Nutzungshäufigkeit) und wie geübt sie im Umgang mit ihm sind (Übungsgrad). Aus diesen ergeben sich wiederum Rangfolgen zur Gewichtung der softwareergonomischen Kriterien (vgl. Abbildung 5.14).[493]

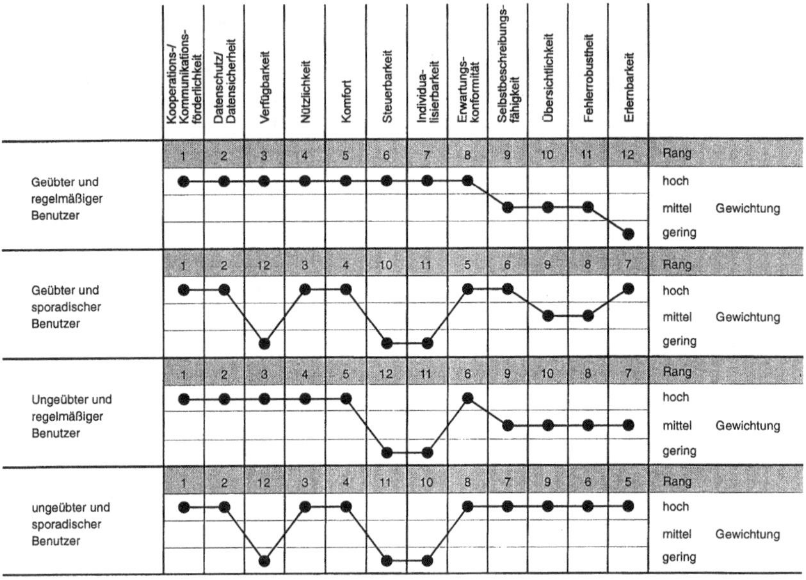

Abbildung 5.14: Softwareergonomische Bewertungskriterien - Kriteriengewichtung in Abhängigkeit von der Benutzerkategorie[494]

❑ Prüffragen zur Untersuchung der Mensch-Mensch-Funktionsverteilung und der Arbeitsabläufe[495]

Die anthropozentrische Ausrichtung des Leitfadens EVADIS II zeigt sich u.a. darin, daß der eigentlichen Softwareevaluation eine Bewertung der ergonomischen Qualität der Arbeitsaufgaben vorgeschaltet ist. Hierzu wird das Instru-

493) Vgl. Oppermann, R.; Murchner, B.; Reiterer, H.; et al., a. a. O. 1992, S. 66 - 67

494) Vgl. Oppermann, R.; Murchner, B.; Reiterer, H.; et al., a. a. O. 1992, S. 114 - 115, eigene Abbildung

495) Vgl. Oppermann, R.; Murchner, B.; Reiterer, H.; et al., a. a. O. 1992, S. 67 - 68

ment der „vereinfachten Arbeitsanalyse" eingesetzt. Der Evaluator erhebt im Rahmen eines Beobachterinterviews vor Ort die erforderlichen Informationen und kann so recht schnell - aber damit auch nur oberflächlich - ergonomische Mängel der Organisation aufdecken. Die Prüffragen selbst wurden nicht von den Autoren des EVADIS II-Leitfadens entwickelt, sondern vielmehr aus den Arbeitsanalyseverfahren KABA,[496)] SAA[497)] und VBBA[498)] bzw. deren Vorversionen abgeleitet. Diese Vorgehensweise ist aus forschungsmethodischer Sicht nicht unbedenklich. Zum einen handelt es sich z.B. beim Arbeitsanalyseverfahren KABA um ein Verfahren, das von den individuellen Eigenschaften des Arbeitenden abstrahieren will, während der Fragebogen zur Subjektiven Arbeitsanalyse (SAA) individuelle Meinungen und Bewertungen erfassen soll. Insofern werden bedingungs- und personenbezogene Arbeitsanalyseverfahren in zumindest fragwürdiger Weise miteinander kombiniert.

Desweiteren ist die vereinfachte Arbeitsanalyse deshalb in Frage zu stellen, weil der Leitfaden EVADIS II z.B. keinerlei Aussagen bezüglich der Validität und Reliabilität dieses Verfahrensabschnittes enthält. Auch wenn alle Ausgangsverfahren, denen die Fragen entnommen wurden, valide und reliabel wären, könnte nach der Kombination einzelner Fragen zu einem neuen Instrumentarium nicht mehr davon ausgegangen werden, daß dieses auch für das neue Verfahren noch zutrifft.

- **Antwortblätter zur Festlegung der Inhalte und des Umfangs der Software-Evaluation**

Die Evaluation mit dem EVADIS II-Leitfaden erfolgt anhand von Prüfaufgaben, die sich wiederum an Arbeitsaufgaben orientieren, die an einem konkreten Arbeitsplatz zu bearbeiten sind. Die softwareergonomische und funktionale Qualität eines Anwendungsprogrammes wird im Evaluationsprozeß danach beurteilt, wie gut das Anwendungssystem den Benutzer bei der Ausführung der Prüfaufgaben unterstützt. Um letztere realitätsbezogen zu gestalten, enthält der Leitfaden Antwortblätter zur Erfassung der Situation am Arbeitsplatz.[499)] Die Autoren haben diese Bestandteile des EVADIS II-Leitfadens unmittelbar aus

---

496) Vgl. hierzu Dunckel, H.; Volpert, W.; Zölch, M.; et al., a. a. O. 1993 (a) und Dunckel, H., Volpert, W.; Zölch, M.; Kreutner, U.; Pleiss, C.; Hennes, K: Leitfaden zur kontrastiven Aufgabenanalyse - Antwortblätter, Stuttgart, Zürich 1993 (b)

497) Vgl. dazu Baitsch, C.; Katz, C.; Spinas, E.; et al., a. a. O. 1989

498) Vgl. Bonitz, D.: Verfahren zur Beschreibung und Bewertung von Arbeitstätigkeiten (VBBA), Kassel 1989

499) Vgl. Oppermann, R.; Murchner, B.; Reiterer, H.; et al., a. a. O. 1992, S. 69

den entsprechenden Modulen der Kontrastiven Aufgabenanalyse (KABA)[500] abgeleitet. Mit Hilfe der insgesamt vier Verfahrensteile sollen folgende Analyseschritte unterstützt werden:[501]

- Bestimmung des Arbeitsplatzes, der zu evaluierenden Anwendung(en) und Prüfen der Eignung des zu Befragenden.
- Orientierung über die zu bearbeitenden Aufgaben, verbunden mit der Analyse und Auswahl derjenigen Arbeitsaufgaben, anhand derer die Evaluation der Anwendung(en) erfolgen soll.
- Detaillierte Orientierung über die Arbeitsaufgabe(n), die von der (den) zu evaluierenden Anwendung(en) unterstützt werden. Hiermit ist die Beschreibung des Arbeitsablaufs und die dabei anzuwendenden Funktionen der zu evaluierenden Anwendung(en) verbunden.
- Überblick über die Informations- und Kommunikationstechniken, die zur Unterstützung der Prüfaufgabe eingesetzt werden.

❑ Beschreibung der Funktionalitäten typischer Anwendungssysteme

Neben den tatsächlich auszuführenden Arbeitsaufgaben müssen bei der Konstruktion von Prüfaufgaben auch die Funktionsumfänge der benutzten Anwendungssysteme berücksichtigt werden. Der Leitfaden EVADIS II enthält Übersichten über die Funktionalitäten typischer Softwareprodukte aus dem Büro- und Verwaltungsbereich, wie Datenbank-, Tabellenkalkulations-, Graphik-, Textverarbeitungs- und Elektronische Post-Systeme. Die Beschreibungen sollen den Evaluator dazu anleiten, bei der Konstruktion der Prüfaufgabe ein möglichst breites Funktionsspektrum zu berücksichtigen, um so eine möglichst umfassende und exakte Evaluation der Anwendungssysteme sicherzustellen.[502]

❑ Beispiele für Prüfaufgaben

Um dem Prüfer Anhaltspunkte für die Konstruktion der Prüfaufgaben zu geben, enthält der Leitfaden EVADIS II neben den schon skizzierten Hilfsmitteln auch konkrete Prüfaufgabensammlungen. Diese beinhalten Beschreibungen von Operationen, wie sie der typische Einsatz des jeweiligen Anwendungssystems erfordert und die daher auch bei der Schnittstellenprüfung auszuführen sind. Als Beispiele wurden die folgenden Prüfaufgaben ausgearbeitet:[503]

---

500) Vgl. dazu Dunckel, H.; Volpert, W.; Zölch, M.; et al., a. a. O. 1993 (a) oder Dunckel, H.; Volpert, W.; Zölch, M.; et al., a. a. O. 1993 (b)

501) Vgl. Oppermann, R.; Murchner, B.; Reiterer, H.; et al., a. a. O. 1992, S. 69 -70

502) Vgl. Oppermann, R.; Murchner, B.; Reiterer, H.; et al., a. a. O. 1992, S. 70

503) Vgl. Oppermann, R.; Murchner, B.; Reiterer, H.; et al., a. a. O. 1992, S. 70 - 71

- ❑ Datenbankaufgabe
- ❑ Tabellenkalkulationsaufgabe
- ❑ Graphik-/Bildverarbeitungsaufgabe
- ❑ Textverarbeitungsaufgabe
- ❑ Elektonische-Post-Aufgabe
- ❑ Multifunktionsaufgabe
- ❑ Abstrakte Musterprüfaufgabe

Die vorbereiteten Prüfaufgaben können - sofern sie auf die jeweilige Zielgruppe der Benutzer, die auszuführenden Arbeitsaufgaben und die Funktionalität des zu untersuchenden Anwendungssystems zutreffen - unmittelbar zur Durchführung der Evaluation eingesetzt werden. In der Regel ist es jedoch erforderlich, die Prüfaufgaben an die situativen Rahmenbedingungen der Evaluation zu adaptieren bzw. sie vollständig neu zu erstellen. Im letztgenannten Fall bildet die abstrakte Musterprüfaufgabe mit ihren allgemein gehaltenen Operationen die Grundlage für den Konstruktionsprozeß.[504)]

Die Prüfaufgaben sind unabhängig von einem konkreten Anwendungssystem und damit systemneutral formuliert. Bezüglich der zugrundegelegten Funktionalitäten der Anwendungssysteme sind die Autoren von „durchschnittlichen" Systemen ausgegangen, um damit die Evaluation einer möglichst großen Anzahl zu testender Systeme zu ermöglichen. Darüber hinaus enthalten die Prüfaufgaben auch den Arbeitsschritt „Installation des Anwendungssystems". Da der Installationsprozeß jedoch oftmals sehr stark auf spezifische Hardware- bzw. Betriebssysteme ausgelegt ist, kann dieser Abschnitt bei der Durchführung der Evaluation ggf. auch übergangen werden.[505)]

❑ Prüffragensammlung zur Bewertung der Software

Das zentrale Element des Leitfadens EVADIS II ist die Sammlung von Prüffragen zur ergonomischen Bewertung von Dialogsystemen. Grundlage für die Entwicklung des Fragenkataloges waren umfangreiche Literaturanalysen, Auswertungen vorliegender Evaluationsverfahren sowie Erfahrungen der Autoren bei der Benutzung von Anwendungssystemen. Trotz des Umfanges des Fragenkataloges verweisen die Autoren explizit darauf, daß die Sammlung nicht vollständig sein kann. Zum einen fehlt nach wie vor gesichertes softwareergonomisches Wissen zu einzelnen Komponenten der Benutzerschnittstellen, zum anderen wurde aus Gründen der Praktikabilität die Anzahl der Prüffragen auf ein handhabbares Maß begrenzt. Die Prüffragen selbst sind im Anhang des

504) Vgl. Oppermann, R.; Murchner, B.; Reiterer, H.; et al., a. a. O. 1992, S. 70

505) Vgl. Oppermann, R.; Murchner, B.; Reiterer, H.; et al., a. a. O. 1992, S. 72

EVADIS II-Leitfadens dokumentiert; darüber hinaus existiert auch eine Datenbankversion, die eine rechnerunterstützte Evaluation ermöglicht.[506)]

Die systematische Evaluation der softwareergonomischen Eigenschaften eines Anwendungssystems wird durch die Verknüpfung von softwareergonomischen Kriterien und technischen Komponenten sichergestellt. Beide Kriterien spannen eine zweidimensionale Matrix auf, deren Zellen Prüffragen zugeordnet sind. Die Tatsache, daß einzelne Felder oder gar größere Bereiche nicht besetzt sind, ist auf die Tatsache zurückzuführen, daß bestimmte Humankriterien nur für spezifische Schnittstellenkomponenten zutreffen. Abbildung 5.15 zeigt beispielhaft die Verortung und den Aufbau einer Prüffrage.[507)]

Die Verortung einer Prüffrage wird durch einen dreiteiligen Zahlencode gekennzeichnet.[508)] Bei der in Abbildung 5.15 angeführten Prüffrage beispielsweise durch den Code 214.05.10. Der erste Zahlenblock kennzeichnet die zu evaluierende Schnittstellenkomponente (214: Formulare und Masken), der zweite das Humankriterium (05: Selbstbeschreibungsfähigkeit) und mit dem dritten wird angegeben, um die wievielte Frage zur Kombination Komponente und Humankriterium es sich handelt (10: erste Frage). Die Prüffragen selbst lassen sich in zwei Gruppen unterteilen: Gruppe 1 umfaßt diejenigen, die bei der Bearbeitung der Prüfaufgabe zu beantworten sind; Prüffragen der Gruppe 2 werden erst nach Abschluß der Prüfaufgabe z.B. unter Zuhilfenahme des Benutzerhandbuches bearbeitet.[509)]

Beim Beantworten der Prüffragen werden dem Benutzer bei jeder Frage verschiedene Antwortmöglichkeiten vorgegeben. Darüber hinaus hat er die Möglichkeit Notizen zu verfassen und zusätzliche Kommentare zur untersuchten Schnittstellenkomponente abzugeben. Die eigentliche Bewertung erfolgt mit Hilfe einer notenmäßigen Einstufung, wobei die Note eins (sehr gut) den „State of the Art" kennzeichnet und die Note fünf (mangelhaft) für eine völlige Mißachtung softwareergonomischer Gestaltungsgrundsätze steht. Zur Unterstützung des Evaluators bei der Interpretation der Analyseergebnisse enthalten die Prüffragen noch eine Gewichtung des jeweils verwendeten Humankriteriums (hoch - mittel - gering). Hiermit läßt sich zum Ausdruck bringen, welche Bedeutung ein softwareergonomisches Bewertungskriterium für die jeweils untersuchte Schnittstellenkomponente hat.[510)]

---

506) Vgl. Oppermann, R.; Murchner, B.; Reiterer, H.; et al., a. a. O. 1992, S. 74 - 75

507) Vgl. Oppermann, R.; Murchner, B.; Reiterer, H.; et al., a. a. O. 1992, S. 75

508) Vgl. Oppermann, R.; Murchner, B.; Reiterer, H.; et al., a. a. O. 1992, S. 77

509) Vgl. Oppermann, R.; Murchner, B.; Reiterer, H.; et al., a. a. O. 1992, S. 77 - 78

510) Vgl. Oppermann, R.; Murchner, B.; Reiterer, H.; et al., a. a. O. 1992, S. 78 - 81

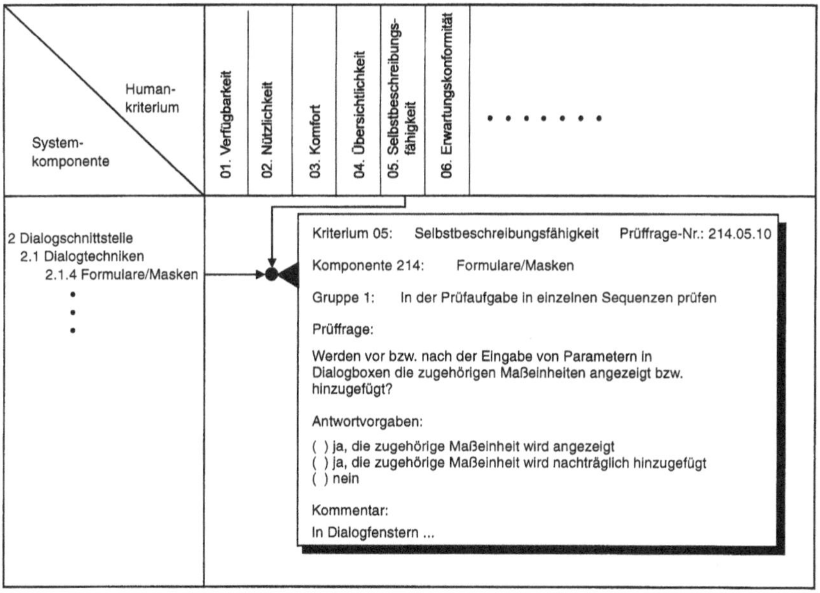

Abbildung 5.15: Verortung der Prüffragen im Leitfaden EVADIS II[511)]

❑ Anleitung zur Erstellung eines Prüfberichtes

Der letzte Bestandteil des Leitfadens EVADIS II ist eine Anleitung zur Erstellung des Prüfberichtes. Dieser basiert im wesentlichen auf der Auswertung und Interpretation der Analyseergebnisse, die mit den zuvor skizzierten Verfahrensbestandteilen erhoben werden. Um die Vergleichbarkeit und Nachvollziehbarkeit der Analyseergebnisse sicherzustellen, hat der Prüfbericht einen vorgegebenen Aufbau, was eine systematische und standardisierte Zusammenfassung der Ergebnisse ermöglicht.[512)]

5.6.3 Testtheoretische Gütekriterien des Leitfadens EVADIS II

Ebenso wie bei der Checkliste Bildschirmergonomie, fehlen beim Leitfaden EVADIS II - wie auch bei den meisten anderen Instrumenten zur Softwareevaluation - Angaben zur Validität und Reliabilität. Insofern lassen sich Aussagen

511) Abbildung nach Oppermann, R.; Murchner, B.; Reiterer, H.; et al., a. a. O. 1992, S. 76

512) Vgl. Oppermann, R.; Murchner, B.; Reiterer, H.; et al., a. a. O. 1992, S. 82

zur testtheoretischen Güte nur anhand theoretischer Überlegungen treffen. Die folgenden Ausführungen beschränken sich auf die Verfahrensteile, welche zur Evaluation der Benutzerschnittstellen dienen. Dies begründet sich aus der Tatsache, daß im Rahmen des Gesamtverfahrens nur die Module des EVADIS II-Leitfadens Verwendung finden, die zur Analyse und Bewertung der am Arbeitsplatz eingesetzten Softwaresysteme dienen (vgl. Kapitel 5.7). Ein weiteres Ziel des folgenden Abschnittes ist, auch die generelle Problematik der Vailidierung und Reliabilitätsprüfung softwareergonomischer Evaluationsinstrumente zu thematisieren.

Der Leitfaden EVADIS II basiert auf einem zweidimensionalen Bewertungsraster, das einerseits aus den verschiedenen Benutzerschnittstellen, andererseits aus softwareergonomischen Bewertungskriterien gebildet wird.[513)] Bei dem zugrundegelegten Benutzerschnittstellenmodell handelt es sich um das IFIP-Modell,[514)] welches in der Fachliteratur breite Anerkennung gefunden hat.[515)] Die Kriterien zur Bewertung der Benutzerschnittstellen lassen sich auf die Kriterien humaner Arbeit nach LUCZAK et al.[516)] zurückführen, wobei sich die im Verfahren verwendeten Konkretisierungen in den einschlägigen Normen DIN 66234, Teil 8,[517)] und DIN EN ISO 9241, Teil 10,[518)] wiederfinden. Aufgrund dieses Kontextes der theoriegeleiteten Verfahrensentwicklung wäre prinzipiell davon auszugehen, daß die inhaltliche Validität des Verfahrens gegeben ist und damit die Sachverhalte erhoben werden, die unter softwareergonomischen Gesichtspunkten relevant sind.[519)] Allerdings betonen zahlreiche Autoren, daß, im Gegensatz zum Bereich der Hardwareergonomie, bei der Softwareergonomie vielfach gesicherte wissenschaftliche Erkenntnisse fehlen und die vorhandenen sich zudem nur auf den jeweils aktuellen Stand der Softwaretechnik beziehen.[520)] Einen Beleg hierfür liefert das Ergebnis einer internationalen Befra-

---

513) Vgl. Oppermann, R.; Murchner, B.; Reiterer, H.; et al., a. a. O. 1992, S. 55

514) Vgl. hierzu Dzida, W., a. a. O. 1983; Dzida, W., a. a. O. 1988

515) Vgl. Zeidler, A.; Zellner, R., a. a. O. 1994, S. 138 - 139

516) Vgl. Luczak, H.; Volpert, W.; Raeithel, A.; et al., a. a. O. 1987, S. 59

517) Vgl. hierzu Deutsches Institut für Normung e. V. (Hrsg.): DIN 66234, Teil 8, a. a. O. 1988, Ziffer 3.1. - 3.5

518) Vgl. hierzu DIN EN ISO (Hrsg.): ISO 9241, Teil 10, a. a. O. 1996, Ziffer 3.2 - 3.8

519) Vgl. Lienert, G. A.; Raatz, U., a. a. O. 1994, S. 10

520) Vgl. Oppermann, R.; Murchner, B.; Reiterer, H.; et al., a. a. O. 1992, S. 15; Nachreiner, F.; Mesenholl, E.: Defizite der Software-Ergonomie, Ergebnisse einer Bilanzierung vorliegender Forschungsergebnisse zur Arbeit an Bildschirmgeräten, in: Coy, W.; Gorny, P.; Kopp, I.; Skarpelis, C. (Hrsg.): Menschengerechte Software als Wettbewerbsfaktor, Stuttgart 1993, S. 603 und 607 - 608; Zeidler, A.; Zellner, R., a. a. O. 1994, S. 152; Rödiger K.-H.: Anwendungsbereiche lernen voneinander ...und woraus lernen wir?, in: Böcker, H.-D. (Hrsg.): Software-Ergonomie ´95, Mensch-Computer-Interaktion, An-

gung von Ergonomieexperten bezüglich der Inhalte der ISO 9241, Teil 10. Obwohl die Befragten damals die Bedeutung der Gestaltungsprinzipien sehr hoch einschätzten (vgl. Tabelle 5.21), gaben gleichzeitig aber nur etwas mehr als 50% an, daß der Normungsgegenstand schon ausreichend gesichert sei.[521] Inwieweit die 1993 publizierten Befragungsergebnisse heute noch Gültigkeit besitzen, läßt sich an dieser Stelle nicht abschließend beurteilen. Aussagen in aktuelleren Fachbeiträgen[522] deuten jedoch darauf hin, daß diese Problematik nach wie vor besteht.

Prinzip	Bewertung der Bedeutung der Dialogprinzipien (Angaben in Prozent)		
	positiv	neutral	negativ
Aufgabenangemessenheit	96,7	3,3	0,0
Selbstbeschreibungsfähigkeit	91,1	8,9	0,0
Steuerbarkeit	84,3	14,6	1,1
Erwartungskonformität	86,5	11,2	2,2
Fehlerrobustheit	92,1	5,6	2,2
Individualisierbarkeit	68,9	22,2	8,9
Erlernbarkeit	76,7	20,0	3,3

Tabelle 5.21: Bewertung der Dialogprinzipien der ISO 9241, Teil 10[523]

Ein weiteres Problem softwareergonomischer Normen liegt darin, daß sie sehr abstrakt formuliert sind, da sie technikunabhängige, ziel- statt mittelorientierte Aussagen beinhalten.[524] Insofern bieten sie lediglich einen Orientierungsrahmen für eine Evaluation,[525] der vom jeweiligen Verfahrensentwickler operationalisiert werden muß. Hieraus ergibt sich dann aber unmittelbar die Notwendigkeit nach einer Überprüfung der Konstruktvalidität. Dabei geht es letztlich um die Frage, ob aufgrund theoretischer, sachlogischer sowie begrifflicher Erwägungen und darauf aufbauender empirischer Untersuchungen die Entscheidung getroffen werden kann, daß ein Analyseverfahren ein bestimmtes

---

wendungsbereiche lernen voneinander, Stuttgart 1995, S. 47; Stary, C.; Riesenecker-Coba, T.; Kalkhofer, M., a. a. O. 1997, S. 20 - 21

521) Vgl. Beimel, J.; Schindler, R.; Wandke, H., a. a. O. 1993, S. 142

522) Vgl. z.B. Stary, C.; Riesenecker-Coba, T.; Kalkhofer, M., a. a. O. 1997, S. 20 - 21

523) Tabelle entnommen aus: Beimel, J.; Schindler, R.; Wandke, H., a. a. O. 1993, S. 140

524) Vgl. Beimel, J.; Schindler, R.; Wandke, H., a. a. O. 1993, S. 140

525) Vgl. Willumeit, H.; Gediga, G.; Hamborg, K.-C., a. a. O. 1996, S. 5

Konstrukt auch tatsächlich erfaßt.[526] Der erste Teil dieser Forderungen kann - soweit die theoretische Absicherung der Bewertungskriterien dies zuläßt - beim Leitfaden EVADIS II als erfüllt angesehen werden. Die theoriegeleitete Vorgehensweise bei der Entwicklung des Verfahrens und die Abstimmung bei der Kriterienformulierung mit verschiedenen Normen und softwareergonomischen Gestaltungsansätzen lassen sich als Indiz dafür werten, daß eine geeignete Operationalisierung der Bewertungskriterien vorliegt. Die fehlende empirische Überprüfung bedingt jedoch, daß die Konstruktvalidität letztlich offen bleibt.

Ebenso wie die Konstruktvalidität bleibt beim EVADIS II-Leitfaden die kriterienbezogene Validität ungeklärt. Dieses Gütekriterium wird vorwiegend empirisch bestimmt durch die Korrelation der Verfahrensergebnisse mit einem Außenkriterium, welches unabhängig von dem zu validierenden Verfahren erhoben wird.[527] Entsprechende Untersuchungen haben bei der Verfahrensentwicklung aber nicht stattgefunden.

Zusammenfassend läßt sich festhalten, daß aufgrund fehlender empirischer Untersuchungen aber auch wegen der theoretischen Defizite im Bereich der Softwareergonomie die Validität des Leitfadens EVADIS II nicht abschließend zu beurteilen ist. Diese Theoriedefizite bedingen, daß jede Validitätsprüfung, die vor diesem Hintergrund durchgeführt wird, immer auch mit gewissen Unsicherheiten behaftet sein wird.

Neben der Validität ist die Reliabilität ein weiteres wichtiges Gütekriterium. Beim EVADIS II-Leitfaden, dem letztlich ein bedingungsbezogener Ansatz zugrundeliegt, können der Personen-, der Untersucher- und der Zeitfaktor als prinzipielle Fehlerquellen identifiziert werden.[528] Da der Anwender des Leitfadens EVADIS II die Softwareevaluation ohne direkte Einbeziehung eines Systembenutzers durchführt, scheidet der Personenfaktor als potentielle Fehlerquelle aus, bzw. er entspricht dem Untersucherfaktor. Der Zeitfaktor ist von untergeordneter Bedeutung - sofern der Bezug zwischen der untersuchten Software und der damit zu bearbeitenden Aufgabe bestehen bleibt - da die Evaluation der Softwareeigenschaften unabhängig von sonstigen, zeitveränderlichen Rahmenbedingungen ist. Als wichtigste Fehlerquelle bleibt damit die Person des Untersuchers bestehen. Hier sind entsprechende empirische Untersuchungen erforderlich, um die Genauigkeit des Verfahrens beurteilen zu können. Allerdings enthält der Leitfaden EVADIS II auch hierzu keine Aussagen.

---

526) Vgl. Lienert, G. A.; Raatz, U., a. a. O. 1994, S. 10

527) Vgl. Lienert, G. A.; Raatz, U., a. a. O. 1994, S. 10

528) Vgl.Oesterreich, R., a. a. O. 1992, S. 140 - 141

5.7 Entwicklung des integrierten Arbeitsanalyseverfahrens für rechnerunterstützte Büroarbeitssysteme

Als Arbeitsanalyseverfahren für den Bürobereich, das entsprechend den Anforderungen des OKTA-Prinzips der psychologischen Arbeitsanalyse konzipiert ist, deckt das Verfahren der Kontrastiven Aufgabenanalyse einen Großteil der zu untersuchenden Arbeitssystemelemente ab. Deshalb bildet es den zentralen Baustein des integrierten Arbeitsanalyseverfahrens für rechnerunterstützte Büroarbeitssysteme. Die Bewertungsschwerpunkte des KABA-Verfahrens liegen auf der Arbeitsaufgabe und ihren Ausführungsbedingungen, die hinsichtlich der Persönlichkeitsförderlichkeit und Beeinträchtigungsfreiheit beurteilt werden. Dabei sollen die durchzuführenden Untersuchungen insbesondere auch Aussagen zum Verhältnis zwischen Mensch und I&K-Techniken liefern.[529] Das Verfahren ermöglicht einen arbeitszentrierten Analyse- und Bewertungsansatz, der es zudem erlaubt, auch Wechselwirkungen zwischen Aufgabe und Technik zu erfassen.[530] Damit trägt dieses Arbeitsanalyseverfahren einem Hauptmerkmal der systemorientierten Beschreibung rechnerunterstützter Büroarbeitssysteme Rechnung: es berücksichtigt nicht nur einzelne Systemelemente sondern auch die Beziehungen zwischen ihnen.

Aufgrund ihres Aufbaus läßt sich die Kontrastive Aufgabenanalyse eher als Screening-Verfahren einstufen. Das Verfahren ist besser dazu geeignet, einen Überblick über ein breites Problemfeld zu geben, als einzelne Aspekte detailliert zu analysieren. Dies zeigt sich beispielsweise darin, daß im KABA-Verfahren die Entscheidungserfordernisse oder die psychischen Belastungen mit Hilfe von weniger detaillierten Evaluationsmodellen bewertet werden als bei Verfahren, die nur auf diese spezifischen Aspekte abzielen. Vor dem Hintergrund der Handlungsregulationstheorie sind jedoch Regulationserfordernisse und -behinderungen von besonderer Bedeutung bei der Gestaltung humaner Arbeit. Insofern sollten beide Dimensionen der Handlungserfordernisse möglichst exakt und präzise bestimmt werden.

Die wesentlichen Defizite der Kontrastiven Aufgabenanalyse sind im Bereich der Evaluation „technischer“ Arbeitssystemelemente zu sehen. So werden z.B. die Arbeitsplatz- oder die Softwaregestaltung nur sehr oberflächlich analysiert und lediglich hinsichtlich ihrer psychischen Auswirkungen bewertet. Gleiches gilt für chemische und physikalische Umgebungseinflüsse oder für die Gestaltung von Hardwarekomponenten eines EDV-Systems. Damit wird deutlich, daß die Ebenen der Ausführbarkeit und Schädigungslosigkeit vernachlässigt sind.

---

529) Vgl. Zölch, M.; Dunckel, H., a. a. O. 1991, S. 365

530) Vgl. Dunckel, H.; Volpert, W.; Zölch, M.; et al., a. a. O. 1993 (a), S. 16

Stellt man die skizzierten Vor- und Nachteile der Kontrastive Aufgabenanalyse einander gegenüber, so läßt sich zusammenfassend festhalten, daß sie aufgrund ihrer breiten Abdeckung von Arbeitssystemelementen, dem sehr differenzierten Verständnis persönlichkeitsförderlicher Arbeit und der Berücksichtigung systemtheoretischer Anforderungen, trotz ihrer Defizite, ein geeignetes Instrumentarium zur Analyse und Bewertung rechnerunterstützter Büroarbeitssysteme ist. Die Forderung nach einer umfassenden Analyse und Bewertung kann das KABA-Verfahren in der vorliegenden Form jedoch nicht erfüllen. Insofern ergibt sich die Notwendigkeit das Verfahren in bestimmten Punkten zu modifizieren bzw. zu ergänzen.

Modifikationen des Verfahrens betreffen insbesondere die oben angesprochenen Bausteine zur Analyse und Bewertung der Regulationserfordernisse bzw. -behinderungen. Beide Untersuchungsmodule werden durch die entsprechenden Verfahrensabschnitte des RHIA/VERA-Büro-Verfahrens ersetzt. Die Substitution soll detailliertere aber auch präzisere Untersuchungsergebnisse bezüglich der jeweiligen Humankriterien ermöglichen. So zeigen die Untersuchungen zur Reliabilität, daß sich psychische Belastungen mit Hilfe des RHIA/VERA-Büro-Verfahrens zuverlässiger bestimmen lassen als mit Hilfe der Kontrastiven Aufgabenanalyse.[531)] Darüber hinaus ermöglicht die Substitution der Verfahrensabschnitte eine detailliertere Analyse und Bewertung der Regulationserfordernisse. So wird dieses Humankriterium im RHIA/VERA-Büro-Verfahren mit Hilfe eines zehnstufigen Modells bestimmt, während die Kontrastive Aufgabenanalyse nur sieben Regulationsstufen unterscheidet. Damit wird eine stärkere Differenzierung und genauere Charakterisierung der Regulationsstufen einer Arbeitsaufgabe möglich.

Das RHIA/VERA-Büro-Verfahren bietet zusätzlich den Vorteil, das Ausmaß der Regulationsbehinderungen genauer zu quantifizieren. Dies ist vor allem im Zusammenhang mit Arbeitsgestaltungsmaßnahmen von Bedeutung, wenn Prioritäten zur Beseitigung von Defiziten festzulegen sind. Darüber hinaus hat die in Kapitel 6 dokumentierte Anwendung des integrierten Analyseverfahrens gezeigt, daß die Bewertungen der Kontrastiven Aufgabenanalyse u.U. der tatsächlichen Bedeutung eines Regulationshindernisses nicht gerecht werden können.[532)] Letztlich liefert der Austausch der Verfahrensmodule eine exaktere Planungsgrundlage für präventive und prospektive Arbeitsgestaltungsmaßnahmen.

---

531) Vgl. Leitner, K.; Lüders, E.; Greiner, B.; et al., a. a. O. 1993 (a), S. 95 und Dunckel, H.; Volpert, W.; Zölch, M.; et al., a. a. O. 1993 (a), S. 86

532) Vgl. Kapitel 5.1.1.1

Sowohl das RHIA/VERA-Büro-Verfahren als auch die Kontrastive Aufgabenanalyse basieren auf denselben theoretischen Grundlagen, so daß sich durch die Substitution der Verfahrensabschnitte keine inhaltlichen Widersprüche ergeben. Die Modifikation wird dadurch erleichtert, daß die Kontrastive Aufgabenanalyse einen modularen Aufbau besitzt, bei dem die einzelnen Bewertungsbausteine isoliert voneinander einsetzbar sind und die bzgl. ihrer Validität und Reliabilität unabhängig voneinander überprüft wurden. Da die Untersuchungsmodule des RHIA/VERA-Büroverfahrens unverändert übernommen werden, ist ihre testtheoretische Güte auch nach der Integration in das KABA-Verfahren gegeben.

Die vorbereitenden Verfahrensabschnitte der Kontrastiven Aufgabenanalyse sind sehr viel umfassender und differenzierter als die des RHIA/VERA-Büro-Verfahrens. Fast alle Informationen, die zur Durchführung einer Untersuchung mit letzterem Verfahren benötigt werden, erhebt auch das KABA-Verfahren. Insofern werden dessen deskriptiven Verfahrensmodule zur Vorbereitung der Untersuchung herangezogen. Dort wo das RHIA/VERA-Büro-Verfahren aber zusätzliche Aspekte berücksichtigt, wie z.B. Anzahl der Überstunden pro Woche, Überwachung durch Vorgesetzte, Kennzeichnung von Auftragszykluszeiten oder Hinweise auf Behinderungen, wird das KABA-Verfahren um entsprechende Fragen bzw. Formblätter ergänzt. Insgesamt umfaßt der Verfahrensteil, welcher aus der Verknüpfung des KABA- und des RHIA/VERA-Büro-Verfahrens entstanden ist, ca. 80 Arbeitsblätter.

Im Gegensatz zu den Verfahrensmodifikationen beziehen sich die Ergänzungen darauf, daß im Rahmen einer Evaluation rechnerunterstützter Büroarbeitssysteme zusätzliche Verfahren eingesetzt werden, die sich auf diejenigen Arbeitssystemelemente beziehen, die das KABA-Verfahren aber auch das RHIA/VERA-Büro-Verfahren vernachlässigen. Im konkreten Fall bedeutet dies, daß je ein Verfahren zur Analyse und Bewertung der Software (Leitfaden EVADIS II) und ein Instrument zur Überprüfung der Arbeitsplatzgestaltung (Checkliste Bildschirmergonomie) die psychologische Arbeitsanalyse ergänzen. Beide Zusatzverfahren erheben in ihren vorbereitenden Verfahrensabschnitten bestimmte Informationen, anhand derer die Rahmenbedingungen bzw. die Voraussetzungen zur Durchführung einer Analyse überprüft werden. Um Redundanzen bei der Datenerhebung zu vermeiden, erfolgt die Erhebung dieser Informationen mit Hilfe der vorbereitenden Verfahrensabschnitte des KABA-Verfahrens.

Im Rahmen des erweiterten Arbeitsanalyseverfahrens dient die Checkliste Bildschirmergonomie dazu, die (hardware)ergonomische Güte eines Büroarbeitssystems zu untersuchen und zu überprüfen, ob dort die relevanten Arbeitsschutzbestimmungen eingehalten sind. Im Gegensatz zur Kontrastiven Aufgabenanalyse oder dem RHIA/VERA-Büroverfahren stehen hier nicht die Arbeitsaufgaben sondern die Arbeitsmittel und die Umgebungseinflüsse im Mittelpunkt des Interesses.

Wie die Ausführungen in Kapitel 5.5 gezeigt haben bietet es sich an, mit der Checkliste Bildschirmergonomie ein Screeningverfahren zu ergänzen, das erste Hinweise auf ergonomische Schwachstellen liefert. Dabei ist es aufgrund der Untersuchungsökonomie sinnvoll, den konzeptionellen Ansatz des Verfahrens beizubehalten und geeignete Analysemodule in bezug auf ein spezifisches Ergonomieproblem gezielt auszuwählen. Insofern werden die analytischen Verfahrensbausteine der Checkliste Bildschirmergonomie nicht in das erweiterte Arbeitsanalyseverfahren integriert, sondern sie bleiben als eigenständige Module bestehen.

Der Leitfaden EVADIS II dient zur Evaluation der Benutzungsschnittstellen von Dialogsystemen. Im Gegensatz zu anderen softwareergonomischen Analyseverfahren verfolgt dieses Instrument einen aufgabenorientierten Untersuchungsansatz,[533)] d.h. die ergonomische Güte der Software wird in Abhängigkeit von der zu bearbeitenden Arbeitsaufgabe beurteilt. Somit bezieht sich eine Untersuchung nicht nur auf das isolierte Systemelement Technik, das in bezug auf den Menschen bewertet wird, sondern auch auf die Beziehung zwischen Technik und Aufgabe. Zudem ermöglicht das zugrundegelegte Benutzungsschnittstellenmodell neben den Beziehungen zwischen Software, Aufgabe und Benutzer auch die zu anderen technischen Systemelementen und der Organisation zu betrachten. Der Leitfaden EVADIS II soll im Rahmen des Gesamtverfahrens ausschließlich zur Analyse und Bewertung der am Arbeitsplatz verwendeten Software eingesetzt werden. Entsprechend dem Untersuchungsansatz des Verfahrens, der gleichzeitig dem aktuellen Verbreitungsstand von Softwareprodukten im Bürobereich Rechnung trägt, sind dabei Dialogsysteme Gegenstand der Untersuchungen. Aufgrund dieser Rahmenbedingungen ergibt sich zudem, daß das problematische Verfahrensmodul zur Analyse und Bewertung der Organisation sowie der Aufgaben[534)] keine Anwendung findet.

Kapitel 5.6.3 hat gezeigt, daß im Leitfaden EVADIS II, ebenso wie bei vielen andere Verfahren zur Softwareevaluation, Angaben zur testtheoretischen Güte fehlen. Auf der anderen Seite zeichnet sich das Verfahren durch eine systematische Einbeziehung anerkannter arbeitswissenschaftlicher Grundkonzepte und einen speziellen aufgabenorientierten Bewertungsansatz aus. Aus diesem Grund wird, trotz der testtheoretischen Defizite, der Leitfaden EVADIS II zur Evaluation von Dialogsystemen herangezogen. Zur Durchführung der Untersuchungen wird die datenbankgestützte EDV-Version des Leitfadens EVADIS II einge-

533) Vgl. Oppermann, R.; Murchner, B.; Reiterer, H.; et al., a. a. O. 1992, S. 10

534) Vgl. Kapitel 5.6.2.2

setzt, um den ohnehin hohen Untersuchungs- und Auswertungsaufwand zu minimieren.[535)] Entsprechend dem bedingungsbezogenen Gesamtansatz der vorliegenden Arbeit wird bei der Gewichtung der Bewertungskriterien von einem geübten, regelmäßigen Benutzer[536)] ausgegangen.

Ein prinzipieller Nachteil bedingungsbezogener Arbeitsanalyseverfahren wie der Kontrastiven Aufgabenanalyse oder dem RHIA/VERA-Büro-Verfahren ergibt sich aus der zur Datenerhebung herangezogenen Methode des Beobachterinterviews: Der Untersucher beobachtet den Arbeitsplatzinhaber bei der Ausführung seiner Arbeitstätigkeit und erhebt durch Befragungen ergänzende Informationen.[537)] Dabei ist jedoch nicht auszuschließen, daß z.B. Behinderungen nicht erfaßt werden, weil sie im Verlauf des Untersuchungszeitraumes nicht auftreten und der Arbeitsplatzinhaber vergißt, sie im Rahmen der Befragung zu benennen. Hilfreich wäre es hier, wenn dem Untersucher zur Durchführung der Interviews geeignete Hilfsmittel (z.B. in Form von Checklisten) zur Verfügung stehen würden, die theoretisch begründet sind, Beispiele für mögliche Behinderungen enthalten und durch einen geeigneten Aufbau einen zielgerichteten Befragungsverlauf sicherstellen. Aufgrund der besonderen Kennzeichen von Arbeitstätigkeiten im Bürobereich wäre ein entsprechendes Hilfsmittel insbesondere für die Ermittlung von Behinderungen bei der Informationsverarbeitung wünschenswert. Denn weder das Verfahrenshandbuch der Kontrastiven Aufgabenanalyse noch das des RHIA/VERA-Büro-Verfahrens enthalten geeignete Beschreibungen, die diese Funktion erfüllen könnten. Ausgehend von dieser Problematik wurde eine Checkliste zur Erfassung von Behinderungen bei der Informationsverarbeitung entwickelt. Dieses Verfahren dient dazu, entsprechende Regulationsbehinderungen zu identifizieren und aufzubereiten, um sie dann als Eingangsgrößen für den entsprechenden Verfahrensabschnitt des RHIA/VERA-Büro-Verfahrens weiterzuverwenden. Der Aufbau der Checkliste und ihre Anwendungsmöglichkeiten werden im Kapitel 5.8 erläutert.

---

535) Die Beschreibung des Leitfadens EVADIS II enthält keine Aussagen zum erforderlichen Zeitaufwand. Eigene Erfahrungen mit der des Anwendung Verfahrens zeigen, daß für die Beantwortung einer Frage eine Bearbeitungsdauer von durchschnittlich ca. fünf Minuten zu veranschlagen ist. Da pro Softwaresystem i.d.R etwa 300 Fragen bearbeitet werden müssen, ergibt sich damit ein Untersuchungsaufwand der bei ca. 25 Stunden liegt.

536) Diese Setzung begründet sich aus folgenden Aspekten: Die Kontrastive Aufgabenanalyse darf nur dann eingesetzt werden, wenn der Arbeitsplatzinhaber hinreichend geübt ist (vgl. Kapitel 4.1.2). Zudem sollten nur solche I&K-Techniken bei der Durchführung der Analyse berücksichtigt werden, die der Arbeitsplatzinhaber mindesten 30 min pro Tag benutzt.
Vgl. Dunckel, H.; Volpert, W.; Zölch, M.; et al., a. a. O. 1993 (a), S. 142 und 166

537) Vgl. Hacker, W., a. a. O. 1995, S. 132

Abbildung 5.16, in der die Arbeitssystemelemente aus Tabelle 2.1 weiter spezifiziert wurden, zeigt zusammenfassend, welche Elemente eines rechnerunterstützten Büroarbeitssystems mit Hilfe welcher Verfahren analysiert bzw. vor dem Hintergrund der Kriterien humaner Arbeit nach HACKER bewertet werden. Verschiedene Zellen dieser Matrix sind unbesetzt, weil einerseits die Bewertungsebenen humaner Arbeit nicht auf alle Elemente eines Arbeitssystems anwendbar sind. So wäre es wenig sinnvoll, die physikalisch/chemischen Umgebungseinflüsse bezüglich ihrer Persönlichkeitsförderlichkeit bewerten zu wollen. Andere Zellen sind unbesetzt, da untersuchungsökonomische Überlegungen eine Fokussierung auf die wesentlichen Elemente des Arbeitssystems erfordern. So dient die Beschreibung der Integration in die Aufbau- und Ablauforganisation lediglich dazu, die Einbindung des zu untersuchenden Arbeitsplatzes in übergeordnete organisationale Zusammenhänge zu kennzeichnen. Weitergehende Untersuchungen würden geeignete Ansätze der Organisationsanalyse erfordern. Da es sich bei dem hier verfolgten Untersuchungsansatz um einen humanzentrierten handelt, der zudem auf den Bereich des Arbeitsplatzes fokussiert ist, bleiben solche Ansätze unberücksichtigt. Arbeitswissenschaftliche relevante Konsequenzen, die die Ebene des Arbeitsplatzes betreffen und im Zusammenhang mit dessen ablauf- und aufbauorganisatorischer Integration stehen, finden aber dennoch Berücksichtigung. Sie sind hier dem Systemelement „Mensch“ zugeordnet und betreffen z.B. Informations-, Kommunikations- und Kooperationsbeziehungen.

		Analyse	Bewertung bezüglich: Persönlichkeitsförderlichkeit	Beeinträchtigungsfreiheit	Schädigungslosigkeit	Ausführbarkeit	Ausgewählte Analyseverfahren
Systemgrenze		●					KABA, RHIA/VERA-Büro
Aufgabe	Regulationserfordernisse	●	●				KABA, RHIA/VERA-Büro
	Regulationsbehinderungen	●		●	●		KABA, RHIA/VERA-Büro, TAI
	korrespondierender Arbeitsauftrag	●					KABA
Mensch	Arbeitsplatzinhaber	●					KABA, EVADIS II
	Informations-, Kommunikations- und Kooperationsbeziehungen	●	●	●			KABA, RHIA/VERA-Büro
Technik	Hardware	●		●	●	●	KABA, Checkliste Bildschirmergonomie, RHIA/VERA-Büro
	Software	●	●	●	●	●	KABA, EVADIS II, RHIA/VERA-Büro
	konventionelle Bürogeräte	●		●			KABA, Checkliste Bildschirmergonomie, RHIA/VERA-Büro
	Räumlichkeiten	●		●	●	●	KABA, RHIA/VERA-Büro
	Einrichtungsgegenstände	●		●	●	●	KABA, Checkliste Bildschirmergonomie, RHIA/VERA-Büro
Organisation	Ablauforganisation im Arbeitssystem	●					KABA
Input		●	●	●			KABA, RHIA/VERA-Büro
Output		●	●	●			KABA, RHIA/VERA-Büro
Physikalisch /chemische Umgebungseinflüsse		●		●	●	●	KABA, Checkliste Bildschirmergonomie, RHIA/VERA-Büro
Integration in die Aufbauorganisation		●					KABA
Integration in die Ablauforganisation		●					KABA

Abbildung 5.16: Verfahrensauswahl zur Evaluation rechnerunterstützter Büroarbeitssysteme

5.8 Entwicklung eines Analyseverfahrens zur Bestimmung von Behinderungen bei der Informationsverarbeitung

Wie schon in Kapitel 5.7 skizziert, ist die Checkliste zur Ermittlung von Behinderungen der Informationsverarbeitung ein Analyseverfahren, das zur Identifikation entsprechender Problembereiche dient. Sie wird im Rahmen von Beobachterinterviews eingesetzt, wo sie sowohl die Beobachtung der Arbeitssituation als auch die Befragung der arbeitenden Person unterstützt. Im ersten Fall gibt sie dem Untersucher Hinweise auf mögliche Störquellen, im zweiten Fall kann sie als Interviewleitfaden dienen, wobei es vielfach sinnvoll ist, wenn der Untersucher die teilweise abstrakten Kriterien anhand von Beispielen für die jeweilige Arbeitssituation konkretisiert.

Der Aufbau dieser Checkliste orientiert sich am Prozeß der Informationsverarbeitung und differenziert zwischen den Ablaufschritten Beschaffen, Behalten, Wahrnehmen, Bearbeiten und Weiterleiten von Informationen. Durch die Berücksichtigung des „Behaltens von Informationen“ kann damit eine zusätzliche Quelle von Behinderungen berücksichtigt werden, die im Klassifikationsschema des RHIA/VERA-Büro-Verfahrens nicht vorgesehen sind. Die Ergebnisse, die der Einsatz dieser Checkliste liefert, sind deskriptiver Art und werden nach einer entsprechenden Aufbereitung mit Hilfe des aus dem RHIA/VERA-Büro-Verfahren entnommenen Moduls bewertet. Bei der Anwendung des Verfahrens wurde bewußt in Kauf genommen, daß der Verfahrenseinsatz z.T. redundante Ergebnisse liefert und auch Schwachstellen aufzeigt, bei denen es sich nicht um Regulationshindernisse im Sinne des RHIA/VERA-Büro-Verfahrens handelt. Diese Defizite werden in einem zweiten, der Informationsfilterung dienenden Untersuchungsschritt beseitigt.

Neben der Identifikation von Behinderungen der Informationsverarbeitung und der Vorbereitung entsprechender Bewertungen hat dieses Verfahren noch eine weitere Nutzenfunktion: Sie ist ein geeignetes Hilfsmittel, das eine präventive Arbeitsgestaltung unterstützt. Ihr Einsatz bei der Planung rechnerunterstützter Büroarbeitssysteme kann dem Arbeitsgestalter Hinweise darauf liefern, welche Behinderungen bei Informationsverarbeitungsprozessen möglicherweise auftreten könnten und ermöglicht es somit, frühzeitig entsprechende Gegenmaßnahmen einzuleiten.
Die Checkliste zur Ermittlung von Behinderungen bei der Informationsverarbeitung basiert im wesentlichen auf dem Tätigkeits-Analyse-Inventar, von dem die Hauptabschnitte 5 und 6 als Itemlexikon genutzt wurden. Tabelle 5.22 zeigt, welche Items des TAI wie in der Checkliste Berücksichtigung gefunden haben. Um die Weiterverwendung der Analyseergebnisse zu erleichtern, wurden die

oben aufgelisteten Items entsprechend den im RHIA/VERA-Büro-Verfahrens beschriebenen Phasen eines Informationsverabeitungsprozesses:

- Beschaffen von Informationen (bs),
- Wahrnehmen von Informationen (wn),
- Bearbeiten von Informationen (ba),
- Weiterleiten von Informationen (wl)

zusammengefaßt. Die Spalte RH in der Tabelle 5.22 zeigt, welchen Operationsarten im Sinne des RHIA/VERA-Büro-Verfahrens die verschiedenen informatorischen Erschwerungen zuzuordnen sind. Behinderungen, die aus dem Behalten von Informationen resultieren, werden analog den Vorgaben im Handbuch des RHIA/VERA-Büro-Verfahrens der logisch vorgeordneten Operationsart (wn = wahrnehmen) zugeordnet.

RH	Potentielle Schwachstellen im Bereich der Informationsverarbeitung	TAI-Items
	Beobachten von Gegenständen, Situationen, Verhaltensweisen, Überwachen von Prozeßabläufen, Signalerfassung	
wn	Wahrnehmen von optisch-visuellen Zeichen (z. B. Symbole, Piktogramme)	5.1.17
ba	Sortieren bzw. Klassifizieren von Gegenständen/ Informationen	5.1.23, 5.1.24, 5.1.25
ba	Kontrollieren und Beurteilen von Gegenständen, Informationen, Verhalten	5.1.29, 5.1.30, 5.1.31
wn	Erfassen von Prozeßsignalen/Informationsgewinnung durch Prozeßbeobachtung	5.1.7, 5.1.35, 5.1.36, 5.1.37, 5.1.38, 5.1.39, 5.1.40
wn	Behalten von Informationen, die schriftlich/bildlich vermittelt wurden	5.1.47, 5.1.48, 5.1.49
wn	Anzahl der zu überwachenden Einheiten/Geräte	5.1.57, 5.1.58, 5.1.59
wn	Anzahl der zu überwachenden/abzulesenden optischen Anzeigen	5.1.60, 5.1.61, 5.1.62, 5.1.63, 5.1.64, 5.1.70

Tabelle 5.22: Kriterien zur Identifikation von Problemen im Bereich der Informationsverarbeitung - Teil 1

	Beobachten von Gegenständen, Situationen, Verhaltensweisen, Überwachen von Prozeßabläufen, Signalerfassung	
wn	Häufigkeit optischer/akustischer Signale	5.1.65, 5.1.66, 5.1.67, 5.1.68, 5.1.69, 5.1.70
wn	Erscheinungsdauer optischer/akustischer Signale	5.1.72
ba	Geforderte Reaktionszeit auf optische/akustische Signale	5.1.73
wn	räumliche Anordnung optischer Anzeigen	5.1.74
	Informationsgewinnung aus mündlichen Quellen durch Zuhören, Befragen	
wn	Entgegennahme/Weitergabe arbeitsrelevanter, mündlicher Informationen von/an Kollegen, Mitarbeiter, Vorgesetzte oder betriebsexterne Personen	5.2.1, 5.2.2, 5.2.3, 5.2.4, 5.2.5, 5.2.6, 5.2.7
wl/ wn	Eingesetzte Übertragungsmedien für mündliche Informationen	5.2.22, 5.2.23
wl	Wortgetreue oder sinngemäße Weitergabe von Informationen auf mündlichem Wege	5.2.25, 5.2.26, 5.2.27, 5.2.28
wn/ ba	Korrigieren/Überprüfen mündlicher Informationen nach festgelegten oder selbst zu entwickelnden Kriterien	5.2.36, 5.2.36
	Informationsgewinnung aus mündlichen Quellen durch Zuhören, Befragen	
bs	Beschaffen mündlicher Informationen (z. B. genau umzusetzende detaillierte Anweisungen, allg. Hinweise zur Orientierung, systematische Befragungen)	5.2.37, 5.2.38, 5.2.39
wn	Behalten mündlich vermittelter Informationen	5.2.43, 5.2.44, 5.2.45
wn	Aufnahme mündlicher Informationen (z. B. in Alltags- bzw. Fremdsprachen oder fachspezifische Inhalte aus einem oder mehreren Fachgebieten)	5.2.49, 5.2.50, 5.2.51, 5.2.52

Tabelle 5.22: Kriterien zur Identifikation von Problemen im Bereich der Informationsverarbeitung - Teil 2

	Informationsgewinnung aus mündlichen Quellen durch Zuhören, Befragen	
ba	Eindeutigkeit und Vollständigkeit der Informationen	5.2.56
bs	Selbständigkeit des Beschaffens von Informationen (z. B. in bezug auf die Auswahl der Gesprächspartner, Gesprächsinhalte, Dauer und Umfang des Gesprächs, Rahmenbedingungen (Zeit, Ort))	5.2.57, 5.2.58, 5.2.59, 5.2.60, 5.2.61
bs	Anzahl der Personen, die zu befragen sind	5.2.62
bs	Schwierigkeiten bei der Befragung der Personen (z. B. Einstellung zur Befragung)	5.2.63
	Lesen von figural-bildlich kodierten Unterlagen	
wn	Lesen von technischen Zeichnungen, Skizzen oder Plänen	5.3.1, 5.3.2, 5.3.3, 5.3.4, 5.3.5, 5.3.6, 5.3.7, 5.3.8, 5.3.9, 5.3.10, 5.3.11
wn	Lesen/Betrachten von Graphiken, Freihandzeichnungen, Bildern oder Photos	5.3.23, 5.3.24, 5.3.25, 5.3.26, 5.3.27, 5.3.28, 5.3.29, 5.3.30
ba	Übertragen von Zeichnungen/Skizzen (z. B. Digitalisieren, Umsetzung in andere Zeichnungen oder in Programme)	5.3.39, 5.3.40, 5.3.41, 5.3.42, 5.3.43, 5.3.44
ba	Sortieren und Klassifizieren von Zeichnunen/ Skizzen	5.3.51, 5.3.52, 5.3.53
ba	Kontrollieren und Klassifizieren von Zeichnungen und Plänen	5.3.57, 5.3.58, 5.3.59
bs	Informationsgewinnung aus Zeichnungen, Skizzen oder sonstigen Dokumenten (z. B. aus Katalogen, Schaltplänen, Fachbüchern, Zeitschriften)	5.3.63, 5.3.64, 5.3.65, 5.3.66
wn	Behaltensdauer gelesener Informationen	5.3.71, 5.3.72, 5.3.73
wn	Informationsträger (z. B. Bildschirm) und Druckqualität gelesener Zeichnungen (Fotokopien, EDV-Ausdrucke)	5.3.79, 5.3.80, 5.3.81, 5.3.82

Tabelle 5.22: Kriterien zur Identifikation von Problemen im Bereich der Informationsverarbeitung - Teil 3

	Lesen von Unterlagen mit Zahlen und Symbolen	
wn	Lesen von Unterlagen mit Berechnungsergebnissen und/oder Eingangswerten für weitere Berechnungen (z.B, Tabellen, Stücklisten, schriftlich formulierte Problemstellungen Anforderungslisten, Pflichtenhefte)	5.4.1, 5.4.2, 5.4.3, 5.4.4, 5.4.5, 5.4.6, 5.4.7
wn	Lesen von Unterlagen mit Berechnungsalgorithmen, Formeln, Gleichungen (z. B. Rechenvorschriften, Test- und Meßpläne, Programmiersprachen, Datenflußpläne)	5.4.15, 5.4.16, 5.4.17, 5.4.18, 5.4.19, 5.4.20, 5.4.21, 5.4.22, 5.4.23
wn	Lesen und Übertragen von Daten (z. B. von Listen auf einen anderen Informationsträger, Heraussuchen von Daten aus Listen, Übertragen von Daten aus einem Zahlen-/Meßsystem in ein anderes, Programmieren)	5.4.33, 5.4.34, 5.4.35, 5.4.36, 5.4.37, 5.4.38
ba	Sortieren und Klassifizieren von Zahlenmaterial nach vorgegebenen oder selbst festzulegenden Kriterien	5.4.45, 5.4.46, 5.4.47
ba	Kontrollieren von Berechnungen und Programmen (z. B. Nachrechnen und Korrekturlesen)	5.4.51, 5.4.52, 5.4.53
bs	Informationsbeschaffung durch Lesen von Rechenprozeduren (z. B. Nachschlagen, um einzelne Zahlenwerte zu beschaffen, Nachvollziehen von Rechenschritten, Brauchbarkeit von Informationen beurteilen, Test- und Meßwerte interpretieren)	5.4.57, 5.4.58, 5.4.59, 5.4.60
wn	Behaltensdauer gelesener Unterlagen mit Zahlen und Symbolen	5.4.65, 5.4.66, 5.4.67
	Lesen von schriftlichen verbal kodierten Unterlagen	
wn	Lesen von Notizen, Mitteilungen, Anleitungen, Dokumenten (z. B. Exzerpte, Mitteilungen, Karteikarten, Tabellen, Dokumentationen, Verträge, Vorschriften, Rezepturen, Arbeitspläne, Formulare, Fragebögen)	5.5.1, 5.5.2, 5.5.3, 5.5.4, 5.5.5, 5.5.6
wn	Lesen von Fachtexten (z. B. Studien- und Diplomarbeiten, Fachbücher/-zeitschriften, Nachschlagewerke)	5.5.13, 5.5.14, 5.5.15, 5.5.16, 5.5.17, 5.5.18

Tabelle 5.22: Kriterien zur Identifikation von Problemen im Bereich der Informationsverarbeitung - Teil 4

	Lesen von schriftlichen verbal kodierten Unterlagen	
ba	Übertragen von Texten (z. B. Abschreiben, Zusammenfassen, Ergänzen, Sortieren und Klassifizieren von Zahlenmaterial nach vorgegebenen oder selbst festzulegenden Kriterien, Übersetzen von Texten)	5.5.25, 5.5.26, 5.5.27, 5.5.28, 5.5.29, 5.5.30
ba	Sortieren und Klassifizieren von Texten nach vorgegebenen oder selbst festzulegenden Kriterien	5.5.37, 5.5.38, 5.5.39
ba	Korrekturlesen und Überprüfen von Texten	5.5.43, 5.5.44, 5.5.45
wn	Lesen von Texten zur Informationsgewinnung (z.B. Einholen von Anweisungen, Textbeurteilungen nach vorgegebenen od. selbst festzulegenden Kriterien)	5.5.49, 5.5.50, 5.5.51, 5.5.52
wn	Behaltensdauer gelesener Texte	5.5.57, 5.5.58, 5.5.59, 5.5.60, 5.5.61
wn	Umfang/Komplexität der zu lesenden/verstehenden schriftlichen, verbalen Informationen	5.5.69, 5.5.70
wn	Lesbarkeit von Bildschirminformationen	5.5.74, 5.5.75, 5.5.76
bs	Zugänglichkeit schriftlicher Unterlagen	5.5.77, 5.5.78, 5.5.79
	Bedienen von Werkzeugen, Geräten Maschinen	
ba	Technische Hilfsmittel, Instrumente, Geräte (z. B. zur Aufnahme, Bearbeitung und Speicherung von Ton- und Bildinformationen, Rechenmaschinen)	6.1.15, 6.1.16, 6.1.17
ba	Einsatz von EDV-Anlagen und Programmen	6.1.69, 6.1.70, 6.1.71, 6.1.72, 6.1.73, 6.1.74, 6.1.75, 6.1.76
	Übertragen/Erzeugen mündlicher Informationen durch Reden/Sprechen	
wl	Wort- oder sinngetreue Weiterleitung von Informationen	6.2.1, 6.2.2, 6.2.3, 6.2.4

Tabelle 5.22: Kriterien zur Identifikation von Problemen im Bereich der Informationsverarbeitung - Teil 5

	Übertragen/Erzeugen mündlicher Informationen durch Reden/Sprechen	
wl	Erzeugen mündlicher Informationen (z. B. andere Personen im Gespräch überzeugen, Anweisungen /Erklärungen geben, Verhandeln, Beraten, formal geregelte Wissensvermittlung, Vorträge/Reden halten)	6.2.9, 6.2.10, 6.2.11, 6.2.12, 6.2.13, 6.2.14, 6.2.15, 6.2.16
wl	Geforderte Komplexität der Sprache	6.2.35, 6.2.36
wl	Selbständigkeit bei der Kommunikation (z. B. in bezug auf Inhalte, Umfang, Reihenfolge, Detaillierungsgrad, Formulierungen, Fachbegriffe, Rahmenbedingungen,)	6.2.28, 6.2.29, 6.2.30, 6.2.31, 6.2.32, 6.2.33, 6.2.34, 6.2.35, 6.2.36
wl	Vorbereitungsaufwand für Reden	6.2.38, 6.2.39, 6.2.40
wl	Reden unter Zeitdruck	6.2.41
wl	Umgang mit Adressaten, die Kritik üben	6.2.42, 6.2.43
wl	Umgang mit Adressaten, die Verständnisschwierigkeiten haben (z. B. Behinderte, Ausländer, Kleinkinder)	6.2.44, 6.2.45, 6.2.46, 6.2.47
wl	Spezielle Anforderungen an das Reden und Sprechen (z. B. Stil, Ideenklarheit, Präzision, Kürze,Spontanität, Ausdrucksstärke, Konkretisierung)	6.2.48, 6.2.49, 6.2.50, 6.2.51, 6.2.52, 6.2.53
	Anfertigen von Zeichnungen, Skizzen, Plänen, Bildern	
ba	Erstellen von Zeichnungen, Skizzen, Plänen, Bildern (z. B. technische Konstruktionszeichnungen, Skizzen, nicht-technische Zeichnungen, Abbildungen)	6.3.1, 6.3.2, 6.3.3, 6.3.4, 6.3.5, 6.3.6, 6.3.7, 6.3.8, 6.3.9, 6.3.10, 6.3.22, 6.3.23, 6.3.24, 6.3.25, 6.3.26, 6.3.27, 6.3.28, 6.3.29, 6.3.30, 6.3.31
ba	Anzahl unterschiedlicher, parallel zu bearbeitender Zeichenaufträge	6.3.41

Tabelle 5.22: Kriterien zur Identifikation von Problemen im Bereich der Informationsverarbeitung - Teil 6

	Anfertigen von Zeichnungen, Skizzen, Plänen, Bildern	
ba	Festlegen funktionaler Produkteigenschaften (z. B. Art des Produktes, Gesamt-/Teilfunktion, konkrete Funktionsprinzipien)	6.3.49, 6.3.50, 6.3.51
ba	Festlegen der konstruktiven Produkteigenschaften (z. B. Art der Werkstoffe, geometrische Form, Gestalt, Kennwerte, räumliche Lage, Toleranzen, Maßstab, Darstellungs- und Projektionstechnik)	6.3.52, 6.3.53, 6.3.54, 6.3.55, 6.3.56, 6.3.57, 6.3.58
ba	Einsatz zeichnerischer Hilfsmittel (z. B. Papier und Stift, Zeichenmaschine, graphischer Bildschirm)	6.3.90, 6.3.91, 6.3.92, 6.3.93
ba	Erstellen von Unterlagen mit Berechnungsergebnissen (z. B. Datenauswertungen, Lohn-, Materialkosten- oder Preisberechnungen, Stücklisten, Kapazitäts- und Belegungspläne, Steuertabellen, Tabellen mit Meß- oder Rohdaten, Anforderungslisten/Pflichtenhefte, technisch/physikalische Zusammenhänge)	6.4.1, 6.4.2, 6.4.3, 6.4.4, 6.4.5, 6.4.6, 6.4.7
	Umgang mit Zahlen, (Be-)Rechnen, Anwenden und Erstellen von Programmen	
ba	Erstellen von Unterlagen mit Berechnungsalgorithmen, Formeln, Gleichungen oder Symbolen	6.4.15, 6.4.16, 6.4.17, 6.4.18, 6.4.19, 6.4.20, 6.4.21, 6.4.22, 6.4.23
ba	Anwenden vorgegebener Berechnungsprozeduren	6.4.33, 6.4.34, 6.4.35, 6.4.36
ba	Entwickeln von Berechnungsprozeduren und Problemkonstruktionen	6.4.41, 6.4.42, 6.4.43, 6.4.44
ba	Durchführung von Rechen- und Programmieraufträgen	6.4.49 - 6.4.96
ba	Hilfsmittel zur Durchführung von Berechnungen	6.4.97, 6.4.98, 6.4.99, 6.4.100
ba	Hilfsmittel zur Durchführung von Programmiertätigkeiten	zusätzliches Item

Tabelle 5.22: Kriterien zur Identifikation von Problemen im Bereich der Informationsverarbeitung - Teil 7

	Erzeugen schriftlicher, verbal kodierter Informationen: Schreiben, Abfassen von Texten	
ba	Abfassen von Notizen, Mitteilungen, Anleitungen, Dokumenten	6.5.1, 6.5.2, 6.5.3, 6.5.4, 6.5.5, 6.5.6, 6.5.7
ba	Abfassen von Fachtexten	6.5.15, 6.5.16, 6.5.17, 6.5.18, 6.5.19, 6.5.20
ba	Übersetzen und Abfassen von deutschen und fremdsprachlichen Texten	6.5.27, 6.5.28, 6.5.29, 6.5.30, 6.5.31
ba	Anforderungen an schriftliche Texte (z. B. sinngetreue Übereinstimmung, Inhalte, Genauigkeit/Präzision, Verständlichkeit, Klarheit, Originalität, Ausdrucksstärke, formale Ausgestaltung)	6.5.45, 6.5.46, 6.5.47, 6.5.48, 6.5.49, 6.5.50, 6.5.51, 6.5.52
ba	Hilfsmittel für die Erstellung von Texten	6.5.53, 6.5.54, 6.5.55, 6.5.56

Tabelle 5.22: Kriterien zur Identifikation von Problemen im Bereich der Informationsverarbeitung - Teil 8

Wie oben schon skizziert dient die Checkliste dazu, im Rahmen eines Beobachterinterviews zu überprüfen, ob an einem konkreten Arbeitsplatz informatorische Schwachstellen vorliegen. Identifiziert der Untersucher entsprechende Probleme, markiert er die entsprechende Kennziffer in der zweiten Spalte des Formblattes (vgl. Abb. 4.17) und beschreibt stichwortartig das identifizierte Problem. Anschließend überprüft er, inwieweit betrieblicherseits „Bewältigungsmöglichkeiten“ zum Umgang mit dem betrachteten Hindernis vorhanden sind. Hierzu enthält das Formblatt, in Anlehnung an das RHIA/VERA-Büroverfahren, entsprechende Aussagen, bei denen problembezogen überprüft wird, inwieweit sie zutreffend sind. Existiert mindestens eine „Bewältigungsmöglichkeit“, ist dies in den Spalten 4 - 9 des Erhebungsbogens zu vermerken. Sind keine „Bewältigungsmöglichkeiten“ gegeben, handelt es sich um eine informatorische Erschwerung im Sinne des RHIA/VERA-Büro-Verfahrens, die in den weiteren Untersuchungen genauer zu analysieren ist. Dies wird durch eine Markierung in Spalte 10 (näher untersuchen) gekennzeichnet. Ein letzter Untersuchungsschritt besteht darin, daß der Checklistenbenutzer überprüft, ob das identifizierte Problem im Sinne der Kontrastiven Aufgabenanalyse I&K-spezifisch ist oder nicht. Nachdem alle in der Checkliste enthaltenen Problembereiche an einem Arbeitsplatz überprüft worden sind, beseitigt der Untersucher eventuell vorhandene Redundanzen, überträgt die verbleibenden in die entsprechenden, aus dem RHIA/VERA- Büroverfahren übernommenen Formblätter.

Behinderungen der Informationsverarbeitung, die nicht den Kriterien psychischer Belastungen des RHIA/VERA-Büro-Verfahrens entsprechen, werden entsprechend dem Untersuchungsansatz dieses Verfahrens nicht bewertet. Dennoch sind sie nicht ohne Bedeutung, da sie Hinweise auf Gestaltungsnotwendigkeiten (z.B. auf Qualifizierungsdefizite) liefern können.

Regulations-hindernis	Nr.		Tritt nur in extremen Ausnahmefällen auf	Hindernis wirkt sich praktisch nicht auf das Arbeitshandeln aus	Reaktion ist objektiv nicht erforderlich	Bei Auftreten ist Qualitätsminderung erlaubt	Bei Auftreten wird die Arbeit abgebrochen	Bei Auftreten wird die Arbeit abgegeben oder verschoben	näher untersuchen	I&K-spezifisch
		Hindernisse beim Verarbeiten von Informationen	↓	↓	↓	↓	↓	↓		
		Treten Behinderungen auf beim Sortieren bzw. Klassifizieren von:								
ba	33 ☐	- Gegenständen/Informationen	☐	☐	☐	☐	☐	☐	☐	☐
ba	34 ☐	- Zeichnungen und Skizzen	☐	☐	☐	☐	☐	☐	☐	☐
ba	35 ☐	- Zahlenmaterial nach vorgegebenen oder selbst festzulegenden Kriterien	☐	☐	☐	☐	☐	☐	☐	☐
ba	36 ☐	- Texten nach vorgegebenen oder selbst festzulegenden Kriterien	☐	☐	☐	☐	☐	☐	☐	☐
ba	37 ☐	Resultieren Behinderungen aus dem Korrigieren oder Überprüfen mündlicher Informationen nach festgelegten oder selbst zu entwickelnden Kriterien	☐	☐	☐	☐	☐	☐	☐	☐
ba	38 ☐	Führt die Notwendigkeit des Beschaffens mündlicher Informationen (z.B. genau umzusetzende, detaillierte Anweisungen, allgemeine Hinweise zur Orientierung, systematische Befragungen) zu Behinderungen der Arbeitstätigkeit	☐	☐	☐	☐	☐	☐	☐	☐
⋮	⋮	⋮								

Abbildung 5.17: Ausschnitt aus der Checkliste zur Erfassung informatorischer Behinderungen

Die Checkliste zur Erfassung von Behinderungen der Informationsverarbeitung, deren Formblätter im Anhang der vorliegenden Arbeit dokumentiert sind, wurde als deskriptives Verfahren konzipiert. Es soll, ungeachtet eventuell entstehender Redundanzen, einen möglichst breiten Überblick über vorhandene oder potentielle informatorischer Behinderungen liefern. Aus diesem Grund wurden die testtheoretischen Gütekriterien nicht explizit überprüft. Aufgrund der theoriegeleiteten Vorgehensweise ist jedoch davon auszugehen, daß zumindest die inhaltliche Validität gegeben ist. Die Überprüfung der kriterienbezogenen Validität und der Reliabilität sind jedoch dann unerläßlich, sobald dieses Verfahren zu einem Bewertungsinstrumentarium weiterentwickelt werden sollte.

6 Anwendung des integrierten Arbeitsanalyseverfahrens

Die Anwendung des in Kapitel 5 vorgestellten integrierten Analyseverfahrens hatte zum einen das Ziel, die Eignung für den Einsatz in „traditionellen“ Bereichen der Arbeitsanalyse zu überprüfen. Darüber hinaus sollten neue Anwendungsbereiche erschlossen werden, um dem erhöhten Untersuchungsaufwand einen angemessenen Nutzen gegenüberzustellen. Im folgenden Kapitel werden die Ergebnisse entsprechender Untersuchungen vorgestellt,[1] die anhand von Fallbeispielen gewonnen wurden. Diese Vorgehensweise ermöglichte eine detaillierte Betrachtung der komplexen Eigenschaften des Untersuchungsgegenstandes, hatte jedoch dem Nachteil einer eingeschränkten Verallgemeinerung der Analyseergebnisse. Insgesamt hat die Darstelllung der Erprobung zwei unterschiedliche Schwerpunkte. Der erste bezieht sich auf die Analyse und Bewertung von Arbeitssystemen und der zweite zeigt auf, wie sich mit Hilfe bestimmter Bestandteile des integrierten Arbeitsanalyseverfahrens aufgabenorientierte Benutzerschulungen entwickeln lassen.

Die Eignung des integrierten Arbeitsanalyseverfahrens zur Evaluation rechnerunterstützter Büroarbeitssysteme wurde in zwei unterschiedlichen Bereichen überprüft. Einerseits an einem bestehenden, andererseits anhand des ersten Konzeptes eines neu zu gestaltenden Arbeitssystems. Damit bestand die Möglichkeit, rechnerunterstützte Büroarbeitssysteme unterschiedlicher Reifegrade in die Untersuchungen einzubeziehen.

Die Analysen und Bewertungen im bestehenden Arbeitssystem bezogen sich auf einen Arbeitsplatz am Lehrstuhl für Fertigungstechnik und Betriebsorganisation der Universität Kaiserslautern. Neben der Evaluation des Arbeitsplatzes waren drei unterschiedliche Arbeitsaufgaben mit jeweils speziellen Zielen Gegenstand der Untersuchungen. Die einzelnen Aufgaben waren im Verlauf eines Forschungsvorhabens zur Entwicklung wissensbasierter Systeme[2] vom Arbeitsplatzinhaber zu bearbeiten und folgten zeitlich aufeinander. Aufgrund dieses zeitlichen Verlaufs erstreckte sich die Durchführung der Analysen über ei-

---

1) Die Ergebnisse der empirischen Untersuchungen sind im Anhang der Dissertation ausführlich dokumentiert. Sie können gegen Erstattung der Kopierkosten beim Autor angefordert werden.

2) Ziel des Forschungsvorhabens war die Entwicklung wissensbasierter Systeme für den Bereich der Qualitätssicherung. Dabei wurde ein integrativer Ansatz verwirklicht, bei dem mehrere Einzelsysteme für spezifische Anwendungsfälle im Bereich der Qualitätssicherung entwickelt und datentechnisch gekoppelt wurden.
Vgl. Szczurko, P. und Thul, M.: Ein Modell zur sozialgerechten Integration von Qualitätsprozessen im Projekt WibQuS, in: Reichel, Horst (Hrsg.): Informatik - Wirtschaft - Gesellschaft, 23. GI-Jahrestagung Dresden, 27. September - 1. Oktober 1993, Reihe Informatik aktuell, Berlin, Heidelberg, New York 1993, S. 171

nen Zeitraum von insgesamt ca. eineinhalb Jahren. Bei der Bearbeitung der Aufgaben kamen im wesentlichen fünf unterschiedliche Softwareprodukte zum Einsatz. Diese wurden bezüglich ihrer softwareergonomischen Qualität evaluiert. Die Untersuchungen selbst hat der Autor der vorliegenden Arbeit durchgeführt, wodurch die Kontrolle über die Datenerhebung gegeben war. Der Einsatz der verschiedenen Verfahrensbestandteilen erfolgte entsprechend den Durchführungsvorschriften der verwendeten Ausgangsverfahren bzw. nach der in Kapitel 5.8 skizzierten Vorgehensweise. Schwerpunkt der Untersuchungen im bestehenden Arbeitssystem, bei denen allen Verfahrensbestanteile des integrierten Arbeitsanalyseverfahrens zur Anwendung kamen, war die Identifikation von Defiziten in der Arbeitsgestaltung.

Im Gegensatz zu den Untersuchungen im bestehenden Arbeitssystem, sollte die Anwendung des integrierten Arbeitsanalyseverfahrens in bezug auf ein Konzept eines zu entwickelnden Arbeitssystems klären, welche Unterstützungsmöglichkeiten das entwickelte Verfahren für eine präventive bzw. prospektive Arbeitsgestaltung bieten kann. Die entsprechenden Untersuchungen wurden anhand einer Beschreibung der geplanten Arbeitsaufgaben sowie eines prototypischen Softwareproduktes, das im Rahmen des oben angeführten Forschungsvorhabens entwickelt wurde, durchgeführt. Auch hier wurden die Datenerhebungen vom Autor der vorliegenden Arbeit durchgeführt, wobei jedoch nicht alle Verfahrensbestandteile zur Anwendung kamen.

Der letzte hier behandelte Anwendungsbereich steht im Zusammenhang mit der Entwicklung von Qualifizierungsmaßnahmen für die Benutzer von EDV-Systemen. In Kooperation mit einem niedersächsischen Unternehmen aus dem Bereich der elektrotechnischen Industrie wurde am Beispiel des Softwareproduktes SAP RM-QSS erstmals eine aufgabenorientierte Benutzerschulung entwickelt und erprobt. Das Schulungskonzept wurde unter Verwendung einzelner Bestandteile des integrierten Arbeitsanalyseverfahrens vom Autor entwickelt, für die Durchführung waren fachlich entsprechend qualifizierte Trainer des Unternehmens verantwortlich.

6.1 Anwendung des Gesamtverfahrens in einem bestehenden Arbeitssystem

Die im folgenden dokumentierten Analysen sollen zeigen, wie sich das aufgrund theoretischer Überlegungen konzipierte Verfahrensinventar in der praktischen Anwendung bewährt hat. Mit den aufgeführten Beispielen ist nicht beabsichtigt die Analyseergebnisse umfassend darzustellen. Vielmehr ist das Ziel der folgenden Ausführungen, die Vorteile dieses Ansatzes gegenüber der isolierten Anwendung einzelner Arbeitsanalyseverfahren herauszustellen.

Die Anwendung des Gesamtverfahrens bezog sich, wie eingangs erläutert, auf ein Forschungsvorhaben zur Entwicklung wissensbasierter Systeme. Aufgrund der spezifischen Zielsetzung waren die dabei anfallenden Aktivitäten in übergeordnete Kooperationsstrukturen eigebunden. Mehrere räumlich verteilte Forschungsinstitute waren an der Projektdurchführung beteiligt und erarbeiteten jeweils bestimmte Ergebnisse, die zwischen den Partnern abzustimmen waren. Hierzu wurden verschiedene Softwarewerkzeuge eingesetzt, welche auch die Kooperations- und Kommunikationsprozesse EDV-technisch unterstützten. Aufgrund der Eigenschaften der Arbeitsaufgaben waren einerseits relativ hohe Regulationsanforderungen[3)] und Kommunikationserfordernisse zu erwarten, andererseits ließ die Vielzahl der eingesetzten Softwarewerkzeuge interessante Wechselwirkungen zwischen den Arbeitssystemelementen Mensch, Technik und Aufgaben erwarten.

6.1.1 Evaluation der Arbeitsaufgaben und des Arbeitsplatzes im realisierten Arbeitssystem

Die erste untersuchte Aufgabe hatte die Entwicklung eines konzeptuellen Modells[4)] zum Ziel. Mit dessen Hilfe wurde von den Projektpartnern eine gemeinsame Begriffsbasis geschaffen, auf deren Konventionen die weiteren Aktivitäten der Softwareentwicklung fußten. Bei der Bearbeitung dieser Arbeitsaufgabe kamen im untersuchten Arbeitssystem im wesentlichen drei verschiedene Softwareprodukte zum Einsatz. Concept base, ein objektorientiertes Softwareprogramm, unterstützte die verteilte Modellierung des konzeptuellen Modells. Die

---

3) Trotz des Sachverhaltes, daß die untersuchten Arbeitsaufgaben im Rahmen eines Forschungsvorhabens bearbeitet wurden, handelte es sich weniger um typische Forschungsaufgaben. Relativ eindeutig bestimmbare bzw. vorab festgelegte Ziele, klar geregelte Vorgehensweisen bei der Aufgabenbearbeitung, definierter Methodeneinsatz und die Möglichkeit des Rückgriffes auf vorhandene Lösungen bedingen, daß die Aufgaben nur dem Bereich der qualifizierten Sachbearbeitung zuzuordnen sind.

4) Das konzeptuelle Modell bildete die Grundlage für die Integration der wissensbasierten Systeme. Es handelt sich um ein datentechnisches Modell, in dem alle für den betrachteten Bereich der Qualitätssicherung relevanten Arbeitsabläufe, Informationsflüsse und Objekte in Beziehung zueinander gesetzt wurden. Dieses Modell war eine Voraussetzung für die Kopplung der zu entwickelnden wissensbasierten Systeme.
Vgl. Jarke, M.; Szczurko, P.; Pfeifer, T.; Grob, R.: Integrationsbasis - der durchgängige Qualitätskreis, in: Pfeifer, T. (Hrsg.): Wissensbasierte Systeme in der Qualitätssicherung, Methoden zur Nutzung verteilten Wissens, Berlin, Heidelberg, New York u.a. 1996, S. 27

einzelnen Projektpartner verfügten an ihren jeweiligen Standorten über eine Version dieses Programmes, entwickelten dort mit seiner Hilfe, aus Sicht des Teilprojektes, verschiedene Teilmodelle, die dann an zentraler Stelle zu einem Gesamtmodell zusammengeführt wurden. Die dabei zusätzlich auszuführenden Dokumentationsaufgaben wurden am untersuchten Arbeitsplatz unter Einsatz des Desktop publishing Systems Frame Maker bzw. des Textverarbeitungsprogrammes Word für Windows, Version 6.0, durchgeführt. Darüber hinaus unterstützte das E-mail-Programm XMAIL die Kommunikationsprozesse, die im Rahmen der Abstimmung zwischen den Projektpartnern erforderlich waren. Der Anteil der untersuchten Arbeitsaufgabe an der täglichen Arbeitszeit betrug ca. 75%, Nebenaufgaben waren hier, ebenso wie bei den anderen beiden analysierten Aufgaben, Tätigkeiten, die im Zusammenhang mit dem Lehrbetrieb an einer Universität stehen.

Die zweite evaluierte Arbeitsaufgabe (zeitlicher Umfang: 80% der täglichen Arbeitszeit) folgte im Ablauf des Forschungsvorhabens auf die Fertigstellung des konzeptuellen Modells. Inhalt war die Entwicklung der forschergruppenübergreifenden Datenstruktur. Neben Tätigkeiten, die der Arbeitsplatzinhaber eigenständig durchführen mußte, waren hier in verstärktem Maße Abstimmungen und Kooperationen in Form von Teamarbeit erforderlich, da die teilprojektübergreifenden Modellierungsaufgaben eine unmittelbare, persönliche Kooperation erforderten. Ebenso wie bei der vorgenannten Aufgabe wurde die Dokumentation unter Einsatz der Anwendungssoftware Frame Maker durchgeführt. Weiteres Hilfsmittel waren das Modellierungswerkzeug IDEF 4.0, das die Beschreibung von Prozeßabläufen softwaretechnisch unterstützt, und die E-mail-Software XMAIL.

Die Entwicklung und Implementation des Desingmodells war der Inhalt der letzten der drei untersuchten Arbeitsaufgaben (zeitlicher Umfang: 75% der täglichen Arbeitszeit). Unter Berücksichtigung der zuvor erarbeiteten Informationen wurde letztlich ein lauffähiger Prototyp eines wissensbasierten Systems entwickelt und erprobt. Bei der Bearbeitung dieser Aufgabe kam Kappa OMW, ein Entwicklungswerkzeug für wissensbasierte Systeme, zum Einsatz. Dokumentationsaktivitäten und Kommunikationsprozesse wurden durch die oben schon erwähnten Softwareprodukte unterstützt.

Die Durchführung der Analysen orientierte sich unmittelbar an der Vorgehensweise, die im Handbuch des KABA-Verfahrens beschrieben ist. Zunächst kamen die vorbereitenden Verfahrensabschnitte der Kontrastiven Aufgabenanalyse zum Einsatz, die z.B. zur Kennzeichnung der untersuchten organisatorischen Einheit, zur Identifikation der Informationsflüsse, die die organisatorische Einheit betreffen, oder zur Benennung der eingesetzten I&K-Techniken dienten.

Darüber hinaus wurden auch erste Hinweise auf Behinderungen und Probleme bei der ergonomischen Arbeitsplatzgestaltung erhoben. Diese vorbereitenden Schritte waren unabhängig von den einzelnen Arbeitsaufgaben und wurden im Rahmen der Untersuchungen nur einmal durchgeführt.

Der erste Schritt bei der Analyse und Bewertung der Arbeitsaufgaben bestand darin, diese in einzelne Arbeitseinheiten zu zerlegen, aufzuzeigen, bei welchen Arbeitseinheiten I&K-Techniken Anwendung finden, und zu kennzeichnen, welche Arbeitseinheiten besonderen Einfluß auf die verschiedenen Humankriterien haben. Tabelle 6.1 zeigt die Ergebnisse dieses Analyseschrittes am Beispiel der Arbeitsaufgabe „Entwicklung des konzeptuellen Modells".

Nr.	Arbeitseinheiten	I&K-Technik
1	Aufarbeiten der theoretischen Grundlagen (Methodik)	4
2	Dokumentation der Ergebnisse	3
3	Erste Skizze des Begriffsmodells (Papierversion)	
4	Dokumentation der Ergebnisse	3
5	Interne Abstimmung des Modells	
6	Externe Abstimmung des Modells mit den Projektpartnern und Verabschiedung des Modells	5,2
7	Anforderungen an das wissensbasierte System anhand von Literaturanalysen, Selbstreflexion und Expertengesprächen erheben	
8	Dokumentation der Ergebnisse	3
9	Verfeinern des Begriffsmodells und Entwicklung eines Applikationsmodells für das Teilprojekt	2
10	Abstimmung des Teilprojektmodells mit den Projektpartnern, iterative Weiterentwicklung und Integration in ein übergeordnetes konzeptuelles Modell	2,5
11	Dokumentation der Ergebnisse	3
12	Dokumentation der Modellanforderungen im Pflichtenheft	3,6
I&K Nr. 2: Concept base I&K Nr. 5: XMAIL	I&K Nr. 3: Frame Maker I&K Nr. 6: Word für Windows, Version 6.0	

Tabelle 6.1: Arbeitseinheiten der Aufgabe „Entwicklung des konzeptuellen Modells"

Nach Abschluß der vorbereitenden Untersuchungsschritte wurden die Arbeitsaufgabe und ihre Ausführungsbedingungen vor dem Hintergrund der Humankriterien der Kontrastiven Aufgabenanalyse bewertet. In diesem Zusammenhang kam auch die Checkliste zur Ermittlung von Behinderungen der Informationsverarbeitung zum Einsatz. Sie diente zur Vorbereitung der Aufgabenanalyse mit Hilfe des aus dem RHIA/VERA-Büroverfahren übernommenen Moduls zur Evaluation psychischer Belastungen. Im Rahmen eines Beobachterinterviews, bei dem der Schwerpunkt der Datenerhebung auf der Befragung des Arbeitsplatzinhabers lag, wurden zunächst alle Behinderungen der Informationsverarbeitung erfaßt, die im Zusammenhang mit den einzelnen Aufgaben aufgetreten waren. Ein zweiter Analyseschritt diente zur Überprüfung, inwieweit die ermittelten Schwachstellen der Definition psychischer Belastungen des RHIA/VERA-Büroverfahrens entsprachen und die Ursachen auf die eingsetzten I&K-Techniken zurückzuführen waren. Um die Effizienz des gewählten Ansatzes zu überprüfen, wurden dieselben Informationen ca. zwei Wochen nach dem Einsatz der Checkliste mit den korrespondierenden Verfahrensabschnitten des RHIA/VERA-Büroverfahrens nochmals erhoben. Obwohl zu diesem Zeitpunkt der Arbeitsplatzinhaber schon zahlreiche Hinweise auf Erschwerungen der Informationsverarbeitung erhalten hatte, lag die Anzahl der identifizierten Probleme im Bereich der Informationsverarbeitung um ca. 30% niedriger als bei der Checklistenanwendung. Auch bot die Checkliste zur Erfassung informatorischer Erschwerungen die Möglichkeit, einzelne Behinderungen zu clustern und damit übergeordnete Verbesserungsbereiche zu benennen. Tabelle 6.2 zeigt in einer Zusammenfassung die Defizitbereiche der Informationsverarbeitung, die bezüglich der Aufgabe „Entwicklung des konzeptuellen Modells" identifiziert werden konnten. Auffällig ist dabei die Häufung von Behinderungen, die im Zusammenhang mit dem Einsatz von Concept base stehen. Dies läßt sich als Hinweis darauf werten, daß das System erhebliche Mängel in der softwareergonomischen Gestaltung besitzt. Die Auswertung der softwareergonomischen Evaluation, die an späterer Stelle[5] vorgestellt wird, belegt diese These. Damit bietet das eingesetzte Verfahrensinventar die Möglichkeit, auch Wechselwirkungen zwischen einzelnen Arbeitssystemelementen zu erfassen und daraus resultierende Probleme detailliert zu analysieren.

Mit Hilfe der Checkliste ließen sich informatorische Erschwerungen identifizieren, die das Behalten von Informationen betrafen und im Modell informatorischer Behinderungen des RHIA/VERA-Büroverfahrens nicht enthalten sind. Ein Beispiel hierfür waren Probleme bei der Dateneingabe, die z.T. durch unzureichende Editierfunktionen noch verstärkt wurden. Der Systembenutzer mußte Informationen aus Textdokumenten oder Bildschirmmasken entnehmen, diese im Gedächtnis speichern und in der richtigen Syntax in andere Softwarepro-

---

[5] Vgl. Kapitel 6.1.2

gramme eingeben. Dabei traten immer wieder Tip- oder syntaktische Eingabefehler auf. Deren Beseitigung war, insbesondere bei Concept base mit seinen unzureichenden Editierfunktionen, mit einem erheblichen Änderungsaufwand verbunden. Die oben aufgeführten Beispiele zeigen, daß die Checkliste zur Erfassung informatorischer Erschwerungen, deren Anwendungsdauer ca. zwei Stunden betragen hat, einen wesentlichen Beitrag dazu leistete, Probleme bei der Informationsverarbeitung umfassend zu analysieren und zu bewerten.

Problembereich	Detailprobleme
Zusammenarbeit mit den Projektpartnern	• Einhaltung von Absprachen • Wissensdefizite bei den Projektpartnern • Unterschiedliche Begriffswelten der beteiligten Fachdisziplinen
Informationsaustausch mit E-mail	• Inkompatible Datenformate • Unsachgemäße Systembenutzung • Ausfall des zentralen Mail-Servers
Softwaresystem Concept base	• Zugriff auf die zentrale Wissensbasis • Darstellung der Informationen (Objektanordnung) • Inhalt und Aufbau des Benutzerhandbuches • Unzulängliche Systemfunktionen zum Sortieren von Listen • Systemabstürze • Antwortzeitverhalten • Unzureichende Editiermöglichkeiten • Unzureichende Grafikfunktionen
Bereitstellung von Informationen bezüglich der formalen Anforderungen an Berichte	
Verfügbarkeit benötigter Dokumente	

Tabelle 6.2: Behinderungen der Informationsverarbeitung

Tabelle 6.3 beinhaltet die Evaluationsergebnisse, die in bezug auf Regulationshindernisse und -überforderungen mit Hilfe des entsprechenden Verfahrensabschnittes des RHIA/VERA-Büroverfahrens gewonnen wurden. Neben der Gesamtzahl der identifizierten Regulationshindernisse enthält die Tabelle auch deren quantitative Bewertung sowie eine Aussage darüber, wieviele auf I&K-Techniken zurückzuführen sind.

Der im Sinne des RHIA/VERA-Büroverfahrens verwendete Zusatzaufwand ermöglicht eine sehr viel differenziertere Bewertung der Regulationhindernisse, als dies mit dem KABA-Verfahren möglich wäre. Dort werden solche Behinderungen nur sehr grob danach gekennzeichnet, wie oft sie auftreten (monatlich, wöchentlich, täglich und mehrmals täglich) und wie hoch der verursachte Zusatzaufwand ist (bis 1 min, bis 5 min, über 5 min). Der hier verwendete Quantifizierungsansatz ist wesentlich geeigneter, Prioritäten für Verbesserungsmaßnahmen festzulegen, da er eine genauere Bewertung ermöglicht. Ein Beispiel soll dies verdeutlichen: Bei Arbeitsaufgabe Nr. 1 wurden Unterbrechungen durch Blockierungen identifiziert, die auf Systemabstürze von Concept base und das Antwortzeitverhalten dieses Systems zurückzuführen sind. Im Sinne des KABA-Verfahrens wären beide als gleichgewichtig eingestuft worden. Beide Störung traten ca. einmal im Monat auf, und die Höhe des Zusatzaufwandes lag bei über 5 Minuten. Der hier verwendete Quantifizierungsansatz liefert jedoch ein anderes Bild. Der durch das Antwortzeitverhalten verursachte Zusatzaufwand beträgt ca. 9 Minuten pro Woche, während die Systemabstürze ca. 112 Minuten zusätzlichen Aufwand verursachten. Damit zeigt sich, daß der Bewertungsansatz der Kontrastiven Aufgabenanalyse insbesondere bei hohem Zusatzaufwand zu unpräzisen Bewertungsergebnissen führen kann.

Die übrigen Untersuchungsergebnisse bezüglich der Arbeitsaufgaben und ihren Ausführungsbedingungen sind in Tabelle 6.4 aufgelistet. Insgesamt läßt sich feststellen, daß die untersuchten Arbeitsaufgaben und ihre Ausführungsbedingungen die Anforderungen der Humankriterien weitgehend erfüllt hatten. Lediglich in bezug auf die Direktheitsstufen der externen Kommunikation bestehen Verbesserungspotentiale. Der Grund hierfür ist, daß die Kommunikation zwischen den beteiligten Forschungsinstituten vorwiegend über E-mail realisiert wurde und persönliche Kommunikation zwischen Projektmitarbeitern nur im Rahmen gelegentlicher Arbeitsgruppentreffen stattgefunden hat.

Psychische Belastungen	Aufgabe Nr. 1	2	3
•Dauer des Zusatzaufwandes für iE (Min./Wo.)	476	674	672
•Dauer des Zusatzaufwandes für mE (Min./Wo.)	-	-	-
•Dauer des Zusatzaufwandes für UB (Min./Wo.)	233	233	672
•Dauer des Zusatzaufwandes für UF (Min./Wo.)	224	224	-
•Dauer des Zusatzaufwandes für UP (Min./Wo.)	205	205	205
•Gesamtdauer des Zusatzaufwandes (Min./Wo.)	1138	1336	1549
•Dauer monotoner Arbeitsbedingungen (Std./Mon.)	-	-	-
•Zeitdruck in Prozentanteil des Ruhenlassens	30,5	5,55	22,5
•Gesamtzahl iE	6	5	6
•Gesamtzahl mE	-	-	-
•Gesamtzahl UF	2	-	-
•Gesamtzahl UB	2	3	3
•Gesamtzahl I&K-spezifischer iE	4	3	2
•Gesamtzahl I&K-spezifischer mE	-	-	-
•Gesamtzahl I&K-spezifischer UF	2	-	-
•Gesamtzahl I&K-spezifischer UB	1	1	3

iE: informatorische Erschwerungen

mE: manuelle Erschwerungen

UF: Unterbrechungen durch Funktionsstörungen

UB: Unterbrechungen durch Blockierungen

UP: Unterbrechungen durch Personen

Tabelle 6.3: Evaluationsergebnisse in bezug auf psychische Belastungen

Humankriterien		Ausprägungen bei Aufgabe 1	Ausprägungen bei Aufgabe 2	Ausprägungen bei Aufgabe 3
Entscheidungsspielraum	Stufe	(4)	(4)	(5R)
Kommunikation				
• Kommunikationserfordernisse				
- intern	Stufe	(7)	(4)	(5)
- extern	Stufe	(6)	(5)	(4)
• Direktheit der Kommunikation				
- intern	Stufe	(1)	(4)	(4)
- extern	Stufe	(1)	(1)	(1)
Zeitspielraum				
• Zeitliche Planung	Stufe	(4)	(4)	(4)
• Zeitbindung	Wert	(7)	(7)	(7)
Auftragsvariabilität	Anzahl	(6)	(6)	(6)
Kontakt	nein = 1 ja = 2	A (2) G (2) P (2) E (1)	A (2) G (2) P (2) E (1)	A (1) G (2) P (2) E (2)
Körperliche Aktivität				
• Bewegungsspielraum	Stufe	(2)	(2)	(2)
• Haltungsspielraum	Stufe	(2)	(2)	(2)
Strukturierbarkeit				
• Durchschaubarkeit	Anzahl	(4)	(8)	(9)
• Gestaltbarkeit	Anzahl	(3)	(7)	(5)

Tabelle 6.4: Evaluationsergebnisse in bezug auf die restlichen Humankriterien der Kontrastiven Aufgabenanalyse

Die Verfahrensmodule der Kontrastiven Aufgabenanalyse, die zur Evaluation der ergonomischen Arbeitsplatzgestaltung eingesetzt wurden, ergaben, daß der Arbeitsplatz auch diesbezüglich ohne kritische Befunde war. Dies war aufgrund der Untersuchungsergebnisse zu den aufgabenunspezifischen Regulationsüberforderungen sowie den manuellen/motorischen Erschwerungen auch zu erwarten. Dennoch wurde die Checkliste Bildschirmergonomie eingesetzt, um vertiefende Analysen durchzuführen. Der Verfahrenseinsatz ergab, daß nahezu alle Arbeitsschutzbestimmungen eingehalten und nur einzelne Aspekte verbesserungswürdig waren, wie z.B.:

- es waren keine höhenverstellbaren Tische und Fußstützen vorhanden,
- es wurden keine arbeitsmedizinischen Augenuntersuchungen durchgeführt,
- die Anordnung des Monitors entsprach nicht den ergonomischen Anforderungen, woraus z.B. eine angespannte Kopf- und Körperhaltung oder eine zu große Sehentfernung zum Schirmbild resultierten.

Als positiv zu werten waren die relativ hohen Stufen des Entscheidungsspielraumes. Den hohen Regulationserfordernissen standen aber auf der anderen Seite relativ schlechte Ergebnisse in bezug auf die Regulationsbehinderungen gegenüber. Wie eine genauere Analyse der entsprechenden Bewertungsergebnisse zeigt, wird der hohe Zusatzaufwand in erster Linie durch den Einsatz unzureichender Softwarewerkzeuge verursacht. So stehen bei Arbeitsaufgabe 1 42% des Zusatzaufwandes in Zusammenhang mit Concept base,und bei Arbeitsaufgabe 3 lassen sich sogar 80% auf Kappa OMW zurückführen. Dieser Sachverhalt läßt sich letztlich so interpretieren, daß im untersuchten Arbeitssystem anspruchvolle Arbeitsaufgaben mit ungeeigneten Werkzeugen bearbeitet wurden. Worauf die Defizite der Software zurückzuführen sind, sollte deren softwareergonomische Evaluation unter Einsatz des EVADIS II-Leitfadens zeigen.

6.1.2 Evaluation der eingesetzten Softwaresysteme

Mit Hilfe von EVADIS II wurden insgesamt fünf der am untersuchten Arbeitsplatz eingesetzten Softwareprodukte evaluiert. Die Untersuchungen beschränkten sich auf den Einsatz der Verfahrensteile zur Softwareevaluation, die mit Hilfe der EDV-gestützten Verfahrensversion durchgeführt wurden. In Tabelle 5.5 sind in einer Übersicht die Bewertungsergebnisse bezüglich der Humankriterien zusammengefaßt, Tabelle 6.6 zeigt die zusammgefaßten Bewertungsergebnisse bezüglich der Schnittstellenkomponenten.

Nr.	Kriterium	Gewich -tung	Bewertungsnoten für Concept base	Kappa OMW	Frame Maker	XMAIL	Word für Windows
01	Verfügbarkeit	hoch	3.0	4.0	1.0	1.0	1.5
02	Nützlichkeit	hoch	4.3	1.5	1.3	3.5	1.3
03	Komfort	hoch	3.3	1.4	1.3	3.0	1.8
06	Erwartungs-konformität	hoch	3.5	2.7	1.3	3.1	1.7
09	Individualisier-barkeit	hoch	4.8	4.5	3.2	4.0	2.3
10	Steuerbarkeit	hoch	3.1	2.1	1.7	2.8	1.3
11	Kommunikat.-/ Kooperat.-förder.	hoch	4.0	5.0	4.6	2.0	4.0
12	Datenschutz/ Datensicherheit	hoch	2.7	1.7	2.0	2.7	1.0
04	Übersichtlich-keit	mittel	3.9	2.0	1.7	3.6	1.9
05	Selbstbeschrei-bungsfähigkeit	mittel	4.3	3.3	2.0	3.6	2.0
07	Fehlerrobust-heit	mittel	4.0	2.2	2.2	1.5	1.5
08	Erlernbarkeit	gering	2.7	3.3	2.3	4.0	3.5

Tabelle 6.5: Bewertung der Softwareprodukte in bezug auf die Humankriterien des Leitfadens EVADIS II

Nr.	Komponente	Benotung der Schnittstellenkomponenten von Concept base	Kappa OMW	Frame Maker	Word für Windows	XMAIL
111	Dialogbereiche	3.0	2.0	1.0	1.0	1.0
112	Hervorhebungen	4.9	3.3	2.6	2.0	3.9
113	Ausgabeformate	3.5	2.5	1.8	2.0	2.0
114	Darstellung von Texten, Zahlen	4.0	3.0	1.7	1.5	3.3
115	Darstellung von Tabellen, Listen	4.3	1.8	1.0	1.5	0.0
116	Darstellung von Graphiken	0.0	2.0	2.0	1.0	2.0
120	Eingabemedien	3.4	2.1	1.1	1.1	2.8
131	Eingabeaufforderung (Prompt)	3.7	2.3	1.0	1.7	3.0
132	Eingabeformate	4.0	2.0	2.0	2.0	3.0
140	Ausgabemedien	5.0	4.0	1.0	2.0	5.0
151	Abkürzungen	2.0	1.0	1.0	0.0	1.0
152	Terminologie (Semantik)	3.3	3.3	1.7	2.0	3.3
153	Grammatik (Syntax)	3.0	2.0	1.0	4.0	3.0
210	Dialogtechniken	2.0	1.5	1.0	1.0	3.0
211	Dialogsprachen (Kommandospr.)	3.6	3.2	3.4	5.0	4.0
212	Natürlich-sprachlicher Dialog	5.0	5.0	5.0	3.0	5.0
213	Funktionstasten	0.0	2.0	3.0	4.0	1.0
214	Formulare/Masken	5.0	2.3	1.2	1.2	2.4
215	Menüs	3.3	1.8	1.3	1.7	3.2
216	Fenster	2.0	1.4	1.6	1.6	2.4
217	Direkte Manipulation	3.0	3.0	3.0	2.0	3.0
220	Dialogsteuerung/ Dialogablauf	2.0	1.0	1.0	1.0	4.0
221	Direktwahl	1.0	1.0	1.0	1.0	1.0
222	Feldanwahl	1.0	1.0	1.0	1.0	1.0

Tabelle 6.6: Bewertung der Softwareprodukte bezüglich der Benutzerschnittstellenkomponenten - Teil I

Nr.	Komponente	Benotung der Schnittstellenkomponenten von				
		Concept base	Kappa OMW	Frame Maker	Word für Windows	XMAIL
223	Verschieben, Blättern	3.0	1.0	1.0	1.0	1.0
224	Speichern des Bildschirminhalts	4.0	2.0	2.0	2.0	3.0
225	Abbrechen eines Dialogschritts	4.0	1.0	1.0	1.0	5.0
226	Dialogabbruch/-unterbrechung	4.7	2.0	2.3	1.0	5.0
227	Beenden eines Dialogs	5.0	5.0	3.0	4.0	5.0
228	Wechseln von Dialogeinstellungen	5.0	4.0	3.0	4.0	3.0
229	Exploration, Makrobildung	4.8	4.8	4.0	1.3	4.5
230	Statusinform./ Meldungen	4.4	3.4	1.9	2.5	3.6
241	Fehlervermeidung	4.3	2.0	2.3	1.9	4.2
242	Fehlerdiagnose	4.0	2.3	3.0	1.6	4.0
243	Fehlermanagement	4.3	2.8	2.3	1.4	3.6
250	Hilfen	4.0	4.5	1.5	1.0	4.0
251	Online-Hilfe	4.1	4.8	2.5	2.0	3.9
252	Online-Tutorial	4.0	0.0	5.0	2.0	4.0
253	Handbücher	4.0	2.0	1.0	1.5	4.0
310	Anwendungsfunktionalität	4.4	1.5	1.2	1.2	3.4
320	Schnittstellenfunktionalität	3.3	1.6	1.6	2.0	3.0
330	Antwortzeit/Durchsatz, Störung	3.4	3.2	1.4	1.4	1.0
411	Informationsaustausch	4.2	5.0	4.6	4.0	2.6
412	Datenschutz/-sicherungs- Konzepte	3.3	2.5	1.8	2.0	2.0

Tabelle 6.6: Bewertung der Softwareprodukte bezüglich der Benutzerschnittstellenkomponenten - Teil II

Die oben aufgeführten Evaluationsergebnisse charakterisieren Concept base als ein Softwareprodukt, daß sowohl bezüglich der bereitgestellten Funktionen als auch der Art und Weise, wie der Benutzer diese erschließen kann, erhebliche Verbesserungspotentiale besitzt. Die schlechten Ergebnisse bezüglich des Bewertungskriteriums „Nützlichkeit" besagen letztlich, daß die evaluierte Software die Bearbeitung der Arbeitsaufgabe nicht angemessen unterstützen konnte bzw. deren Ausführung sogar behinderte. Die Begründungen zu den Bewertungen geben Hinweise auf die Ursache dieses Problems:

- Die untersuchte Systemversion verfügte über keine UNDO-Funktionen, und die Möglichkeit eingegebene Objekte zu ändern waren sehr eingeschränkt.
- Das Programm verfügte trotz seines grafischen, objektorientierten Ansatzes nicht über Druckfunktionen. Der Druck von ASCII-Files war nur über das Betriebssystem möglich.

Das schlechteste Bewertungsergebnis bezüglich der Humankriterien des Leitfadens EVADIS II zeigte Concept base in bezug auf die Individualisierbarkeit. Es handelt sich um ein sehr „starres" System, das dem Benutzer sehr wenig Möglichkeiten bietet, Systemeigenschaften und Einstellungen an seine individuellen Anforderungen anzupassen. Und dort wo Möglichkeiten vorhanden sind, lassen sich diese kaum über die Anwendungssoftware realisieren, sie müssen vielmehr auf der Ebene des Betriebssystems vorgenommen werden.

Die Zusammenfassung der Bewertungsergebnisse bezüglich der Schnittstellenkomponenten zeichnet ein ähnliches Bild wie die Auswertung nach Humankriterien. Tendenziell fielen die Bewertungen insgesamt relativ schlecht aus. So erhielt die Schittstellenkomponente „Ausgabemedien" die Note 5.0, da z.B. keine Möglichkeiten gegeben waren, Arbeitsergebnisse über das Anwendungssystem auszudrucken. Der Abbruch bzw. die Unterbrechung eines Dialoges wurden mit der Note 4.7 bewertet und dessen Beendigung sogar mit 5.0. Ausschlaggebend für diese Einstufungen waren beispielsweise:

- Im Anwendungsprogramm sind keine Möglichkeiten vorgesehen, daß nach dem Unterbrechen eines Dialoges der Arbeitskontext erhalten bleibt.
- Es besteht keine Möglichkeit, einen laufenden Verarbeitungsprozeß zu unterbrechen oder abzubrechen. Eine Beendigung ist nur über einen Komplettabbruch der Anwendungssitzung zu erreichen.
- Das System läßt sich nicht mit dem Erhalt des Arbeitskontextes beenden (Öffnung mehrerer Dokumente, Positionierung des Cursors etc.).

Trotz der überwiegend schlechten Bewertungen konnten aber einzelne Schnittstellenkomponenten positive Bewertungsergebnisse vorweisen. Die eingesetzten Dialogtechniken erhielten die Bewertungsnote 2.0, bei den Komponenten

„Direktwahl“ und „Feldanwahl“ fiel das Bewertungsergebnis mit 1.0 sogar sehr positiv aus. Eine Erklärung für diesen Sachverhalt kann darin liegen, daß bei der Entwicklung der Software auf bestimmte Standards zur Oberflächengestaltung zurückgegriffen wurde, deren Einhaltung eine gewisse softwareergonomische Qualität sicherstellt.

Das zweite Softwareprodukt, dessen Bewertung hier skizziert werden soll, ist Kappa OMW, ein Entwicklungswerkzeug für wissensbasierte Systeme. Dieses Softwareentwicklungswerkzeug wurde im Rahmen der Tätigkeitsanalysen neben Concept base als eine der Hauptursachen psychischer Belastungen identifiziert.

Kappa OMW läßt sich aufgrund dieser Bewertungsergebnisse als Softwaresystem kennzeichnen, das einerseits aufgrund seiner Funktionen und seines Bedienungskomforts die Bearbeitung der Arbeitsaufgaben wirkungsvoll unterstützen kann. Andererseits belegt die Bewertung in bezug auf die Verfügbarkeit, daß es sich um ein relativ komplexes System handelt, bei dem das Erschließen der Funktionen z.T. problematisch ist. Folgende, beispielhaft ausgewählte Begründungen zu den Bewertungen belegen dies:

- Probleme beim Systemeinsatz waren Abstürze des Systems, inkonsistentes Abspeichern und extrem zeitaufwendiges Memorymanagement.
- Das System stellt enorme Anforderungen an Arbeits- und Plattenspeicher sowie an die Prozessorleistung.
- Programmfunktionen sind zu aufwendig implementiert, so daß eine professionelle Anwendungsentwicklung nicht immer möglich ist.

Der scheinbare Widerspruch zwischen einer schlechten Verfügbarkeit und einem hohen Komfort erklärt sich aus der Art der jeweiligen Untersuchungsobjekte. Beim Kriterium „Komfort“ wird z.B. untersucht, wie Funktionen des Anwendungssystems verfügbar gemacht werden können oder, ob mehrere Objekte gleichzeitig aktivierbar sind. Das heißt, hier interessiert in erster Linie, wie bequem das System zu bedienen ist. Im Gegensatz dazu bezieht sich das Kriterium „Verfügbarkeit“ auf Aspekte wie Störungen oder Antwortzeitverhalten. Damit zielt dieses Kriterium auf die Frage ab, inwieweit ein Benutzer auch tatsächlich jederzeit auf die angebotenen Funktionen zurückgreifen kann.

Weitere Schwachstellen von Kappa OMW sind seine eingeschränkten Möglichkeiten z.B. Tastenbelegungen, Dialogeinstellungen, Menüfelder etc. an die Bedürfnisse des Benutzers anzupassen (Individualisierbarkeit) sowie die Unterstützungsmöglichkeiten für Kommunikations- und Kooperationsaktivitäten. Letztere Bewertung ist jedoch vor dem Hintergrund der untersuchten Arbeitsaufgaben zu relativieren, da der primäre Einsatzzweck von Kappa OMW in der

Entwicklung von Anwendungssoftware liegt. Zur Unterstützung von Kooperation und Kommunikation wurden XMAIL bzw. Concept base eingesetzt, die aufgrund des UNIX-Betriebssystems parallel eingesetzt werden konnten.

Eine Aufbereitung der Bewertung bezüglich der Schnittstellenkomponenten lieferte ebenfalls sehr inhomogene Ergebnisse. Während z.B. die Dialogschnittstelle von Kappa OMW bezüglich der Dialogsteuerung mit der Note 1.0 bewertet wurde, fiel das Bewertungsergebnis in bezug auf die Beendigung des Dialoges mangelhaft aus. Der ausschlaggebende Grund hierfür war, daß sich das System nicht mit Erhalt des Arbeitskontextes beenden läßt. Ebenfalls negativ fiel die Bewertung in bezug auf die angebotenen Hilfen (Note 4.5) bzw. die Online-Hilfe aus (Note 4.8). Das System selbst bietet keine aussagekräftigen Hilfestellungen an, die einzige diesbezügliche Informationsquelle für den Benutzer ist das Benutzerhandbuch.

Stellt man die kriterienbezogene Zusammenfassung der Bewertungsergebnisse von Concept base und Kappa OMW einander gegenüber (vgl. Abb. 6.1), so läßt sich aufgrund der Profile festhalten, daß die Bewertung der softwareergonomischen Güte von Concept base insgesamt schlechter ausfiel als die von Kappa OMW. Dennoch verursachte letzteres Softwareprodukt einen wesentlich höheren Zusatzaufwand. Dies läßt sich einerseits auf die intensivere Nutzung dieses Werkzeuges bei der Bearbeitung der jeweiligen Arbeitsaufgabe zurückführen. Andererseits zeigen die Ergebnisse der Tätigkeitsanalyse, daß die Ausführung der Arbeitstätigkeit vielfach dadurch behindert wurde, daß z.B. die Hotlineunterstützung des Anbieters unzureichend war oder Systemrevisionen einen erheblichen Änderungs- und Einarbeitungsaufwand verursachten. Beide Aspekte stehen in umittelbarem Zusammenhang mit der eingesetzten Software, sie werden jedoch bei der softwareegonomischen Evaluation nicht berücksichtigt. Damit wird deutlich, daß trotz des aufgabenorientierten Evaluationsansatzes des Leitfadens EVADIS II nur dann ein realistisches Bewertungsergebnis erzielt werden kann, wenn die Analyse und Bewertung der Software im Zusammenhang mit den Arbeitsaufgaben und ihren Ausführungsbedingungen erfolgt.

Die quantitative Bewertung eines Softwareproduktes in bezug auf die Humankriterien bzw. die Schnittstellenkomponenten ist hinsichtlich ihrer absoluten Aussagekraft sehr beschränkt. Aufgrund der relativ großen Interpretationsspielräume, die der Untersucher hat, ist es wenig sinnvoll, die Kennzeichnung der softwareergonomischen Güte allein von den Benotungen abhängig zu machen. Vielmehr müssen diese immer in Verbindung mit den jeweiligen Begründungen zur Einstufung betrachtet werden. Die Noten geben Hinweise auf softwareergonomische Stärken und Verbesserungspotentiale und lassen sich z.B. zur Festlegung von Prioritäten für Verbesserungsmaßnahmen nutzen. Die Begründungen zu den Notengebungen zeigen z.T. sehr detailliert auf welche Probleme vorliegen und ermöglichen es, unmittelbar konkrete Maßnahmen zu deren Beseitigung zu entwickeln. Auch für diesen Anwendungsfall ist der Leitfaden EVADIS II als Gestaltungsinstrument von großem Nutzen. Die Erläuterungen zur Gestaltung der Schnittstellenkomponenten, die zu jedem Prüfpunkt angegeben sind, haben einen so hohen Konkretisierungsgrad, daß sie es unmittelbar erlauben, Gestaltungsempfehlungen abzuleiten. Ähnliches gilt auch für die Checkliste Bildschirmergonomie. Auch hier sind die Vorgaben für die Bewertungskriterien so detailliert, daß sie sich größtenteils unmittelbar als Soll-Vorgaben für die Arbeitssystemgestaltung nutzen lassen. Im Vergleich zu diesen eher technisch ausgerichteten Analyseverfahren sind die Bewertungskriterien psychologischer Tätigkeitsanalysen sehr abstrakt formuliert und eignen sich nur mittelbar als Gestaltungshinweise. Dennoch lassen sich auch diese bei der Gestaltung von Arbeitssystemelementen nutzen, wie die folgenden Abschnitte zeigen.

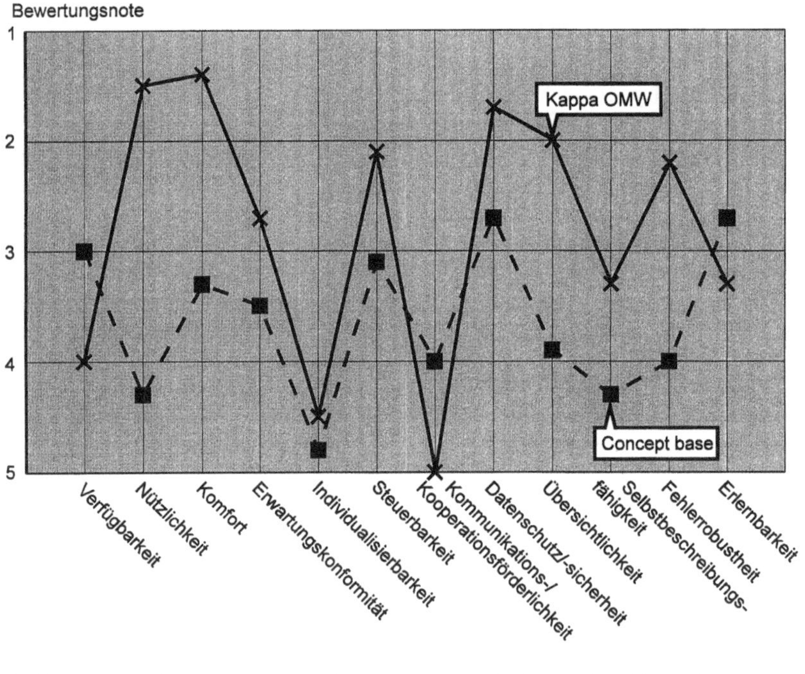

Abbildung 6.1: Bewertung von Concept base und Kappa OMW vor dem Hintergrund der Humankriterien des Leitfadens EVADIS II

6.2 Einsatz von Teilen des integrierten Arbeitsanalyseverfahrens bei der Evaluation eines Arbeitssystems in der Planungsphase

Der zweite Bereich, in dem die Anwendungsmöglichkeiten des Verfahrensinventars überprüft wurden, war ein Arbeitssystem, das sich zum Zeitpunkt der Untersuchung noch im Entwicklungsstadium befanden. Evaluationsgegenstand war insbesondere eine Arbeitsaufgabe, welche die Bearbeitung von Verbesserungsvorschlägen zum Ziel hatte, die dezentral agierende Außendienstmitarbeiter in der Servicezentrale einreichen. Aufgrund der räumlichen Distanz zwischen der Servicezentrale und den Servicetechnikern vor Ort sind die Möglichkeiten zum persönlichen Kontakt stark eingeschränkt. Um dieses Defizit auszugleichen, wurde vor dem Hintergrund der entsprechenden Arbeitsaufgabe ein Softwareprodukt entwickelt, das die dabei ablaufenden Feedbackprozesse EDV-technisch unterstützt. Neben der Analyse und Bewertung der Arbeitsaufgabe bildete dieses Softwarewerkzeug - das Feedbacksystem[6] - den zweiten Evaluationsschwerpunkt.

6.2.1 Evaluation des Aufgabenkonzeptes

Die Analyse der Arbeitsaufgaben und ihrer Ausführungsbedingungen basierte auf konzeptuellen Beschreibungen, die sich nicht auf einen existierenden Arbeitsplatz bezogen. Die softwareergonomische Evaluation erfolgte an einem ersten Prototypen des Feedbacksystems, das zur Unterstützung dieser Arbeitsaufgabe entwickelt worden war. Aus diesen Rahmenbedingungen ergab sich, daß nicht alle Bestandteile des Verfahrensinventars eingesetzt werden konnten. So ließ sich die Checkliste Bildschirmergonomie ebensowenig einsetzen wie einzelne Verfahrensabschnitte der Kontrastiven Aufgabenanalyse und des RHIA/VERA-Büroverfahrens, da sich keine Aussagen zu den jeweiligen Evaluationsobjekten treffen ließen.[7] Ein weiteres Problem der Datenerhebung war, daß sich die Tätigkeitsanalyse nicht anhand von Beobachtungen der realen Arbeitssituation oder einer Befragungen des Arbeitsplatzinhabers durchführen ließ. Vielmehr bildeten Abschätzungen des Entwicklers des Feedbacksystems[8] die Grundlage der Untersuchung.

---

6) Vgl. Warnecke, G.; Knickel, V.: Wissensbasierte Felddatenerfassung und -aufbereitung, in: Pfeifer, T. (Hrsg.): Wissensbasierte Systeme in der Qualitätssicherung, Methoden zur Nutzung verteilten Wissens, Berlin, Heidelberg, New York u.a. 1996, S. 126

7) Vgl. hierzu auch Kapitel 4.2.4

8) Das Feedbacksystem wurde von Herrn V. Knickel am Lehrstuhl für Fertigungstechnik und Betriebsorganisation, Universität Kaiserslautern implementiert. Die Vorgehensweise bei seiner Entwicklung und eine kurze Beschreibung seiner Funktionalitäten sind im Anhang der vorliegenden Arbeit enthalten.

Aus den oben skizzierten Rahmenbedingungen ergaben sich die besonderen Schwerpunkte der Evaluation. Es war nicht das Ziel, exakte quantitive Bewertungen durchzuführen. Vielmehr sollte überprüft werden, welchen Beitrag das integrierte Arbeitsanalyseverfahren zu einer präventiven bzw. prospektiven Arbeitsgestaltung leisten kann. Vor diesem Hintergrund hatten die Bewertungskriterien eine erweiterte Bedeutung. Neben ihrer Funktion im Zusammenhang mit der Bewertung von Arbeitssystemelementen wurden sie vor allem dazu genutzt, potentielle Defizite in der Arbeitsgestaltung zu identifizieren.

Der erste Untersuchungsschritt bestand darin, mit Hilfe der psychologischen Tätigkeitsanalyse möglichst genau zu beschreiben, wie in einem realisierten Arbeitssystem die zu untersuchende Arbeitsaufgabe und ihre Ausführungsbedingungen gestaltet sein könnten. Neben der organisatorischen Einbindung des Arbeitsplatzes in die Aufbauorganisation, den Informationsflüssen, welche die organisatorische Einheit betreffen, sowie den benötigten I&K-Techniken, lieferte dieser Untersuchungsschritt vor allem eine Beschreibung der Aufgabe „Feedbackbearbeitung". Deren einzelne Arbeitseinheiten sowie die Unterstützungsmöglichkeiten durch das Feedbacksystem sind in Tabelle 6.7 aufgeführt.

Die Bewertung des Entscheidungsspielraumes der Aufgabe mit Hilfe der Verfahrensabschnitte, die zur Bestimmung der Regulationserfordernisse dienen, ergab einen Stufenwert von 3R. Ausschlaggebend hierfür war, daß während der Bearbeitung des Auftrages zwei voneinander unabhängige Entscheidungen zu treffen sind, wobei jeweils mehrere vorgegebene Alternativen bestehen. Die Entscheidungen betreffen einerseits die Prüfung der eingereichten Verbesserungsvorschläge bezüglich Vollständigkeit und Verständlichkeit (Arbeitseinheit 2) sowie die einzuleitenden Maßnahmen (Arbeitseinheit 5). Letztere werden eventuell unter Einbeziehung von Fachexperten getroffen. Ein Erhöhung der Regulationserfordernisse auf die Stufe 3 wäre beispielsweise dadurch zu realisieren, daß der Bearbeiter der Arbeitsaufgabe auch eine erste inhaltliche Prüfung und Bewertung des Verbesserungsvorschlages vornimmt. Darauf aufbauend könnte er eine Strategieentscheidung bezüglich der weiteren Bearbeitung des Verbesserungsvorschlages treffen, aus der sich ableitet, welche weiteren Entscheidungen zu treffen sind. So könnte die Prüfung eines Verbesserungsvorschlages z.B. zur Entscheidung führen, daß vor der weiteren Bearbeitung zu klären ist, ob es sich bei dem geschilderten Problem um einen Einzelfall handelt oder nicht. Je nachdem, ob entsprechende Informationen vorhanden sind oder nicht, könnten nachgeordnete Entscheidungen darin bestehen, entsprechende Datenerhebungen zu veranlassen, den Verbesserungsvorschlag zur weiteren Bearbeitung an die entsprechende Fachabteilung weiterzuleiten oder den Vorschlag zu dokumentieren aber aktuell nicht weiter zu bearbeiten. Eine Erhöhung des Entscheidungsspielraumes auf die Stufe 4R wäre dann zu realisieren, wenn die Bearbeitung eines Verbesserungsvorschlages nicht vollständig den Fachabteilungen übertragen wird, sondern vom Mitarbeiter in der Servicezentrale koordiniert wird. Beispielsweise könnte er im Sinne einer Strategieentscheidung, die den prinzipiellen Bearbeitungsablauf festlegt, einzelne Teilaufgaben ableiten (z.B. technische Bearbeitung, Prüfung der Wirtschaftlichkeit), diese zur Bearbeitung an Fachabteilungen weiterleiten und die einzelnen Aktivitäten koordinieren. Bei all diesen Maßnahmen muß jedoch sichergestellt sein, daß der Arbeitsplatzinhaber den geänderte Qualifikationsanforderungen gerecht werden kann. Ansonsten läßt sich nicht ausschließen, daß die positiven Auswirkungen der erhöhten Regulationserfordernissen zu psychischen Belastungen aufgrund von Überforderungen führen.

Nr.	Arbeitseinheiten	I&K-Technik
1	Sichten der eingegangenen Berichte der Service-Mitarbeiter	A
2	Prüfen der Verbesserungsvorschläge bezüglich Vollständigkeit und Verständlichkeit	
3	Empfang des Verbesserungsvorschlages dem einreichenden Außendienstmitarbeiter bestätigen	A
4	Eventuell Rückfragen bezüglich des Verbessserungsvorschlages an den einreichenden Außendienstmitarbeiter stellen	A
5	Weitere Maßnahmen bezüglich des Verbesserungsvorschlages anhand definierter Verfahrensvorschriften ableiten	
6	Verbesserungsvorschlag an die zuständige Fachabteilung weiterleiten und weitere Vorgehensweise abstimmen	A
7	Rückmeldung der Fachabteilung bezüglich des Verbesserungsvorschlages und eingeleitete Maßnahmen der Fachabteilung auswerten	A
8	Rückmeldung an den Außendienstmitarbeiter bezüglich eingeleiteter Maßnahmen sowie der Bewertung durch die Fachabteilung	A
9	Vorschlagsbearbeitung verfolgen	
10	Erfolgsrückmeldung an den Außendienstmitarbeiter	A
11	Vorschläge und Anregungen, die aktuell nicht bearbeitet werden können, in den „Ideen-Pool" einspielen	A
I&K A: Feedbacksystem		

Tabelle 6.7: Arbeitseinheiten der Aufgabe „Feedbackbearbeitung"

Die Analyse der internen Kommunikationserfordernisse bezog sich auf Abstimmungsprozesse, die innerhalb des Servicebereichs erforderlich sind. Im ursprünglich vorgesehenen Arbeitsablauf wurde für die untersuchte Tätigkeit die interne Kommunikationsstufe 4 ermittelt. Im Zusammenhang mit den in Tabelle 6.7 aufgeführten Arbeitseinheiten 4 und 5 bestand prinzipiell die Möglichkeit, daß der Mitarbeiter in der Servicezentrale und der Außendienstmitarbeiter, welcher einen Verbesserungsvorschlag einreicht, gemeinsam darüber beraten,an welche Stelle der Vorschlag weiterzuleiten ist oder - wenn mehrere Vorschläge zur Lösung eines Problems eingereicht werden - welche Alternative weiter bearbeitet werden soll. Wird die Arbeitsaufgabe, wie im Zusammenhang mit dem Entscheidungsspielraum beschrieben, verändert und der Außendienstmitarbeiter entsprechend einbezogen, lassen sich hierdurch die internen Kommunikationserfordernisse auf die Stufe 5 bzw. 6 erhöhen. Die externen Kommunikationserfordernisse wurden der Stufe 5 zugeordnet. Grundlage für diese Bewertung war, daß der Mitarbeiter aus der Servicezentrale mit dem zuständigen Mitarbeiter der Fachabteilung die weitere Vorgehensweise abklärt. Die gemeinsame Zielsetzung ist dabei vorgegeben, die Entscheidung bezüglich der einzuleitenden Maßnahmen obliegt jedoch dem Vertreter der Fachabteilung. Da die Bewertung dieses Aufgabenaspektes sehr hoch ausgefallen war, bestand hier kein zwingender Verbesserungsbedarf.

Die Ermittlung der Direktheitsstufen ergab für die interne Kommunikation die Stufe 3 und für die externe die Stufe 1. Hier wurde von den Annahmen ausgegangen, daß bei der Kommunikation zwischen der Servicezentrale und den Außendienstmitarbeitern das Telefon das dominierende Medium ist und die externe Kommunikation sich überwiegend auf das Lesen bzw. Verfassen schriftlicher Kurzmitteilungen beschränkt. Wie realistisch diese Annahmen sind, ließ sich bei der durchgeführten Analyse nicht abschließend beurteilen, da die Bewertung neben den eingesetzten Kommunikationsmedien auch die Dauer des Einsatzes berücksichtigte. Letzterer ließ sich aber nur sehr ungenau abschätzen. Insofern ist es durchaus möglich, daß auch die externe Kommunikation der Stufe 3 zuzuordnen ist, sofern die telefonischen Kommunikationsmöglichkeiten intensiver bzw. die schriftlichen weniger intensiv genutzt werden.

Der nächste Analyseschwerpunkt waren die psychischen Belastungen. Dieser Untersuchungsschritt hatte das Ziel, potentielle Behinderungen der Handlungsregulation zu identifizieren und damit die Grundlage für eine präventive Arbeitsgestaltung zu schaffen. Analog dem Belastungskonzept des RHIA/VERA-Büroverfahrens wurde zwischen Regulationsüberforderungen und -behinderungen differenziert. Aufgrund des Aufgabenkonzeptes ließ sich schlußfolgern, daß die Arbeitsbedingungen nicht monoton sind. Da die Evaluation im wesentlichen auf einem Aufgabenkonzept basierte, konnten zu aufgabenunspezifischen Regulationsüberforderungen (Lärm, Beleuchtung etc.) keine Aussagen getroffen werden. Auch bezüglich der Regulationshindernisse war das Spektrum der analysierbaren Behinderungsarten sehr eingeschränkt. Letztlich ließen sich nur

Erschwerungen der Informationsverarbeitung, die in unmittelbarem Zusammenhang mit der Ausführung der Arbeitsaufgabe stehen, erheben. Darüber hinaus war es nicht möglich - und auch nicht sinnvoll - die potentiellen Regulationshindernisse quantitativ zu bewerten. Deshalb wurde auf die Ermittlung des Zusatzaufwandes verzichtet und die informatorischen Erschwerungen nur qualitativ bestimmt. Bei diesem Untersuchungsschritt erwies sich die Checkliste zur Ermittlung informatorischer Erschwerungen als sehr hilfreich. Orientiert an den dort enthaltenen Items wurden Überlegungen angestellt, wodurch der Informationsverarbeitungsprozeß im zu realisierenden Arbeitssystem beeinträchtigt werden könnte. Eine Auswahl der Ergebnisse dieses Untersuchungsschrittes ist in Tabelle 6.8 aufgeführt.

Behinderungstyp IE/	**Beschreibung des Regulationshindernisses**	**I&K-spezifisch**
bs	Personen, von denen mündliche Informationen beschafft werden müssen, sind nicht erreichbar/nicht bekannt	
bs	Informationen, die zur Beurteilung der eingereichten Verbesserungsvorschläge nötig sind, können nicht beschafft werden	
bs	Schlechte Qualität/Lesbarkeit der Grafiken, die in den Verbesserungsvorschlag eingescannt sind	X
wn/wl	Verständnisschwierigkeiten bei der Abstimmung mit der Fachabteilung aufgrund unterschiedlicher Fachtermini	
wn	Schlechte Qualität/Lesbarkeit der ausgedruckten Verbesserungsvorschläge	X
ba	Schwierigkeiten bei der Übertragung der Verbesserungsvorschläge auf elektronischem Weg (z.B. Übertragungsfehler)	X

Tabelle 6.8: Potentielle informatorische Erschwerungen

Die oben aufgeführten Beispiele zeigen, wo technische, organisatorische oder personelle Maßnahmen zu ergreifen sind, um Problemen der Informationsverarbeitung zu begegnen. Zum Teil lassen sich aufgrund der Problemursachen direkt Vorbeugungsmaßnahmen ableiten, wie beispielsweise die Bereitstellung geeigneter Scanner und Drucker. Teilweise sind aber weitergehende Analysen erforderlich, um die grundlegenden Problemursachen zu identifizieren und dann geeignete Maßnahmen abzuleiten. Dies läßt sich aber nur im Kontext der realen Arbeitssituation verwirklichen und kann daher an dieser Stelle nicht erfolgen.

Neben den oben aufgeführten Bewertungsergebnissen, die den Hauptdimensionen der Kontrastiven Aufgabenanalyse zuzuordnen sind, konnten teilweise auch Untersuchungen zu den vertiefenden Dimensionen durchgeführt werden. Die wesentlichen Ergebnisse, die die Humankriterien Zeitspielraum, Auftragsvariabilität, den Kontakt zu materiellen und sozialen Bedingungen und Strukturierbarkeit der Aufgabe betreffen, sind in Tabelle 6.9 zusammengefaßt.

Kriterium		Bewertungsergebnisse
Zeitspielraum		
• Zeitliche Planung	Stufe	(5)
• Zeitbindung	Wert	(5)
Auftragsvariabilität	Anzahl	(4)
Kontakt	nein = 1 ja = 2	A (1) G (2) P (2) E (2)
Körperliche Aktivität		
• Bewegungsspielraum	Stufe	keine Aussagen möglich
• Haltungsspielraum	Stufe	keine Aussagen möglich
Strukturierbarkeit		
• Durchschaubarkeit	Anzahl	(6)
• Gestaltbarkeit	Anzahl	(4)

Tabelle 6.9: Bewertungsergebnisse in bezug auf die vertiefenden Bewertungsdimensionen der Kontrastiven Aufgabenanalyse

Die Untersuchungsergebnisse zeigen, daß bei der Umsetzung des Arbeitssystemkonzeptes in bezug auf die Humankriterien der vertiefenden Dimensionen keine kritischen Gestaltungsergebnisse zu erwarten sind. Die untersuchte Arbeitsaufgabe ist - soweit dies anhand der zur Verfügung gestandenen Informationen zu beurteilen war - so konzipiert, daß sie den jeweiligen Anforderungen gerecht wird. Abschließend sollen noch einige Konsequenzen skizziert werden, die sich aus dem Einsatz des Feedbacksystems für die Humankriterien ergeben. Insgesamt hat dieses Softwarewerkzeug überwiegend positive Auswirkungen. Verschlechterungen der Arbeitsbedingungen lassen sich aufgrund der Ergebnisse der Tätigkeitsanalyse nur bezüglich informatorischer Erschwerungen und in bezug auf die Direktheit der Kommunikation erwarten. Verbesserungen sind im Bereich der externen Kommunikation, dem Zugang zu Informationen und bezüglich der Durchschaubarkeit des Aufgabenzusammenhanges wahrscheinlich.

6.2.2 Evaluation des Softwareprototypen

Die Entwicklung des Feedbacksystems vor den Hintergrund der Aufgabenanforderungen erklärt, warum diese I&K-Technik überwiegend positive Auswirkungen bezüglich der Humankriterien zur Aufgabenbewertung hat. Arbeitsaufgaben und technische Hilfsmittel wurden nicht unabhängig voneinander entwickelt sondern in einem integrativen Ansatz.

Im folgenden werden die Ergebnisse der softwarergonomischen Evaluation des Feedbacksystems vorgestellt. Tabelle 6.10 zeigt zunächst die Bewertungsergebnisse in bezug auf die Humankriterien des Leitfadens EVADIS II.

Nr.	Kriterium	Gewichtung	Bewertungsnoten für das Feedbacksystem
01	Verfügbarkeit	hoch	2.0
02	Nützlichkeit	hoch	3.0
03	Komfort	hoch	2.5
06	Erwartungskonformität	hoch	2.9
09	Individualisierbarkeit	hoch	4.6
10	Steuerbarkeit	hoch	2.2
11	Kommunikat.-/Kooperat.-förderl.	hoch	2.6
12	Datenschutz/ Datensicherheit	hoch	2.0
04	Übersichtlichkeit	mittel	2.1
05	Selbstbeschreibungsfähigkeit	mittel	3.5
07	Fehlerrobustheit	mittel	3.7
08	Erlernbarkeit	gering	2.0

Tabelle 6.10: Bewertung des Feedbacksystems in bezug auf die Humankriterien des Leitfadens EVADIS II

Insgesamt ergab die Bewertung des Feedbacksystems bezüglich der Humankriterien überwiegend positive Ergebnisse, wenngleich die Evaluation auch gezeigt hat, daß nahezu in allen Bereichen noch Verbesserungspotentiale bestehen. Der Grund für diese ambivalente Beurteilung mag einerseits darin liegen, daß bei der Implementation auf softwareergonomisch günstige Oberflächenstandards zurückgegriffen wurde und die Softwareentwicklung vor dem Hintergrund der Aufgabenanforderungen erfolgt ist. Andererseits stand aber bei der Entwicklung des Prototypen die Funktionalität im Vordergrund. Dies hat dazu geführt, daß beispielsweise Aspekte der Individualisierbarkeit und Selbstbeschreibungsfähigkeit vernachlässigt wurden. Konkrete Beispiele hierfür sind:

- Codierungen von Bildschirmelementen (wie beispielsweise Systemmeldungen, Objekte, Menüs, Fenster, Masken) sind vom Benutzer nicht adaptierbar.

- Der Prototyp stellt dem Benutzer keine Anpassungsmöglichkeiten (z.B. bei Kommandos, Menüoptionen, Systemmeldungen) bezüglich der Sprache, der Bezeichnungen von Maßeinheiten, der Datumsdarstellung etc. zur Verfügung.

- In Dialogfenstern von Formularen/Masken werden vor bzw. nach der Eingabe von Parametern die zugehörigen Maßeinheiten nicht angezeigt bzw. hinzugefügt.
- Systemmeldungen sind nur fallweise nicht kryptisch formuliert.

Die Auswertung der Evaluationsergebnisse bezüglich der Schnittstellenkomponenten bestätigt die oben angeführte Begründung für die softwareergonomische Qualität. Dort, wo auf erprobte Oberflächenstandards zurückgegriffen werden konnte fiel die Bewertung sehr positiv aus (z.B. Direktwahl, Feldanwahl oder Verschieben und Blättern). Dort aber, wo zusätzlicher Entwicklungsaufwand zu betreiben war, der nicht unmittelbar im Zusammenhang mit der Funktionalität des Systems stand (z.B. Online-Tutorial, Handbuch, Abkürzungen), waren die Bewertungsergebnisse weitaus schlechter. Tabelle 6.11 zeigt in einer zusammenfassenden Übersicht die Bewertungsergebnisse der Schnittstellenkomponenten des Feedbacksystems.

Nr.	Schnittstellenkomponente	Note	Nr.	Schnittstellenkomponente	Note
111	Dialogbereiche	2.0	221	Direktwahl	1.0
112	Hervorhebungen	4.6	222	Feldanwahl	1.0
113	Ausgabeformate	3.0	223	Verschieben, Blättern	1.0
114	Darstellung von Texten, Zahlen	0.0	224	Speichern Bildschirminhalt	3.0
115	Darstellung von Tabellen, Listen	1.3	225	Abbrechen eines Dialog-schritts	1.0
116	Darstellung von Graphiken	3.0	226	Dialogabbruch/ -unterbrechung	3.7
120	Eingabemedien	2.4	227	Beenden eines Dialogs	5.0
131	Eingabeaufforderung (Prompt)	2.3	228	Wechseln von Dialogein-stellungen	3.0
132	Eingabeformate	2.0	229	Exploration, Makrobildung	5.0
140	Ausgabemedien	5.0	230	Statusinformationen/ Meldungen	3.1
151	Abkürzungen	5.0	241	Fehlervermeidung	3.8
152	Terminologie (Semantik)	4.3	242	Fehlerdiagnose	4.3
153	Grammatik (Syntax)	1.0	243	Fehlermanagement	3.6
210	Dialogtechniken	3.5	250	Hilfen	4.0
211	Dialogsprachen (Kommandosprachen)	0.0	251	Online-Hilfe	4.3
212	Natürlich-sprachlicher Dialog	5.0	252	Online-Tutorial	5.0
213	Funktionstasten	0.0	253	Handbücher	5.0
214	Formulare/Masken	1.9	310	Anwendungsfunktionalität	3.4
215	Menüs	2.5	320	Schnittstellenfunktionalität	2.6
216	Fenster	1.2	330	Antwortzeit/Durchsatz, Störung	2.6
217	Direkte Manipulation	3.0	411	Informationsaustausch	2.5
220	Dialogsteuerung/ Dialogablauf	1.0	412	Datenschutz/-sicherungs-Konzepte	2.2

Tabelle 6.11: Bewertung des Feedbacksystems bezüglich der Benutzerschnitt-stellenkomponenten

6.3 Einsatz von einzelnen Bausteinen des integrierten Arbeitsanalyseverfahrens zur Entwicklung eines neuen Typs von aufgabenorientierten Benutzerschulungen

Die Gestaltung rechnerunterstützter Arbeitssysteme im Büro- und Verwaltungsbereich ist in der Regel mit nicht unerheblichen Veränderungen der Arbeitsorganisation verbunden. Veränderte Arbeitsabläufe und der Einsatz neuer Informationstechnologien stellen neuartige Anforderungen an die arbeitenden Menschen, die mit den vorhandenen Qualifikationen[9] oftmals nicht zu bewältigen sind. Aus dem Mißverhältnis zwischen geforderten und vorhandenen Qualifikationen leitet sich unmittelbar die Notwendigkeit geeigneter Qualifizierungsmaßnahmen ab.

Obwohl ein kompetenter und effizienter Umgang mit technischen Systemen unbestreitbar voraussetzt, daß die Menschen, die mit technischen Hilfsmitteln umgehen müssen, für diese Tätigkeiten auch angemessen qualifiziert sind, wird diesem Aspekt in der Praxis häufig nicht genügend Beachtung geschenkt. Frühzeitige Qualifizierungsmaßen bei der Einführung von Rechnersystemen und der damit verbundene Aufwand werden eher als zu kontrollierender und zu minimierender Kostenfaktor angesehen, statt als strategische Investitionen in die Mitarbeiter.[10] Dieser Versuch, Kosten an der falschen Stelle einzusparen, kann letztlich dafür ausschlaggebend sein, daß die Effizienz rechnerunterstützter Arbeitssysteme hinter den in sie gesetzten Erwartungen zurückbleibt. Angemessene und frühzeitige Qualifizierungsmaßnahmen können jedoch einen wichtigen Beitrag dazu leisten, diesen Problemen zu begegnen und gleichzeitig die beanspruchungsrelevanten Belastungen der Arbeitsbedingungen zu mindern.[11] So haben beispielsweise die Untersuchungen von PRÜMPER gezeigt, daß die Benutzerqualifikation einen signifikanten Einfluß auf das Auftreten bestimmter Fehler bei der Arbeit mit dem Computer hat.[12] Ergänzend wies PETERS nach,

---

9) Der Begriff Qualifikation läßt sich dabei wie folgt definieren: „Die berufliche Qualifikation als Handlungspotential zur erfolgreichen Bewältigung der beruflichen Anforderungen besteht vorwiegend aus Fähigkeiten, Fertigkeiten und Kenntnissen. Aber auch Motivation, Einstellungen, Interessen und andere Verhaltensdispositionen sind wichtige Bestandteile der beruflichen Qualifikation."
Holling, H.; Liepmann, D.: Personalentwicklung, in: Schuler, H. (Hrsg.): Organisationspsychologie, 2. korr. Aufl., Bern, Göttingen, Toronto, Seattle 1993, S. 286

10) Vgl. Ulich, E.: Ganzheitliche Arbeitsgestaltung, in: FB/IE, Nr. 1, 44. Jg. (1995), Heft 1, S. 6

11) Vgl. Sonntag, Kh., a. a. O. 1992 (a), S. 13; Frieling, E.: Anforderungsanalyse, in: Luczak, H; Volpert, W. (Hrsg.): Handbuch Arbeitswissenschaft, Stuttgart 1997, S. 964

12) Vgl. Prümper, J: Handlungsfehler und Expertise, in: Frese, M.; Zapf, D. (Hrsg.): Fehler bei der Arbeit mit dem Computer - Ergebnisse von Beobachtungen und Befragungen im Bürobereich, Bern, Göttingen, Toronto 1991, S. 122 - 130

daß auch die Zeit, die der Benutzer zur Beseitigung von Fehlern benötigt, unmittelbar von seinen Qualifikationen abhängt.[13] Berücksichtigt man weiter, daß bei entsprechenden Untersuchungen durchschnittlich 10% der Arbeitszeit am Computer zur Fehlerbewältigung benötigt wurde und mit der Dauer der Fehlerkorrekturzeit auch die emotionale Belastung der Benutzer stieg,[14] läßt sich unschwer die arbeitswissenschaftliche und ökonomische Notwendigkeit angemessener Qualifizierungsstrategien erkennen.

Schwerpunkt der folgenden Abschnitte ist die Konzeption einer neuen Form aufgabenorientierter Benutzerschulungen unter Einsatz von Verfahrensbestandteilen des integrierten Arbeitsanalyseverfahrens. In Anlehnung an die CLAUS-Methode wurde eine Schulungseinheit entwickelt, die im Vorfeld der Einführung des CAQ-Systems RM-QSS die zukünftigen Benutzer auf die rechnerunterstützte Bearbeitung ihrer Aufgaben vorbereitet. Im Gegensatz zu traditionellen, sachlogisch orientierten Qualifizierungsmaßnahmen beschränkte sich diese Schulung nicht auf die Vermittlung systemspezifischer Inhalte, die losgelöst von den in der Praxis zu bearbeitenden Arbeitsaufgaben behandelt wurden. Vielmehr nahmen Schulungsablauf und Lerninhalte unmittelbaren Bezug auf die qualifikatorischen Anforderungen der rechnerunterstützten Arbeitstätigkeiten.

Bei „traditionellen“ EDV-Schulungen orientieren sich die Qualifizierungsmaßnahmen häufig an einem aus der Sachlogik resultierenden Bezugsrahmen. Die Schulung beschränkt sich im wesentlichen auf das Abarbeiten des Inhaltsverzeichnisses eines Bedienungshandbuches - bestimmte Funktionsgruppen des Softwaresystems werden eine nach der anderen und vor allem weitgehend isoliert voneinander behandelt. Der Schulungsteilnehmer lernt so zwar einzelne Softwaremodule, deren Leistungsumfang und die Bedienungsregeln für die einzelnen Funktionen kennen - was jedoch völlig fehlt, ist der Bezug zu einer konkreten Arbeitstätigkeit, die durch das Softwaresystem unterstützt werden soll.[15] Hieraus folgt unmittelbar, daß jeder einzelne Schulungsteilnehmer nach Abschluß der Qualifizierungsmaßnahmen einen nicht zu unterschätzenden

13) Vgl. Peters, H.: Dialogformen und Handlungsfehler, in: Frese, M.; Zapf, D. (Hrsg.): Fehler bei der Arbeit mit dem Computer - Ergebnisse von Beobachtungen und Befragungen im Bürobereich, Bern, Göttingen, Toronto 1991, S. 104

14) Vgl. Brodbeck, F. C.: Fehlerbewältigungsdauer und die Nutzung von Unterstützungsmöglichkeiten, in: Frese, M.; Zapf, D. (Hrsg.): Fehler bei der Arbeit mit dem Computer - Ergebnisse von Beobachtungen und Befragungen im Bürobereich, Bern, Göttingen, Toronto 1991, S. 81 - 83

15) Vgl. Traks, E.: Qualifizierungsengineering - die systematische Verbesserung EDV-gestützter Arbeitsintegration, in: Frese, M.; Kasten, C.; Skarpelis, C.; Zang-Scheucher, B. (Hrsg.): Software für die Arbeit von morgen - Bilanz und Perspektiven anwendungsorientierter Forschung, Berlin, Heidelberg, New York, London 1990, S. 149

Aufwand betreiben muß, bis das er das Softwarewerkzeug optimal zur Unterstützung seiner Arbeitsaufgabe einsetzen kann. Benutzerschulungen, die einen zukünftigen Softwarebenutzer angemessen auf seine Aufgaben vorbereiten, zeichnen sich dadurch aus, daß sie die auszuführenden Arbeitsaufgaben[16)] angemessen berücksichtigen und demzufolge den Lernprozeß am Lerngegenstand organisieren.[17)] In dem hier vorgestellten Schulungskonzept orientieren sich Inhalt und Ablauf an der Arbeitsaufgabe, die durch das EDV-System unterstützt werden soll.[18)] Dies führt letztlich zu einer Umkehrung der Techniklogik in eine Lernlogik, bei der die Werkzeugfunktion eines Softwaresystems innerhalb der Arbeitstätigkeit im Vordergrund steht.[19)] Zur Realisierung dieses Ansatzes wurden die anfallenden Arbeitsaufgaben unter Einsatz eines Abschnittes des integrierten Arbeitsanalyseverfahrens systematisch in einzelne Arbeitseinheiten zerlegt und aufgezeigt, welche Funktionen des Softwaresystems bei welchen Arbeitseinheiten zum Einsatz kommen.

---

16) Eine weitere Möglichkeit zum Ausgleich der Defizite traditioneller Benutzerschulungen könnte die von NACHTSHEIM vorgeschlagene Integration von Lerneinheiten in Softwareapplikationen sein. Vgl. Nachtsheim, R.: Benutzerqualifizierung - ein anwendungsorientierter Ansatz, in: Frese, M.; Kasten, C.; Skarpelis, C.; Zang-Scheucher, B. (Hrsg.): Software für die Arbeit von morgen - Bilanz und Perspektiven anwendungsorientierter Forschung, Berlin, Heidelberg, New York, London 1990, S. 125

Aufgrund der Problematik der damit verbundenen Benutzermodellierung soll dieser Ansatz jedoch nicht näher betrachtet werden. Vgl. hierzu Volpert, W.: Maschinen-Handlungen und Handlungs-Modelle - ein Plädoyer gegen die Normierung des Handelns, in: Gestalt Theory, Vol. 6 (1984), No. 1, S. 70 - 100

17) Vgl. Krogoll, T.; Schlund, M.: Technik, Arbeitsorganisation und Qualifikation - Software als Werkzeug und Lerngegenstand, in: Frese, M.; Kasten, C.; Skarpelis, C.; Zang-Scheucher, B. (Hrsg.): Software für die Arbeit von morgen - Bilanz und Perspektiven anwendungsorientierter Forschung, Berlin, Heidelberg, New York, London 1990, S. 162

18) So wiesen FRESE und BRODBECK 1989 darauf hin, daß der Transfer im Rahmen einer Schulung erworbener Qualifikationen dann erleichtert wird, wenn Trainings- und Alltagssituation möglichst ähnlich sind. Allerdings kamen sie aufgrund ihrer Untersuchungen zu der Erkenntnis, daß bisher eine Aufgabenintegration in der Praxis kaum vorgenommen wird. Vgl. Frese, M.; Brodbeck, F. C.: Computer in Büro und Verwaltung: Psychologisches Wissen für die Praxis, Berlin, Heidelberg, New York u. a. 1989, S. 75

19) Vgl. Krogoll, T.; Schlund, M., a. a. O. 1990, S. 165

6.3.1 Die CLAUS-Methode[20)]

Die CLAUS-Methodik (CNC Lernen, Arbeit und Sprache) wurde ursprünglich für CNC-Lehrgänge entwickelt. Es handelt sich um eine grundsätzliche Didaktik und Methodik, die für unterschiedlichste Lerngegenstände und Zielgruppen geeignet ist. Bei Schulungen nach der CLAUS-Methode orientieren sich die Lerninhalte an der zu bearbeitenden Arbeitsaufgabe. Lernen wird als eine Tätigkeit verstanden, bei der Lernaufgaben den Lerngegenstand begreifbar machen.

Das wesentliche Kennzeichen der CLAUS-Methode ist die Verwendung eines Systems, bestehend aus Lernaufgaben und ihren erfolgsbestimmenden (Teil-) Aufgaben. Sie legen den Aufbau und Ablauf einer Schulung fest. Lernaufgaben entsprechen typischen Arbeitsaufgaben, die die Schulungsteilnehmer auch im betrieblichen Alltag bearbeiten müssen. Das Qualifizierungsprinzip der CLAUS-Methode sieht vor, daß die Lerninhalte im Zusammenhang mit der Bearbeitung der Lernaufgaben vermittelt werden. Diese Strategie hat bei Benutzerschulungen den Vorteil, daß z.B. Systemfunktionen nicht nur theoretisch oder an abstrakten „Modellbeispielen" erläutert werden müssen. Vielmehr besteht ein konkreter Bezug zu den tatsächlich auszuführenden Arbeitstätigkeiten, und die Schulungsteilnehmer haben die Möglichkeit, zunächst theoretisch erworbenes Wissen unmittelbar an konkreten Problemstellungen praktisch anzuwenden.

Ein Nachteil der CLAUS-Methode liegt jedoch darin, daß die Hinweise zur systematischen Abgrenzung und Beschreibung von Arbeitsaufgaben eher dürftig sind. Insofern wurde bei der Konzeption der Benutzerschulung in Anlehnung an die CLAUS-Methode die Gestaltung des Lernaufgabensystems mit Hilfe des integrierten Arbeitsanalyseverfahrens realisiert.

In den meisten Fällen sind die Lerninhalte so umfangreich und komplex, daß die Vermittlung anhand einer einzigen Lernaufgabe die Teilnehmer überfordern würde. Aus diesem Grund verwendet man bei der CLAUS-Methode mehrere ganzheitliche, hinsichtlich des Komplexitätsgrades gestufte Lernaufgaben. Der Begriff „ganzheitlich" drückt dabei aus, daß unabhängig vom Komplexitätsgrad die prinzipiell gleiche Bearbeitungsabfolge zugrundeliegt.

Jede Lernaufgabe läßt sich wiederum in verschiedene Teilaufgaben, die von unterschiedlicher Relevanz für den Lernerfolg sind, untergliedern. Arbeitsschritte, die eine besonders hohe Bedeutung besitzen, werden als „erfolgs-

---

20) Vgl. hierzu Krogoll, T.: CNC mit CLAUS, aufgabenorientiertes Lernen für die Arbeit, Teil I Handbuch, Köln 1991 (a)

bestimmende Teilaufgaben" bezeichnet. Sie organisieren bestimmte Teile von Lerntätigkeiten im Lernprozeß und benötigen geeignete Methoden, um den Lernfolg sicherzustellen.

Die einzelnen Lernaufgaben und ihre erfolgsbestimmenden Teilaufgaben werden zusammenfassend als Lernaufgabensystem bezeichnet. Dieses bestimmt, wie oben schon erwähnt, den Aufbau und den Ablauf einer Schulung. Bei der Durchführung der Qualifizierungsmaßnahmen beginnt man zunächst mit der Lernaufgabe, die den niedrigsten Komplexitätsgrad besitzt. Im Zusammenhang mit ihrer Bearbeitung vermittelt der Schulungsleiter genau die Lerninhalte, die die Teilnehmer benötigen, um die Aufgabe erfolgreich zu bearbeiten. Die nachfolgenden, komplexeren Lernaufgaben bauen auf den vorangegangenen auf. Bei jeder neuen Lernaufgabe werden auch nur solche Inhalte vermittelt, die zur Bearbeitung erforderlich sind, aber zuvor noch nicht vermittelt wurden. Diese Vorgehensweise ermöglicht einerseits eine genaue „Dosierung" der Lehrinhalte, andererseits resultiert hieraus eine optimale Abstimmung zwischen eher theoretischen Abschnitten und Möglichkeiten zur praktischen Anwendung der erworbenen Kenntnisse.

Eine weitere Besonderheit hat die CLAUS-Methode in bezug auf die eingesetzten Lernmittel. Neben traditionellen Instrumenten wie Frontalunterricht, Übungseinheiten etc. werden hier Lernregeln, das Lernen aus Fehlern und der systematische Spracheinsatz verwendet. Lernregeln sind Verfahrensvorschriften für Handlungen, die erlernt werden sollen. Sie enthalten verbalisierte Anweisungen darüber, welche Arbeitsschritte wie und in welcher Reihenfolge auszuführen sind. Lernregeln ergänzen herkömmliche Lehrmethoden und sollten - nicht zuletzt aufgrund des hohen Erstellungsaufwandes - sehr sparsam eingesetzt werden. Ein typisches Anwendungsbeispiel für Lernregeln sind die erfolgsbestimmenden Teilaufgaben.

Menschliches Lernen zeichnet sich u.a. dadurch aus, daß jede Handlung allmählich geistig erfaßt, verinnerlicht und nach einer gewissen Zeit auch gedanklich ausgeführt wird. Der systematische Spracheinsatz, bei dem Handlungen verbal begründet oder erläutert werden, kann diesen Vorgang wirkungsvoll unterstützen. Beispielhafte Umsetzungsmöglichkeiten sind Handlungsbegründungen und das mentale Training. Bei letzterem wird eine aufgezeichnete Handlung ohne Ton gezeigt, und der Lernende muß den Verlauf erklären und interpretieren. Bei Handlungsbegründungen vollzieht der Schulungsteilnehmer in regelmäßigen Abständen seine Lösungsschritte noch einmal gedanklich nach und begründet diese.

Die letzte CLAUS-spezifische Schulungsmethode ist der konstruktive Einsatz von Fehlern. Die Schulungsteilnehmer sollen beispielsweise fehlerhafte Dateneingaben korrigieren oder nach Fehlern im Bearbeitungsablauf suchen. Die Lerneffekte, die aus der Fehlerkorrektur resultieren, sind vielfältiger Art: Es besteht die Möglichkeit, die eigene Kompetenz zu überprüfen, typische Fehlerquellen werden dem Einzelnen bewußt und sind dadurch im betrieblichen Alltag leichter vermeidbar, und es lassen sich verschiedene Problemlösungsstrategien erproben. Die positiven Effekte können aber nur dann zum Tragen kommen, wenn bei den Schulungsteilnehmern die erforderlichen qualifikatorischen Grundlagen vorhanden sind. Ist dies nicht der Fall, so kann das Lernen aus Fehlern zu Demotivierung führen und der erhoffte Nutzen stellt sich nicht ein.

Wie die skizzenhaften Beschreibung der CLAUS-Methode verdeutlich hat, ist der entscheidende Schritt bei der Konzeption einer Schulung die Entwicklung des Lernaufgabensystems. Das folgende Fallbeispiel soll nun im Detail zeigen, welche Schritte konkret durchzuführen sind und welche (Zwischen)Ergebnisse hieraus resultieren.

6.3.2 Entwicklung einer Benutzerschulung nach der CLAUS-Methode

Die im folgenden beschriebene aufgabenorientierte Benutzerschulung wurde in Anlehnung an die CLAUS-Methode für ein mittelständisches Unternehmen der elektrotechnischen Industrie entwickelt und dort praktisch erprobt. Aufgrund von Integrationsbestrebungen bezüglich der betrieblichen EDV-Infrastruktur sollte bei diesem Unternehmen das Produkt RM-QSS der Firma SAP im Bereich der Wareneingangsprüfung das vorhandene CAQ-System ersetzen. Da das Unternehmen Produktionsstätten an zwei verschiedenen Standorten unterhielt, war gleichzeitig eine Vereinheitlichung der Arbeitsabläufe in den entsprechenden Bereichen angestrebt. Insgesamt betraf die Systemeinführung 32 Personen, die vor dem Produktiveinsatz des Systems auf ihre zukünftigen Aufgaben angemessen vorbereitet und in der Benutzung des Softwareproduktes unterwiesen werden mußten. Alle Teilnehmer hatten schon zu früheren Zeitpunkten an SAP-spezifischen Schulungen teilgenommen und verfügten über systemspezifische Grundkenntnisse des Basissystems SAP R2, die bei der Konzeption der RM-QSS-Schulung zu berücksichtigen waren. Darüber hinaus versetzte sie dieser Sachverhalt in die Lage, die Effektivität der aufgabenorientierten Schulung im Vergleich zu traditionellen, an einer Sachlogik orientierten Qualifizierungsmaßnahme kompetent zu bewerten.

6.3.3 Identifikation der zu bearbeitenden Arbeitsaufgaben und Konstruktion der Gesamtlernaufgabe

Der erste Arbeitsschritt bei der Konzeption der Benutzerschulung bestand in der Entwicklung des Lernaufgabensystems, das auf den auszuführenden Arbeitstätigkeiten basiert. Um die benötigten Informationen zu gewinnen, mußten zunächst die Arbeitsabläufe im Bereich der Wareneingangsprüfung eingehend analysiert und dokumentiert werden. Interviews mit betrieblichen Fachexperten sowie Dokumentenanalysen (z. B. des Qualitätssicherungshandbuches) ermöglichten eine detaillierte Beschreibung der Ausgangssituation, bei der sich im wesentlichen vier unterschiedliche Arbeitsaufträge identifizieren ließen:

- Verbuchung fehlerfreier Ware (iO-Ware)
- Verbuchung fehlerbehafteter Ware (niO-Ware)
- Verbuchung von Rücklieferungen aus der Fertigung
- Verbuchung nicht-prüfpflichtige Ware

Ausgehend von den erarbeiteten Informationen wurde dann analog der CLAUS-Methode die umfangreichste Bearbeitungsaufgabe (Gesamtlernaufgabe) konstruiert, die in der Praxis auftreten kann. Grundlage hierfür waren zunächst die vier, im Bereich der Wareneingangsprüfung identifizierten Arbeitsaufgaben. Wie eingangs schon erwähnt waren im Zuge der EDV-Einführung auch Arbeitsabläufe zu vereinheitlichen. Insofern waren bei der Formulierung der Gesamtlernaufgabe Arbeitsabläufe neu zu strukturieren und mit dem Einsatz von RM-QSS abzustimmen. Die Ergebnisse dieses Arbeitsschrittes zeigt Abbildung 6.2 in einer Übersicht.

Die Beschreibung der Gesamtlernaufgabe verschaffte einen Überblick über die zukünftigen Arbeitsabläufe und die Einsatzmöglichkeit des einzuführenden Softwareproduktes. Gleichzeitig wurde aber auch die Komplexität der qualifikatorischen Anforderungen deutlich: Die Gesamtlernaufgabe stellt das Lernziel der gesamten Schulung dar. Das heißt, nach Abschluß der Schulung muß der Schulungsteilnehmer so qualifiziert sein, daß er in der Lage ist, jede der unterschiedlichen Arbeitsaufgaben unter Einsatz des EDV-Systems bearbeiten zu können.

6.3.4 Entwicklung des Lernaufgabensystems

Auch in dem hier beschriebenen Fall war die Gesamtlernaufgabe so umfangreich, daß sich nicht alle Schulungsinhalte auf einmal vermitteln ließen. Insofern bestand der zweite Arbeitsschritt bei der Entwicklung des Lernaufgabensystems in der Konstruktion ganzheitlicher, gestufter Lernaufgaben. Im ursprünglichen CLAUS-Ansatz basieren die Lernaufgaben auf einer Arbeitsaufgabe. Im Gegensatz dazu sollte bei der Entwicklung der RM-QSS-Schulung jede Arbeitsaufgabe, die nach Einführung des RM-QSS-Systems im Bereich der Wareneingangsprüfung mit Hilfe des neuen Softwaresystems zu bearbeiten ist, Berücksichtigung finden. Insofern stellt diese Vorgehensweise eine Erweiterung des CLAUS-Ansatzes dar und trägt dem Sachverhalt, daß an einem Arbeitsplatz häufig mehrere Aufgaben zu bearbeiten sind, in besonderem Maße Rechnung.

6.3.4.1 Detaillierte Analyse und strukturierte Beschreibung der auszuführenden Arbeitsaufgaben

Ein wesentliches Kennzeichen des Lernaufgabensystems ist, daß die einzelnen Lernaufgaben trotz unterschiedlicher Komplexitätsgrade die gleiche Bearbeitungsabfolge wie die Gesamtlernaufgabe aufweisen.[21)] Aufgrund der besonderen Bedingungen bei der Konzeption der RM-QSS-Schulung ließ sich diese Grundstrukur nicht unmittelbar aus der Gesamtlernaufgabe ableiten, da diese vier verschiedene Arbeitsaufgaben umfaßt. Insofern mußten zunächst die Prozesse im Bereich der Wareneingangsprüfung auf einem so hohen Abstraktionsniveau dargestellt werden, daß die einzelnen Teilaufgaben als Variationen der Gesamtaufgabe darstellbar waren.

Eine wertvolle Unterstützung bei diesem Schritt leisten Arbeitsanalyseverfahren - speziell die Verfahrenbestandteile, die der Abgrenzung einzelner Arbeitsaufgaben und Arbeitseinheiten dienen. In dem beschriebenen Projekt wurden hierzu die entsprechenden deskriptiven Verfahrensteile der Kontrastiven Aufgabenanalyse eingesetzt.[22)] Diese bieten die Möglichkeit, Arbeitseinheiten in unterschiedlichen Detaillierungsstufen zu beschreiben und damit sowohl die Ablaufstruktur der Gesamtlernaufgabe als auch die der untergeordneten Lernaufgaben zu bestimmen. Abbildung 6.3 zeigt als Ergebnis dieses Arbeitsschrittes die Grundstruktur der Arbeitsabläufe im Bereich der Wareneingangsprüfung.

---

21) Vgl. Krogoll, T.: CNC mit CLAUS - Aufgabenorientiertes Lernen für die Arbeit, Teil II Anleitung zur Entwicklung eigener Kurse Köln 1991 (b), S. 12

22) Vgl. hierzu Dunckel, H.; Volpert, W.; Zölch, M.; et al, a. a. O. 1993, S. 145 - 155

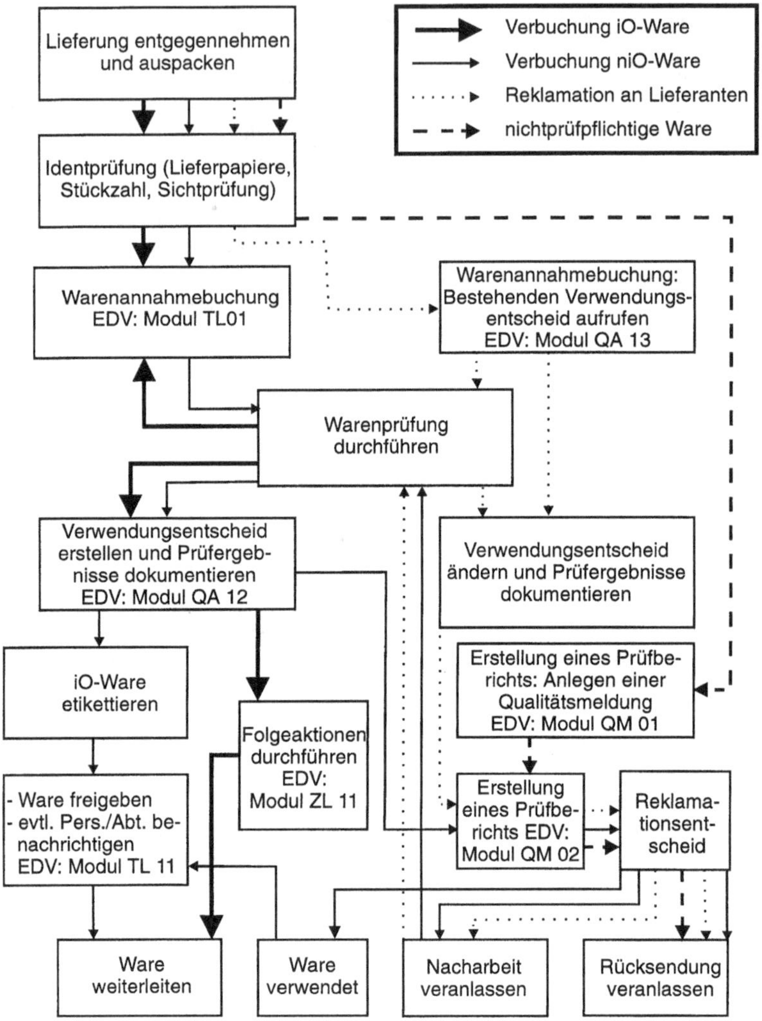

Abbildung 6.2: Schematische Darstellung der Arbeitsprozesse im Bereich der Wareneingangsprüfung

Die unten skizzierte Grundstruktur bildete die Basis für die detaillierte Beschreibung der vier verschiedenen, im Bereich der Wareneingangsprüfung identifizierten Arbeitsabläufe. Neben der zeitlichen Abfolge der einzelnen Arbeitsschritte wurde dabei insbesondere dokumentiert, wie das EDV-System in die Ausführung der Arbeitsaufgabe eingebunden ist und welche Systemfunktionen der Bearbeiter hierzu benötigt. Auf Grundlage dieser Informationen ließ sich relativ genau abschätzen, welche Inhalte für die RM-QSS-Schulung erforderlich waren.

Auch bei diesem Schritt der Entwicklung des Lernaufgabensystems ließen sich Verfahrensbestandteile der Kontrastiven Aufgabenanalyse nutzen. Das KABA-Verfahren verfügt über Formblätter, in denen der Verfahrensanwender einzelnen Arbeitseinheiten die jeweils verwendete I&K-Technik zuordnet.[23] Zwar sind die so zu gewinnenden Informationen über den EDV-Einsatz relativ unspezifisch und unzureichend detailliert, sie verschaffen aber dem Entwickler der Benutzerschulung einen ersten Überblick über den Systemeinsatz und liefern wesentliche Anhaltspunkte für entsprechende Feinanalysen.

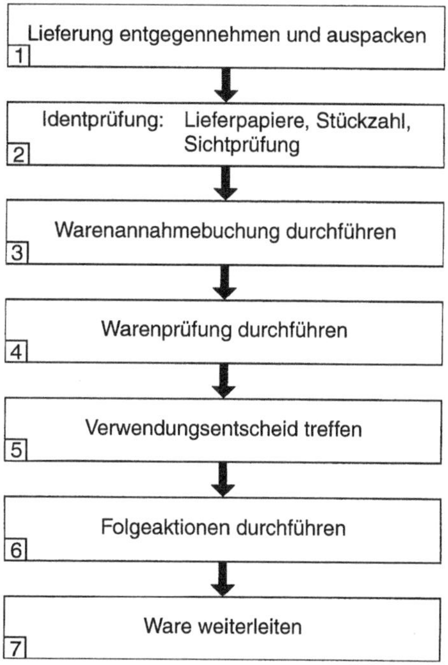

Abbildung 6.3: Grundstruktur der Arbeitsabläufe im Bereich der Wareneingangsprüfung

23) Vgl. Dunckel, H.; Volpert, W.; Zölch, M.; Kreutner, U.; Pleiss, C.; Hennes, K.: Konstrastive Aufgabenanalyse im Büro - Der KABA-Leitfaden, Arbeitsblätter, Zürich und Stuttgart 1993 (b), S. 32 - 33

Die folgenden beiden Abbildungen zeigen schematische Darstellungen der Arbeitsabläufe „Verbuchung von io-Ware“ und „Verbuchung von niO-Ware“ inklusive der entsprechenden EDV-Unterstützung. Wie aus diesen Grafiken ersichtlich ist, spiegelt sich in beiden dieselbe Grundstruktur wider, allerdings ist der Arbeitsablauf, der sich auf die fehlerhafte Ware bezieht, wesentlich komplexer. So ist hier die EDV-Unterstützung umfangreicher, die Art der untersuchten Produkte muß berücksichtigt werden und verschiedene Ablaufschritte sind im Vergleich zur Verbuchung fehlerfreier Ware feiner untergliedert.

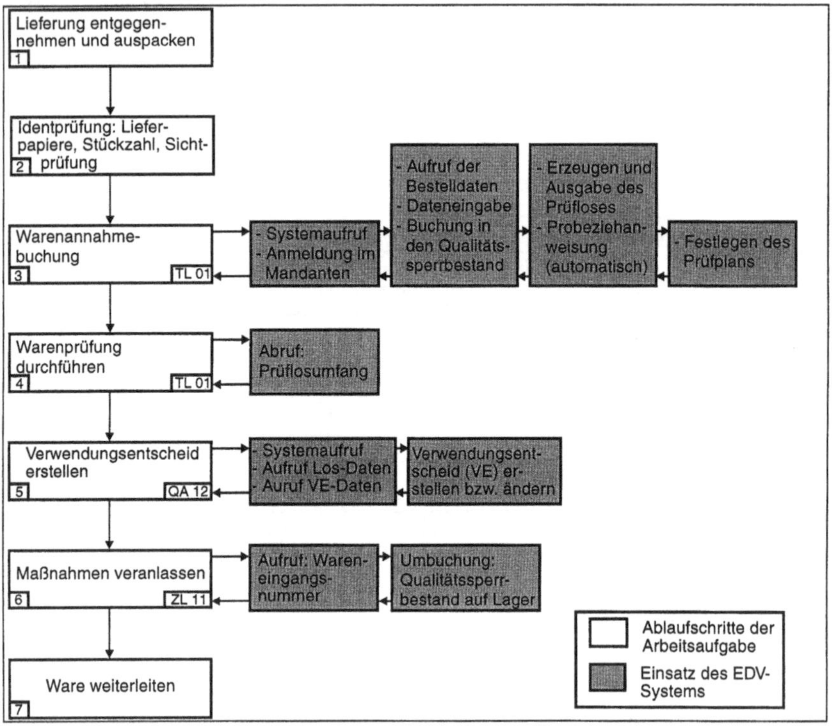

Abbildung 6.4: Arbeitsablauf bei der Verbuchung fehlerfreier Ware

Entsprechend der oben skizzierten Vorgehensweise wurden alle vier Arbeitsaufgaben analysiert und dokumentiert. Trotz ihrer unterschiedlichen Ziele, Komplexitätsgrade und Abläufe war es dabei möglich, sie auf eine gemeinsame Grundstruktur zurückzuführen. Diesen Sachverhalt zeigt Abbildung 6.6. Hier werden die einzelnen Arbeitsaufgaben in einer schematischen Darstellung auf die eingangs beschriebene Grundstruktur bezogen.

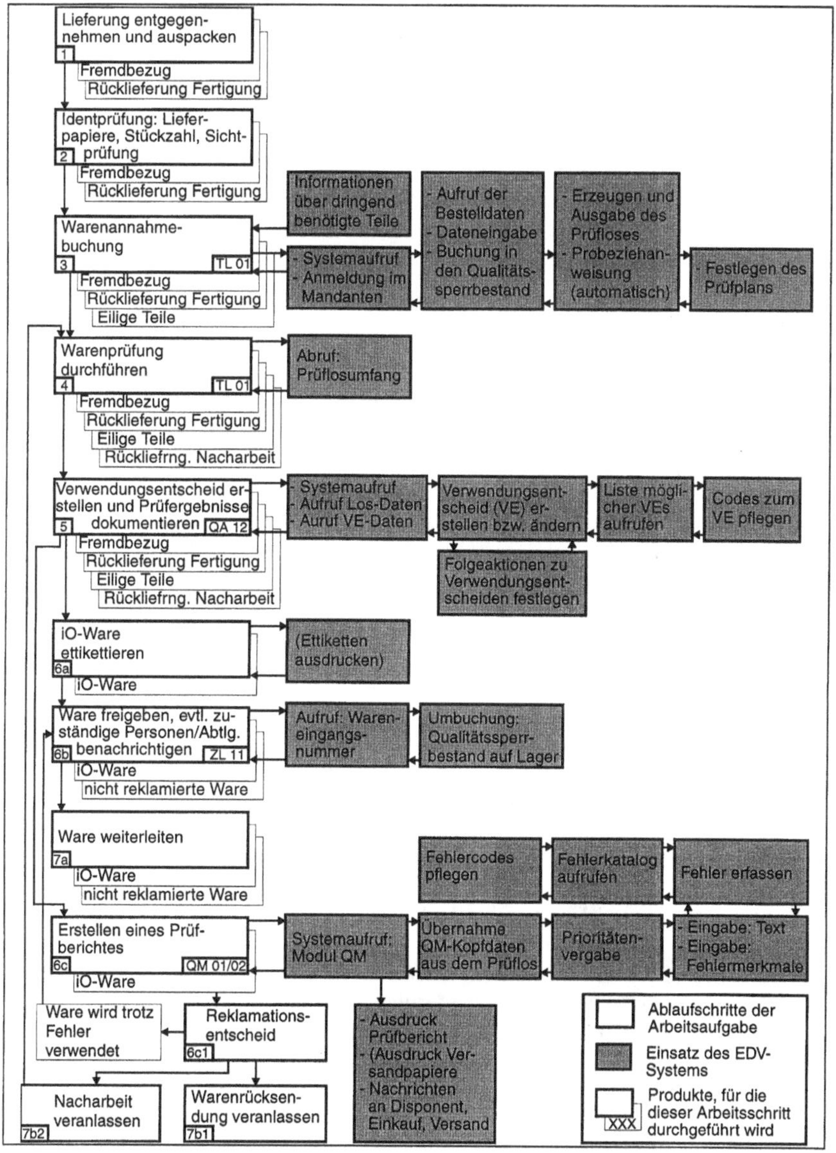

Abbildung 6.5: Arbeitsablauf bei der Verbuchung fehlerhafter Ware

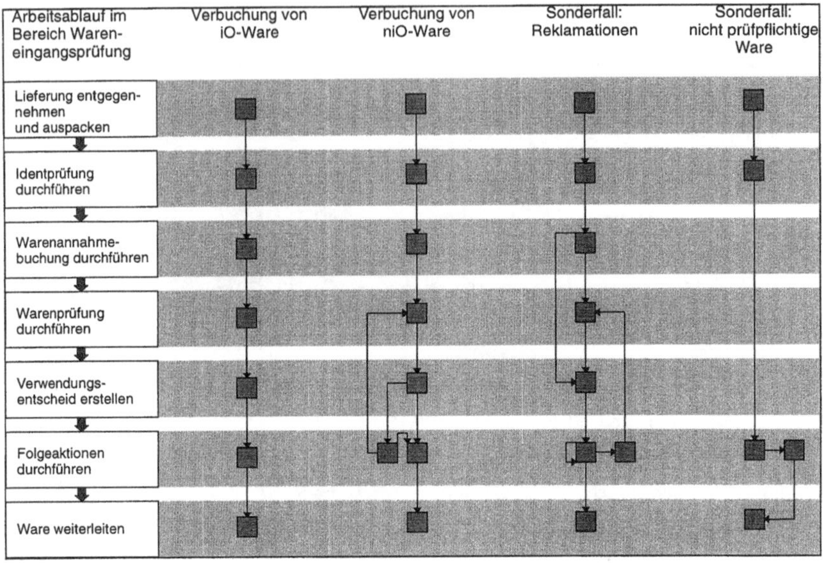

Abbildung 6.6: Vergleich der verschiedenen Teilaufgaben

6.3.4.2 Stufung der Lernaufgaben

Der nächste Schritt bei der Konzeption des Lernaufgabensystems bestand darin, die Lernaufgaben und die mit ihnen zu vermittelnden Lerninhalte so aufeinander abzustimmen, daß die Anforderungen an die Schulungsteilnehmer im Verlauf der Schulung schrittweise ansteigen. Die Abstufung der Lernaufgaben legt damit implizit auch die Abfolge der Benutzerschulung fest.

Nach der im CLAUS-Handbuch beschriebenen Vorgehensweise variiert der Entwickler eine einzelne Arbeitsaufgabe bezüglich ihrer qualifikatorischen Anforderungen und verwendet sie zur Konstruktion mehrerer Lernaufgaben. Durch das schrittweise Anheben des Anforderungsniveaus lassen sich dann einzelne Lernaufgaben gegeneinander abgrenzen.[24)]

Im Gegensatz zu diesem Ansatz wurden bei der Entwicklung der RM-QSS-Schulung aus vier abgegrenzten (Teil)Aufgaben jeweils eine eigene Lernaufgabe abgeleitet. Der Grund für diese Vorgehensweise war, daß die Qualifizierung der betroffenen Mitarbeiter sich gleichzeitig auf die für sie zum Teil neuen Ar-

---

24) Vgl. Krogoll, T., a. a. O. 1991 (b), S. 12

beitsabläufe und die Benutzung des EDV-Systems erstrecken sollte. Da der Schulung selbst die Grundprinzipien der CLAUS-Methode zugrunde lagen, ergab sich die besondere Schwierigkeit, daß trotz unterschiedlicher Ziele und Abläufe der zugrundegelegten (Teil)Aufgaben, die abgeleiteten Lernaufgaben (z. B. bezüglich der zu vermittelnden Qualifizierungsinhalte) aufeinander aufbauen mußten. Nur so ließ sich sicherstellen, daß das zu entwickelnde Lernaufgabensystem eine systematische Steigerung des Anforderungsniveaus innerhalb einer Schulung ermöglichte.

Eine genauere inhaltliche Analyse zeigte, daß bestimmte Qualifikationen bei der Bearbeitung jeder der Aufgaben erforderlich waren, während andere spezifisch für eine bestimmte Aufgabe waren. Aus diesem Sachverhalt und der Tatsache, daß jede der vier verschiedenen Aufgaben zur Konstruktion des Lernaufgabensystems herangezogen werden sollten, ergab sich die prinzipielle Möglichkeit, aus einer Arbeitsaufgabe Lernaufgaben unterschiedlicher Komplexität abzuleiten.

Für die weitere Entwicklung des Lernaufgabensystems war es daher erforderlich, auf Grundlage einer arbeitsanalytischen Bewertung der einzelnen Aufgaben festzulegen, auf welchem Anforderungsniveau die abgeleiteten Lernaufgaben letztlich angesiedelt sein sollten. Im Vergleich zum ursprünglichen CLAUS-Konzept bedeutete dies: Während sich dort die Komplexitätsstufe einer Lernaufgabe aus der Variation der qualifikatorischen Anforderungen einer Arbeitsaufgabe ergibt, mußte hier zunächst grob festgelegt werden, welche Lernaufgabe welches Komplexitätsniveau haben soll und welche Qualifikationsanforderungen sich daraus ableiten. Insofern war es in diesem Zusammenhang erforderlich, zusätzlich zu den erfolgsbestimmenden Teilaufgaben die Lernziele explizit zu benennen und die Schulungsbestandteile (z. B. praktisch durchzuführende Übungseinheiten oder verwendete Hilfsmittel) inhaltlich festzulegen, mit denen sich das Anforderungsniveau der Schulung beeinflussen ließ. Die Ergebnisse dieses Arbeitschrittes sind in den Abbildungen 6.7 und 6. 8 auszugsweise dargestellt.

Die Abstufung und die Abfolge der Lernaufgaben orientierten sich letztlich daran, welche Regulationserfordernisse die zugrundegelegten Aufgaben kennzeichneten und in welchem Umfang eine Nutzung des EDV-Systems erforderlich war. Das Anforderungsniveau innerhalb einer Lernaufgabe wurde im wesentlichen durch zwei Faktoren bestimmt. Einerseits waren dies die zur Bearbeitung der Aufgabe erforderlichen Fähigkeiten des Bearbeiters, andererseits die Umsetzung der praktischen Übungen, die dabei verwendeten Hilfsmittel sowie der Zugang zu den benötigten EDV-Funktionen.

Das Lernaufgabensystem der RM-QSS-Schulung wurde durch eine fünfte Lernaufgabe vervollständigt. Diese war im Rahmen der Schulung als erste zu bearbeiten und sollte den Schulungsteilnehmern einerseits einen Überblick über die Funktionen und Einsatzmöglichkeiten von RM-QSS geben und andererseits die zu früheren Zeitpunkten schon vermittelten Grundfunktionen und -begriffe von SAP R2 noch einmal auffrischen. Insgesamt umfaßte das Lernaufgabensystem folgende fünf Lernaufgaben:

- Lernaufgabe I: Grundlegende Funktionen von SAP R2 und RM-QSS
- Lernaufgabe II: Verbuchung von iO-Ware
- Lernaufgabe III: Verbuchung von niO-Ware
- Lernaufgabe IV: Sonderfall: Rücklieferung aus der Fertigung
- Lernaufgabe V: Sonderfall: nicht prüfpflichtige Ware

Lernaufgabe I: Grundlegende Funktionen von SAP R2 und RM-QSS

Ziel:	Schulungsteilnehmer sollen mit den Funktionen von RM-QSS und den Einsatzmöglichkeiten von RM-QSS vertraut gemacht werden. Sie sollen lernen, bei welchen Arbeitsschritten RM-QSS eingesetzt wird. Grundfunktion und -begriffe von SAP R2 (Systeman- und -abmeldung, Transaktionsübersicht etc.) sollen noch einmal kurz skizziert werden, da sie den Schulungsteilnehmern bereits bekannt sind.
erfolgsbestimmende Teilaufgaben:	• Aufruf und Bedienung RM-QSS • Bedienen der Transaktionen (die für die Verbuchung von iO-Ware benötigt werden)
Beispiel:	Verbuchung von iO-Ware
Dateneingabe:	Für die Dateneingabe werden den Seminarteilnehmern Ausdrucke von Bildschirmmasken zur Verfügung gestellt, in die die einzugebenden Daten eingetragen und entsprechend gekennzeichnet werden.
Lernregeln:	• Aufruf und Funktionen von RM-QSS-Transaktionen • Tastenfunktionen innerhalb von Transaktionen

Abbildung 6.7: Inhaltliche Spezifikation der Lernaufgabe I

Lernaufgabe II: Verbuchung von iO-Ware

Ziel:	Schulungsteilnehmer sollen die Bearbeitung einer Wareneingangsprüfung selbständig durchführen können. Sie sollen lernen, welche Transaktionen für welche Aufgaben in welcher Reihenfolge aufzurufen sind und welche Daten wann eingegeben werden müssen. Die eigenständige Bearbeitung / Verbuchung von iO-Ware soll geübt werden.
erfolgsbestimmende Teilaufgaben:	• Anwendung von RM-QSS-Transaktionen zur Verbuchung von iO-Ware • Dateneingabe
Beispiel:	Verbuchung von iO-Ware
Dateneingabe:	Die einzugebenden Informationen sollen Belegen - wie sie bei Fa. XY Verwendung finden - entnommen werden.
Lernregel:	• **Verbuchung von iO-WareLernaufgabe III: Verbuchung von niO-Ware**
Ziel:	Die Schulungsteilnehmer sollen lernen, wie bei der Bearbeitung von niO-Ware zu verfahren ist. Sie sollen lernen, welche Transaktionen zur Erstellung eines Prüfberichtes benötigt werden, wie dieser aufgebaut ist und wie die ermittelten Fehler zu dokumentieren sind.
erfolgsbestimmende Teilaufgaben:	• Anwendung von RM-QSS-Transaktionen zur Verbuchung von iO-Ware • Erstellung eines Prüfberichtes
Beispiel:	Verbuchung von niO-Ware
Dateneingabe:	Die einzugebenden Informationen sollen Belegen - wie sie bei Fa. XY Verwendung finden - entnommen werden. Zur Identifikation und Dokumentation der Fehler sollten fehlerhafte Bauteile sowie die zur Verbuchung erforderlichen Hintergrundinformationen zur Verfügung gestellt werden. Der zu dokumentierende Fehler soll im Fehlerkatalog enthalten sein und die Auswahl eines Verwendungsentscheides (VE) bedingen, der in der VE-Liste enthalten ist.
Lernregel:	• Verbuchung von niO-Ware

Abbildung 6.8: Inhaltliche Spezifikation der Lernaufgaben II und III

6.3.5 Vorläufiges Schulungskonzept auf Grundlage des Lernaufgabensystems

Auf Grundlage des Lernaufgabensystems ließ sich ein erstes, vorläufiges Schulungskonzept ableiten. Für jede der gestuften Lernaufgaben wurden zunächst alle denkbaren Lerninhalte (z. B. Arbeitsablauf, Bedienung des EDV-Systems etc.) aufgelistet und dann in eine sinnvolle Abfolge gebracht. Gleichzeitig diente dieser Entwicklungsschritt auch der Aufteilung der Schulung in Theorieteile und praktischen Übungen. Bei der Ermittlung der Lernabfolge, speziell bei der Bestimmung der Schulungsinhalte, können wiederum Arbeitsanalyseverfahren den Entwicklungsprozeß sinnvoll unterstützen. So hat z. B der Einsatz des von EVADIS II[25)] gezeigt, daß dieses Instrument nicht nur Schwachstellen in der ergonomischen Gestaltung von Softwareprodukten aufzeigen, sondern auch Besonderheiten bezüglich der Bedienung und mögliche Fehler im Umgang mit einem EDV-System aufdecken kann. Der aufgabenzentrierte Ansatz dieses Evaluationsverfahrens, der sich u.a. in der Verwendung praxisnaher Prüfaufgaben manifestiert, liefert zudem detaillierte Hinweise darüber, wie das Softwaresystem die Ausführung einer Arbeitsaufgabe unterstützt und zeigt damit Wege auf, wie sich Systemfunktionen anhand von Lernaufgaben sinnvoll schulen lassen. Die Kenntnis der oben angeführten Aspekte und ihre angemessene Berücksichtigung bei der Konzeption der Benutzerschulung leisten einen wesentlichen Beitrag, um den zukünftigen Systembenutzer angemessen auf seine Aufgaben vorzubereiten.

Bei der hier vorgestellten RM-QSS-Schulung war im Zusammenhang mit der Festlegung der Lernabfolge ein weiterer Aspekt von besonderer Bedeutung. Einerseits waren Anforderungen auf der Ebene einer einzelnen Lernaufgabe zu berücksichtigen, z. B. das Prinzip der CLAUS-Methode, daß den Schulungsteilnehmern in einem Lernabschnitt nur die Inhalte vermittelt werden, die zur Bearbeitung der jeweiligen Lernaufgabe unbedingt erforderlich sind.[26)] Andererseits galt es auch, aufgrund der Besonderheiten des entwickelten Lernaufgabensystems, übergreifende Aspekte zu berücksichtigen. So war beispielsweise in bezug auf Qualifizierungsinhalte, die alle Lernaufgaben betrafen, festzulegen, welche Inhalte zu welchem Zeitpunkt der Schulung im Zusammenhang mit welcher Lernaufgabe vermittelt werden sollten.

---

25) Vgl. hierzu Oppermann, R.; Murchner, B.; Reiterer, H.; et al., a. a. O. 1992

26) Vgl. Krogoll, T., a. a. O. 1991 (b), S. 14

6.3.6 Feinabstimmung des Kursverlaufs und Entwicklung CLAUS-spezifischer Schulungsmethoden

Der letzte Schritt bei der Konzeption der RM-QSS-Schulung war die Feinabstimmung des Kursverlaufes, die sich insbesondere auf die Auswahl und Gestaltung geeigneter Lehrmethoden (z. B. Frontalunterricht, Gruppenübungen, Lernregeln etc.) sowie der Unterrichtsmaterialien (z. B. Schulungshandbuch) bezog. Hiermit verbunden war die Formulierung von Teilzielen einzelner Lernaufgaben, eine Abschätzung des Lernaufwandes sowie die endgültige Festlegung des zeitlichen Schulungsablaufes.

Bei der Durchführung dieses letzten Entwicklungsschrittes mußte vor allem der Lernerfolg in bezug auf die erfolgsbestimmenden Teilaufgaben sichergestellt werden. Insofern waren die entsprechenden Schulungsabschnitte besonders sorgfältig zu konzipieren und geeignete Schulungsmethoden bzw. -mittel bereitzustellen. Die CLAUS-Methode sieht für entsprechende Lernhandlungen neben traditioneller Methoden auch die Verwendung von Lernregeln, den systematischen Spracheinsatz sowie das Lernen aus Fehlern vor.[27)] Auch im Rahmen der RM-QSS-Schulung kamen diese zum Einsatz.

Lernregeln im Sinne der CLAUS-Methode sind verbalisierte und eventuell durch Symbole ergänzte Verfahrensanweisungen für Handlungen, die ein Schulungsteilnehmer erlernen soll.[28)] Aufgrund des hohen Konstruktionsaufwandes erschien es aus ökonomischen Überlegungen heraus nicht sinnvoll, die im Rahmen der RM-QSS-Schulung entwickelten Lernregeln ausschließlich zu Schulungszwecken einzusetzen. Vielmehr war beabsichtigt, diese so zu gestalten, daß die Schulungsteilnehmer auch nach Abschluß der Qualifizierungsmaßnahmen einen Nutzen aus ihnen ziehen konnten - beispielsweise indem sie diese Hilfsmittel als eine Art „Spickzettel“ für die Ausführung ihrer Arbeitstätigkeit verwendeten. Hierdurch wurde den betroffenen Mitarbeitern ein Instrument an die Hand gegeben, das insbesondere in der Anfangsphase des Produktiveinsatzes von RM-QSS ein wertvolles Hilfsmittel war, aber auch den Mitarbeiter unterstützte, sich nach längerer Abwesenheit vom Arbeitsplatz wieder in den Arbeitsablauf und die Verwendung des EDV-Systems einzuarbeiten. Aus diesen Rahmenbedingungen ergaben sich grundlegende Anforderungen an die Gestaltung der Lernregeln. So mußten diese einerseits die relevanten Arbeitsabläufe beschreiben und andererseits aufzeigen, wie sich die verfügbaren Systemfunktionen zur Bearbeitung der Aufgabe nutzen ließen. Aus Gründen der Übersichtlichkeit beschränkte sich die Darstellung auf solche Arbeitschritte, bei denen das EDV-System zur Anwendung kam.

---

27) Vgl. Krogoll, T., a. a. O. 1991 (b), S. 22

28) Vgl. Krogoll, T., a. a. O. 1991 (b), S. 23

Abbildung 6.9 zeigt eine der entwickelten Lernregeln. Ihr Aufbau läßt sich zunächst in drei Abschnitte unterteilen:

- die Kopfzeile, die eine Zuordnung der Lernregel zu einer Arbeitsaufgabe ermöglicht,
- der Hauptteil, der Anweisungen zur Ausführung der Arbeitsaufgabe und der Benutzung des EDV-Systems enthält, und
- die Fußzeile, in der die verwendeten Symbole erläutert sind.

Der Hauptteil ist wiederum in drei Spalten unterteilt. In der ersten Spalte findet der Benutzer Hinweise, welche Systemmodule (Transaktionen) in welcher Reihenfolge benutzt werden. Die zweite Spalte zeigt, auf welche Bildschirmmasken (Dynpro) sich die in der dritten Spalte erläuterten Arbeitschritte beziehen. Im Zusammenhang mit der Ausführung der einzelnen Arbeitsschritte ist in der Lernregel beschrieben, welche Aktivitäten in welcher Reihenfolge auszuführen sind, welche Einträge der Benutzer in den Masken vornehmen muß und welche Reaktionen des EDV-Systems hieraus resultieren. Die Struktur der Lernregel läßt sich wiederum unmittelbar aus Arbeitsanalyseergebnissen ableiten. Ebenso wie bei der Entwicklung der Lernaufgaben können hier z. B. die Verfahrensbestandteile der Kontrastiven Aufgabenanalyse eingesetzt werden, die der Beschreibung einzelner Arbeitseinheiten und der Zuordnung von I&K-Techniken zu Arbeitseinheiten dienen.

Bei den im Zusammenhang mit der RM-QSS-Schulung entwickelten Lernregeln bestehen Analogien zum Konzept der Orientierungsplakate nach GREIF. Ebenso wie diese unterstützen Lernregeln die Entwicklung mentaler Modelle und stellen bei richtiger Gestaltung selbst für Experten ein nützliches Hilfesystem dar.[29] Im Unterschied zu den Orientierungsplakaten sind Lernregeln jedoch wesentlich stärker am Ablauf einer Arbeitsaufgabe ausgerichtet.

---

29) Vgl. Greif, S.: Exploratorisches Lernen durch Fehler und qualifikationsorientiertes Software-Design, in: Maaß, S.; Oberquelle, H. (Hrsg.): Software-Ergonomie `89 - Aufgabenorientierte Systemgestaltung und Funktionalität, Stuttgart 1989, S. 207 - 209

Lernregel: Verbuchung von iO-Ware		LR1
Ablauf	**Dynpro**	**Eingabe**
Schritt 1: Aufruf von TL01 mit nTL01	361	**Führen Sie die Warenannahmebuchung durch** **Füllen Sie Dynpro 361 aus:** • Buchungskreis: [10] (sofern nicht vorgegeben) • Lieferscheinnummer: (wenn vorhanden) • Bewegungsart: [101] • Bestellnummer + Position: ↳ (Datenfreigabetaste) ☞ Es wird automatisch die nächste Maske aufgerufen
Ende TL01	362	**Führen Sie den Soll-Ist-Abgleich zwischen Bestell- und Liefermenge durch** • Vorgeschlagene Werte bestätigen oder ändern • Buchung: (PF13) ☞ Das System ermittelt nun automatisch die Stichprobenmenge und druckt diese aus
Schritt 2: Aufruf von QA12 mit nQA12	100	**Erstellen Sie einen Verwendungsentscheid für iO-Ware** **Füllen Sie Dynpro 100 aus:** • Tragen Sie die Prüflosnummer oder alternativ die WE-Nr. in die dafür vorgesehenen Felder ein ↳ (Datenfreigabetaste) ☞ Es wird automatisch die nächste Maske aufgerufen
Ende QA12	111	**Füllen Sie Dynpro 111 aus:** • Tragen Sie bei Vcg die Verwendungscodegruppe ein oder rufen Sie mit (PF16) bzw. (*) einen entsprechenden Katalog auf • Tragen Sie bei Vc den Verwendungscode ein oder rufen Sie mit (PF16) bzw. (*) einen entsprechenden Katalog auf • Beenden Sie die Buchung mit: (PF13)
Schritt 3: Aufruf von ZL11 mit nZL11 Ende ZL11	000	**Umbuchen der Ware aus dem Qualitätssperrbestand in das Lager** **Füllen Sie Dynpro 000 aus: Bestätigen Sie die vorgeschlagenen Werte oder ändern Sie diese** • Buchungskreis: [10] • Werk: [02] • WE-Nr.: • Materialnummer: • Menge: • Beenden Sie die Buchung mit: (PF13) ☞ Umbuchungsbeleg wird automatisch ausgedruckt
[ ] Werte, die an dieser Stelle einzugeben sind ☞ ergänzende Hinweise		(PF) Tasten, die zu drücken sind

Abbildung 6.9: Beispielhafte Lernregel

Die Methode des systematischen Spracheinsatzes[30] wurde nur sehr begrenzt und speziell im Zusammenhang mit der Anwendung von Lernregeln eingesetzt. Hier sah das Schulungkonzept vor, daß bei der Bearbeitung von Lernaufgabe II ein Schulungsteilnehmer die in der Lernregel enthaltenen Anweisungen vorliest und ein zweiter diese ausführt.[31]

Intensiver wurde hingegen die Möglichkeit des Lernens aus Fehlern[32] genutzt. Im Zusammenhang mit der Lernaufgabe I war ein Bestandteil der Schulung, daß der Seminarleiter die Teilnehmer explizit auf mögliche Fehler im Umgang mit dem Software-System und die hieraus resultierenden Konsequenzen hinwies. Grundlage für die inhaltliche Aufbereitung eines entsprechenden Schulungsabschnittes können z. B. die Analyseergebnisse sein, die aus der Anwendung des Leitfadens EVADIS II resultieren. Der Einsatz des softwareergonomischen Bewertungsteils dieses Analyseinstrumentes zielt insbesondere darauf ab, Softwareeigenschaften zu ermitteln, die Systemfehler oder -instabilitäten bedingen können. Eine im Vorfeld der Benutzerschulung durchgeführte softwareergonomische Analyse verschaffte einen Überblick über die entsprechenden Schwachstellen der Software und ermöglichte es, im Rahmen der Benutzerqualifizierung gezielt auf diese einzugehen.

Eine weitere Möglichkeit zur Nutzung des Lernens aus Fehlern war die Korrektur falscher Systemeingaben. Den Teilnehmern wurden bewußt fehlerhafte Vorlagen an die Hand gegeben, die beispielsweise Daten enthielten, die das System bei der Eingabe nicht akzeptierte oder die zu falschen Ergebnissen führten. Die Aufgabe der Schulungsteilnehmer bestand dann darin, die falschen Werte zu identifizieren, zu korrigieren und in das System einzugeben. Hierdurch wurde im Rahmen der Schulung den Teilnehmern die Möglichkeit gegeben, die eigene Kompetenz in bezug auf das System zu überprüfen und sich darüber zu informieren, welche Konsequenzen falsche Eingaben bewirken.

Ergänzend zu den oben skizzierten Schulungsmethoden wurde im Unternehmen selbst noch ein eher „traditionelles" Schulungshandbuch entwickelt, in dem die benötigten Systemfunktionen sowie systemspezifische Grundbegriffe erläutert waren.

Der endgültige, auf den entwickelten Lernaufgaben basierende Ablauf der RM-QSS-Schulung ist auszugsweise in den Abbildungen 6.10 bis 6.13 dargestellt.

---

30) Vgl. Krogoll, T., a. a. O. 1991 (b), S. 27 - 29

31) Ein weiterer Grund für die diese Art des Lernregeleinsatzes war, daß durch den Einsatz eines Zweipersonen-Teams, insbesondere in der ersten Phase der aktiven Systembenutzung, Möglichkeiten zur gegenseitigen Unterstützung geschaffen werden sollten.

32) Vgl. Krogoll, T., a. a. O. 1991 (b), S. 30 - 31

Im Vergleich zu den realen Arbeitsaufgaben fehlen bei den Lernaufgaben der erste („Lieferung entgegennehmen und auspacken“) und der letzte Arbeitsschritt („Ware weiterleiten“), da diese in der Praxis ohne EDV-Unterstützung ausgeführt werden.

Die Seminarabschnitte zu den Lernaufgaben I und II zeigen, wie im Schulungsverlauf die Anforderungen an die Teilnehmer schrittweise ansteigen. Während beispielsweise in Lernaufgabe I bei Dateneingabeoperationen entsprechende ausgefüllte Ausdrucke der Bildschirmmasken eingesetzt wurden, fanden bei Lernaufgabe II Belege Verwendung, wie sie beim Kooperationspartner im Alltagsgeschäft gebräuchlich waren. Ein weitere Steigerung der Komplexität ergab sich durch den Einsatz der Lernregeln. Zunächst leitete der Schulungsleiter die Schulungsteilnehmer persönlich bei der Ausführung der einzelnen Arbeitsschritte an, dann führten jeweils zwei Personen die entsprechenden in den Lernregeln enthaltenen Anweisungen aus, und schließlich mußte jeder Schulungsteilnehmer selbständig (ab Lernaufgabe III) die Lernregeln zur Ausführung der Arbeitsaufgaben verwenden.

<table>
<tr><th colspan="2">Lernaufgabe I: Grundlegende Funktionen von SAP R2 und RM-QSS</th></tr>
<tr><td colspan="2">I. Einführung
☞ Theoretische Grundlagen Schulungsleiter erläutert und demonstriert die Funktionen von R2 und RM-QSS</td></tr>
<tr><td>Ablauf:</td><td>Verwendete Lernregeln:</td></tr>
<tr><td>Der Schulungsleiter stellt im Rahmen eines Vortrages den Schulungsteilnehmern das System RM-QSS und seinen Einsatzzweck vor
❑ Aufgabe von RM-QSS
❑ Aufbau und Funktionen der RM-QSS-Module
❑ Überblick über die Module, die von der Zielgruppe „Wareneingangsprüfung“ verwendet werden sollen
❑ Überblick über den Arbeitsablauf und den Einsatz von RM-QSS
❑ Erläuterung relevanter Begriffe wie z.B.: CICS, Mandant, Transaktion etc.
❑ Erläuterung typischer Fehler, die beim Einsatz von RM-QSS auftreten können</td><td></td></tr>
<tr><td colspan="2">II. Arbeitsschritt: Warenannahmebuchung
☞ Praktische Übung: Aufruf von TL01 und Durchführung einer Warenannahme-buchung als praktische Übung unter Anleitung des Seminarleiters</td></tr>
<tr><td>Ablauf:</td><td>Verwendete Lernregeln:</td></tr>
<tr><td>Der Schulungsleiter stellt im Rahmen eines Vortrages das Modul TL01 und den Ablauf einer Warenannahmebuchung vor (Kurze Orientierung, da Inhalte bereits bekannt sind)
❑ Aufruf von TL 01
❑ Aufruf Bestelldaten:
• Erläuterung der relevanten Begriffe
• Eingabe vordefinierter Daten (Bildschirmausdruck)
• Korrektur fehlerhafter Eingaben (Bildschirmausdruck)
❑ Buchung in den Qualitätssperrbestand (automatisch)
• Erläuterung relevanter Begriffe und Abläufe
❑ Seminarleiter gibt Schulungsteilnehmern Hintergrundinformationen zum Prüfplan (z. B. Erläuterung relevanter Begriffe, Aufbau)
❑ Buchung in den Qualitätssperrbestand</td><td></td></tr>
</table>

Abbildung 6.10: Seminarablauf zu Lernaufgabe I - Teil I

III. Arbeitsschritt: Warenprüfung durchführen	
Ablauf:	**Verwendete Lernregeln:**
❑ (Aufgrund der vorangegangenen Eingaben werden Stichprobenumfang + Prüfanweisung vom System automatisch ausgedruckt) ❑ Schulungsleiter erläutert die unterschiedlichen Produkte, die zu prüfen sind.	
IV. Arbeitsschritt: Verwendungsentscheid erstellen ☞ **Praktische Übung:** Schulungsleiter erläutert und demonstriert die Funktionen von QA 12, Schulungsteilnehmer erproben entsprechende Funktionen unter seiner Anleitung.	
Ablauf:	**Verwendete Lernregeln:**
❑ Aufruf der SAP-Transaktion QA 12 nach Vorgaben des Schulungsleiters ❑ Aufruf Los-Daten (Bildschirmausdruck) ❑ Aufruf VE-Daten (Bildschirmausdruck) ❑ Schulungsleiter erläutert den Aufbau eines Verwendungsentscheides ❑ Schulungsteilnehmer erstellen nach Vorgaben des Seminarleiters einen Verwendungsentscheid für iO-Ware	
V. Arbeitsschritt: Maßnahmen veranlassen ☞ **Praktische Übung:** Schulungsleiter erläutert und demonstriert die Funktionen von ZL11, Schulungsteilnehmer erproben die entsprechenden Funktionen unter seiner Anleitung.	
Ablauf:	**Verwendete Lernregeln:**
Der Schulungsleiter stellt im Rahmen eines Vortrages das Modul ZL11 und seine Funktionen vor (Kurze Orientierung, da Inhalte bereits bekannt sind) ❑ Aufruf der SAP-Transaktion ZL 11 nach Vorgaben des Schulungsleiters ❑ Aufruf WE-Nr. nach Vorgaben des Schulungsleiters ❑ Umbuchen Qualitätssperrbestand auf Lager nach Vorgaben des Schulungsleiters ❑ Abmelden aus RM-QSS	

Abbildung 6.11: Seminarablauf zu Lernaufgabe I - Teil II

Lernaufgabe II: Verbuchung von iO-Ware	
I. Einführung ☞ **Theoretische Grundlagen:** Schulungsleiter stellt Schulungsteilnehmern in einem Überblick den prinzipiellen Ablauf der Bearbeitung der Arbeitsaufgabe „Wareneingangsprüfung iO-Ware" vor und zeigt noch einmal auf, bei welchen Arbeitsschritten welche RM-QSS-Module Verwendung finden.	
Ablauf:	**Verwendete Lernregeln:**
❑ Erläuterungen ⇨ Kurze Orientierung über die Funktionen der einzelnen Module, die für die Arbeitsaufgabe „Wareneingangsprüfung iO-Ware" benötigt werden ⇨ Zuordnung der Module zu den jeweiligen Arbeitsschritten ⇨ Vorstellung der Lernregel „Reihenfolge der Modulauswahl bei iO-Ware"	• Reihenfolge der Modulauswahl bei iO-Ware
II. Arbeitsschritt: Warenannahmebuchung ☞ **Praktische Übung:** Selbständige Ausführung des Arbeitsschrittes unter Einsatz der Lernregel „Verbuchung von iO-Ware"	
Ablauf:	**Verwendete Lernregeln:**
❑ Systemaufruf ⇨ 2 Personen pro Systemeinheit, Aufruf von R2 ❑ Aufruf von TL 01 ⇨ Anwendung der Lernregel „Verbuchung von iO-Ware" Abschnitt „Aufruf TL01" (Erste Person liest die Anweisungen vor, die zweite führt die Anweisungen aus) ❑ Aufruf Bestelldaten ⇨ Benötigte Informationen sollen Orginalbelegen entnommen und von den Schulungsteilnehmern selbständig eingegeben werden ⇨ Buchung in den Qualitätssperrbestand wird vom System automatisch durchgeführt ⇨ Anwendung der Lernregel „Verbuchung von iO-Ware" Abschnitte „Warenanahmebuchung" und „Abgleich zwischen Bestell- und Liefermenge" (Erste Person liest die Anweisungen vor, die zweite führt die Anweisungen aus)	• Verbuchung von iO-Ware

Abbildung 6.12: Seminarablauf zu Lernaufgabe II - Teil I

III. Arbeitsschritt: Warenprüfung durchführen ☞ **Praktische Übung:** Selbständige Ausführung des Arbeitsschrittes	
Ablauf:	**Verwendete Lernregeln:**
❑ (Aufgrund der Eingaben werden Stichprobenumfang + Prüfanweisung vom System automatisch ausgedruckt) ❑ Durchführung der Wareneingangsprüfung bzw. Verteilung eines Prüfdokumentes über iO-Prüfung	
IV. Arbeitsschritt: Verwendungsentscheid erstellen ☞ **Praktische Übung:** Selbständige Ausführung des Arbeitsschrittes	
Ablauf:	**Verwendete Lernregeln:**
❑ Aufruf Modul QA 12 ⇨ 2 Personen pro Systemeinheit, Anwendung der Lernregel „Verbuchung von iO-Ware" Abschnitt „Aufruf QA12" (Erste Person liest die Anweisungen vor, die zweite führt die Anweisungen aus) ⇨ Aufruf Los-Daten ⇨ Aufruf Liste möglicher Verwendungsentscheide ⇨ Verwendungsentscheid erstellen ⇨ Anwendung der Lernregel „Verbuchung von iO-Ware" Abschnitte „Verwendungsentscheid"und „Dynpro 100"	• Verbuchung von iO-Ware
V. Arbeitsschritt: Maßnahmen veranlassen ☞ **Praktische Übung:** Selbständige Ausführung des Arbeitsschrittes	
Ablauf:	**Verwendete Lernregeln:**
❑ Aufruf ZL 11 ⇨ 2 Personen pro Systemeinheit,Anwendung der Lernregel „Verbuchung von iO-Ware" Abschnitt „Aufruf ZL11" (Erste Person liest die Anweisungen vor, die zweite führt die Anweisungen aus) ❑ Ausfüllen von Dynpro 000 ⇨ Informationen sollen Orginalbelegen entnommen und von den Schulungsteilnehmern selbständig eingegeben werden ⇨ Umbuchung vom Qualitätssperrbestand auf Lager erfolgt automatisch ⇨ Anwendung der Lernregel „Verbuchung von iO-Ware" Abschnitt „Dynpro 000" (Erste Person liest die Anweisungen vor, die zweite führt die Anweisungen aus)	• Verbuchung von iO-Ware

Abbildung 6.13: Seminarablauf zu Lernaufgabe II - Teil II

6.3.7 Bewertung des Schulungsansatzes

Das Ziel der aufgabenorientierten Benutzerschulung nach der CLAUS-Methode war, die Schulungsteilnehmer möglichst effektiv auf den Einsatz eines neuen EDV-Systems vorzubereiten. Durch die Ausrichtung der Qualifizierungsmaßnahmen an den praktisch zu bearbeitenden Arbeitsaufgaben sollte vor allem das Manko traditioneller, sachlogisch orientierter Schulungskonzepte überwunden werden, das in der mangelhaften Umsetzungsorientierung liegt. Um die Zielerreichung zu bewerten, ist eine geeignete Lernerfolgskontrolle erforderlich, die beispielsweise auf den im CLAUS-Ansatz beschriebenen Prüfungskonzepten beruhen könnte. Da aber das Partnerunternehmen die 32 Schulungsteilnehmer keiner Prüfungssituation aussetzen wollte, bestand keine Möglichkeit entsprechende Daten zu erheben. Die Bewertung der Qualifizierungsmaßnahmen beschränkt sich daher auf eine anonyme, schriftliche Befragung der Schulungsteilnehmer, die im Anschluß an die Schulung einen standardisierten Fragebogen ausgefüllt hatten. Obwohl die Befragungsergebnisse nur eine begrenzte Aussagefähigkeit besitzen und lediglich subjektive Meinungen der Betroffenen wiedergeben, erlaubten sie dennoch Rückschlüsse auf die Qualität der Benutzerschulung.

Das zentrale Merkmal der Benutzerschulung nach der CLAUS-Methode war die Ausrichtung an den im Arbeitsalltag zu bearbeitenden Aufgaben. Hierdurch sollten die Teilnehmer eine klare Vorstellung darüber erlangen, wie RM-QSS ihre Arbeitsaufgaben unterstützt. In welchem Umfang dieses Ziel erreicht werden konnte, zeigen die in Abbildung 6.14 dargestellten Befragungsergebnisse.

Die Ergebnisse zeigen, daß der Mehrzahl der Teilnehmer eine klare Vorstellung über die Unterstützungsmöglichkeiten durch RM-QSS vermittelt werden konnte. Vergleichbare Ergebnisse lieferte auch die Frage zum sicheren Umgang mit RM-QSS. Hier wurde danach gefragt, inwieweit der Ansatz, daß der Schulungsleiter Arbeitsabläufe und Systemfunktionen erklärte und die Schulungsteilnehmer unmittelbar danach die Möglichkeit hatten das Erlernte praktisch zu erproben, dazu beigetragen hat, möglichst schnell zu einem sicheren Umgang mit dem System zu kommen. Den Aussagen in Abbildung 6.15 ist zu entnehmen, daß auch hier das Ziel weitgehend erreicht wurde.

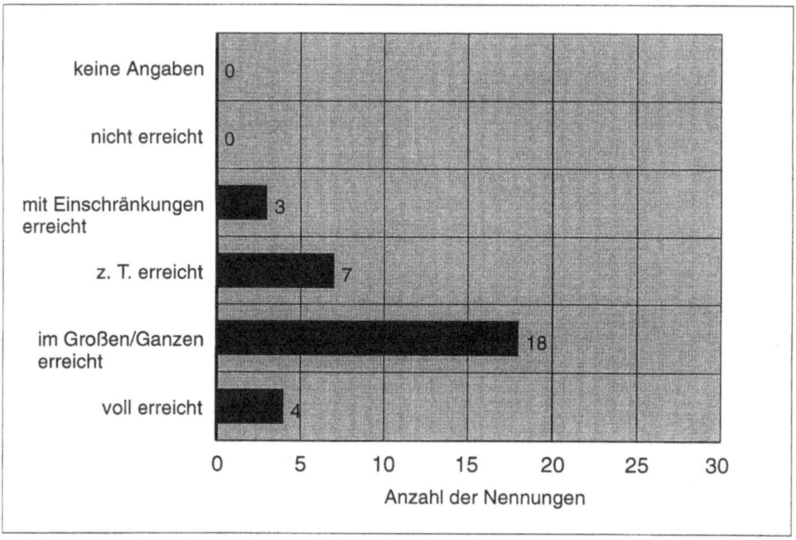

Abbildung 6.14: Zielerreichung in bezug auf eine klare Vorstellung über die Unterstützungsmöglichkeiten durch RM-QSS

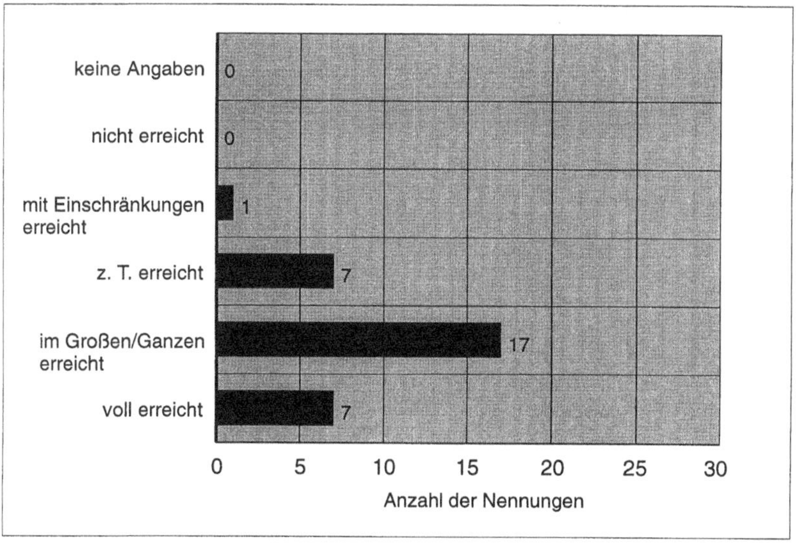

Abbildung 6.15: Zielerreichung in bezug auf einen sicheren Umgang mit RM-QSS

Ein wesentliches Kennzeichen der CLAUS-Methode ist, daß pro Lernaufgabe nur das Wissen vermittelt wird, welches zu ihrer Bearbeitung unbedingt erforderlich ist. Durch eine schrittweise Steigerung des Anforderungsniveaus der Lernaufgaben im Verlauf der Schulung soll eine Qualifizierungsstrategie realisiert werden, die den Schulungsteilnehmer nicht überfordert, sondern seine Qualifikationen stetig erweitert und vertieft. Bei Benutzerschulungen zu komplexen Softwareprodukten wie RM-QSS zeigen sich die Vorteile eines solchen Ansatzes besonders deutlich. Aufgrund des Umfanges und der Komplexität der zu vermittelnden Inhalte ist hier die Gefahr einer kognitiven Überforderung der Schulungsteilnehmer sehr hoch. Enthält das Schulungskonzept keine entsprechenden Gegenstrategien, ist nicht auszuschließen, daß die Teilnehmer zu Beginn der Veranstaltung den Ausführungen vielleicht noch konzentriert folgen, aber schon nach relativ kurzer Zeit derart überfordert sind, daß sie keine neuen Inhalte mehr aufnehmen können. Wie die in Abbildung 6.16 aufgeführten Befragungsergebnisse zeigen, konnte mit der RM-QSS-Schulung nach der CLAUS-Methode eine stetige Qualifikationserweiterung erreicht werden.

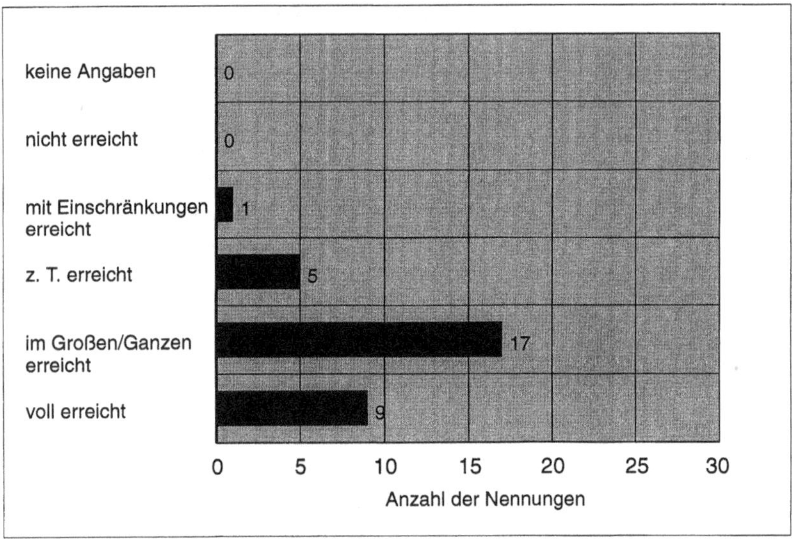

Abbildung 6.16: Zielerreichung in bezug auf eine stetige Qualifikationserweiterung

Die Orientierung an den Lernaufgaben führt zu einem modularen Schulungskonzept, das verschiedene Vorteile bietet. So erschließt es die Möglichkeit, die Schulung in begrenztem Umfang zeitlich zu „entzerren“ und auf unterschiedliche Zeitpunkte aufzuteilen. Da jede der ganzheitlichen, gestuften Lernaufgaben einen in sich geschlossenen Lehr- bzw. Lernabschnitt darstellt, muß die Benutzerschulung nicht zwangsläufig in Form einer Kompaktveranstaltung durchgeführt werden. Vielmehr eröffnet sich vor allem bei unternehmensintern durchzuführenden Qualifizierungsmaßnahmen die Chance, die durch Lernaufgaben definierten Schulungsabschnitte beispielsweise an mehreren Tagen nacheinander durchzuführen. Hierdurch wird die Zeit, die die Schulungsteilnehmer ununterbrochen ihrem Arbeitsplatz fern bleiben müssen, drastisch reduziert, und es bietet sich die Chance, zeitliche Freiräume der Mitarbeiter geschickt zu Qualifizierungszwecken zu nutzen.

Ein weiterer Vorteil dieses modularen Aufbaus liegt darin, daß die relativ kompakten, in sich geschlossenen Schulungsabschnitte für den Schulungsteilnehmer leichter überschaubar sind. Hierdurch und aufgrund der Tatsache, daß die einzelnen Module systematisch aufeinander aufbauen, wird ein wesentlicher Beitrag dazu geleistet, die Schulungsteilnehmer nicht zu überfordern. Im Zusammenhang mit der Bewertung der Benutzerschulung, die als Kompaktveranstaltung durchgeführt wurde, sollten die Teilnehmer die Aufteilung der Schulung in abgegrenzte Blöcke beurteilen. Die in Abbildung 6.17 aufgeführten Befragungsergebnisse belegen deutlich, daß dieser Ansatz auf eine sehr positive Resonanz bei den Schulungsteilnehmern gestoßen ist.

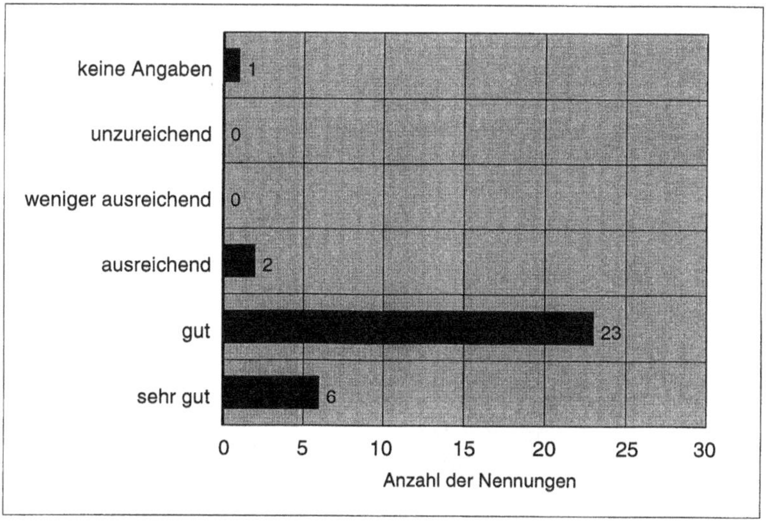

Abbildung 6.17: Bewertung der Aufteilung der Schulung in abgegrenzte Blöcke

Betrachtet man diese Befragungsergebnisse zusätzlich vor dem Hintergrund der Aussagen zum Anforderungsniveau (Abb. 6.20), zur Dauer der einzelnen Schulungsblöcke (Abb 6.18) sowie der gesamten Schulung (Abb. 6.19) läßt sich schlußfolgern, daß der realisierte Qualifizierungsansatz den Anforderungen und Bedürfnissen der Schulungsteilnehmer in großem Umfang gerecht werden konnte.

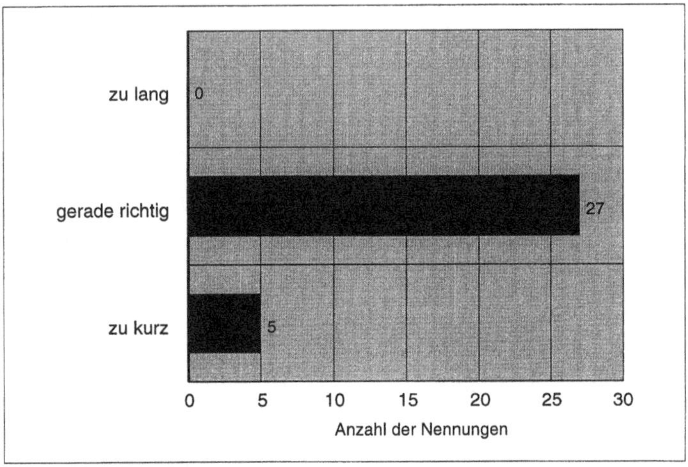

Abbildung 6.18: Bewertung der Dauer der einzelnen Schulungsblöcke

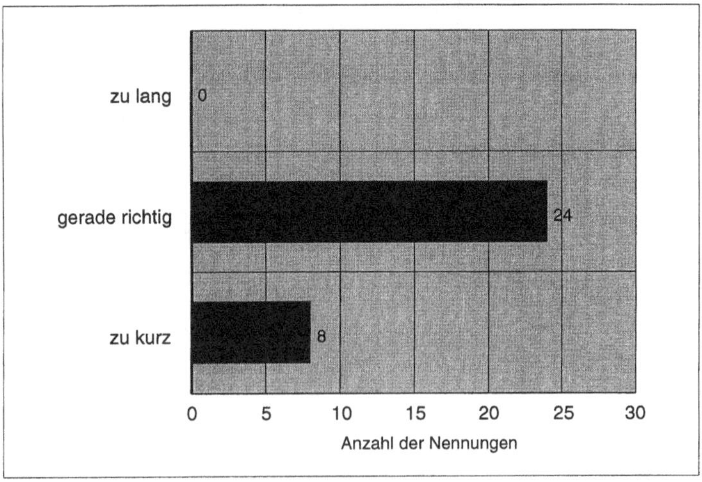

Abbildung 6.19: Bewertung der Dauer der gesamten Schulung

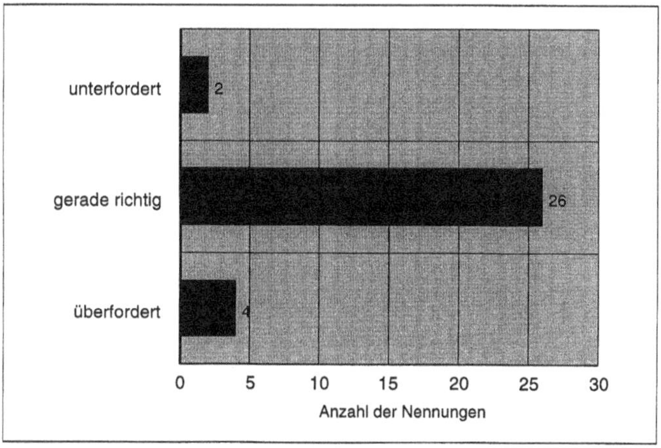

Abbildung 6.20: Bewertung des Anforderungsniveaus der Schulung

Die abschließenden Frage zum aufgabenorientierten Schulungsansatz lautete, ob sich die Schulungsteilnehmer gut auf das Tagesgeschäft vorbereitet fühlten. Diese Frage war im Fragebogen mit ja oder nein zu beantworten. Die in Abbildung 6.21 dargestellte Fragebogenauswertung zeigt deutlich, daß dies bei der überwiegenden Mehrheit der Schulungsteilnehmer tatsächlich der Fall war. Lediglich drei Teilnehmer hatten diese Frage mit nein beantwortet, drei weitere konnten sich zu keiner eindeutigen Aussage entschließen.

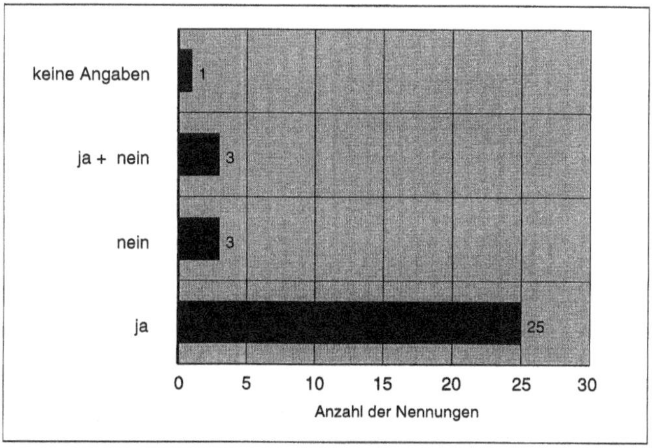

Abbildung 6.21: Zielerreichung in bezug auf eine gute Vorbereitung auf das Tagesgeschäft

In engem Zusammenhang mit den Aussagen bezüglich der Vorbereitung auf das Tagesgeschäft ist auch die Frage nach der Verwendbarkeit der Schulungsinhalte in der Praxis zu sehen. Den Angaben in Abbildung 6.22 läßt sich entnehmen, daß nach Ansicht der Befragten die Schulungsinhalte einen hohen praktischen Nutzen besitzen. Dies dürfte insbesondere darauf zurückzuführen sein, daß sich die Schulung konsequent an den auszuführenden Arbeitstätigkeiten orientiert hatte und damit einen hohen Praxisbezug aufwies.

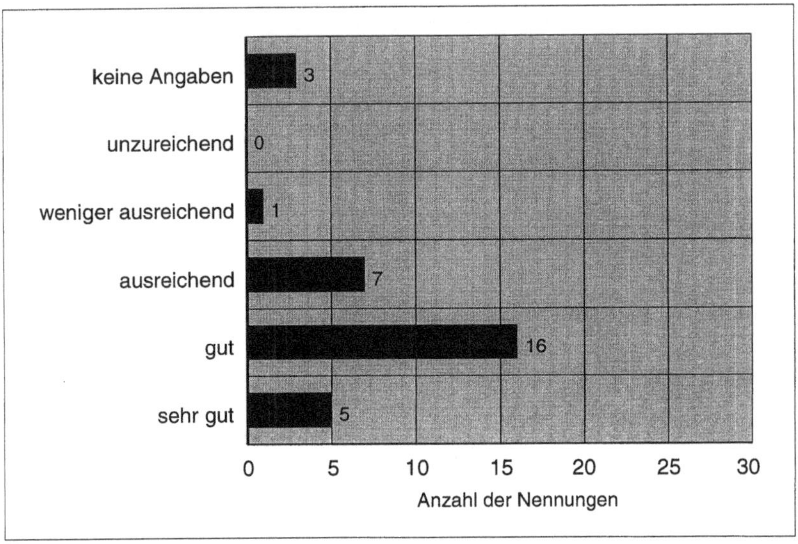

Abbildung 6.22: Verwendbarkeit der Schulungsinhalte im Tagesgeschäft

Ein weiterer Grund für den hohen Praxisbezug ist in der Abstimmung von theoretischen Lehrabschnitten und praktischen Übungseinheiten zu suchen. Die Bewertungen bezüglich der Zielerreichung in bezug auf einen sicheren Umgang mit RM-QSS deuteten schon darauf hin, daß ausreichende Übungsmöglichkeiten vorgesehen waren, um die theoretisch vermittelten Inhalte praktisch anwenden zu können. Um zu überprüfen, wie die Teilnehmer die angebotenen Übungsmöglichkeiten wahrgenommen hatten, sollten sie diese im Rahmen der Seminarbewertung beurteilen. Die in Abbildung 6.24 dargestellten Befragungsergebnisse zeigen, daß die Bewertung der Übungsmöglichkeiten durch die Seminarteilnehmer sehr positiv ausgefallen ist.

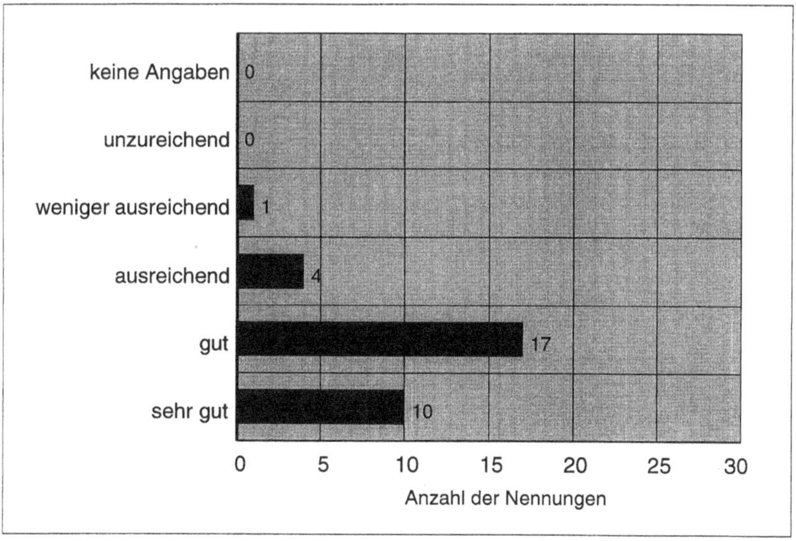

Abbildung 6.23: Bewertung der Übungsmöglichkeiten

Der letzte Abschnitt der Seminarbewertung bezog sich auf den Einsatz der in Anlehnung an die CLAUS-Methode entwickelten Lernregeln. Die beispielhafte, in Abbildung 6.9 dargestellte Lernregel legt die Vermutung nahe, daß diese aufgrund des relativ hohen Abstraktionsgrades nicht unbedingt selbsterklärend und anschaulich ist. Insofern sollte die Befragung auch darüber Aufschluß geben, wie die Schulungsteilnehmer die Verständlichkeit dieses Hilfsmittels nach seiner Anwendung im Schulungsverlauf bewerten. Abbildung 6.24 zeigt die entsprechenden Befragungsergebnisse. Anders als erwartet fiel die Einschätzung vergleichsweise positiv aus. Dies dürfte insbesondere darauf zurückzuführen sein, daß sich im strukturellen Aufbau der Lernregeln der Ablauf des entsprechenden Schulungsabschnittes widerspiegelt. Die Schulungsteilnehmer sind hierdurch in der Lage, direkte Assoziationen zwischen der schematisierten Darstellung und den im Verlauf der Lehrveranstaltung detailliert erläuterten Arbeitsschritten sowie dem hierbei vermittelten Fachwissen zu bilden. Dies ermöglicht ihnen eine andere Interpretation als dies bei einem unbedarften Anwender der Fall wäre.

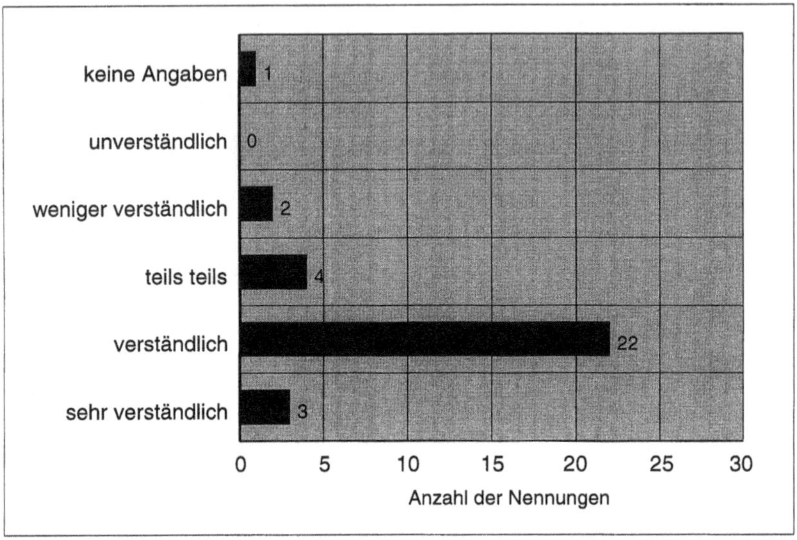

Abbildung 6.24: Bewertung der Verständlichkeit der Lernregeln

Ein weiteres Ziel bei der Entwicklung der Lernregeln war, daß diese im Rahmen der Schulung, aber auch im Arbeitsalltag den Einsatz von RM-QSS unterstützen sollten. Daher zielten zwei Fragen darauf ab, ihren Nutzen einerseits im Rahmen der Schulung andererseits im Tagesgeschäft abzuschätzen. Die Abbildungen 6.25 und 6.26 zeigen die entsprechenden Befragungsergebnisse. Bei beiden wurde der Nutzen relativ hoch bewertet. Insofern ist davon auszugehen, daß der hohe Entwicklungsaufwand gerechtfertigt ist und Lernregeln ein Werkzeug darstellen, das - sofern es dem zukünftigen Systembenutzer im Rahmen einer Schulung in geeigneter Form nahegebracht wird - auch im Tagesgeschäft wichtige Hilfestellungen geben kann.

Zusammenfassend läßt sich festhalten, daß der aufgabenorientierte Qualifizierungsansatz im Sinne der CLAUS-Methode ein zwar aufwendiger aber erfolgversprechender Weg zur Entwicklung von Benutzerschulungen ist. Die Ausrichtung an den praktisch auszuführenden Arbeitsaufgaben ist ein Garant dafür, daß die Schulungsteilnehmer effektiv auf den Einsatz eines EDV-Systems vorbereitet und der zusätzliche Einarbeitungsaufwand nach Abschluß der Qualifizierungsmaßnahmen minimiert werden können. Zudem hat das beschriebene Fallbeispiel neue Möglichkeiten aufgezeigt, wie sich Arbeitsanalyseverfahren im Zusammenhang mit der Konzeption von Qualifizierungsmaßnahmen einsetzen lassen.

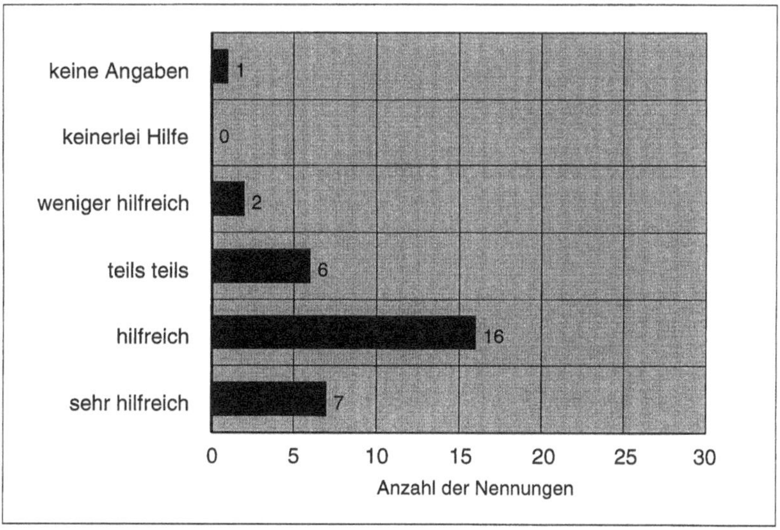

Abbildung 6.25: Verwendbarkeit der Lernregeln im Rahmen der Schulung

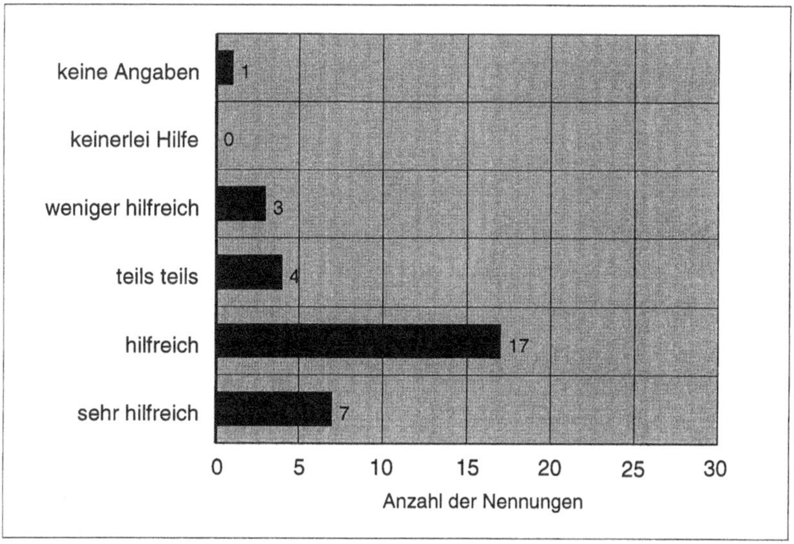

Abbildung 6.26: Verwendbarkeit der Lernregeln im Tagesgeschäft

Die bislang in der einschlägigen Fachliteratur dargestellten Anwendungsmöglichkeiten beschränken sich im wesentlichen auf die Bestimmung der Regulationserfordernisse einer Arbeitsaufgabe. Aus diesen lassen sich dann mehr oder weniger unsystematisch die zur Bearbeitung erforderlichen Lehr- und Lerninhalte ableiten. In den obigen Ausführung wurde jedoch gezeigt, daß sich darüber hinaus auch softwarespezifische Qualifizierungsinhalte mit Hilfe geeigneter Instrumente bestimmen lassen. Der Einsatz softwareergonomischer Analyseverfahren (z. B. der Leitfaden EVADIS II) liefert beispielsweise wertvolle Informationen über systemspezifische Eigenschaften wie verfügbare Funktionen, spezifische Besonderheiten der Systembenutzung, Softwarefehler oder -instabilitäten. Die Berücksichtigung solcher Systemeigenschaften bei der Konzeption einer Benutzerschulung stellt sicher, daß die zu qualifizierenden Personen eine realistische Vorstellung bezüglich der Stärken und Schwächen eines Softwareproduktes gewinnen und mit eventuell im Praxisalltag auftretenden Schwierigkeiten besser umgehen können.

Bei der hier vorgestellten aufgabenorientierten RM-QSS-Schulung nach der CLAUS-Methode wurden darüber hinaus Arbeitsanalyseverfahren zur Festlegung des strukturellen Schulungsaufbaus eingesetzt. Wie oben schon erläutert ist eine Besonderheit der CLAUS-Methode die Verwendung eines Lernaufgabensystems. Arbeitsanalyseverfahren, wie beispielsweise die Kontrastive Aufgabenanalyse, verfügen über deskriptive Verfahrensmodule, die die Entwicklung von Lernaufgaben systematisch unterstützen. So ist ein wesentlicher Schritt einer KABA-Analyse die Abgrenzung von Arbeitsaufgaben und deren systematische Untergliederung in einzelne Arbeitseinheiten. In weiteren Untersuchungsschritten werden dann den einzelnen Arbeitseinheiten z. B. die zur Ausführung benötigten I&K-Techniken zugeordnet oder die Arbeitsschritte ermittelt, die das Regulationsniveau der Aufgabe determinieren. Die so gewonnenen Informationen bilden die ideale Grundlage zur Beschreibung der Gesamtlernaufgabe, aus der sich wiederum die einzelnen Lernaufgaben und ihre erfolgsbestimmenden Teilaufgaben ableiten lassen. Insofern sind geeignete Arbeitsanalyseverfahren zweckmäßige Hilfsmittel, die die Entwicklung von Schulungen nach der CLAUS-Methode systematisch unterstützen können.

7 Zusammenfassung und Ausblick

Ziel der vorliegenden Arbeit war es, auf Basis theoretisch begründeter Anforderungen ein Arbeitsanalyseinventar zusammenzustellen und zu erproben, das eine umfassende Evaluation rechnerunterstützter Büroarbeitssysteme ermöglicht. Der Begriff „umfassend" soll in diesem Zusammenhang zum Ausdruck bringen, daß im Rahmen eines anthropozentrischen Bewertungsansatzes alle relevanten Arbeitssystemelemente und alle Ebenen humaner Arbeit angemessene Berücksichtigung finden.

Eine Prämisse der Entwicklungsarbeit war, daß kein vollkommen neues Evaluationsinstrumentarium entwickelt werden sollte. Vielmehr zielten die Forschungsaktivitäten darauf ab, vorhandene Arbeitsanalyseverfahren für den Bürobereich zu einem geeigneten Verfahrensinventar zu kombinieren. Dabei sollte diese Kombination anerkannter Instrumentarien eine umfassende Evaluation in obigem Sinne ermöglichen und gleichzeitig möglichst wenig Redundanzen zwischen den einzelnen Verfahrensmodulen aufweisen.

Die Art der unterschiedlichen Evaluationsobjekte erforderte den Einsatz von Arbeitsanalyseverfahren, die verschiedensten Fachdisziplinen entstammen und unterschiedliche theoretische Fundierungen besitzen. Hieraus folgte zunächst die Notwendigkeit zu klären, welches die „relevanten" Arbeitssystemelemente sind und wie sich diese bewerten lassen. Auf Basis theoretischer Ausführungen zur Kennzeichnung rechnerunterstützter Büroarbeitssysteme wurde ein Arbeitssystemmodell entwickelt. Unter Einbeziehung arbeitspsychologischer Erkenntnisse ließen sich die zu untersuchenden Elemente sowie die ebenfalls zu berücksichtigenden Beziehungen zwischen ihnen identifizieren. Um die Frage zu klären, mit Hilfe welcher arbeitsanalytischen Ansätze die einzelnen Arbeitssystemelemente evaluiert werden können, mußte der Gegenstandsbereich der Arbeitsanalyse untersucht werden. In diesem Zusammenhang wurden u.a. eine Taxonomie für Arbeitsanalyseverfahren entworfen, die theoretischen Grundlagen der verschiedene Ansätze untersucht und geklärt, wie und unter welchen Voraussetzungen sich verschiedene Verfahren miteinander kombinieren lassen.

Auf Basis dieser Vorarbeiten wurde eine Verfahrenskombination vorgestellt, die eine umfassende Analyse rechnerunterstützter Büroarbeitssysteme ermöglicht. Zentrale Bausteine sind Verfahren zur psychologischen Tätigkeitsanalyse, die durch je ein Verfahren zur Analyse und Bewertung der eingesetzten Dialogsysteme und der Arbeitsplatzgestaltung ergänzt werden. Obwohl es sich bei den ausgewählten Arbeitsanalyseverfahren um anerkannte Instrumente handelt, hat deren genaue Analyse verschiedene Verbesserungspotentiale gezeigt. Zum Teil war es möglich, die Defizite durch die Kombination mit anderen Instrumenten bzw. die Entwicklung eines neuen Analyseinstrumentes auszugleichen. Teilweise mußten sich aber die Ausführungen darauf beschränken, insbesondere in bezug auf testtheoretische Fragestellungen, weiteren Forschungsbedarf aufzuzeigen.

Ein Arbeitsanalyseinventar, welches eine umfassende Analyse rechnerunterstützter Büroarbeitssysteme ermöglicht, verursacht zwangsläufig einen relativ hohen Untersuchungsaufwand. Wenngleich bei der vorliegenden Arbeit untersuchungsökonomische Fragen eine untergeordnete Bedeutung hatten, sollte das Aufwand/Nutzen-Verhältnis dennoch nicht gänzlich unberücksichtigt bleiben. Ziel der Verfahrenserprobung war es daher, neben der Überprüfung von „traditionellen“ Einsatzmöglichkeiten, auch neue Anwendungsfelder zu erschließen.

Die Erprobung des Verfahrensinventars erfolgte in einem realisierten und in einem Arbeitssystem, welches sich in der Entwicklung befand. Dieser Untersuchungsansatz sollte darüber Aufschluß geben, welche Verfahrensbestandteile in den unterschiedlichen Phasen des Lebenszyklus eines Arbeitssystems anwendbar sind und welche Ergebnisse sie jeweils liefern können. Die Erprobung im realisierten Arbeitssystem hat einerseits gezeigt, daß das Analyseinventar detaillierte Aussagen zu den untersuchten Evaluationsobjekten und den Beziehungen zwischen ihnen liefert. Die Anforderungen einer umfassenden Analyse wurden erfüllt und Defizite der einzelnen Teilverfahren kompensiert. Andererseits wurde deutlich, daß der Einsatz des Gesamtverfahrens synergetische Vorteile bringt. Untersuchungsergebnisse einzelner Teilverfahren erhielten erst dann ihre volle Aussagekraft, wenn man sie im Kontext mit anderen Verfahrensergebnisse betrachtete. Insgesamt ließ sich feststellen, daß das Verfahrensinventar es ermöglicht, systematisch Stärken und Defizite der Arbeitsgestaltung zu identifizieren, Prioritäten für Verbesserungsmaßnahmen festzulegen und Gestaltungsmaßnahmen abzuleiten.

Der Schwerpunkt der Verfahrensanwendung bei der Entwicklung eines Arbeitssystems lag in der Unterstützung einer präventiven bzw. prospektiven Arbeitsgestaltung. Die Untersuchung hat gezeigt, daß nicht alle Bestandteile des Analyseinventars einsetzbar waren. Die verwendbaren Module aber leiten den Untersucher dazu an, systematisch Hinweise auf potentielle Probleme z.B. im Bereich der Informationsverarbeitung zu identifizieren. Auch die Analyse eines Softwareprototypen, der in dem geplanten Arbeitssystem zur Anwendung kommen sollte, hat zu ähnlichen Ergebnissen geführt. Die Untersuchung hat Verbesserungsnotwendigkeiten im Bereich der softwareergonomischen Gestaltung aufgedeckt, wobei die im EVADIS II-Leitfaden enthaltenen Gestaltungshinweise es unmittelbar erlauben, geeignete Verbesserungsmaßnahmen abzuleiten. Dieser Aspekt ist insbesondere im Zusammenhang mit dem Einsatz von

Arbeitsanalyseverfahren als Gestaltungshilfsmittel von Bedeutung. Die Untersuchungen haben gezeigt, daß die Bewertungskriterien von Instrumentarien, die sich vorwiegend auf technische Aspekte des Arbeitssystems beziehen (z.B. die ergonomische Gestaltung des Arbeitsplatzes und der Software), i.d.R. einen so hohen Detaillierungsgrad besitzen, daß sie unmittelbar als Gestaltungrichtlinien nutzbar sind. Im Gegensatz dazu sind die Bewertungskriterien psychologischer Tätigkeitsanalysen sehr abstrakt formuliert. Aber auch diese lassen sich zu Gestaltungszwecken nutzen. An einem Beispiel wurde gezeigt, wie für das Bewertungskriterium „Feedback" zunächst ein spezifischer Feedbackprozeß modelliert und darauf aufbauend ein Softwaresystem implementiert wurde, welches diesen Prozeß unterstützt.

Ein weiterer Schwerpunkt war der Einsatz eines einzelnen Verfahrensabschnittes bei der Entwicklung von Benutzerschulungen. Hier wurde in Anlehnung an die CLAUS-Methode erstmals ein aufgabenorientierter Qualifizierungsansatz für den Bürobereich entwickelt und praktisch erprobt. Dabei hat sich gezeigt, daß Arbeitsanalyseverfahren außer zu den bekannten Anwendungsmöglichkeiten, die sich in erster Linie auf die Ableitung von Schulungsinhalten beziehen, auch zur Entwicklung der Schulungsstruktur essentielle Beiträge liefern können.

Die Erprobung des entwickelten Arbeitsanalyseverfahrens hat dessen Praktikabilität und das Nutzenpotential belegt. Dennoch haben die Verfahrensanwendung sowie die theoretischen Vorarbeiten weiteren Forschungsbedarf offengelegt:

- ❑ Der hier verfolgte bedingungsbezogene Analyseansatz abstrahiert von den individuellen Eigenschaften von Arbeitspersonen. Damit kann er kaum Aussagen darüber liefern, wie die objektiven Bedingungen subjektiv wahrgenommen und bewertet werden. Die Ausführungen in Kapitel 3 haben gezeigt, daß personenbezogene Arbeitsanalyseverfahren eine sinnvolle Ergänzung bedingungsbezogener Verfahren sein können. Insofern wäre zu klären, wie und mit Hilfe welcher personenbezogener Instrumente das vorliegende Analyseinventar ergänzt werden könnte, und welche Konsequenzen sich für die Evaluation rechnerunterstützter Büroarbeitssysteme daraus ergeben würden.

- ❑ Der Untersuchungsaufwand für die Verfahrensmodule zur Tätigkeits- und zur Arbeitsplatzanalyse bewegt sich in Bereichen, die auch bei anderen Verfahren zu finden sind. Die extrem aufwendigen Untersuchungen mit dem EVADIS II-Leitfaden werfen jedoch die Frage auf, wie dieses Verfahren, unter Beibehaltung des aufgabenorientierten Evaluationsansatzes, weiterzuentwickeln ist, um den erforderlichen Untersuchungsaufwand zu reduzieren.

8 Verzeichnisse

8.1 Literaturverzeichnis

89/391/EWG:
Rahmenrichtlinie - Richtlinie des Rates vom 12. Juni 1989 über die Durchführung von Maßnahmen zur Verbesserung der Sicherheit und des Gesundheitsschutzes der Arbeitnehmer bei der Arbeit, in: Amtsblatt der Europäischen Gemeinschaften vom 29.6.1989, Nr. L 183, Brüssel 1989

90/270/EWG:
Richtlinie des Rates vom 29. Mai 1990 über Mindestvorschriften bezüglich der Sicherheit und des Gesundheitsschutzes bei der Arbeit an Bildschirmgeräten, fünfte Einzelrichtlinie im Sinne von Artikel 16, Absatz 1 der Richtlinie 89/391/EWG, in: Amtsblatt der Europäischen Gemeinschaften vom 21.6.1990, Nr. L 156, Brüssel 1990

Alioth, A.; Frei, F.:
Sozio-technische Systeme: Prinzipien und Vorgehensweisen, in Organisationsentwicklung, o. Jg. (1990), Heft 4, S. 28 - 39

Arbeitsschutzgesetz vom 21. August 1996

Arbeitsstättenrichtlinie ASR 10/1:
Lüftung, zu § 10 Arbeitsstättenverordnung

Arbeitsstättenrichtlinie ASR 25/1:
Sitzgelegenheiten, zu § 25 Absatz 1 Arbeitsstättenverordnung

Arbeitsstättenrichtlinie ASR 5:
Lüftung, zu § 5 Arbeitsstättenverordnung

Arbeitsstättenrichtlinie ASR 6:
Raumtemperaturen, zu § 6 Arbeitsstättenverordnung

Baehr, M. E.:
The managerial and professional job functions inventory (formerly the work elements inventory), in: Gael, S. (Ed.): Job Analysis Handbook for Business Industry and Government, Vol. 2, New York 1988, pp. 1072 - 1085

Baethge, M.:
Qualifikation, in Speichert, H. (Hrsg.): Kritisches Lexikon der Erziehungswissenschaften und Bildungspolitik, Reinbeck 1975, S. 308 - 311

Baethge, M.; Oberbeck, H.:
Zukunft der Angestellten, Neue Technologien und berufliche Perspektiven in Büro und Verwaltung, Frankfurt, New York 1986

Baitsch, C.; Katz, C.; Spinas, P.; Ulich, E.:
Computerunterstützte Büroarbeit, Ein Leitfaden für Organisation und Gestaltung, Zürich 1989

Balzert, H.: Trends und Perspektiven der Software-Ergonomie, in: Balzert, H. (Hrsg.): Einführung in die Software-Ergonomie, Berlin, New York 1988, S. 345 - 374

Battmann, W.; Schönpflug, W.:
Bewältigung von Streß in Organisationen, in: Sonntag, Kh. (Hrsg.): Personalentwicklung in Organisationen, Göttingen, Bern, Toronto, Seattle 1992, S. 211 - 227

Bauer, H.-D.:
Bildschirme - Qualitätsanforderungen nach ergonomisch-physiologischen Kriterien, in: Luczak, H., Volpert, W. (Hrsg.) Handbuch Arbeitswissenschaft, Stuttgart 1997, S. 534 - 538

Beimel, J.; Schindler, R.; Wandke, H.:
Wie Experten der Software-Ergonomie den Teil 10 (Dialogue Principles) der ISO 9241 bewerten, in: Rödiger, K.-H. (Hrsg.): Software-Ergonomie ′93, Von der Benutzungsoberfläche zur Arbeitsgestaltung, Stuttgart 1993, S. 133 - 144

Bergdoll, K.; Häußermann, H.; Wulf, H.; Lüsebrink, K.; Petrowsky:
Mischarbeit und elektronische Textverarbeitung, Schriftenreihe „Humanisierung des Arbeitslebens“, Frankfurt/Main, New York 1987

Bergmann, B.:
Lernen in der Arbeit, in: Friede C. K.; Sonntag Kh.: (Hrsg.): Berufliche Kompetenz durch Training, Heidelberg 1993, S. 71 - 84

Bergmann, B.:
Lernförderung im Arbeitsprozeß, in: Bergmann, B.; Richter, P. (Hrsg.): Die Handlungsregulationstheorie - Von der Praxis einer Theorie, Bern, Göttingen, Toronto, Seattle 1994, S. 117 - 135

von Bertalanffy, L.:
Vorläufer und Begründer der Systemtheorie, in: Kurzrock, R. (Hrsg.): Systemtheorie, Berlin 1972, S. 17 - 28

von Bertalanffy, L.:
The Theory of Open Systems in Physics and Biology, in: Emery, F. E. (Hrsg.): Systems Thinking, Vol. 1, 7. revidierte Aufl., Bungay 1981, S. 83 - 99

Berufsgenossenschaftlicher Grundsatz für arbeitsmedizinische Vorsorgeuntersuchung „Bildschirm-Arbeitsplatz“ (G 37), Fassung 9/1982

Bildschirmarbeitsverordnung vom 21. Dezember 1996

Bokranz, R., Landau, K.:
Einführung in die Arbeitswissenschaft, Stuttgart 1991

Bonitz, D.:
Verfahren zur Beschreibung und Bewertung von Arbeitstätigkeiten (VBBA), Kassel 1989

Bonitz, D.:
Evaluation von Arbeitssystemen, Zwei Instrumente zur Bewertung von Arbeitstätigkeiten und Organisationsstrukturen, Frankfurt am Main 1995

Borowski, B:
Einseitige Körperhaltung am Arbeitsplatz - Darstellung der Verteilung und gesundheitlicher Risiken, BAU-Forschungsbericht Nr. 277, Dortmund 1981

Bortz, J.; Döring, N.:
Forschungsmethoden und Evaluation für Sozialwissenschaftler, 2. Aufl., Berlin, Heidelberg, New York 1995

Brandstätter H.:
Persönliche Verhaltens- und Leistungsbedingungen, in: Schuler, H. (Hrsg.): Organisationspsychologie, 2. korr. Aufl., Bern, Göttingen, Toronto, Seattle 1993, S. 213 - 233

Brodbeck, F. C.:
Fehlerbewältigungsdauer und die Nutzung von Unterstützungsmöglichkeiten, in: Frese, M., Zapf, D. (Hrsg.): Fehler bei der Arbeit mit dem Computer - Ergebnisse von Beobachtungen und Befragungen im Bürobereich, Bern, Göttingen, Toronto 1991, S. 80 - 94

Brodbeck F. C., Sonnentag, S.:
Arbeitsanforderungen und soziale Prozesse in der Software-Entwicklung, in: Coy, W., Gorny, P., Kopp, I., Skarpelis, C. (Hrsg.): Menschengerechte Software als Wettbewerbsfaktor, Stuttgart 1993, S. 248 - 258

Brodbeck F. C., Sonnentag, S., Keinbokel, T., Stolte, W., Frese, M.:
Tätigkeitsschwerpunkte und Qualifikationsanforderungen in der Software-Entwicklung: Eine empirische Untersuchung, in: Softwaretechnik-Trends, Band 13, o. Jg. (1993), Heft 2, S. 31 - 40

Bruggemann, A.:
Zur Unterscheidung verschiedener Formen von Arbeitszufriedenheit, in: Arbeit und Leistung, 28. Jg (1974), Heft. 11, S. 281 - 284

Bruggemann, A.:
Zur empirischen Untersuchung verschiedener Formen der Arbeitszufriedenheit, in: Zeitschrift für Arbeitswissenschaft, 30. Jg. (1976), Heft 2, S. 71 - 74

Brynjolfsson, E.:
The productivity paradox of information technology, in: Communications of the ACM, 36. Jg. (1993), Heft 12, S. 67 - 77

Bubb, H., Schmidtke, H.:
Systemstruktur, in: Schmidtke, H. (Hrsg.): Ergonomie, 3. neubearb. und erw. Aufl., München, Wien 1993, S. 305 - 333

Bubb, H.:
Körpermaße, in: Luczak, H.; Volpert, W. (Hrsg.): Handbuch Arbeitswissenschaft, Stuttgart 1997, S. 380 - 385

Bullinger, H. J.:
Das magische Dreieck Mensch - Organisation - Technik, in: Technische Rundschau, 82. Jg. (1990), Heft 31, S. 14 - 28

Bullinger, H.-J.; Fähnrich, K.-P.; Ziegler, J.:
Software-Ergonomie: Stand und Entwicklungstendenzen, in: Schönpflug, W.; Wittstock, M. (Hrsg.): Software-Ergonomie ´87, Nützen Informationssysteme dem Benutzer ?, Stuttgart 1987, S. 17 - 30

Bullinger, H.-J.; Solf, J.:
Ergonomische Arbeitsmittelgestaltung, Band I, II, III, Forschungsberichte der Bundesanstalt für Arbeitsschutz und Unfallforschung, Band 196, 197, 198, Dortmund 1979

Burmester, M.; Görner, C.; Hacker, W.; Kärcher, M.; Kurtz, P.; Lieser, U.; Risch, W.; Wieland-Eckelmann, R.; Wilde, H.: Das SANUS-Handbuch, Bildschirmarbeit EU-konform, Bremerhaven 1997

Büssing, A.:
Organisationsstruktur, Tätigkeit und Individuum: Untersuchungen am Beispiel der Pflegetätigkeit, Bern, Göttingen, Toronto, Seattle 1992

Büssing, A.; Glaser, J.:
Qualifikationserfordernisse und Qualifikationsmöglichkeiten als gesundheits- und persönlichkeitsfördernde Merkmale in der Arbeitstätigkeit, in: Zeitschrift für Arbeits- und Organisationspsychologie, 37. Jg. (1993), Heft 4, S. 154 - 162

Çakir, A.:
Belegestaltung für Bildschirm-Arbeitsplätze, BAU-Forschungsbericht Nr. 277, Dortmund 1981

Çakir, A.:
Beleuchtung und Farbe, in: Luczak, H.; Volpert, W. (Hrsg.): Handbuch Arbeitswissenschaft, Stuttgart 1997, S. 499 - 504

Çakir, A.; Franke, R. P.; Piruzram, M.:
Arbeitsplätze für Phonotypistinnen, BAU-Forschungsbericht Nr. 363, Dortmund 1983

Campbell, D. T.; Stanley, J. C.:
Experimental and quasiexperimental design for research, Chicago 1966

Christ, E.:
Schall, in: Luczak, H.; Volpert, W. (Hrsg.): Handbuch Arbeitswissenschaft, Stuttgart 1997, S. 504 - 508

Coy, W.; Nake, F.; Pflüger, J.-M.; Rolf, A.; Seetzen, J.; Siefkes, D.; Stransfeld, R. (Hrsg.): Sichtweisen der Informatik, Braunschweig 1992

von Cranach, M.:
Die Unterscheidung von Handlungstypen - Ein Vorschlag zur Weiterentwicklung der Handlungspsychologie, in: Bergmann, B.; Richter, P.(Hrsg.): Die Handlungsregulationstheorie, Göttingen, Bern, Toronto, Seattle 1994, S. 69 - 88

Cunningham, J. W.:
Occupational Analysis Inventory, in: Gael, S. (Ed.): Job Analysis Handbook for Business Industry and Government, Vol. 2, New York 1988, pp. 975 - 992

Cummings, T. G.; Svrivastva, S.:
Management of Work - A Socio-technical Systems Approach, Kent 1977

Dahlke, W.:
Vorsorgeuntersuchungen, in: Luczak, H.; Volpert, W. (Hrsg.): Handbuch Arbeitswissenschaft, Stuttgart 1997, S. 843 - 847

Derisavi-Fard, F.; Frieling, E.; Hilbig, I.:
Ermittlung der Belastung und Beanspruchung beim computerunterstützten Konstruieren, Untersuchungen bei Konstrukteuren aus dem Bereich Forschung und Entwicklung, Düsseldorf 1989

Deutsches Institut für Normung e. V. (Hrsg.):
DIN 277, Teil 2, Grundfläche und Rauminhalte von Bauwerken im Hochbau; Gliederung der Nutzflächen, Funktionsflächen und Verkehrsflächen (Netto-Grundfläche), Berlin 1987

Deutsches Institut für Normung e. V. (Hrsg.):
DIN 1946, Raumlufttechnik, Gesundheitstechnische Anforderungen (VDI-Lüftungsregeln), Teil 2, Berlin 1994

Deutsches Institut für Normung e. V. (Hrsg.):
DIN 2136, Büro- und Datentechnik, Alphanumerische Tastaturen, Tastenpositionsbezeichnung, Tastenbenennungssystem, Berlin 1988

Deutsches Institut für Normung e. V. (Hrsg.):
DIN 2137, Teil 2, Büro- und Datentechnik, Alphanumerische Tastaturen, Deutsche Tastatur für Text- und Datenverarbeitung, Belegung mit Schriftzeichen, Berlin 1988

Deutsches Institut für Normung e. V. (Hrsg.):
DIN 2137, Teil 6, Büro- und Datentechnik, Alphanumerische Tastaturen, Deutsche Tastatur für Text- und Datenverarbeitung, Belegung mit Funktionen, Berlin 1988

Deutsches Institut für Normung e. V. (Hrsg.):
DIN 2137, Teil 7, Büro- und Datentechnik, Alphanumerische Tastaturen, Deutsche Tastatur für Text- und Datenverarbeitung, Tastenanordnung und Maße, Berlin 1988

Deutsches Institut für Normung e. V. (Hrsg.):
DIN 2148, Büro- und Datentechnik, Tastaturen, Begriffe und Einteilung, Berlin 1982

Deutsches Institut für Normung e. V. (Hrsg.):
DIN 4543, Teil 1, Büroarbeitsplätze, Flächen für die Aufstellung und Benutzung von Büromöbeln, Sicherheitstechnische Anforderungen, Prüfung, Berlin 1994

Deutsches Institut für Normung e. V. (Hrsg.):
DIN 4549 (Entwurf), Schreibtische, Bildschirm-Arbeitstische und Büromaschinentische, Maße, Berlin 1989

Deutsches Institut für Normung e. V. (Hrsg.):
DIN 4551, Bürodrehstühle und Bürodrehsessel, Sicherheitstechnische Anforderungen, Prüfung, Berlin 1988

Deutsches Institut für Normung e. V. (Hrsg.):
DIN 4554, Büromöbel (ausgenommen Sitzmöbel), Anforderungen und Prüfung, Berlin 1986

Deutsches Institut für Normung e. V. (Hrsg.):
DIN 5035, Teil 1 Beleuchtung mit künstlichem Licht, Begriffe und allgemeine Anforderungen, Berlin 1990

Deutsches Institut für Normung e. V. (Hrsg.):
DIN 5035, Teil 2, Angewandte Lichttechnik, Entwurf, Berlin 1996

Deutsches Institut für Normung e. V. (Hrsg.):
DIN 31000, Sicherheitsgerechtes Gestalten technischer Erzeugnisse - Allgemeine Leitsätze, Berlin 1979

Deutsches Institut für Normung e. V. (Hrsg.):
DIN 33400 (Vornorm), Gestalten von Arbeitssystemen nach arbeitswissenschaftlichen Erkenntnissen, Begriffe und allgemeine Leitsätze, Berlin 1975

Deutsches Institut für Normung e. V. (Hrsg.):
DIN 33402, Teil 2: Körpermaße des Menschen, Werte, Berlin 1986

Deutsches Institut für Normung e. V. (Hrsg.):
Beiblatt 1 zu DIN 33402, Teil 2: Körpermaße des Menschen, Werte, Anwendung von Körpermaßen in der Praxis, Berlin 1984

Deutsches Institut für Normung e. V. (Hrsg.):
DIN 33403, Klima am Arbeitsplatz und in der Arbeitsumgebung, Einfluß des Klimas auf den Wärmehaushalt des Menschen, Teil 2, Berlin 1984

Deutsches Institut für Normung e. V. (Hrsg.):
DIN 33407, Arbeitsanalyse, Merkmale, Dezember 1980

Deutsches Institut für Normung e. V. (Hrsg.):
DIN 66234, Teil 1, Bildschirmarbeitsplätze - Geometrische Gestaltung der Schriftzeichen, Berlin 1980

Deutsches Institut für Normung e. V. (Hrsg.):
DIN 66234, Teil 2, Bildschirmarbeitsplätze, Wahrnehmbarkeit von Zeichen auf Bildschirmen, Berlin 1983

Deutsches Institut für Normung e. V. (Hrsg.):
DIN 66234 Teil 3, Gruppierung und Formatierung von Daten, Berlin 1981

Deutsches Institut für Normung e. V. (Hrsg.):
DIN 66234, Teil 3, Beiblatt 1, Gruppierung und Formatierung von Daten - Hinweise und Beispiele (Entwurf), Berlin 1983

Deutsches Institut für Normung e. V. (Hrsg.):
DIN 66234, Teil 5, Bildschirmarbeitsplätze - Codierung von Informationen, Berlin 1981

Deutsches Institut für Normung e. V. (Hrsg.):
DIN 66234, Teil 5, Beiblatt 1, Bildschirmarbeitsplätze - Codierung von Informationen - Verwendung von Grafik, Berlin 1988

Deutsches Institut für Normung e. V. (Hrsg.):
DIN 66234, Teil 5, Beiblatt 2, Bildschirmarbeitsplätze - Codierung von Informationen - Farbkombinationen, Berlin 1988

Deutsches Institut für Normung e. V. (Hrsg.):
DIN 66234, Teil 6, Bildschirmarbeitsplätze - Gestaltung des Arbeitsplatzes, Berlin 1984

Deutsches Institut für Normung e. V. (Hrsg.):
DIN 66234, Teil 7, Bildschirmarbeitsplätze - Ergonomische Gestaltung des Arbeitsraumes - Beleuchtung und Anordnung, Berlin 1984

Deutsches Institut für Normung e. V. (Hrsg.):
DIN 66234, Teil 8, Bildschirmarbeitsplätze - Grundsätze ergonomischer Dialoggestaltung, Berlin 1988

Deutsches Institut für Normung e. V. (Hrsg.):
DIN ISO 9241 Teil 3, Bildschirmgeräte für Bürotätigkeiten, Anforderungen an visuelle Anzeigen, Entwurf, Berlin 1989

Deutsches Institut für Normung e. V. (Hrsg.):
DIN EN ISO 9241, Teil 10, Ergonomische Anforderungen für Bürotätigkeiten mit Bildschirmgeräten, Grundsätze der Dialoggestaltung, deutsche Fassung, Berlin Juli 1996

Deutsches Institut für Normung e. V. (Hrsg.):
DIN EN 29241 Teil 10, Ergonomische Anforderungen für Bürotätigkeiten mit Bildschirmgeräten, Grundsätze der Dialoggestaltung, Entwurf, Berlin 1994

Dierkes, M.:
Organisationskultur und Leitbilder als Einflußfaktoren der Technikgenese - Thesen zur Strukturierung eines Forschungsfeldes, in: Dierkes, M. (Hrsg.): Die Technisierung und ihre Folgen - Zur Biographie eines Forschungsfeldes, Berlin 1993, 263 -276

Dierkes, M.; Hoffmann, U.; Marz, L.:
Leitbild und Technik - Zur Entstehung und Steuerung technischer Innovationen, Berlin 1992

Döring, B.:
Systemergonomische Belastungsanalyse bei hochautomatisierten Prozeßführungsaufgaben, in: Zeitschrift für Arbeitswissenschaft, 40. Jg. (1986), Heft 2, S. 75 - 82

Dörner, D.:
Die kognitive Organisation beim Problemlösen, Bern 1974

Dörner, D.:
Problemlösen als Informationsverarbeitung, Stuttgart, Berlin, Köln, Mainz 1976

Dreyfus, H. L.:
Die Grenzen der Künstlichen Intelligenz - Was Computer nicht können, Königstein 1985

Dunckel, H.:
Mehrfachbelastung am Arbeitsplatz und psychosoziale Gesundheit, Frankfurt 1985

Dunckel, H.:
Arbeitspsychologische Kriterien zur Beurteilung und Gestaltung von Arbeitsaufgaben im Zusammenhang mit EDV-Systemen, in: Maaß, S.; Oberquelle, H. (Hrsg.): Software-Ergonomie 89 - Aufgabenorientierte Systemgestaltung und Funktionalität, Stuttgart 1989, S. 69 - 79

Dunckel, H.:
Mehrfachbelastung und psychosoziale Gesundheit, in: Greif, S.; Bamberg, E.; Semmer, N.(Hrsg.): Psychischer Stress am Arbeitsplatz, Göttingen, Toronto, Zürich 1991, S. 154 - 167

Dunckel, H.:
Psychologisch orientierte Systemanalyse im Büro, Bern, Göttingen, Toronto, Seattle 1996

Dunckel, H.; Semmer, N.:
Streßbezogene Arbeitsanalyse: Ein Instrument zur Abschätzung von Belastungsschwerpunkten in Industriebetrieben, in Sonntag, Kh. (Hrsg.): Arbeitsanalyse und Technikentwicklung - Beiträge über Einsatzmöglichkeiten arbeitsanalytischer Verfahren bei technisch-organisatorischen Änderungen, Bachem 1987, S. 163 - 177

Dunckel, H.; Volpert, W.; Zölch, M.; Kreutner, U.; Pleiss, C.; Hennes, K.:
Konstrastive Aufgabenanalyse im Büro - Der KABA-Leitfaden, Grundlagen und Manual, Zürich und Stuttgart 1993 (a)

Dunckel, H.; Volpert, W.; Zölch, M.; Kreutner, U.; Pleiss, C.; Hennes, K.:
Konstrastive Aufgabenanalyse im Büro - Der KABA-Leitfaden, Arbeitsblätter, Zürich und Stuttgart 1993 (b)

Dzida, W.:
Das IFIP-Modell für Benutzerschnittstellen, in: Office Management, 31. Jg. (1983), S. 6 - 8

Dzida, W.:
Modellierung und Bewertung von Benutzerschnittstellen, in: Software Kurier, o.Jg. (1988), Heft 1, S. 13 - 28

Elias, H. J.; Gottschalk, B.; Staehle, W. H.:
Arbeitsstrukturierung auf der Grundlage der dualen Arbeitssituationsanalyse, in: Zeitschrift für Arbeitswissenschaft, 36 Jg. (1982), Heft 1, S. 1 - 8

Emery, F. E.:
Characteristics of Socio-Technical Systems, London 1959

Emery, F. E.; Trist, E. L.:
Socio-technical Systems, in: Churchman, C. W.; Verhulst, M. (Hrsg.): Management Science, Models and Techniques, Vol. 2, Pergamon 1960, S. 83 - 97

Emery, F.; Thorsrud, E.:
Industrielle Demokratie, Bericht über das norwegische Programm der industriellen Demokratie, Bern, Stuttgart, Wien 1982

Facaoaru, C., Frieling, E.:
Zur Problematik der Erfassung informatorischer und sensumotorischer Anforderungen und Belastungen - dargestellt an der Entwicklung des Tätigkeitsanalyseinventars, in: Zeitschrift für Arbeitswissenschaft, 45 Jg. /1991, Heft 3, S. 146 - 155

Fähnrich, K.-P.; Ziegler, J.:
Software-Ergonomie: Stand und Entwicklung, in Fähnrich, K.-P. (Hrsg.): Software-Ergonomie, State of the Art 5, München, Wien 1987, S. 9 - 28

Fahrenberg, J.:
Die Freiburger Beschwerdeliste FBL, in: Zeitschrift für klinische Psychologie, 2. Jg. (1975), S. 90 - 96

Fischer, L.:
Strukturen der Arbeitszufriedenheit, Göttingen 1989

Fischer, M.:
Verkehrsflächen und Flächen in Arbeitsräumen, in: Luczak, H., Volpert, W. (Hrsg.): Handbuch Arbeitswissenschaft, Stuttgart 1997, S. 871 - 877

Fornfeist, M.:
Kommunikationstechnik und Aufgabe, Organisatorische Aufgabenanalyse unter Berücksichtigung des Kommunikationsproblems, München 1985

Frei, F.:
Handlungsorientierte Tätigkeitsanalysen mit dem „Fragebogen zur Arbeitsanalyse"?, Eine Erwiderung auf den Beitrag von C. Graf Hoyos, in: Angewandte Arbeitswissenschaft, Mitteilungen des IfaA, 2. Jg. (1977), S. 54 - 60

Frei, F.:
Psychologische Arbeitsanalyse - eine Einführung zum Thema, in: Frei, F.; Ulich, E. (Hrsg.): Beiträge zur psychologischen Arbeitsanalyse, Bern, Stuttgart, Wien 1981, S. 11 - 36

Frei, F.; Hugentobler, M.; Alioth, A.; Duell, W.; Ruch, L.:
Die kompetente Organisation, Qualifizierende Arbeitsgestaltung - die europäische Alternative, Stuttgart 1993

Frese, M.:
Sressbedingungen in der Arbeit und psychosomatische Beschwerden: Eine kausale Interpretation, in: Greif, S.; Bamberg, E.; Semmer, N.(Hrsg.): Psychischer Stress am Arbeitsplatz, Göttingen, Toronto, Zürich 1991 (a), S. 120 - 134

Frese, M.:
Fehlermanagement: Konzeptionelle Überlegungen, in: Frese, M., Zapf, D. (Hrsg.): Fehler bei der Arbeit mit dem Computer - Ergebnisse von Beobachtungen und Befragungen im Bürobereich, Bern, Göttingen, Toronto 1991 (b), S. 139 - 150

Frese, M., Brodbeck, F.C.:
Computer in Büro und Verwaltung: Psychologisches Wissen für die Praxis, Berlin, Heidelberg, New York u. a. 1989

Frese, E.; von Werder, A.:
Bürokommunikation, in Frese, E. (Hrsg.): Handwörterbuch der Organisation, Enzyklopädie der Betriebswirtschaftslehre, Band 2, 3., völlig neu gestaltete Aufl., Stuttgart 1992, Sp. 374 - 390

Friedrich, J.:
Büro und Verwaltung, in: Friedrich, J.; Herrmann, T.; Peschek, M.; Rolf, A. (Hrsg.): Informatik und Gesellschaft, Heidelberg, Berlin, Oxford 1995, S. 56 - 65

Frieling, E., Hoyos, Graf C.:
Fragebogen zur Arbeitsanalyse (FAA), Bern 1978

Frieling, E.:
Psychologische Arbeitsanalyse, Stuttgart, Berlin, Köln, Mainz 1975

Frieling, E.:
Zur Generalisierung der Wirkung von Laborstressoren auf berufliche Belastung, in: Langosch, W. (Hrsg.): Psychosoziale Probleme und psychotherapeutische Interventionsmöglichkeiten bei Herzinfarktpatienten, München 1980, S. 271 - 279

Frieling, E:
Entwicklungsperspektiven für wissenschaftliche Arbeitsanalyseverfahren, in: Sonntag Kh. (Hrsg.): Arbeitsanalyse und Technikentwicklung, Köln 1987, S. 33 - 45

Frieling, E.:
Arbeitsanalysen - ein Beitrag zur Verbesserung der Arbeitsbedingungen, in: Bundesminister für Arbeit und Sozialordnung (Hrsg.): Prävention im Betrieb, Arbeitsbedingungen gesundheitsgerecht gestalten, Bonn 1992, S. 118 - 135

Frieling, E.:
Analyse von Arbeitstätigkeiten - eine Problemanalyse, in: Bungard, W.; Herrmann, T.: Arbeits- und Organisationspsychologie im Spannungsfeld zwischen Grundlagenorientierung und Anwendung, Bern, Göttingen, Toronto, Seattle 1993, S. 251 - 265

Frieling, E.:
Anforderungsanalyse, in Luczak, H; Volpert, W. (Hrsg.): Handbuch Arbeitswissenschaft, Stuttgart 1997, S. 963 - 968

Frieling, E.; Facaoaru, C.; Benedix, J.; Pfaus, H., Sonntag, K.:
Das Tätigkeits-Analyse-Inventar (TAI) - Aufbau und Nutzungsweisen, in: Zeitschrift für Arbeitswissenschaft, 45. Jg. (1991), Heft 4, S. 223 - 229

Frieling, E.; Facaoaru, C.; Benedix, J.; Pfaus, H.; Sonntag, K.:
Das Tätigkeits-Analyse-Inventar (TAI) - Theorie Auswertung Praxis - Handbuch und Verfahren, Landsberg 1993

Frieling, E.; Hoyos, Graf C.:
Fragebogen zur Arbeitsanalyse (FAA), Bern 1978

Frieling, E.; Sonntag, Kh.:
Lehrbuch Arbeitspsychologie, Bern, Stuttgart, Toronto 1987

Fürstenberg, F.:
Prozeßorientierte Arbeitsforschung, in: Zeitschrift für Arbeitswissenschaft, 47. Jg. (1993), Heft 3, S. 156 - 159

Gablenz-Kolakovic, S.; Krogoll, T.; Oesterreich, R.; Volpert, W.:
Subjektive oder objektive Arbeitsanalyse?, in: Zeitschrift für Arbeitswissenschaft, 35. Jg. (1981), Heft 4, S. 217 - 220

Gaußmann A.; Schmidt, M.; Volkholz, V.:
Monotonie am Arbeitsplatz, BAU-Forschungsbericht Nr. 282, Dortmund 1981

Graunke, H.; Julich, H.; Petersen, H.-C.; Schäfer, H.; Strupp, K.:
Humanisierung der Arbeitsbedingungen beim Dialogverkehr am Datensichtgerät, BMFT-Forschungsbericht HA 82-037, Humanisierung des Arbeitslebens, Band I, Flensburg 1982

Greif, S.:
Exploratorisches Lernen durch Fehler und qualifikationsorientiertes Software-Design, in: Maaß, S., Oberquelle, H. (Hrsg.): Software-Ergonomie `89 - Aufgabenorientierte Systemgestaltung und Funktionalität, Stuttgart 1989, S. 204 - 212

Greif, S.:
Stress in der Arbeit - Einführung und Grundbegriffe, in: Greif, S.; Bamberg, E.; Semmer, N. (Hrsg.): Psychischer Stress am Arbeitsplatz, Göttingen, Toronto, Zürich 1991, S. 1 - 28

Griefahn, B.:
Klima, in: Luczak, H.; Volpert, W. (Hrsg.): Handbuch Arbeitswissenschaft, Stuttgart 1997, S. 495 - 499

Grothe, G.:
Schneller, besser, anders kommunizieren, Die vielen Gesichter der Bürokommunikation, Zürich, Stuttgart 1993

Häberle, S.:
Eine wissenschaftstheoretische Bestimmung der Arbeitswissenschaft, in: Zeitschrift für Arbeitswissenschaft, 47. Jg. (1993), Heft 4, 239 - 243

Hacker, W.:
Allgemeine Arbeits- und Ingenieurpsychologie, Berlin (Ost) 1973

Hacker, W.:
Allgemeine Arbeits- und Ingenieurspsychologie, Schriften zur Arbeitspsychologie, Band 20, 2. Aufl., Bern 1978

Hacker, W.:
Ziele - eine vergessene psychologische Schlüsselvariable? Zur antriebsregulatorischen Potenz von Tätigkeitsinhalten, in: Psychologie für die Praxis, o. Jg. (1983), Heft 2, S. 5 - 26

Hacker, W.:
Arbeitspsychologie, Berlin (Ost) 1986

Hacker, W.:
Arbeitstätigkeitsanalyse - Analyse und Bewertung psychischer Arbeitsanforderungen, Heidelberg 1995

Hacker, W.; Raum, H.; Rentzsch, M.; Völker, K.:
Bildschirmarbeit - arbeitswissenschaftliche Empfehlungen, Berlin 1987

Hacker, W., Iwanowa, A., Richter, P.:
Tätigkeitsbewertungssystem (TBS), Berlin (Ost) 1983

Hacker W., Richter, P.:
Psychische Fehlbelastung - Psychische Ermüdung, Monotonie, Sättigung und Stress, Berlin 1980 (a)

Hacker, W.; Richter, P.:
Psychologische Bewertung von Arbeitsgestaltungsmaßnahmen - Ziele und Bewertungsmaßstäbe, Spezielle Arbeits- und Ingenieurspsychologie, Berlin (Ost) 1980 (b)

Hackman, J. R.:
Toward understanding the role of tasks in behavioral research, in: Acta Psychologica, o. Jg. (1969), Heft 31, S. 97 - 128

Hackman J. R.:
Tasks and task performance in research of stress, in: McGrath, J. E. (Ed.): Social and psychological factors in stress, New York 1970, pp. 202 - 237

Hackman, J. R.; Oldham, G. R.:
Development of the Job Diagnostic Survey, in: Journal of Applied Psychology, 60. Jg. (1975), Heft 2, S. 159 - 170

Hackman, J. R.; Oldham, G. R.:
Work redesign, Reading, Ma. 1980

Hamborg, K.-C.; Schweppenhäuser, A.:
Zur Bedeutung psychologischer Aufgabenanalysen für die Softwaregestaltung, in: Rödiger, K.-H. (Hrsg.): Software-Ergonomie 93, Von der Benutzungsoberfläche zur Arbeitsgestaltung, S. 227 - 235

Harmon, P., King, D.:
Expertensysteme in der Praxis, 3. Aufl., München, Wien 1989

Hartmann, E.:
Beleuchtung, in: Schmidtke, H. (Hrsg.): Ergonomie, 3. neubearb. und erw. Aufl., München, Wien 1993, S. 191 - 211

Heidenreich, M.:
Arbeitsorganisation und Qualifikation, in: Luczak, H; Volpert, W. (Hrsg.): Handbuch Arbeitswissenschaft, Stuttgart 1997, S. 696 - 701

Heinrich, L. J.; Burgholzer, P.:
Systemplanung I, 5. Aufl., München 1991

Helmreich, R.:
Effizienter Technikeinsatz will gelernt sein - Ausbildung und Schulung für mehr Akzeptanz, in: Helmreich, R. (Hrsg.): Bürokommunikation und Akzeptanz, Heidelberg 1991, S. 176 - 189

Herbst, P. G.:
Socio-technical Design, Strategies in multidisciplinary Research, Birkenhead 1974

Herbst, P. G.:
Die Entwicklung sozio-technischer Forschung, in: Gruppendynamik, 6. Jg. (1975), Heft 1, S. 22 - 29

Herrmann, T.:
Zur Bedeutung der Künstlichen Intelligenz für arbeitsorientierte Softwaregestaltung, in: Coy, W.; Gorny, P.; Kopp, I.; Skarpelis, C. (Hrsg.): Menschengerechte Software als Wettbewerbsfaktor, Stuttgart 1993, S. 171 - 182

Hertting-Thomas, R.:
Tastaturen, in: Luczak, H.; Volpert, W. (Hrsg.): Handbuch Arbeitswissenschaft, Stuttgart 1997, S. 563 - 567

Holling, H., Liepmann, D.:
Personalentwicklung, in: Schuler, H. (Hrsg.): Organisationspsychologie, 2. korr. Aufl., Bern, Göttingen, Toronto, Seattle 1993, S. 285 - 316

Holz auf der Heide, B.:
Welche software-ergonomischen Evaluationsverfahren können was leisten?, in: Rödiger, K.-H. (Hrsg.): Software Ergonomie '93, Von der Benutzungsoberfläche zur Arbeitsgestaltung, Stuttgart 1993, S. 157 - 171

Höring, K.:
Bürosystemgestaltung, in: Frese, E. (Hrsg.): Handwörterbuch der Organisation, Enzyklopädie der Betriebswirtschaftslehre, Band 2, 3., völlig neu gestaltete Aufl., Stuttgart 1992, Sp. 400 - 418

Hoyos, C. Graf:
Arbeitspsychologie, Stuttgart 1974

Hoyos, C. Graf:
Menschliches Handeln in technischen Systemen, in: Hoyos, C. Graf; Zimolong, B. (Hrsg.): Ingenieurpsychologie, Enzyklopädie der Psychologie, Themenbereich D, Serie III, Band 2, Göttingen, Toronto, Zürich 1990, S. 1 - 30

Hug, E.:
Trends in der Informatikindustrie, in: IBM Nachrichten, 43. Jg. (1993), Heft 315, S. 6 - 12

Jansen, K.-D.; Schwitalla, U.; Wicke, W.:
Organisatorische und methodische Aspekte einer beteiligungsorientierten Entwicklung computerunterstützter Arbeitssysteme, Düsseldorf 1988

Jarke, M.; Szczurko, P.; Pfeifer, T.; Grob, R.:
Integrationsbasis - der durchgängige Qualitätskreis, in: Pfeifer, T. (Hrsg.): Wissensbasierte Systeme in der Qualitätssicherung, Methoden zur Nutzung verteilten Wissens, Berlin, Heidelberg, New York u.a. 1996, S. 14 - 34

Jürgens, H. W.:
Anthropometrische Grundlagen der Arbeitsgestaltung, in: Schmidtke, H. (Hrsg.): Ergonomie, 3. neubearb. und erw. Aufl., München, Wien 1993, S. 459 - 469

Kaminski, G.:
Paradigmengebundene Behavior-Setting-Analyse, in: Kaminski, G. (Hrsg.): Ordnung und Variabilität im Alltagsgeschehen - Das Behavior-Setting-Konzept in den Verhaltens- und Sozialwissenschaften, Göttingen 1985, S. 154 - 176

Kanfer, F. H.; Reinecker, H.; Schmelzer, D.:
Selbstmanagement-Therapie, Berlin, Heidelberg, New York 1991

Kannheiser, W.:
Theorie der Tätigkeit als Grundlage eines Modells von Arbeitsstress, in: Psychologie und Praxis, 27. Jg. (1983), Heft 3, S. 102 - 110

Kannheiser, W.:
Erfassung emotional beanspruchungsrelevanter Tätigkeitsbedingungen mit Hilfe des Tätigkeitsanalyse-Inventars (TAI), in: Psychologie und Praxis, 29. Jg. (1985), Heft 3, S. 25 - 35

Kirchner, H.-J.:
Belastungen und Beanspruchungen - Einige begriffliche Klärungen zum Belastungs-Beanspruchungs-Konzept, in: Zeitschrift für Arbeitswissenschaft, 40 Jg. (1986), Heft 2, S. 69 - 74

Kirchner, J.-H.:
Arbeitssystem-Konzept, in: Luczak, H.; Volpert, W. (Hrsg.): Handbuch Arbeitswissenschaft, Stuttgart 1997, S. 606 - 608

Kirsch, W.; Meffert, H.:
Organisationstheorien und Betriebswirtschaftslehre, Wiesbaden 1970

Klosterkötter, W.; Gono, F.; Loch, E. G.; Arens, H.; Karama, U.; Schulte, F. N.:

Experimentelle Untersuchungen zur Frage der Lärmgrenzwerte für werdende Mütter am Arbeitsplatz, BAU-Forschungsbericht Nr. 132, Dortmund 1974

Knabe, K. P.:
Bilanzierung der ergonomischen Erkenntnisse über die Arbeit am Bildschirm, BAU-Forschungsbericht Nr. 323, Dortmund 1982

Köchling, A.:
Gestaltungswerkzeug Checkliste Bildschirmergonomie, Wiesbaden 1990

Kötter, W., Gohde, H.-E.:
Ermittlung von Qualifizierungsvoraussetzungen, -zielen und -konzepten auf der Grundlage der Verfahren VERA und RHIA, in: Dybowski, G., Herzer, H., Sonntag, Kh. (Hrsg.): Strategien qualitativer Personal- und Bildungsplanung bei technisch-organisatorischen Innovationen, Neuwied 1989, S. 137 - 154

Kraiss, K.-F.:
Anthropotechnik, in: Luczak, H.; Volpert, W. (Hrsg.): Handbuch Arbeitswissenschaft, Stuttgart 1997, S. 129 - 132

Krogoll, T.:
CNC mit CLAUS, aufgabenorientiertes Lernen für die Arbeit, Teil I Handbuch, Köln 1991 (a)

Krogoll, T.:
CNC mit CLAUS - Aufgabenorientiertes Lernen für die Arbeit, Teil II Anleitung zur Entwicklung eigener Kurse Köln 1991 (b)

Krogoll, T., Schlund, M.:
Technik, Arbeitsorganisation und Qualifikation - Software als Werkzeug und Lerngegenstand, in: Frese, M., Kasten, Chr., Skarpelis, C., Zang-Scheucher, B. (Hrsg.): Software für die Arbeit von morgen - Bilanz und Perspektiven anwendungsorientierter Forschung, Berlin, Heidelberg, New York, London 1990, S. 157 - 168

Lackes, R.:
Die Berücksichtigung softwareergonomischer Aspekte in EDV-Arbeitssystemen, in: Zeitschrift für Arbeitswissenschaft, 45. Jg. (1991), Heft 3, S. 135 - 145

Landau, K.:
Verfahren der Arbeitssystemanalyse, in: Luczak, H.; Volpert, W. (Hrsg.): Handbuch Arbeitswissenschaft, Stuttgart 1997, S. 613 - 618

Landau, K.; Rohmert, W.:
Aufgabenbezogene Analyse von Arbeitstätigkeiten, in: Rutenfranz, J.; Kleinbeck, U. (Hrsg.): Arbeitspsychologie, Enzyklopädie der Psychologie, Themenbereich D, Serie III, Band 1, Göttingen, Toronto, Zürich 1987, S. 74 - 129

Laurig, W.:
Grundzüge der Ergonomie, 4. Aufl., Berlin, Köln 1992

Laurig, W.:
Ergonomie, in: Luczak, H.; Volpert, W. (Hrsg.): Handbuch Arbeitswissenschaft, Stuttgart 1997, S. 125 - 129

Leitner, K.:
Auswirkungen von Arbeitsbedingungen auf die psychosoziale Gesundheit in: Zeitschrift für Arbeitswissenschaft, 47 Jg. (1993), Heft 2, S. 98 - 107

Leitner, K.:
Das Tätigkeits-Analyse-Inventar (TAI): Eine kritische Bewertung, in: Zeitschrift für Arbeitswissenschaft, 48 Jg.(1994), Heft 3, S. 129 - 133

Leitner, K.; Lüders, E.; Greiner, B.; Ducki, A.; Niedermeier, R.; Volpert, W.:
Analyse psychischer Anforderungen und Belastungen in der Büroarbeit. Das RHIA/VERA-Büro-Verfahren, Handbuch, Göttingen 1993 (a)

Leitner, K.; Lüders, E.; Greiner, B.; Ducki, A.; Niedermeier, R.; Volpert, W.:
Analyse psychischer Anforderungen und Belastungen in der Büroarbeit - Das RHIA/VERA-Büro-Verfahren, Manual und Antwortblätter, Teil I Manual, Göttingen 1993 (b)

Leitner, K.; Volpert, W.; Greiner, B.; Weber, W.; Hennes, K.:
Analyse psychischer Belastung in der Arbeit - Das RHIA-Verfahren, Handbuch und Manual, Köln 1987

Lempert, W.:
Qualifizierung und berufliche Sozialisation, in: Luczak, H; Volpert, W. (Hrsg.): Handbuch Arbeitswissenschaft, Stuttgart 1997, S. 252- 256

Leontjew, A. N.:
Tätigkeit, Bewußtsein, Persönlichkeit, Stuttgart 1977

Leplat, J.:
Methodologie von Aufgabenanalyse und Aufgabengestaltung, in: Zeitschrift für Arbeits- und Organisationspsychologie, 32. Jg. (1988), Heft 1, S. 2 - 12

Lienert, G. A.; Raatz, U.:
Testaufbau und Testanalyse, 5. völlig neubearb. und erweiterte Aufl., Weinheim 1994

Luczak, H.:
Lernen als informatorisch-mentale Arbeit, in: Berndt, J.; Busch, D. W.; Schönwälder, H.-G. (Hrsg.): Schule-Arbeit, Belastung und Beanspruchung von Schülern, Braunschweig 1982, S. 30 - 50

Luczak, H,:
Informationstechnische Arbeitsgestaltung, in: Rohmert, W., Rutenfranz, J. (Hrsg.): Praktische Arbeitsphysiologie, Stuttgart 1983, S. 321 - 355

Luczak, H.:
Kerndefinitionen und Systematiken der Arbeitswissenschaft, in: Luczak, H.; Volpert, W. (Hrsg.): Handbuch Arbeitswissenschaft, Stuttgart 1997, S. 11 - 19

Luczak, H.:
Arbeitswissenschaft, 2., vollständig neubearbeitete Aufl., Berlin, Heidelberg, New York 1998

Luczak, H.; Rohmert, W.:
Arbeitsphysiologie, in: Luczak, H.; Volpert, W. (Hrsg.): Handbuch Arbeitswissenschaft, Stuttgart 1997 (a), S. 145 - 152

Luczak, H.; Rohmert, W.:
Belastungs-Beanspruchungs-Konzepte, in: Luczak, H.; Volpert, W. (Hrsg.): Handbuch Arbeitswissenschaft, Stuttgart 1997 (b), S. 326 - 332

Luczak, H.; Volpert, W.; Raeithel, A.; Schwier, W.:
Arbeitswissenschaft: Kerndefinitionen - Gegenstandskatalog - Forschungsgebiete, Eschborn 1987

Lutz, B.; Moldaschl, M.:
Expertensysteme und industrielle Facharbeit, Ein Gutachten über denkbare qualifikatorische Auswirkungen von Expertensystemen in der fertigenden Industrie, Frankfurt, New York 1989

Maaß, S.:
Software-Ergonomie, Benutzer- und aufgabenorientierte Systemgestaltung, in: GI - Gesellschaft für Informatik (Hrsg.): Informatik Spektrum, Band 16, Heidelberg, Berlin, New York. 1993, S. 191 - 205

Maaß, S.; Ackermann, D.; Dzida, W.; Gorny, P.; Oberquelle, H.; Rödiger K.-H.; Rupietta, W.; Streitz, N.:
Software-Ergonomie-Ausbildung in Informatik-Studiengängen bundesdeutscher Universitäten, in: GI - Gesellschaft für Informatik (Hrsg.): Informatik Spektrum, Band 16, Heidelberg, Berlin, New York. 1993, S. 25 - 38

Mader, G.; Schatzberg, S.; Treeck, W.:
Emstaler Gemeinderatsinformationssystem - Selbstgestaltung in der Verwaltungsarbeit, Arbeitspapier Nr. 52 der Forschungsgruppe Verwaltungsautomation Gesamthochschule Kassel, Kassel 1992

Maier, W.:
Arbeitsanalyse und Lohngestaltung, 2. überarbeitete Aufl., Stuttgart 1988

Maslow, A. H.:
Motivation and Personality, New York 1954

Matern, B.:
Psychologische Arbeitsanalyse, Berlin, Heidelberg, New York, Tokyo 1984

McCormick, E. J., Jeanneret, P. R., Mecham, R. C.:
The development and background of the Position Analysis Questionaire (PAQ), Occupational Research Center Report No. 5, West Lafayette, Purdue University 1969

Menozzi, M.; Krueger, H.:
Reflexionen am Bildschirm - Beurteilung der Oberflächeneigenschaften, in: Zeitschrift für Arbeitswissenschaft, 44. Jg. (1990), Heft 4, S. 240 - 245

Michelsen, U. A.:
Qualifikation, in: Luczak, H; Volpert, W. (Hrsg.): Handbuch Arbeitswissenschaft, Stuttgart 1997, S. 245 - 248

Miller, G. A.; Galanter, E.; Pribram; K. H.:
Strategien des Handelns. Pläne und Strukturen des Verhaltens, 2. Aufl., Stuttgart 1991

Mohr, G.:
Die Erfassung psychologischer Befindensbeeinträchtigungen bei Arbeitern, Frankfurt 1986

Mohr, G.:
Fünf Subkonstrukte psychischer Befindensbeeinträchtigungen bei Industriearbeitern: Auswahl und Entwicklung, in: Greif, S.; Bamberg, E.; Semmer, N. (Hrsg.): Psychischer Streß am Arbeitsplatz, Göttingen 1991, S. 91 - 119

Moldaschl, M.; Weber, W.:
Prospektive Arbeitsplatzbewertung an flexiblen Fertigungssystemen - Psychologische Analyse von Arbeitsorganisation, Qualifikation und Belastung, Berlin 1986

Moser, K.; Donat, M.; Schuler, H.; Funke, U.:
Gütekriterien von Arbeitsanalyseverfahren, in: Zeitschrift für Arbeitswissenschaft, 43. Jg. (1989), Heft 2, S. 65 - 72

Müller, K.-W.:
Veränderung der Schreibleistung bei der Umstellung auf eine variable ergonomische Tastatur, in: Zeitschrift für Arbeitswissenschaft, 50. Jg. (1996), Heft 4, S. 240 - 244

Müller, T.:
Technologische und technische Arbeitsgestaltung, in: Luczak, H.; Volpert, W. (Hrsg.) Handbuch Arbeitswissenschaft, Stuttgart 1997, S. 579 - 583

Mumford, E.; Weir, M.:
Computer systems in work design - the ETHICS method, London 1979

Nachreiner, F.; Mesenholl, E.:
Defizite der Software-Ergonomie, Ergebnisse einer Bilanzierung vorliegender Forschungsergebnisse zur Arbeit an Bildschirmgeräten, in: Coy, W.; Gorny, P.; Kopp, I.; Skarpelis, C. (Hrsg.): Menschengerechte Software als Wettbewerbsfaktor, Stuttgart 1993, S. 602 - 615

Nachtsheim, R.:
Benutzerqualifizierung - ein anwendungsorientierte Ansatz, in: Frese, M., Kasten, Chr., Skarpelis, C., Zang-Scheucher, B. (Hrsg.): Software für die Arbeit von morgen - Bilanz und Perspektiven anwendungsorientierter Forschung, Berlin, Heidelberg, New York, London 1990, S. 123 - 133

Neuberger, O.:
Theorien der Arbeitszufriednheit, Stuttgart 1974

Nippa, M.; Schönecker, H. G.:
Computerunterstützte Büroanalyse- und Gestaltungsmethoden, Organisationshilfen für die Praxis, in: Schönecker, H. G.; Nippa, M. (Hrsg.): Computerunterstützte Methoden für das Informationsmanagement, Baden-Baden 1990, S. 9 - 49

Nohl, J.:
Verfahren zur Sicherheitsanalyse: eine prospektive Methode zur Analyse und Bewertung von Gefährdungen, Wiesbaden 1989

Oberquelle, H.:
Prävention in der Software-Entwicklung durch Gestaltung von (Spiel-) Räumen, in Zeitschrift für Arbeitswissenschaft, 47. Jg. (1993), Heft 3, S. 168 - 178

Oesterreich, R.:
Handlungsregulation und Kontrolle, München, Wien, Baltimore 1981

Oesterreich, R.:
Die Überprüfung von Gütekriterien bedingungsbezogener Arbeitsanalyseverfahren, in: Zeitschrift für Arbeitswissenschaft, 46. Jg. (1992), S 139 - 144

Oesterreich, R.; Volpert, W.:
Handlungstheoretisch orientierte Arbeitsanalyse, in: Rutenfranz, J.; Kleinbeck, U. (Hrsg.): Arbeitspsychologie, Enzyklopädie der Psychologie, Themenbereich D, Serie III, Band 1, Göttingen, Toronto, Zürich 1987, S. 43 - 73

Oesterreich, R.; Volpert, W. (Hrsg.):
VERA Version 2, Arbeitsanalyseverfahren zur Ermittlung von Planungs- und Denkanforderungen im Rahmen der RHIA-Anwendung, Teil 1: Handbuch, Berlin 1991

Oppermann, R.; Murchner, B.; Pieper, M.; Simm, H.; Stellmacher, I.:
Evaluation von Dialogsystemen - Der software-ergonomische Leitfaden EVADIS, Berlin 1988

Oppermann, R.; Murchner, B.; Reitner, H.; Koch, M.:
Software-ergonomische Evaluation - Der Leitfaden EVADIS II, 2. neu bearbeitete und erweiterte Auflage von "Evaluation von Dialogsystemen", Berlin, New York 1992

Paasche, J.:
Die Praxis der Arbeitsbewertung, Köln 1974

Pasmore, W. A.:
Designing effective Organizations, the sociotechnical systems perspective, New York, Chichester, Brisbane, Toronto, Singapore 1988

Peters, G.:
Ablauforganisation im Büro, Ansatzpunkte zur effizienten Gestaltung der Büroarbeit, 1. Teil, in: Zeitschrift Führung und Organisation, 59. Jg. (1990), Heft 2, S. 105 - 110

Peters, H.:
Dialogformen und Handlungsfehler, in: Frese, M., Zapf, D. (Hrsg.): Fehler bei der Arbeit mit dem Computer - Ergebnisse von Beobachtungen und Befragungen im Bürobereich, Bern, Göttingen, Toronto 1991, S. 95 - 105

Pfister, E; Lindner, H.; Ferl, T.:
Optimierung des Bildschirmkontrastes - Reduktion der psychophysiologischen Beanspruchung, in: Zeitschrift für Arbeitswissenschaft, 50. Jg. (1996), Heft 3, S. 154 - 161

Picot, A.; Neuburger, R.:
EDV-Arbeitsplätze in Büro und Verwaltung, in: Luczak, H., Volpert, W. (Hrsg.): Handbuch Arbeitswissenschaft, Stuttgart 1997, S. 618 - 623

Picot, A.; Reichwald, R.:
Bürokommunikation, Leitsätze für den Anwender, 3. Aufl., München 1987

Picot, A.; Rohrbach, P.:
Bürokommunikation - Aktueller Stand und neue Entwicklungen, in: Franz, O. (Hrsg.): HFO - RKW-Handbuch Führungstechnik und Organisation, Band 3, Thema. 2452, Düsseldorf 1994, S. 1 - 47

Prümper, J:
Handlungsfehler und Expertise, in: Frese, M., Zapf, D. (Hrsg.): Fehler bei der Arbeit mit dem Computer - Ergebnisse von Beobachtungen und Befragungen im Bürobereich, Bern, Göttingen, Toronto 1991, S. 118 - 130

Puppe, F.; Poeck, K.:
Entwicklung lernförderlicher Expertensysteme, in: Coy, W.; Gorny, P.; Kopp, I.; Skarpelis, C. (Hrsg.): Menschengerechte Software als Wettbewerbsfaktor, Stuttgart 1993, S. 414 - 428

Rauch, W. D.:
Büroinformationssysteme - Sozialwissenschaftliche Aspekte der Büroautomatisierung durch Informationssysteme, Wien 1982

Rauterberg, M.; Strohm, O.; Ulich, E.:
Arbeitsorientierte Gestaltung von Informationsprozessen, in: Reichel, H. (Hrsg.): Informatik - Wirtschaft - Gesellschaft, 23. GI-Jahrestagung Dresden, Reihe Informatik aktuell, Berlin, Heidelberg, New York u. a. 1993, S. 163 - 168

REFA-Verband für Arbeitsstudien und Betriebsorganisation (Hrsg.):
Arbeitsgestaltung in der Produktion, Methodenlehre der Betriebsorganisation, München 1991(b)

REFA-Verband für Arbeitsstudien und Betriebsorganisation (Hrsg.):
Arbeitsgestaltung im Bürobereich, Methodenlehre der Betriebsorganisation, München 1991(c),

REFA-Verband für Arbeitsstudien und Betriebsorganisation (Hrsg.):
Grundlagen der Arbeitsgestaltung, Methodenlehre der Betriebsorganisation, München 1991(a)

Reiterer, H.:
User Interface Evaluation and Design, Research Results of the Projects Evaluation of Dialogue Systems (EVADIS) and User Interface Design Assistance (IDA), GMD-Bericht 237, München, Wien 1994

Rentzsch, M.:
Gestaltung der Arbeitsumgebung, in: Luczak, H.; Volpert, W. (Hrsg.): Handbuch Arbeitswissenschaft, Stuttgart 1997, S. 877 - 882

Resch, M.:
Die Handlungsregulation geistiger Arbeit, Bern, Stuttgart, Toronto 1988

Resch, M.:
Zur Analyse von geistigen Arbeitstätigkeiten in Büro und Verwaltung, in: Zeitschrift für Arbeitswissenschaft, 42. Jg. (1989), Heft 4, S. 197-202

Rice, A. K.:
Productivity and social organization: The Ahmedabad experiment, London 1958

Richter, P.:
Arbeitsgestaltung und Gesundheit - Pathopsychologie der Arbeit, in: Psychologie für die Praxis, 21. Jg. (1985), Heft 4, S. 310 - 321

Richter, P.:
Persönlichkeitsentwicklung durch Arbeit, in: Luczak, H.; Volpert, W. (Hrsg.): Handbuch Arbeitswissenschaft, Stuttgart 1997, S. 234 - 237

Richter, P.; Heimke, K.; Malessa, A.:
Tätigkeitspsychologische Bewertung und Gestaltung von Arbeitsaufgaben, in: Zeitschrift für Arbeits- und Organisationspsychologie, 32. Jg. (1988), Heft 1, S. 13 - 21

Rieckmann, H.:
Forum 4 x 4, in: Organisationsentwicklung, 8. Jg. (1990), Heft 4, S. 40 - 47

Rödiger K.-H.:
Anwendungsbereiche lernen voneinander ...und woraus lernen wir?, in: Böcker, H.-D. (Hrsg.): Software-Ergonomie ´95, Mensch-Computer-Interaktion, Anwendungsbereiche lernen voneinander, Stuttgart 1995, S. 43 - 60

Rödiger, K.-H.:
Arbeitsanalyse und Softwareentwicklung, in: Friedrich, J.; Herrmann, T.; Peschek, M.; Rolf, A. (Hrsg.): Informatik und Gesellschaft, Heidelberg, Berlin, Oxford 1995, S. 211 - 221

Rödiger, K.-H.:
Arbeitsinformatik, in: Luczak, H.; Volpert, W. (Hrsg.): Handbuch Arbeitswissenschaft, Stuttgart 1997, S. 176 - 182

Rohmert, W.:
Aufgaben und Inhalt der Arbeitswissenschaft, in: Die berufsbildende Schule, 24. Jg. (1972), Heft 1, S. 3 - 14

Rohmert, W.:
Physische Beanspruchung durch Muskelbelastung, in: Schmidtke, H.; Jürgens, H. W. (Hrsg.): Handbuch der Ergonomie, München 1975, S. 14 -18

Rohmert, W.:
Formen menschlicher Arbeit, in: Rohmert, W.; Rutenfranz, J. (Hrsg.): Praktische Arbeitsphysiologie, 3. Aufl., Stuttgart, New York 1983, S. 5 - 29

Rohmert, W.:
Das Belastungs-Beanspruchungs-Konzept, in: Zeitschrift für Arbeitswissenschaft, 38. Jg. (1984), Heft 3, S. 193 - 200

Rohmert, W.; Hörl, S.:
Theorie und Praxis der menschlichen Arbeit vorwiegend geistiger Art, in: Zeitschrift für Arbeitswissenschaft, 45. Jg. (1991), Heft 4, S. 199 - 208

Rohmert, W.; Landau, K.:
A new technique for job analysis, London 1983.

Rohmert, W.; Landau, K.:
Das arbeitswissenschaftliche Erhebungsinstrumentarium der Tätigkeitsanalyse (AET), Handbuch und Merkmalheft, Bern, Stuttgart, Wien 1979

von Rosenstiel, L.:
Grundlagen der Organisationspsychologie, 3. überarbeitete und ergänzte Aufl., Stuttgart 1992

von Rosenstiel, L.:
Die motivationalen Grundlagen des Verhaltens in Organisationen - Leistung und Zufriedenheit, Berlin 1975

Rubinstein , S. L.:
Grundlagen der Allgemeinen Psychologie, Berlin 1971

Rückle, H.:
Feedback, in: Management Enzyklopädie, Band 3, 2. Aufl., München 1982, S. 483 - 490

Rudolph, E.; Schönfelder E.; Hacker, W.:
Tätigkeitsbewertungssystem - Geistige Arbeit, Berlin 1987

Rühl, G.:
Arbeitswissenschaftliche Optimierung technischer und organisatorischer Systeme, in Stöhr, R. W. (Hrsg.): Unternehmensführung auf neuen Wegen, Wiesbaden 1967, S. 87 - 150

Rühl, G.:
Systemanalyse industrieller Aufgaben, in: VWI-Zeitschrift, 17. Jg. (1968), Sonderheft 1, S. 29 - 55

Rühl, G.:
Sozio-technologische Systemgestaltung als unternehmerische Aufgabe, in: Verband der Metallindustrie Baden-Württemberg (Hrsg.): Plädoyer für eine humane Arbeitswelt, Stuttgart 1973 (a), S. 21 - 31

Rühl, G.:
Untersuchungen zur Arbeitsstrukturierung, in: Industrial Engineering, 3. Jg. (1973b), Heft 3, S. 147 - 197

Rühl, G.:
Soziotechnologische Systemforschung und -gestaltung, in: Industrial Engineering, 4. Jg. (1974a), Heft 3, S. 155 - 156

Rühl, G.:
Menschengerechte Arbeitsplätze durch sozio-technologische Systemgestaltung, in: Schlaffke, W.; Rühl, G.; Weil, R. (Hrsg.): Qualität des Lebens am Arbeitsplatz, Köln 1974 (b), S. 71 - 77

Rühl, G.:
Methoden, Ergebnisse und offene Fragen der soziotechnologischen Systemforschung, in: Zeitschrift für Arbeitswissenschaft, 29. Jg. (1975), Heft 2, S. 79 - 97

Rühl, G.:
Arbeitsstrukturierung heute und morgen, in: Leistung und Lohn, Nr. 66/69, Bergisch Gladbach 1976

Rühl, G.:
Verhaltenswissenschaftliche Aspekte bei der Konzeption technologischer Systeme, in: Reber, G. (Hrsg.): Personal- und Sozialorientierung der Betriebswirtschaftslehre, Band 4, Stuttgart 1977, S. 56 - 85

Rüppell, C.; Köchling, A.:
VIKS rechnet sich, Moderne Innovationsprozesse bei der Einführung eines Vertriebsinformations- und Kommunikationssystems, Dortmund 1993

Schaefer, P.:
Lärm, in: Schmidtke, H. (Hrsg.): Ergonomie, 3. neubearb. und erw. Aufl., München, Wien 1993, S. 211 - 257

Schallenberger, U.:
Menschenbilder und das Bild menschengerechter Arbeit, in: Frei, F.; Udris, I. (Hrsg.): Das Bild der Arbeit, Bern, Göttingen, Toronto, Seattle 1990, S. 56 - 70

Schaper, N.; Sonntag, Kh.:
Lernbedarfsanalyse bei komplexen Aufgabenstellungen - eine inhaltsbezogene und methodenkritische Studie, in: Zeitschrift für Arbeits- und Organisationspsychologie, 39. Jg. (1995), Heft 4, S. 168 - 178

Schleucher, H., Maskow, J.:
Darstellung und Analyse des Begriffes Qualifikation, in: Zeitschrift für Arbeitswissenschaft, 37. Jg. (1983), Heft 3, S. 138 - 144

Schmidtke, H.:
Ergonomische Bewertung von Arbeitssystemen, München 1976

Schmidtke, H.:
Arbeitsplatzgestaltung, in: Schmidtke, H. (Hrsg.): Ergonomie, 3. neubearb. und erw. Aufl., München, Wien 1993, S. 502 -520

Schmidtke, H.; Rühmann, H.:
Betriebsmittelgestaltung, in: Schmidtke, H. (Hrsg.): Ergonomie, 3. neubearb. und erw. Aufl., München, Wien 1993, S. 521 - 554

Schönpflug, W.:
Beanspruchung und Belastung bei der Arbeit - Konzepte und Theorien, in: Kleinbeck, U; Rutenfranz, J.: Arbeitspsychologie. Enzyklopädie der Wirtschafts-, Organisations- und Arbeitspsychologie, Serie III, Band 1, Göttingen 1987, S. 130 - 184

Schuler, H.:
Einführung zu Teil II: Arbeit, in: Schuler, H. (Hrsg.): Organisationspsychologie, 2. korr. Aufl., Bern, Göttingen, Toronto, Seattle 1993, S. 131 - 132

Schuler, H., Funke, U.:
Diagnose beruflicher Eignung und Leistung, in: Schuler, H. (Hrsg.): Organisationspsychologie, 2. korr. Aufl., Bern, Göttingen, Toronto, Seattle 1993, S. 235 - 283

Schüpbach, H.:
Analyse und Bewertung von Arbeitstätigkeiten, in: Schuler, H. (Hrsg.): Organisationspsychologie, 2. korr. Aufl., Bern, Göttingen, Toronto, Seattle 1993, S. 167 - 187

Schütte, M.; Schwier, W.; Luczak, H.:
Informatorische Belastungen und Beanspruchungen bei einer simulierten Schiffsführungsaufgabe, in: Zeitschrift für Arbeitswissenschaft, 39. Jg. (1985), Heft 1, S. 39 - 48

Schwarthmann, F.:
Software-Ergonomie: Schlagwort oder Realität?, in: Office Management, o. Jg. (1983), Heft 5, S. 416 - 417

Schwarzer, R., Jerusalem, M.:
Erfassung leistungsbezogener und allgemeiner Kontroll- und Kompetenzerwartungen, in: Krampen, G. (Hrsg.): Diagnostik von Attributionen und Kontrollüberzeugungen, Göttingen 1989, S. 127 - 133

Seifert, K. H. (Hrsg.):
Handbuch der Berufspsychologie, Göttingen 1977

Sell, R.:
Angewandtes Problemlösungsverhalten, Denken und Handeln in komplexen Zusammenhängen, 2. korr. Aufl, Berlin, Heidelberg, New York, London, Paris, Tokyo 1989

Semmer, N.:
Stress, in: Luczak, H.; Volpert, W. (Hrsg.): Handbuch Arbeitswissenschaft, Stuttgart 1997, S. 332 - 340

Severing, E.:
Arbeitsplatznahe Weiterbildung, Betriebspädagogische Konzepte und betriebliche Umsetzungsstrategien, Neuwied, Kriftel, Berlin 1994

Siemens/Nixdorf (Hrsg.):
Styleguide Richtlinien zur Gestaltung von Benutzeroberflächen, München 1990

Slesina, W.; von Ferber, Chr.:
Das integrierte Belastungs-Beanspruchungs-Konzept - eine Herausforderung an die Soziologie, zur gesundheitsgerechten Arbeitsgestaltung beizutragen, in: Zeitschrift für Arbeitswissenschaft, 43. Jg. (1989), Heft 1, S. 16 - 22

Smith, S. L.; Mosier, J.:
Guidelines for Designing User Interface Software, MITRE, Bedford 1986

Sonntag, K., Heun, D., Benedix, J.:
Tätigkeitsanalyse als Beitrag zur Qualifikationsforschung und Trainingsgestaltung: Das qualifikationsbezogene Teilverfahren des TAI, in: Sonntag, K. (Hrsg.): Arbeitsanalyse und Technikentwicklung: Beiträge über Einsatzmöglichkeiten arbeitsanalytischer Verfahren bei technisch-organisatorischen Veränderungen, 1. Aufl., Köln 1987, S. 89 - 108

Sonntag, K.:
Qualifikation und Qualifizierung bei komplexen Arbeitstätigkeiten, in: Hoyos, Graf C., Zimolong, B. (Hrsg.): Enzyklopädie der Psychologie, Wirtschafts-, Organisations- und Arbeitspsychologie, Band 2 Ingenieurpsychologie, Göttingen 1990, S. 536 - 571

Sonntag, Kh.:
Personalentwicklung - ein (noch) unterrepräsentiertes Feld psychologischer Forschung und Gestaltung, in: Sonntag, Kh. (Hrsg.): Personalentwicklung in Organisationen, Göttingen, Bern, Toronto, Seattle 1992 (a), S. 3 - 16

Sonntag, K.:
Ermittlung tätigkeitsbezogener Merkmale: Qualifikationsanforderungen und Voraussetzungen menschlicher Aufgabenbewältigung, in Sonntag, K. (Hrsg.): Personalentwicklung in Organisationen - Psychologische Grundlagen, Methoden und Strategien, Göttingen 1992 (b), S. 135 - 155

Sonntag, Kh.:
Qualifikation gefordert, in: Der Bundesminister für Arbeit und Sozialordnung (Hrsg.): Prävention im Betrieb, Bonn 1992 (c), S. 45 - 52

Sonntag, Kh.:
Komplexe Technik, veränderte Arbeitsstrukturen und kompetent handelnde Mitarbeiter - eine Herausforderung an Arbeitsanalyse und Personalentwicklung, in: Zeitschrift für Arbeitswissenschaft, 47. Jg. (1993a), Heft 3, S. 148 - 155

Sonntag, Kh.:
Kognitive Trainingsverfahren in der Berufsbildung, in: Friede C. K.; Sonntag Kh.: (Hrsg.): Berufliche Kompetenz durch Training, Heidelberg 1993 (b), S. 47 - 68

Sonntag, Kh.; Heun, D.; Schaper, N.:
Der Leitfaden zur qualitativen Personalplanung bei technisch organisatorischen Innovationen (LPI), in: Zeitschrift für Arbeitswissenschaft, 46. Jg. (1992), Heft 1, S. 51 - 54

Sprung, L.; Sprung, H.:
Grundlagen der Methodologie und Methodik der Psychologie, Berlin 1984

Staehle, W. H.:
Organisation und Führung sozio-technologischer Systeme, Stuttgart 1973

Staehle, W.H.:
Management, 7. Aufl., München 1994

Stary, Ch.; Riesenecker-Caba, T.; Kalkhofer, M.:
Die Operationalisierung der EU-Richtlinie 90/270/EWG zur Mensch-Maschine-Schnittstelle, in: Zeitschrift für Arbeitswissenschaft, 51. Jg. (1997), Heft 1, S. 20 - 32

Streitz, N. A.:
Fragestellungen und Forschungsstrategien der Software-Ergonomie, in: Balzert, H. (Hrsg.): Einführung in die Software-Ergonomie, Berlin, New York 1988, S. 3- 24

Strohm, O.; Ulich, E.:
Unternehmen arbeitspsychologisch bewerten, in: Zeitschrift für Arbeitswissenschaft, 51 Jg. (1997), Heft 1, S. 11 - 19

Sydow, J.:
Der soziotechnische Ansatz der Arbeits- und Organisationsgestaltung, Frankfurt 1985

Sydow, J.:
Managementlehre, in: Luczak, H.; Volpert, W. (Hrsg.): Handbuch Arbeitswissenschaft, Stuttgart 1997, S. 196 - 199

Szadkowski, D.:
Arbeitsmedizin, in: Luczak, H.; Volpert, W. (Hrsg.): Handbuch Arbeitswissenschaft, Stuttgart 1997, S. 152 - 156

Szczurko, P. und Thul, M.:
Ein Modell zur sozialgerechten Integration von Qualitätsprozessen im Projekt WibQuS, in: Reichel, Horst (Hrsg.): Informatik - Wirtschaft - Gesellschaft, 23. GI-Jahrestagung Dresden, 27. September - 1. Oktober 1993, Reihe Informatik aktuell, Berlin, Heidelberg, New York 1993, S. 169 - 174

Szyperski, N.; Grochla, E.; Höring, K.; Schmitz, P.:
Bürosysteme in der Entwicklung, Studien zur Typologie und Gestaltung von Büroarbeitsplätzen, Braunschweig, Wiesbaden 1982

Taylor, F. W.:
Die Grundsätze wissenschaftlicher Betriebsführung, Repr. der autorisierten Ausg., München 1995

TBS - Technologieberatungsstelle beim DGB-Landesbezirk Nordrhein-Westfalen (Hrsg.):
Ergonomieprüfer, Handlungshilfen zur ergonomischen Arbeits- und Technikgestaltung, Technik und Gesellschaft, Heft 14, Oberhausen 1993

TBS - Technologieberatungsstelle beim DGB-Landesbezirk Nordrhein-Westfalen (Hrsg.):
ABETO - Arbeitsblätter, Schritt 3 - Analyse, Oberhausen 1994

Thul, M. J.:
Qualifizierung und Partizipation - Qualifizierungskonzept zur frühzeitigen Einbeziehung der Betroffenen in den Prozeß der Entwicklung und Einführung wissensbasierter Systeme, internes Arbeitspapier Nr. 46 des Lehrstuhls für Industriebetriebslehre und Arbeitswissenschaft der Universität Kaiserslautern 1995 (a)

Thul M. J.:
Effiziente Prozeßinnovationen durch partizipatives Projektmanagement, in: Zink, K.J. (Hrsg.): Erfolgreiche Konzepte zur Gruppenarbeit - aus Erfahrungen lernen. Human Resource Management in Theorie und Praxis, Neuwied 1995 (b), S. 237-251

Timpe, K.-P.:
Mensch-Maschine-Systeme, in: Luczak, H.; Volpert, W. (Hrsg.): Handbuch Arbeitswissenschaft, Stuttgart 1997, S. 609 - 612

Tomaszewski, T.:
Arbeitsanalyse nach allgemeinen Tätigkeitsmerkmalen, in: Psychologie und Praxis, 10. Jg. (1966), Heft 10, S. 82 - 87

Traks, E.:
Qualifizierungsengineering - die systematische Verbesserung EDV-gestützter Arbeitsintegration, in: Frese, M., Kasten, Chr., Skarpelis, C., Zang-Scheucher, B. (Hrsg.): Software für die Arbeit von morgen - Bilanz und Perspektiven anwendungsorientierter Forschung, Berlin, Heidelberg, New York, London 1990, S. 147 - 155

Trebeck, R.:
Die Arbeitsanalyse als Grundlage der Arbeitsgestaltung, der Auswahl und Ausbildung von Mitarbeitern und der Arbeitsbewertung, in: Meier, A.; Herwig, B. (Hrsg.): Handbuch der Psychologie, Band 9: Betriebspsychologie, 2. Aufl., Göttingen 1970, S. 210 - 243

Trist, E. L.; Bamforth, K. W.:
Some Social and Psychological Consequences of the Longwall Method of Coal Getting, in: Human Relations 4. Jg. (1951), S. 3 - 38

Trist, E. L.; Higgin, G. W.; Murray, H.; Pollock, A. B.:
Organizational choice, London 1963

Udris, I.; Rimann, M.; Thalmann; K.:
Gesundheit erhalten, Gesundheit herstellen: Zur Funktion salutogenetischer Ressourcen, in: Bergmann, B.; Richter, P. (Hrsg.): Die Handlungsregulationstheorie, Göttingen, Bern, Toronto, Seattle 1994, S. 198 - 215

Ulich, E.:
Arbeitswechsel und Aufgabenerweiterung, in: REFA-Nachrichten, 25. Jg. (1972), Heft 1, S. 265 - 275

Ulich, E.:
Über das Prinzip der differentiellen Arbeitsgestaltung, in: Industrielle Organisation, o. Jg. (1978), Heft 47, S. 566 - 568

Ulich, E.:
Differentielle Arbeitsgestaltung - ein Diskussionsbeitrag, in: Zeitschrift für Arbeitswissenschaft, 37 Jg. (1983), Heft 1, S. 12 - 15

Ulich, E.:
Zur Frage der Individualisierung von Arbeitstätigkeiten unter besonderer Berücksichtigung der Mensch-Computer-Interaktion, in: Zeitschrift für Arbeits- und Organisationspsychologie, 31 Jg. (1987), Heft 3, S. 86 - 93

Ulich, E.:
Arbeitspsychologische Konzepte der Aufgabengestaltung, in: Maaß, S., Oberquelle, H. (Hrsg.): Software-Ergonomie ´89 - Aufgabenorientierte Systemgestaltung und Funktionalität, Stuttgart 1989, S. 51 - 65

Ulich, E.:
Von der Benutzungsoberfläche zur Arbeitsgestaltung, in: Rödiger, K.-H.(Hrsg.): Software-Ergonomie `93, Von der Benutzungsoberfläche zur Arbeitsgestaltung, S. 19 - 29

Ulich, E.:
Arbeitspsychologie, 3. überarb. und erw. Aufl., Zürich, Stuttgart 1994

Ulich, E.:
Ganzheitliche Arbeitsgestaltung, in: FB/IE, Nr. 1, 44. Jg. (1995), Heft 1, S. 4 - 8

Ulich, E.:
Mensch-Technik-Organisation: ein europäisches Produktionskonzept, in: Strohm, O.; Ulich, E. (Hrsg.): Unternehmen arbeitspsychologisch bewerten, Ein Mehr-Ebenen-Ansatz unter besonderer Berücksichtigung von Mensch, Technik und Organisation, Zürich 1997, S. 5 - 17

Ulich, E.; Baitsch, C.:
Arbeitsstrukturierung, in: Kleinbeck U., Rutenfranz J. (Hrsg.): Arbeitspsychologie, Enzyklopädie der Psychologie D, III, 1, Göttingen Toronto Zürich 1987, S. 493 - 531

VBG - Verwaltungs-Berufsgenossenschaft (Hrsg.):
VGB 1, Unfallverhütungsvorschrift UVV - Allgemeine Vorschriften, vom 1. April 1977 in der Fassung vom 1. Oktober 1991

VBG - Verwaltungs-Berufsgenossenschaft (Hrsg.):
VBG 4, Unfallverhütungsvorschrift Elektrische Anlagen und Betriebsmittel, 1. April 1979 mit Durchführungsanweisungen vom April 1986

VBG - Verwaltungs-Berufsgenossenschaft (Hrsg.):
VGB 121, Unfallverhütungsvorschrift „Lärm“, vom 1. Januar 1991

VBG - Verwaltungs-Berufsgenossenschaft (Hrsg.):
ZH 1/535 - Sicherheitsregeln für Büro-Arbeitsplätze, 3. geänderte Auflage, Januar 1976

VBG - Verwaltungs-Berufsgenossenschaft (Hrsg.):
ZH 1/618 - Sicherheitsregeln für Bildschirm-Arbeitsplätze im Bürobereich, Oktober 1980

Verein Deutscher Ingenieure - VDI (Hrsg.):
VDI Richtlinie 2058, Blatt 2: Beurteilung von Lärm hinsichtlich Gehörgefährdung, Berlin 1988

Verein Deutscher Ingenieure - VDI (Hrsg.):
VDI Richtlinie 2058, Blatt 3: Beurteilung von Lärm am Arbeitsplatz unter Berücksichtigung unterschiedlicher Tätigkeiten, April 1981

Verein deutscher Ingenieure - VDI (Hrsg.):
VDI 3729: Emissionskennwerte technischer Schallquellen, Geräte der Büro- und Informationstechnik, Rahmen-Richtlinie, Blatt1, Berlin 1992

Verordnung über Arbeitsstätten (Arbeitsstättenverordnung - ArbStättV) vom 20. März 1975

Verordnung über den Schutz vor Schäden durch Röntgenstrahlen (Röntgenverordnung RÖV) vom 1.März 1973, zuletzt geändert durch Verordnung vom 13. Oktober 1976

Vetter, R.; Wiesenbauer, L.:
Anwenderakzeptanz in BK-Projekten, in: Office Management, 40. Jg. (1992), Heft 6, S. 45 - 50

Volpert, W.:
Die Lohnarbeit und die Psychologie der Arbeitstätigkeit, in : Groskurth, P.; Volpert, W. (Hrsg.): Lohnarbeitspsychologie - Berufliche Sozialisation: Emanzipation zur Anpassung, Frankfurt 1975, S. 11 - 196

Volpert, W.:
Psychologische Handlungstheorie - Anmerkungen zu Stand und Perspektive, in: Volpert, W. (Hrsg.): Beiträge zur psychologischen Handlungstheorie, Schriften zur Arbeitspsychologie Nr. 28, Bern, Stuttgart, Wien 1980, S. 13 - 27

Volpert, W.:
Maschinen-Handlungen und Handlungs-Modelle - ein Plädoyer gegen die Normierung des Handelns, in: Gestalt Theory, Vol. 6 (1984), No. 1, S. 70 - 100

Volpert, W.:
Psychische Regulation von Arbeitstätigkeiten, in: Rutenfranz, J.; Kleinbeck, U. (Hrsg.): Arbeitspsychologie, Enzyklopädie der Psychologie, Themenbereich D, Serie III, Band.1, Göttingen, Toronto, Zürich 1987 (a), S. 1 - 42

Volpert, W.:
Kontrastive Analyse des Verhältnisses von Mensch und Rechner als Grundlage des Systemdesigns, in: Zeitschrift für Arbeitswissenschaft, 41. Jg. (1987b), Heft 3, S. 147 - 152

Volpert, W.:
Welche Arbeit ist gut für den Menschen - Notizen zum Thema Menschenbild und Arbeitsgestaltung, in: Frei, F.; Udris, I. (Hrsg.): Das Bild der Arbeit, Bern, Göttingen, Toronto, Seattle 1990, S. 23 - 40

Volpert, W.:
Von der Software-Ergonomie zur Arbeitsinformatik, in: Rödiger, K.-H. (Hrsg.): Software-Ergonomie 93, Von der Benutzungsoberfläche zur Arbeitsgestaltung, Stuttgart 1993, S. 51 - 65

Volpert, W.:
Arbeits- und Organisationspsychologie, in: Luczak, H.; Volpert, W. (Hrsg.): Handbuch Arbeitswissenschaft, Stuttgart 1997, S. 139 - 145

Volpert, W.; Oesterreich, R.; Gablenz-Kolakovic, S.; Krogoll, T.; Resch, M.:
Verfahren zur Ermittlung von Regulationserfordernissen in der Arbeitstätigkeit (VERA) - Analyse von Planungs- und Denkprozessen in der industriellen Produktion, Köln 1983

Walter-Busch, E.:
Arbeitszufriedenheit in der Wohlstandsgesellschaft, Bern 1977

Warnecke, G.; Knickel, V.:
Wissensbasierte Felddatenerfassung und -aufbereitung, in: Pfeifer, T. (Hrsg.): Wissensbasierte Systeme in der Qualitätssicherung, Methoden zur Nutzung verteilten Wissens, Berlin, Heidelberg, New York u.a. 1996, S. 113 - 131

Welford, A.T.:
Fertigkeiten und Leistung, Bern, Stuttgart, Wien 1981

Wenzel, H. G.:
Klima, in: Schmidtke, H. (Hrsg.): Ergonomie, 3. neubearb. und erw. Aufl., München, Wien 1993, S. 274 - 286

Weyerich, A., Lüders, E., Oesterreich, R., Resch, M.G.:
Ermittlung von Alltagstätigkeiten - Das EVA-Verfahren, Berlin 1992

Wieland-Eckelmann, R.:
Kognition, Emotion und psychische Beanspruchung, Göttingen, Toronto, Zürich 1992

Wieland-Eckelmann, R.; Baggen, R.; Schmitz, U.; Schwarz, R.:
Systemergonomische Beanspruchungs- und Arbeitsanalyse (SEBA), Berlin 1994

Willumeit, H.; Gediga, G.; Hamborg, K.-C.:
IsoMetricsL: Ein Verfahren zur formativen Evaluation von Software nach ISO 9241/10, in: E&I - Ergonomie & Informatik, o. Jg. (1996), Heft 27, S. 5 - 12

Wottawa, H.:
Evaluation, in: Weidenmann, B.; Krapp, A.; Hofer, M.; Haber, G. L.; Mandel, H.: Pädagogische Psychologie, 3. Aufl., Weinheim 1994, S. 703 - 733

Wottawa, H.; Thierau, H.:
Lehrbuch Evaluation, Bern, Stuttgart, Toronto 1990

Wunsch, G.:
Geschichte der Systemtheorie, Dynamische Systeme und Prozesse, München 1985

Zapf, D.:
Fehler, Stress und organisationaler Kontext, in: Frese, M.; Zapf, D. (Hrsg.): Fehler bei der Arbeit mit dem Computer, Bern, Göttingen, Toronto 1991, S. 106 - 119

Zapf, D.; Bamberg, E.; Dunckel, H.; Frese, M.; Greif, S.; Mohr, G.; Rückert, D.; Semmer, N.:
Dokumentation der Skalen des Forschungsprojektes „Psychischer Stress am Arbeitsplatz - Hemmende und fördernde Bedingungen für humanere Arbeitsplätze“, Bonn: Bundesministerium für Forschung und Technologie, Projektträger „Humanisierung des Arbeitslebens“, Kennzeichen 01 VD 177-ZA-TAP 0016 1983

Zeidler, A.; Zellner, R.:
Software-Ergonomie, Techniken der Dialoggestaltung, 2. Aufl., München, Wien 1994

Zink, K. J.:
Herzbergs Motivationstheorie als Basis für die Gestaltung soziotechnologischer Systeme, in: Industrial Engineering, 4. Jg. (1974), Heft 4, S. 255 - 262

Zink, K. J.:
Differenzierung der Theorie von F. Herzberg zur Gestaltung soziotechnologischer Systeme, Frankfurt/Main, Zürich 1975, S. 479

Zink, K. J.:
Traditionelle und neuere Ansätze der Organisationsentwicklung, in: Krüger, K.; Rühl, G.; Zink, K. J. (Hrsg.): Industrial Engineering und Organisationsentwicklung im kommenden Dezenium, Darmstadt 1979, S. 61 - 75

Zink, K. J.:
Zur Notwendigkeit eines sozio-technologischen Ansatzes, in: Zink, K. J. (Hrsg.): Sozio-technologische Systemgestaltung als Zukunftsaufgabe, München 1984, S. 25 - 49

Zink, K. J.:
Zur Relevanz sozio-technologischer Systemgestaltung am Beispiel Qualitätsmanagement, in: Technologie und Management 38. J. (1989), Heft 4, S. 24 - 29

Zink, K. J.:
Partizipative Konzepte in der „Fabrik der Zukunft", in: Milling, P.; Zäpfel, G. (Hrsg.): Betriebswirtschaftliche Grundlagen moderner Produktionsstrukturen, Herne, Berlin 1993, S. 267 - 280

Zink, K. J.:
Soziotechnische Ansätze, in: Luczak, H., Volpert, W. (Hrsg.): Handbuch Arbeitswissenschaft, Stuttgart 1997, S. 74 - 77

Zink, K. J.; Hauer, R.:
Arbeitswissenschaftliche Aspekte bei der Entwicklung und Einführung von Expertensystemen, in: Bullinger H. J. (Hrsg.): Produktionsmanagement im Spannungsfeld zwischen Markt und Technologie, Hochschulgruppe Arbeits- und Betriebsorganisation, Forschungsbericht 3, München 1990, S. 226 - 273

Zink, K.J., Ritter, A., Thul, M.J.:
Kleingruppenunterstützte Prozeßinnovationen - Leitfaden für Projektleiter und Projektkoordinatoren, Bremerhaven 1993 (a)

Zink, K.J., Ritter, A., Thul, M.J.:
Mitarbeiterbeteiligung bei Prozeßinnovationen - Verknüpfbarkeit von Wirtschaftlichkeit und Humanisierung der Arbeit bei der Einführung neuer Technologien, Bremerhaven 1993 (b)

Zink, K.J., Thul, M.J.:
Mitarbeiterbeteiligung bei der Einführung eines neuen CAD-Systems, in: Reichel, H.: (Hrsg.): Informatik - Wirtschaft - Gesellschaft, 23. GI-Jahrestagung in Dresden, Reihe Informatik aktuell, Berlin, Heidelberg, New York 1993, S. 207 - 212

Zink, K. J.; Thul, M. J.:
Mitarbeiterbeteiligung bei der Ermittlung von Anforderungen an neue Technologien - moderierte Workshops schaffen eine allseits akzeptierte Grundlage für Prozeßinnovationen, in: Fortschrittliche Betriebsführung und Industrial Engineering , 44. Jg. (1995a), Heft 1, S. 16 - 21

Zink K. J., Thul M. J.:
Kleingruppenunterstütztes Projektmanagement - ein systematischer Ansatz zur Mitarbeiterbeteiligung bei der Einführung neuer Technologien, in: zfo, 64. Jg. (1995b), Heft 4, S. 221-226

Zink, K. J., Thul, M. J.:
Soziotechnologische Systemgestaltung bei der Entwicklung und Einführung Wissensbasierter Systeme, in: Pfeifer, T., u.a. (Hrsg.): Wissensbasierte Systeme in der Qualitätssicherung – Methoden und Verfahren zur Nutzung verteilten Wissens, Berlin, Heidelberg u. a. 1996, S 164 - 190

Zölch, M.:
Analyse und Bewertung von Bürotätigkeiten: Die Kontrastive Aufgabenanalyse (KABA), in: Strohm, O.; Ulich, E. (Hrsg.): Unternehmen arbeitspsychologisch bewerten, Zürich 1997, S. 223 - 244

Zölch, M.; Dunckel, H.:
Erste Ergebnisse des Einsatzes der „Kontrastiven Aufgabenanalyse“, in: Ackermann, D., Ulich, E. (Hrsg.): Software-Ergonomie ´91 - Benutzerorientierte Software-Entwicklung, Stuttgart 1991, S. 363 - 372

Zülch, G.:
Methoden und Hilfsmittel der Arbeitsplatzgestaltung, in: Luczak, H.; Volpert, W. (Hrsg.): Handbuch Arbeitswissenschaft, Stuttgart 1997, S. 852 - 856

Zülch, G.; Englisch, J.; Grundel, Ch.:
Beurteilung der Benutzerfreundlichkeit von Programmsystemen, in: Fortschrittliche Betriebsführung und Industrial Engineering, 42. Jg. (1993), Heft 5, S. 267 - 272

8.2 Verzeichnis der Abbildungen

8.3 Verzeichnis der Tabellen

9 Anhang

9.1 Entwicklung des Feedbacksystems

Im Rahmen des Forschungsvorhabens „Wissensbasierte Systeme für die Qualitätssicherung“ befaßte sich das Teilprojekt „Felddatenerfassung und -aufbereitung“ mit qualitätsrelevanten Aktivitäten im Service- bzw. Kundendienstbereich. Dort ist die im Kapitel 6.2 des Haupteils der vorliegenden Arbeit skizzierte Situation anzutreffen, daß Servicemitarbeiter aufgrund ihrer Nähe zum Kunden einerseits eine wichtige Funktion im Rahmen eines kontinuierlichen Verbesserungsprozesses haben, aber gleichzeitig die räumliche Distanz zwischen der Servicezentrale und den Außendienstmitarbeitern eine systematische Erschließung ihres Erfahrungswissens und ihrer Kreativitätspotentiale erschwert. In der Praxis ist immer wieder festzustellen, daß Servicemitarbeiter auf Anregungen und Verbesserungsvorschläge keine angemessene Rückmeldung erhalten, was ihr Engagement und ihre Motivation nachträglich beeinträchtigen kann.[1] Um diesem Problem zu begegnen, wurde ein Softwarewerkzeug entwickelt, welches Rückmeldungsprozesse EDV-technisch unterstützt. Rückmeldung oder Feedback ist dabei nicht im Sinne technischer Systeme zu verstehen, sondern als Mitteilung an eine Person oder Personengruppe, die diese darüber informiert, wie ihre Verhaltensweisen wahrgenommen und erlebt wurden.[2]

Die Notwendigkeit eines geeigneten Feedbacks läßt sich arbeitspsychologisch begründen. Wie die Ausführungen zur Handlungsregulationstheorie in Kapitel 3.4.4 gezeigt haben, ist eine Rückmeldung bezüglich des Handlungsverlaufs (Ablauffeedback) und des erzielten Ergebnisses (Ergebnisfeedback) eine wesentliche Voraussetzung, um die Effizienz des Handelns zu verbessern. Aber auch im Zusammenhang mit der Förderung intrinsischer Motivation hat das Feedback eine wichtige Funktion. Beispielsweise ist im Job-Characteristics-Model von HACKMAN und OLDHAM das Feedback einer der wesentlichen Faktoren, die das Motivationspotential einer Aufgabe bestimmen.[3] Die Bedeutung dieses Merkmals der Arbeitsgestaltung spiegelt sich z.B. auch darin wider, daß Feedback als Kennzeichen ganzheitlicher Aufgaben ein Bewertungskriterium verschiedener Arbeitsanalyseverfahren ist.[4] Insgesamt hat ein angemesse-

1) Vgl. hierzu Warnecke, G.; Knickel, V., a. a. O. 1996, S. 113 - 131

2) Vgl. Rückle, H.: a. a. O. 1982, S. 483

3) Vgl. Hackman, J. R.; Oldham, G. R.: Work redesign, Reading, Ma. 1980, S. 77 - 81

4) Vgl. Baitsch, C.; Katz, C.; Spinas, P.; Ulich, E., a. a. O. 1989, S. 28; Oppermann, R.; Murchner, B.; Reiterer, H.; et al., a. a. O. 1992, S. 24 - 25

nes Feedback vielfältige Nutzenpotentiale, die RÜCKLE wie folgt zusammenfaßt:[5)]

- Es stützt und fördert positive Verhaltensweisen, da diese anerkannt werden.
- Es korrigiert Verhaltensweisen, die der eigentlichen Intention nicht genügend angepaßt oder konform sind.
- Es klärt Beziehungen zwischen Personen und hilft andere zu verstehen.
- Feedback führt zu einem aktiven Lernprozeß mit der Möglichkeit, voneinander zu lernen.
- Feedback ermöglicht eine selbstkritische Reflexion.
- Feedback erfüllt Informations- und Motivationsfunktionen, reduziert Ungewißheit und schafft die Voraussetzung für die Regulation einer Handlung.

Damit diese Potentiale sich entfalten können sind jedoch eine Reihe allgemeiner Gestaltungsprinzipien zu berücksichtigen:[6)]

- Feedback muß richtig formuliert sein, d.h.
  - Es müssen konkrete Einzelheiten beschrieben werden, die durch andere nachprüfbar sind (keine Interpretationen oder Bewertungen). Hierdurch wird der Drang sich zu verteidigen oder die Information abzulehnen verringert.
  - Der Feedbackgeber muß eigene Reaktionen und Gefühle nennen, um zu verhindern, daß der Empfänger die Information nach eigenem Gutdünken wertet.
  - Das Feedback soll mögliche Folgen aufzeigen, damit der Empfänger sich der Tragweite seines Handelns bewußt werden kann.
- Feedback muß angemessen, d.h. an den Bedürfnissen des Empfängers orientiert sein.
- Feedback muß brauchbar sein, d.h. sich auf die Verhaltensweisen beziehen, die der Empfänger zu ändern fähig ist.
- Feedback soll aktuell sein und deshalb so bald wie möglich gegeben werden.
- Feedback darf kein Informationsangebot aufzwingen.
- Feedback muß ein zweiseitiger Prozeß sein, bei dem beide Parteien geben und nehmen.
- Erbetenes Feedback ist wirksamer als abgelehntes und aufgezwungenes.

---

5) Vgl. Rückle, H., a.a. O. 1982, S. 487 - 488

6) Vgl. Rückle, H., a.a. O. 1982, S. 485 - 486

Ausgehend von diesen allgemeinen Anforderungen an die Feedbackgestaltung wurde im Rahmen einer interdisziplinären Arbeitsgruppe[7)] untersucht, wie sich die Umsetzung dieser Anforderungen durch softwaretechnische Hilfsmittel unterstützen läßt. Hierzu wurde in einem ersten Arbeitsschritt der Feedbackprozeß, wie er zwischen dem Servicemitarbeiter und dem Mitarbeiter in der Servicezentrale abläuft, modelliert. Für diese Aufgabe griff die Arbeitsgruppe auf einen Modellierungsansatz von WINOGRAD und FLORES zurück, der es ermöglicht, auch relativ unformalisierte Prozesse zu beschreiben. Die Darstellungsmethodik verwendet Kreise, die bestimmte Zustände charakterisieren, und Pfeile, welche die Übergänge zwischen den Zuständen kennzeichnen. Das Ergebnis der Modellierungsaktivitäten zeigt Abbildung 2.1.

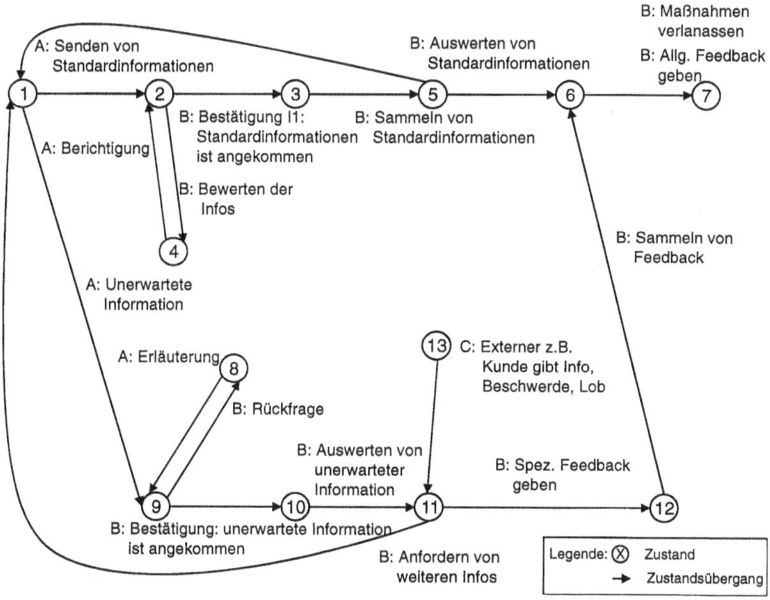

Abbildung 2.1: Modell des Feedbackprozesses

Wie diese Abbildung verdeutlicht, sind im ausgewählten Beispiel im wesentlichen zwei Personen am Feedbackprozeß beteiligt. Mit dem Buchstaben A wird der Servicemitarbeiter im Außendienst und mit B der Mitarbeiter in der Servicezentrale gekennzeichnet. Darüber hinaus lassen sich in der Abbildung zwei

7) Mitglieder dieser Arbeitsgruppe waren V. Knickel, CCK Kaiserslautern; P. Szczurko, Informatik V Aaachen; M. J. Thul, LIA Kaiserslautern; V. Zimmermann, CCK Kaiserslautern

unterschiedliche Feedbackprozesse unterscheiden. Der eine besteht darin, daß der Servicetechniker regelmäßig ein „allgemeines“ Feedback erhält. Hierunter ist eine zusammenfassende Auswertung der Serviceberichte aller Außendienstmitarbeiter zu verstehen, welche die Servicezentrale in regelmäßigen Abständen an alle Servicetechniker verschickt. Das „spezifische“ Feedback ist eine individuelle Rückmeldung z.B. auf Verbesserungsvorschläge oder Hinweise auf Schwachstellen an einem Produkt, die beim Kunden festgestellt wurden. Letztere lassen sich wiederum als eine Art von Feedback verstehen - eine Rückmeldung an das Unternehmen, wie gut sich seine Produkte im praktischen Einsatz bewährt haben.

Ergänzend zu dieser grafischen Darstellungsform wurden die durch Kreise gekennzeichneten Zustände näher beschrieben. Dabei wurde zwischen einer „inneren Situation“, die z.B. Erwartungszustände der beteiligten Personen betrifft, und der objektiven Arbeitssituation unterschieden. Mit Hilfe dieser „semiformalen“ Beschreibungen, die auszugsweise in Tabelle 9.1 aufgeführt sind, ließ sich z.B. bestimmen, in welchen Situationen eine Rückmeldung auf welche Aktivitäten erwartet wird.

Nr.	„innerer Zustand“	objektive Arbeitssituation
1	• motiviert • qualifiziert	• vorgegebene Arbeitsaufgaben für A und B
2	• A hat die geforderten Informationen geliefert und erwartet, daß der Erhalt und die Richtigkeit bestätigt werden • B ist im Zugzwang • B hat Erwartungshaltungen bezüglich der Informationen	• A hat die geforderten Informationen im Rahmen der Serviceberichte geliefert • B hat die geforderten Informationen erhalten
3	• A: Unsicherheit beseitigt • A: erwartet langfristig ein Feedback • B hat die Erwartungen von A erfüllt	• A erhält Bestätigung über die Erfüllung der Aufgabe • B gibt Bestätigung über korrekte Erfüllung der Aufgabe
4	• B: Erwartungshaltung bezüglich des Auswertungsergebnisses • B: Erwartungshaltung bezüglich technischer Hilfsmittel für die Auswertung	• Höhere Datendichte durch eingegangene Serviceberichte

Tabelle 9.1: Idealtypische Beschreibung der „Zustände“ im Feedbackprozeß

Aus den oben skizzierten Modellierungsergebnissen ließ sich ein Datenmodell ableiten, das die Grundlage zur Entwicklung des Feedbacksystems bildete. Entsprechend der unterschiedlichen Rollen des Außendienstmitarbeiters und des Mitarbeiters in der Servicezentrale wurden zwei komplementäre Varianten implementiert,[8] die auf die besonderen Anforderungen des jeweiligen Benutzers abgestimmt waren. Die fertig entwickelten Systeme wurden nicht als Einzelsysteme eingesetzt, sondern als eigenständige Module in ein Softwaresystem für die wissensbasierte Feldatenerfassung und -aufbereitung eingebunden. Die folgenden Ausführungen sollen die Ergebnisse des Entwicklungsprozesses und deren Bedeutung für den Feedbackprozeß verdeutlichen. Aufgrund des erforderlichen Umfanges ist es an dieser Stelle jedoch nicht möglich, alle Funktionen des Feedbacksystems vorzustellen. Deshalb werden an einem ausgewählten Beispiel nur einige der realisierten Funktionen vorgestellt.

Abbildung 9.2 zeigt die Masken der Systemversion, die dem Mitarbeiter in der Servicezentrale zur Verfügung stand und die mit Hilfe des EVADIS II-Leitfadens evaluiert wurde.

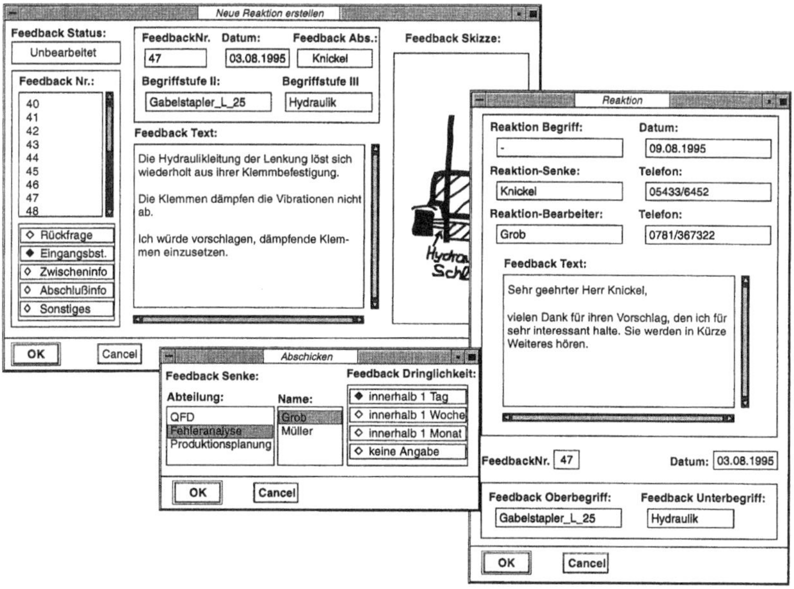

Abbildung 9.2: Beispielhafte Bildschirmmasken des Feedbacksystems

[8] Die Entwicklung des Datenmodells und die Implementation des Feedbacksystems wurden von Herrn V. Knickel am CCK, Universität Kaiserslautern durchgeführt.

Anhand dieser Masken läßt sich beispielhaft zeigen, wie die Umsetzung der eingangs formulierten Anforderungen an ein Feedback durch den Softwareprototypen unterstützt werden. Darüber hinaus lassen sich realisierte Funktionen verdeutlichen, welche die Auswertung von Verbesserungsvorschlägen sowie die Bearbeitung des Feedbackprozesses unterstützen.

Die Maske „Neue Reaktion erstellen" zeigt die Systemfunktionen, die beim Erstellen eines Feedbacks auf einen Verbesserungsvorschlag zum Einsatz kommen. Über die Feedbacknummer hat der Mitarbeiter in der Servicezentrale direkten Zugriff auf die eingereichten Verbesserungsvorschläge. Für jeden ausgewählten Vorschlag enthält die Maske Informationen, die den Absender sowie den Bezugsgegenstand kennzeichnen, und ein Feld, in dem das Problem und der Lösungsvorschlag verbal beschrieben sind. Eine Skizze der Problemsituation ergänzt die textuellen Ausführungen und erhöht die Aussagekraft sowie die Verständlichkeit der Informationen. Im linken Teil der Maske sind Informationen aufgeführt, die den aktuellen Bearbeitungszustand des Verbesserungsvorschlages kennzeichnen, und dem Mitarbeiter in der Servicezentrale zeigen, welche Rückmeldungen er schon gegeben hat, bzw. welche als nächste von ihm erwartet wird. Diese Systemfunktionen sollen sicherstellen, daß Rückmeldungen jeweils möglichst zeitnah erfolgen: Der Ersteller eines Verbesserungsvorschlages wird aktuell über den Bearbeitungszustand informiert - beginnend mit der Eingangsbestätigung bis hin zu Rückmeldungen über den Umsetzungserfolg seines Vorschlages (Abschlußinfo).

Die Maske „Abschicken" repräsentiert die Systemfunktionen, mit deren Hilfe der eingereichte Verbesserungsvorschlag den verantwortlichen Fachstellen zur weiteren Bearbeitung zugeleitet wird. Neben dem Namen des Adressaten ist auch eine Bewertung der Dringlichkeit einer Rückmeldung aus Sicht des Mitarbeiters der Servicezentrale enthalten. Die in dieser Maske enthaltenen Informationen werden im Rahmen des Feedbackprozesses auch dem Ersteller des Feedbacks zugeleitet. Hierdurch erhält dieser Informationen darüber, welche Stellen sich mit seinen Anregungen befassen und wer dort der persönliche Ansprechpartner ist.

Die letzte Maske („Reaktion") dient dazu, dem Feedbackadressaten (Reaktionssenke) eine individuelle, dem jeweiligen Bearbeitungsszustand entsprechende Rückmeldung zu geben. Neben einem Textfeld, in das der Feedbacktext eingegeben wird, sind hier nochmals Informationen aufgeführt, die die Person kennzeichnen, die das Feedback gibt. Bei dieser muß es sich nicht zwangsläufig um den Mitarbeiter in der Servicezentrale handeln. Im vorliegenden Fall ist dies z.B. der Mitarbeiter, der zuständigen Fachabteilung.

Das oben skizzierte Beispiel belegt einerseits, daß Softwaregestaltung auch immer ein Stück Arbeitsgestaltung ist. Werden beide Prozesse im Sinne einer „Joint optimization" gleichzeitig und gleichgewichtig vorangetrieben, ergeben sich aus der wechselseitigen Anregung wichtige Impulse sowohl für die Gestaltung der Technik als auch der Arbeitsaufgaben. Andererseits läßt sich zeigen, daß auch relativ abstrakt formulierte Bewertungskriterien, wie sie z.B. bei psychologischen Tätigkeitsanalysen vorherrschen, einen wichtigen Beitrag zur Gestaltung von Arbeitssystemen leisten können. Im Gegensatz zu eher technisch orientierten Bewertungskriterien, die beispielsweise bei der Bewertung der ergonomischen Arbeitsplatzgestaltung Verwendung finden, ist hier jedoch ein relativ hoher Aufwand zu betreiben, um aus den Bewertungskriterien umsetzbare Gestaltungshinweise abzuleiten.

9.2 Formblätter des Analyseverfahrens zur Identifikation von Behinderung bei der Informationsverarbeitung

Im folgenden sind die Formblätter der Checkliste zur Identifikation von Behinderungen bei der Informationsverarbeitung dokumentiert. Die Anwendung dieses Verfahrens erfolgt entsprechend den Anwendungsvorschriften, die in Kapitel 5.8 des Hauptteils der vorliegenden Arbeit beschrieben sind.

Untersuchte Arbeitsaufgabe: ______________________________

Regulationshindernis	Nr.			Tritt nur in Extremfällen auf	Wirkt sich praktisch nicht auf das Arbeitshandeln aus	Reaktion ist objektiv nicht erforderlich	Bei Auftreten ist Qualitätsminderung erlaubt	Bei Auftreten wird die Arbeit abgebrochen	Bei Auftreten wird die Arbeit abgegeben oder verschoben	näher untersuchen	I&K-spezifisch
Hindernisse beim Beschaffen von Informationen											
bs	1	☐	Treten beim Beschaffen mündlicher Informationen Behinderungen auf? (z.B. genau umzusetzende, detaillierte Anweisungen, allgemeine Hinweise zur Orientierung, systematische Befragungen)	☐	☐	☐	☐	☐	☐	☐	☐
bs	2	☐	Gibt es Hindernisse, welche die Selbständigkeit des Beschaffens von Informationen betreffen? (z.B. in bezug auf die Auswahl der Gesprächspartner, die Gesprächsinhalte, die Dauer und den Umfang des Gesprächs, sonstige Rahmenbedingungen wie Zeit oder Ort)	☐	☐	☐	☐	☐	☐	☐	☐
bs	3	☐	Resultieren Hindernisse beim Beschaffen von Informationen aus der Anzahl der Personen, die zu befragen sind?	☐	☐	☐	☐	☐	☐	☐	☐
bs	4	☐	Treten Schwierigkeiten bei der Befragung der Personen auf ? (z.B. bzgl. deren Einstellung zur Befragung)	☐	☐	☐	☐	☐	☐	☐	☐
bs	5	☐	Gibt es Behinderungen, die bei der Informationsgewinnung aus Zeichnungen, Skizzen oder sonstigen Dokumenten auftreten? (z.B. Kataloge, Schaltpläne, Fachbücher, Zeitschriften etc.)	☐	☐	☐	☐	☐	☐	☐	☐

Regula-tionshin-dernis	Nr.			Tritt nur in Extremfällen auf	Wirkt sich praktisch nicht auf das Arbeitshandeln aus	Reaktion ist objektiv nicht erforderlich	Bei Auftreten ist Qualitätsminderung erlaubt	Bei Auftreten wird die Arbeit abgebrochen		näher untersuchen	I&K-spezifisch
			Hindernisse beim Beschaffen von Informationen								
bs	6	☐	Gibt es Behinderungen, die bei der Informationsbeschaffung durch Lesen von Rechenprozeduren auftreten? (z.B. beim Nachschlagen, um einzelne Zahlenwerte zu beschaffen, beim Nachvollziehen von Rechenschritten, beim Beurteilen der Brauchbarkeit von Informationen oder bei der Interpretation von Test- und Meßwerten)	☐	☐	☐	☐	☐	☐	☐	☐
bs	7	☐	Gibt es Behinderungen, die aus der Zugänglichkeit schriftlicher Unterlagen resultieren?	☐	☐	☐	☐	☐	☐	☐	☐
			Hindernisse beim Wahrnehmen von Informationen								
wn	8	☐	Gibt es Behinderungen, die dann auftreten, wenn optisch-visuelle Zeichen wahrgenommen werden müssen? (z.B. Symbole, Piktogramme)	☐	☐	☐	☐	☐	☐	☐	☐
wn	9	☐	Gibt es Behinderungen, die dann auftreten, wenn zur Informationsgewinnung Prozesse beobachtet oder Prozeßsignale erfaßt werden müssen?	☐	☐	☐	☐	☐	☐	☐	☐
wn	10	☐	Gibt es Probleme beim Behalten von Informationen, z.B. bzgl. • schriftlich/bildlich vermittelten Informationen?	☐	☐	☐	☐	☐	☐	☐	☐

Regulationshindernis	Nr.			Tritt nur in Extremfällen auf	Wirkt sich praktisch nicht auf das Arbeitshandeln aus	Reaktion ist objektiv nicht erforderlich	Bei Auftreten ist Qualitätsminderung erlaubt	Bei Auftreten wird die Arbeit abgebrochen	Bei Auftreten wird die Arbeit abgegeben oder verschoben	näher untersuchen	I&K-spezifisch
Hindernisse beim Wahrnehmen von Informationen											
wn	11	☐	• Informationen, die mündlich vermittelt wurden?	☐	☐	☐	☐	☐	☐	☐	☐
wn	12	☐	• Informationen, die gelesen wurden?	☐	☐	☐	☐	☐	☐	☐	☐
wn	13	☐	• Unterlagen mit Zahlen und Symbolen?	☐	☐	☐	☐	☐	☐	☐	☐
wn	14	☐	• gelesene Texte?	☐	☐	☐	☐	☐	☐	☐	☐
wn	15	☐	Erschwert die Anzahl der zu überwachenden/abzulesenden optischen Anzeigen die Ausführung der Arbeitstätigkeit?	☐	☐	☐	☐	☐	☐	☐	☐
wn	16	☐	Ist die Anzahl der zu überwachenden Einheiten/Geräte Ursache für Behinderungen?	☐	☐	☐	☐	☐	☐	☐	☐
wn	17	☐	Ist die Häufigkeit optischer/akustischer Signale Ursache für Behinderungen?	☐	☐	☐	☐	☐	☐	☐	☐
wn	18	☐	Ist die Erscheinungsdauer optischer/akustischer Signale Auslöser für Behinderungen?	☐	☐	☐	☐	☐	☐	☐	☐

Regulationshindernis	Nr.			Tritt nur in Extremfällen auf	Wirkt sich praktisch nicht auf das Arbeitshandeln aus	Reaktion ist objektiv nicht erforderlich	Bei Auftreten ist Qualitätsminderung erlaubt	Bei Auftreten wird die Arbeit abgebrochen	Bei Auftreten wird die Arbeit abgegeben oder verschoben	näher untersuchen	I&K-spezifisch
Hindernisse beim Wahrnehmen von Informationen											
wn	19	☐	Ist die räumliche Anordnung optischer Anzeigen Ursache für Behinderungen?	☐	☐	☐	☐	☐	☐	☐	☐
wn	20	☐	Treten Behinderungen bei der Aufnahme mündlicher Informationen auf, z.B. bzgl. • arbeitsrelevanter, mündlicher Informationen von Kollegen, Mitarbeitern, Vorgesetzten oder Betriebsexternen?	☐	☐	☐	☐	☐	☐	☐	☐
wn	21	☐	• mündlicher Informationen in Umgangs- bzw. Fremdsprachen?	☐	☐	☐	☐	☐	☐	☐	☐
	22	☐	• fachspezifischer Inhalte aus einem oder mehreren Fachgebieten?	☐	☐	☐	☐	☐	☐	☐	☐
			Resultieren Behinderungen aus dem Lesen und/oder Betrachten spezifischer Informationsträger, z.B.								
wn	23	☐	• technischer Zeichnungen/Skizzen/Pläne?	☐	☐	☐	☐	☐	☐	☐	☐
wn	24	☐	• Graphiken, Freihandzeichnungen, Bildern, Photos?	☐	☐	☐	☐	☐	☐	☐	☐

Regulationshindernis	Nr.			Tritt nur in Extremfällen auf	Wirkt sich praktisch nicht auf das Arbeitshandeln aus	Reaktion ist objektiv nicht erforderlich	Bei Auftreten ist Qualitätsminderung erlaubt	Bei Auftreten wird die Arbeit abgebrochen	Bei Auftreten wird die Arbeit abgegeben oder verschoben	näher untersuchen	I&K-spezifisch
Hindernisse beim Wahrnehmen von Informationen											
wn	25	☐	• Unterlagen mit Berechnungsalgorithmen, Formeln, Gleichungen (z.B. Rechenvorschriften, Test- und Meßpläne, Programmiersprachen, Datenflußpläne, Flußdiagramme etc.)?	☐	☐	☐	☐	☐	☐	☐	☐
wn	26	☐	• Notizen, Mitteilungen, Anleitungen, Dokumente (Exzerpte, Mitteilungen, Karteikarten, Übersichtstabellen, Dokumentationen, Verträge, Vorschriften, Rezepturen, Arbeitspläne, Formulare, Fragebögen etc.)?	☐	☐	☐	☐	☐	☐	☐	☐
wn	27	☐	• Fachtexte (Studien-/Diplomarbeiten, Fachbücher/-zeitschriften, Nachschlagewerke etc.)?	☐	☐	☐	☐	☐	☐	☐	☐
wn	28	☐	• Texte zur Informationsgewinnung? (betrifft v.a. das Einholen detaillierter Anweisungen und das Beurteilen von Texten nach vorgegebenen oder selbst festzulegenden Kriterien)	☐	☐	☐	☐	☐	☐	☐	☐
wn	29	☐	• Unterlagen mit Berechnungsergebnissen und/oder Eingangswerten für weitere Berechnungen (z.B. Tabellen, Stücklisten, schriftlich formulierte Problemstellungen, Anforderungslisten, Pflichtenhefte etc.)?	☐	☐	☐	☐	☐	☐	☐	☐

Regula-tionshin-dernis	Nr.			Tritt nur in Extremfällen auf	Wirkt sich praktisch nicht auf das Arbeitshandeln aus	Reaktion ist objektiv nicht erforderlich	Bei Auftreten ist Qualitätsminderung erlaubt	Bei Auftreten wird die Arbeit abgebrochen	Bei Auftreten wird die Arbeit abgegeben oder verschoben	näher untersuchen	I&K-spezifisch
Hindernisse beim Wahrnehmen von Informationen											
wn	30	☐	Resultieren Behinderungen aus der Art der Informationsträger (z.B. Bildschirm) oder der Druckqualität gelesener Zeichnungen (Fotokopien, EDV-Ausdrucke etc.)?	☐	☐	☐	☐	☐	☐	☐	☐
wn	31	☐	Behindert die Lesbarkeit der über Bildschirm angezeigten Informationen den Arbeitsablauf?	☐	☐	☐	☐	☐	☐	☐	☐
wn	32	☐	Ist der Umfang bzw. die Komplexität der zu lesenden/verstehenden schriftlichen oder verbalen Informationen Ursache für Behinderungen?	☐	☐	☐	☐	☐	☐	☐	☐
wn	33	☐	Treten Behinderungen beim Lesen und Übertragen von Daten auf? (z.B. beim Übertragen von Listen auf einen anderen Informationsträger, beim Heraussuchen von Daten aus Listen, beim Übertragen von Daten aus einem Zahlen- oder Meßsystem in ein anderes oder bei der Umsetzung mit einer Programmiersprache)	☐	☐	☐	☐	☐	☐	☐	☐

Regulationshindernis	Nr.			Tritt nur in Extremfällen auf	Wirkt sich praktisch nicht auf das Arbeitshandeln aus	Reaktion ist objektiv nicht erforderlich	Bei Auftreten ist Qualitätsminderung erlaubt	Bei Auftreten wird die Arbeit abgebrochen	Bei Auftreten wird die Arbeit abgegeben oder verschoben	näher untersuchen	I&K-spezifisch
Hindernisse beim Bearbeiten von Informationen											
			Treten Behinderungen auf beim Sortieren bzw. Klassifizieren von:								
ba	34	☐	• Gegenständen/Informationen?	☐	☐	☐	☐	☐	☐	☐	☐
ba	35	☐	• Zeichnungen und Skizzen?	☐	☐	☐	☐	☐	☐	☐	☐
ba	36	☐	• Zahlenmaterial nach vorgegebenen oder selbst festzulegenden Kriterien?	☐	☐	☐	☐	☐	☐	☐	☐
ba	37	☐	• Texten nach vorgegebenen oder selbst festzulegenden Kriterien?	☐	☐	☐	☐	☐	☐	☐	☐
ba	38	☐	Resultieren Behinderungen aus dem Korrigieren oder Überprüfen mündlicher Informationen nach festgelegten oder selbst zu entwickelnden Kriterien?	☐	☐	☐	☐	☐	☐	☐	☐
ba	39	☐	Führt die Notwendigkeit des Beschaffens weiterer mündlicher Informationen zu Behinderungen der Arbeitstätigkeit? (z.B. genau umzusetzende, detaillierte Anweisungen, allgemeine Hinweise zur Orientierung, systematische Befragungen)	☐	☐	☐	☐	☐	☐	☐	☐

Regulationshindernis	Nr.			Tritt nur in Extremfällen auf	Wirkt sich praktisch nicht auf das Arbeitshandeln aus	Reaktion ist objektiv nicht erforderlich	Bei Auftreten ist Qualitätsminderung erlaubt	Bei Auftreten wird die Arbeit abgebrochen	Bei Auftreten wird die Arbeit abgegeben oder verschoben	näher untersuchen	I&K-spezifisch
Hindernisse beim Bearbeiten von Informationen											
ba	40	☐	Ist die Selbständigkeit des Beschaffens weiterer Informationen beim Ausführen einer Aufgabe Auslöser für Behinderungen? (z.B. in bezug auf die Auswahl der Gesprächspartner, die Gesprächsinhalte, Dauer und Umfang des Gesprächs, sonstige Rahmenbedingungen wie Zeit oder Ort)	☐	☐	☐	☐	☐	☐	☐	☐
ba	41	☐	Ist die Anzahl der Personen, die für diese Rückfragen zu befragen sind, der Grund für Behinderungen?	☐	☐	☐	☐	☐	☐	☐	☐
ba	42	☐	Treten bei der Befragung von Personen Schwierigkeiten auf, die zu Behinderungen führen (z.B. bzgl. der Einstellung zur Befragung)?	☐	☐	☐	☐	☐	☐	☐	☐
ba	43	☐	Ist die Informationsgewinnung aus Zeichnungen, Skizzen oder sonstigen Dokumenten (z.B. Katalogen, Schaltpläne, Fachbücher, Zeitschriften etc.) Auslöser für Behinderungen?	☐	☐	☐	☐	☐	☐	☐	☐
ba	44	☐	Ist die Informationsbeschaffung durch Lesen von Rechenprozeduren ein Grund für Behinderungen? (Kann sich z.B. beziehen auf das Nachschlagen zur Beschaffung einzelner Zahlenwerte, das Nachvollziehen von Rechenschritten, die Beurteilung der Brauchbarkeit von Informationen oder bei der Interpretation von Test- und Meßwerten)	☐	☐	☐	☐	☐	☐	☐	☐

Regulationshindernis	Nr.			Tritt nur in Extremfällen auf	Wirkt sich praktisch nicht auf das Arbeitshandeln aus	Reaktion ist objektiv nicht erforderlich	Bei Auftreten ist Qualitätsminderung erlaubt	Bei Auftreten wird die Arbeit abgebrochen	Bei Auftreten wird die Arbeit abgegeben oder verschoben	näher untersuchen	I&K-spezifisch
Hindernisse beim Bearbeiten von Informationen											
ba	45	☐	Liegt die Ursache für Behinderungen in der Zugänglichkeit schriftlicher Unterlagen?	☐	☐	☐	☐	☐	☐	☐	☐
ba	46	☐	Resultieren Behinderungen aus dem Kontrollieren und Beurteilen von Gegenständen, Informationen, Verhalten?	☐	☐	☐	☐	☐	☐	☐	☐
ba	47	☐	Ist die geforderte Reaktionszeit auf optische/akustische Signale Auslöser für Behinderungen?	☐	☐	☐	☐	☐	☐	☐	☐
ba	48	☐	Ist mangelnde Eindeutigkeit und/oder Vollständigkeit der Informationen Ursache für Behinderungen?	☐	☐	☐	☐	☐	☐	☐	☐
ba	49	☐	Entstehen Behinderungen beim Übertragen von Zeichnungen/Skizzen? (z.B. beim Digitalisieren oder bei der Umsetzung von Zeichnungen/Skizzen in andere Zeichnungen oder Programme)	☐	☐	☐	☐	☐	☐	☐	☐
ba	50	☐	Entstehen Behinderungen beim Kontrollieren und Klassifizieren von Zeichnungen und Plänen?	☐	☐	☐	☐	☐	☐	☐	☐
ba	51	☐	Entstehen Behinderungen beim Kontrollieren von Berechnungen und Programmen (Nachrechnen und Korrekturlesen)?	☐	☐	☐	☐	☐	☐	☐	☐

Regulationshindernis	Nr.			Tritt nur in Extremfällen auf	Wirkt sich praktisch nicht auf das Arbeitshandeln aus	Reaktion ist objektiv nicht erforderlich	Bei Auftreten ist Qualitätsminderung erlaubt	Bei Auftreten wird die Arbeit abgebrochen	Bei Auftreten wird die Arbeit abgegeben oder verschoben	näher untersuchen	I&K-spezifisch
Hindernisse beim Bearbeiten von Informationen											
ba	52	☐	Entstehen Behinderungen beim Übertragen von Texten? (z.B. beim Abschreiben, Zusammenfassen, Ergänzen, Sortieren oder Klassifizieren von Zahlenmaterial nach vorgegebenen oder selbst festzulegenden Kriterien bzw. beim Übersetzen von Texten)	☐	☐	☐	☐	☐	☐	☐	☐
ba	53	☐	Treten Behinderungen beim Korrekturlesen und Überprüfen von Texten auf?	☐	☐	☐	☐	☐	☐	☐	☐
ba	54	☐	Sind technische Hilfsmittel, Instrumente, Rechenmaschinen oder Geräte (z.B. zur Aufnahme, Bearbeitung und Speicherung von Ton-/ Bildinformationen) Ursache für Behinderungen?	☐	☐	☐	☐	☐	☐	☐	☐
ba	55	☐	Resultieren Behinderungen aus dem Einsatz von EDV-Anlagen und Programmen?	☐	☐	☐	☐	☐	☐	☐	☐
ba	56	☐	Resultieren Behinderungen aus dem Einsatz zeichnerischer Hilfsmittel (z.B. Papier und Stift, Zeichenmaschine, graphischer Bildschirm etc.)?	☐	☐	☐	☐	☐	☐	☐	☐
ba	57	☐	Sind Hilfsmittel für die Erstellung von Texten Auslöser für Behinderungen?	☐	☐	☐	☐	☐	☐	☐	☐
ba	58	☐	Sind Hilfsmittel zur Durchführung von Berechnungen Auslöser für Behinderungen?	☐	☐	☐	☐	☐	☐	☐	☐

Regulationshindernis	Nr.			Tritt nur in Extremfällen auf	Wirkt sich praktisch nicht auf das Arbeitshandeln aus	Reaktion ist objektiv nicht erforderlich	Bei Auftreten ist Qualitätsminderung erlaubt	Bei Auftreten wird die Arbeit abgebrochen	Bei Auftreten wird die Arbeit abgegeben oder verschoben	näher untersuchen	I&K-spezifisch
Hindernisse beim Bearbeiten von Informationen											
ba	59	☐	Sind Hilfsmittel zur Durchführung von Programmiertätigkeiten Auslöser für Behinderungen?	☐	☐	☐	☐	☐	☐	☐	☐
ba	60	☐	Ist das Erstellen von Zeichnungen, Skizzen, Plänen, Bildern mit Behinderungen verbunden? (z.B. in bezug auf technische Konstruktionszeichnungen, Skizzen, nicht-technische Zeichnungen, Abbildungen etc.)	☐	☐	☐	☐	☐	☐	☐	☐
ba	61	☐	Liegt die Ursache für Behinderungen in der Anzahl unterschiedlicher, parallel zu bearbeitender Zeichenaufträge?	☐	☐	☐	☐	☐	☐	☐	☐
ba	62	☐	Ist das Festlegen funktionaler Produkteigenschaften mit Behinderungen verbunden? (Produkteigenschaften können sein: die Art des Produktes, die Gesamt- oder Teilfunktion, konkrete Funktionsprinzipien etc.)	☐	☐	☐	☐	☐	☐	☐	☐
ba	63	☐	Ist das Festlegen der konstruktiven Produkteigenschaften mit Behinderungen verbunden? (konstruktive Produkteigenschaften sind z.b. die Art der Werkstoffe, die geometrische Form, die räumliche Lage, die Darstellungs- und Projektionstechnik und Kennwerte, Toleranzen, Maßstab, etc.)	☐	☐	☐	☐	☐	☐	☐	☐

Regulationshindernis	Nr.			Tritt nur in Extremfällen auf	Wirkt sich praktisch nicht auf das Arbeitshandeln aus	Reaktion ist objektiv nicht erforderlich	Bei Auftreten ist Qualitätsminderung erlaubt	Bei Auftreten wird die Arbeit abgebrochen	Bei Auftreten wird die Arbeit abgegeben oder verschoben	näher untersuchen	I&K-spezifisch
Hindernisse beim Bearbeiten von Informationen											
ba	64	☐	Treten beim Erstellen von Unterlagen mit Berechnungsergebnissen Behinderungen auf? (z.B. Datenauswertungen, Lohn-, Materialkosten- oder Preisberechnungen, Stücklisten, Kapazitäts- und Belegungspläne, Steuertabellen, Tabellen mit Meß- oder Rohdaten, Anforderungslisten/Pflichtenhefte, technische und physikalische Zusammenhänge etc.)	☐	☐	☐	☐	☐	☐	☐	☐
ba	65	☐	Treten Behinderungen beim Erstellen von Unterlagen mit Berechnungsalgorithmen, Formeln, Gleichungen oder Symbolen auf?	☐	☐	☐	☐	☐	☐	☐	☐
ba	66	☐	Treten Behinderungen beim Anwenden vorgegebener Berechnungsprozeduren auf?	☐	☐	☐	☐	☐	☐	☐	☐
ba	67	☐	Treten Behinderungen beim Entwickeln von Berechnungsprozeduren und Problemkonstruktionen auf?	☐	☐	☐	☐	☐	☐	☐	☐
ba	68	☐	Treten Behinderungen bei der Durchführung von Rechen- und Programmieraufträgen auf?	☐	☐	☐	☐	☐	☐	☐	☐
ba	69	☐	Treten Behinderungen beim Abfassen von Notizen, Mitteilungen, Anleitungen, Dokumenten auf?	☐	☐	☐	☐	☐	☐	☐	☐

Regula-tionshin-dernis	Nr.			Tritt nur in Extremfällen auf	Wirkt sich praktisch nicht auf das Arbeitshandeln aus	Reaktion ist objektiv nicht erforderlich	Bei Auftreten ist Qualitätsminderung erlaubt	Bei Auftreten wird die Arbeit abgebrochen	Bei Auftreten wird die Arbeit abgegeben oder verschoben	näher untersuchen	I&K-spezifisch
			Hindernisse beim Bearbeiten von Informationen								
ba	70	☐	Treten Behinderungen beim Abfassen von Fachtexten auf?	☐	☐	☐	☐	☐	☐	☐	☐
ba	71	☐	Treten Behinderungen beim Übersetzen und Abfassen von deutschen und fremdsprachlichen Texten auf?	☐	☐	☐	☐	☐	☐	☐	☐
ba	72	☐	Sind Anforderungen an die schriftlichen Texte Ursache von Behinderungen? (z.B. sinngetreue Übereinstimmung, Inhalte, Genauigkeit/Präzision,Verständlichkeit, Klarheit, Originalität, Ausdrucksstärke, formale Ausgestaltung)	☐	☐	☐	☐	☐	☐	☐	☐
			Hindernisse beim Weiterleiten von Informationen								
wl	73	☐	Verursacht die wort- oder sinngetreue Weiterleitung von Informationen Behinderungen, wenn sie auf • auf schriftlichem Weg erfolgt?	☐	☐	☐	☐	☐	☐	☐	☐
wl	74	☐	• auf mündlichem Weg erfolgt?	☐	☐	☐	☐	☐	☐	☐	☐

Regula-tionshin-dernis	Nr.			Tritt nur in Extremfällen auf	Wirkt sich praktisch nicht auf das Arbeitshandeln aus	Reaktion ist objektiv nicht erforderlich	Bei Auftreten ist Qualitätsminderung erlaubt	Bei Auftreten wird die Arbeit abgebrochen	Bei Auftreten wird die Arbeit abgegeben oder verschoben	näher untersuchen	I&K-spezifisch
Hindernisse beim Weiterleiten von Informationen											
wl	75	☐	Ist das Erzeugen mündlicher Informationen mit Behinderungen verbunden? (z.B. in bezug auf Verhandlungs- oder Überzeugungsarbeit, das Weitergeben von Anweisungen oder Erklärungen, Beratungsfunktionen, formal geregelte Wissensvermittlung, Vorträge, Reden etc.)	☐	☐	☐	☐	☐	☐	☐	☐
wl	76	☐	Resultieren Behinderungen aus der Selbständigkeit bei der Kommunikation? (z.B. in bezug auf Inhalte, Umfang, Menge, Reihenfolge, Detaillierungsgrad, Ausdrücke, Formulierungen, Fachbegriffe, Dauer, Rahmenbedingungen etc.)	☐	☐	☐	☐	☐	☐	☐	☐
wl	77	☐	Ist die geforderte Komplexität der Sprache beim Reden Auslöser für Behinderungen?	☐	☐	☐	☐	☐	☐	☐	☐
wl	78	☐	Ist der Vorbereitungsaufwand für Reden Ursache für Behinderungen?	☐	☐	☐	☐	☐	☐	☐	☐
wl	79	☐	Resultieren Behinderungen aus dem Reden unter Zeitdruck?	☐	☐	☐	☐	☐	☐	☐	☐
wl	80	☐	Ist der Grund für Behinderungen der Umgang mit Adressaten, die Kritik ausüben?	☐	☐	☐	☐	☐	☐	☐	☐

Regulationshindernis	Nr.			Tritt nur in Extremfällen auf	Wirkt sich praktisch nicht auf das Arbeitshandeln aus	Reaktion ist objektiv nicht erforderlich	Bei Auftreten ist Qualitätsminderung erlaubt	Bei Auftreten wird die Arbeit abgebrochen	Bei Auftreten wird die Arbeit abgegeben oder verschoben	näher untersuchen	I&K-spezifisch
Hindernisse beim Weiterleiten von Informationen											
wl	81	☐	Ist der Umgang mit Adressaten, die Verständnisschwierigkeiten haben (z.B. Behinderte, Ausländer, Kleinkinder etc.) Ursache für Behinderungen?	☐	☐	☐	☐	☐	☐	☐	☐
wl	82	☐	Resultieren Behinderungen daraus, daß spezielle Anforderungen an das Reden und Sprechen zu erfüllen sind? (z.B. Stil, Ideenklarheit, Präzision, Kürze, Spontanität, Ausdrucksstärke, Konkretisierung etc.)	☐	☐	☐	☐	☐	☐	☐	☐
wl	83	☐	Sind eingesetzte Übertragungsmedien für Informationen der Auslöser für Behinderungen?	☐	☐	☐	☐	☐	☐	☐	☐